广州史志丛书

『十二五』广州大事纪实

Events of Guangzhou During the 12th Five-Year Plan

广州市人民政府地方志办公室 编

SPM
南方出版传媒
广东人民出版社
·广州·

图书在版编目（CIP）数据

“十二五”广州大事纪实 / 广州市人民政府地方志办公室编. —广州：广东人民出版社，2017.12

（广州史志丛书）

ISBN 978-7-218-12344-8

Ⅰ.①十… Ⅱ.①广… Ⅲ.①广州-地方史-大事记-2011-2015 Ⅳ.①K296.51

中国版本图书馆CIP数据核字（2017）第285540号

“SHIERWU” GUANGZHOU DASHI JISHI

“十二五”广州大事纪实

广州市人民政府地方志办公室 编

出 版 人：肖风华

责任编辑：张贤明

封面设计：瀚文工作室

责任技编：周 杰 易志华 吴彦斌

出版发行：广东人民出版社

地 址：广州市大沙头四马路10号（邮政编码：510102）

电 话：（020）83798714（总编室）

传 真：（020）83780199

网 址：http：//www.gdpph.com

印 刷：广州市浩诚印刷有限公司

开 本：787mm×1092mm 1/16

印 张：38 字 数：690千

版 次：2017年12月第1版 2017年12月第1次印刷

定 价：120.00元

《广州史志丛书》出版说明

当代的地方志工作，是一项具有延续性的长期事业，是一项巨大的文化建设系统工程。它不仅仅是编纂一部志书，更需要多方位地开展地情调查、地情研究和地情服务。只有这样，地方志的资政、存史、教化功能才能得到更好的发挥。广州市人民政府地方志办公室在编纂广州市志的同时，还积极发动修志人员和社会力量广泛开展地情调查、积累地情资料、开展地情研究、提供地情咨询服务、编写地情丛书、整理旧志、进行方志理论研究等，取得了不少成果。但是，由于志书体例的局限性以及一部市志篇幅的限制，许多地情资料和地情研究成果不能入志。有鉴于此，我们决定将有关的资料和研究成果以《广州史志丛书》的形式公开出版，为广州市的物质文明和精神文明建设服务。

《广州史志丛书》的内容，主要包括以下三个方面：

一、有关广州历史情况的旧方志和其他古文献的整理；

二、今人有关广州地情的著述、研究成果；

三、史志理论研究成果。

这套《丛书》的编审工作由《广州史志丛书》编审委员会负责，并由广州市人民政府地方志办公室组织实施。

《广州史志丛书》将陆续出版，恳请广大读者对本《丛书》的内容、形式及编辑出版工作提出宝贵意见。

《广州史志丛书》编审委员会

《“十二五”广州大事纪实》编委会

主　　编	黄小晶	胡巧利	叶文昕	
副 主 编	陈文敏	常国光		
责任编辑	李玉平	罗锦强	刘燕玲	颜岳军
	陈　喆	梁斯豪	卢玉华	杨宏伟
	张丽蓉	郑剑锋	王　娜	郝红英
	曾　新	李启伦	黄敏华	刘德敏
	陈晓青	赖剑颖		
编务人员	曾慧娟	郑剑锋		

前　言

古人云："盖文章，经国之大业，不朽之盛事。"盛世修志，志载盛事。"十二五"时期是广州市国家中心城市建设和世界文化名城建设全面提速，率先加快转型升级、建设幸福广州的关键时期。为真实记录"十二五"时期广州市经济社会发展的主要历程和成就，及时总结经验，为探索推动广州创新发展服务，广州市人民政府地方志办公室牵头组织全市各有关单位共同编纂出版《"十二五"广州大事纪实》。经过动员组织、收集资料、初稿评议、总纂定稿等工作阶段，《"十二五"广州大事纪实》付梓出版。

本书设政治篇、经济篇、文化篇、社会篇、生态篇共五个部分，图文并茂，翔实记载广州市在"十二五"时期（2011—2015年）政治、经济、文化、社会、生态等方面的大事、要事、特事。篇下设综述，概括反映重点与亮点。记述时间上限为2011年1月1日，下限为2015年12月31日，个别重大事件适当上溯或下延。

本书选材本着影响力广泛、多领域代表、"常事不书，非常则书"的原则，选取具有广泛性、综合性的重大改革，对经济社会发展有重大影响的决策措施，对经济社会发展有重要影响的建设项目，具有国际先进水平或填补重大空白的科技创新项目，影响较大的社会热点和焦点问题，涉及面较广的重大专项工作、重要活动、重大政治事件、重大案件、重大自然灾害等。全书均以第三人称记述，力求真实、客观、全面，简要说明事物重要性，不作空泛评价，力求编成一部记载广州市"十二五"时期经济社会发展历程的权威资料性文献，为读者了解、研究广州提供参考。

书中同一部类条目按事情发生的时间先后编排，跨年度大事采用其起始时间。若查不到准确时间，或该条目为综合概述年、月、旬情况的，则该条目附于该年、月、旬末。

书中涉及的地名、建筑名、组织机构、会议名称以及职务称谓等，均沿用历史说法，并在第一次出现时使用全称，重复出现时沿用习惯称呼或采用规范简称。如“中国共产党广东省委员会”“中国共产党广州市委员会”“广东省人民政府”“广州市人民政府”简称为“省委”“市委”“省政府”“市政府”；人物后不加“同志”“先生”等称谓。

“后之视今，犹今之视昔。”抚今思昔，意在总结历史；继往开来，志在再创辉煌。历史能给人以“鉴往知来”的启迪，《“十二五”广州大事纪实》对历史客观、全面的记述，可为社会各界提供历史借鉴和丰富的市情资料，以达资治、教化、存史之用。

因资料涉及面广，编纂时间紧，编纂者水平有限，疏漏差错在所难免，敬请读者指正。

编者

二〇一六年十月

目录

政治篇

经济篇

文化篇

社会篇

生态篇

政治篇

综述

“十二五”时期，广州站在新的发展起点上，发扬“敢想会干为人民、和谐包容共分享”的亚运精神，以强化民生与社会管理为重点，继续深化改革，压缩权力寻租空间，精简政府职权，完成第六次政府机构改革、第五次行政审批制度改革，加强制度创新，规范行政权力，强化行政监督，推进阳光政府、服务政府与廉洁政府建设，全市依法行政工作迈上新台阶。在2015年中国政法大学法治政府研究院发布的首份《法治政府评估报告》中，广州市政府评估总分234.93分，以超过全国平均水平46.06分的成绩排名全国第一。

行政区域优化调整与政府机构改革顺利推进。2014年1月，国务院批复广州行政区划优化调整方案，黄埔与萝岗区合并成立新的黄埔区，从化、增城撤市设区，城区面积扩大至7434.4平方千米，广州辖11区，大广州形成。2014年以“简政放权”为核心，采取“大部制”改革思路，完成新一轮政府机构改革，改革后市政府工作部门39个，其中新组建和调整部门16个。2014年年底，广州基本完成事业单位清理规范和分类工作，涉及分类改革事业单位4700多个。行政区划调整与政府机构改革为广州持续健康发展奠定了良好的基础。

加大立法工作力度，不断完善制度环境。“十二五”期间，广州在法制建设上积极探索，重点推进《广州南沙新区条例》《广州市未成年人保护规定》

等立法项目，民生、文化事业立法成为新亮点。加强公共领域的决策咨政问政。2013 年 6 月，成立广州市重大城建项目公众咨询监督委员会，标志着中国城市管理向城市治理、政府一元领导向多元协同的转型，政府与社会之间逐步形成良性互动，为确保公共政策的合理合法性、为营建和谐稳定的社会局面奠定了法制基础。

改革行政审批制度，提高政府行政效率。“十二五”期间，广州采取一系列措施，规范权力执行。大力精简审批事项，取消、调整 2400 多项行政审批事项，精简率超过 80%。完善动态审批事项管理机制，对 80 多项审批事项实行动态调整。推进简政强区（县级市）事权改革，下放城市管理权限、投资审批和经济管理权限、社会管理权限 64 项。进一步优化行政审批流程，开展跨部门事项和流程梳理，2014 年 5 月实施《广州市建设工程项目优化审批流程试行方案》，行政审批制度改革取得新突破。

注重公开透明，打造阳光政府。广州市健全政府信息公开机制，建立市政府常务会议后即时新闻发布制度和每月一次市政府领导新闻发布制度，及时将市政府重大决策向社会发布。全面推进政务公开，率先在全国主动公开各级政府各个部门的财政预算、决算信息和“三公”经费信息。全面清理全市各类行政职权，先后于 2013 年 11 月和 2014 年 4 月在市政府门户网站向社会公布 4975 项行政权力清单，完成市本级行政权力清单的公开公示。

注重夯实基础，打造服务型政府。在全国率先推出便民服务新举措。2011 年 9 月，“网上信访大厅”正式开通，进一步拓宽信访渠道。当年启动“化解信访积案百日行动”。2013 年 7 月，市人民来访接待厅建成。2014 年开展“社会矛盾化解年活动”，全年全市排查重大矛盾纠纷 633 件，化解率达 96.1%。2012 年 12 月，广州市网上办事大厅正式开通，与市民息息相关的婚姻、生育、入学等领域 1483 项业务可提供网上服务。优化审批服务流程，推行一站式服务。通过网上办事大厅、微信、微博、手机应用程序、智能服务终端机等政务服务应用，提升服务能力与水平，行政审批事项网上办理率达 98.7%。

加大公开力度，司法改革初见成效。以公开为突破点，推进司法改革。在全省率先开通全市法院庭审网络直播统一平台，推进立案、审理、裁判、执行信息网上全程公开。建设更加透明的司法体制。2014 年，广州市两级法院推行审判委员会委员审理重大疑难案件制度和主审法官、合议庭办案责任制。提升诉讼档案电子化管理水平，在市中院实现立案、庭审、执行等法律文书网络检索、查阅和下载。司法体制改革深入开展，获批设立广州知识产权法院、全国第一家自贸区法院。

完善党建制度，加强党的建设。根据中央与省委部署，广州各级党委开展党的群众路线教育实践活动，开展“三严三实”专题学习，加强党员先进性建设，纯洁党员队伍。党代表制度改革迈出新步伐，拓宽党代表与民情沟通的渠道，在基层建立党代表工作室。继续探索构建反腐倡廉惩防机制，加大惩治腐败力度。突出“制度、科技”，推进廉洁广州制度建设，推动权力运行全程受控。建立廉洁广州定期新闻发布会，推进廉洁广州建设。

2010 年广州亚运会前夕，珠江边矗立起广州塔，如扬起风帆的巨轮，引领广州再启航。“十二五”时期，广州朝着建设“国家中心城市”“综合性门户城市”目标，积极进取，深化改革，努力实现新跨越、新发展。

编制《广州市国民经济和社会发展第十二个五年规划纲要》

“十二五”时期是广州市深入实施《珠江三角洲地区改革发展规划纲要（2008—2020 年）》、全面建设国家中心城市的重要阶段，是率先加快转型升级、建设幸福广州的关键时期。“十二五”规划是广州发展提升到国家战略层面，明确国家中心城市定位后的第一个五年规划。科学编制“十二五”规划，对于加快广州市建设国家中心城市，率先实施转型升级、建设幸福广州具有重大意义。

按照国家和省对规划编制工作的总体部署，广州市“十二五”规划编制工作从 2009 年 11 月正式启动到 2011 年 4 月印发实施，历时 1 年半。2009 年 11 月，市政府正式印发《广州市国民经济和社会发展第十二个五年规划编制工作方案》，全面启动市“十二五”规划编制工作。2010 年 4 月，市政府办公厅印发《关于成立广州市国民经济和社会发展第十二个五年规划编制工作领导小组的通知》，领导小组办公室设在市发展和改革委员会。7 月，市政府召开市“十二五”规划编制工作会议，就全面做好规划编制工作进一步作出部署、提出要求。

2010 年开始，在前期研究的基础上，经广泛征求意见，研究形成《广州市“十二五”规划基本思路》，为市委制定《中共广州市委关于制定国民经济和社会发展第十二个五年规划的建议》提供重要参考。2010 年 8 月至 12 月，以《广州市“十二五”规划基本思路》为基础，根据中共中央、省委和市委关于制定“十二五”规划的建议精神，经过认真讨论、多次征求意见、反复修改完善，最终形成《广州市国民经济和社会发展第十二个五年规划纲要（草案）》

[简称《纲要（草案)》]。2011 年 1 月，市委九届第 10 次会议通过《中共广州市委关于制定国民经济和社会发展第十二个五年规划的建议》。随后，13 届 132 次市政府常务会议、九届第五次市委常委会议先后讨论并原则通过《广州市国民经济和社会发展第十二个五年规划纲要（草案)》。

在《纲要（草案)》编制过程中，按照充分发扬民主、开门编制规划原则，通过各种方式和渠道广泛听取社会各方面意见。市委专门召开民主协商会，听取各民主党派、工商联和无党派人士的意见和建议；市政府召开民主协商会，各民主党派、工商联和无党派人士对《广州市国民经济和社会发展第十二个五年规划纲要（草案)》提出意见和建议。市人大财经委召开"十二五"规划纲要座谈会，听取市人大财经委等部分工委和人大代表的意见；市政协组织召开专题协商会，听取部分政协代表的意见。此外，还多次通过会议和书面形式征求市各有关部门、各区（县级市）及有关专家的意见，并在网上开展"十二五"规划建言献策活动，广泛征求公众对规划编制的意见和建议。根据各方面意见反复修改《纲要（草案)》10 余稿。在人民代表大会会议期间，又根据市人大代表和政协委员的意见作进一步修改完善。通过多方征询对市"十二五"规划的意见和建议，使规划编制过程成为统一思想、凝聚共识、集中民智、科学决策的过程。

2011 年 2 月，市第十三届人民代表大会第六次会议审议并高票通过《广州市国民经济和社会发展第十二个五年规划纲要》（简称《纲要》)，4 月市政府印发。《纲要》提出"十二五"期间广州市发展的主要目标：到 2015 年，综合经济实力继续保持全国领先，转变经济发展方式取得重大进展，改革开放进一步深化，率先建成国家创新型城市，宜居城乡建设取得更大进步，人民生活水平明显提高，社会建设全面加强，国家中心城市建设迈上新台阶，全市生产总值达到 1.8 万亿元，年均增长 11% 左右。《纲要》确定的重大发展任务和重大规划建设项目在国家和省的纲要中得到较好体现。《中华人民共和国国民经济和社会发展第十二个五年规划纲要》提及广州的内容和项目达 13 处，其中明确点到"广州项目"有 9 处，具体为：广州亚运会、广州南沙新区开发、沿京广经济带、广州城市轨道交通网络化系统、扩建广州机场、华南煤炭中转储运基地工程、京哈京广通道、广深港客运专线、武广客运专线，另在附图有关规划内容中明确标出"广州"有 4 处。特别是"广州南沙新区开发"被列为粤港澳合作重大项目，从国家层面明确了"打造服务内地、连接港澳的商业服务中心、科技创新中心和教育培训基地，建设临港产业配套服务合作区"的发展定位。

2011 年 7 月，国家发展和改革委员会召开全国"十二五"规划编制工作总结会议，《广州市“十二五”规划纲要编制总结》荣获全国“十二五”规划编制工作“创新奖”。

（撰稿：吴衔；编辑：曾新）

全面规范行政执法自由裁量权

规范行政执法自由裁量权是规范权力运行、推进依法行政、建设法治政府和预防腐败的重要措施。广州市政府从2006年开始着手推进规范行政执法自由裁量权的工作，2009年出台地方政府规章《广州市规范行政执法自由裁量权规定》（简称《规定》），2010年至2012年间，完成规范行政处罚、行政许可、非许可行政审批、行政强制、行政征收、行政给付等各类行政执法自由裁量权的工作。该项工作于2012年荣获第二届“中国法治政府奖”提名奖。

建章立制，将规范行政执法自由裁量权作为执法主体的法定职责。2009年7月4日，《广州市规范行政执法自由裁量权规定》正式施行，这是中国第一部全面规范行政执法自由裁量权的政府规章。《规定》明确了广州市行政执法主体应当以规范性文件的形式对行政执法自由裁量权的行使条件等予以合理细化；也明确了市行政执法主体规范行政执法自由裁量权的基本原则；同时对规范行政执法自由裁量权的配套制度建设作了规定。

大胆探索，开展规范行政执法自由裁量权试点工作。针对广州各行政执法主体实施的现行有效法律、法规、规章多，执法行为多样的现状，为使《规定》实施顺利，2009年9月，市政府印发《关于规范行政执法自由裁量权试点工作的通知》，要求市城管局、市环保局、市质监局开展规范行政处罚自由裁量权试点工作，市劳保局和市规划局开展规范行政许可自由裁量权试点工作。市法制办积极与试点单位沟通，加强业务指导。一是通过电话，督促试点单位按照通知规定的时间、步骤开展试点工作，解答试点单位在制定规范性文件中碰到的各种问题。二是组织召开座谈会，进一步明确试点的重要性、时间要求，规范自由裁量权的规范性文件的格式，解答试点单位在试点过程中碰到的一些共性问题。三是提前介入规范性文件制定，走访试点单位，与试点单位一起研究规范自由裁量权规范性文件的制定，从格式到具体条文都提出意见，为下一步的审查打下基础。经过努力，五个试点单位都按期完成了规范行政处罚和行政许可自由裁量权的规范性文件的制定工作。2010年7月28日，市法制办组织召开全市规范行政执法自由裁量权试点总结暨全面推进动员大会。

分步实施，稳步推进全市规范行政执法自由裁量权制度建设工作。在指导试点单位开展试点工作的同时，市法制办积极采取其他措施，推动全市规范行政执法自由裁量权工作的开展。一是将规范行政执法自由裁量权的情况作为行政执法评议考核的重要内容，促进各单位重视该项工作。二是市法制办于2010年3月向全市下发了《关于进一步做好规范行政执法自由裁量权工作的意见》，对规范行政执法自由裁量权提出具体要求，明确广州市规范行政执法自由裁量权的工作分三阶段进行。三是严把审核关。市法制办对各部门报送的规范行政处罚自由裁量权的规范性文件，从内容到形式严格把关，确保送审规范性文件的合法性和合理性。根据市政府统一部署，广州市各部门分别于2010年、2011年、2012年分步完成规范行政处罚自由裁量权工作、规范行政许可自由裁量权工作和规范其他类型行政执法自由裁量权工作，各单位制定的相关规范性文件均已经过市法制办审查通过，正式对外公布实施。

积极贯彻落实规范行政执法自由裁量权的细化量化标准，确保执法的公正合理。一是加强对执法人员的培训，提高执法水平。如市财政局行政处罚、行政许可自由裁量权规定下发后，马上组织该局政府采购处、财政监督分局、财政征管分局的执法人员等学习该两个规定，结合实际详细解读了该局行政处罚、行政许可事项的具体裁量标准、适用规则。市审计局每年组织执法人员尤其是一线执法人员进行集中培训学习，并将培训重点放在增强审计干部规范行政处罚自由裁量权的自觉性和主动性上，要求执法人员对照现行法律法规，准确掌握细化的执法标准内容、程序规范和制度要求。二是执法过程中严格把关，将规范自由裁量权工作落到实处。市物价局在执法实践中，通过《案件讨论记录》，对价格违法案件事实、性质、情节、社会危害程序及主观过程等相关因素进行分析，对照《广州市物价局规范行政处罚自由裁量权规定》，套用相关裁量情节，确定“轻微”“一般”“严重”“特别严重”四个不同档次的处罚标准，提出适当幅度的行政处罚建议。三是强化监督，着力提高工作绩效。市环保局将规范行政处罚、行政许可自由裁量权工作列入部门依法行政年

2012年12月23日，“广州市全面规范行政执法自由裁量权”荣获第二届“中国法治政府奖”提名奖

度考核。同时，将规范行政处罚自由裁量权作为必标明项目列入年初行政执法监督计划，每年不定期地对各区环保部门进行抽查。更新执法案卷评查标准，通过行政处罚案卷评查，对环保部门运用裁量标准的正当性、准确性进行审查。对涉及行政处罚自由裁量权的行政复议案件，突出审查其合理性，发现问题，及时与区环保部门沟通联系或通过行政复议建议书、意见书反馈，并督促其改正。2011 年，市环保局受理的 16 宗行政复议案件中，直接纠错 3 宗、间接纠错 5 宗，确保了自由裁量权的正确行使。

（撰稿：周春云　樊丽琴；编辑：李玉平）

完善政府重大决策程序

“十二五”期间，广州市政府不断深入推进科学民主依法决策，按照健全机制、规范程序、拓宽参与、优化方式、明确责任、强化监督的决策指导思想，结合实际，不断总结经验，逐步建立健全了一系列体现科学、民主决策精神的决策程序和规定，政府决策各环节的流程不断完善。

公众参与，不断健全决策民主化程序。2009 年，广州番禺垃圾焚烧发电项目选址过程中通过公众参与，实现了政府和市民的良性互动，促进了政府对垃圾焚烧项目的科学审慎决策。受此事件的影响，2010 年 5 月 19 日，广州市政府办公厅印发《重大民生决策公众征询工作规定》，进一步规范重大民生决策公众征询工作。全市涉及教育、公共交通、“三旧”改造、自来水、污水处理等收费和重大项目招投标等关系到人民群众切身利益的重大事项，注重听取社会各界的意见，保证决策顺应民意、合乎民心。特别是在广州市既有住宅增设电梯制度、公共租赁住房保障制度、垃圾处理政策的制定过程中，通过大范围、多层次公开征求意见，集中民意，体现民智，较好地化解了决策所要解决的社会管理难题。对于公众参与重要形式之一的听证，2011 年出台了《广州市重大行政决策听证试行办法》，2014 年修订，对公众参与的听证程序作出更为具体的规定，创新性规定“现职公务员不得被选为听证代表”。在 2011 年广州市中心区投放 1000 台出租汽车运力和 2012 年城市自来水水价调整的决策中，决策起草部门按照《广州市重大行政决策听证试行办法》组织听证会，通过规范的听证程序充分听取民意，为市政府依法决策提供了重要的参考。2013 年，在同德围公众意见征询委员会的有效实践基础上，参考港澳经验，将“公众意见征询委员会”制度化，制定《广州市重大民生决策公众意见征询委员会制度（试行）》，引入利益相关方代表、专家、人大代表、政协委员，为重大民生决策提供了多方对话协商平台，保障决策民主。东濠涌整治、金沙洲地区公共配套设施、城市固体废弃物处理、重大城市建设等项目成立了多个“公咨委”，取得良好效果。

专家咨询，不断强化决策科学性保障。 2005 年建立市政府决策咨询专家库，委托专家先后对 95 个课题进行重点研究，专家的许多研究成果和意见建议为政府决策提供重要参考。2012 年，市政府第二届决策咨询专家由 117 人组成，并组建政府法律咨询专家库，聘请 30 位法律咨询专家。2014 年 3 月，广州市出台《广州市重大行政决策专家咨询论证实施办法》，进一步强化专家论证报告的效力，明确专家论证报告应当作为重大行政决策的重要依据；建立全市统一的重大行政决策咨询论证专家库，区分综合专家库和专业分库，实现资源共享和统一公布；对专家的权利义务进行了明确规范，强化专家责任，规定专家的回避制度，促进论证水平提升。广州涉及教育、空气污染、水环境污染、旧城区和城中村改造、城市交通堵塞等重大问题，注重坚持先咨询论证，再研究决策，充分发挥咨询专家的作用和优势，尽量避免和减少决策失误与决策风险。

目录管理，逐步明晰重大决策范围。 2013 年年底印发《广州市重大行政决策目录管理试行办法》，首次对重大决策的范围进行界定，以事项的涉及面和决策难度作为判断依据，根据“谁决策谁负责”的原则，由相关部门提议决策项目，由市政府和各区、县级市判断，公众也可提出建议。2014 年，市法制办认真做好首次目录编制工作，从各部门申报的 43 项事项和 174 项市政府重点工作中梳理并审查，最终将具有基础性、全局性和影响面广的 15 项决策事项纳入广州市 2014 年度重大行政决策事项目录，并将其中 2 项纳入听证事项目录。2015 年，市法制办认真梳理市政府和各部门重点工作事项，经专家论证、部门磋商协调、副市长协调和市政府常务会议审议，最终将具有基础性、全局性和影响面广的 12 项决策事项纳入 2015 年度重大行政决策事项。其中，编制规划类事项 6 项、环境保护重大政策措施 3 项、公共服务政策类事项 2 项、科技教育重大政策措施 1 项。

实施评估，进一步保障行政决策实效。 2010 年出台的《广州市重大行政决策程序规定》和 2012 年修订的《政府工作规则》，明确要求行政决策，特别是重大行政决策，定期进行评估，如果出现导致决策目标全部或部分不能实现的情形，决策执行主办部门应当提出停止执行、暂缓执行或修改决策内容的建议，经政府批准后实施。

健全机制，不断提高依法决策水平。广州市政府围绕中心、服务大局，认真贯彻落实党中央、国务院和省委、省政府的重大决策，推动广州科学发展。同时，自觉接受人大的法律监督和政协的民主监督，认真组织落实《广州市人民代表大会常务委员会讨论决定重大事项办法》，按照人大决定的原则、方向、目标，政府决定实施的具体方案，实现依法办事，并主动向人大报告重大事项。认真落实《广州市政治协商规程》，加强重大问题在决策执行过程中的协商，如在广州市既有住宅如何增设电梯的决策过程中，政府职能部门积极征询政协意见，不断反馈进展情况，通过逐步建立健全人大、政府、政协在重大行政决策过程中的协调机制和配套制度，使政府决策更加科学、民主。

2012 年 12 月 23 日，“广州市完善重大决策程序规范　推进科学民主依法决策”项目荣获第二届“中国法治政府奖”

全面规范重大行政决策程序是广州市发挥地方立法先行先试的有益尝试，增强了行政决策的透明度，提升了公民对决策参与的热情，促进了政民之间的良性互动，有效推动了广州市各级政府重大行政决策的规范运作。2012 年，“广州市完善重大决策程序规范推进科学民主依法决策”项目荣获中国政法大学发起设立的第二届“中国法治政府奖”。

（撰稿：徐承云　樊丽琴；编辑：李玉平）

简政强区事权改革

2009 年，广州市第四轮行政审批制度改革向区（县级市）政府下放行政审批事项 129 项、扩大其他管理权限 65 项。2010 年，广州市着眼加快转型升级、提升科学发展实力、建设幸福广州的目标，再次启动简政强区事权改革。2011 年 3 月 30 日，印发《中共广州市委、广州市人民政府关于简政强区（县级市）事权改革的决定》。4 月 10 日，市委、市政府批准印发《中共广州市委办公厅、广州市人民政府办公厅关于简政强区（县级市）事权改革的实施意见》《关于推进简政强区（县级市）事权改革的工作方案》。6月1日，广州市委、市政府召开全市简政强区（县级市）事权改革动员大会，正式全面启动简政强区事权改革工作。简政强区事权改革主要内容：

一、理顺事权关系

重点围绕产业发展、规划建设、国土房管、项目投资、城市管理、市场监管、民生事业等领域，向区（县级市）下放管理权限。凡是法律、法规赋予区（县级市）一级政府行使的事权，都由区（县级市）政府行使；市、区（县级市）两级政府都可以行使的事权，原则上由区（县级市）政府行使；行政管理主体在市，由区（县级市）行使更有利于提高效能的，委托区（县级市）政府负责实施。

——按照重心下移、权责一致的要求，扩大区（县级市）政府城市管理权。

市城乡建设部门下放建设项目管理权限，完善对区（县级市）建设主管部门的指导和监督；市国土房管部门在土地管理、住房保障、房屋管理等方面，明确与区（县级市）的事权划分，下放相关审批和管理权限；市规划部门完善市、区（县级市）垂直管理体制，下放建设项目的规划许可等管理事权；市交通部门落实广州市道路交通建设管理职责分工方案，下放相关审批管理权限；市水务部门在污水治理和河涌综合整治基础上，下放有关事权；市城市管理、林业园林等部门将市政设施维护等工作下放区（县级市）承担。

——按照"谁投资、谁决策、谁收益、谁承担风险"的要求，扩大和落实区（县级市）政府投资审批和经济管理权。

市发展改革部门抓好全市国民经济宏观管理和综合协调，推进各项改革，缩小投资审核范围，下放审核权限，简化审核程序，落实区（县级市）政府投资管理权限；市外经贸部门深化外商投资管理体制改革，下放外商投资审批等管理权限；市工商、质监等部门完善垂直管理体制，明确部门与区（县级市）政府权责关系，建立健全协调配合机制和工作衔接机制，完善地方监督考评机制。

——按照提高行政效率、方便群众办事的要求，加大向区（县级市）政府下放社会管理事权的力度。

越秀、海珠、荔湾、天河、白云和黄埔等6个老城区，重点承接城市建设、管理等方面的事权，优化创业及居住环境，提高城市管理和服务水平；花都区和番禺区保留行使现有的行政管理权限，进一步简政扩权；南沙区、萝岗区创新与广州南沙开发区、广州开发区优势互补、协调发展的行政管理模式和运行机制；从化市、增城市行使法律、法规及上级党委、政府赋予的经济社会管理事权。

二、优化垂直（双重）管理部门管理机制

优化条块之间关系，区（县级市）工商、质监部门和区规划部门党群工作实行属地管理，其领导班子任免分别征求所在区（县级市）党委、政府的意见；城市管理综合执法机构调整为市、区（县级市）分级管理；完善公安、国土房管部门双重管理机制。

推行区（县级市）人大、政府对辖区内垂直管理部门领导班子行政、执法工作的评议考核制度，评议考核意见作为领导干部提拔任用的重要依据。建立健全垂直（双重）管理部门与所在区（县级市）协调配合和工作衔接机制。各垂直（双重）管理部门要在区（县级市）的中心工作或重大临时性任务中，接受区（县级市）的统一领导。

三、改进行政管理和服务方式

加快市、区（县级市）、街（镇）三级政务服务体系建设。深化行政审批制度改革，清理行政审批事项，减少行政审批管理层级，优化整合行政审批流程，推行限时办结承诺制度。建立健全部门间协调配合和磋商机制，扩大集中办理并联审批事项，完善“一站式”审批并向基层延伸，建立完善行政审批监督制约机制。改进行政执法体制和运行机制的方式方法，合理配置行政执法资源，解决执法力量分散、执法效率不高的问题。加快电子政务建设，推进政府业务网上办理。推进全市政务信息资源共享和业务协同，统筹规划全市行政审批信息网络平台，推进跨部门、跨层级统一互联的行政审批、服务平台建设，积极推行网上政务信息公开。

四、完善财政保障机制

按照“财随事转”原则，市财政部门根据下放的事权相应划转经费。进一步完善财政转移支付制度，按照基本公共服务均等化和主体功能区建设的要求，科学配置、合理安排一般性转移支付和专项转移支付；并从监管制度、绩效评价等方面着手，提高转移支付资金的使用效益。根据省对市财政体制的调整，完善市与区（县级市）财政分配体制，不断增强基层政府保障基本公共服务的能力。

五、创新用人制度

为解决事权下放后区（县级市）职能部门人员不足的问题，探索建立机关雇员管理和政府购买服务制度。一是规范机关雇员使用管理。在严格控制行政编制总额的前提下，按照“控制总量、盘活存量、优化结构、动态调整”原则，研究制订合理的机关雇员使用额度和指标标准，以中央、省核定行政编制使用指标，测算各级机关行政编制理论值，按比例核定机关雇员控制数，进一步规范机关雇员数额的使用管理。二是建立机关雇员监管约束机制。严格遵循“岗位急需、精简效能、动态管理”原则，研究出台机关雇员管理办法，积极探索引进竞争激励机制，建立体现公平原则的薪酬制度，规范机关雇员岗位分类、招聘录用、劳务管理等使用管理制度，比较好地形成组织、机构编制、财政、人力资源和社会保障等部门对机关雇员的监管制约联动机制。三是加强机关雇员经费服务保障。统筹制订机关雇员使用额度和指标标准、机关雇员管理办法以及政府购买服务管理办法，逐步构建机关雇员使用、管理、经费保障“三位一体”的管理架构，确定机关雇员薪酬待遇标准，明确机关雇员使用管理经费来源，专项安排机关雇员经费保障，正规机关雇员经费核拨及使用的监督管理，切实为事权改革有序推进提供强有力的财政经费保障。四是努力规范政府购买公共服务行为、提高政府公共服务质量和效益。由市财政部门研究提出事权改革政府购买服务管理办法，进一步规范政府购买服务的对象范围、工作程序、资金来源、资金监管和绩效评价制度，以建立公共服务均等化保障体制、建立健全公共服务体系为目标，积极探索公共服务多元化供给模式，提高政府公共服务供给效率和质量。

此次简政强区事权改革涉及下放事权 64 项，其中城市管理 40 项、经济管理 12 项、社会管理 12 项。为贯彻落实简政强区事权改革，市编办协调市纪检、财政、法制等部门组成检查组，督促检查市直部门和区、县级市事权改革推进和完成情况。截至 2012 年 8 月，市直有关部门和 12 个区、县级市，已经按照市委、市政府“能放则放”的要求，事权下放和签订协议达到“两个 100%”。

（撰稿：黄文俊；编辑：陈文敏）

实施“菁英计划”

为贯彻落实“科教兴市”和“人才强市”战略，广州市首次推出地方公派留学项目——广州市“菁英计划”留学项目。该项目瞄准广州市经济、社会发展的重点领域，每年选派并资助广州地区具有博士学位授权点的高校、科研院所的在册优秀学生，到教育、科技发达国家和地区（不含港澳台地区）公认的一流高校及其相关专业，师从国际学术界有较大影响力的导师攻读博士学位或进行联合培养，学成回国后服务广州，为率先加快转型升级、建设幸福广州和推进国家中心城市建设提供强有力的人才保证和智力支持。

2010 年 7 月，市委正式提出要“抓紧研究制定实施方案，在广州市选拔、资助部分优秀大学生到海外深造攻读博士，为广州培养更多科学领军人才，更好服务广州经济社会发展”。为贯彻落实市委、市政府决策，市教育局牵头，市财政局、人社局等部门共同参与，先后到华南理工大学、中山大学及市属高校、市国资委进行座谈和调研，拜访了教育部国际合作司、中组部人才局，并听取其指导意见，将该人才项目定名“菁英计划”。9 月，市教育局提交《关于广州市“菁英计划”留学项目工作情况的报告》，后修改形成《广州市“菁英计划”留学项目实施办法（第六稿）》《广州市“菁英计划”留学项目实施方案》。方案明确了选派学校、专业领域、资助类别等。并征求广州市发改委、广州市科信局、广州市财政局、广州市人力资源和社会保障局、市国资委意见，经修改完善，形成《广州市“菁英计划”留学项目实施办法（第八稿）》。2011 年 4 月 1 日，市教育局牵头组织召开了广州市“菁英计划”留学项目实施预备会，邀请广州地区有博士学位授权点的 17 所高校、科研院所参加，介绍项目的背景及主要内容，征求各相关单位意见和建议，做好项目实施的前期准备工作。4 月 2 日，市委组织部、市发改委、市教育局、市科信局、市财政局、市人力资源和社会保障局、市国资委联合印发《关于印发〈广州市“菁英计划”留学项目实施办法（试行）〉的通知》，从总则、组织机构、资助对象、申请条件、申请与评审、资助与管理、回国与使用、附则八个方面，规范了项目实施的目的意义、程序、标准和方法，为推进实施“菁英计划”留学项目提供了依据和保障。4 月 8 日，广州市“菁英计划”领导小组办公室印发《关于申报 2011 年广州市“菁英计划”留学项目的通知》，标志着首批“菁英计划”留学项目选派工作正式启动实施。截至 5 月 30 日，共有 85 人报名申请 2011 年市“菁英计划”留学项目。经过组织资格审查、学科专家评议、领导小组审定、项目公示，共有39名留学人员获得选派资助，其中，攻读博士学位9人，含申请学费资助5人；联合培养博士生30人。留学国家包括美国、英国、荷兰、瑞典、澳大利亚、法国、日本、新加坡、以色列等9个国家，派往学校均为世界排名（上海交大榜）前300名的学校，攻读专业是广州市经济社会发展的重点领域。7月26日，市委隆重召开广州市“菁英计划”留学项目首批派出留学生座谈会，广州市委书记张广宁出席会议并作重要讲话。张广宁指出要将“菁英计划”打造成广州市高层次人才培养、储备的重要平台和人才工作的知名品牌。2012年、2013年，相继派出留学生53名、34名。

实施“菁英计划”留学项目，是广州学习借鉴先进国家和地区经验、有计划有重点培养和造就各行各业精英人才的重要举措，是对人才“引进来”“走出去”工作的重大创新，是打造“国际人才港”的重要平台。同时，对加强广州市战略性人才的储备，推动广州走新型城市化发展道路发挥着积极而深远的影响。

（撰稿：郭海清；编辑：张丽蓉）

加强党政机关公务用车监督管理

为贯彻落实中央八项规定精神，节约行政成本，促进干部廉洁自律，广州市在全国率先建立“科技、管理、服务”三位一体的公务用车监管模式。2011年4月，广州市党政机关公车管理系统正式启用，8月在全市党政机关推广使用。9月21日，广州市出台《广州市党政机关公务用车使用管理暂行办法》，并相继出台《广州市党政机关公务用车使用管理补充规定》《广州市公务用车使用管理责任追究制度》等政策文件，在加强用车审核、建立用车台账、公示用车情况、开展责任追究等方面作出了明确规定，规范公务用车的使用管理。广州市利用“制度+科技”手段加强公车管理，引起了广泛关注，产生积极社会效应。

运用现代技术手段，打造公车管理信息化平台。一是以北斗卫星定位系统为依托，实现公务用车全过程监控。在公务用车上安装北斗卫星定位系统和服务终端，实时掌握公务用车的位置、速度、方向、时间和行驶里程等信息，通过系统可实时查询车辆运行情况。二是以RFID身份识别技术为基础，建立公务用车使用档案。工作人员使用公车时必须插入工作证信息卡，系统全程掌握车辆使用人员的身份信息，做到既管车又管人。三是以计算机网络和数据库技术为手段，建设公车管理信息系统。市公车管理系统根据各部门的不同权限实现层级动态管理，便于各单位对公务车辆进行监管。四是以数据实时统计技术为抓手，强化公务用车监管力度。系统实行各种数据自动统计，建立公务用车里程、用时、油耗、路费、维修费等台账记录，对公务用车使用情况进行定期分析评估，实现对公务用车的有效监管。

创新公车管理机制，建立公车层级分类管理体系。系统通过身份确认、车辆轨迹跟踪与查询、违规使用预警、统计分析与管理等，创新对公车管理的机制。在强化层级监督管理、实行行政区划分类管理、建立监察点重点监控制度、建立健全用车检查考核和通报公示制度等方面都有具体规定。广州市在加强公务用车监督管理的同时，注重强化公务用车服务，在实施监督中提供服务，通过优质服务体现监督效果。

加强公车监督管理，取得四大成效。一是节约公车费用。广州市党政机关车辆自安装北斗系统以来，“三公”经费公开数据降幅最大的当属公车项。2011 年 8 月，首批全市相应机关和部门安装终端设备 8043 台。2012 年 12 月，已安装达 8491 台。据统计，公车系统安装前车均月行驶里程为 1769. 97 千米，而 2012 年月均行驶里程为 1291. 31 千米，降低了 27. 04%。按每年每车减少 5000 千米节省 5000 元计算，全市 8491 辆车每年节省费用合计约 4200 万元。二是解决管理难题。安装北斗全球卫星定位系统和服务终端设备前，由于缺乏科学有效的监管手段，公车实际运行情况无法准确掌握，对公车私用难以实施有效监管。经过一年多的实践，公车管理信息系统的使用成功破解了“节假日公车封存难、用车人身份甄别难、公车使用情况公示难、执法用车监控难”等“四大难题”，公车私用问题得到有效整改。比如安装信息系统后，公务车辆的运行和使用情况在公车管理系统中一目了然，公务用车更加阳光透明。各单位可通过系统及时发现并核实公车私用行为。监管部门对举报的公车私用行为可以调阅系统记录进行调查。系统应用自动分析统计和预警功能，便于管理部门和纪检监察部门及时发现并解决问题。三是提高工作效率。运用高科技手段实施车辆调度和监管，有利于还原公务用车保障公务活动的本质属性，公务用车的规范性、合理性显著提高，车辆调度使用效能大幅提升。四是促进廉政建设。公车管理系统实现公车使用轨迹和用车人身份的结合。系统将公务员的用车情况全过程监控，所有数据自动生成并不可更改，便于监管部门进行通报公示。逐步扩大用车数据公开的范围和内容，真正做到让群众监督公务用车，有效遏制公车使用中的不正之风。特别是对一些特别时段、区域用车的监控，有利于加强对领导干部“八小时以外”活动的监督管理，有利于党员领导干部自律意识和廉洁从政自觉性的进一步提高。

加强党政机关公务用车监督管理，是加强党风廉政建设、厉行节约反对浪费的重要举措，是转变政府职能、推进后勤服务社会化改革的重要内容，是顺应民意、维护党和政府形象的迫切要求。广州市的创新做法被中央、省、市媒体报道，并在全国创立了公车管理的“广州模式”。

（撰稿：王继强；编辑：陈文敏）

“601”打击玉石（毛料）走私专项行动

2010年9月起，以陈某为首的涉嫌走私玉石（毛料）的走私犯罪团伙在国内招揽玉石（毛料）买家，并帮助买家赴缅甸参加拍卖公盘，中标后负责将玉石（毛料）通关经香港（或云南）运至中国大陆。在通关过程中，采取低报价格、少报重量、伪报品名的手法走私进境。

2011年6月1日，黄埔海关通过情报经营以及风险监控，查获某企业涉嫌低瞒报价格申报进口粗糙玉石（毛料）6340千克，案值人民币1.208亿元，涉

黄埔海关查获走私进口玉石（毛料）561吨

嫌偷逃应缴税额人民币 3021.73 万元。为将打击个体走私行为延伸为打击购、行、销组织团伙，斩断非法利益链条，黄埔海关成立专案组，以个案为突破口，深挖扩线，开展代号为“601”的打击玉石（毛料）走私专项行动，对案件进行深入调查。经查，2010 年至2011 年期间，以陈某为首的走私犯罪团伙走私进口玉石（毛料）共计 561 吨，全案案值约 7.74 亿元，涉嫌偷逃税额约 1.9 亿元，共抓获犯罪嫌疑人 10 名，其中 3 名为香港籍人员。

经调查发现，该案作案手法属于低报价格和伪报品名相结合，犯罪嫌疑人团伙具有很强的反侦查意识，所有单证均经过香港“洗单”（即进口货物经香港时，香港的中转商或代理商隐匿原始单证，制作全套虚假单证，以虚假单证内容提供给国内代理商报关的违法行为），单证流十分复杂。在资金流方面，该案采取货主“发包”给包税人“包税”进口的形式（即包税团伙以按重量或金额向货主征收以较便宜关税为名的佣金，为货主办理全套进口流程，实际则是采用伪报、虚报等方式达到偷逃关税的目的），货款也是经过“包税人”向境外支付，资金流十分隐蔽。在此类低报价格类案件中，资金流往往是容易被忽略的一条重要证据链条，此链条一旦断裂，有可能造成全案事实不清、证据不足的严重后果。因此，黄埔海关经过深入调查，严密部署，确定了以真假两套单证为核心，从资金流、物流、单证流等三方面入手构筑证据链条的办案思路。通过对“包税人”的办公场所搜查取证及详细讯问，了解涉案的货主与“包税人”密谋走私的细节及到最终客户收货的全部过程，指证相关涉案货主，落实了该案的低报价格的犯罪客观事实以及犯罪嫌疑人的刑事责任。通过原始中标合同、分货表、对账单等一系列重要书证，证实了全部涉案标的的实际成交价格情况。对货主取证之前，该关制定了详细的预审取证计划。为落实“宽严相济”的执法政策，黄埔海关主动联系玉石行业协会，召集相关货主举办政策宣讲会，动员相关货主主动投案自首。案发后，有 9 名货主主动投案自首并如实交代了其参与走私的犯罪事实。黄埔海关对主动投案自首的货主采取了取保候审的强制措施，并通过货主提供的银行水单、对账单等书证，证实了该犯罪团伙采取“包税”方式走私进口玉石毛料的事实，进一步明确了货主的主观故意和客观行为，落实了其刑事责任。

此外，该案因为涉及香港、东莞两地，犯罪嫌疑人为掩人耳目在单证交接方面均采取电子邮件的形式。案发后，黄埔海关第一时间向国内电子邮件服务器运营商调取恢复电子邮件记录，在恢复的电子数据中发现了大量证明该案伪报品名的客观事实以及嫌疑人主观故意的电子证据，并及时做好电子证据的提取、恢复和固定。同时由于犯罪嫌疑人均采取“包税”方式层层发包，所以

“包税费”的资金流信息就是该案的重要证据。预审结案后，立即对犯罪嫌疑人的相关银行账户进行查询，并要求犯罪嫌疑人进行确认固定。通过这一资金流信息，落实并区分了该案犯罪嫌疑人刑责。

黄埔海关在深入分析案情后，调动精干警力设立抓捕小组、取证组、抽调组、法制组、后勤保障组，明确各小组职责分工，对重点人员情况分析，制定详细的行动方案，经过周密部署和果断行动，一举破获此玉石走私大案。

（撰稿：尹晓飞；编辑：李玉平）

实行“三公”经费公开

2011 年 7 月 19 日，广州市财政局印发《关于做好 2010 年市级“三公”经费决算统计工作的通知》，要求市直各单位认真做好 2010 年市级“三公”经费决算统计和公开工作。同月，在市政府纠风办等单位主办的《沟通无界限　行风大家谈》电视节目中，市财政局公开了市本级 2010 年度“三公”经费决算情况。2012 年 2 月，市财政局通过市政府门户网站和广州财政网公开了市直行政事业单位 2010 年用财政拨款开支的“三公”经费决算总额。

2012 年 2 月 28 日，市财政局印发《关于做好市直行政事业单位“三公”经费公开工作的通知》，明确“三公”经费公开的主体，统一公开口径，要求各预算单位及时做好 2010 年“三公”经费决算公开工作。市本级 84 个部门公开了 2010 年“三公”经费支出情况，其中市政府 41 个部门全部公开。

2012 年 11 月 13 日，市财政局印发《关于印发 2011 年市本级部门决算公开范本的通知》，统一市本级“三公”经费决算公开的内容、口径、格式等。11 月 22 日，66 个市政府部门和直属机构全部公开本部门 2012 年“三公”经费决算。

2013 年 2 月 22 日，市财政局在市政府门户网站和广州财政网上公开市本级 2013 年度“三公”经费总预算。2 月 25 日，市政府 41 个工作部门和 26 个直属机构按照统一格式、统一时间公开本部门 2013 年度部门预算和“三公”经费预算，未纳入主动公开范围的民主党派、市工商联、各人民团体等 13 个单位，也主动公开 2013 年本单位部门预算和“三公”经费预算。

2013 年 4 月 8 日，市财政局印发《广州市财政局关于推进区、县级市部门预决算、“三公”经费信息公开的指导意见》，明确要求各区、县级市财政局须公开“三公”经费信息。截至 9 月 13 日，广州市 12 个区、县级市及所属镇街全

广州市首次公布的市政府部门年度预算表支出预算总表

预算 03 表

单位名称：广州市政府办公厅　　　　单位：万元

科目编码			单位代码	单位名称（新功能科目）	总计	一般预算资金	政府性基金	财政专户拨款	预算外资金	事业收入（不含预算外资金）	事业单位经营收入	上年结转、结余	其他资金
类	款	项											
1	2	3	4	5	6	7	12	13	16	17	18	19	25
				合计	25, 734. 20	22, 351. 62			852. 84	80. 00	51. 83	2, 228. 33	169. 58
				行政单位	21, 188. 97	18, 953. 13			150. 00			2, 085. 84	
			102001	广州市政府办公厅	21, 188. 97	18, 953. 13			150. 00			2, 085. 84	
201	03	01		行政运行（政府办公厅（室）及相关机构事务）	3, 798. 81	3, 798. 81							
201	03	02		一般行政管理事务（政府办公厅（室）及相关机构事务）	3, 982. 19	2, 669. 72			150. 00			1, 162. 47	
201	03	05		专项业务活动	477. 50	436. 50						41. 00	
201	03	99		其他政府办公厅（室）及相关机构事务支出	406. 14								406. 14
201	12	05		计划生育家庭奖励	9. 64	9. 64							
201	12	15		人口和计划生育目标责任制考核	59. 47	59. 47							
208	05	01		行政单位离退休	1, 755. 15	1, 755. 15							
208	08	01		死亡抚恤	1. 29	1. 29							

（续表）

科目编码			单位代码	单位名称（新功能科目）	总计	一般预算资金	政府性基金	财政专户拨款	预算外资金	事业收入（不含预算外资金）	事业单位经营收入	上年结转、结余	其他资金
类	款	项											
208	99			其他社会保障和就业支出	130. 84	130. 84							
210	04	01		行政单位医疗	211. 00	211. 00							
212	99			其他城乡社区事务支出	156. 13							156. 13	
229	03	01		住房公积金	326. 35	326. 35							
229	03	03		购房补贴	26. 43	26. 43							
229	99			其他支出	9, 848. 03	9527. 93						320. 10	
				事业单位（财政核拨）	3, 524. 44	2, 555. 46			702. 84			138. 20	127. 94
			102004	广州市政府政务信息系统管理中心	141. 54	141. 54							
201	03	50		事业运行（政府办公厅（室）及相关机构事务）	120. 17	120. 17							
201	12	15		人口和计划生育目标责任制考核	2. 20	2. 20							
208	99			其他社会保障和就业支出	1. 21	1. 21							
210	04	02		事业单位医疗	5. 50	5. 50							

部公开2011年“三公”经费决算信息，成为全国第一个市、区（县级市）、镇三级政府全部公开“三公”经费信息的城市。

2013年9月26日，市财政局印发《关于印发2012年度市本级部门决算公开范本的通知》，要求市政府各部门、直属机构，市委各部委办局、市人大常委会办公厅、市政协办公厅、市纪委、市中级人民法院、市检察院、各民主党派、市工商联、各人民团体按照范本要求，于10月17日在部门网站或受众面广、影响面大的媒体上，公开本部门2012年度“三公”经费决算。10月17日，市本级110个部门中有95个部门公开了本部门2012年“三公”经费决算。

2014年2月22日，市十四届人大第四次会议审议通过《广州市人民代表大会审查批准监督预算办法》，其中明确：“市财政部门应当在市人民代表大会或者市人民代表大会常务委员会审查批准预算、预算调整、决算后20个工作日内，向社会公开市总预算、决算和市本级预算、预算调整、决算；各部门应当在市财政部门批复部门预算、决算后20个工作日内，向社会公开本部门的预算、决算；涉及国家秘密的不予公开。”5月26日，市财政局印发《广州市财政局转发财政部关于深入推进地方预决算公开工作的通知》，要求各区预决算信息（包括“三公”经费预决算，下同）应在同级人大审议通过本级政府预算、决算草案的第20个工作日向社会公开。部门预决算、“三公”经费和会议费预决算公开范围包括向同级财政部门编报预算的部门及其所属行政事业单位、区属街镇。各区预决算信息应在本级政府门户网站和部门网站上同时公开。各区应在本级政府门户网站设立预决算信息公开专栏，汇总并集中公开本级预决算信息，并保持长期公开状态。各区财政部门应制定本区统一的部门预决算公开范本，其中，公共财政预算资金安排“三公”经费和会议费预决算使用全市统一范本。

与2013年仅公开部门“三公”汇总数据相比，2014年要求同时公开部门“三公”汇总数据和下属单位“三公”预算。10月17日，市人大审议部门预算的109个部门中，有101个公开了部门决算。

2015年2月6日，市财政局印发《关于印发2015年广州市本级部门预算公开范本的通知》，明确除涉及国家秘密事项外，所有向市财政部门编报部门预算的部门及所属行政事业单位，均须在2015年3月11日公开2015年部门预算（包括“三公”经费预算）。与2014年相比，2015年“三公”经费预算公开报表增加了与往年预算情况的比较。3月11日，市人大审议部门预算的110个部门中，有102个部门公开本部门2015年度部门预算（包括“三公”经费预算）。

（撰稿：杨福栋；编辑：曾新）

开展化解信访积案行动

随着改革的深入推进、经济社会的加速转型和社会利益格局的不断调整，广州市群众信访进入相对活跃期，沉积了一批信访积案，成为信访工作的重点和难点。“十二五”期间，广州先后开展一系列化解信访积案行动，听民声、解民困，集中解决一批信访积案与信访突出问题，推进和谐社会、幸福广州建设。

2011 年 8 月 5 日至 11 月 15 日，广州市开展“化解信访积案百日行动”（简称“百日行动”），以排查化解矛盾纠纷、攻坚信访积案、领导大接访为主要内容。市信访局牵头成立督导组，跟踪督办“百日行动”，对各阶段活动进行具体组织实施。各级各部门均成立了以主要领导挂帅的活动组织领导小组，统筹推进“百日行动”。重点组织开展矛盾纠纷排查化解集中行动，各区（县级市）、市直部门在本地区、本部门开展拉网式排查，对排查出的问题逐一建立台账，明确信访责任单位和维稳责任单位，共排查出矛盾纠纷 2138 宗，落实各级领导包案 1447 宗。市信访局成立积案清理督导小组，分成 6 个工作组，对 12 个区（县级市）及有关市直部门上门督查，现场指导，加强沟通。“百日行动”中，全市共排查信访积案 357 宗，全部落实领导包案，有效化解 298 宗，化解率达 83.7%。中央和省交办广州市的 24 件信访积案全部办结。期间，广州市采取市四套班子主要领导约访，其他市领导分类接访，市直部门和各区（县级市）领导公开接访，镇（街）领导上门探访的四级分类接访形式，开展了 5 次领导接访活动，各级领导干部 3000 多人次接待群众 10000 余人次。

2012 年 8 月起，广州市开展“化解信访积案攻坚持行动”（简称“攻坚行动”），成立信访积案排查专项工作组。建立排查备案长效机制，根据信访积案“增、减”动态变化，对信访积案实行每月滚动排查更新一次、每月集中交办新增案件一次、每月通报案件增减情况一次、每月向市委常委会汇报办理情况一次。对排查出的积案建立台账，逐案分类处理，属涉法涉诉类的案件移交市委政法委；属信访三级终结、无政策依据或信访人要求过高不符合政策规定，确实无法解决的信访积案列入稳控类案件，并与维稳部门做好沟通；其余案件交各责任单位落实领导包案。同时，把时间跨度长、处理难度大、案情复杂、久拖未决的 21 宗历史疑难复杂信访案件交 16 位市领导包案处理。市信访局由局领导带队，组成 6 个督导组，分赴各区（县级市）和市直有关部门开展督导检查，及时掌握情况，帮助协调涉及多地区、多部门的疑难信访问题。

为从源头上控制信访积案增量，广州市制订《关于加强市职能部门信访工作的实施意见》《关于加强镇（街）信访工作的实施意见》，就注重源头预防、强化首办责任、提高信访事项一次性办结率和化解率提出工作要求。市信访局组织开展基层信访工作人员培训、镇（街）综治信访维稳中心现场会等活动，对各镇（街）落实信访责任情况进行抽查，抽查情况纳入信访工作年度考核，督促各区（县级市）加强基层力量。同时，开展重复信访专项治理工作，制订《关于加强重复信访治理工作的实施意见》，由市信访局明确重复信访事项的责任单位，每月集中交办；责任单位的办结报告需由市信访局审查确定是否销案。2012 年 11、12 月，全市连续两月新增积案为零。

2013 年，广东省开展“信访积案化解年活动”，提出“到今年年底信访积案化解 90% 以上”的工作目标。广州市继续巩固“攻坚行动”成果，研究制定《广州市信访积案化解年活动方案》，成立信访积案化解年活动领导小组，由市委副书记挂帅。领导小组严格按照每月“四个一次”的要求，对信访积案实行科学化的动态管理，对已化解的信访积案及时滚动“销账”，对新增信访案及时由责任单位“认账”，避免信访积案化现象。市信访局沿用成立督导组实地督导的做法，逐案研判，促进落实。同时，及时总结推广各区（县级市）及市

领导在公开接访日接待来访群众

直各单位开展信访积案化解工作的成功经验，对积案化解工作予以指导帮助。各级各部门通过领导包案、多部门联合会诊、利用特殊疑难信访问题专项资金等多个渠道，综合运用法律、行政、经济等多种手段和思想教育、人文关怀、困难救济、依法处置等多种办法，成功消化绝大部分积案存量，结案率达到94%，超额完成了省的工作目标。

2014年，广州市结合“社会矛盾化解年”活动，继续排查2013年下半年以来到省进京上访、重复来信和网上投诉中应解决而尚未解决问题的信访积案以及2014年新产生的信访积案，对排查出的信访积案进行分类处理。一方面，将信访积案划分为合理、部分合理和不合理等类别；另一方面，按照中央政法委有关涉法涉诉信访工作改革的要求，将信访积案划分为行政类和涉法涉诉类。其中，涉法涉诉信访事项、已经依法终结备案信访事项、暂无政策依据或者需要调整现行政策予以解决的信访事项，不列入排查交办的范围。对排查梳理出的行政类信访积案，分批交各区（县级市）和市直有关单位限期解决。2014年，广州市新增信访积案仅14宗。

2015年，广州市继续加大对案情复杂、责任交叉、久拖未决的信访积案的排查化解力度，重点加强领导包案化解工作。年初，市信访局筛选梳理了12宗疑难信访问题，经市委常委会审议通过，交各市领导包案解决。市信访局组成四个督导组，到各区督查市领导包案信访问题的化解情况，与责任单位共同研究具体解决措施。至年底，12宗疑难信访问题已化解8宗。

（撰稿：陈岳秀；编辑：李玉平）

广州建设国家创新型城市

2011年8月11日，广州市政府印发《广州国家创新型城市建设总体规划（2011—2015年）》，确立2015年广州建成国家创新型城市。总体目标是建成充满活力、特色鲜明的华南科技创新中心，成为国家知识创新和技术创新高地、国家发展战略性新兴产业的重要基地、亚洲领先的信息化都市和国际先进的区域创新发展引领示范区，成为创新环境友好、创新体系健全、创新效率高、创新效益好、创新辐射范围广、创新引领作用强的国家创新型城市。“十二五”期间，广州围绕建设国家创新中心城市，全面推动科技创新、产业创新、企业创新、市场创新、产品创新、业态创新、管理创新，系统提升城市创新能力。

2011 年，举办广州国际城市创新大会，创设“广州国际城市创新奖”。2012 年，广州被授予全国“智慧城市领军城市”和“国家知识产权示范城市”称号，广州在电子政务、公共安全、城市管理、智能交通、智慧医疗、电子商务等领域较好地应用了物联网、云计算、宽带泛在网络等新一代信息技术，走在全国前列。2013 年，广州创新平台建设取得新突破，完成国家超级计算广州中心一期建设，“天河二号”计算机被国际组织评为全世界运算速度最快的计算机。电子政务云实验平台建成开展试点。2014 年，广州有国家级创新型企业 8 家、国家创新型试点企业 6 家，省级创新型企业 80 家、省创新型试点企业 28 家，市级创新型企业 140 家、市创新型试点企业 102 家，市科技小巨人企业 198 家。2015 年，广州新增科技企业孵化器 34 家、“新三板”挂牌企业 110 家，广州知识产权交易中心正式挂牌成立。

“十二五”期间，互联网产业在广州发展势头迅猛，陆续崛起 UC 优视、酷狗音乐、欢聚时代、唯品会等一批互联网创新企业。仅广州市天河区就孕育超过 1000 家互联网公司，拥有超过 10 万人的专业队伍，天河 IT 从业人员聚集度仅次于北京中关村。琶洲互联网创新集聚区对标国际先进创新区域，促进互联网创新要素集聚，支持基于互联网的各类创新，带动“互联网 ”集聚集群发展，阿里巴巴、腾讯微信等互联网龙头纷纷进驻。由市场力量自发创立的广东微谷、伯乐咖啡等 14 家广州众创空间获科技部火炬中心批准纳入国家级科技企业孵化器管理支持体系。

“十二五”期间，依托广州超算中心等平台，广州国际技术合作发展迅猛。广州国际技术合作平台从 8 个增至 39 个，世界级源头创新与产业化活动开始向广州汇聚。广州共有国家级工程中心 18 家、国家企业技术中心 22 家、国家重点实验室 17 家、国家工程实验室 11 家和国家级质检中心 10 家。广州高新区、中新知识城、科学城、智慧城、琶洲互联网创新集聚区、生物岛、大学城、国际创新城、南沙明珠科技城连成一线，广州科技创新走廊已然成型。

2015 年 6 月 2 日，广州科技创新大会举行。会上颁布了广州市委、市政府《关于加快实施创新驱动发展战略的决定》和配套文件，提出企业研发机构建设、成果产业化投资新机制、科技成果交易补贴、鼓励个人和在校学生创业等具体措施，覆盖科技金融产业融合、创新载体建设、研发机构发展、科技成果转化、创新人才支持等关键环节，打造创新创业支持体系。

（供稿：市科技创新委；编辑：郑剑锋）

推动事业单位分类改革

2010年2月，广东省委、省政府印发《广东省事业单位分类改革的意见》，广州市被作为省推动事业单位改革试点之一。为全面稳妥推进事业单位分类改革，自2010年开始，广州市组织开展对全市事业单位的调研摸查工作。市编办认真组织研究中央、省有关事业单位分类改革的政策文件，以及有关会议精神，研究制订广州市事业单位改革实施意见。2011年9月，经市委、市政府批准，《广州市事业单位分类改革实施意见》正式印发，成立了市事业单位分类改革工作领导小组及其办公室，明确事业单位分类改革工作在市委、市政府的统一领导下，由市编委、市事业单位分类改革工作领导小组领导和组织实施，市编办承担具体工作，主要是负责审核市属各部门、各单位分类改革方案；指导区、县级市事业单位分类改革工作，对各区、县级市的分类改革方案进行审核备案；负责改革的组织、指导、协调和督促检查。2011年9月22日，广州市事业单位分类改革工作会议召开，全面部署事业单位分类改革工作，并进行专题培训，印发《关于制订事业单位分类改革方案需要把握和注意的问题》等文件，广州市事业单位分类改革工作进入正式组织实施阶段。

一、事业单位改革方法与步骤

根据全市部署与安排，市直各部门、市直属事业单位认真学习《广州市事业单位分类改革实施意见》等政策文件，研究提出本部门、本单位事业单位清理规范和分类方案，呈报市编委审批。各单位分类改革方案经市编办、分管市领导审核后，报市编委会议审议，最后报市委常委会议审定。行政类事业单位分类改革方案认定报省编办备案，待省编办确认后发文。事业单位分类改革的重点是严格控制行政类事业单位数量。市编办严格把握行政类事业单位认定标准，注意把握市属和各区、县级市之间同类型事业单位的平衡。分类方案经市编委批复后，相关部门、单位按照市编委批复确定的分类，区分不同类别，依据有关的配套政策，研究制定改革方案。包括具体改革办法，以及优化调整后保留的各个事业单位的机构名称、规格、类别、职责任务、内设机构、人员编制及人员结构、经费形式、领导职数（含中层）等。2014年年底，广州市事业单位的清理规范和分类工作基本完成。广州市涉及分类改革事业单位4700多家，总编制21万多名。通过改革，全市共减少事业单位360多家，共收回事业编制1万余名。

二、分类改革主要措施

广州市事业单位涉及面广、人数多，分类改革难度大。事业单位改革有序、稳妥推进。

——清理规范，优化公共服务资源配置。2010 年，市编办组织对全市事业单位机构编制、人员情况等基础信息进行核实、摸清。在此基础上，组织对事业单位资源进行统筹清理。未按机构编制管理规定擅自设立的，原承担职责任务已消失、划转或履行职责的法定依据已消失的，承担特定任务已完成的，批准设立两年以上未正式组建或未开展工作的等事业单位，予以撤销。机构设置过于分散、规模过小的，服务对象单一、社会效益不佳的，职责相同相近的，任务严重不足的等事业单位，打破条块、部门界限，予以整合。对从事公益服务的事业单位和暂保留承担行政职能的事业单位，重新规范其机构名称、隶属关系、职责任务、机构规格、经费来源、人员编制、领导职数、内设机构和人员结构等事项。通过改革，全市共撤销事业单位 170 余家，整合减少事业单位 130 余家，转企改制事业单位 50 余家。通过清理规范，事业单位结构得到了较好的优化。

——合理划分事业单位类别。在规范清理基础上，市编办合理划分事业单位类别，支持和保护公益类单位发展。严格把关行政类事业单位，控制行政机关行政职能通过事业单位体外循环的趋势；合理定位经营服务类和公益三类事业单位，能转企的转企，能撤销的撤销，切实减轻财政负担。改革后，保留事业单位 4400 多家，绝大部分明确类别。其中：公益一类事业单位占 85%，公益二类事业单位占 10%，公益三类事业单位约占 4%，经营服务类事业单位约占 1%。

——推进分类改革。通过深入调查研究，市编办与事业单位主管部门沟通协商，指导督促各部门梳理事业单位的职责任务，抓好事业单位清理规范和调整优化，对设置过于零散、规格过小、服务对象单一但仍有社会需求的进行整合；对工作任务相同或相近的进行重组；通过清理调整保留的，重新规范单位名称、职责任务、内设机构和人员编制等事项。

对有法律、法规授权并按规定程序批准设立的承担行政职能的事业单位，或虽无法律、法规授权，但按规定履行行政委托（含党委部门委托）手续后承担了公共事务管理职能的事业单位，暂予以保留。对完全从事生产经营活动的事业单位，直接转制为企业。给予 5 年过渡期，过渡期内，对转制单位给予适当保留原有税收等优惠政策，原有正常事业费继续拨付。从事公益服务的事业单位改革分两类进行。严格控制公益一类事业单位的机构编制，所需经费由同级财政划拨，实行“收支两条线”管理，严禁从事营利性经营活动。公益二类事业单位所需经费，财政给予经费补助，并通过政府购买服务等方式予以支持。公益二类事业单位在确保实现公益目标的前提下，可依法开展相关的经营活动。

广州市将推进事业单位分类改革与抓好医药卫生体制改革、学前教育体制改革等专项改革结合起来。一是建立、健全和完善城市社区卫生服务体系，加快推进基层卫生医疗机构综合改革。大力推进以政府举办基层医疗卫生机构为主的综合改革，为医改工作提供机构编制保障。二是推进公办幼儿园教职员编制核定工作和公办幼儿园管理体制改革工作。坚持和强化市属公办幼儿园的公益性和普惠性原则，逐步提高公办幼儿园面向社会招生比例，切实解决市民最关心、最现实的权益问题。广州市破除体制障碍，稳妥推进事业单位分类改革。如推进公园管理体制改革，将原工勤在编人员实行实名制管理，在确保人员稳定的基础上将占用的编制随自然减员逐步收回，通过工勤人员在使用编制上只出不进的方式，逐步推进公园日常维护与运作向“养事不养人”的模式过渡，推动了公园社会化改革，较好地实现了减轻负担与提升服务共赢。

三、开展法人治理结构和法定机构试点工作

根据中央和省法人治理结构试点改革工作相关精神，结合广州实际，确定广州市 10 家不同领域的公益类事业单位为试点单位，分别是市第八人民医院、市司法职业学校、市农业科学研究院、市流花湖公园、市就业训练中心、市高

2011 年 9 月，广州市召开事业单位分类改革工作会议

级技工学校、市射击射箭运动管理中心、广州图书馆、广州经贸会展服务中心、广州大学纺织服装学院。试点单位由主管部门牵头，成立推进法人治理结构工作组，完成制订相关的章程，酝酿明确理事会成员，建立理事会。10家单位基本形成以法人治理结构为核心的组织运行体系。

在法定机构试点方面，依据省编办《印发关于在部分省属事业单位和广州、深圳、珠海市开展法定机构试点工作指导意见的通知》精神，推进广州市法定机构试点工作。开展实地调研，学习借鉴深圳、顺德等地经验，2013年12月印发《广州市法定机构试点工作实施方案》，确定广州仲裁委员会为市法定机构试点单位。

广州市推进事业单位分类改革，并按照事业单位类别，推进事业单位人事管理、收入分配、社会保险、财政投入和后勤服务等配套改革，探索事业单位管理模式。加强对事业单位的监督管理，重点加强对承担行政职能和从事公益服务类事业单位的管理。建立健全实地核查、跟踪检查、信息公告、证书联检等制度。

（撰稿：黄文俊；编辑：陈文敏）

构建覆盖城乡公共法律服务体系

为贯彻落实广州市第十次党代会提出的加快“构建覆盖城乡的公共法律服务体系”的目标，广州市积极探索实践，构建了市、区县两级法律服务大厅、街镇法律服务站、村居公益法律服务室四级公共法律服务网络体系，一站式解决群众基本法律服务需求。同时，投入近2000万元推进“12348”法律服务热线建设，完善司法行政信息公开、网上办事、政务互动等公共服务平台，提供在线法律咨询、法律援助等功能，构筑网上网下、整体联动的服务网络；并由市财政出资，设立市法律援助大厅。全市共建法律援助工作站327家，法律援助联络点2082个，形成半小时公共法律服务圈；织密人民调解组织网络，建立街（镇）、村（居）、企业、社团及其他组织调委会3396个，调解网络遍布城乡、纵横有序。全市公共法律服务基本形成“点上突破、面上推进、协调发展”的良好局面。市司法局推进公共法律服务体系建设的举措如下：

发挥志愿者服务。一是加强公益法律服务队伍建设。广州市律师资源丰富，有律师所466家、律师8020人，律师数量位居全国省会城市之首，律师每年办理业务10多万件。市司法局在指导律师做大做强高端法律业务的同时，通过开展“百名专家律师公益法律服务”“千名律师下基层三进”活动等，向群众提供优质高效的法律服务。其中650多名律师免费参加市法律服务大厅轮流值班，两年共接待来访群众6038人次，解答各类法律咨询5616宗。同时，还组建少数民族、医疗损害赔偿等专业法律援助志愿者团队，建立联席会议制度，协助处理重大、复杂、疑难案件。与中山大学等高校合作，积极引进高校专业人才充实基层力量。多名律师志愿者参加法律援助“1+1”志愿者行动。截至2015年年底，市司法局法律援助志愿律师队伍已有960多人，并建立了公益法律服务人才库，实行法律人才动态管理，统一调度。二是加强司法社工队伍建设。2006年社区矫正工作从公安机关移交司法行政机关后，市司法局借鉴中国香港和新加坡等地经验，成立了广州市尚善中心、荔湾区友善社会服务中心、越秀区清源社会服务中心等社工机构，采取内部调剂、培育司法社工、招募志愿者等方式，不断充实工作力量。截至2015年年底，全市建立由心理医生、大学教授、离退休人员、村居干部等组成的志愿者队伍3616人，发挥各方优势，有针对性地对社区服刑人员进行教育帮扶，有效预防和减少了再犯罪。

政府购买法律服务。市司法局以贯彻落实《国务院关于政府向社会力量购买服务的指导意见》为抓手，着力构建政府购买公共法律服务的长效机制。一是完善政策制度。2009年，市政府出台《广州市政府部门聘请常年法律顾问试行办法》。2013年7月，市政府重新修订出台《广州市政府部门聘请常年法律顾问办法》。广州市律师以组团形式先后受聘担任征地拆迁、水务建设重大工程专项法律顾问。2013年初，市司法局协助市法制办对政府部门聘请常年法律顾问进行招投标，40家律师所中标。另有17名资深律师受聘为第二届市政府法律咨询专家，律师（所）受聘担任438个政府部门法律顾问，积极参与行政立法、重大行政决策风险评估和政府合同审核等工作，为广州连续荣获“中国法治政府奖”作出突出贡献。强化政府购买法律服务的政策保障，2015年，市委、市政府办公厅转发《市司法局关于全面加强和改进律师工作的意见》，市司法局与市法制办联合起草《广州市医疗纠纷预防与处理若干规定》，市司法局出台《广州市关于加强基层法制宣传教育工作的意见》规范性文件等。二是加强经费保障。全市公共法律服务业务经费逐年递增。业务经费每年投入近5000万元，有力地保障了基层公共法律服务的顺利开展。三是加快改革创新。市司法局2009年就开始探索一村（社区）一法律顾问工作，选择萝岗区的10个村开展“聘用律师担任农村法律顾问”试点工作，以政府出资“买单”的方式建立农村公益法律顾问制度。2015年，选择花都区狮岭镇作为试点，由市律协与镇政府签订购买专业法律服务框架协议，以每个案件7000元标准，将7件被省、市信访部门“挂牌”的历史积案交由律师（所）处理。7件信访维稳案件中，5件被省、市信访部门成功销案，2件事态得到稳控，取得阶段性成果。

荔湾区西村街一村（社区）一法律顾问签约仪式现场

一村（社区）一法律顾问工作。2012年，市司法局在全市铺开一村（社区）一法律顾问工作，这项工作以律师事务所与司法所“所所结对”为主要形式，由结对律师深入社区为群众提供“家门口”的免费便利法律服务。律师法律服务进村（居）基本实现全覆盖，法律咨询受众140398人，出具法律意见8425份，调解纠纷2263宗，审查合同7401份，提供法律援助1836件，深受基层和群众欢迎。2015年5月，省司法厅部署一村（社区）一法律顾问工作之后，市司法局在原有工作基础上全力推进，强化组织领导，制定相关方案和实施意见，落实律师人员配置，完成法律顾问与村（社区）的全面对接，做好法律顾问进村（社区）前期准备，完成对村（社区）法律顾问的轮训，建立健全工作机制和平台，使该项工作更加具体规范、系统全面。

（供稿：市司法局；编辑：李玉平）

广州市属监狱实现从无到有的突破

由于没有市属监狱，长期以来，广州市大批罪犯送省管监狱和外省监狱。为强化政权机构，维护社会治安稳定大局，降低罪犯关押执行成本，提高罪犯改造质量，从2006年开始，市司法局启动转型建立市属监狱工作。2008年年底，司法部正式批复同意建立广州市属监狱，罪犯关押规模5000人。2010年7月，广州市政府批准广州市监狱项目立项，投入建设资金5.4亿。2011年12

月，广州市监狱挂牌成立。2012 年 8 月，监狱建设项目正式奠基动工，监狱建设定位为设计先进、功能齐全、配置合理，具有广州特色的现代化一流监狱。2013 年 9 月，根据司法部监狱命名规范，广州市监狱正式更名为广东省花都监狱。2013 年 11 月 27 日，广东省花都监狱正式收押第一批罪犯，启动监狱收押程序，履行监狱执法职能。截至 2015 年年底，花都监狱累计收押罪犯 2375 人，在押 1049 人，监狱工作全面完成与省监狱局的业务对接，规范化建设不断推进完善。

2014 年 12 月，司法部批复同意广州市炭步强制隔离戒毒所改建为市属女子监狱，罪犯关押规模 3000 人；赤坭强制隔离戒毒所改建为市属监狱，罪犯关押规模 4000 人。赤坭所改建监狱项目第一期建设罪犯关押规模 1512 人。2015 年 3 月，炭步所、赤坭所更名为“广东省广州女子监狱”“广东省广州新华监狱”。2015 年 6 月 9 日，市发改委正式批复赤坭强制隔离戒毒所改建监狱项目立项。7 月 23 日，市发改委正式批复炭步强制隔离戒毒所改建监狱项目立项。两所改建监狱项目纳入《广州市政法系统基础设施建设五年规划（2013—2017 年）》。

花都监狱、女子监狱、新华监狱形成花都监狱片区，关押规模合计 12000 人。经过不懈努力，广州市属监狱终于实现了从无到有的历史性跨越。

（供稿：市司法局；编辑：李玉平）

设立广州国际城市创新奖

广州国际城市创新奖（Guangzhou International Award for Urban Innovation），简称广州奖（Guangzhou Award），由广州市与世界城市和地方政府组织（UCLG，简称“城地组织”）、世界大都市协会（METROPOLIS）共同发起设立，旨在交流城市创新发展的科学理念，推动全球城市的全面、和谐与可持续发展。2011 年 6 月，广州国际城市创新奖提议得到 UCLG、世界大都市协会积极响应，并在同年 12 月召开的 UCLG 世界理事会会议上获得通过，广州奖正式设立。该奖项永久落户广州，是首个以中国城市名创设的城市创新领域国际大奖。UCLG 主席托普巴什将此奖誉为“UCLG 的诺贝尔奖”。

广州奖每两年举行一次评奖活动，面向全球范围内的城市和地方政府评奖，包括世界城市和地方政府组织、世界大都市协会会员以及其他城市。申请者可提交如公共服务、公共部门组织与管理、伙伴关系与公共参与、智慧城市、可持续城市等领域的创新实践。每届颁奖数目不超过5项。每个广州奖获奖者可获得两万美元奖金、奖杯及获奖证书。

2012年，首届广州奖拉开序幕。共收到来自全球153个城市共255个项目的参评申请，覆盖全世界六大洲56个国家和地区，其中包括马德里、墨西哥城、首尔等29个首都城市。10月15日至17日，由欧洲、美洲、亚洲、非洲等城市创新领域的专家学者共同组成的技术委员会，按照既定章程对255个项目进行严格、公正的评审，优中选优，评选出15个入围提名城市和30个专家推荐城市。11月14日至17日，首届广州国际城市创新奖及广州国际城市创新大会暨世界大都市协会董事年会（简称2012“一奖两会”）在广州举办。14日，广州奖评审委员会从15个提名城市中评选出5个获奖城市，分别是土耳其科喀艾里（未雨绸缪——学会在地震下生存）、马拉维利隆圭（城市导师计划）、韩国首尔（处理青少年问题并提高其成果的透明性）、加拿大温哥华（理想温哥华——打造面向全民的宜居可持续空间）和奥地利维也纳（“维也纳新生活”——维也纳针对新移民的欢迎项目）。2012年12月16日晚，首届广州奖颁奖典礼在广州大剧院举行。2012“一奖两会”以“创新成就未来”为主题，共举办了各类活动30场次，其中重要活动有广州国际城市经贸交流会、联合晚宴、广州国际城市创新大会暨世界大都市协会董事年会开幕式及市长访谈、首届广州奖颁奖典礼、广州奖友谊林植树活动、《广州宣言》发布暨广州国际城市创新研究会揭牌仪式等6场次。首届广州奖得到了与会嘉宾的广泛赞誉，获得国际社会的共同关注。

时隔两年，第二届广州奖再次在广州举行。2014年11月27日至29日，2014中国国际友好城市大会暨广州国际城市创新大会（简称2014“一奖两会”）在广州白云国际会议中心召开，来自56个国家和地区277个城市和国际组织的600多名国内外嘉宾参会，其中国家政要3人、省部级嘉宾19人、市长级嘉宾63人、副市长级嘉宾36人。2014“一奖两会”以“我的城市我的梦”为主题，主要活动包括：“一奖”（第二届广州奖评审和颁奖系列活动），“两会”（2014中国国际友好城市大会暨广州国际城市创新大会），“四个论坛”（企业创新与城市发展论坛、城镇化与智慧城市主题论坛、丝绸之路与地方政府合作论坛、2014广州论坛），“五项展览”（全国友协会史展暨国际友城展、城市创新展、广州实践展、岭南文化展、国际儿童绘画展），以及广州奖入围城市答辩会、世界城市高端访谈等20多场主题活动。11月27日，入围城市答辩会正式拉开第二届广州奖序幕。活动聚焦于9月27日由第二届广州奖技术委员会

2014年11月27日，第二届广州奖入围城市答辩会在广州白云国际会议中心召开

会议评选出的第二届广州奖15个入围城市项目，根据入围案例的创新领域划分为4组，分别为城市危机管理与应对、可持续发展与环境保护、社会服务与治理、公民参与和赋权。入围城市代表采取项目演示和答辩相结合的形式，并回答评审委员会现场提问，为选出最终5个获奖城市提供重要参考。11月28日晚，在1600余中外嘉宾的见证下，哥伦比亚安蒂奥基亚省（教育学园——创新教育系统）、英国布里斯托尔（智慧城市）、新西兰基督城（我们的发展型城市）、塞内加尔达喀尔（市财政计划）、中国杭州（公共自行车系统）荣获第二届“广州国际城市创新奖”，另外该届新设的三奖中，杭州荣获“网络人气城市奖”，布里斯托尔荣获“媒体关注城市奖”，安蒂奥基亚省荣获“公众推荐城市奖”。

第二届广州奖在汲取首届广州奖成功经验的基础上，创新了举办形式，丰富了奖项内容，完善了广州奖整体运作机制，获得了更多赞誉和关注。2014年11月30日《人民日报》头版发表题为《开放的广州更从容》的文章，肯定广州在“一奖两会”中展现的包容开放的城市特质。

（撰稿：左洁琼；编辑：李玉平）

开通“中国广州发布”政务微博

2011 年被称为中国的“政务微博元年”。继“北京微博发布厅”“上海发布”之后，2011 年 12 月 19 日，广州市委、市政府的官方政务微博“中国广州发布”正式上线，同日，市公安局等 24 个党政部门、社会团体及企业的官方微博在新浪、腾讯网也同步上线。“中国广州发布”由广州市委宣传部统筹，广州市互联网信息办公室负责管理，依托新浪、腾讯、人民网等网站开展。

2012 年年底，第二批 52 家单位政务微博上线。2014 年 12 月 19 日，“中国广州发布”微信正式上线，标志着广州市以“中国广州发布”政务微博、微信为龙头的微政务格局初步形成。截至 2015 年年底，广州市已形成以“@ 中国广州发布”为主平台，由全市各区和市直部门共 79 家单位政务官方微博组成的在全国影响力较大的政务微博集群。“@ 中国广州发布”微博已成为横跨新浪、腾讯、人民网三个平台，集群总粉丝量已超过 4050 万的重要问政渠道。“中国广州发布”已稳居全国政务微博影响力前列，先后荣获“2011—2012 年度中国网络形象十佳城市”、2013 年度“十大新闻办微博”、2014 年“网络履职绩效全国十佳”第一名等殊荣，并在 2014 年综合影响力党政新闻发布微博中广东地区排名第一、全国排名第六，连续荣获 2014 年和 2015 年“网络履职绩效全国十佳”和“十佳城市政务新媒体奖”。

坚持权威发布。围绕市委、市政府的中心工作和全市各职能单位民生信息，第一时间发布权威信息。一是对市政府领导、市政府常务会议、市两会新闻发布进行“微直播”。自 2013 年 7 月起，“@ 中国广州发布”在全国率先对市政府常务会议新闻发布会、市政府领导媒体见面会进行全程网络直播，并增加网友互动环节，截至 2015 年 7 月 7 日，共进行微直播 127 场。同时，对每年两会市人大记者会进行微直播，努力探索网络问政的新途径。二是突发事件权威发布。在处置突发事件的微博发布上，“@ 中国广州发布”与相关单位形成了快速应对、联动报道机制。如在 301 公交车爆燃事件中，与公安、交委等单位迅速联动，事发 1 小时即发布官方通报信息。此后，安排专人跟踪事件发布，对伤亡人数、医治情况以及善后、交通指引等信息及时跟踪报道，第二天及时通报犯罪嫌疑人落网等案件告破信息，前后共发布 12 条微博，转发评论超过 2000 次，有效进行舆论引导。三是围绕市重点工作、涉民生重大内容发布。如对广州市中小客车总量调控管理试行办法和实施细则、广州“国五条”、中考政策调整、广州公办小学报名等市级部门重点项目、重大活动以及较大民生活动等重大决策内容进行第一时间发布。

@“中国广州发布”微直播

坚持服务网民。“@中国广州发布”始终坚持“与网民互动、为网民服务”。一是紧跟社会时事热点，积极策划主题宣传，特别是针对重大节点事件策划开展“微话题”或“微调查”，以了解民意、听取民声、汇集民智，打造城市发展建设公众参与的高效渠道。例如春运期间，特别开辟“春运”栏目，及时发布票务信息、购票指引、绕路提醒以及火车汽车购票情况和各种旅途上的温馨提醒等，为出行保驾护航。两会期间，开设“市两会”“代表委员建言”等栏目，报道两会开幕、市政府十大民生实事、代表委员们的提案议案、建言献策等。H7N9禽流感疫情发生后，开设“禽流感防控”话题，及时发布辟谣、提醒、防护、建议等内容，成为各大媒体获取广州市禽流感疫情最新情况的权威来源。二是针对市民网友提出的问题或相关投诉、建议，建立舆情收集、问题流转、情况反馈等机制，搭建政府与网民沟通的“桥梁”。每场新闻发布会，挑选1至2个网友关心的热点问题向市领导或相关部门负责人提问，对于现场未回复的网友问题，会后及时整理转交给相关部门，并于当周在官方微博上及时回应。三是发挥集群优势，开展线下活动。建立健全全市政务微博矩阵内部联动机制。围绕社会热点和涉民生话题举行微访谈等活动，邀请有关单位负责人或行业内知名专家在线上与网友“面对面”交流、互动。同时，加强与各单位微博互动，线上结合线下开展“微活动”。截至2015年7月7日，“@中国广州发布”牵头联合市各相关政务微博单位举办了微访谈28场、微活动42场。如春运时联合“@广州交通”组织“温暖相伴，回乡一路平安——2014年广州春运”微访谈；与“@广州工商”一起开展315“新消法新权益新责任”微访谈；春节期间，与花市办举办“齐晒美丽花城”活动；与市质监局联合发起“亲见证，更放心！邀您食品车间走一趟”活动，组织网友参观燕塘牛奶、利口福生产线；与黄埔区联合发起“邀您玩转波罗诞”活动，宣传非遗文化；与市民政局联合举办“手拉手，过六一——探访广州市社会福利院儿童”活动；与市城管委联合开展垃圾分类红段子征集大赛等。通过线上结合线下开展“微活动”，“@中国广州发布”的影响力进一步扩大。

（撰稿：刘敏；编辑：陈喆）

召开第十四届广州留交会“外裔高层次人才座谈会”

2011年12月19日至21日，第十四届中国留学人员广州科技交流会（简称广州“留交会”）在广州中国进出口商品交易会（广交会）展馆举行。12月20日上午，举行“外裔高层次人才座谈会”。中央组织部部长李源潮、广东省委书记汪洋出席了会议并作重要讲话。中央和国家有关部委负责人及广东省委、省政府，广州市委、市政府有关领导以及来自美国、英国、日本、俄罗斯、乌克兰等国家的近100位外裔高层次人才出席了座谈会。

广州“留交会”创办于1998年，是吸引海外留学人才的大型交流平台。据统计，共有2200多名海外人才参加第十四届“留交会”，其中博士以上学历人才占55%。为将留交会打造成中国海外高层次人才交流“第一品牌”，广州市与中央、国家有关部委对留交会的内容和形式不断进行创新。第十四届留交会主要创新点有：一是服务对象从单一留学人员扩大到以留学人员为主体，包括外裔高层次人才在内的海外高层次人才。通过留学人员邀请其外裔导师、同事、合作伙伴或学生参会，以突显“中国海外高层次人才交流的第一品牌”的内涵。二是在留交会原有人才项目供需展览基础上，提升为集人才、技术、资金和配套政策环境于一体的中国（广州）国际创新博览会（简称创博会），紧抓创新的源头，把更多的发明、专利及创新成果汇聚到留交会上，促进人才、团队、项日对接和落地。第十四届留交会邀请国内国际知名高校、科研机构组团参加，重点邀请欧美、独联体及港澳台地区机构，俄罗斯、乌克兰和白俄罗斯等独联体国家的国家科学院，以及英国伯明翰大学、美国麻省理工大学携带成果到会展示交流。此外，科技部举办国家“十一五重大科技成就展”，中科院举办“中科院系统成果展示”。三是创新留交会模式，整合形成“3+N”模块，即“人才交流”“创新论坛”“成果展示”三大部分和多项推介活动，使留交会的活动更加规范、更具延续性。此外，该届留交会还为海内外参会各方提供多项推介服务，包括“新广州 新商机”招才引智推介会、海外高层次人才及专业社团项目推介会、文化创意项目推介、其他城市推介会等。

第十四届“留交会”期间，举办了“外裔高层次人才座谈会”，主要围绕“人才国际化和创新创业环境”主题展开讨论，诺贝尔奖获得者、广东省创新科研团队带头人、美国马萨诸塞州大学医学院分子医学教授克雷格·梅洛，中国国家友谊奖获得者、白俄罗斯国立技术大学副校长阿列克谢夫·尤里，中央“千人计划”入选者、中国地质大学（武汉）特聘教授蒂姆·柯斯基等一批世界顶尖专家在会上作了精彩发言。此外，外裔“千人计划”专家也分享了人才国际化感言。中组部部长李源潮在座谈会上发表讲话，主要有三点：一是加强人才的国际交流合作，是推动世界科技进步和共同繁荣发展的需要，中国将实行更加主动开放的人才政策，欢迎优秀人才来中国创新、创业。二是中国的发展给外国专家到中国来创新创业提供了更多机遇和舞台。中国有2200多所大学、3700多所独立科研机构、1.8万个大中型企业的科研机构，有330多所国家重点实验室，2010年中国科研经费总额已达6980亿元人民币。对全球顶尖技术人才来说，中国将是他们实现技术改造世界梦想的一个最佳舞台。三是中国要为来华创新创业的外国专家提供更加优惠的条件。从2012年开始，国家启动实施“外国专家千人计划”，提供比“千人计划”更加优惠、更加适合外国人的条件：包括国民待遇、特殊照顾、事业平台、经费支持和来去自由。广东省委书记汪洋在会上也发表讲话，表示广东愿意为招揽更多的外裔高层人才继续作出不懈努力，在国内先行先试，努力为更多的外裔高层次人才来华创造更好的条件。

（供稿：市委组织部；编辑：梁斯豪）

中共广州市第十次代表大会

2011年12月24日至27日，中共广州市第十次代表大会召开，出席会议代表691人，列席会议63人，市各民主党派、工商联负责人和党外在职的副市级领导干部应邀出席了大会的开幕式和闭幕式。24日上午，市委书记代表九届市委作《坚持科学发展，牢记执政为民，为率先转型升级建设幸福广州而努力奋斗》的报告。报告全面总结回顾了广州市第九次党代会召开以来的工作。指出五年来，市委坚持以科学发展观为统领，深入实施《珠江三角洲地区改革发展规划纲要（2008—2020年）》，围绕加快建设国家中心城市目标和“率先加快转型升级、建设幸福广州”核心任务，全力推动经济发展、城市发展、文化建设和社会建设转型升级，全面加强和改进党的建设，开创了广州科学发展的新局面。会议对2011年至2015年工作进行了部署。广州要再创科学发展新辉煌，必须落实“12338”的决策部署，即紧紧围绕全面建设国家中心城市和“率先转型升级、建设幸福广州”这一目标任务，大力推进国际商贸中心和世界文化名城建设这两个战略重点，坚持“低碳经济、智慧城市、幸福生活”三位一体的城市发展理念，推进“三个重大突破”，全力实施“八大工程”。一是创新城市发展理念。大力发展以低碳技术为标志的低碳经济，推动经济发展与生态文明互促共进；加快推进信息革命和创新驱动相融合，构建以智慧元素、创新元素、知识元素推动发展的城市新形态，打造高品质城市；努力满足市民群众多层次、多样化的物质和精神需求，不断提升市民幸福感，实现人与社会的和谐统一。二是推进“三个重大突破”。强力推进12类重大战略性基础设施建设，大幅提升国家中心城市的综合承载力；大力发展15类重大战略性主导产业，整体提升产业核心竞争力，增强发展后劲；强势推进27个重大战略性发展平台建设，着力打造经济发展和城市转型的新引擎新动力。三是重点实施产业提升、科技创新、城乡一体、生态环保、文化引领、人才集聚、民生幸福、党建创新“八大工程”。

会议从七个方面对今后五年广州坚持科学发展、走新型城市化发展道路作了全面部署。一是全面提升经济发展质量。突出增强产业核心竞争力，大力发展低碳经济，加快建设智慧广州，建设重大战略性发展平台。二是强力推进城乡一体发展。全面提升城市发展质量，打造现代化美丽乡村，构筑以花城绿城水城为特点的生态城市，全力推进以南沙滨海新城为重点的新城区开发建设。三是精心打造文化发展高地。铸造城市精神之魂，推进文化惠民工程，打造文化创意之都，提升城市文化品位。四是矢志不移地增进民生福祉。健全就业和社会保障体系，推进基本公共服务均等化，打造城乡幸福社区，全力保持社会和谐稳定。五是充分激发城市发展活力。深化体制机制改革创新，提高开放型经济发展水平，全方位多层次深化区域合作。六是大力彰显社会公平正义。保障人民民主权利，激发基层组织活力，团结汇聚社会力量，提高依法治市水平。七是着力提高党的建设科学化水平。大会指出，要实现市第十次党代会提出的奋斗目标，必须努力走出一条具有广州特色的新型城市化发展道路。

会议通过了关于九届市委报告的决议和关于九届市纪委工作报告的决议。采取先差额预选、后正式选举的方式，选举产生了第十届市委委员76人，市委候补委员14人和新一届市纪委委员40人，以及广州市出席广东省第十一次党代会代表77人。28日上午，十届市委召开了第一次全体会议。全会选举产生了十届市委常委13人，其中书记1人，副书记2人；通过了市纪律检查委员会第一次全体会议关于新一届市纪委常委和书记、副书记人选选举结果的报告。

（供稿：市委办公厅；编辑：陈文敏）

全面推进新型城市化发展

2011年12月24日，中共广州市委第十次党代会作出推进新型城市化发展的战略谋划和12338的决策。12338具体指广州必须围绕全面建设国家中心城市总目标和“率先加快转型升级、建设幸福广州”的核心任务，以建设国际商贸中心和世界文化名城为“两个战略重点”，坚持“低碳经济、智慧城市、幸福生活”三位一体的城市发展理念，推进战备性基础设施、战略性主导产业、战略性发展平台实现三个重大突破，实施产业提升、科技创新、城乡一体、生态环保、文化引领、人才集聚、民生幸福和党建创新“八大工程”，走新型城市化发展道路。

2012年2月下旬到8月底，广州市组织新型城市化发展学习考察调研系列活动。考察调研活动的工作主要分为三个方面：一是在半年时间里，全市共举办6场专题辅导报告会和一系列专题研讨会，就新型城市化发展战略、城乡一体发展、城市空间布局、智慧城市建设、生态城市建设、城市治理等专题进行专题辅导。先后与中共中央党校、清华大学、北京大学等权威学术机构合作，举办新型城市化发展“一把手”培训班、党校主体班、核心课题培训班212期，培训干部3.9万人次，实现全市学习培训全覆盖。二是开展考察调研活动，找准发展“坐标系”。由市领导牵头，市委委员、候补委员参与，组成16个新型城市化发展专题调研组，围绕“问题、目标、对策”和要求，深入市内外调查研究，学习先进城市发展经验，查摆存在问题，谋划对策措施，形成一批体现新认识、新观点、新思路、新举措的调研报告。6月，聘请34名专家学者作为决策咨询委员，召开第一次会议；7月，举办新型城市化发展高峰论坛，邀请200位海内外专家学者对广州发展进行“把脉开刀”，委托中共中央党校、中国科学院、国务院发展研究中心对广州新型城市化发展的目标、问题与对策开展专项调研，进行深度理论研究和顶层政策设计。三是制定“1+15”政策性文件，形成实施“线路图”。在学习考察调研的基础上，坚持科学谋划、集体创作，把制定政策作为学习考察调研活动的落脚点。由广州新型城市化发展领导小办公室统筹协调，各相关单位全力推进，共同做好文件起草工作。9 月，中共广州市委十届三次全会审议通过《中共广州市委、广州市人民政府关于全面推进新型城市化发展的决定》及 15 个配套文件。广州新型城市化发展“1 + 15”政策体系，包括 1 个主体文件和 15 个配套文件。主体文件《中共广州市委、广州市人民政府关于全面推进新型城市化发展的决定》是总纲，共十一个部分、36 条。第一部分阐述了广州新型城市化发展的 5 个重大意义、6 个基本原则以及目标定位。第二至第十一部分主要从促进人的全面发展、增强城市发展动力、提升开放包容的城市品质、建设生态城市、优化城市发展空间、推进城乡一体化发展、培育世界文化名城、创新社会治理模式、建设廉洁广州、提高党的建设科学化水平等 10 个方面，制定广州新型城市化发展的基本政策与制度框架。15 个配套文件内容基本覆盖全市工作的重要方面，主要分为 5 个模块：一是经济模块，包括建设国际商贸中心、推进“三个重大突破”、推进产业提升工程、推进科技创新工程、建设智慧广州、推进人才集聚工程实施意见共 6 个文件；二是社会模块，包括推进民生幸福工程、创新社会管理加强社会建设实施意见共 2 个文件；三是文化模块，就是培育世界文化名城实施意见 1 个文件；四是城市建设与管理模块，包括推进低碳发展建设生态城市、推进城乡一体工程、加强规划引领节约集约用地实施意见共 3 个文件；五是政治建设模块，包括推动民主法治建设、建设廉洁广州、推进党建创新工程实施意见和决定共 3 个文件。

9 月 19 日，中共广州市委十届三次全会表决通过《中国共产党广州市第十届委员会第三次全体会议决议》。全会强调，要把广州新型城市化发展的宏伟蓝图变成美好现实，必须坚持以“1 + 15”系列政策文件为行动纲领。要加大宣传发动力度，宣传“1 + 15”系列政策文件。要建立领导工作机制，健全督促检查机制和考核评估机制。把考核结果作为选拔、任用、奖惩干部的重要参考。全会强调，要在政策转化上善于创新，全面对照“1 + 15”政策文件的目标任务、措施要求，编制形成更细致的贯彻意见和行动方案，转化成本单位、本部门的具体工作措施。

（供稿：市委党史研究室；撰稿：王长江；编辑：陈文敏）

广州市历经13载“创文”成功

1998年，中共中央政治局常委、广东省委书记李长春对广州提出了“一年一小变，三年一中变，十年一大变”的城市发展战略。广州在全国特大城市中率先作出创建国家环境保护模范城市和创建全国文明城市（简称“创文”）的决定。2002年3月26日，广州市召开创建文明城市工作会议，市政府向各区政府颁发《2002年度城区环境综合整治和城区景观工程建设任务书》。同年，广州市的“城市环境综合整治五年行动”项目获“联合国改善人居环境最佳范例（迪拜）奖”。同年10月，中央文明委授予广州市“创建全国文明城市工作先进城市”称号。2004年6月，“创文”真正进入广州市委、市政府的议事日程，公布《广州市精神文明建设工作要点》。2005年，中央文明委正式启动第一批“全国文明城市”评选工作，广州市申报参评，但未进入广东省文明委的推荐名单。同年，广州市蝉联“创建全国文明城市工作先进城市”称号。

花城广场打扫卫生迎亚运活动现场

2006年，广州市提出同步推进创建全国文明城市、国家卫生城市、国家环境保护模范城市、国家园林城市、国家森林城市和中国最佳旅游城市。同年8月，中共广州市委、市政府提出在空间战略南拓、北优、东进、西联的“八字”方针基础上，实施“中调”战略；疏解密度，改善人居，提升功能，优化环境，保护传统，凸显文化，使中心片区成为珠三角乃至更大地域范围的区域服务中心。同年11月20日，广州市创建国家环境保护模范城市通过国家考核验收。2007年3月3日，“迎亚运、讲文明、树新风、促和谐”全民行动暨文明交通宣传整治活动正式启动。同年7月15日，沙河涌、猎德涌、黄埔涌、车陂涌、乌涌、花地河、大沙河等7条河涌的综合整治全面铺开。同年10月28日，广州市获“国家园林城市”称号。2008年，广州市获“国家卫生城市”“国家森林城市”称号。同年，广州市第二次申报参评全国文明城市，并被列入省文明委推荐名单，首次接受国家统计局测评组的测评，成绩位列省会、副省级城市第六名；12月底公布的“全国文明城市”候选名单中，广州市未被列入。

面对落选结果，广州市提出“落选不落志，服气不服输”，决心在新一轮文明城市创建中，继续坚持“富民优先，民生为重”的宗旨，全国提升市民满意度。2009年1月20日，在全国精神文明建设工作表彰大会上，广州市第三次获“全国创建文明城市工作先进城市”称号。同年3月5日，广州市开展“迎亚运、讲文明、树新风、促和谐”全民行动——“我做东道主”主题活动；4月初，广州市举办“争做好市民，当好东道主——‘亚运广州行’微笑日群众文化活动”；4月29日，广州市2006—2008年度精神文明建设总结暨创建全国文明城市动员大会召开。大会印发《广州市2009—2011年创建全国文明城市工作规划纲要》《广州市创建全国文明城市工作达标责任分解表》。

从2009年开始，广州每月围绕一个主题组织开展创建全国文明城市主题月实践活动，并在每月安排一次市、区领导到创建工作一线参加活动，共组织开展“慈善帮扶”“爱护公物”“文明出行”“文明观赛”等主题月活动，形成“区区有特色、月月有声势”的活动氛围。2010年，广州市强力推进城市公共文明建设，城市公共文明指数成绩排名从2009年受测省会和副省级城市的第五名提升到第四名，在全省9个测评城市中继续排名第一。2011年3月28日，广州市召开精神文明建设表彰暨创建全国文明城市动员大会，开展环境卫生、市容市貌、公共卫生等12项专项整治行动，巩固“创文”成果。2011年4月，广州市第三次向省文明委申报参评全国文明城市，并在6月通过省测评组对广州市创建全国文明城市工作的测评，以全省第一名的成绩获得参评全国文明城市资格。同年8月2日，广州市召开创建全国文明城市工作会议，对迎“国检”工作进行再动员、再部署。同年9月19日至24日，全国文明城市测评组对广州市创建全国文明城市工作和未成年人思想道德建设工作进行综合测评。同年11月28日开始，中国文明网对第三批全国文明城市（区）、文明村镇、文明单位候选名单予以公示。广州市等9个省会、副省级城市和广东江门市等14个地级市入围全国文明城市（区）候选名单。

2011 年 12 月 20 日，全国精神文明建设工作表彰大会在京召开，广州入选“全国文明城市”。历经 13 年矢志不渝的努力，广州市创建全国文明城市工作取得圆满成功。

（撰稿：区肇君；编辑：刘燕玲）

党代表工作室建设

十八大报告指出，落实和完善党的代表大会代表任期制，使代表不仅“会上负责”，而且“会后负责”。2011 年，广州市实行党代表任期制，按照省委组织部制定的“建设规范好、制度完善好、日常管理好、作用发挥好、群众评价好”的“五好”要求，推进全市党代表工作室建设，建设“知党情、听民意、解民忧、促和谐”的工作平台，构建党的群众工作新格局。2011 年，广州市首个党员工作室成立，截至 2015 年 10 月，全市共建有党代表工作室 473 个，其中街（镇）工作室 150 个、村（居）工作室 228 个、个人党代表工作室 2 个。萝岗区、南沙区在全区社区（村）全部建立“两代表一委员工作室”，实现全覆盖。天河区在村公司、社区建立工作站 206 个。建立党代表工作室主要采取以下措施：

制定制度，规范党代表工作室建设。市委组织部制定下发《党代表工作室工作制度》《党代表接待党员群众工作流程》和《党代表工作室联络员工作职责》等工作制度，规范党代表工作室工作程序，对工作室开放时间、接待登记、党代表轮值安排、有关意见建议交办及反馈、工作室联络员配备及工作职责、资料归档、日常管理等事项均作出规定。制定广州市党代表工作室建设工作指南，对工作室的硬件设施建设、日常运行管理、代表活动开展及成效、意见建议办理落实、人员和活动经费保障、基层党员群众满意度等进行规范，加强对党代表工作室规范化建设考核评价。

建立党代表工作服务机构与联络员队伍。2011 年 6 月，广州市委组织部成立党代表联络服务工作处，编制 5 名。各区、县级市党委也成立党联工作服务机构。2012 年年底前，全市 12 个区、县级市已全部成立党代表联络工作机构，配备 1 名以上党代表工作室专、兼职联络员。2012 年，市委组织部对 400 多名专、兼职联络员进行业务培训。还依托区、县级市和街（镇）团组织，建立一支党员志愿者服务队伍。如2012年，市委组织部联合团市委和中山大学、华南理工大学、华南师范大学等多所广州地区高校，选派一批青年马克思主义学子（简称“青马学子”）到党代表工作室担任党代表助理，协助开展日常工作和走访活动，收集社情民意。2015年4月，华南师范大学挑选40名优秀大学生骨干担任党代表工作助理。

建立多种形式的党代表工作室。（1）实体工作室建设。按照方便代表联系党员和群众、有利于代表开展活动的原则科学规划，合理布点，共建设党代表工作室473个。网络工作室建设。在抓好实体工作室建设的基础上，推进网络工作室建设。如广州地铁总公司在总部开设党代表网络工作室，其下属5个党委各建立党代表工作室、开设党代表工作专线电话、在8个地铁换乘站设立党代表工作信箱，形成“四位一体”的工作架构。广州移动公司建立党代表网络工作室和实体工作室，利用手机短信，反映意见和建议。天河区探索建立党代表“网络直通车”，为每一名党代表开辟网络沟通平台。示范点党代表工作室建设。通过资金帮扶、政策指导等，建成越秀区白云街、海珠区南华西街、荔湾区逢源街、天河区教育系统、黄埔区怡港社区、白云区景泰街和花都区狮岭镇等7个2011年度省的“五好”党代表工作室和20个市“五好”党代表工作室示范点。推动行业系统党代表工作室建设，形成网格化管理模式，覆盖全市行业系统、机关、街（镇）、村（居）。天河区建立“1+N+N”模式的党代表工作室，即，“1”个党代表工作室，“N”个社区党代表工作站，“N”个党代表联络点，方便党代表履行职责，发挥作用。（2）个人党代表工作室建设。2014年年底开始探索建立党代表个人工作室。结合自荐、推荐等方式，挑选出一批具有较高威望，热心服务党员群众的精英分子，设立党代表个人实体工作室。省、市、区党代表，正佳企业有限公司党支部书记周红，友生园林有限公司总经理潘翠玲均建立个人党代表工作室。流动党代表工作室。2014年4月17日，“服务群众聚民心”广州党代表宣讲活动在花都区炭步镇藏书院村正式启动。仪式现场设置流动党代表工作室，并结合广州党代表宣讲队成员的专业特长分别设置医疗义诊、农业技术推广、法律援助、教育帮扶、社区服务等5个咨询摊位，吸引了众多村民的热情参与。在天河区党代表服务日的活动中设置流动党代表工作室，接受群众咨询，帮助居民解决难题。其中在省、市、区党代表周红设置的摊位前，有一位叫郑捷明（化名）的普通群众叙述着他的遭遇：从法院拍卖下来的房屋居然是有人居住的，导致自购买后至今仍无法入住，让他苦恼不已。周红同志了解情况后，立即通过多种途径详细了解事情真相，经过大半年时间向有关部门了解和取证，并将取证结果向法院起诉，最后帮助郑捷明顺利收回属于他自己的房屋。

开展形式多样的履职活动。2014年4月，启动“服务群众聚民心”广州党代表宣讲活动。宣讲队深入全市各级机关、企业、社区、学校、农村，共开展宣讲活动72场（次），参与宣讲党代表201人（次）。党代表与北京街都府社区共建成立全市首个党代表志愿服务联络站。联合香港、广州的爱心企业家、街道社工及志愿者等各方力量，为党代表搭建为社区居民群众办实事平台。如2012年9月，天河区翠湖山庄社区党员群众向党代表反映华南快速干线临翠湖山庄路段多年因无隔音屏，小区居民深受噪音困扰，十几年来多途径反映投诉一直未能解决。市、区各级党代表多次协调市交委、区交委、建委、环保局等部门，推动问题解决。2013年10月，华南路桥公司投入50多万元建成翠湖山庄路段300多米长的隔音屏，解决困扰居民多年的噪音问题。荔湾区白鹤洞街开展直接联系群众的活动过程，接到鹤翔路居民反映：真光中学教育宿舍外墙直通天台自来水管生锈破裂，外墙渗水严重影响楼体安全。街道党代表工作室专门召集辖区内党代表研究制定解决方案，同时分小组分责任上门做好各户居民的思想工作，最终由全体住户共同集资更换水管，改为直饮水，问题得到圆满解决。

自2011年建立党代表工作室以来，广州市各级党代表依托工作室开展活动约2.1万次，接待党员群众约3.5万人次、收集意见建议1.01万条、解决问题8064个。2012年9月起，广州市组织市、区两级领导班子成员组团到党代表工作室开展接待党员群众的活动。通过约访、走访、视察调研，充分听取基层党员群众的意见和建议，为老百姓解决一批实际困难。

（撰稿：冯婧婧；编辑：陈文敏）

打击成品油走私专项行动

成品油走私活动一直是广州市反走私工作的重点。走私分子为了规避法律的制裁，转换走私手法，将成品油走私化整为零，采取少数量、多次数的“蚂蚁搬家”式的走私。

“十二五”期间，广州市继续按照国家、省的打私行动部署，深入贯彻“打防结合、综合治理、突出重点、坚持不懈”的打击走私工作方针。市海防打私办积极协调各区打私办和各职能部门，采取“海上抓、岸边堵、陆上查、市场管、处罚严”的反走私综合治理措施，持续组织打击成品油走私联合行动和专项斗争。

2011 年，针对成品油走私活动比较活跃的动态形势，按照“国门利剑”打击成品油走私专项行动、全省严厉打击粤港澳直通货车走私柴油的工作部署，广州市迅速制定打击行动方案，组织各区和各职能部门开展全市性打击成品油走私专项行动 3 次，查获成品油 1284.19 吨，捣毁非法经营、脱色红油窝点 14 个，其中地下油库 14 个、非法脱色工场 1 个。

2012 年，海关总署、全国打私办决定开展为期一年的“国门之盾”打击走私行动。广州市各级反走私和海防系统高度重视，贯彻落实“国门之盾”行动的各项部署和要求，分别组织开展元旦、春节和中秋、国庆打击走私联合行动；先后牵头开展了打击走私冷冻品、成品油、轮胎、“洋垃圾”服装、电子产品及野生动物、海鲜、烟酒等专项行动，全年查获成品油 550 吨。其中，南沙区在行动中查获成品油案件 9 宗，查获汽油 8.36 吨，红油 21.69 吨，无色成品柴油 2.39 吨。增城市配合深圳海关缉私局在石滩镇查处一宗涉嫌走私废机油案，查获废机油（原料）约 26 吨，40 吨至 120 吨油罐 14 个，汽车油罐 2 个，抽油泵 2 台，炼油炉 2 座，冷却塔 2 座。

广东省、广州市海防打私办突查番禺区一红油窝点

2013 年，为遏制广东地区成品油走私势头，维护广东地区成品油市场秩序，省海防打私办组织开展打击成品油走私专项行动。从 5 月 1 日至 7 月 31 日，广州市突出对重点海河水域、走私非法上落点的检查，重点打击特制或者改装储油设施、使用伪造船舶证书或运输单证的船只走私活动；加强清查油站、

油库，检查修造船厂。广州地区共查获走私成品油案件6宗，查扣走私成品油71.69吨、改装油品运输船2艘。花都区、南沙区、增城市组织有关职能部门开展专项联合行动，查处加工脱色走私红油加工场3个，查获"红油"29.07吨及设备一批。

2014年，广州市组织开展元旦春节期间打击应节商品走私联合行动，查获走私或无合法来源成品油2.58万吨；6月9日至12月31日，市海防打私办在全市范围内组织开展了重点打击"洋垃圾"、农产品、成品油、冷冻品、汽车零配件、电子产品、烟草等商品的打击走私联合行动。6月23日至24日，根据省海防与打私办举报线索，市海防打私办协调番禺区组织相关部门在南村镇查获含"红油"成分的柴油16.4吨。

2015年，随着成品油境内外差价的不断拉大，受高额利润驱动，中国成品油走私活动出现反弹，部分地区成品油走私活动猖獗，海关总署、全国打私办决定自2015年1月至2016年1月联合部署开展打击农产品走私、重点涉税商品走私（包括成品油在内）、毒品和枪支走私、"洋垃圾"走私、象牙等濒危物种走私"五大战役"行动。4月至12月，广东省组织开展打击走私成品油"春雷"专项行动。广州市将两大行动相结合，清查统计全市油站、油库情况，开展清查港湾行动，坚决查处涉嫌走私船舶，加强所辖各类船只的规范管理，严厉打击和防范不法分子利用"三无"船舶、改装船舶和港澳流动渔船走私成品油。白云、黄埔、番禺、增城和南沙等区加强清查沿海、沿河岸非法上油点、非法红油脱色加工点等场所。

（供稿：市海防打私办；编辑：李玉平）

开展"农村教师提升计划"支教活动

2011年12月，民盟广州市委与广东省合生珠江教育发展基金会共同签署对广东省梅州市丰顺县等山区贫困县进行支教活动的《合作框架协议》，联合推进"为中华而教"慈善项目中的"农村教师提升计划"。该合作项目由广东省合生珠江教育发展基金会提供支教的项目策划、资金支持、后勤服务等，广州民盟建立支教人才库，组织提供优秀的一线教师人才，物色学科带头人。双方共同研究制定项目推进方案。

2012年3月15日至17日，开展首次丰顺支教活动，组织24名优秀中小学

支教教师为当地师生上课

语文、英语教师为梅州市丰顺县汤坑镇、丰良镇、留隍镇培训教师约700人次，帮助他们提升上课、说课、课堂教学管理、激趣等技能，树立现代的学生观、教学观和评价观，促进农村教师的专业发展。2013年3月28日至30日，开展2013年第一批梅州丰顺支教活动，组织24名中小学教师参加支教。4月27日至28日，开展第二批梅州丰顺支教活动，主要是“高考备考指导”，组织语文、数学、英语等7个高考科目相关的名教师参加。丰顺县下属各镇多所学校高三任课老师约286人参加学习。2014年3月20日至22日，首次举办小学科学课送教下乡活动。组织6位优秀小学科学老师分赴梅州丰顺汤坑、丰良、留隍三镇，为山区孩子和教师带去了正规、优质的科学示范课和新奇有趣的科学小游戏、小实验。整个丰顺县只有一位专职科学老师，其余全部由各科老师兼职。该次支教活动对推进农村山区小学科学课程正常开设、正规化发展，提高教师的科学素养起到积极作用。4月18日至20日，开展2014年第二次高考辅导支教活动，参加支教的9位学科教学专家，均是广州市教学研究室学科教研员、学科首席教师和从事多年高三学科第一线教学的资深教师组成。该次活动特邀广东省教育专家、广州市教育名家工作室主持人、正高级教授、荔湾区教育发展研究中心主任何彪，为丰顺县教育局主管教学管理工作的处室干部、校长、教研员主讲了有关高考备考工作形势分析、宏观设计、部署方法等专题讲座，为该县高考备考工作把脉建言，对当地10所完全中学约1600名高三毕业班学生和高三各学科教师进行高考备考专项辅导。该次活动改变了以往高考辅导讲座只面向高三学科教师的做法，直接面向应考学生，面对面开展辅导和答疑互动，取得良好效果。

截至2015年年底，先后组织9批共130多位优秀教师赴广东梅州丰顺县开展以农村教师培训为主要目的的支教服务，先后接受该项社会服务的农村教师超过5200人次。2012年6月30日，中共广东省委、广东省人民政府在中山纪念堂隆重举行“2012年广东扶贫济困日活动启动仪式”，“为中华而教”项目被评为“广东省2011—2012年度社会参与扶贫济困优秀项目”。广州民盟是唯一获得表彰奖励的民主党派地方组织。

（撰稿：刘锦春；编辑：罗锦强）

查处“东非罂粟”恰特草伪报品名进口事件

2012年4月17日，广州出入境检验检疫局接到一名杜姓男子电话举报，称每天都有几百千克来自埃塞俄比亚可用作毒品原料的恰特草从白云机场直航货运入境，其亲属长期嚼食后致瘾，靠变卖家产购买食用，严重危害身体健康，影响家庭幸福，并称已向多个相关主管部门举报，均以无明确规定为由未予受理，考虑到恰特草作为入境植物属于检验检疫部门监管，特向检验检疫部门举报，希望予以查处。

广州出入境检验检疫局接报后，马上对白云机场入境货物进行排查，发现来自埃塞俄比亚、品名为“鲜的香椿芽”和“干的香椿叶”的进口植物源性食品存在疑点。于是抽取样品送实验室鉴定，并派员到广州环市路非洲人士聚集地暗访，了解到恰特草在广州地区确实有人嚼食且有上瘾现象，并在现场购买了少量疑似恰特草的植物嫩枝作进一步检验核查。经专家判定，该“鲜的香椿芽”实为“卫矛科的巧茶”，学名恰特草（拉丁学名为Catha edulis Forssk）。咀嚼恰特草嫩叶会导致血压升高、心率加速，可提神、醒脑和壮力；过量食用可引起强烈的口渴、极度兴奋、善谈、多动、失眠、没有食欲；反复食用可致狂妄、产生错觉等，长久嚼食会染癖成瘾，导致神经、呼吸、循环和消化系统紊乱。恰特草是一种东非和阿拉伯地区传统食品，因含有兴奋物质卡西酮而被称为“东非罂粟”，非洲、中东少数国家民众有咀嚼恰特草的习惯。鉴于恰特草致人成瘾的特性，德国、法国、意大利等15个欧洲国家已对恰特草实施管控，但国内对恰特草暂无明确的法律认定及管控措施。

鉴于恰特草作为“东非罂粟”具有的危害性，以及涉及严重的食品安全问题，广州出入境检验检疫局决定依据相关检验检疫法律法规对申报入境的“干的香椿叶”和“鲜的香椿芽”依法采取控制措施。2012年4月17日至20日入境的“干的香椿叶”95件、760千克，“鲜的香椿芽”56件、328.8千克，原产国为埃塞俄比亚。2012年4月20日后，在广州白云机场国际货运站内，发现货主弃置未报检“鲜的香椿芽”6批、111件，“干的香椿叶”6批、302件。该局依照《中华人民共和国进出口商品检验法实施条例》第四十八条第三款、《中华人民共和国进出境动植物检疫法实施条例》第五十九条第二款规定，对涉案进出口公司和代理报检公司进行立案查处，同时，通过不同渠道向上级主管部门报告并提出管理建议。

2012年6月7日，国家质量监督检验检疫总局向全国口岸发布《关于埃塞俄比亚巧茶伪报进口的警示通报》，指出埃塞俄比亚巧茶尚未获得中国检验检疫部门的植物产品准入资格，要求对进口植物源性食品加强口岸查验力度，防止埃塞俄比亚巧茶伪报“香椿芽”或“香椿叶”等其他品名进口，一旦发现，就地销毁或者作退运处理。7月13日，国家质量监督检验检疫总局又以质检专报形式（《质检总局加强进口食品检验严防涉毒食品进口》），呈报中共中央、国务院相关部门，引起中央领导重视。随后，国家、省领导先后作出批示，要求有关部门进一步查清情况，研究对策。2012年10月19日，广东省禁毒办召集相关部门召开调查恰特草非法入境问题工作部署会议，会上广东省禁毒办公室领导对广州出入境检验检疫局在处理此事件中表现出的高度工作责任感及有效管控措施给予充分肯定。自2012年4月20日广州口岸停止恰特草入境及在国家质量监督检验检疫总局发布警示通报采取控制措施后，经严格把关，该局辖区口岸埃塞俄比亚恰特草以货运方式入境已杜绝。

此外，埃塞俄比亚政府得知中国对其输出的恰特草实施管控后，以影响两国经济交往及影响其产品出口创汇为由委托驻广州总领事馆提出交涉。2012年5月3日，经国家质量监督检验检疫总局同意，广州出入境检验检疫局应约与埃塞俄比亚驻广州总领事馆总领事纪·麦克·纪·特萨迪克和副总领事莱格斯·格日姆进行会谈，向埃方通报了案件调查情况，并强调中国检验检疫监管要求，希望埃方给予配合。

2013年，恰特草非法入境出现新动向。经广州出入境检验检疫局调查，有不法分子通过旅客携带入境的方式逃避监管，该局及机场海关已截获多批旅客携带入境的恰特草。仅 2013 年 6 月 3 日和 6 月 4 日两天，在广州白云机场口岸就先后从来自埃塞俄比亚的旅客携带物中截获恰特草 2 批，共 60 千克。该局在按上级要求对截获物就地销毁的同时，在辖区口岸加强对旅客携带物、入境邮件、快件的现场查验，严防恰特草非法入境。

2013 年 6 月 8 日，广州出入境检验检疫局向广州市人民政府报告《关于再次查获“东非罂粟”恰特草非法入境情况的报告》，6 月 21 日又以检验检疫信息形式向广州市政府办公厅报送《今年以来广州检验检疫部门已连续 16 次截获“东非罂粟”恰特草需引起关注》等，及时将恰特草非法入境最新情况向广州市委、市政府汇报。并提出“明确广州地区堵截恰特草非法入境的牵头单位，联合检验检疫、海关、公安、禁毒办、口岸办等多部门力量，形成齐抓共管、全方位打击的良好格局”等针对性建议，广州市指定市政法委为牵头部门，组织 12 个职能部门联合开展整治。广州出入境检验检疫局作为源头查堵部门之一，发挥职能作用，严把国门，采取有效措施加强对辖区口岸通关旅客的携带物和入境邮件、快件的现场查验，对发现的恰特草进行管控。至 2014 年，该局先后从货运、旅检口岸和邮寄物中共查获“东非罂粟”恰特草 38 批、4400 千克。

“东非罂粟”恰特草

鉴于广州出入境检验检疫局在堵截“东非罂粟”恰特草方面作出的突出贡献和在检验检疫方面发挥的职能作用，2014 年 4 月 28 日，广州出入境检验检疫局被增补为广州市禁毒委员会成员单位，成为全国质检系统首个被地方禁毒委员会列为成员单位的分支局。此外，国家 2014 年起施行的《精神药品品种目录（2013 年版）》已正式将恰特草列入其中，按毒品范畴实施严格管控。

（供稿：市出入境检验检疫局；编辑：曾新）

开展第五轮行政审批制度改革

深化行政审批制度改革，是广州市加快政府职能转变、建设服务型政府、推进新型城市化发展的重要突破口。1999年至2012年，广州市共开展了五轮行政审批制度改革，向市场放权、向社会放权、向基层放权，增强了社会活力和社会自治能力。

广州市分别于1999年、2002年和2006年开展了三轮全市统一的行政审批制度改革工作，共对2700项行政审批事项进行了清理，取消689项、停止实施186项、改变管理方式214项，不列入行政审批795项，保留的行政审批事项共816项，共精减行政审批事项70%。2009年3月启动第四轮行政审批制度改革。3月2日，市政府常务会议通过《广州市开展新一轮行政审批制度改革工作方案》。2010年9月15日，第四轮行政审批备案事项清理结果经市政府常务会议审议通过，并以市政府令第38号公布施行，通过取消、转行业组织自律管理、下放、合并等方式减少的审批事项566项，保留275项，精简率达67.3%，减少备案事项200项，保留89项，精简率达69.2%。同时，为加强对行政审批备案事项实施的监督管理，市法制办在其门户网站开设了“广州市行政审批备案事项管理系统”，对保留的审批、备案事项进行统一编号，实行动态管理；公民、法人和其他组织可登录市政府法制办门户网站查询审批、备案事项情况。

为深入贯彻落实全省转变政府职能深化行政审批制度改革工作电视电话会议精神，按照省委、省政府《关于加快转变政府职能深化行政审批制度改革的意见》的部署和安排，广州市于2012年4月启动了第五轮行政审批制度改革。广州市政府印发《广州市政府第五轮行政审批制度改革工作方案》，成立了市行政审批制度改革联席会议，下设审改联席会议办公室（简称市审改办）。市审改办设在市法制办，2014年2月调整为市编办。第五轮行政审批制度改革工作由市审改办统筹，主要包括以下几项具体工作任务：由市法制办牵头，清理行政审批、备案事项；由市政务办牵头，优化行政审批流程；由市科技和信息化局牵头，加快推进行政审批网上办理；由市监察局牵头，完善行政审批监管体系；由市法制办牵头，建立行政审批长效管理机制；市政府各部门指导各区（县级市）开展行政审批制度改革工作。第五轮行政审批制度改革坚持市场经济改革方向，大力实施“减、转、放”。凡是公民、

2012年10月31日，市法制办召开第五轮行政审批制度改革人大代表、政协委员、工商联代表意见征询会

法人或者其他组织能够自主决定的，市场竞争机制能够有效调节的事项，坚决予以取消；凡是社会组织能够自律管理的事项，大胆向社会组织转移；凡是有利于调动区、县级市积极性、主动性和创造性，又有利于方便人民群众办理的事项，积极下放给区、县级市行使审批权。第五轮行政审批制度改革清理行政审批、备案事项涉及47个部门，共570多个事项。2013年1月，广州市政府以第90号政府令的形式对外公布了《关于取消调整保留行政审批备案事项的决定》。经全面清理和严格审查，市政府决定取消行政审批60项、备案18项，调整行政审批138项、备案29项，保留行政审批201项、备案67项。省或部委下放实施行政审批130项、备案5项，省或部委委托管理行政审批15项、备案2项。

2014年，市政府常务会议讨论通过《广州市人民政府决定下放的市级管理权限事项目录》，再次向12个区（县级市）下放25项市级管理事权，推动了管理重心下移。相较2010年9月颁布的《广州市人民政府关于公布保留取消调整行政审批备案事项的决定》，第五轮行政审批制度改革又前进了一步。

（撰稿：桂锦波　樊丽琴　黄文俊；编辑：李玉平　陈文敏）

解决广州与中山海域勘界争议问题

广州与中山海域行政区域界线一直存在争议，集中在21涌以南、南北长约12千米、面积约120平方千米的海域，主体名称万顷沙尾滩（分为南北两个浅滩，北叫沙仙尾滩，南称进口浅滩）。20世纪80年代以前，该海域一直由广州市番禺市实施行政管辖，没有争议。进入80年代，中山市以番禺围垦活动妨碍水利、影响泄洪为由，要求番禺停止向南围垦，并主张21涌以南海域的行政管辖权。广州市一直反对中山市的要求，并向省政府提出划界主张，要求以进入中山港的主航道“灯笼水道和帆船水道”中心线为界。2002年，广东省政府《关于裁决广州市与中山市海域行政区域边界线的通知》裁定两市海域行政区域界线，将“万顷沙尾滩海域”裁决给中山市。广州市政府对省政府的裁决从未予以认可，也没有签署过任何协议书，继续承担该海域行政管辖职能。

2006年，广州市在《关于广州市海域划界的报告》中，要求广州市与中山市应当以洪奇沥水道和中山港的主航道中心线为海域行政区域界线，具体坐标为从广州市与中山市的陆域界线的最南端点A（113°36′06.7″E，22°35′42.40″N）开始，向南沿经灯笼水道点B（113°37′43.32″E，22°33′14.65″N）至帆船水道点C（113°39′06.53″E，22°28′02.09″N），向东平行至点D（113°44′55.1″E，22°28′02.1″N）。界线点A至点C连线之东侧和点C至点D连线之北侧的海涂、海域归广州市管辖，点A至点C连线之西侧的海涂、海域归中山市管辖，将万顷沙尾滩纳入广州市海域范围。广州市提出的划界主张理由：

一是从历史来看，连接万顷沙尾滩的万顷沙，1952年前属东莞县，1953年至1957年属珠海县，1957年至1959年改属中山县，1959年至2002年属番禺，2002年至今属南沙，广州对万顷沙地区已实施了57年行政管辖。万顷沙尾滩作为万顷沙的一部分，自1959年7月以来，一直由广州承担地名普查、渔政、港务、公安、边防、滩涂开发等行政管理工作及土壤普查、地形测量等专业业务管理。

二是从卫星影像图和水下地形图来看，万顷沙尾滩是南沙陆域的自然延伸，与南沙陆域天然一体，且整个浅滩连成一片，中间并没有出现一条东西横贯沙洲的水深3米以上且又是主航道的深水槽；而进入中山港的灯笼水道的水深却保持在6米至20米，是进入中山港的主航道，为两市海域的天然水下地形分界线，中山市没有理由跨越主航道进行“飞海”开发。

三是从20世纪70年代前后开始，省政府批准广州市番禺在万顷沙南部及鸡抱沙一带围垦8666.7公顷耕地，万顷沙尾滩涂的围垦是经过科学论证有计划实施的，番禺围垦开发公司的围垦工程可行性研究报告获得了珠江水利委员会和国家水利电力部的肯定，先后获批复同意实施围垦，也是两市海域划界有力的佐证。

四是从南沙新区发展需要考虑。2008年，国务院批准的《珠江三角洲地区改革发展规划纲要（2008—2020年）》明确提出将南沙新区建设成为与港澳合作的重要载体。2011年，南沙新区被纳入《国民经济和社会发展第十二个五年规划纲要》，国家明确要将南沙新区打造成为“服务内地、连接港澳的商业服务中心、科技创新中心和教育培训基地，建设临港产业配套服务合作区”。2011年，广东省委书记汪洋提出要努力在新起点上推动南沙新一轮的开发建设，为广州加快建设国家中心城市注入新动力，为“加快转型升级，建设幸福广东”打造新平台。按照《南沙新区发展规划》，该区域将成为国家实施海洋开发战略的基地，成为推动珠江三角洲经济发展、辐射广东省、影响东南亚的中心。21涌以南海域将是南沙港口物流业、海洋服务业发展的重要基地，是保持南沙新区持续发展强有力的支撑和依托。2012年，南沙新区被纳入成为国家级新区，承载着引领珠三角转型升级和打造粤港澳全面合作的重要使命。

2012年2月，广东省海域勘界工作联席会议办公室《关于签署〈广东省广州市和中山市海域行政区域界线协议书〉的函》，要求广州市按2002年省政府99号文的裁决结果签署《广东省广州市和中山市海域行政区域界线协议书》。广州市海洋与渔业局经认真研究，认为应当暂缓签署该协议书，并向市长陈建华作了专门汇报。3月，广州市行文请求省政府考虑到南沙新区发展需要，重新裁决广州市与中山市海域区域行政界线。3月底，省长朱小丹作了“请刘昆同志阅处，希望认真研究”的批示。4月26日，副省长刘昆召集广州市和中山市的代表协调该勘界事宜，在勘察了争议海域现场之后，召开了协调会。会上，广州市委常委、秘书长陈国提出：（1）广州市不同意省的划界方案；（2）广州市和中山市需重新举证划界理由，待条件成熟时再重新划定。中山市市长陈茂辉提出：（1）中山市尊重2002年省政府裁决线；（2）为避免产生新的矛盾，可以考虑维持现状。最后，副省长刘昆作了3点指示：广州市和中山市都不能在争议海域进行用海活动；请省海洋与渔业局牵头，省水利、民政等部门配合，邀请专家就该海域的生态多样性、航道、海域开发利用等问题进行专题论证，为如何利用好这片海域，向省政府提供决策依据；待条件成熟后，再考虑该海

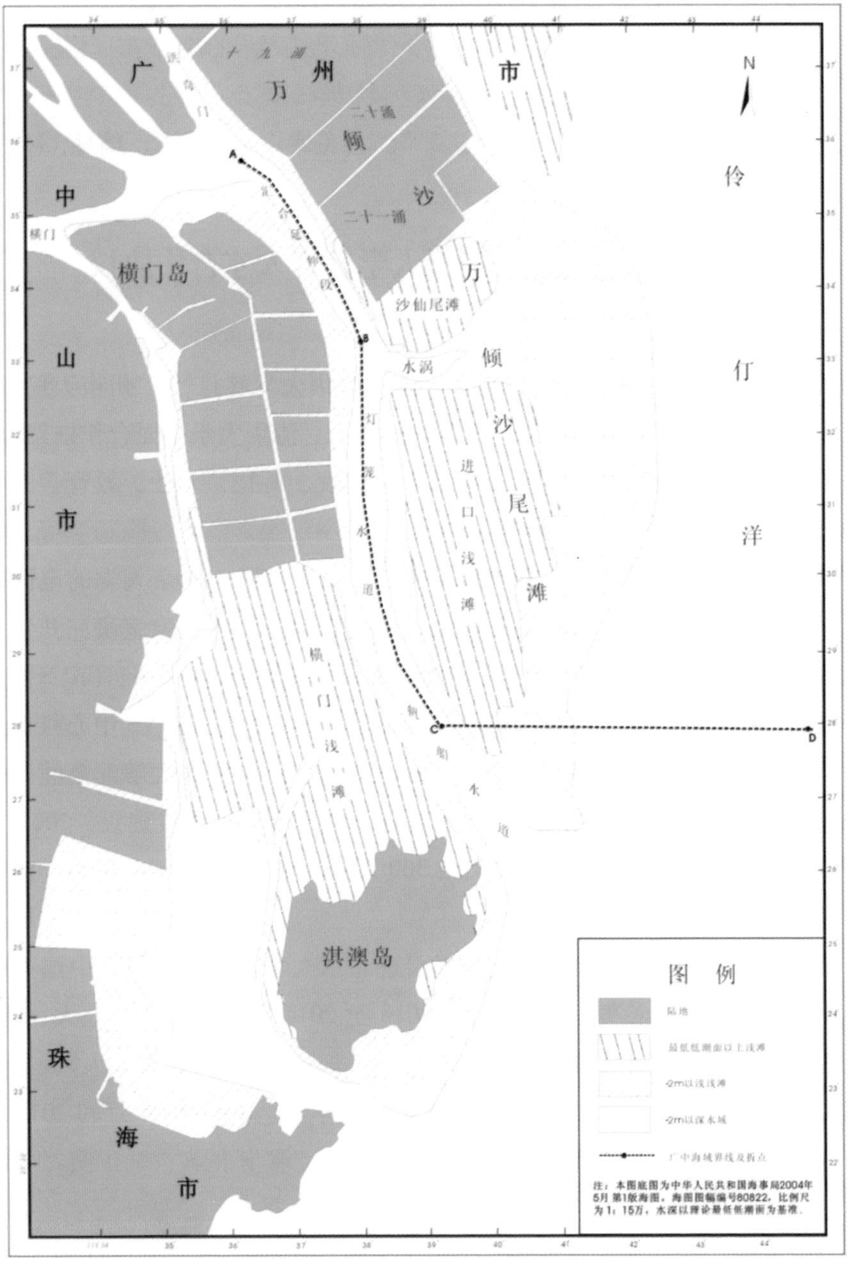

广州市、中山市海域划界方案示意图

域的划界事宜。省政府办公厅《关于听取广州市委市政府主要负责同志汇报的会议纪要》明确“在没有省政府对相关海域划界方案进行重新论证裁决前，暂缓执行《关于裁决广州市与中山市海域行政区域边界线的通知》和《关于签署〈广东省广州市和中山市海域行政区域界线协议书〉的函》，保持争议海域现状，禁止进行围垦开发”。

至此，广州市海域划界工作取得初步成果，保持广州南沙新区 21 涌以南约 120 平方千米海域面积。

（撰稿：张筱文；编辑：刘德敏）

广州与北京大学、清华大学签订人才合作协议

2012 年 6 月，广州市分别与北京大学、清华大学签订《广州市人民政府、北京大学全面合作框架协议》《广州市人民政府、清华大学全面合作框架协议》及一系列子协议。协议签订以来，经组织、发改、科技、人社、教育等有关部门的共同努力，各项工作进展顺利。

深入开展产学研合作和科技成果转化。广州市按照与北京大学的全面合作框架协议，重点支持广州市数字视频编解码技术国家工程实验室研究开发与产业化中心（简称 AVS 中心）建设，推动数字视频编解码国家标准（AVS）在广州产业化。2012 年以来，广州市以科技计划项目形式共支持 AVS 中心科技经费 2700 万元，番禺区给予科技经费扶持 500 万元。按照与清华大学的全面合作框架协议，重点支持清华科技园广州创新基地（简称创新基地）建设，2013 年给予清华广州市科技企业孵化器补助奖励 300 万元。基地 2013 年实现总产值 4 亿元，2014 年实现总产值 6 亿元。

全面加强人才工作交流对接。积极引进北京大学、清华大学、中国人民大学毕业生到广州就业或实习。据统计，2013 至 2014 年共有 722 名北大、清华、人大的毕业生落户广州（其中北大 213 人、清华 251 人、人大 258 人）。主要采取三大人才引进措施：一是搭建人才交流对接平台。2012 年 6 月和 2013 年 4 月，分别在中国南方人才市场挂牌成立北京大学、清华大学“学生实习与就业基地”，搭建起学生到广州实习实践、创业就业服务平台。二是开展“‘市校携手·智赢羊城’——北大、清华、人民大学学生走进广州”实习活动。2013、2014 两年共组织 292 名北大、清华和人民大学学生到广州多家企事业单位和政府部门开展实习实践活动。三是组织用人单位走进北大清华开展招聘，于 2012 年 10 月、2013 年 3 月以及 2014 年 10 月分别在北大、清华举行广州企事业单位专场推介会和招聘会，现场招聘北大、清华应届毕业生来广州工作。

积极实施“菁英计划”北大、清华专项合作协议。按照《广州市与北京大学开展“菁英计划—资助北大研究生留学”专项合作协议》《广州市与清华大

学开展“菁英计划—清华专项”留学项目选派留学生合作协议》，从2013年起，每年选派北大、清华的优秀学生纳入广州市“菁英计划”留学项目，资助学生留学攻读博士学位或进行博士生联合培养。2013至2014年，共有5名北大、清华学生获得“菁英计划”资助。

有效开展干部培训工作。广州市高度重视与北京大学、清华大学的干部教育培训合作，把合作项目作为开展新型城市化发展大规模培训干部工作的重要内容，举办3期培训班，共培训干部140人次；在清华大学举办2期培训班，共培训干部100人次；统筹指导各区（县级市）在北京大学、清华大学举办街（镇）、直属单位“一把手”轮训班各12期（合计24期），共培训干部1232人次。

（撰稿：侯炜；编辑：梁斯豪）

全面推行法院庭审网络直播工作机制

为进一步推进司法公信建设，满足人民群众日益增长的司法需求，广州市中级人民法院（简称市中院）确立“以公开促公正、以公开促廉洁”的宗旨，以及“架设专业技术平台、全员参与直播、全部视频直播”的工作机制，2012年7月开始启动以“法院天天有直播、法官人人有直播”为特色的全日制庭审网络直播平台建设。

为让公开成为法官的自觉行动，市中院党组先后三次专题研究，确定“全员参与、全面公开”的原则，从理念更新、制度保障等入手，把庭审网络直播作为评价法官业务能力的核心指标，让公开成为每一位法官的自觉行动。制定了《庭审网络直播实施细则（试行）》、规程及操作流程，规定每位办案法官每年至少直播一起案件，并将庭审网络直播与案件质量评查活动相结合，把直播案件纳入评查范围，作为法官业绩考核重要内容；凡庭审网络直播案件的裁判文书，送达当事人同时在广州审判网上公布，并开设评论区，接受网民意见反馈。为确保庭审直播质效，在选择合作网站时，除考虑网站影响力、技术保障能力、资源投入等条件外，还要求保证庭审网络直播的流畅，并满足至少2000名用户能同时在线观看要求，且无限期提供回放，经过严格考查和筛选，最后市中院确定与羊城晚报集团合作，借助《羊城晚报》与金羊网联动之力，实现“报网”联动，提高庭审直播平台影响力。两级法院投入人力物力对全市法庭进行数字化改造，满足所有开庭案件均能实现同步录音、录像、直播的要求；直播时要求操作人员、技术人员必须全程监控设备运行情况，密切注意观察上传网络的画面和声音效果，遇到突发事件，及时报告并启动应急预案。庭审直播统一平台集成两级法院直播系统，专设广州法院庭审直播网，在市中院官方网站首页设立链接，确保两级法院案件均可通过该平台进行网络直播，并提供点播回访功能。市中院共64个直播窗口，所有在法庭开庭案件均可直播；基层法院共24个直播窗口，每个法院2件数字庭审案件可直播。

2014年9月24日，全市两级法院统一的庭审网络直播平台开通；同日，全市两级法院院长同时“坐堂断案”，并在新平台网络直播。2012年以来，全市法院共直播案件3868件，涵盖行政、刑事、民事、执行案件，直播总时长超过4000小时，网络点击量超过1100万次。庭审网络直播工作机制促进了审判效率和质量的提高，强化了廉政监督，提升了司法公信力。

开播之初，市中院选取了一宗社会影响较大的“民告官”的行政案件作为首播案件，引起巨大反响。开播以来，市中院重点选取克隆卡盗刷、城中村拆迁、“毒胶囊”“茶水费”“假药保护伞”“毒牛百叶”等一大批关系民生、老百姓高度关注的社会热点、焦点案件进行直播，起到直播一案、教育一片的良好社会效果。并积极探索移动互联网环境下对司法公开新途径，与新浪司法云

2014年9月23日，市中院正式启用两级法院庭审网络直播统一平台发布会

平台开展紧密合作，首开案件庭审微博全程视频直播先河。

庭审直播以来，市中院一线办案法官积极参与。通过庭审直播，法官的工作作风、庭审驾驭能力、行为规范、语言礼仪等得到了锻炼，审判业务能力和个人职业素养得到了提高。中央改革办专门就庭审网络直播和12368平台建设到市中院调研，并给予充分肯定。2014年全国“两会”期间，中央电视台播出《小撒探会》《走出深山的红辣椒》，围绕湖南农民老马在增城法院参加诉讼、顺利拿到执行款的亲身经历，重点介绍了广州法院庭审网络直播、12368诉讼信息服务平台等司法公开举措。庭审网络推行直播提升广州市法院的司法公开工作水平。在中国社会科学院2015年发布的《中国司法透明度指数报告（2014）》中，市中院在全国81家被测评法院中排名第二位。

（撰稿：关壮　杨守广；编辑：李玉平）

推进广州市法院司法公开

党的十八大提出“推进权力运行公开化、规范化，完善党务公开、政务公开、司法公开和各领域办事公开制度”，十八届三中全会、四中全会也对司法公开提出新要求。广州市中级人民法院（简称市中院）党组高度重视，2010年12月，市中院在全国率先对一宗故意杀人案进行了庭审网络直播。此后，市中院陆续尝试对一些案件的庭审进行网络直播。2012年7月起，市中院在全市两级法院全面推行新的庭审网络直播模式。以公开促公正、以公正立公信，全市法院司法公开工作取得了较好成效。在中国社会科学院发布的《中国司法透明度指数报告（2014）》中，市中院在全国81家被测评法院中排名第2位。2015年6月24日，市人大常委会第四十次会议听取和审议了市中院院长刘年夫所作的《关于推进司法公开工作情况的报告》，对广州市两级法院深入推进司法公开工作给予了高度评价。

精心组织，扎实推进。一是加强组织保障。2014年市中院制订《关于全面提升司法公开水平的工作方案》及配套方案，就推进“审判流程、裁判文书、执行信息”三大平台建设提出39项具体项目，就拓展司法公开渠道提出22项具体任务，指定海珠、南沙、萝岗区法院为全市司法公开工作试点法院。两级法院均成立司法公开领导小组及办公室。二是加大投入力度。以“信息技术+建设资金”为支撑，加大经费投入，为司法公开提供良好的软硬件基础。三是加强监督检查。市中院依照《广州市法院司法公开工作水平测评办法》对两级法院司法公开水平进行季度和年度测评。

突出抓好三大公开平台建设。一是推进审判流程公开平台建设。完善门户网站建设，广州审判网按照司法公开示范法院标准全新改版，12 个基层法院全部实现“一院一官网”，两级法院网站实现互联互通，均设置审判流程、裁判文书、执行信息三大司法公开专栏，及时公开审判执行工作相关信息，方便群众诉讼和各界监督。建成全市法院统一的庭审网络直播平台，全市法院 110 个法庭完成数字化建设，实现法庭记录、录像、录音“三同步”。开通全市法院庭审网络直播统一平台，实行直播预告，2015 年共直播案件 4671 件。完善审判流程信息，当事人通过立案阶段获取的密码登录广州审判网，可以查阅案件经办法官及联系方式，立案、开庭时间等诉讼信息，下载经法院扫描上传的诉讼材料，申请查阅已结案件的电子卷宗。二是推进裁判文书公开平台建设。制订《关于在互联网公布裁判文书的实施办法》，定期督促检查，每季度开展案件质量核查，设置裁判文书意见反馈机制，形成倒逼机制，促进裁判文书质量不断提升。同时，市中院向两级法院推广裁判文书上网隐名系统，2015 年共上网公布裁判文书 199122 份，居全国前列。三是推进执行信息公开平台建设，完善执行日志信息，狠抓执行规范化建设，及时录入查封、扣押、冻结、划拨、分配执行款项等执行信息。当事人可凭密码登录广州审判网查询执行案件的立案信息、执行措施、执行进展等信息。通过公开执行信息，倒逼规范执行行为，提升执行效率。设立老赖“曝光台”，全方位曝光“老赖”信息。完善与工商、税务、房管、车管、银行等部门联动机制，启用网络执行查控系统，实现被执行人银行账户全国查控，车辆、工商、社保、征信等 14 类信息全省查控。推动失信被执行人信息共享机制建设，对 9089 名失信被执行人信息予以公布，让失信被执行人在市场准入、融资信贷、交通出行等方面受限制。天河区法院被评为全国有效实施失信被执行人名单制度示范法院。

积极拓展司法公开渠道。一是主动接受社会各界监督。加强人大代表、政协委员联络工作，加强与法学理论界的交流，邀请人大代表、政协委员和司法监督员参与案件庭审、执行、审务督察等活动。实现公民旁听庭审手续自动化，公民凭身份证即可办理旁听证，为人民群众监督司法提供更多便利。推进人民陪审员工作机制改革，全市人民陪审员参审案件 41502 件，上升 35.06%。加强法治宣传，市中院和越秀区、海珠区、花都区、南沙区法院被最高法院评为 2015 年度在司法新闻宣传工作中做出突出成绩的法院。二是完善“12368”诉讼服务热线功能。市中院于 2013 年 7 月在全国率先开通首家人工“12368”诉讼信息服务平台，并于2014年4月1日起向12个基层法院全面覆盖，在全国率先采用“一对一”人工服务，做到办案信息“主动告知”，当事人“有问必复”。2015年发出提示信息654633条，回复信息123436条，群众满意率97.69%。通过12368平台，有效满足当事人查询诉讼信息需求，减少来信来访总量。全市法院受理群众来信来访5712件次，下降19.46%。三是开通两级法院网上立案、电子送达平台。两级法院网上立案、电子送达平台先后于2014年12月3日、12月16日开通。探索“互联网+诉讼服务”模式，提升便民水平。推进网上立案，对网上提交的570件立案申请予以立案。推进电子邮件送达，送达民事诉讼文书6370份。开通广州审务通，完善网上查询、阅卷、收退费、申诉，提供便捷诉讼服务。

（撰稿：杨守广；编辑：李玉平）

广州与米兰的友谊之树常青

广州与米兰于2012年7月25日正式缔结友好合作交流关系。2013年11月24日至25日，米兰市市长皮萨皮亚（Giuliano Pisapia）率代表团一行6人访穗，广州市市长陈建华会见并宴请了代表团一行。双方就加强两市体育、经贸、时尚产业、城市建设等领域的交流合作充分交换了意见。两市共同商定广州市参与2015米兰世博会，广州市利用米兰世博会的平台和载体参与和举办系列活动，广泛宣传推介广州，拓展对外经贸文化合作交流，进一步巩固和发展广州与米兰的友好合作交流城市关系，提高广州的国际知名度和国际影响力，并在世博会期间向米兰市赠送城市礼品。

经过与米兰市政府沟通和论证，广州市最后决定向米兰市赠送一批树木作为城市礼品。该批树木于2015年5月米兰世博会开幕之际，种植在位于米兰市中心的斯福尔扎城堡前的卡斯特罗广场，共有4簇25棵，包括5棵紫薇树、7棵中国栾树、4棵石榴树以及9棵欧洲椴，每簇花瓶上都挂有铭牌，上写“广州市人民政府谨以此批树木赠予米兰，见证两市友好及情谊，祝友谊之树常青、城市之情长存”。10月14日下午，在意大利米兰卡斯特罗广场“世博之门”（2015米兰世博会游客信息中心）举行了“广州市向米兰市赠送树木仪式”。广州市委常委、秘书长陈国，米兰市市长朱利亚诺·皮萨皮亚，中国驻米兰总领事王冬等出席了赠送仪式，发表热情洋溢致辞，并一同为“广州向米兰赠送树木纪念牌”揭幕。仪式上，广东音乐曲艺团现场表演广东传统民乐，包括二胡、琵琶、笛子、扬琴的演奏，展示出广州悠久的历史文化，呈现出广州云山珠水的秀丽和浓郁的岭南风情，再现现代商都的气派和古色花香的神韵时尚。《娱乐升平》《雨打芭蕉》《步步高》等经典名曲受到了意大利市民和参加米兰世博会的各地游客的欢迎和热捧。

配合省政府在米兰世博会期间举行的“广东周”活动，广州市在万科馆举办了“广州日”宣传推介活动，集中展示广州雕塑院院长许鸿飞的“肥女人”雕塑，展现植根广州的雕塑文化及艺术。举办广州图片展，在万科馆循环播放广州宣传片，全方位对外宣传推介广州经济社会发展及城市建设成就。举行广州民乐演出，由广州艺术家演奏优美的广东音乐经典作品，展示广州特色文化和浓郁的岭南风情，提升广州的国际知名度。其间，穿插举行企业家交流对接会，交流信息，商洽合作，拓展对外商贸交流。

10 月 15 日，广州市委常委、秘书长陈国出席米兰城市粮食政策协定市长峰会，并代表广州市签署了《米兰城市粮食政策协定》。《米兰城市粮食政策协定》由米兰市长皮萨皮亚倡议，是 2015 年米兰世博会的重要活动之一，致力于构建全球可持续发展的城市粮食体系，邀请包括北京、上海、广州、重庆、莫斯科、巴塞罗那、法兰克福等全球近 100 个城市和国际组织参与签署。通过参与签署该协定，为广州市参与全球共同治理搭建了新载体和平台，有利于提升广州国际影响力。

（撰稿：黄琼；编辑：李玉平）

南沙新区获批成为国家级新区

南沙区是连接珠江口岸城市群的枢纽，是广州市唯一的出海通道和大珠江三角洲的地理几何中心。2012 年 9 月 6 日，《广州南沙区发展规划》获国务院批复，标志广州南沙新区正式成为国家级新区。

南沙区开发已有 20 多年的历史。1993 年 5 月 12 日，中央批准南沙划出 9.9 平方千米土地成为广州南沙经济技术开发区，开启南沙工业园区建设阶段。2005 年 4 月 28 日，南沙获国务院批准成为广州市一个行政区，具备国家级开发区和行政区的“双重优势”。2008 年，由国家发改委牵头编制、经国务院批准实施的《珠江三角洲地区改革发展规划纲要（2008—2020 年）》，提出将南沙新区建设成为粤港澳合作的重要载体，赋予南沙新区“打造服务内地、连接港澳的商业服务中心、科技创新中心和教育培训基地，建设临港产业配套服务合作区”的定位。2011 年 7 月，中国社科院、国务院研究室合作完成《广州市南沙新区的定位与发展战略》和《广州市南沙新区发展战备》等课题研究，从国家战备高度科学谋划南沙新区新一轮大开发。2011 年 8 月 8 日，中共中央政治局委员、广东省委书记汪洋提出“向国务院争取设立像浦东新区那样的南沙新区”。同年，南沙新区被列入《国家十二五发展规划纲要》，提出“广州南沙、深圳前海、珠海横琴是深化粤港澳合作，建设中华民族共同家园的三个重要载体”。

为贯彻国家十二五规划重大部署，广东省委、省政府提出“以南沙新区开发为突破口，打造一个新广州”的战略构想，并于 2011 年 10 月召开广州南沙新区开发现场会，推进南沙新区开发建设。是年 12 月，国家发改委牵头广东省、广州市编制《广州南沙新区发展规划》初稿，经征求国家有关部委及香港、澳门特别行政区政府意见后上报国务院审批。2012 年 9 月 6 日，国务院正式批复《广州南沙新区发展规划》，南沙新区成为继上海浦东新区、天津滨海新区、重庆两江新区、浙江舟山群岛新区和兰州新区之后的第六个国家级新区。

2013 年，《广州南沙新区城市总体规划（2012—2025）》《广州南沙新区明珠湾区城市设计及起步区控制性详细规划》和《广州南沙新区综合交通体系规划》获广州市政府审批。构建南沙新区规划中的新区 803 平方千米、中心城区 283 平方千米、明珠湾区 103 平方千米三大规划层次，完成南沙新区城市总体规划、“三规合一”、村庄规划、各平台控规、专项规划与研究、重点建设项目详细规划六大类型规划；完成南沙新区村庄规划方案，并取得首批 12 条美丽乡村规划中期成果。编制《广州市贯彻落实〈广州南沙新区发展规划〉2013—2016 年开发建设工作方案》，《南沙新区实施广州市“123”（1 个都会区、2 个新城区，3 个副中心）城市功能布局规划建设方案（2012—2016）》上报提请广州市政府常务会审议。完善的规划体系，为南沙新区开发建设提供科学指引。

2014 年 6 月 20 日，《广州市南沙新区条例》经广州市第十四届人民代表大会常务委员会第二十九次会议通过，7 月 31 日获广东省第十二届人民代表大会常务委员会第十次会议批准，自 2014 年 9 月 1 日起施行。《广州市南沙新区条例》对南沙新区的管理体制、规划建设、与港澳地区合作、生态环境保护、促进产业发展、创新社会治理等方面作了明确规定。

经过2013年、2014年两年的起步开局，南沙新区开发建设重点领域、重点环节取得新突破。一是经济建设方面，2014年全区实现地区生产总值1016.35亿元，规模以上工业产值2706.39亿元，固定资产投资110.56亿元，公共财政预算收入62.88亿元，四项指标增速均列全市第一位。二是国家政策支持方面，

2014年9月3日，《广州南沙新区条例》专家座谈会现场

国务院召开南沙、前海、横琴三地部际联席会议，原则同意赋予南沙新区15条支持金融改革创新政策，批准南沙成为外商投资企业外汇资本金结汇管理方式改革试点。海关监管先行先试16条措施全面实施，国家质检总局支持南沙新区开发建设21条措施加快落实，汽车整车进口口岸资质通过海关总署等国家5个部委联合验收，司法部批复同意港澳律师事务所在南沙开展合伙经营试点。三是土地、资金、人才方面，新增60平方千米建设用地规模上报国务院审批。源于南沙的省级公共财政预算收入超过2011年基数部分全额返还南沙，市财政延续市库收入超基数全留及土地出让金收入全留政策。全国人才管理改革试验区建设加快推进，集聚“千人计划”专家12名。四是城市建设方面，明珠湾起步区建设已全面铺开，总投资586亿元的重点项目加快推进，与大型央企合作开发灵山岛尖城市建设项目已开工建设。2014年签约项目涉及总投资500亿元，首批落地项目取得建设用地。蕉门河城市中心区建设加快推进，总投资400亿元的41个市政基础设施、商贸服务项目进展顺利。城市中心广场、高端商务酒店等项目已建成整体框架，160万平方米的总部经济集聚区主体工程已启动，抓紧推进“双桥”（跨河车行桥和步行景观桥）和“五馆”（国家档案馆、规划展览馆、房地产档案馆、城建档案馆、地方志馆）等项目。五是区域交通方面，加快推进港口、轨道交通、高快速路网建设，推动南沙由珠三角的区位中

心向区域中心转变。南沙港区三期快速推进，全年货物吞吐量达 2.2 亿吨，集装箱吞吐量突破 1100 万标箱，国际班轮航线达 48 条，开通珠三角及西江内河起运港水上穿梭巴士 46 条。地铁 4 号线南延段全面开工，虎门二桥、深茂铁路、广中江高速、南沙港铁路、地铁 18 号线、邮轮母港等项目正有序推进。六是与港澳地区合作方面，加强与港澳特区政府、非政府组织、商协会及企业界互动交流，建立起与港澳各界密切合作的工作机制；引导港澳企业发展高端商贸服务，参与新区功能建设；集聚越秀融资租赁等 26 家港资融资租赁公司和天运物流等一批港澳航运物流企业，引进一批与港澳合作教育医疗项目，推动一批港资总部及广州航运交易所落户。粤港澳合作建设的南沙国际仲裁中心正积极开展商事仲裁服务。七是南沙新区各项改革全面深化。成立区委全面深化改革领导小组，制定《南沙新区 2014 年深化改革工作计划》。出台 18 份配套改革文件，在激发市场主体活力、转变政府职能、促进城乡一体化发展、创新宣传文化体制、创新发展社会事业、完善社会治理体系、加强生态文明建设等重点领域和关键环节取得较好成效。创新市场化投融资模式，形成“政府主导、市场运作、企业参与”的市场化投融资格局。深化商事登记制度改革，市场准入前置审批事项从 101 项压减至 18 项。实行“先照后证”、放宽住所和注册资本限制等政策，实现个体户税务工商登记全区通办，在全市率先推行“营业执照”“组织机构代码证”和“税务登记证”的“多证联办”政策，设立“一口受理”窗口，企业设立办证时间由原来的两周压缩为一天。清理全区行政审批事项，落实承接第一批省级管理事项，申请第二批省级管理事项。开展并联审批试点，推进网上办事大厅建设，网上审批办理率大幅提升。

（撰稿：邝琼芬　周元峥；编辑：陈喆　陈文敏）

打造“千人计划”广州大本营

“千人计划”南方创业服务中心是经中央人才工作协调小组批复组建的国家“千人计划”三大服务平台之一，是由广州市委组织部指导、越秀区政府支持、在穗“千人计划”专家等高层次人才参与组建的新型科技人才服务机构，旨在为国家“千人计划”专家等高层次人才来穗来粤创新创业提供政策、科技、人才、信息、市场、融资等一体化、专业化、个性化的综合服务。

2012 年 10 月 26 日上午，“千人计划”南方创业服务中心挂牌仪式在广州市环市路保利中环广场隆重举行。中央组织部副部长李智勇，广东省委组织部部长李玉妹，广州市市长陈建华，中央组织部人才工作局局长孙学玉等领导同志出席仪式并共同揭牌。省、市有关单位负责人、“千人计划”专家和机构代表、南方创业服务中心理事单位代表等参加了仪式。该中心地处广州市越秀区政商核心区，与遍布周边的世界500强企业、高端智库、研发机构和人力资源服务机构等共同组成智慧产业集聚带，形成对高端人才的强大吸附力与集聚效应。中心建筑面积约2000平方米，设置公共服务区、专家研发成果展示与推介厅、点子创业空间、创业大讲堂等功能区，打造成为具有“交流、服务、创业”三大功能的人才聚集发展平台。

与此同时，广州通过“政府购买服务”模式，充分发挥南方创业服务中心机制灵活的优势，优先落实公共服务，探索对接市场服务，努力使该中心成为创新创业创投资源的汇聚点及引才育才用才服务的新平台，形成与党政人才工作部门互补对接的人才综合服务体系。中心自成立运营以来，积极提供创业导师、创业助理等服务，开展各类高层次人才引进对接活动，已服务各类高端人才近1500人次。成功举办“海创汇·千人计划”创业特训班、“千人计划”南方创业论坛、“千人计划”创业大赛华南分赛等大型活动，吸引约200位“千人计划”专家来穗与科研机构、创投机构、高新技术企业等进行交流对接，为人才、项目、资本、企业、园区等多方对接搭建了桥梁。南方创业服务中心已逐渐成为“千人计划”专家在广州的“大本营”，在全国“千人计划”专家群体中已形成较高的知名度。

（供稿：市委组织部；编辑：梁斯豪）

建设反腐倡廉智能化管理系统

为落实中央纪委《关于加强廉政风险防控的指导意见》的要求，2012年，广州创新纪检监察工作方式，加强“制度+科技”的防止腐败工作，在全国率先成立智能监察室，确定“整合、深化、融入、拓展”的“八字”工作方针，提出“3668”的建设思路，即构建一个中心、一个平台、一套制度“三位一体”的廉政风险智能防控体系。“一个中心”即建设一个廉政风险防控中心，融实时监察、集成展示、日常办公及视频会议为一体的硬件场所。“一个平台”即“广州市反腐倡廉智能化管理平台”。“一套制度”即制定一套规范电子监察工作的制度文件，为构建廉政风险智能防控体系提供法规制度依据。

2012年12月5日，广州市反腐倡廉智能化管理平台正式启用，包括六大系统，分别是：廉政风险排查系统、综合电子监察系统、预防腐败信息系统、网络反腐舆情监测系统、农村廉情预警防控系统、案件监督管理系统；实现六大功能，包括风险排查、分析研判、实时监察、预警纠错、协同办案、在线指挥；覆盖八大领域，包括行政机关、基层农村、国有企业、社会领域、公共资源交易、公共资金监管、公共服务行业以及惩治腐败等。

廉政风险排查信息系统。广州市纪委监察局于2012年7月开发启用了全市廉政风险排查系统，通过系统开展风险排查，建立了各区（县级市）纪委和市直单位共59个单位、部门共37348人的廉政风险数据库，包括各单位、部门梳理出来的职权目录、风险点、表现形式、风险级别、防控措施等，共排查风险点39592个，制定防控措施46541条。该系统不仅统一了廉政风险排查工作标准，规范了全市廉政风险防控工作，而且实现了岗位权力公示公开、人员自我教育与自律、亮权示险接受监督的目标，为进一步开展实时动态监督、强化风险智能防控奠定了基础。

行政执法电子监察系统。针对行政执法领域腐败现象仍然易发多发的情况，特别是行政执法自由裁量权难以得到有效监督约束，导致违纪违法案件易发高发，2012年9月，广州市纪委监察局在广泛调研的基础上，开发了具有广州特色的行政执法电子监察系统，对行政执法行为涉及的9个方面共16个高风险点进行实时监控、在线监察。截至2015年12月，共完成391473宗案件在线监督，推动执法异常率从2012年的21.59%下降到0.07%，有效破解了行政执法自由裁量标准细化难、裁量异常发现难、执法过程监督难及违规裁量追究难等四大难题，进一步规范了行政执法行为，防范了执法廉政风险。

政府投资项目廉情预警系统。为认真贯彻落实《中共广州市委广州市人民政府关于加强重大发展平台、重大建设项目规范管理和风险防控的若干意见》精神，扎实推进加强重大发展平台、重大建设项目廉政风险防控工作，广州市纪委监察局于2014年5月开发建设政府投资项目廉情预警系统，并推动制定广州市《政府投资项目廉情预警评估工作制度》，建立了政府投资项目廉情预警评估指标体系，将99项重大政府投资项目纳入在线评估，开展项目廉情在线预警监测、处置和年度廉情预警评估。截至2015年12月，在线评估的99个项目涉及投资总金额约1755亿元，共发出了预警507次，廉情等级评估为绿色的项目有84个，黄色的有9个，橙色的3个和红色的3个。省委常委、市委书记任学锋在报送的《关于开展政府投资项目廉情预警评估试点工作情况的报告》上批示："坚持抓下去，特别是对重大项目、重大财政资金使用要严格监管，防止利用权力腐败。"

农村廉情预警防控系统。为切实抓好农村党务、村务、财务公开工作，强化群众监督工作，2012 年 7 月，市纪委建设了农村廉情预警防控系统，在原有农村党风廉政信息公开平台的基础上，运用现代科技手段加强对农村"三资"运作情况的监管，促进了农村党风廉政建设，维护了群众切身利益与农村和谐稳定。截至 2015 年 12 月，农村"三资"交易平台完成交易达 2.93 万宗，累计交易额突破 300 亿元，增值成效明显。

国企"三重一大"决策电子监察系统。为适应新时期反腐倡廉工作的新形势、新要求，强化对国有企业贯彻落实"三重一大"集体决策制度的监督，深入推进市国有企业反腐倡廉建设，2012 年 11 月，市纪委监察局与市国资委联合研发了广州市国有企业"三重一大"决策电子监察系统，扎实开展对市属国有企业落实"三重一大"决策制度情况的智能监督工作。截至 2015 年 12 月，已将 41 家市属国企的 6200 多项事项纳入国企"三重一大"决策电子监察系统，而番禺、花都、开发区等地区已对区属公有企业开展"三重一大"电子监察。

反腐倡廉智能化管理系统建设，扎实推进全市廉政风险防控工作，形成具有广州特色的廉政风险防控工作基本框架，实现廉政风险防控从"有情的人脑监管"向"无情的电脑监管"转变，提高反腐倡廉建设的科学化水平，成为建设廉洁广州的新亮点。

（撰稿：王继强；编辑：陈文敏）

开通网上办事大厅

2012 年 6 月 13 日，广东省政府办公厅下发《关于全省网上办事大厅相关筹备工作的通知》，要求各地级以上市政府负责本地网上办事大厅（分厅）的实施建设，并与省网上办事大厅实现对接。广州市科信局承接广州市网上办事大厅建设任务，并按照整合资源、统一标准的原则协调市区两级开展网上办事大厅建设。经过半年集中建设，12 月 24 日，广州市网上办事大厅正式开通。广州市网上办事大厅开设政务公开、投资审批、网上办事、政民互动、效能监察五大核心栏目，突出办事和审批功能，1326 项业务提供可网上办理服务，其中 984 项实现全程网上办理。涉及市民生活的有婚姻、生育、入学、医疗、就业、住房、交通等，涉及企业经营的有注册、年审、投资、基建、认证、缴税、环保等。同时，广州市率先推进网上办事大厅与建设工程项目联合审批系统、商事主体信息平台、广州12345政府服务热线、广州市网上信访大厅等功能的整合，进一步提高便民办事服务水平。为实现网上办事大厅与实体政务大厅的有机结合，按照“一张网、一个平台”原则，网上办事大厅并入市政务服务中心管理。自2013年8月起，广州市网上办事大厅建设管理工作移交市政务办负责。11月1日，市政务办通过共享共建模式整合升级并上线市、区两级网上办事大厅，进驻46个市直部门，设立12个区（县级市）分厅，所有区均设置街（镇）专栏。至12月底，网上办事大厅市、区共发布事项7301个，其中市直部门1314个，一级办事深度为98.72%，二级办事深度为93.22%，三级办事深度为65.40%，社会服务事项可网办理率为92.25%；12个区（县级市）共发布事项5987个，一级办事深度为94.57%，二级办事深度为79.89%，三级办事深度为41.62%，社会服务事项可网办理率为89.52%，各项指标均超过省网办大厅的指标，在全省网办工作年度考核中，综合评测满分，获并列第一名。

2014年1月31日，市政务办开发网上办事大厅移动版，在社区试点推广政务服务自助办事终端（ATM），为公众提供全天候、自助式便捷办事服务。2月20日，按照广东省网上办事大厅关于“两个网页”的建设要求与规范，积极开展市民个人网页和企业专属网页建设。4月，广州市在全省率先完善并改版发布市民个人网页，以实名用户为服务对象，为市民提供民生账单信息查询，个人、企业主题服务事项办理和结果推送，人事、社保、医疗等领域“E站通”，网络空间云服务及“百姓热线”政民互动等服务。截至2014年年底，广州市有577万市民拥有专属网页，政民互动栏目年均点击量超过500万。2014年11月，广州市企业专属网页也完成建设并投入试运行，为企业办事人提供信息主动推送、办事温馨提醒、申报材料重复使用等个性化服务，并结合商事登记管理与信息公示平台建设，记录整理企业和个人信用情况。

为进一步深化完善网上办事大厅，提高政务服务办事便捷性和网上办理率，市政务办着力加快电子证照库、统一身份认证平台等配套基础平台建设。2015年11月，将商事审批涉及的32种企业证照转化成第一批电子证照，并逐步实现办事人网上提交电子扫描件即可办事。同时，不断优化完善统一身份认证平台，以个人、企业实名信息为认证核心，通过市网上办事大厅与市、区各业务系统进行对接联通，实现注册一个账号即可在市、区、街登录通行。截至2015年年底，已有46个市级部门和6个中央直属单位进驻广州市网上办事大厅，11个区全部设立分厅，170个镇（街）网上办事站和2613村居网上办事点全部开

广州市网上办事大厅介面

通，市、区部门共发布4573个事项，镇（街）11503个事项和村居60861个事项全部提供网上申办。市、区级网上办事大厅2015年总访问量达1081.5万人次，行政审批事项可网上办理占比97.89%，社会服务事项可网上办理占比99.58%。

（撰稿：周静　张凯；编辑：李玉平）

开展“三打两建”专项行动

2012年，广州市开展以打击欺行霸市、制假售假、商业贿赂为主题的专项行动（简称“三打”专项行动），并将“三打”与市场监管体系、社会信用体系建设（简称“两建”）紧密结合起来，坚持“边打边建、以打促建”，建立完善监管长效机制，确保打击取得长久实效。全市共查处涉“三打”案件67342宗，取得全年绩效考核排名全省第一的优异成绩。2012年，市工商局系统累计出动32.4万人次，立案12124宗，案值19.88亿元，移送公安部门案件692宗。其中，欺行霸市案件3610宗，占全市案件数的10%；制假售假（包括商标侵权）案件7809宗，占全市案件数的30%；排查商业贿赂线索433宗，占全市排查数的29%，立案查处156宗，占全市案件数的12%。在“三打”行动中牵头组织全市清理整治无证照经营行动，核查出租屋内无证照经营线索18583条，取缔7238户，引导办照5246户。在全省率先组织了市、区（县级市）两级“三打”成果汇展，“三打”成效明显。

全力推动“三打”工作。市委、市政府把“三打”作为“一把手”工程，高规格、高标准、高效率推进。市委、市政府先后召开3次全市性大会，市委常委会议每月听取一次“三打”工作汇报，市政府常务会议对“三打”各专项工作作出具体部署，市、区（县级市）、街（镇）三级投入“三打”的专项保障经费过亿元。成立市“三打”领导小组，召开全体成员（扩大）会议15次，着力解决重点难点问题。各专项行动小组高度负责，扎实开展专项工作。12个区、县级市和24个市“三打”成员单位的主要领导均向市委书记递交了责任书。各区（县级市）、街（镇）层层落实了责任。市“三打”领导小组每周对各区、县级市的工作情况进行一次排名通报，每月对各区、县级市和市直成员单位的工作进行一次绩效考核。市纪委成立市问责工作领导小组并强化问责，市委组织部牵头开展“三打”跟案考核和对区（县级市）领导干部“三打”工作表现专项检查考核。市“三打”办发挥牵头抓总作用，认真谋划，协调推进。各专项办敢于牵头负责，善于统筹协调，积极推动专项工作落实。广州警备区积极协调，推动“三打”深入到驻穗部队所属企业、场所、出租屋。市法院、市检察院、市公安局联合出台《关于构建“三打”案件绿色通道的意见》，实行“快侦、快捕、快诉、快判”的工作机制。

突出查办大案要案。将“两建”确定的重点行业和试点地区，列为“三打”重点。对重大案件线索实行领导包案制度，全市共落实领导包案427宗，包干整治重点地区重点问题116宗。出台了深化打黑除恶专项斗争的意见，明确规定重大“三打”案件异地用警、异地起诉、异地审判、异地关押等措施，促进了打击欺行霸市工作开展。制定了打击制假售假和加强行政执法衔接刑事司法的意见，在全省率先成立食品药品犯罪侦查支队，提高了打假工作实效。开展了“挖伞除根”行动月活动，深挖保护伞，斩断利益链，全市共打掉保护伞851人，其中厅局级5人。建立“三打”案件绿色通道，对“三打”案件优先办理、全程提速，在最短法定时效内办结，全市打击欺行霸市、制假售假、商业贿赂案件消化办结率分别为100%、99.79%和100%；省交办线索538条、督办案件（线索）44宗，全部回复和办结；“三打”刑事案件一审判决率达100%，一审服判息诉率达93.12，二审发回改判率仅为0.64%。

先后制作两批具有广州特色的宣传口号和规范用语，宣传到大街小巷、发动到千家万户。组织市属新闻媒体在重要版面、时段开设“三打”专栏，开展形式多样的宣传报道。制定群众举报“三打”线索奖励办法，全市共收到群众举报“三打”线索12218条，占线索总数的25.63%，共向971名群众发放举报奖金341.4万元。

打建结合巩固成果。全市共摸排及收到举报、转办涉“三打”线索47666条，查处涉“三打”案件67342宗，其中查处欺行霸市案件40455宗、查处制假售假案件25558宗、查办商业贿赂案件1329宗。

市工商局协调承办全市建设社会信用体系、建设市场监管体系的“两建”工作，牵头市场监管体系建设。成立了由市长陈建华任组长，副市长陈如桂、陈志英、欧阳卫民、周亚伟任副组长，16个牵头单位主要领导为成员的“两建”工作领导小组。领导小组办公室设在市工商局。领导小组下设社会信用体系建设统筹协调小组和市场监管体系建设统筹协调小组，两项工作分别由市发展改革委和市工商局牵头。两个统筹协调小组根据体系建设工作需要，分别组建了12个专责小组，牵头负责各项具体工作任务，各区（县级市）及各专责小组均构建了相应组织机构，在全市范围内形成了“一体两翼、互为依托、运转迅速、协调有力”的整体工作格局。

2012年为全省“两建”工作试点建设年，广州市作为非综合试点城市，社会信用体系建设选取“两点两线一面”（番禺节能科技园、广州民间金融街；信贷业、建筑业；公共信用信息管理系统）开展试点工作；市场监管体系建设以“一区三行业”（海珠区，食品、农资、建筑装饰材料行业）为突破口，探索全方位、全领域、全链条系统化的监管途径。2013年，全省“两建”工作进入全面展开的基础建设年，广州市按照“顶层设计，宏观统筹；点面结合，整体推进；打建并举，着眼长效”的思路，全面铺开“两建”工作，商事登记改革、12345投诉举报平台、公共信用信息管理系统、食品安全监管等重点工作都取得显著成效。在2013年度全省“两建”工作考核中，广州市以99.45分的成绩在全省21个地级以上市中名列第一。2014年是全省“两建”工作的重点建设年，按照国家和省出台的社会信用体系建设规划，关于促进市场公平竞争、维护市场正常秩序的要求，将改革创新贯穿于各个体系和层面，深入推进社会信用体系和市场监管体系建设，取得了阶段性成效。在2014年度全省“两建”工作考核中，广州市获得99.3分，排名全省第二（惠州、广州、珠海分列前三）。

（撰稿：李敏慎　刘炜　李戎；编辑：陈文敏　曾新）

新一轮行政区划大调整

2012年年底，根据国家、省“十二五”规划和《珠江三角洲地区改革发展规划纲要（2008—2020年）》，广州市启动优化行政区划调整工作。2013年4月，市政府向省政府上报了《广州市人民政府关于调整部分行政区划的请示》。6月，国家和省联合调研组对广州市行政区划调整工作进行审核调研，提出审核论证意见。8月，省政府向国务院上报了该请示。2014年1月25日，国务院下发《国务院关于同意广东省调整广州市部分行政区划的批复》。2月12日，广东省人民政府转发《国务院关于同意广东省调整广州市部分行政区划批复》。批复指出，国务院同意撤销广州市黄埔区、萝岗区，设立新的广州市黄埔区，以原黄埔区、萝岗区的行政区域为新的黄埔区的行政区域，黄埔区人民政府驻萝岗街道香雪三路1号；撤销县级从化市，设立广州市从化区，以原从化市的行政区域为从化区的行政区域，从化区人民政府驻街口街道新城东路99号；撤销县级增城市，设立广州市增城区，以原增城市的行政区域为增城区的行政区域，增城区人民政府驻荔城街道惠民路1号。广州市委、市政府统筹研究做好此次部分行政区划调整交接的有关工作。

2015年5月29日，增城区正式挂牌运作。增城区辖新塘、中新、石滩、派潭、正果、小楼、仙村7个镇和荔城、增江、朱村、永宁4个街道办事处，总面积1616.47平方千米。2015年8月12日，从化区正式挂牌运作。从化区辖太平、温泉、良口、吕田、鳌头5个镇和街口、城郊、江埔3个街道办事处，总面积1974.5平方千米。从化、增城作为广州市城市发展战略功能布局的重要棋子，承担着完善中心城区功能、疏解中心城区人口压力，带动城乡一体发展的重任。撤市设区后可以与临近区域有机联系和错位发展，优化广州城市发展空间布局，有利于加快破除城乡二元结构，统筹解决外围副中心教育、医疗、交通、文化等基本公共服务功能不足问题，提高城市化水平。此外，从化、增城作为广州东北部的生态屏障，撤市设区有利于广州统筹从化、增城生态环境资源规划和保护，加大对两大生态屏障地区的财政保障力度，加强从化流溪河水域和增城蕉石岭等9个森林公园、自然生态保护区建设，形成北部水资源和东部生态环境保护圈，构建环境友好型生态城市。

2015年9月1日，新设立的黄埔区正式挂牌运作。新黄埔区辖九龙镇和南岗、穗东、荔联、鱼珠、长洲、大沙、文冲、黄埔、红山、夏港、萝岗、东区、联和、永和14个街道办事处，总面积484.17平方千米。至此，广州市完成新一轮行政区划调整。设立新的黄埔区，不但可以充分发挥原萝岗区经济、产业和科技优势，以及原黄埔区的临港区优势，增强区域组团功能，促进新城区产城融合，形成“1+1 > 2”的效应，共同打造创新型产业发展区，成为广州发展新引擎；还可以充分利用原萝岗区较强的财政实力，深入挖掘和切实保护包括黄埔军校旧址在内的历史文化资源，弘扬南海神庙、波罗诞等地方特色民俗文化，凸显近现代革命策源地和古代海上丝绸之路发祥地的历史文化底蕴，保护非物质文化遗产，提升广州城市软实力。

调整后，广州市现辖越秀、海珠、荔湾、天河、白云、黄埔、花都、番禺、南沙、从化、增城11区，市辖区面积7434.4平方千米。此次行政区划调整是广州市继2005年部分行政区划调整（撤销原东山区和越秀区，设立新的越秀区；撤销原荔湾区和芳村区，设立新的荔湾区；新设立萝岗区、南沙区）后的又一次大调整，有利于强化广州国家中心城市地位，加强广州生态环境保护；有利于更好地优化整合资源，加快转型升级，增强广州的集聚辐射功能，构建“大广州”新格局；有利于促进区域经济社会发展，推动广州实现跨越式发展。

（供稿：市民政局；撰稿：刘文斌；编辑：张丽蓉）

黄埔海关开展“国门之盾”行动

2012年，中国海关总署会同各地方、各部门开展为期一年的“国门之盾”行动，重点打击加工贸易生产性原材料走私、快件渠道“化整为零”走私、国家战略资源产品出口走私等重大涉税、涉证走私活动。黄埔海关贯彻落实海关总署部署，有效整合全关资源，将“国门之盾”行动和“打击假冒药品、食品和汽车配件专项整治工作”相结合，切实加强口岸执法力度，明确将海运、快件运输方式作为重点监控的渠道，将大宗海运出口的侵权药品、食品、汽车配件、日化和耗材产品等列为重点敏感商品，增加对出口侵权货物执法的投入，在日常监管中提高对存在侵权风险的进出口货物的布控和查验比例，不仅在“国门之盾”行动期间遏制了侵权货物进出口的势头，也为长期、深入地推进知识产权边境保护工作打下坚实基础。

为有效开展“国门之盾”行动，黄埔海关加强与知识产权权利人合作，及时掌握侵权贸易动态信息，拓宽情报线索来源渠道，适时开展重点打击。行动期间，共下达风险布控指令103条，捕中侵权集装箱51个，风险布控有效率达49.5%，相继查获5万支假冒“Colgate”牙膏、8635个假冒“LV”“HERMES”“CHANEL”钱包等侵权大案，连续查获5批共2.4万双假冒“Crocs”商标凉鞋；以香港海关查获侵权案件信息作为参照系，研究分析侵权申报商品项目、出口口岸、申报时间等手法，有的放矢地开展风险布控，年内下达风险布控8次，布控成功率达到75%，同时加强与广州市打假办、工商局、公安局、知识产权局等部门的联系配合，开展信息情况交流、执法协作，共同构筑打击侵权的立体防控体系。

与此同时，黄埔海关组织“五个一”系列宣传活动，即以“召开一次媒体见面会，进行一次侵权货物销毁活动，组织一次媒体走访执法现场，举办一次基层关员执法培训会，举行一次知识产权海关保护在线访谈”为主轴突出宣传亮点，在全关范围内开展内容丰富、形式多样的“知识产权宣传周”系列活动，大力宣传了黄埔海关知识产权海关保护成果，为开展“国门之盾”行动营造了良好的舆论氛围。在“国门之盾”行动过程中，黄埔海关共办理涉嫌侵权案件198宗，查获涉嫌侵权货物174.1万件，涉案案值人民币1526.5万元，关区内侵权货物进出口势头得到了明显遏制。查获出口3.1万个假冒“BOSCH”商标雨刮器案、出口4800个假冒“NGK”“BOSCH”商标火花塞案、出口1.4万个假冒“雪佛兰”等多个商标汽车标牌案，出口9168个假冒“TOYOTA”等多个商标汽车机油滤清器案，在黄埔老港口岸查获出口2.9万罐侵犯“王老吉”商标专用权凉茶饮料案等多宗社会影响大、极具地方经济特点的侵权案件。其中2012年4月，黄埔海关以合成作战方式，共投入缉私民警93人、海关关员21人、执勤武警官兵40人，联合地方公安网技侦部门民警15人、地方打私部门5人，共计174人，在东莞、从化、浙江、天津、北京、河北、山东等地同时展开查缉行动，成功查获东莞某皮草服装有限公司伪报贸易性质走私进口貂皮重大案件，一举摧毁一个利用加工贸易渠道走私貂皮的犯罪团伙。该案案值约25.5亿元，涉嫌偷逃税款约6.13亿元。同年5月，黄埔海关通过前期监控与后续风险信息扩展收集，查获1起通过快件渠道伪报品名走私进口美国泰利环球bHIP保健产品案件，一举捣毁1个盘踞在台湾、深圳、珠海、东莞等地的专业犯罪团伙。该走私团伙自2009年以来，以伪报贸易方式共进口bHIP诺丽全果粉2364.87万包、能量饮品1277.78万包、AC11活力片1071.51万片、兰卡尔胶原蛋白粉458.88万包、女性生理保养品39.46万包等，共计案值6.22亿元，涉嫌偷逃税款1.05亿元。

2013年1月9日，黄埔海关在萝岗区举行“国门之盾”行动侵权货物销毁

2013年1月9日，黄埔海关举行"国门之盾"行动侵权货物销毁活动，销毁侵权货物1035万件

活动，以环保无害化处理的形式销毁了该关罚没的侵权货物1035万件，侵权货物根据不同类别，通过碾压、破碎、粉碎、货物与包装分离等形式进行销毁。包括联合利华公司在内的十多名知识产权权利人现场参观销毁过程，多家新闻媒体对销毁情况进行了图文和电视播报，展示了海关有效履行知识产权边境保护义务的成果，彰显了海关在口岸打击侵权货物进出口的决心，以及"把好国门"对保持中国经济平稳较快发展和社会大局稳定的作用。

（撰稿：尹晓飞；编辑：李玉平）

创设市政府领导新闻发布会制度

2012年上半年，广州市在全国率先创建市政府领导定期新闻发布制度。每月召开一场市政府领导新闻发布会，由市长、副市长轮流担任主发布人，就分管工作和热点敏感问题发布新闻，通报市政府重大决策、工作部署、政策规定；介绍广州市经济社会发展中的全局性问题，以及市政府领导各自分管领域的工作进展；回应群众普遍关切的热点、难点问题；通报重大突发事件情况和处置措施等。新闻发布制度提高了党委、政府工作透明度，促进了依法、科学、民主决策，保障了市民的知情权、参与权、监督权，也赢得市民对政府工作的理解和支持，有力推进了“责任政府、诚信政府、阳光政府”建设。

2012 年 6 月 25 日，首场广州市政府领导新闻发布会在市政府一号楼中央大厅举行，市长陈建华以“新型城市化中的生态建设”为主题，进行新闻发布并答境内外记者提问。市长陈建华共回答境内外媒体记者的 14 个问题，内容涉及垃圾处理、环境整治、城乡发展统筹、控烟等民生热点话题。

自 2012 年 6 月至 2015 年 6 月，累计召开市政府领导新闻发布会 6 轮 34 场，市长、副市长多次登台发布。市政府领导新闻发布会以“广州新型城市化发展”为主线，分别以“生态建设”“交通建设”“国际商贸中心建设”“区域金融中心建设”“外经贸发展”“幸福民生工程”“文化和教育事业”为主题，每场发布会持续时间平均约 1 小时 30 分钟，回答 10—14 个记者提问。

为促进市政府领导新闻发布会的规范化、程序化，广州市制定了《市政府领导新闻发布会工作流程及人员分工》等十几项工作规程，并制定实施《市政府新闻发布会网络直播及网友互动方案》，发布会现场进行网络微博直播及网友互动，搭建起发布会运作的基本框架。广州市坚持“以公开为常态、以不公开为例外”的原则，对发布议题可发尽发，保障媒体和市民的知情权；大力宣传政府工作成绩和为民举措，强化主旋律，突出正能量，营造有利于政府工作的良好氛围；对发布议题进行严格筛选，重点发布政策规章、阶段性工作成效、促进经济社会发展和民生幸福举措等议题。

（撰稿：梁加文；编辑：刘燕玲）

探索开展制度廉洁性评估

2012 年，按照中纪委、省纪委工作部署，市纪委、市监察局、市预防腐败局牵头，联合市人大常委会法工委、市法制办等单位开展制度廉洁性评估工作，制定了《广州市开展制度廉洁性评估工作实施意见》（简称《意见》），明确制度廉洁性评估的对象、范围、内容、标准和各部门责任任务，规范了评估程序。制度廉洁性评估重点涉及行政审批权、行政执法权等权力相对集中的制度，腐败现象易发多发的重点领域、关键环节。

制度廉洁性评估的具体内容和标准涵盖包括廉洁性、合法性、科学性、程序性以及利益冲突评估。在廉洁性评估方面，主要评估制度是否符合中央、省、市关于反腐倡廉各项工作部署的要求；是否将预防腐败要求贯穿于制度建设之中；是否规定完备的廉政规范和廉政纪律。评估涉及责任主体是否明确，责任类型是否清晰，责任追究机制是否健全；惩戒情形是否恰当，惩戒手段是否适当，惩戒结果是否有效。在合法性评估方面，主要评估是否违反法制统一性，存在不符合上位法律法规规定或者缺乏政策依据等情况，还涉及是否存在违法违规扩张权力、减免责任，增减公民、法人和其他组织权利义务的情况。科学性评估则主要评估权力结构及配置是否科学合理，制约监督措施是否完备。程序性评估主要评估制度的起草制定是否严格遵守法定程序，是否开展实地调查研究，涉及群众权益的重大事项是否经过必要的论证和听证，涉及多个部门的事项是否与相关部门充分沟通协商；是否将应当公开的制度全部公开，公开的内容是否全面、准确、易于理解，公开的时限是否合理，公开的程序是否明确，公开的结果是否便于社会群众获知和使用。开展制度廉洁性还涉及利益冲突评估方面，即评估是否存在谋取不正当利益，或与公共利益、其他利益群体发生冲突的情况；是否存在将公共权力地方（部门）、地方（部门）权力利益化、地方（部门）利益合法化，造成地方（部门）利益与公共利益发生冲突的情况；是否存在违背社会主义市场经济规则，违法规定地区封锁、部门垄断、行业垄断的情况。

针对不同对象，制度廉洁性评估实施方案不同。政府部门规范性文件廉洁性评估工作由本部门法制工作机构负责，评估复核工作由广州市法制办负责；市属国有企业制度廉洁性评估工作由本企业法制工作机构或相关职能部门负责，评估复核工作由市国资委或该企业隶属的其他国有资产管理部门的法制工作机构负责；其他单位制定的规范性文件廉洁性评估则由本单位法制工作机构或相关职能部门负责。

为加强监督，广州市纪委、市监察局（预防腐败局）负责全市开展制度廉洁性评估的监督检查工作，各单位的检查督促工作由市直各单位纪委（纪检组）、市纪委监察局派驻机构负责。《意见》要求各单位建立制度廉洁性评估数据库，及时录入制度廉洁性评估情况。市纪委监察局、市人大法工委和市法制办采取电子监察、定期抽查等形式，对各单位开展工作情况进行监督抽查。

开展制度廉洁性评估工作结合制度合法性审查、立法后评估、制度“立改废释”、整改违法违纪问题等工作进行，组织制度制定单位、实施单位、管理相对人以及专家学者、干部群众等共同参与廉洁性评估工作，还可以委托第三方机构进行。2012 年以来，广州市不少部门对其起草制定的文件进行廉洁性评估，并提交法制办复审。如市科信局《广州市科技计划项目管理办法（试行）

（送审稿）》完成自评和第三方评估，并送至市法制办审查。市发改委、市财政局联合发布的《广州市战略性主导产业发展资金管理暂行办法》经两部门重新评估并修改完善后，向市法制办提交廉洁性评估报告。截至2015年年底，已有37个市直单位报送473项制度廉洁性评估初步结果，市法制办对462多项制度的初评结果进行复核，越秀、番禺、增城、从化等区提前启动本区制度廉洁性评估工作，为国家中心城市建设和廉洁广州建设提供制度保障。

（供稿：市纪委　市监察局办公厅；编辑：陈文敏）

广州市政协“万里审批图”建议案

2013年广州市政协全会提出《关于大幅缩短广州投资项目建设审批时间的建议案》（简称《建议案》），即万里审批图或万里长征图。市委、市政府高度重视，提出对投资建设工程项目审批进行“流程再造”，压缩审批环节和时间。

《建议案》的提出。2012年9月上旬，市政协常委、广州新城市投资控股集团董事长曹志伟携带有关《广州市房地产项目开发建设流程优化方案说明（稿）》资料和表格到市政协汇报。市政协主要领导与分管提案委、城建委的两位副主席研究认为，此提案线索、素材涉及系统性、全局性的行政审批改革，符合中央深化改革精神，且契合广州发展需要，决定继续深入调研，提出操作性更强的建议案。9月13日，两位副主席专题召开第一次提案研究会，由提案委员会、城建资源环境委员会和曹志伟委员及有关委员组成联合调研组，对调研方案、分析方法和表达技巧作了研究，并确定用长横表及竖短表对比的数学坐标图的方式一揽子呈现改革前后的审批情况和可改革的部分。随后4个月，市政协多次与市法制办、发改委、建委、国土房管局、规划局等10多个部门进行深入研讨。2013年1月，市政协主席会议向市委、市政府提交《建议案》，其中有6个附件，后两个为反映现在审批情况的审批图（4.4米的长图）和优化后的审批图（1.65米的短图），长图后来被媒体称为“万里长征图”（“万里审批图”）。

《建议案》的协商办理。《建议案》反映广州市投资项目建设存在审批职能分散重复、串联审批、环节多、层级多、效率低等七个主要问题，提出成立市政府分管领导牵头、各相关部门领导为成员的广州市简化投资项目建设审批流程工作小组等对策建议。2013年1月31日，市委、市政府主要领导亲自部署行政审批改革。随后市委常委会再次专题部署，成立由两位常委、一位市政府秘书长牵头，由政府五个主要部门一把手参加组成的领导小组。两个多月，几十个部门反复交叉研究、模拟审批流程，反复征求政协委员意见，通过采取“整合流程、一门受理、并联审批、限时办结”的改革方式，将所有审批事项整合成五个“集装箱”，审批环节相应压缩为5个，从立项到施工许可、公示、公告、技术审查等，审批时间不超过145个工作日。同时，依据法律、法规和相关规章制度，清理、规范技术审查事项，精简37项技术审查事项，精简率达50%。由牵头部门会同有关部门实行“一门受理”联合审批。经过协商和科学论证，4月底，颁布《广州市建设工程项目优化审批流程试行方案》（简称《试行方案》），5月2日开始实施。

市政协继续配合办理提案，并就《试行方案》实施过程中出现的新问题再提解决建议。2013年7月4日，市政协组织市发改委、国土房管局、城乡建设委、规划局、法制办、政务办等六个主要职能部门召开座谈会，继续完善“流程再造”。7月31日，针对《试行方案》实施过程中存在的困难和问题，市政协再次提出对策和建议，向市委提交《广州市政协关于继续配合〈市建设工程项目优化审批流程试行方案〉实施相关工作的报告》。9月25日，市政协又向市委书记、市长提交了《关于〈广州市建设工程项目优化审批流程试行方案〉实施情况的报告》，提出同步推进精简审批事项与优化审批流程工作、同步推进建立信息共享制度与推进更高水平的网上审批制度等六同步建议。

2015年7月10日，全国政协召开“深化行政审批制度改革”专题协商会，广州市政协主席苏志佳和委员曹志伟应邀参会并发言，结合广州行政审批改革实际提出针对性的意见建议。

《建议案》取得的成效。2013年3月27日，市政府印发《广州市建设工程项目优化审批流程试行方案》（简称《试行方案》），配套了实施细则，明确具体操作问题，当年5月1日正式实施；2014年对《试行方案》进行再次优化升级，出台《广州市建设工程项目联合审批办事指引（二）》，并提出“方案+实施细则+审批流程图”相结合的新模式。通过“整合流程、一门受理、并联审批、限时办结”，整合22个审批部门、50项审批事项、5个审批环节，建设项目行政审批全流程时限从799个工作日压缩到145个工作日。改革的边际效应不断扩大，部门简政便民的服务意识不断提升。如国土规划委在修详规审查和规划许可证前置审批事项环节就缩减、取消50余项前置审批或征求意见事项；住建委梳理并联审批服务事项59项、整合办事指南50多个、减少收案材料100多项。实施“三规合一”（社会发展规划、城乡规划、土地利用总体规划），完成“一张图”、一个信息联动平台、一个协调机制、一套技术标准、一个管理规定的“五个一”工程，解决了建设项目审批互为前置、申请人反复奔波的问题。为将“三规合一”成果运用到实际审批工作之中，2015 年，广州市再次整合部门职能，精简机构，为建设项目审改工作深度推进创造更好条件。

（供稿：市政协办公厅；编辑：陈喆　陈文敏）

成立重大城建项目公众咨询监督委员会

为进一步扩大和规范公众参与广州市重大城建项目建设决策过程，提高政府决策的科学性、民主性和准确性，遵循“问需于民、问计于民、问政于民、问效于民”的原则，2013 年 3 月 1 日，市政府第 57 次常务会议审议通过了《市重大城建项目公众咨询监督委员会组建方案》，标志着广州市重大城建项目公众咨询监督委员会（简称公咨委）正式成立。公咨委功能主要包括：就项目实施为政府决策提供参考意见；作为政府和民众之间的沟通桥梁，转达信息，收集民意，广纳民智，为规划、建设提供参考意见；为项目规划建设、环评工作提供参考意见和依据；在项目实施过程中发挥监督作用等。公咨委的成立是广州在民意表达制度化方面的一个重要探索，具有重要意义。

公咨委由市城乡建设委员会（简称市建委）牵头组建，由 25 名常设委员组成，其中人大代表 4 名（另有 4 名候补委员）、政协委员 4 名（另有 4 名候补委员）、专家学者 7 名（另有 7 名候补委员）、市民代表 10 名（另有 10 名候补委员）。人大代表由市人大推荐产生；政协委员由市政协推荐产生；专家学者通过邀请、行业推荐及公开摇珠方式产生；市民代表通过公开征集和公开摇珠方式产生。公咨委委员享有多项“权利”，包括：有权查阅相关档案资料、列席有关会议、参加相关调研，以完全掌握拟议项目的情况，可以就相关项目充分表达意见、提出建议，不受行政机关和其他外部因素影响和左右。同时，还应该积极履行相关义务，包括按时参加委员会会议及相关活动，积极收集民情民意，据实反映市民各种声音、意见和诉求，负责、公正、主动提出意见，认真建言谋策。对于重大项目咨询论证的结果，未经政府授权或同意，不得以个人名义，以任何形式、任何渠道公开发布。

2013 年 4 月 23 日，市建委在广州建设工程交易中心举行公咨委专家学者和市民代表两个组别的公开摇珠仪式，邀请本地媒体、部分市民代表及专家学者候选人现场监督，并由广州公证处进行公证。从经市环保局、市文化广电新闻出版局和专业院校、专业机构、协会推荐的87名专家学者（分为工程综合、交通规划、道路、桥梁隧道、工程造价、环境保护、文物保护7个专业）中摇号产生7名正式代表和7名候补代表。从市建委收到80名热心报名市民中摇号产生10名正式市民代表和10名候补市民代表。随后，拟任委员个人相关信息向社会公示，公示无疑义，并承诺本人无不良行为记录后，最终确定成为公咨委委员。再加上市人大和市政协分别推举的4名人大代表和4名政协委员，组成广州市重大城建项目公众咨询监督委员会，常设委员人数为25人。

2014年8月16日，广州大道快捷化改造初步方案、BRT网络拓展方案研讨会召开

5月28日，市建委在广州市政府3号楼会议室主持召开公咨委第一次全体会议，选举产生委员会主任、副主任及新闻发言人。6月23日下午，市政府在市府礼堂举行公咨委聘书颁发仪式和召开了座谈会，陈建华市长为公咨委委员颁发了聘书。截至2015年上半年，公咨委完成广州大桥拓宽工程、广州大道快捷化初步方案、广州BRT网络拓展及广州市各区新（扩）建少年宫项目的咨询，提交4份项目咨询报告。

2015年7月18日，新一届广州市重大城建项目公众咨询监督委员会举行换届选举会议。通过无记名投票方式，选举出新一届公咨委主任曹志伟（兼任新闻发言人），副主任崔虹、黄镇城。

（撰稿：陈曙；编辑：赖剑颖）

出台“南沙金融创新15条”

为贯彻落实《广州新区南沙发展规划》对南沙金融发展的功能定位与人民币资本项下可兑换先行先试，以及实现南沙建设广州区域金融中心的战略目标，

2013年3月，广州市启动南沙金融创新发展政策文件制定工作。4月，拟定《关于支持南沙新区深化粤港澳台金融合作探索金融改革创新的请示》（简称《请示》），并征求广东省金融办、“一行三局”（人民银行广州分行，广东银监局、证监局、保监局）、南沙区以及其他有关部门的意见后，广州市政府将该件上报省政府。5月9日，广东省政府正式将《请示》上报国务院。2014年9月，国务院领导批示同意“15条政策”。人民银行、国家发展改革委等10部委联合印发《中国人民银行　发展改革委　财政部　商务部　港澳办　台办　银监会　证监会　保监会　外汇局关于支持广州南沙新区深化粤港澳台金融合作和探索金融改革创新的意见》（即“南沙金融创新15条”）。

“南沙金融创新15条”（简称“15条”）主要包括四部分共15条政策。第一部分是总纲，明确南沙新区金融改革创新发展的总体定位。第二部分是在内地与港澳《关于建立更紧密经贸关系的安排》（CEPA）和《海峡两岸经济合作框架协议》（ECFA）框架下，涵盖支持南沙新区深化粤港澳台金融更紧密合作的4条政策。第三部分是涵盖支持南沙新区金融创新发展的11条政策。第四部分是保障措施。“15条”是广东省继珠三角金改总体方案后第二个、广州市第一个经国务院批准实施的金融专项政策，也是南沙新区在《广州南沙新区发展规划》总体框架下首个经国务院同意实施的专项政策。其创新点主要体现在：一是突出金融开放，以开放促改革。探索港澳金融企业入股南沙新区的企业集团财务公司，支持资质良好的信托公司到南沙新区开展业务。支持包括港澳在内的外资股权投资基金在南沙区发展，探索外资股权投资企业在资本金结汇、投资、基金管理等方面的新模式。支持符合条件的台资机构设立合资证券、基金、期货公司。允许区内的金融机构为港澳台居民（包括机构和个人）提供跨境人民币结算金融服务等。支持设立在南沙新区的银行机构发放境外人民币贷款，按规定研究办理外币离岸业务等扩大金融的对内开放政策。二是突出金融创新，引领区域金融特色化发展。支持在南沙新区开展商业保理试点，增加企业在海外市场的销售额，为区内的中小企业提供更便捷的融资方法。支持在南沙新区开展跨国公司外资资金境内集中管理试点，利于企业利用境内外金融市场，提升资金管控水平，增强抵御风险能力，吸引更多跨国公司进驻南沙区。支持在南沙新区开展全国内、外资融资租赁行业统一管理体制改革试点，研究制定内、外资统一的融资租赁市场准入标准，使南沙新区成为全国首个国内、外资融资租赁行业统一管理体制改革试点地区，打造中国融资租赁业的“南沙标准”。支持在南沙新区开展大宗商品交易和推进境内期货交易所交割仓库体系建设，提高南沙区的产业竞争力及产业主导权，为下一步设立交易平台奠定基础。支持具备条件的民间资本在南沙新区发起设立中小型银行等金融机构，支持符合条件的外资保险机构在南沙新区设立保险法人机构和分支机构以及健康保险公司等专业性保险机构，推动南沙新区形成多元化的金融机构体系，满足不同层次的投融资需求，增强市场整体创新能力。三是突出金融合作，助推广东自贸区和21世纪海上丝绸之路建设。支持在南沙新区开展人民币计价业务试点，允许南沙新区内的金融机构为港澳台居民（包括机构和个人）提供跨境人民币结算金融服务，支持南沙新区银行机构按规定研究办理外币离岸业务，有利于南沙进一步开展面向港澳和东盟的跨境人民币创新业务，打造自贸区的核心区和新海上丝绸之路的桥头堡。支持包括港澳在内的外资股权投资基金在南沙新区创新发展，允许南沙新区发行多币种的产业投资基金，为探索在广州设立多币种的海丝产业投资基金，为参与海上丝绸之路建设的各类经济体提供高效可靠的投融资服务提供有力的政策支撑。

“15条”出台后，国家、省市政府及金融监管部门陆续出台更多支持南沙新区（自贸区）的金融创新政策措施。如赋予南沙在跨境人民币贷款、允许广州地区企业在港澳发行的人民币债券及港澳保险公司的人民币保单资金投资南沙开发建设、试行分账管理的自由贸易账户体系等6条支持政策。2014年12月，人民银行广州分行、广东银监局、广东证监局、广东保监局、省金融办等单位提出支持南沙自贸试验区建设的54条措施。广东省政府2015年4月30日印发《广东省人民政府关于支持广州南沙新区加快开发建设的若干意见》，提出支持在南沙新区设立粤港澳金融合作示范区，试点设立各类有利于增强市场功能的创新型金融机构，支持南沙新区建立碳期货交易市场，开展碳期货交易业务，建设跨境贵金属交易市场等8条金融支持政策。《中国（广东）自由贸易试验区总体方案》赋予南沙50条金融创新政策，已争取获批的金融支持政策和金融创新试点超过130项。

随着“15条”等一系列金融创新政策的出台，南沙金融业发展迅速，已引进各类金融（类金融）企业215家，其中银行类14家，证券类5家，保险类19家，融资租赁类65家，股权投资类29家，小额贷款、担保及大宗商品交易等其他类83家。主要体现在：一是各类创新型金融机构聚集发展。其中包括华南地区唯一经交通运输部审批备案拥有船舶交易服务资质的广州航运交易所和广州航运交易有限公司、广州市首家具有金融租赁牌照的珠江金融租赁公司、广州市首家外商股权投资基金合伙企业——广州赛富兆星股权投资基金合伙企业（有限合伙）、国内首家专门服务商品金融的广州商品清算中心股份有限公司、近十年来广东省（除深圳外）唯一经中国证监会新批准设立的公募基金公

2014 年 12 月 25 日，南沙新区金融创新发展“15 条政策”交流会举行

司——中科沃土基金管理有限公司等。二是航运金融等特色金融业起步发展。广州航运交易所、广州港集团等共同发起设立广州航运交易有限公司，全面打造“船舶（游艇）交易、航运交易、航运人才交易、临港大宗商品交易、航运衍生品交易”等五大市场；广州商品清算中心通过为大宗商品交易场所的交易标的提供统一登记服务、独立进行商品交易清算业务，实现交易、清算、结算环节的严格分离，有效把控交易风险，促进大宗商品产业链在自贸区内集聚。三是融资租赁业发展迅猛。南沙区成立融资租赁产业发展领导小组和专责工作小组，从国家战略、产业基础及政策支持等方面为融资租赁业提供良好的发展环境。已落户南沙融资租赁企业 65 家，渤海租赁、工银租赁已在南沙设立 SPV 项目公司，正开展飞机、船舶和海洋工程设备等租赁业务。南沙区与南沙税务部门梳理编印融资租赁业税收优惠政策指南，建立对融资租赁企业退税绿色通道，协助、引导租赁企业用好用足现有鼓励支持政策，对租赁企业增值税实际税负超 3% 部分执行即征即退政策，南沙区国税局已为区内租赁企业办理退税 1500 多万元。南沙区已成为广州融资租赁业发展最快的区域，下一步将继续推动打造跨境融资租赁资产交易平台，探索设立融资租赁产业发展基金，加快南沙融资租赁产业园建设等工作。四是区内金融机构陆续推出多个创新服务平台和业务产品。中国银行、农业银行分别以南沙区为核心，联合其海外关联机构共同搭建南沙全球金融服务平台。平安银行在南沙设立南方离岸金融中心、南方跨境结算中心、南方保理业务中心。还有中信银行粤港澳跨境金融服务平台、交通银行综合金融创新平台、浦发银行自贸区离岸业务创新中心、珠江金融租赁南沙融资租赁产业联盟等。在自贸试验区的政策推动下，区内银行机构陆续

推出多项创新业务和产品。中国银行办理32笔金额约6亿元的创新业务。农业银行为区内多家企业办理共1.1亿元跨境人民币贷款。工商银行为区内某投资服务公司办理300万元的境外人民币放款业务。广发银行为区内国际贸易企业开发的便利结汇产品，率先实现A类企业货物贸易项下全自动结汇等。

（撰稿：张博超；编辑：陈喆）

建设"2+3+9"重大发展平台

2011年12月24日，广州市第十次党代会提出推进27个重大战略性发展平台建设。2013年3月11日，广州市召开加快重大战略性发展平台建设专题工作会议，决定进一步优化完善27个重大战略性平台，集中资源重点建设"2+3+9"重大发展平台。具体来说，"2"是创新发展南沙滨海新城和东部山水新城。两个新城面积共1486平方千米。其中，南沙新区毗邻港澳、服务内地，区位优势独特，是国家深化粤港澳合作的重要平台，居全省重点推进6大平台之首。东部山水新城以中新知识城、广州科学城、广州教育城三大组团为主。"3"是扩容提质花都、从化、增城3个副中心，重点强化综合服务，承接都会区人口和功能疏解，打造城乡统筹新示范。3个副中心总面积4609平方千米，占广州市面积的62%。花都副中心拥有白云国际机场和广州北站，空铁联运十分便捷。汽车和机车制造实力雄厚，临空产业和皮革皮具、金银珠宝等蓬勃发展，将建成国际空港门户和高端产业基地。从化副中心以温泉闻名于世，森林覆盖率68.3%，现代农业发展空间广阔，目标是建设世界温泉之都、美丽城乡融合区。增城副中心地处广深港黄金走廊重要节点，既享有国家级开发区的政策优惠，又是全省首个统筹城乡综合配套改革试点，全力建设国家低碳发展示范区、东部现代产业新区和生态宜居新城。"9"是优化提升都会区的9大平台，包括：国际金融城、天河智慧城、国际创新城、海珠生态城、花地生态城、国际健康产业城、空港经济区、广州南站商务区、黄埔临港商务区。9个平台总面积893平方千米，主要发展商贸会展、金融保险、现代物流、新一代信息技术、生物与健康等重点产业，重点在于增强高端要素集聚、科技创新、文化引领、综合服务功能。其中，广州国际金融城、天河智慧城和广州国际创新城为产业创新类平台，海珠生态城、花地生态城和广州国际健康产业城为生态类平台，空港经济区、广州南站商务区和黄埔临港商务区为综合交通枢纽类平台。

2013 年 11 月，广州市发展改革委制定《关于统筹推进广州市“2 + 3 + 9”平台主导产业发展的指导意见》，明确“2 + 3 + 9”重大发展平台总体发展目标：到 2016 年，产业建设取得重大突破进展，产业和功能布局进一步优化，打造广州产业升级版。

截至 2014 年 6 月底，“2 + 3 + 9”重大发展平台建设基本实现“六个落实”。一是责任主体落实。各平台牵头单位和配合单位全部明确，工作协调机制已建立。广州市“三个重大突破”协调领导小组办公室定期对各平台提出的问题进行分类，交由各协调小组先行研究协调，同时建立了一套比较完善的指标评价体系。二是建设方案落实。各平台已形成 2013—2016 年建设方案，明确各年度建设目标、重点任务、重大项目和保障措施，作为平台建设的操作指引。三是扶持政策落实。出台《广州市关于加快推动我市 11 个战略性发展平台的若干意见》等一批政策，完成分类扶持政策报批，明确土地开发运作模式和政策适用范围等，其中明确支持“2 + 3”发展的文件就达 26 份。四是服务措施落实。各平台全面落实商事登记制度改革，深化“流程再造、并联审批”，进一步提高行政审批效率。加大对项目服务协调的力度，落实重点项目服务专员制度，促进平台重大项目建设。五是重点项目落实。119 项市级重点项目进展顺利，完成固定资产投资 387.9 亿元，投资完成率 46%，带动全市完成固定资产投资 1740 亿元，增长 12.6%。其中，重大基础设施方面：南沙明珠湾起步区市政道路网、蕉门河城市中心万达广场等项目抓紧推进，南沙港区三期 4 个 10 万

海珠环岛有轨电车万胜围—广州塔段开通

吨、2 个 7 万吨集装箱泊位加快建设；知识城南起步区内部路网全面贯通，共同管沟基本完成，科学城敏捷、万达商业综合体基本建成；黄埔临港商务区疏港道路网累计完成投资 10 亿元，石化南路等道路工程建成通车；北京路文化核心区、东濠涌二期涉水工程已经完成，海珠环岛有轨电车万胜围—广州塔段于 2014 年年底 12 月开通。东部山水新城、广州南站商务区、海珠生态城、黄埔临港商务区等平台的儿童公园、小学、幼儿园、老人院、医院等一批公共服务配套加快集聚落地。重大产业项目方面：东部山水新城 LGD8.5 代液晶面板、花都副中心东风日产 96 万台发动机产能扩建、机车修造基地、新科宇航飞机维修基地 G1 机库等重大项目相继投产；广东塑料交易所已落成，金发科技 PBSA 塑料产业化项目竣工；广州国际创新城广州超算中心与国家原子能科学研究院等 8 家战略伙伴签署协议，正式推广应用；广州数控 GSK、黄埔智能产业园的工业机器人项目已开始试产，初步实现产业化。重点园区方面：2014 年 1 月至 6 月，天河软件园实现软件业务收入 209.25 亿元，同比增长 18.3%；花地河电子商务集聚区电子商务销售额超千亿元；北京路文化核心区民间金融街入驻机构已达 128 家（其中小贷公司 40 家），累计向全市 7000 多家小微企业提供融资达 411.79 亿元。

（供稿：市委政策研究室；编辑：陈文敏）

办理体育西路北段地下人防工程产权证

长期以来，人防工程产权归属问题是一个在全国范围内普遍存在争议且没有解决的问题。1997 年颁布的《中华人民共和国人民防空法》对于人民防空工程的产权归属，仅规定“国家鼓励、支持企业事业组织、社会团体和个人，通过多种途径，投资进行人民防空工程建设；人民防空工程平时由投资者使用管理，收益归投资者所有”，即谁投资谁使用谁收益的原则，而对于产权归属语焉不详。人防工程产权不定、管理关系不顺，导致人防工程管理、使用和维护不规范，容易导致国有资产流失，资产闲置，人防资源浪费，影响了人防工程战时功能的有效发挥，也严重制约了人防事业的长远发展。为理顺人防物业权属及管理关系，广州市在人防工程产权登记制度方面先行先试，进行了有效探索，开辟新路。

根据 2012 年 2 月 1 日起施行的《广州市地下空间开发利用管理办法》第三

十三条规定“本办法实施前已建成的地下空间，可以凭规划报建及验收等房屋权属来源证明办理房地产权登记。本办法实施前已建成的地下轨道交通站场和专用人防工程，可以凭符合国家规定的地下轨道交通站场和专用人防工程的建设、验收证明办理房地产权登记”，市民防办选取体育西路北段人防工程作为办证试点，此段工程报建、验收资料相对齐备、所有权归属明确。2012 年 9 月，体育西路北段人防工程的产权登记工作正式启动。市民防办在市政府办公厅、法制办、规划局、国土房管局等相关部门的支持和协调下，经过对分层设立地下空间建设用地使用权理论及其可行性的反复研究、论证，并参照地面建筑产权登记制度，突破了法律法规障碍和登记办理流程难题，2013 年 4 月 23 日终于成功办理了体育西路北段地下人防工程房地产权登记。

广州市体育西路北段地下人防工程产权证的成功办理，在国内人防领域是重大突破，是分层设立地下空间建设用地使用权制度的一次成功尝试，具有开创性，对进一步完善地下空间开发的土地利用政策和产权办理制度具有标志性的意义。

（撰稿：林琳；编辑：李玉平）

建设工程项目审批大提速

为构建法治化国际化营商环境，全面推进新型城市化、加快发展促转型，2013 年 3 月 27 日，广州市政府印发《广州市建设工程项目优化审批流程试行方案》（简称《方案》），自 2013 年 5 月 1 日起实施。5 月 2 日在广州市政务服务中心开通建设工程项目联合审批区。《方案》改革现行审批方式，将串联审批改革为并联审批，将前后置的审批改革为同步审批，将互不联系的部门外部审批行为改革为政府部门相互配合的内部行为，打破部门界限，冲破前后置约束，对同一阶段的审批事项，由原来的各部门依次审批、互为前置变为由一个牵头部门组织，各相关部门同步审批，形成建设工程项目并联审批的运行机制。

《方案》整合涉及建设工程项目审批流程的 22 个审批部门、50 项审批事项、5 个审批环节，将投资建设工程项目审批流程优化整合为立项、用地审批、规划报建、施工许可、竣工验收 5 个审批阶段，分别由市发改委、市国土房管局、市规划局、市建委牵头，12 个部门配合，依法依规进行审批。具体由牵头部门负责统一受理企业的申报材料，然后抄告同一阶段各专业审批部门实行同步审批，或者由牵头部门征求各专业部门意见。各审批部门将以往直接对项目建设单位的外部流转程序改为各审批部门间的内部流转程序，而具体审批的法律关系不变，审批的主体、事项、条件等均不变，保证审批质量。

《方案》明确限时办结的时间，规定各审批部门应当在建设工程项目每个阶段规定的时限内完成审批事项，不得借故拆分、增加审批事项、环节和条件，拖延审批时间。根据方案设计，立项、用地审批、规划报建、施工许可 4 个阶段审批时限合计 30 个工作日，验收阶段 7 个工作日，加上审批前期工作、专家咨询、技术评审、公示、公告等时间，总共不超过 145 个工作日，比原来需要的时间缩短了 60%—70%，推动审批事项大幅度减少、审批流程大幅度减少、审批成本大幅度减少。

《方案》要求以市政务服务中心平台、市政府信息资源库为基础，整合各审批部门的电子业务系统，开发建设电子审批系统及办事标准化表单，审批材料均通过电子审批平台提交、流转、互认和归档，做到“五个一”，即“一个建设项目编号、一套审批受理表单、一个审批办理平台、一条龙服务、一个电子监察系统”，实现各审批部门和项目建设单位审批信息实时共享，杜绝重复提交资料，提高审批效率，形成“全共享”工作平台。

《方案》转变行政审批理念，从过去单纯的行政审批，转变为审批、服务并举，凸显了服务型政府的职能转变。要求各审批部门根据项目建设单位的需求，主动提供与审批事项相关的咨询服务；突破审批事项之间的界限，提前进行技术咨询服务，将下一审批流程中的技术审查部分提前，实现行政审批与技术审查相对分离，确保审批事项在受理时具备相应的受理和审批条件；要求建立健全建设工程项目审批代办工作机制，为企业提供业务咨询、政策指引、审批代办、要素保障、协调重大疑难问题等全方位全过程服务。积极开展并联审批宣传培训，为企业提供清晰、便捷的办事指引。

同时，针对《方案》在实施过程中遇到的问题，市法制办又牵头制订《方案》补充规定，于 2013 年 11 月 25 日经市政府审议通过，进一步优化了服务，促进审批提速。市建委牵头修订《方案》施工许可和竣工验收两个阶段实施细则，于 2014 年 12 月 1 日正式发布实施。实施细则优化了审批运行，一是将施工许可证审批材料由原来 21 项简化为 9 项，与施工许可审批关联的 3 个子项（招标投标结果备案、合同备案和民用建筑节能备案）改为网上全流程办理，1 项（施工图设计文件审查结果备案）转移至协会办理。二是将审批权限授权至窗口，实行 3 级审批模式，所有审批工作在窗口受理、办结。加强政务服务力量，派驻窗口的人数由原来的 9 人增至 30 多人。三是将市建委机关部分处室和直属单位的审批事项整合，所有审批事项均实现在市政务窗口一站式办理。如新型墙体材料专项基金、散装水泥专项资金、建设工程劳保保险金缴交；招标投标结果备案、合同备案和民用建筑节能备案、施工图设计文件审查结果备案全流程网上办理；建设工程质量监督登记、建设工程安全监督登记、市政基础设施工程安全质量监督登记实施三站合一办理质量安全监督登记。四是市建委统一受理企业申报材料，抄告同一阶段各专业审批部门，组织直属单位同步审批。将各专业审批部门以往直接对建设单位的外部流转程序改为各部门间的内部流转程序。

广州行政审批流程的再造，真正从制度上解决行政审批时间冗长、手续繁琐等老大难问题，方便了群众，减轻了企业负担，引起了中央和众多省市媒体的持续关注，形成了热议的“广州现象”。2013 年 6 月 17 日，《人民日报》率先在“政治版”头条位置以《行政审批提速流程缩短九成》为题进行大篇幅报道。2013 年 6 月 23 日，中央电视台新闻频道《新闻直播间》播出了 10 分 11 秒的专题报道《广东广州：行政审批制度改革压缩时间投资建设审批只需 37 天》；6 月 24、25、27 日，中央电视台《新闻联播》又播出系列报道《一张图引发的改革》（每天 4 分钟左右），分别报道了广州市政协提出相关建议案；广州市委市政府高度重视并及时部署，由市法制办牵头制定《方案》，相关部门按照《方案》进行“审批流程再造”的情况；以及企业对新的审批流程的感受等内容。《南方日报》《广州日报》《新快报》《羊城晚报》、广东电视台等媒体也对广州优化审批流程工作进行了报道。媒体的集中报道也引发了其他城市对广州市行政审批流程优化工作的关注，多个城市前来广州市考察调研行政审批制度改革工作情况。一场由建设工程项目审批流程再造引发的制度改革，使广州向成为国内行政审批最高效、最便捷的城市迈出了坚实的步伐。

（撰稿：桂锦波　樊丽琴　朱小东；编辑：李玉平　赖剑颖）

开展“利斧”打击木材走私专项行动

高档木材一直是黄埔关区进口的重点商品，品种繁多、数量庞大、规格复杂，监管难度较大。黄埔关区进口木种包括交趾黄檀、大果紫檀、微凹黄檀、柚木等，其中具有大叶紫檀之称的卢氏黑黄檀、交趾黄檀等极高端红木，进口量在全国排名第一。高档木材进口到国内后主要用于制作高档红木类家具及出售红木原材，市场价格酸枝约为 4 万元/吨，花梨约为 3 万元/吨，边角及非优质木材视材质价格也在每吨 1 万元至 2 万元不等。由于进口高档木材销售价格与进口报关价格相差悬殊，存在较高的偷税走私风险。同时，在市场上还发现小叶紫檀等国家禁止进出口的濒危木种也在出售。

黄埔海关对高档木材进口走私动态一直高度关注。2012 年年底，经过细致周密的前期情报经营和摸查，并在地方公安机关的大力支持下，成功寻得突破，发现谢某等国内货主为牟取巨额非法利润，向越南、印度等国家订购进口小叶紫檀、交趾黄檀（大红酸枝）、花梨、卢氏黑黄檀（大叶紫檀）等高档红木，在广州、深圳、东莞、南京和上海等地销售。其走私手法隐蔽且种类多样：有的通过低报价格或瞒报运保费走私；有的通过伪报品名、少报数量或实施夹藏走私，不法分子多将木材海运至香港，在境外换单、换柜，将珍稀濒危木种伪报为普通木材，或者在普通木材中夹藏小叶紫檀等珍稀木种走私进境。

黄埔海关查获一批走私木材

2013 年 5 月，黄埔海关逐步查清和掌握了谢某、何某、陈某等 9 个犯罪团伙的走私证据，锁定了各团伙主要成员及其落脚点，摸清了涉案企业办公场所和仓库所在地。随后黄埔海关立即决定组织开展代号为“利斧”的打击木材走私专项行动。2013 年 5 月 19 日，黄埔海关会同当地公安机关，调集 279 名缉私警察、20 名地方公安民警等，组成 49 个行动小组。5 月 20 日凌晨 4 时，锁定抓铺对象在广州、东莞、深圳、中山等地位置，行动小组准确扑向目标，现场抓获嫌疑人 30 名，查获一大批涉案高档木材和其他相关物证、单证。在组织抓捕行动的同时，5 月 20 日上午，黄埔海关组织 200 名海关关员和缉私警察开展联合专项稽查行动，对黄埔关区的进口木材及相关木材进口、加工企业进行重点稽查，共发现7家企业涉嫌瞒报海运费、伪报进口小叶紫檀及低报交趾黄檀等木材进口价格的相关证据。

“利斧”打击木材走私专项行动打掉12个走私高档木材团伙，抓获犯罪嫌疑人48名，查办走私案件20起，案值合计约31.6亿元。其中，查获涉嫌偷逃税走私木材案件18起；查获涉嫌走私国家禁止进出口珍稀木材案件2起，涉案珍稀木材190余吨。“利斧”专项行动开展之后，黄埔关区高档木材市场经营秩序明显好转。

（撰稿：尹晓飞；编辑：李玉平）

建设天河区“智慧党建”平台

为实现传统党建向新型党建模式转化，2012年年初，天河区启动“智慧党建”平台研发建设工作。具体由天河区委组织部、天河科技园党委、中国移动南方基地党总支联合推进，硬件设施位于天河智慧城内的中国移动通信集团南方基地。2013年6月“智慧党建”平台建成，投入推广应用。

天河“智慧党建”打破传统的组织模式，以“五通一网”（一页通、一机通、一屏通、一包通、一站通，“五通”联成一网）为主体，重组党建流程并优化组织方式，打造学习培训、实时交流、信息发布的平台。“一页通”指“智慧党建”网络平台（http：//www.ith71.cn），是其他各终端、各平台的“数据源”。平台设置19个功能模块，建立区委、区属党（工）委、党总支、党支部四个层级共1551个党组织及近30000名党员的主页，覆盖全区所有基层党组织和党员，真正实现“支部建在网络上”。“一机通”指掌上党务通，该平台互联互通，使广大党员、群众能随时随地通过手机客户端了解最新的党务资讯、接收组织活动的待办信息、参加组织生活并互动。“一屏通”指党建智能交互系统，针对基层党组织开发，一般设在党员活动室中，采用触控大屏幕技术，集成电视、电脑、投影仪、音响等不同设备。“一包通”指党务工作包，针对基层党组织书记开展组织活动开发，工作包配置党务工具书、学习资料及党旗、党徽、户外录放设备等工具，携带工作包即可召开支部大会，开展讲党课、入党宣誓等组织生活，被誉为“移动的支书办公室”。“一站通”指党员服务站，针对基层党员的教育培训需求开发，方便广大党员随时体验组织生活，接受党课教育。设在天河智慧城的党员“四自”活动中心，是党员的自我学习阵地和家园。

天河智慧党建改变了传统的党建工作模式，可直接通过个人手机、桌面电脑、家庭电视、社区和企业等“四个终端”，将信息实时推送给基层党组织和广大党员，“五通一网”整合本地、网络海量的文字、图片和视频学习资源，为建设学习型党组织提供了丰富的资源，实现党员在网络上开展学习教育和组织活动。“五通一网”还可实时对各基层党组织开展的党建工作、党员活动情况进行记录、统计、分析和评分，为基层党员提供更多便利服务。天河智慧党建平台的建设积极推动了党建工作的开展，获得《南方日报》《人民日报》等主流媒体的报道。

天河智慧党建平台

（供稿：天河区地方志办；编辑：陈喆）

开展党的群众路线教育实践活动

2013 年 4 月 19 日，中国共产党中央政治局会议决定从 2013 年下半年开始，用一年左右时间，在全党自上而下分批开展党的群众路线教育实践活动，重点抓好县处级以上领导机关、领导班子和领导干部。广州全市党的群众路线教育活动分 2 批开展。6 月，广州市成立市委党的群众路线教育实践活动领导小组及其办公室，负责对教育实践活动的具体指导。随后，领导小组召开第一次会议，审议通过《中共广州市委关于深入开展党的群众路线教育实践活动的实施意见》，7 月 1 日，实施意见正式公布实施。2013 年 7 月 3 日，广州市召开党的群众路线教育实践活动工作会议，全面启动第一批党的群众路线教育实践活动。广州市四套班子和市直局以上单位、市管企业、市管高校共 134 个单位、8287 个党组织、169059 名党员参加第一批教育实践活动。市委派出 13 个督导组全程督检指导。2014 年 1 月 26 日下午，广州市召开全市党的群众路线教育实践活动第一批总结暨第二批部署会议，总结全市第一批教育实践活动情况，动员部署第二批教育实践活动。全市 12 个区（县级市）及广州公共资源交易中心共 17102 个党组织、393040 名党员参加了第二批教育实践活动。市委成立 6 个由市级领导干部任组长的督导组，各单位派出 58 个行业指导组派驻指导开展活动。

群众路线教育实践活动分为“学习教育、听取意见，查摆问题、开展批评，整改落实、建章立制”三个阶段。各单位坚持把“照镜子、正衣冠、洗洗澡、治治病”总要求贯穿始终，坚持把活动主要任务聚集到作风建设上，紧扣为民务实清廉主题，以整风精神搞好教育实践活动。主要做法如下：

坚持把学习教育贯穿活动始终。主要学习习近平总书记系列重要讲话精神。市委下发《关于深入学习贯彻习近平总书记一系列重要讲话精神的通知》，引导各单位采取专题培训、论坛、中心组学习会、专家辅导等方式，深刻理解讲话精神，统一思想。市委常委会先后进行 10 次专题学习和交流讨论，依托市委中心组学习会和广州学习论坛，邀请中央有关部委、中央党校等专家学者举办专题讲座 8 场，市委分 5 批组织开展市管干部集中轮训，组建宣讲队伍深入农村、社区、企业、学校广泛开展学习宣讲。并在全市开展专题宣讲 1000 多场次。在第二批教育实践活动中，开展马克思主义群众观点和党的群众路线专题学习活动 15477 次，并对照“三严三实”要求进行“回炉补课”。各级领导干部为基层上辅导课 19703 次、给流动党员送学上门 8336 人次，实现对参加第二批活动党员干部的“全覆盖”。

坚持聚焦“四风”找问题抓整改。群众路线教育活动以贯彻中央八项规定和省市实施意见为切入点，深入查摆问题，开展专项整治，狠抓整改落实。市委领导班子带头示范，作出 12 项公开承诺，提出市委常委会边查边改 6 条措施和市委主要领导边查边改 7 条措施，建立市领导基层联系点、各级领导干部联系群众听意见等制度。2013 年，全市性会议活动压减 53.5%，发文压减 33%，考核评比表彰项目压减 71%，公务接待经费下降 30%，出国（境）经费下降 24%，公务用车购置和运行经费下降 10%，查处违反中央八项规定和作风纪律案件 15 宗，公开通报曝光 8 宗。广州市集中推进专项整治，着力解决了一批群众反映强烈的突出问题。部署开展整治违规修建楼堂馆所，整治公款出国旅游，整治节庆论坛展会活动过多过滥，整治“小金库”、违规使用专项资金以及清退会员卡等 5 个专项整治行动和 11 项专项整治工作。探索运用“曝光台”“回访台”和“排行榜”等载体，坚决纠正“庸懒散奢”不良作风。2013 年，全市共确认 3265 个不良作风问题，落实整改 3262 个。第二批活动单位坚持开门搞活动，围绕创建幸福社区等专题，面向基层、群众和服务对象广泛征求意见建议123264条、查摆问题79834个，召开85场“四风”问题专题“会诊会”、查摆“四风”问题48730个。各单位根据查摆出的问题制定“两方案一计划一清单”，区（县级市）、镇（街）、村（社区）三级已解决问题68753个，并锁定涉及城中村改造、农村“三资”管理等重点难点问题，打好28个专项整治“攻坚战”，“舌尖上的浪费”等一批“四风”问题得到有效遏制。

坚持以整风精神规范党内生活。全市各级领导班子以河北省委常委班子民主生活会为标杆，开好专题民主生活会。从市委开始，第一批活动各单位广泛深入听取群众意见，认真制定整改方案和整改措施，并在一定范围内公布公开，接受群众监督和评议。各单位一把手带头开展批评和自我批评，对班子成员逐一点评，提出意见；对班子存在问题，主动承担，带头整改。其他班子成员逐一对照检查，相互间开展批评。第一批活动单位7298个党支部全部召开专题组织生活会。在第二批教育实践活动中，12个区（县级市）、35个镇、135条街领导班子均召开民主生活会，各基层党组织召开组织生活会并民主评议党员。会前各级领导干部落实“四必谈”要求，党委书记与每位班子成员之间谈心谈话3次以上，班子成员之间普遍进行3轮以上的谈心谈话，为开好专题民主生活会奠定了思想基础。各单位把撰写对照检查材料摆在重要位置，党委班子对照检查材料由“一把手”主持起草，个人材料一般修改10次以上、多的达到20多次，力求把准脉、像自己、有深度。会上党员干部自我批评敢于亮丑揭短、相互批评“红脸出汗”，思想受到洗礼、灵魂受到触动。

坚持建章立制固化活动成果。各单位立足标本兼治，坚持边查边改边建，及时把活动中的好做法、好经验巩固下来、上升为制度规范。市委提出12项制度建设计划，其中6项已基本完成。各级各部门围绕改进作风，加快制定完善行政审批、公务接待、财务管理、权力公开、民主决策、选人用人、干部管理监督等各项规章制度。推进行政权力清单网上公开，促进权力运行进一步规范，民主决策机制进一步健全。全面推进制度的废改立工作，各单位共完善制度4249项、废止制度1023项、新建制度3234项。在第二批教育实践活动中，出台“党员干部直接联系服务群众常态化工作机制”等一系列制度，各区（县级市）紧紧围绕解决“四风”问题建章立制，共废止制度723项、修改完善5846项、新建3916项。在全市开展区（县级市）镇（街）党（工）委书记抓基层党建述职评议考核工作。

坚持领导带头以上率下。市委常委带头开展“四个一”主题实践活动，全程参加并指导1个区（县级市）、1个镇（街）专题民主生活会，以及1个村

（社区）的专题组织生活会。各区（县级市）领导班子成员建立基层活动联系点 598 个、指导开展活动 723 次，以点带面提高全市活动的整体水平。各单位“一把手”以普通党员身份把自己摆进去，带头学理论、听意见、查问题，带头批评与自我批评，带头抓整改、建制度，充分发挥示范带头作用，形成上行下效、整体联动的良好格局。

坚持强化督导。第一批教育实践活动中，市委派出 13 个督导组全程督促指导，确保中共中央、省委和市委的要求落到实处。督导组注重突出重点，加强督导。第一环节，重点督导检查领导班子和领导干部学习习总书记系列重要讲话，开展学习讨论、听取意见等情况。第二环节，全程参加所督导单位的专题民主生活会，重点做好向党委（党组）主要负责人和班子成员通报所掌握的存在问题，审阅对照检查材料等工作。第三环节，重点加强对制订整改方案、加强制度建设等工作的督导，审阅整改台账和制度建设计划，对薄弱环节专项督办。市委督导组以“回头看”为抓手，把从严督导贯穿活动三个环节始终。在推动工作上分类督导。市委督导组对市委确定的 23 个与群众关系密切、社会关注度较高的重点单位进行重点把关。在第二批教育实践活动中，市委成立 6 个由市级领导干部任组长的督导组，各单位派出 58 个行业指导组派驻指导开展活动。

紧密结合中心工作开展活动。开展活动与推动中心工作结合起来，与保障和改善民生结合起来，以教育实践活动成效推动经济社会发展。突出抓好 100 项重点督办工作，推进 10 大产业项目、10 项重点工程，推动经济平稳较快发展。

（撰稿：张海；编辑：陈文敏）

查获进口走私象牙大案

在经济全球化的趋势影响下，全球范围内的走私野生动植物犯罪日益猖獗，为加强对濒危野生动植物的保护，中国制定了《中华人民共和国野生动物保护法》等有关法律法规。根据规定，没有“CITES 国际公约”允许进出口证明书，禁止贸易、携带、邮寄珍贵稀有野生动植物种及产品进出中国国境。同时根据《中华人民共和国海关法》第八十二条及《中华人民共和国刑法》第一百五十一条规定，走私国家禁止进出口的珍贵动物及其制品的，构成走私罪。对于走私珍贵动物的刑法标准，根据《最高人民法院关于审理走私刑事案件具体应用法律若干问题的解释》，走私珍贵动物价值20万元以上的属"情节特别严重"，处无期徒刑或死刑，并罚没财产。

黄埔海关认真分析研判关区濒危动植物走私态势，注重打击非涉税走私特别是打击濒危动植物及其制品走私，切实加强中国濒危野生动植物国际贸易公约履约执法工作，在全关范围内开展打击濒危动植物及其制品的专项行动。

2013年7月1日，深圳某贸易有限公司以一般贸易方式向黄埔海关申报进口原产自莫桑比克的刺猬紫檀原木88465千克，共计4个标准集装箱，启运地为莫桑比克。7月4日，黄埔海关根据风险分析，决定联合缉私部门对上述有重大走私嫌疑的货物进行查验。当查验人员将其中两柜货物的前半部分卸出后，发现后半部分的底层是形似木方、实为木箱的货物，查验人员立刻将其卸出并撬开，发现木箱内堆满了用塑料袋独立包装起来的象牙。查验人员迅速对两个货柜的货物进行核实，发现共藏有42个用木板制成的长条箱子，经仔细清点，该批走私进口象牙原牙1913根，犀牛角2根、象牙制品32件，总重量4480.487千克。

2013年7月4日，黄埔海关查获一批走私象牙、犀牛角及象牙制品

由于涉嫌重大濒危野生动植物走私，黄埔海关迅速抽调精干警力成立专案深入侦办此案。经初步调查，查实该案为犯罪嫌疑人陈某、陈某光、陈某宗父子3人所为，办案人员迅速对其采取刑事拘留强制措施并开展网上追逃。经查，该团伙的主要走私手法是以深圳某公司的名义非法在非洲组织象牙货源，再将走私象牙藏在特制的木箱中，委托东莞某报关行向黄埔海关驻沙田办事处以刺猬紫檀原木/粗方的名义申报进口；另一方面以海运方式将走私象牙夹藏在红豆、废塑料等货物中，瞒报进口至香港，并伺机用摩托艇分批从香港海上偷运走私至内地销售，构成"非洲购货—香港中转—偷运闯关—国内贩卖"的完整走私链条。

经黄埔海关专案组研判，犯罪嫌疑人极可能还有未到货的象牙，经过仔细摸查，专案组掌握有2个货柜即将运抵香港的信息。黄埔海关立即商请广东分署缉私局迅速启动粤港合作机制，将所掌握的详细货柜提单信息通报给香港海关。2013 年 8 月 6 日，香港海关根据黄埔海关提供的线索准确锁定目标，在香港国际码头对涉案货柜进行开柜查验。查获以塑料袋独立包装的象牙原牙 1120 支、犀牛角 13 支、豹皮 5 张，共重约 2266 千克。至此，该案粤港两地海关共计查获走私象牙原牙等 6746 千克。

该案的成功侦破，体现了中国政府认真履行《濒危野生动植物种国际贸易公约》的政治态度和积极作为，也体现了中国海关打击濒危野生动植物走私的坚定决心和信心，取得了显著的执法效应和良好的社会效应。

（撰稿：尹晓飞；编辑：李玉平）

建成运行市人民来访接待厅

广州市人民来访接待厅位于东风西路 159 号，2011 年年底开始动工建设，由市林业和园林局属下市绿化公司和市公安局森林分局的办公大楼改建而成。市信访局牵头成立市人民来访接待厅筹建工作领导小组（简称“筹建小组”），市发改委、市财政局、市规划局、市公安局、市信访局、市林业和园林局、市重点办为成员单位，负责市人民来访接待厅的建设工作。2013 年 7 月，市人民来访接待厅整体建设工程圆满完成。人民来访接待厅以服务群众为重点，按照实用、美观、安全和最大限度为群众提供舒适、宽敞的信访环境为原则进行规划和布局。信访大楼总建筑面积 5222 平方米（含地下车库 600 平方米），接访厅占地面积 4518 平方米，其中室外候访区面积 2600 平方米，室内面积 1500 平方米。室外部分设有安检区、登记区、填表区、候访区和分流区，设有座椅 165 张，可容纳上访群众 500 人；室内部分设有等候区、咨询区、便民区、接访区，设置 13 间接访室，3 间协调室，1 间视频接访室，1 间人民内部矛盾调解室，以及法律咨询室、心理辅导室、医疗室、警务室等，并设有咨询服务台、残疾人专用通道、储物柜、饮水机、大型显示屏、信访事项查询机、候访座椅 65 张等便民服务设施。市人民来访接待厅功能齐全、规范实用，达到“既满足日常接访工作的需要，又满足领导接访、接待集体访和处置突发事件以及地方与部门联合接访、律师接访的需要”的要求。接访厅投入运行前，市信访局对大厅信访信息系统进行优化完善，安排专人对驻厅工作人员进行接访技巧讲授和信访信息系统使用培训，并组织驻厅工作人员进行模拟接访和应急处置演练。

2013年7月29日，广州市人民来访接待厅举行揭牌仪式，正式投入运行。同日，市公安局、市人力资源和社会保障局、市国土房管局、市国资委等涉及民生热点问题较多的部门第一批进驻接访厅。各区（县级市）也派出信访工作人员驻厅工作，负责接待、协调、处理属地信访事项。同时，市人民来访接待厅"一站式"接访平台全面启动，除驻厅单位直接接访办理涉及本部门职责的信访事项外，涉及多个部门的，由市信访局牵头会同有关部门联合办理，实现"一站式"解决；新版广州网上信访视频接访平台投入使用，视频接访网络经优化升级，实现了与各区（县级市）的流畅视频接访；"广州信访微博"专栏同步开通，及时发布市领导接访时间安排以及热点问题解读等资讯，并对网络评论热点问题予以回应。市人民来访接待厅由市加强信访工作和维护社会稳定协调领导小组直接领导，具体日常管理工作由市信访局负责。接访厅受理的信访事项，实行"五级联调"工作机制：第一级普通信访事项，由各驻厅单位接访室负责人牵头调处；第二级涉及多部门的信访事项，由市信访局分管接访厅的副局长牵头调处；第三级涉及多地区或部门的信访事项，由市信访局局长牵头调处；第四级涉及多地区或部门的疑难信访事项，由市协调领导小组负责人调处；第五级特别复杂、经前四级调处无法处理的信访事项，由市政府常务会议或市委常委会研处。

接访厅建立专题接访机制，根据某一时期群众信访反映的热点、难点问题，以专题接访的形式开展"专题接访周"活动。2013—2015年，接访厅先后开展了城建系统、人社领域、城管综合执法领域、涉农信访问题、涉土地信访问题等五次专题接访周，接待群众902批1746人次，解决了一些疑难复杂信访事项。推行依法逐级走访和诉访分离制度，通过法定途径分类处理信访投诉请求。至2015年年底，共依法劝离越级走访、信访三级终结及涉法涉诉等上访群众1590批2957人。建立信访应急处置机制，与公安、卫生等部门相互配合，截至2015年12月，共接待30人以上集体上访149批9850人次（其中100人以上集体上访24批3823人次），从省、市党委、政府门前等非正常上访区及时引导转移上访群众到接访大厅共323批5410人次，没有发生一起上访群众与工作人员的冲突事件，没有出现一宗上访群众长期滞留接访场所的情况；利用现有资源，共为383批584名群众提供专业的法律咨询服务，对10名缠访闹访人员开展心理疏导，为6名信访群众提供紧急医疗救助。

（撰稿：陈岳秀；编辑：李玉平）

清理党政机关办公用房

办公用房清理是贯彻落实八项规定精神，为遏制一些地区和部门违规修建楼堂馆所和领导干部超标占有、使用办公用房而开展的一项全国性工作。市财政局作为专项工作的牵头单位，自 2013 年 9 月起，组织市直有关部门、各区政府先后开展 5 轮清理工作。全市各级党政机关贯彻落实中央和省委决定，经过各单位的多轮自查和督查小组的实地督导，全市的超标办公室用房均已整改完毕。

加强政策指导，明确清理要求。为做好办公用房清理，加强对各党政机关的政策指导，做到整改工作一步到位，不留死角，在中央和省的政策基础上，市财政局收集并分析全市党政机关办公用房的现状、特点和存在问题，制定办公用房清理措施，并经市委市政府审批同意，印发实施。有关办公用房清理有六点基本要求：（1）对超过《党政机关办公用房建设标准》规定的面积标准占有、使用办公用房的，予以腾退。（2）未经批准改变办公用房使用功能的，原则上恢复原使用功能。（3）已经出租、出借的办公用房到期予以收回，租赁合同未到期的，租金收入严格按照收支两条线规定管理，到期后不得续租。未经批准租用办公用房的，予以清理并腾退，严禁以租用过渡性用房名义变相购建使用办公用房。（4）在立项批复中明确和行政机关办公用房一并建设的事业单位，可继续使用行政办公用房，其他企事业单位按中央办公厅、国务院办公厅最新文件精神分类处理。（5）部门和单位在机构变动中转为企业的，所占用的办公用房应予腾退，确实难以腾退的，经批准可租用原办公用房或按规定程序转为企业国有资本金。（6）领导干部在不同部门同时任职的，在主要工作部门安排一处办公用房，确因工作需要另行安排办公用房的，严格按有关规定报批后适当安排；领导干部工作调动的，由调入部门安排办公用房，原单位的办公用房不再保留；领导干部在人大或政协任职，人大或政协已安排办公用房的，原单位的办公用房不再保留，人大或政协没有安排办公用房的，由原单位根据本人承担工作的实际情况，安排适当的办公用房；领导干部在协会等单位任职的，由协会等单位根据工作需要安排办公用房，原单位的办公用房不再保留；领导干部已办理离退休手续的，原单位的办公用房及时腾退。

严格贯彻落实，清退各类超标用房。为落实办公用房清理工作，自 2013 年 9 月起，市财政局共组织 5 轮办公用房清理工作，要求各单位严格按照党政机关办公用房建设标准自纠自查，如实申报办公用房占有、使用情况，确保统计数据的真实和准确；对超标办公用房要求立刻整改，做到注重实效，绝不搞临时工程、做门面功夫。比如，对超标办公用房间隔改造必须做到实墙实门，不能改造后仍由个人单独使用，变成虚改、假改。根据对广州市党政机关和领导干部占有使用办公用房情况的最新统计，截至 2015 年 3 月 30 日，全市已清理整改人均建筑面积超标的办公室用房 132175 平方米，其中市本级 26384 平方米，各区 105791 平方米；清退超标服务用房 21324 平方米，其中市本级 7333 平方米，各区 13991 平方米；清退超标设备用房 3209 平方米，其中市本级 1179 平方米，各区 2030 平方米；清退离退休领导干部占用办公用房 1751 平方米，其中市本级 1018 平方米，各区 733 平方米。

党政机关办公用房清查

协同联动强化监管，巩固清理成果。办公用房清理工作开展后，各党政机关将该项工作与党的群众路线教育实践活动联系起来，针对自查中发现的问题及时清退。为进一步巩固清理成果，防止走过场现象，根据市委的要求，2015 年 5 月 18 日至 5 月 20 日，由市委督查室和市府督查室牵头组织，市纪委监察局、市发改委、市财政局和市住房和城乡建设委等单位，组成专项工作督查小组，对全市办公用房清理整改情况进行了督查。分别对海珠区、白云区、花都区以及市保密局、市统计局、市教育局等 37 个单位（其中市直单位 9 个，区级单位 28 个）进行了实地督查。以"眼见为实"为原则，通过查阅台账、实地测量等手段核查被抽查单位一把手和 1 至 2 名副职办公室。对在督查中不符合整改要求的个别单位，采取了点名、列表的方式如实上报，起到了震慑作用，确保办公用房清理工作的责任落实到位。通过以上日常监管、专项督查和重点抽查相结合的方式，保证了全市办公用房清理工作的顺利推进，取得较为良好的成效，在接下来的工作中，广州市着眼长远，针对清理工作暴露出来的问题，要求各单位有针对性的加强制度建设，完善监管，确保办公用房的规范性管理，通过建立长效机制确保办公用房清理工作不折不扣地执行。

（撰稿：李少吟；编辑：曾新）

改革食品药品监管体制

2013年12月11日，广州市政府印发《广州市人民政府关于改革完善食品药品监督管理体制的实施意见》。12月19日，广州市召开改革完善食品药品监督管理体制工作视频会议，全面部署广州市食品药品监督管理体制改革工作。按照国务院、省政府改革完善食品药品监管体制的要求，广州市以转变政府职能为核心，理顺食品安全监管部门职责，优化资源配置，充实基层监管力量，强化和落实监管责任，围绕中心城市的定位，积极构建统一权威的食品药品监管体制，形成市、区（县级市）、街（镇）、村居四级管理网络。

广州市坚持以“理顺职责、整合资源、加强基层、打牢基础、强化监管”为原则，以提高食品药品监管效能为目标，构建以“统一监管、两级执法、三级机构、四层网络、五个强化”为主要特点的食品药品监管体制。

统一监管。整合分散在食安办、工商部门、质监部门、经贸部门、食品药品监管部门的食品安全监管职责，市、区均独立设置食品药品监管局，保持全市相对统一的监管体制，对全市生产、流通、消费环节的食品安全和药品的安全性、有效性实施相对统一监管。2014年3月4日，广州市人民政府办公厅印发《关于印发广州市食品药品监督管理局主要职责内设机构和人员编制规定的通知》，设立广州市食品药品监督管理局，为市人民政府工作部门。划入市经贸委酒类流通市场监管职责、市工商局流通环节食品安全监管（含肉品和使用农产品、林产品、水产品）职责、市质监局生产加工环节食品安全监管和化妆品质量监管有关职责、原市食安办和市食品药品监管局职责，加挂广州市食品安全委员会办公室。

两级执法。建立市、区两级监管执法机构，市食品药品监管局分别设立食品监管执法分局（支队）和药品监管执法分局（支队）；各区、县级市局设置食品药品监管执法大队。市、区两级监管执法机构共核定人员编制超过400名，监管执法力量、资源得到统一和加强。

三级机构。除市、区均组建独立设置的食品药品监管局外，全市170个街（镇），除沙面街因区域小、人口少与相邻的岭南街合并设置一个监管所外，其余169条街镇均设置食品药品监督管理所，作为各区、县级市食品药品监管局的派出机构，街（镇）监管所设置率达到99.4%，建立市、区、街（镇）三级监管机构。全市系统共核定行政编制和行政执法专项编制2025名，是改革前的

1.75 倍。其中，各街镇监管所共核定执法人员编制 1030 名，平均每所核定编制 6.1 名。

四层网络。此次改革，广州市明确要求在农村行政村和城市居委会（社区）配备专职食品药品安全协管员，承担辅助执法任务，所需经费由各区、县级市财政解决，形成市、区、街镇、社区（村、居）四层管理网络。全市 2614 条社区（村、居），已落实专职食品药品安全协管员配备计划 1358 名，到位 836 名。通过改革，逐步夯实食品药品监管工作基础，筑牢食品药品安全的第一道防线。

五个强化。不断强化检验检测、人员队伍、专业培训、经费支持、基础设施等 5 个方面的基础保障。在强化技术支撑建设方面，整合技术资源，率先组建市食品检验所，核定人员编制 105 名，实现检验检测机构"一步到位"。将原属市质监局的食品生产许可审评中心成建制划入市食品药品监管局审评认证中心。各区局所属的检验检测机构也得到保留。在强化人员队伍建设方面，从市工商、质监、卫生、经贸等部门划转在编人员超 1 千名，为监管工作的承接转续提供人才支持。在强化专业监管方面，投入培训经费 200 多万元，组织全员业务班 3 期、业务骨干班 11 期、街镇监管所长班 2 期、协管员班 2 期、处级领导班 2 期、国外高级研修班 1 期，共培训干部 3000 多人次。在强化经费支持方面，市、区财政共划转、追加经费超过 1 亿元。各区还积极为监管部门配备执法车辆，计划购买（租赁、划转、借用）执法车辆 250 多辆，初步具备一所一车的条件。在强化基础设施方面，各街镇监管所办公场地基本落实，平均面积在 100 平方米左右；市食品检验所新办公场地建筑面积近 1 万平方米，列入 2015 至 2016 年广州社会民生建设项目，正加紧推进。

完成机构改革后，广州市的食品药品监管体制较好地适应国家中心城市的定位和经济社会发展的需要，食品药品监管部门的系统性、统一性和权威性逐步显现，食品药品安全形势总体保持稳定。"食得放心"建设稳步推进。全市累计创建餐饮服务省级示范单位 92 家、市级示范单位 1810 家、省级示范街 5 条、市级示范街 40 条、市级示范镇 1 个，提前超额完成广州市"十件民生实事"任务。在 2014 年度广东省食品安全考核评价工作中，广州市取得排名第一的好成绩。

（撰稿：李小翠　谢剑锋；编辑：刘德敏）

建立预防腐败数据模型

2013 年 2 月 6 日，中共广州市第十届纪律检查委员会第三次全体会议召开。市委常委、市纪委书记王晓玲作《努力开创廉洁广州建设新局面，为实现新型城市化发展提供坚强保障》工作报告，提出要积极探索建立预防腐败数据模型。21 日上午，广州市纪委、市社科联、市监察学会联合召开探索“制度 + 科技 + 文化”预防腐败新模式专题座谈会，与会专家学者建言献策。为更科学有效地预防腐败，2013 年广州市纪委与清华大学廉政与治理研究中心开展专项合作，共同研究建立预防腐败数据模型。经过一年多的调研论证，编制由腐败诱因、腐败机会、行为风险和外部监督四个维度组成的领导干部廉情评估指标体系，初步构建起了预防腐败数据模型。课题组以广州市 2007—2013 年的纪检监察案件资料为基础，对区县纪检监察机关查处的 549 个案例和市纪委查处的 57 个市管干部案例进行系统研究，分析归纳出广州市腐败案件的发展趋势，结合廉政风险排查结果和权力运行过程的梳理结果，并针对典型案例开展办案能手的深度访谈，形成由腐败诱因、腐败机会、行为风险和外部监督等 4 个一级指标、21 个二级指标，30 个三级指标（评分细则）组成的领导干部廉情评估指标体系，并反复征求了高校有关专家意见建议。为保证指标的科学性、客观性和可操作性，市纪委通过随机选取了 200 个样本（含 30 个违纪人员样本）进行试测评，结果基本达到预期目标。

通过建立预防腐败数据模型，广州市预防腐败信息系统建设取得的突破性进展。广州市开发了系统基础平台和领导干部、党政部门、行政审批、政府采购 4 个应用子系统，初步实现了综合展示、任务管理、预警提示、信息比对、廉政评估、查询检索、统计分析、信息发布、在线交流、信息交换与共享和领导干部个人有关事项网上申报等功能，基本完成在省党政内网部署的技术准备，为继续开发、深化应用积累了良好的基础和经验。建设预防腐败信息系统，逐步形成信息共享和预警机制，是建立健全惩治和预防腐败体系的重要内容，是科学预防腐败的一项基础性工作，是运用现代信息技术手段加强权力运行监控和廉政风险防控的有效措施，也是反腐倡廉建设开创性工作和长期任务。

广州探索建立预防腐败数据模型，通过对相关领域采集的数据信息进行分析挖掘而提炼出预警信息点，建立预警指标体系，形成预防腐败数据类型及预警规则，作为反腐倡廉工作的重要参考。同时，也为广州市研究、探索开展预防腐败信息系统建设提供了基础支撑。

（撰稿：王继强；编辑：陈文敏）

建设广州海洋综合管理平台

为加强对海域动态监视监测管理，2007 年，广州启动海域使用动态监视监测系统建设，2008 年建成。之后，国家海洋局多次对国家海域使用动态监视监测管理系统进行升级改造，新建且向地方延伸了海岛监视监测管理系统、海洋经济运行监测与评估系统、沿海工程海洋灾害监视监控系统、海洋环境管理系统等。至 2012 年，广州海域使用的动态监视监测系统已经不能实现与国家系统间的数据传输。为满足国家对广州市海域使用动态监视监测系统的建设要求，避免重复建设，2013 年，广州市农业局启动海洋综合管理系统建设，并结合广州海域管理实际，以海域使用动态监视监测管理系统为基础，兼顾海岛管理、海洋经济统计、海洋环境保护和海洋灾害预报与防治等其他业务工作应用平台的扩展需求，整合国家海洋局延伸到地方的上述各类涉海系统。同年，海域海岛监视监测管理系统改造升级项目完成招标采购，海洋经济运行监测与评估系统、广州市沿海工程海洋灾害监视监控系统等子系统建设稳步推进。2014 年，广州全面推动海洋综合管理系统建设（包括中心指挥平台建设）。2015 年，完成国家、省、市三级数字海洋系统网络平台联合调试，开展“数字海洋”建设基本框架论证，至 2015 年年底，该系统已经基本建成。

广州海域面积小，但海洋经济总量大，海洋项目类型复杂且数量多。广州通过开展海洋信息化建设，推进全市海洋管理工作，基本建成“海洋综合管理信息系统”，不但解决了广州原有系统与国家系统数据传输不畅等问题，而且整合国家海洋局延伸到地方的海域、海岛、海洋经济、海洋灾害防治、海洋环保等多个系统，有效地整合了资源，实现全系统数据共享，提高了工作效率。

（供稿：市农业局；编辑：刘德敏）

《广州市未成年人保护规定》实施

为保护未成年人身心健康，促进未成年人品德、心理、智力、体质等方全面发展，广州市结合实际情况开展未成年人保护立法工作，主要是细化上位法的规定，如2012年修订的《中华人民共和国未成年人保护法》、省人大2008年修订的《广东省未成年人保护条例》，提高广州立法的针对性，将未成年人保护工作落到实处，以解决广州市在未成年人保护方面存在的特殊情况和问题。

2012年3月，团市委起草《广州市未成年人保护规定》（简称《规定》）第一稿，并召集市综治委预防青少年违法犯罪工作领导小组成员单位召开座谈会，征集各方意见。后又组织召开20多次起草组全体会议，对《规定（草案建议稿）》作了20多次修改完善。草案建议稿于2013年2月报送法制工委。法制工委开展了一系列调研、论证、修改工作，3月26日召开第十八次法制委员会会议审议，提出法规草案，并于4月23、24日提请市十四届人大常委会第十四次会议第一次审议。6月26日广州市第十四届人民代表大会常务委员会第十六次会议审议通过。2013年9月27日，经广东省第十二届人民代表大会常务委员会第四次会议批准通过，《广州市未成年人保护规定》自2014年1月1日起施行。

《广州市未成年人保护规定》实行主动性保护与救济性保护相结合，解决一般性问题与解决当前突出问题相结合，国家机关保护与学校、社会、家庭保护相结合。《规定》有几大亮点：一是成立未成年人保护委员会。《规定》第七、八、十二、十三条明确，市、区、县级市人民政府应当设立未成年人保护委员会，履行八大职责。未成年人保护委员会的办事机构设在同级共青团，工作经费列入同级人民政府财政预算。未成年人保护委员会可以根据需要建立专家咨询委员会，并建立完善未成年人保护咨询制度。市未成年人保护委员会应当建立未成年人保护综合服务平台，设置并公开全市统一的专用电话和网址，提供针对未成年人保护的相关服务。每年五月的最后一周为全市未成年人保护宣传周。二是鼓励社会组织为未成年人提供专业的社工服务。根据《规定》第二十三条，市、区、县级市人民政府可以通过未成年人保护的有关组织购买未成年人事务的社工服务，并采取措施对购买服务的资金使用和购买服务质量进行监管。三是建立特定情况报告制度。《规定》第三十七条明确，任何单位和个人发现未成年人流浪街头、用人单位非法招用未满十六周岁未成年人、适龄未成年人未接受义务教育、校车超载等侵害未成年人合法权益的情形时，有权予以劝阻、制止，或向相关行政管理部门和未成年人保护委员会报告。根据《规定》第三十八条，特定单位和人员发现未成年人吸食、注射毒品，遭受虐待、遗弃、家庭暴力、性侵害，被利用或被胁迫、诱骗进行乞讨等违法犯罪行为时，应当向公安机关和未成年人保护委员会报告。此外，第三十九条还详细规定了相关行政管理部门、公安机关和未成年人保护委员会接到相关报告后的处理程序和处理要求，从而形成了一整套保护机制。四是进一步细化学校保护责任。根据《规定》第二十五、二十六、二十七条，学校、幼儿园、托儿所不得聘用有犯罪记录或患有精神疾病、传染性疾病的人员，并应当每年定期组织教职员工进行体检和心理健康测评。学校应当保证未成年学生在校期间每天参加不少于一小时的户外体育锻炼，但对患有特定疾病或有特异体质的未成年学生应当给予特别关注和照顾；应当设置心理辅导室，配备专业心理辅导老师；应当对未成年学生进行防范性侵犯教育；应当建立学生健康档案，妥善保管，并经其监护人签字确认。五是未成年人整形须经法定监护人同意。根据《规定》第四十四条，不提倡未成年人实施医疗美容项目，未成年人确因特殊原因需要进行医疗美容的，须经其法定监护人同意。医疗机构及其医务人员为未成年人实施医疗美容项目前，应当向未成年人及其法定监护人书面告知治疗的适应症、禁忌症、医疗风险等事项。

《广州市未成年人保护规定》宣传活动

《广州市未成年人保护规定》实施两年以来，团市委连续在每年五月的最后一周开展“广州市未成年人保护宣传周”系列活动。2014年，“广州市未成年人保护宣传周”系列活动的主题为“爱 TA，更要保护 TA!”。宣传周着力打造党政机关、社会组织和爱心企业共同保护青少年身心健康的合力，22 个党政部门、50 多家社会组织和 30 多个商家 2000 多个门店一同加入到广州市未成年人保护公益联盟中。开发制作了一套全市统一的未成年人保护文化标识系统，在全市公交车站、地铁、西关小屋及 2000 家参与活动商家的门店投入使用，形成统一的宣传声势。2015 年“广州市未成年人保护宣传周”系列活动的主题为“温情广州，守护未来”，在黄埔区图书馆举行。国内未成年人保护领域的资深学者、广州公益慈善业界领袖、公益组织代表及相关媒体人士齐聚黄埔图书馆，就未成年人保护的现状和未来发展展开高峰对话。发布《广州市未成年人保护公益创新蓝皮书》，成立广州市未成年人保护摄影志愿服务队，开设专题图片展，邀请中国青年政治学院少年儿童研究所所长童小军到场作主旨分享，并采用“世界咖啡馆”的分组讨论及分享总结模式，跨界研讨“构建广州市未成年人保护公益圈的联合互助网络”。

（撰稿：谭云；编辑：李玉平）

市委出台全面深化改革指导文件

2014年1月21日，广州市委十届五次全会审定《中共广州市委关于贯彻落实〈中共中央关于全面深化改革若干重大问题的决定〉的意见》（简称《意见》），描绘广州全面深化改革的“路线图”。《意见》提出广州市全面深化改革的指导思想、总体目标和基本要求，明确13个方面、57条共226项具体改革任务和措施，其中涉及“完善”措施202条次、“健全”措施133条次、“建立”措施162条次、“落实”措施39条次、“探索”措施54条次，以及开展“试点”措施28条次。

《意见》明确广州市2014年重点推进12个方面改革，主要包括：加快转变政府职能；构建公平开放市场规则；激发市场主体活力；深化财政体制改革；实施科技创新驱动战略；创新金融发展体制；深化城乡发展一体化改革；推进文化体制机制改革；加快保障和改善民生制度建设；加强民主法治制度建设；强化权力运行制约和监督机制；推进生态文明制度建设。要求通过全面深化改革，在法治化国际化营商环境、产业竞争、城乡发展一体化、社会发展、文化发展、生态城市建设六方面增创广州发展新优势。

2月，中共广州市委全面深化改革领导小组成立，下设办公室，设在市委政策研究室。2月27日，召开市委全面深化改革领导小组第一次会议，学习贯彻习近平总书记在中央全面深化改革领导小组第一次会议和省部级主要领导干部学习贯彻十八届三中全会精神全面深化改革专题研讨班上的重要讲话精神，以及胡春华书记在省委全面深化改革领导小组第一次会议上的讲话精神，研究市委全面深化改革领导小组有关工作，部署广州市2014年改革工作。会议审议通过《2014年广州市全面深化改革要点》《中共广州市委全面深化改革领导小组工作规则》《中共广州市委全面深化改革领导小组专项小组工作规则》《中共广州市委全面深化改革领导小组办公室工作细则》，审议通过市委全面深化改革领导小组下设经济体制和生态文明体制改革、民主法制领域改革、文化体制改革、社会体制改革、党的建设制度改革、纪律检查体制改革6个专项小组成员名单。6月25日，市委全面深化改革领导小组第二次会议召开，传达学习中央全面深化改革领导小组第二、三次会议和省委全面深化改革第二次会议精神，讨论市委全面深化改革领导小组成员调整方案，听取6个专项小组工作情况汇报，审议《广州市全面落实中央和省有关部门深化改革重要举措分工方案的实施意见》和《广州市推进改革先行先试的实施方案》。会议强调，各级各部门要把重点放在抓落实上，确保改革取得实实在在的成效。

截至2015年年底，在推进全面深化改革进程中，广州在行政审批、财税、金融、投资、社会民生等重要领域推出了13个方面共226项改革。推进行政区划优化调整工作；政府带头自我革命，向社会公布4975项行政权力清单，其中95.7%的行政审批事项可网上办理，实现了权力运行流程图网络公开、权力运行结果在线查询；广州在全国率先将预算内外所有财政性资金收支预算向人大报告，通过减税清费为企业减负285.5亿元，市级政府财政透明度全国排名第一；深化行政审批制度改革，取消市级行政审批事项76项，保留201项，审批时间缩短60%；商事登记制度改革全面铺开，全市新设立商事主体1.85万户，新增注册资本金3181.18亿元，同比增长28%和108.7%，全市实有登记各类市场主体117.88万户，同比增长19%；制定《全面深化国资国企改革的意见》，推动国资管理由“管资产为主”向“管资本为主”转变；开展农村政经分离改革试点，154个“村改居”社区和村实现政经分离；深入推进司法体制改革，建立审委会委员主办案件机制和主审法官、合议庭办案责任制，作为全国首批知识产权审判专业机构，广州知识产权法院2014年年底正式挂牌成立，为创新发展保驾护航。全面兑现10件民生实事，突出解决就业、住房、教育、医疗、社保、养老等事关群众切身利益的热点、难点问题。城镇新增就业27.1万人，城镇登记失业率2.26%，连续8年提高城乡低保标准，五险参保3339.5万人次，企业退休人员月人均养老金突破3000元，城镇低保标准达到600元，农村低保标准达到577元。建成保障性住房1.93万套，完成9000户农村泥砖房和危房改造。全面完成学前教育三年行动计划，义务教育标准化学校占比达99.81%，普通高考第一批本科上线率17.1%。初步建成全市居民健康档案库，建立城乡居民大病医疗保险，免费提供11大项、37小项基本公共卫生服务项目。注重提升城市精细化、品质化管理水平，打造干净整洁、平安有序的城市环境。2014 年 9 月以来全市开展了环境卫生整治行动，打赢了防控登革热重大疫情的硬仗。PM2.5 和 PM10 分别下降 7.5% 和 6.9%，空气优良天数达 282 天，比 2013 年多了 22 天。建成 9 个儿童公园、6 个岭南花园、4 个湿地公园，新增绿道 300 千米、生态公益林 6666.7 公顷。同德围高架等一批市政道路建成使用，海珠环岛有轨电车试验段通车，新开通 100 条公交线路，新投放 1000 辆公交和 23 艘水上巴士。刑事、治安类警情下降 8.9%，连续三年回落。

（供稿：市委党史研究室；编辑：陈文敏）

《广州市人民防空管理规定》施行

人防工程是城市地下空间开发的重要组成部分。随着经济社会的发展，人防建设在投资、使用、维护、处置等方面出现越来越多的困难和障碍，如人防工程权属不明确，维护管理责任不落实；开发商、业主、物业公司、人防部门等因防空地下室产权引发的纠纷增多；人防工程的建设用地、建设主体、市场开发缺乏规范等。随着《中华人民共和国行政许可法》的颁布实施，以及行政审批制度的改革，广州人防管理模式已有所改变。同时，国家和省人防主管部门出台了很多新的部门文件，对人民防空的发展方向、建设目标、人防工程立项审批、施工图审查、质量监督、企业资质管理等方面作出了新规定，提出了新要求，对防空地下室配建标准也作了调整。因此，亟需对 2004 年颁布实施的《广州市人民防空管理办法》作全面的修改，使地方立法与国家、省的文件规定保持一致，保证国家、省对人防工作提出的要求得到贯彻落实。2006 年，广州市人民防空办公室启动《广州市人民防空管理规定》（简称《规定》）编制工作。

《规定》被列入 2007—2011 年度广州市人大地方性法规制定规划，2011 年被列入 2012 年地方性法规制定计划正式项目。2012 年 3 月，《规定（草案）》正式报送市政府法制办审查，9 月 3 日获市政府 14 届 33 次常务会议讨论通过。9 月 18 日，市政府将《规定》草案报送市人大审议。2013 年 8 月 27 日至 28 日，《规定》提交广州市第十四届人民代表大会常务委员会第二十次会议审议，会议审议表决通过《规定》，并于 11 月 21 日提交广东省第十二届人民代表大会常务委员会第五次会议审议通过。2014 年 1 月 13 日在《广州日报》上进行公告，2014 年 2 月 1 日起施行。

《规定》共七章，五十九条，分为总则、组织指挥、工程规划与建设、工程使用和维护、信息保障、法律责任和附则七章，对人民防空管理的工作进行了全面而具体的规范。《规定》颁布实施，在国内人防领域具有开创性，具有重大立法意义。

《规定》建立了人防工程产权制度，明确了谁所有、谁维护的基本原则。《规定》明确，人防工程所有权归属的确定依据物权法及其他有关法律、法规的规定，适用与建设用地使用权相一致的原则，房地产登记部门应当在登记簿和附记栏注明人民防空工程。同时，《规定》还明确人防工程的平时维护管理责任：人民防空工程的所有权人是人民防空工程平时维护管理责任人。人民防空工程的所有权人委托使用人、物业服务企业或者其他管理人进行维护管理的，其委托的使用人、物业服务企业或者其他管理人是人民防空工程平时维护管理责任人。

《规定》建立了基层人防管理机制，明确镇人民政府、街道办事处的人防管理责任，使人防工作延伸到基层。为落实简政放权的指导思想，实现管理重心下移，《规定》首次通过立法形式明确了镇人民政府、街道办事处的人防管理职责，要求在人防主管部门的指导下，配合有关部门做好本辖区的人防工作。

《规定》明确了人防工程建设用地使用权的取得方式。《规定》明确，政府投资建设的人防指挥工程、公用的人员掩蔽工程和疏散干道以及医疗救护、物资储备等专用工程以及必要的配套工程等所需用地，经市人民政府批准后，可以通过划拨方式取得，其他由社会投资主体投资建设的人防工程，应当通过出让方式取得建设用地。

《规定》重新梳理了人防行政审批事项及标准。一是进一步明确和细化了人防工程报建许可事项，并将地下空间兼顾人防纳入人防报建许可管理。二是将新建10层以下或基础埋深3米以下，建筑总面积在2000平方米以上的，民用建筑修建防空地下室的标准由原来的地面总建筑面积的2%调整到了5%。三是进一步明确了人防工程拆除、警报器拆除审批的标准、程序。四是将原人防工程专项验收许可调整为备案事项，并明确了备案的具体要求、程序。五是新增了人防工程报废的行政确认事项，并明确了确认的具体要求和程序。

此外，《规定》还在以下几个方面实现了制度尝试与突破：一是从广州实际出发，明确了地下空间兼顾人防的标准。《规定》参照深圳的做法，结合广州实际，明确单建式地下空间按照人防工程规范标准修建的面积比例不得低于总建筑面积的百分之五十。二是借鉴香港民安队组建工作经验，初步建立了人民防空志愿工作制度，明确了人防志愿者的工作任务、工作机制、福利待遇等，推进人防工作整合社会资源，实现融合式发展。三是明确将建设和移交防空通信警报间作为土地出让条件，确保建设单位切实履行人防通信警报工作间的配建和移交义务。四是明确了人防工程平战转换责任。明确人防工程建设单位应当在工程竣工验收之前，按照国家、省、市的相关规定制定平战转换预案，包括平战转换责任人、预算安排等。

（撰稿：林琳；编辑：李玉平）

抽查核实领导干部个人有关事项报告

自 20 世纪 90 年代初以来，党中央把领导干部廉洁自律作为党风廉政建设和反腐败斗争的重要工作，先后出台许多重要规定，包括要求领导干部报告个人有关事项。1995 年。中共中央办公厅、国务院办公厅发布《关于党政机关县（处）级以上领导干部收入申报的规定》。1997 年 1 月，中共中央办公厅、国务院办公厅颁布实施《关于领导干部报告个人重大事项的规定》。此规定 2004 年根据党的十六届四中全会精神要求进行修订，并于 2006 年 9 月以《关于党员领导干部报告个人有关事项的规定》文件印发。2009 年 9 月，根据党的十七届四中全会提出的“完善党员领导干部报告个人有关事项制度，把住房、投资、配偶子女从业等情况列入报告内容”，中央纪委启动报告文件修订工作。2011 年 5 月，《关于领导干部报告个人有关事项的规定》（简称《规定》）正式印发，作为领导干部个人有关事项报告的规范性文件。此次修订最大不同是将房产、投资、配偶子女从业情况列入领导干部报告内容，并将收入申报制度与有关事项报告制度合并实施。广州市领导干部个人有关事项报告主体包括所有副处级以上干部，含领导职务和非领导职务的干部，市管企业中层以上领导人员、直属二级企业领导班子成员（含直属二级合资企业领导班了中方人员），市国资委管企业领导班子成员。

广州市贯彻落实中央规定，1996 年、1997 年先后组织开展领导干部收入申报、领导个人重大事项报告工作。此后每年年初，市委组织部根据中组部和省委组织部的通知精神，印发有关通知，组织全市做好领导干部报告个人有关事项工作。为加强对市管干部的管理，自 2009 年开始，广州市 1600 多名市管干部通过电子政务内网，利用党廉信息系统在线填报功能完成个人有关事项申报。2014 年，领导干部个人事项电子填报拓展到处级干部范围，广州市全面实现全市推行领导干部个人有关事项电子填报工作。

2014年，广州市启动领导干部个人有关事项报告抽查核实工作。2月，广州市委印发《中共广州市委组织部关于进一步做好我市领导干部报告个人有关事项工作的通知》。此次领导干部个人有关事项申报内容更加细化，《领导干部个人有关事项报告表》（2014年版）包括报告人基本情况，以及婚姻变化、因私出国（境）、房产等14项内容。根据中组部和广东省委组织部有关通知精神，为使组工干部熟悉相关的政策和信息录入、汇总综合等工作，4月15日，市委组织部在广州市委党校举办全市领导干部个人有关事项报告抽查核实工作培训班，邀请中组部干部监督局作辅导报告，并印发领导干部报告个人有关事项工作手册和法规文件选编，发放领导干部个人有关事项报告信息管理系统软件，并请软件开发单位的技术人员现场为全市各单位安装和讲解信息系统操作程序。为加强保密安全工作，按照中组织部“十专”，即专人、专机、专件、专盘、专场、专柜、专职、专报、专送、专责的要求，市委组织部向市财政局申请专项经费，配置专用办公用房，购置专用办公设备，组织专人负责。2014年5月，集中进行市管领导干部个人有关事项报告材料的信息录入及全市处以上（含市国有企业中层以上管理人员）领导干部个人有关事项报告汇总综合。第三季度集中开展随机抽查核实工作，广州市按照3%的比例对领导干部进行抽查核实。第四季度完成抽查核实结果处理和工作总结。为贯彻落实中组部关于“凡提必核”的要求，市委组织部转发中组部关于拟提拔干部个人有关事项抽查核实两个《操作规程》，自2015年1月起，对拟提拔为副处级以上干部，列为副厅级以上后备干部人选，进行重点抽查核实。根据全省组织系统开展“落实总书记要求，建设模范部门”教育实践活动要求，制定广州市组工干部个人有关事项报告核查方案，组织全市组工干部全面填报，分批次对部机关及各区、县级市党委组织部部务会成员、干部科科长个人有关事项报告进行集中核查，对组工干部实行凡提必核、凡进必核、存疑必核。2015年7月，市委组织部转发省委组织部《关于开展2014年度领导干部有关事项报告随机抽查工作的通知》，按10%的比例进行随机抽查核实。

领导干部个人重大事项报告制度的贯彻实施，有利于加强对领导干部的监督管理和党风廉政建设。

（撰稿：唐棠；编辑：陈文敏）

换届选举全面完成

2014 年是广州市的村、社区党组织和第五届村民委员会、第四届社区居民委员会（简称“两委”）集中换届之年。2013 年 12 月 5 日，广州市召开村、社区“两委”换届选举工作电视电话会议，动员部署全市村社换届选举工作。市委提出要进一步提高“两委”正职、班子成员“一肩挑”和“交叉任职”的比例，努力实现“两个 80% 左右”的工作目标，即：村、社区党组织书记与村（居）委会主任“一肩挑”比例达到 80%，村、社区党组织班子成员与村、居委会班子成员“交叉任职”比例达到 80%。

2014 年 1 月 9 日，市委召开全市村、社区“两委”换届选举工作领导小组会议，启动村、社“两委”换届选举工作。会议传达学习省有关做好村、社区“两委”换届选举工作的通知精神，通报全市村、社区“两委”换届选举和问题村、社区治理整顿工作进展情况，研究部署村社两委换届选举工作。3 月 13 日，市委领导到白云区专题调研村和社区“两委”换届选举工作，在认真听取了各区、县级市有关负责人关于村、社区“两委”换届选举情况汇报后，市委领导强调，各级各部门要严格按照省委的要求，继续发扬连续作战精神，再奋战两周，确保在 3 月底前完成换届选举任务，完成“两个 80%”的目标任务。要求各级各部门要严格依法规范操作，严厉打击不正当精选和破坏选举行为；要加强换届后基层组织建设，抓紧建章立制，抓紧对“两委”培训，抓紧对第二阶段问题村、社区进行全面整顿；要严格落实各区（县级市）、镇（街）主要领导第一责任，加强指导和督办，为换届和换届后村和社区的发展打好基础。

在换届选举期间，市委高度重视加强纪律监督工作。1 月，由市纪委牵头，市委政法委、市人大法制委、市法院、市检察院、市公安局、市民政局、市司法局、市国家安全局等部门配合，成立广州市预防和查处违法违纪行为工作组。各区、县级市相应成立区（县级市）、镇（街）两级预防和查处工作组，全面落实预防和查处两项措施，防范和打击贿选和各种干扰破坏换届选举的行为，确保全市村、社“两委”换届选举工作顺利完成。全市不少群众反映，2014 年是历年来换届选举风气最好的一年。截至 4 月底，共查处贿选案件 12 件，查处干扰破坏换届选举案件 2 件。

2014 年 3 月 30 日前，广州圆满完成全市 1142 个行政村、1464 个社区“两委”换届选举任务。换届后，村“一肩挑”比例达到91.3%、“交叉任职”比例90.2%；社区“一肩挑”比例达到97.7%、“交叉任职”比例92.8%，全部超额完成“两个80%左右”的工作要求，有效强化了党组织在基层的领导核心地位。社区居民积极参与“两委”选举，全市1230个社区实现直选，直选率达84.1%，一次选举成功率达89.1%。通过换届选举，一批“三高三强”型人才被选进“两委”班子，新一届“两委”成员平均年龄41.9岁（比上届下降0.4岁），具有大专以上学历的有8341人（占总数的46.1%，比上届提高了1.9%）。有关区（县级市）还因地制宜创新工作方式方法，如从化市按照“先强支部—村委会换届—村党支部换届”的新路径进行村级“两委”换届选举。以法纪教育和履职教育为重点，分22期对2750名村（社区）党组织书记和村（居）委会主任进行为期三天的脱产培训，区（县级市）对“两委”班子成员进行全覆盖培训，进一步提升村（社区）“两委”班子的履职能力。

（供稿：市委组织部；编辑：陈文敏）

《广州市物业管理暂行办法》施行

广州是国内最早引入物业管理服务的城市之一。经过30多年的发展，物业管理在促进社区和谐稳定、促进社会就业、提升城市管理水平等方面发挥重要作用。但随着经济社会发展，也出现房地产开发企业、物业服务企业、业主之间权利义务不明晰，物业管理纠纷日趋增多等问题。为进一步规范物业管理活动，指导和协助业主实现自我管理，维护广大业主合法权益，引导物业管理行业健康发展，2012年5月，广州市法制办公室会同市国土资源和房屋管理局启动《广州市物业管理暂行办法》（简称《办法》）立法起草工作。《办法》的制定历经两次公开征求公众意见，三次大型立法公众座谈会，四次市法制办业务会，五次专家研讨会的研究修改，于2014年1月27日经市政府第14届101次常务会议讨论通过，2014年3月13日以广州市人民政府令第100号正式公布，自2014年5月1日起施行。

《办法》共计8章100条，全方位涵盖物业管理活动领域。主要亮点有三方面：一是着力于尊重业主自我管理权利。通过创新完善业主大会筹备组制度，创新建立业主委员会多轮补选制度、业主监事会制度、业主决策电子投票系统等多项有效措施，增强业主对小区公共事务的参与意识，建立业主自我管理的激励和引导机制；二是着力于政策扶持，通过将物业服务纳入现代服务业发展规划、社区建设和社区管理体系，促进物业管理行业转型升级；三是着力于行政监管，通过细分政府部门职责，建立齐抓共管物业管理工作机制，加大法律监督力度，为维护业主合法权益，规范引导物业管理健康发展，创造良好的外部发展环境。

为认真贯彻实施《办法》，使物业管理各方责任主体全面、准确把握《办法》精神，全面提升广州市物业管理服务水平，广州市委采取多项措施推进落实《办法》。一是加强宣传。《办法》出台后，市委积极组织市直机关代表，各区政府及其相关单位、街（镇）、居委（村委）和业主等代表，市物协和物业服务企业的代表，以及主流媒体代表共300人参加《办法》宣讲活动；深入12个区、县级市开展12场贯彻实施《办法》专题培训活动，共计培训约4000人；组织500名志愿者，主动走进全市100个物业小区，宣传普及《办法》。二是完善配套制度。《办法》出台后，市委结合物业管理工作实际相继出台《物业管理行政执法工作指引》《物业管理行政处罚实施听证工作指引》《物业管理行政处罚文书立卷归档工作指引》《广州市业主大会和业主委员会工作指引》《广州市物业管理行政备案示范文本》《关于做好提供业主清册等物业管理有关信息工作的通知》等6项配套制度，为依法行政、规范物业管理活动、调处矛盾纠纷提供了法制保障。三是推进业主大会建设。积极落实《办法》规定，指导街道、居委按照《办法》的规定，落实工作职责，加强对成立业主大会、选举业主委员会及业主委员会日常工作的指导、协助和监督，帮助业主把好程序关、人选关、议事关，鼓励成立业主监事会，规范公示制度、财务制度、审计制度，加强和提升业主自我管理能力。2014年，新成立业主大会的小区有88个，成立首次业主大会筹备组的有53个，业主大会成立率较上一年度同比增长528%。四是加强行政监管。市委以创新管理模式为突破口，进一步加强行政监管，完善市场秩序。（1）规范前期物业管理公开招标活动，促进市场平等竞争。2014年，共有117个新建项目通过公开招标选聘前期物业服务企业，新建项目公开招标率达100%。（2）规范新建物业承接查验活动，明晰前期开发与后期管理的责任分界。建设单位和物业服务企业严格按照有关规定和合同约定，共同对物业共用部门、共用设施设备进行检查和验收，以减少前期开发遗留问题对后期物业管理活动的影响。（3）规范物业服务企业资质管理，实施物业服务动态监管。严格执行物业资质管理规定，建立企业诚信档案，将物业所属街道、居委会及相关职能部门的评价意见纳入企业的诚信档案，对全市物业管理项目实施动态检查。

2014 年，共计巡查 2585 个物业管理项目。（4）规范物业项目的接撤管活动，实现物业管理权的有序交接。2014 年，全市顺利完成新旧物业交接 26 宗。

（撰稿：张涛；编辑：赖剑颖）

“智慧团建”上线运行

“智慧团建”系统是广州“志愿时”系统的延伸和发展，是团中央在广州的全国试点。2014 年 5 月 4 日，“智慧团建”在广州青年中心举行试运行上线启动仪式。它是青少年服务的“淘宝网”和基于“互联网 +”发展理念建设的青少年综合服务门户，本质上是运用互联网思维推动团建创新、组织创新和工作创新，实现青年快速便捷再组织化和提升基层服务能力的工具，以实现“网络连支部、服务聚青年、团在你身边”的目标。

2011 年 12 月，广州志愿时从“广州亚运会、亚残运会志愿时管理系统”成功转化为“城市社区志愿服务管理系统”，提供招募、培训、管理、评价全流程标准化管理，实现社区化、常态化、公益性志愿服务。2013 年 4 月，团中央书记处第一书记秦宜智在广州调研，要求广州开展“智慧团建”试点工作，运用互联网思维推动广州共青团工作转型发展。5 月，广州市成立由市委常委、组织部部长王世彤担任组长，团省委书记曾颖如、副市长贡儿珍担任副组长的广州市“智慧团建”工作领导小组，统筹推进“智慧团建”工作。“智慧团建”是网络社会下的团建创新。它将“互联网 +”思维植入共青团工作中，建立一个线上线下协同的工作体系。线上，通过手机、PAD、电脑、电视、智能设备等多种终端，运用电子团员证，实现对“入团入队，培训、管理、活动参与、激励、联络、推优入党、流入流出”等环节的全流程串联；面向青少年日常生活学习工作的实际需求，建立 U 活动、U 婚恋、U 培训、U 工作、U 创业、U 权益、U 团务、志愿时等模块，站在青年的角度、思维、视野，发挥“朋辈导师”的作用，为青少年提供本土、优选、靠谱的教育培训、就业创业、志愿服务、婚恋交友、法律维权、文体活动、青年优惠等多元化、菜单式服务；发起各类青年活动项目 4699 个，发起青年交友、婚恋活动 437 项，上传精品课程 476 门。线下，在广州天河区科技园、越秀区建设五马路分别建立“智慧团建”体验中心，供青少年全方位体验“智慧团建”各系统应用，并整合原有团属阵地，包括 150 间志愿驿站、166 个康园志愿服务站、41 家社区少年宫和 25 家青年地带等，全方位建设社区青少年综合服务体——“广州青少年中心”，通过青年社会组织孵化基地、志交会、志愿驿站等平台载体，维系凝聚了青年社会组织超过2000家，为青少年提供线下“面对面”的菜单式服务。“智慧团建”上线运行后，2014年7月至9月，团广州市委面向全市96个直属基层团组织、170个镇街团（工）委、教育局直属28所学校团组织、市属7家高校团委及其直属二级团组织的负责人，开展“智慧团建”系统应用培训。

2015年3月10日，广州团市委印发《关于实施团市委机关各部室及“智慧团建”各中心一体化运作模式的通知》，实施团市委机关各部室及“智慧团建”各中心一体化运作模式。具体为：横向设立青少年成长成才、身心健康、就业创业、社会融入、婚恋交友、文化体育6个领域专委会，更好地服务青少年需求；纵向设立决策中心、组织中心、运营中心、资源中心、传播中心、信息中心6个中心，加强对青少年工作统筹、指导。优化工作机制和工作流程，以适应智慧团建线上与线下的整体运作，促进共青团青少年在组织生产方式、生产流程上的创新，推动共青团组织形态的整体性发展。2015年6月，经过一年多试运行，“智慧团建”广州地区个人用户已达155万个、组织用户约2.37万个，网站总点击访问量1060万人次，日均点击访问量达3万多人次。

2014年2月20日，“智慧团建”文体专委会举行第一次工作会议

经过“十二五”期间的开发建设，广州“智慧团建”基本搭建了线上线下相结合的平台，初步建立起一个青少年服务的组织、项目、资源不断自我生长的生态系统，深化了青少年服务领域的改革创新，推动共青团工作的转型发展。

（撰稿：郭创锐；编辑：李玉平）

审结胡伟星黑社会性质组织案

2012年6月3日，惠州市公安局正式对被告人胡伟星等人立案，同月22日凌晨，惠州市公安局在省公安厅的直接指挥之下进行收网，胡伟星等34名被告人先后被抓获归案或者投案自首。该案原由惠州市人民检察院提起公诉，由惠州市中级人民法院审理。2013年1月16日广东省高级人民法院将该案指定给广州市中级人民法院（简称“市中院”）一审审理。8月23日，市中院正式受理。市中院于2013年10月14日召开庭前会议，2014年2月10日至4月3日公开开庭审理，庭审跨度3个月，前后共计耗时37天，创广州地区庭审时间之最。

被告人胡伟星祖籍广东惠州，案发前系富星商贸广场房产开发（惠州）有限公司法人代表、董事长。胡伟星等人委托李庄、律师王誓华等38名辩护人参加庭审，通过自媒体对案情和审理进程进行传播、炒作，引起社会舆论的广泛关注。此外，由于胡伟星称自己同时持有美国护照和香港居民身份证，要求按照美国公民对待，美国领事馆也多次要求旁听。经核，胡伟星未向香港入境事务处申报国籍变更，其案发前最后一次入境是2012年6月10日从香港持港澳居民往来内地通行证进入中国大陆境内，故应为中国国籍。

在开庭审理期间，多名被告人和辩护人提出该案存在应当予以排除的非法证据，市中院依照新刑事诉讼法和相关司法解释的规定，启动了证据收集合法

审结胡伟星黑社会性质组织案现场

性的调查程序。法庭决定对证据收集的合法性进行调查后，公诉人通过出示、宣读讯问笔录或者其他证据，有针对性地播放讯问过程的录音录像，并且提请法庭通知有关侦查人员或者其他人员出庭说明情况等方式，来证明证据收集的合法性。调查之后，市中院对于不符合法律及司法解释规定的被告人的部分供述，没有作为该案证据使用。

2014 年 5 月 15 日，市中院对此案作出一审判决。一审经审理查明，2004 年以来，被告人胡伟星以富星商贸广场房产开发（惠州）有限公司（简称“富星公司”）为依托，以被告人胡仕容、杨华意、陈景强等人为骨干成员，网罗胡氏家族成员、曾受刑事或治安处罚者等社会闲散人员，通过层级管理、提供作案工具、经费和报酬，以商养黑，采取暴力、威胁或者其他手段，有组织地多次实施强行拆迁、寻衅滋事、打击报复国家机关工作人员、骗取贷款、妨害作证、伪造证据、开设赌场、故意毁坏财物、非法拘禁、故意伤害等违法犯罪活动，大肆非法敛财，实现以黑护商的目的，为非作歹，欺压、残害群众，在广东省惠东县一带形成重大影响，严重破坏经济、社会生活秩序，逐步形成了以被告人胡伟星为组织、领导者，以被告人胡仕容、杨华意、陈景强为积极参加者，以被告人胡文雄、胡远标、胡志军、胡桂文、胡文杞、王金本、郭仕文、苏明亨、罗小辉、胡兆雄、胡佛照为其他参加者的黑社会性质组织。

被告人胡伟星因犯组织、领导黑社会性质组织罪、故意伤害罪等 7 项罪名，数罪并罚后决定执行有期徒刑 20 年，并处没收个人财产 2 亿元，罚金 50 万元。其余 33 名被告人中，有 26 人被判处有期徒刑 19 年到一年零七个月不等的刑罚，3 人因犯罪情节轻微被免予刑事处罚，4 人因所犯罪行超过法定追诉期限且不属必须追诉的情形而被裁定终止审理。

一审宣判后，胡伟星、胡仕容、杨华意等 16 名刑事被告人及 1 名附带民事诉讼原告人不服，提出上诉。二审期间，广东省高级人民法院依法组成合议庭对全案进行了审查，最终维持了一审法院对胡伟星等 22 人的定罪量刑和一审附带民事部分的判决。对杨华意的故意毁坏财物罪，胡桂文的开设赌场犯罪，郭仕文、苏明亨、罗小辉、胡文杞、胡兆雄及胡佛照的参加黑社会性质组织罪，二审法院进行了改判。

（撰稿：彭亮；编辑：李玉平）

建立“六位一体”社会治安巡逻防控机制

2014 年 5 月以来，市公安局围绕党的十八大关于“完善立体化社会治安防控体系”的工作要求，立足建设“平安广东、平安羊城”的工作实际，以全面增强全市公安机关动态环境下压降警情、打击犯罪和应急处突的综合实力为目标，在全国率先建立“情报、指挥、巡逻、视频、卡口、网络”六位一体的社会治安巡逻防控工作机制，即“以情报信息为导向，以警务指挥为枢纽，以实兵巡逻为抓手，以视频监控为依托，以治安卡口为节点，以网络巡逻为延伸”，全力提升社会治安动态防控水平。

实施“实兵大巡防机制”，打造“专职化”防控队伍。全面强化实兵巡逻勤务力量，在全市组建一支总人数 1.1 万余人的专职化巡逻队伍，每天部署“三级五类”（即市局、区分局、派出所三级，常态接处警巡组、重点加强巡组、堵口查车巡组、特警重装巡组、武警联勤巡组等五类巡组）共 1100 多个巡组，采取“分级布防、分类叠加”的方式进行投放，做到要害重点部位、案件高发部位、治安复杂部位、人流密集部位和交通拥堵部位“五必巡”，切实保证巡逻防控实效。

实施“情报引领勤务机制”，打造“精细化”防控格局。建立健全市局、区分局、派出所三个层面的情报研判架构，以“同步实施、滚动进行、梯次研判、各有侧重”为原则，每日、周、月对辖区社会治安状况开展研判评估。自主开发《社会面警情研判专刊》等研判产品，突出治安复杂区域和时段，实时监测治安态势，及时发布预警。在全国首推区域性治安防控等级勤务响应机制，根据警情监测结果和局部地区维稳安保工作需要，以 2 个自然周为周期，对全市各区治安状况由高至低实行红、橙、蓝、绿四色预警，对应启动区域性社会治安防控一、二、三、四级勤务响应，已发布区域性治安防控等级勤务响应 55 次，有效提升防控工作精细化水平。

实施“科技手段助推机制”，打造“智能化”防控网络。依托全市视频综合监控平台和治安卡口缉查布控系统，以市局、区分局、派出所三级的 300 多个视频监控室、480 多辆加装移动 4G 视频系统的巡逻车、27 个临时治安执勤点和 218 个查车堵口点为阵地，每天投入实时视频监看力量 1300 多人次、卡口布防力量 310 人次，健全完善“视频巡逻”与“实兵巡逻”联勤联动机制，强化“入城过滤、出城封控”的治安防线体系。以警用地理信息系统为基础，研发集 110 接处警、警务报备、视频监控、警车及警员综合定位、有线无线通信调度、治安卡口缉查布控等系统于一体的可视化综合指挥平台，实现点对点指挥、可视化调度，打通科技手段在警务实战中的“最后一公尺”。

实施“屯兵街面重点防控机制”，打造“机动化”巡逻体系。在中心城区、重点场所、人流密集场所、高发案部位划分 80 个应急巡防区域，采取守点、巡线、控面的勤务模式，每天部署 400 名特警力量与 200 名便衣力量，以基本应急处突单元为基础，开展跳跃式巡逻防控和秘密巡逻伏击。同时，深化公安武警联勤巡防机制，每天部署 200 多名武警会同属地分局，强化广州火车站、天河城商圈等重点部位的叠加巡逻，提高武装巡逻震慑力和快速处突能力。

全面推进“六位一体”社会治安巡逻防控机制

实施“联动联勤拓展巡防机制”，打造“全时空”防控格局。以机制为载体，加强与火车站、民航机场、客运站、地铁等行业主管部门的联勤联动，将水域和地铁、公共交通站点线路纳入立体化巡逻防控的工作领域，同步部署警力巡逻伏哨。积极实行直升飞机搭载特警力量在重大节日、活动期间以及发生重特大突发事件时开展空中巡逻，强化演练对接。2015 年 6 月 1 日起，执行全国首批网警公开互联网巡查工作，“广州网警巡查执法”的新浪微博、腾讯微博、微信公众号和百度贴吧等 4 个账号正式上线运作，实行对本地 6800 多个网站、网络社区全天候、不间断的巡查监控，进一步拓宽常态下治安巡逻防控的空间维度，形成“点线面、海陆空、网上网下”全时空立体化巡防格局。

铺开立体化巡逻防控工作以来，全市社会治安呈现案件类警情、社会面警情、刑事发案下降，打击破案、抓获处理人员、群众安全感上升的“三降三升”的良好势头，治安大局持续向好发展。一是有力提升应急处突效能。在 2014 年“5・06”、2015 年“3・06”广州火车站持刀砍人事件、2014 年“7・15”海珠区公交车纵火案、“11・01”白云区涉暴恐专案等突发事件的处置工作中，广州市立体化巡逻防控工作机制经受住实战的检验。特别是“5·06”“3·06”火车站砍人事件的快速反应、成功处置，被公安部誉为“1分钟到场、1分钟开枪、1分钟处置”的经典案例。二是有力推动治安形势好转。机制实行一年来（即2014年5月至2015年6月，下同），全市案件类警情同比下降5.5%，刑事案件数量同比下降10.1%；拦路抢劫、飞车抢夺、公共场所盗窃等街面侵财类警情同比分别下降34.3%、11.1%和1.6%；破获刑事案件数量和抓获处理人员数同比分别上升26.5%和7%。三是有力打击街面违法犯罪。机制实行一年来，执勤力量共抓获各类现行违法犯罪人员2万多名，查获枪支、子弹、毒品、管制物品等一大批；快速妥善处置各类突发群体性事件1300余起；组织处置各类重大突发案事件70余起；通过视频监控系统共发现有价值线索6.8万余条，协助破获刑事案件2.2万宗，利用视频破案率达到57.92%；依托卡口缉查布控系统，破获涉车案件726宗，抓获涉案人员659人。四是有力营造平安和谐的社会氛围。机制实行以来，多次受到中央及省市主流媒体、公安内部刊物宣传报道；省内外公安机关共100余批来穗考察交流此项工作机制运作情况。据广州市统计局2014年居民入户调查结果显示，市民对广州治安状况的满意度达到93.1%；98.4%的受访市民认为广州警方开展立体化治安巡逻防控工作“有必要”。2015年4月底公安部在广州市举行四项机制经验交流会暨典型案例评析会，充分肯定广州市公安局社会面治安防控和反恐处突工作经验做法。

（供稿：市公安局；编辑：李玉平）

审结4840亿元特大网络赌博案

网络赌博是随着互联网的发展而衍生出的一种新型赌博违法犯罪活动。2013年4月，广州警方出动近千警力，摧毁一个覆盖全国9省17个地级市、涉案人员达数百人、投注总金额达4840亿元的特大网络赌博团伙。该案是由公安部督办的涉案金额全国最大、人数最多、层级最高的网络赌博案。

2013年11月21日至2014年4月14日，广州市荔湾区检察院以开设赌场罪、赌博罪对涉案68名被告人分31件案件分别提起公诉。荔湾区法院2013年11月21日立案受理该批系列案中首件案件——赵维玮开设赌场罪案，2013年12月4日开庭审理，其余30件案件庭审工作随后陆续展开。其中，2014年3

月 11 日，开庭审理黄健沛等 19 人涉嫌犯开设赌场罪、赌博罪案，是该批系列案中人数最多的一件。

经审理查明，2008 年开始，上述 31 案 68 名被告人利用同案人谢某真（在逃）等人从境外取得“皇冠”“永利高”“利记”“沙霸”“CC”等五个境外赌博网站大股东级别的代理权限，按大股东级代理—股东级代理—总代理级代理—代理—会员的层级管理形式，担任赌博网站代理并接受他人投注，进行网络赌博犯罪活动。在具体共同犯罪中，被告人分工明确，分别指派专人负责发展下线、网上投注、对数计数、赌资转账交收等。从 2008 年至 2013 年 4 月，上述赌博网站共接受投注额人民币高达 4840 多亿元，其中该批系列案代理的利润包括分红、输赢退水等达 18 亿多元。代理的利润包括三种：一是退水。赌博网站根据有效投注金额的一定比率进行退水。二是输九赢十。每期总代理和公司的交收赌资金额乘以 90% 就是实际交收金额。三是分红。赌博网站根据每期不同的分红比率乘以实货量返还给赌博庄家。参赌者只需要通过网络或手机向庄家发送网络账号和下注信息就可以完成赌球程序，不受时间空间限制。庄家也是通过短信或者电话方式与参赌者结算输赢。下注时不需交现钱，每周结算时才交割，赢的拿钱走人，输的交钱还账。其中，同案人谢某真为大股东级代理。其聘请的被告人黄健沛、陈宁海为其管理赌博账号，从 2008 年至 2013 年 4 月共接受投注额人民币 4840 多亿元，其中分红、输赢退水 18 亿多元。被告人曾锦成、沈显光、李德威、邹文飚、钟伟强、丁洁波 6 人为股东、总代理级别。

2014 年 3 月 11 日，荔湾区法院开庭审理黄健沛等涉嫌开设赌场罪赌博罪案

曾锦成及其聘请的管理者被告人曾紫媚、曾镇邦，涉案投注额37亿多元，分红、输赢退水6700多万元；沈显光涉案投注额14亿多元，分红、输赢退水2800多万元；李德威、邹文飚涉案投注额6亿多元，分红、输赢退水700多万元；钟伟强涉案投注额1亿多元；丁洁波涉案投注额3400多万元。被告人梁炯国、黄文军、何松、骆智强、李一武、朱俊杰、何光雄等7人为总代理级别；被告人黄达成、陈俊威等32人为一般代理。涉案投注额从3亿多元至9万多元不等。其余21名被告人为赌博网络的共犯及从事赌博人员。

2014年7月3日上午，荔湾区法院对该批系列案进行公开宣判，根据68名被告人在网络赌博犯罪的层级、地位及作用，分别予以定罪、量刑。其中55人犯开设赌场罪，7人犯赌博罪，6人犯开设赌场罪、赌博罪两罪，分别被判处有期徒刑九年至一年五个月，并处罚金2000万至5万元不等。宣判后，公诉机关没有提起抗诉，9件31名被告人上诉。经广州市中级人民法院审理，8件30人被驳回上诉，维持原判，仅有1件1人部分改判。

该批案件涉及犯罪人数众多、层级复杂、涉案金额庞大，是近年罕见的利用网络开设赌场、进行赌博的案件。该批案件的顺利审结，很大程度上制止了网络赌博违法犯罪活动在广州的蔓延，为稳定广州社会和经济秩序，遏制境内资金的大量恶性流失起到积极作用。

（撰稿：张诗韵；编辑：李玉平）

建立行政机关负责人出庭应诉机制

2014年，为进一步推进法治政府建设，增强各级领导干部法治意识，广州市法制办起草了《广州市行政机关负责人出庭应诉暂行规定》（简称《暂行规定》），于8月4日经市政府常务会议审议通过，8月15日出台，10月1日起正式施行。

《暂行规定》建立负责人出庭应诉机制，推动法治政府建设。《国务院关于加强法治政府建设的意见》明确要求：“对重大行政诉讼案件，行政机关负责人要主动出庭应诉。”广州市制定出台《暂行规定》，旨在切实加强法治政府建设：一是提高行政机关负责人的法治意识，培养尊重法律的理念；二是自觉接受司法机关的审判监督，提高依法行政的水平；三是有利于树立行政机关接受监督、模范守法的良好形象。

《暂行规定》循序渐进，推行部门负责人出庭应诉制度。《暂行规定》第三条规定，适用范围包括市、区人民政府的工作部门和直属机构。同时规定法律法规授权的具有公共事务管理职能的组织参照行政机关的规定执行。《暂行规定》第四条规定，行政机关负责人，是指单位的法定代表人、主持工作的负责人或者分管负责人。考虑到目前行政机关负责人出庭应诉的实际情况，采取循序渐进的方式，更有利于行政机关负责人出庭制度的推行，也有利于确保行政机关负责人出庭应诉的数量。

《暂行规定》实行原则与具体相结合，次数与数量挂钩。鉴于各行政机关行政应诉案件的多样性，无法统一具体标准，在参考各地做法的基础上，《暂行规定》第六条第一款中作出较为原则的规定，行政机关负责人应当出庭应诉的四种情形：一是本年度发生的需开庭审理的第一件第一审行政诉讼案件；二是有重大影响的行政诉讼案件；三是可能对该行政机关的行政管理或者行政执法行为产生重大影响的行政诉讼案件；四是负责人出庭应诉有利于查清案件事实，解决行政争议的行政诉讼案件。另外，为保证行政机关负责人出庭应诉的次数与该单位全年行政应诉案件的数量挂钩，《暂行规定》在第六条第二款中规定，“行政诉讼案件一年在 5 件以上的（含 5 件），行政机关负责人出庭应诉不得少于 2 件；20 件以上的（含 20 件），不得少于 3 件；100 件以上的（含 100 件），不得少于 4 件”。

《暂行规定》完善考核机制，推进负责人出庭应诉。《暂行规定》在第十二条中规定，市、区政府法制机构负责对本行政区域内每年行政机关负责人出庭应诉情况进行汇总，并报同级人民政府进行通报。《暂行规定》在第十三条中规定，行政机关负责人出庭应诉工作纳入本单位年度依法行政工作考核范围。

2014 年 9 月 13 日，海珠区交通执法分局局长卢汉明就姜某不服该局行政处罚决定一案出庭应诉，成为《规定》出台以来广州市首例“一把手”出庭应诉案件。其出庭应诉的经验值得借鉴：一是区局负责人高度重视行政机关负责人的出庭应诉工作，要求相关部门认真做好应诉准备。二是充分发挥区和部门法制机构的指导和监督功能，传授庭审经验。三是抽调具有丰富法律实战经验的同志和分局执法检查、案件处理人员组成案件审核小组，对案件进行分析讨论。四是认真审查现场笔录、录像和询问笔录等各种证据材料，审查分局向当事人出具的全部法律文书，把关证据、依据和程序，起草答辩状，查找相关法律条文。五是区局负责人根据案件审核小组的意见，反复研究案情和法律条文，审定答辩状亲拟案结陈词。

（撰稿：郑丹虹；编辑：李玉平）

南沙区纳入广东自由贸易试验区

2014年12月12日，国务院常务会议同意在广东、天津、福建特定区域再设三个自由贸易试验区；2014年12月28日，第十二届全国人大常委会第十二次会议通过授权国务院在广东等自贸试验区暂时调整有关法律规定的行政审批的决定，并公布各自贸试验区的四至范围，广州南沙新区片区被纳入自贸试验区范围内。2015年3月24日，中共中央政治局会议审议通过《中国（广东）自由贸易试验区总体方案》。2015年4月8日《国务院关于印发中国（广东）自由贸易试验区总体方案的通知》，明确自贸试验区定位。2015年4月21日，广东自贸试验区南沙片区挂牌。

规划范围。广州南沙新区片区60平方千米（含广州南沙保税港区7.06平方千米）。四至范围：海港区块15平方千米，其中龙穴岛作业区13平方千米，东至虎门水道，南至南沙港三期南延线，西至龙穴南水道，北至南沙港一期北延线（其中南沙保税港区港口区和物流区面积5.7平方千米）；沙仔岛作业区2平方千米。明珠湾起步区区块9平方千米，东至环市大道，南至下横沥水道，西至灵山岛灵新大道及横沥岛凤凰大道，北至京珠高速，不包括蕉门河水道和上横沥水道水域。南沙枢纽区块10平方千米，东至龙穴南水道，南至深茂通道，西至灵新大道，北至三镇大道。庆盛枢纽区块8平方千米，东至小虎沥水道，南至广深港客运专线，西至京珠高速，北至沙湾水道。南沙湾区块5平方千米，东至虎门水道，南至蕉门水道，西至黄山鲁山界，北至虎门大桥，不包括大角山山体。蕉门河中心区区块3平方千米，东至金隆路，南至双山大道，西至凤凰大道，北至私言滘。万顷沙保税港加工制造业区块10平方千米，东至龙穴南水道，南至万顷沙十一涌，西至灵新公路，北至万顷沙八涌（其中南沙保税港区加工区面积1.36平方千米）。按区域布局划分，广州南沙新区片区重点发展航运物流、特色金融、国际商贸、高端制造等产业，建设以生产性服务业为主导的现代产业新高地和具有世界先进水平的综合服务枢纽。

政策创新。广东自贸试验区南沙片区是制度创新的高地，自贸试验区成立后实施以下创新政策。一是投资开放与便利化。实行外商投资准入前国民待遇加负面清单管理模式，实施企业准入"一口受理"机制，实施境外投资备案制，实行工商注册登记便利化，推行"先照后证"。二是贸易发展与便利化。建立国际贸易单一窗口，开展海关监管制度创新，开展检验检疫监管制度创新，实行内外贸一体化发展，实施人员出入境便利化。三是粤港澳深度合作。在CEPA框架下实施对港、澳更深度开放，支持企业依托港澳优势“走出去”。依托港澳，加强与21世纪海上丝绸之路沿线国家和地区的贸易往来。发展国际航运服务功能，实施金融创新，实施人才管理创新，创新粤港澳口岸通关模式。四是建设市场化、法治化、国际化营商环境。推进政府管理由注重事先审批转为注重事中事后监管，建立与国际接轨的统一的知识产权综合保护和管理机制，建立涉及外资的国家安全审查工作机制。建立反垄断工作机制。建立金融风险防范机制。建立信用信息制度，实行企业年度报告公示制度和企业经营异常名录制度。建立综合行政执法体系，建设统一的监管信息共享平台。建立便捷的税务服务体系，开展税收征管现代化试点，健全专业服务体系等。

启动新业务。2015年4月21日，广东自贸试验区南沙片区10项创新业务启动：海关快速验放新机制、广东出入境检验检疫局“智检口岸”GQD业务、广州港集团联合广州海关DIT业务、南沙国税局和南沙地税局电子税务局业务、中国银行融资租赁通、中国建设银行跨境直贷通、中国工商银行跨境投融资金融创新产品、广州航运交易有限公司业务、中国（广东）自由贸易试验区广州南沙新区片区信息中心业务、海事“先通关后查验，船舶通关零待时”。10个重点项目启动：中国交通建设集团有限公司国际业务金融总部项目、农业银行自贸区“粤港澳”跨境业务创新基地、交通银行综合金融创新平台、平安银行综合金融服务中心、珠江金融租赁南沙融资租赁产业联盟、广州商品清算中心项目、广州国际航运仲裁院、中信银行粤港澳跨境金融服务平台、中铁建华南总部及高铁出口基地、南沙游艇会水上保税仓。

2015年，南沙区重点加快核心城市组团集聚发展。在明珠湾起步区灵山岛尖3.5平方千米的范围内，道路、桥梁、水利水系及市政基础设施等已全面铺开。总投资586亿元的33个项目加快推进，与大型央企合作开发的灵山岛尖城市建设项目已开工建设。

（撰稿：周元峥；编辑：陈喆）

推进第六次政府机构改革

2014年，随着国务院和广东省政府机构再次改革，广州市政府机构改革再次提上议事日程。12月30日，广州市召开推进政府职能转变和机构改革工作电视电话会议，对全市政府职能转变和机构改革工作进行部署，标志着新一轮政府机构改革正式启动。这是自1983年以来广州实施的第六次政府机构改革，涉及近30%的市政府部门。此次机构改革以“简政放权”为核心，采取“大部制”思路，经济管理部门是改革重点，包括市、区两级政府。机构设置原则上与国务院、省政府机构相对应。按照转变职能，简政放权，整合优化，上下对应，创新驱动，统筹平衡的基本原则推进。市政府工作部门严格按照省的限额设置，理顺职责关系，规范机构设置；全面清理解决部门间职责交叉和分散事项，进一步理清市直议事协调和临时机构，严格规范各类特殊形式机构设置；推进事业单位分类改革，抓紧制定改革配套政策，建立统一规范的公共资源交易平台，进一步完善公共资源管理体制和运行机制。改革严格控制人员编制，不突破中央和省核定的广州行政编制总额和各类专项编制员额，事业编制总额实行总量控制并有所减少。

此次改革核心突出职能转变，体现广州特色。广州市政府部门改革变动情况如下：

——加强市发展和改革委员会宏观调控职责。将市经济贸易委员会节能减排综合协调职责、市人口和计划生育局的研究拟订人口发展战略、规划及人口政策职责划入市发展和改革委员会。不再保留市物价局，将其职责划入市发展和改革委员会。

——组建市卫生和计划生育委员会。将市卫生局的职责、市人口和计划生育局的计划生育管理和服务职责整合划入市卫生和计划生育委员会。不再保留市卫生局、市人口和计划生育局。

——组建市食品药品监督管理局。将市食品药品监督管理局的职责、市质量技术监督局的生产环节食品安全监督管理职责、市工商行政管理局的流通环节食品安全监督管理职责、市经济贸易委员会酒类流通市场监管职责整合，重新组建市食品药品监督管理局。

——深化文化管理体制改革。进一步优化机构设置，理顺职责关系，加快推进文化公共基础设施建设，完善文化管理体制，构建现代公共文化服务体系，加强文物保护工作。

——组建市商务委员会。将市对外贸易经济合作局的职责、市经济贸易委员会的国内贸易管理职责整合划入市商务委员会。市商务委员会加挂市食盐专卖局牌子。不再保留市对外贸易经济合作局。

——组建市工业和信息化委员会。将市经济贸易委员会国内贸易管理以外的职责、市科技和信息化局的信息化管理有关职责整合划入市工业和信息化委员会。强化大数据管理工作。不再保留市经济贸易委员会。

——组建市科技创新委员会。将市科技和信息化局的科技管理有关职责整合划入市科技创新委员会。将市科技和信息化局电子政务管理有关职责整合划入市政府政务管理办公室。不再保留市科技和信息化局。

——将工商、质监市以下垂直管理调整为市、区政府分级管理。各区工商、质监部门业务接受市工商、质监部门的指导和监督，领导干部实行双重管理、以区管理为主。其行政编制纳入各区行政编制总额，由区机构编制部门分级管理。市工商行政管理局、市质量技术监督局职责作相应调整。

——组建市住房和城乡建设委员会。将市国土资源和房屋管理局的住房建设管理和房地产市场调控、物业行业管理等职责，市住房保障办公室（市住房制度改革办公室）的行政管理职责，市城乡建设委员会的职责整合划入市住房和城乡建设委员会。不再保留市城乡建设委员会。

——市劳动教养工作管理局（挂市戒毒管理局牌子）更名为市戒毒管理局，为市司法局直属行政单位。

——理顺国有资产管理体制。将市财政局承担的市属金融企业、行政单位未脱钩经济实体、事业单位创办具有法人资格的企业等国有资产监管职责，市国有经营性文化资产监督管理办公室承担的市宣传文化系统国有经营性文化资产的监管职责，市交通委员会等部门国有企业的监管职责划入市国有资产监督管理委员会。

——组建市国土资源和规划委员会。将市国土资源和房屋管理局的土地和矿产资源管理职责、市规划局的职责整合划入市国土资源和规划委员会。不再保留市规划局、市国土资源和房屋管理局。组建区国土资源和规划分局，为市国土资源和规划委员会的派出机构。坚持土地、规划业务工作的集中统一管理。

——组建市城市更新局。将市“三旧”改造工作办公室的职责，市有关部门统筹城乡人居环境改善的职责整合划入市城市更新局。主要负责制订城市更新配套政策；编制城市更新工作方案与计划；组织城市更新项目实施与监管；审核城市更新项目方案、统筹资金平衡；集中办理城市更新市级权限范围内的审批事项的服务工作。指导、协调、监督各区城市更新工作。不再保留市“三旧”改造工作办公室。

——组建市城市管理委员会。将市城市管理综合执法局的职责整合划入市城市管理委员会，在市城市管理委员会加挂市城市管理综合执法局牌子。深化城市管理体制改革，推动管理重心下移。市一级主要负责全市城市管理综合执法的统筹协调、组织调度和监督考核，指导并参与跨区域执法。区一级政府具体负责城市管理综合执法工作。不再保留市城市管理综合执法局。

——组建市来穗人员服务管理局。为适应城市化规模不断扩大、来穗人员不断增多的形势，加强和创新社会服务管理工作，进一步完善社会治理体系，完善来穗人员与出租屋服务管理体制机制，组建市来穗人员服务管理局。

——市人民政府金融工作办公室更名为市金融工作局。根据加快建立与国家中心城市地位相适应的现代金融体系和金融服务业高端集聚功能区的需要，强化金融业主管部门职能。

2015 年上半年，广州市第六次政府机构改革基本完成。改革后，广州市政府工作部门 39 个，比改革前减少 1 个。保留部门 23 个，新组建或调整部门 16 个，撤销行政机构 12 个。

（撰稿：黄文俊；编辑：陈文敏）

建设广州市舆情研判中心平台

2012 年，市第十次党代会提出：“着力建设现代化舆情研判中心，加强新闻宣传和互联网信息管理服务，发挥舆论在弘扬正气、扬善抑恶和道德伦理建设中的引导作用。”之后，舆情研判中心项目被列入广州市 100 项重点工作及市委《贯彻落实〈中共中央关于全面深化改革若干重大问题的决定〉的意见》的重大部署。7 月，广州市委宣传部按照“统一规划、分步实施、突出重点、整体推进”的建设思路，加快推进舆情研判中心项目建设。2014 年，广州舆情研判中心建成，成为集舆情监测、数据分析及数据可视化输出为一体的综合性舆情研判平台。舆情研判中心强化市区上下联动，形成资源共享的网络舆情研判处置一体化运作体系，同时研究制定一套舆情研判行业的标准规范，建立舆情监测“广州标准”。

舆情研判中心在已有成果基础上，不断创新工作方法，建立突发事件的预警机制，将舆情风险预警关口前移，促进线上监测与线下处置的有效结合，成为广州市各有关职能部门做好网络舆论引导的重要抓手。同时舆情研判中心建立起基于数据输出可视化的系统平台，改变了传统的以自然语言呈现信息的方式，通过多项关键技术，结合社会视频监控信号，为舆情研判工作提供技术保障，提升了广州市网络舆情预警、研判、网络舆论引导的科学性和有效性。

围绕广州市工作重点，舆情研判中心密切跟踪涉穗民生类舆情发展动态，

广州市舆情研判中心

在公积金新政、停车费上调、垃圾分类处理等重大民生问题上及时收集舆情，向市领导及有关职能部门反馈民众利益诉求，提升了行政决策的科学性、合理性。同时在“登革热”疫情防控、“公交车爆炸”“火车站砍人”等重大突发事件中，为第一时间回应网民关切，压缩网络谣言空间提供了有力支持。中心还通过不断梳理汇集各类舆情资料，建立舆情案例库，分析及研究事件发展规律，使政府部门从更多维度、更长时间跨度对舆论进行综合分析，准确地把握社会情绪特点，预判舆情发展趋势。

舆情研判中心已成为广州市党委、政府探民情、察民意、聚民智的重要渠道。为强化平台优势，舆情研判中心针对涉穗舆情的最新发展形势，通过大数据、云计算平台、移动互联网等现代化信息技术手段，探索舆情研判工作机制，促进从被动式舆情收集研判向主动式舆情传播的转变，形成具有“广州标准”特色的舆情传播引导模式，进一步提高广州市对突发舆情的应对处置能力。

（撰稿：张蕾；编辑：陈喆）

推进审判机制改革

为贯彻落实《中共中央关于全面深化改革若干重大问题的决定》有关“健全司法权力运行机制”的要求，2014 年年初，广州市中级人民法院（简称市中院）开始探索审判权运行机制改革，取得初步成效。

2014 年 1 月，市中院制定了《主审法官、合议庭办案责任制改革实施方案》；10月，印发《广州市中级人民法院审判委员会委员参加合议庭审理案件的若干规定（试行）》，明确审判委员会委员审理案件的方式、案件类型、办案数量等内容；11月，印发《人民法庭审判权运行机制改革试点工作方案》，确定白云区人民法院太和人民法庭等四个人民法庭为主审法官制度改革试点法庭。2015年3月，根据《广东省健全审判权运行机制完善审判责任制改革试点方案》，在总结前期改革经验的基础上，市中院制定了《广州市中级人民法院关于健全审判权运行机制完善审判责任制改革的实施意见》（简称《意见》）。《意见》主要包含以下内容：一是规范审判权的运行。组建"1名审判长+2名法官+N名法官助理+N名书记员"的审判单元；按照"让审理者裁判、由裁判者负责"的审判权运行内在要求，合理界定合议庭的配置、职责与权限；完善审判委员会制度，强化审判委员会审判指导职能；通过建立审判长联席会议与专业法官会议、裁判文书内部公开、参考性案例等制度，为法官提供智力支持，确保裁判标准的统一。二是规范审判管理权的行使。建立院、庭长的审判管理权力清单，明确审判管理权的行使不得干预个案实体审判。三是规范审判监督权的实施。规定院、庭长对案件进行监督的条件、范围和程序；通过健全党、人大、政协、检察机关监督工作机制，深化司法公开，保障诉讼参与人、律师的诉讼权利，强化外部监督机制。四是完善司法责任制度。明确审判组织及其成员在审判活动中，因故意违反法律规定导致裁判错误，或者因重大过失违反法律规定导致裁判错误并造成严重后果的，应当承担相应的责任；合理确定院长、副院长、审委会委员、庭长、审判长、承办法官等各类主体的责任；建立法官豁免制度，明确法官在案件审理的各个阶段依法履行职责的行为，发表的言论和判决的结果，享有不受法律指控或法律追究的权利，保障法官的合法权益。

为确保《意见》的落实，市中院印发《广州市中级人民法院关于健全审判权运行机制完善审判责任制改革的推进方案》，将审判权运行机制改革的任务分解为十六项具体工作，并确定相关的责任部门。同时，制定《广州市中级人民法院审判委员会工作规则（试行）》《广州市中级人民法院合议庭运行工作规则（试行）》《广州市中级人民法院审判长联席会议、专业法官会议工作规则》《广州市中级人民法院关于审判审批权限的规定（试行）》《广州市中级人民法院典型案例制度实施细则》等一系列相关文件，完善配套制度建设，确保改革稳步推进。市中院贯彻落实《关于健全审判权运行机制完善审判责任制改革的实施意见》，完善院庭长审判管理、审判监督机制，全市法院院长、庭长、审判委员会委员人均主办案件86件。推进审判辅助人员管理改革，全市法院配备合同制审判辅助人员 1898 名，其中市中院配备法官助理 143 名、执行员助理 60 名、书记员 120 名。制定《审判辅助人员管理改革方案》及配套办法，推进辅助人员职业化、规范化建设，保障法官专注“审”与“判”，提升整体办案效能。

在审判权运行机制改革探索中，市中院支持、指导基层法院“先行先试”。自 2013 年开始，花都区法院探索专业合议庭综合改革。一是初步建立法官及辅助人员职业保障体系。面向全院公开选任 15 名专业合议庭审判长，“全员”提高的法官待遇，提高不占编制的审判辅助人员待遇，调动了办案人员积极性，实现审判人员“零流失”。二是出台实施相关配套制度，制定《审判辅助人员管理改革方案》及 8 个配套办法，完善合议庭审判权运行机制。最高法院刊发简报推广花都区法院审判权运行机制改革经验。

（撰稿：练长仁；编辑：李玉平）

查获 31 亿元特大走私冻海产品案

海产品走私入境不仅影响国家经济秩序，造成国家税收损失，而且由于走私进境的海产品未经国家检验检疫，一旦流入国内会严重危害食品安全，对广大人民群众的健康构成威胁。2015 年 3 月，在海关总署缉私局、广东分署缉私局的协调指挥下，黄埔海关成功开展代号为“破冰”的打击海产品走私专项行动，一举端掉 21 个活跃在广东、北京、浙江、湖北等地的走私犯罪团伙，抓获犯罪嫌疑人 37 名，涉案案值约人民币 31 亿元，现场查扣各类海产品约 300 吨。

2013 年 10 月，黄埔海关在对关区进出口数据进行调查时，发现进口冻水产品存在异常情况。海关人员对冻水产品行业调研后发现，关区内存在多个大型冻库，存储了大量进口的冻海鲜，其中有三文鱼、银鳕鱼等关区没有进口的高价值鱼类，同时还发现了大量的外地车辆在冻库卸下进口包装的冻水产品。经过多次摸查，一个活跃在黄埔关区、外号叫“冻鱼彭”的人进入海关人员的视线。调查显示，彭某开设的公司是广东水产协会成员单位，彭某利用其在水产协会的影响力，大肆包揽水产协会成员单位在黄埔关区的冻水产品进口业务。同时，彭某亲属及公司主要业务员曾因走私冻水产品被该关查获。种种迹象表明，彭某有在黄埔关区从事冻水产品走私进口的重大嫌疑。2014 年 3 月 25 日，黄埔海关成立了打击关区冻水产品走私专案组，办案人员从海关进出口数据入手，最终找到了彭某在黄埔关区低报价格走私冻鱼的证据。同时还发现了彭某把三文鱼伪报成马鲛鱼，把银鳕鱼伪报成水鳕鱼，把应以一般贸易缴税进口的冻水产品伪报成免税的自捕鱼进口的证据。在对彭某案情的进一步梳理中，办案人员发现，彭某仅是众多走私团伙之一，其国内客户分布在广东、湖北、北京、浙江、福建等多地。通过国内客户，办案人员又发现了在广州、深圳、天津等地的走私团伙，他们在加拿大、挪威、泰国、印度等国家采购冻鱼、虾、蟹、贝类等海产品，通过低报价格、伪报品名、伪报贸易性质等手段，大肆走私进口，牟取非法利益。此时，一张以彭某为中心、国内客户为外围，其他关区走私团伙组成的走私网络浮出了水面。该走私网络主要集中在黄埔、广州关区，由 3 个走私团伙以及 18 家走私单位组成。至此，抓捕时机已经成熟。

2015 年 3 月 17 日凌晨，在总署缉私局、广东分署缉私局的协调指挥和在地方公安机关及兄弟海关的支持下，黄埔海关集结办案人员 300 余人，组成 18 个行动组分别在东莞、广州、湛江、江门、惠州、北京、杭州、宁波、武汉、海拉尔等地同时开展搜查和抓捕行动，最终将走私犯罪分子一网打尽。黄埔海关查获 31 亿元特大走私冻海产品案为维护国家安全与人民群众的生命健康发挥了重大作用。

（供稿：黄埔海关；编辑：曾慧娟）

广东自由贸易区南沙片区人民法院成立

2015 年 4 月，中国（广东）自由贸易试验区广州南沙新区片区正式挂牌成立。为适应自贸区建设发展需要，营造自贸区市场化、法治化、国际化的营商环境，结合工作实际，广州市中级人民法院提出设立南沙自贸区法院，与南沙区法院实行“一套人马，两块牌子”运行模式的设想。2015 年 11 月 28 日，最高法院作出批复，同意设立广东自由贸易区南沙片区人民法院，管辖广东自由贸易区南沙片区内的案件，与广州市南沙区人民法院实行一个机构两块牌子，其上一级人民法院为广东省广州市中级人民法院。这是全国首个在自由贸易试验区设立专门的自贸区法院。2015 年 12 月 30 日，广东自由贸易区南沙片区人民法院揭牌成立。

南沙自贸区法院立足南沙区“依托港澳、服务内地、面向世界”、建立粤港澳深度合作示范区的目标定位，在原南沙区人民法院的基础上优化资源配置，重点建设与自贸区司法保障最为密切的部门“两庭一中心”（即自贸区商事审判庭、自贸区知识产权审判庭和自贸区商事调解中心），突出自贸区法院专司审判职责，积极探索司法审判和司法行政相分离的法院管理模式。南沙自贸区法院集中受理、审理原由广州市南沙区人民法院管辖的、与南沙自贸区相关联的第一审民商事案件，主要包括与南沙自贸区相关联的投资、贸易、金融、知识产权等案件。同时根据自贸区建设和运行实际，对受案范围作相应调整。南沙自贸区法院在审判职能设置、法官遴选和培养、内部运行管理等各方面匹配自贸区发展建设的特殊需求，集中国际金融、贸易、知识产权等自贸区相关专业领域的优质审判资源，以高起点、高规格、高配置为原则，选配尖端审判队伍，提升司法服务保障自贸区建设的能力和水平。

南沙自贸区法院的成立，是积极推进司法改革，服务和保障自贸区建设与发展的重要举措和有益探索，为人民法院服务保障自贸区建设提供新的平台，有助于保障自贸区市场化、法治化、国际化营商环境的构建。

（撰稿：杨守广；编辑：李玉平）

全面启动广东自贸区南沙新区片区功能区块建设

2014 年 12 月 12 日，国务院常务会议同意在广东、天津、福建特定区域再设三个自由贸易试验区。12 月 28 日，第十二届全国人大常委会第十二次会议通过授权国务院在广东等自贸试验区暂时调整有关法律规定的行政审批的决定，并公布各自贸试验区的四至范围，广州南沙新区片区被纳入自贸试验区范围内，面积 60 平方千米。2015 年 3 月 24 日，中共中央政治局会议审议通过《中国（广东）自由贸易试验区总体方案》。4 月 8 日，《国务院关于印发中国（广东）自由贸易试验区总体方案的通知》明确广东自由贸易试验区定位。4 月 21 日，广东自贸试验区南沙新区片区（简称南沙自贸区）挂牌。揭牌仪式上，广州市发布南沙自贸区 10 大创新业务，启动南沙自贸区 10 大平台建设。南沙自贸区全面启动七大功能区块建设。海港区块总面积 15 平方千米，重点发展航运物流、保税仓储、国际大宗商品交易等产业。南沙枢纽区块总面积 10 平方千米。重点发展资讯科技、金融后台服务、科技成果转化、专业服务等产业。万顷沙保税港加工制造业区块总面积 10 平方千米。重点发展智能装备、高端装备、新能源汽车、新一代信息技术等产业。蕉门河中心区面积 3 平方千米。重点发展商业服务产业、外贸新业态、中小企业总部等。明珠湾起步区面积 9 平方千米。重点发展总部经济、现代金融、科研创新等高端服务业。庆盛枢纽区块面积 8 平方千米。重点发展国际商贸、资讯科技、智能制造等主导产业。南沙湾区块面积 10 平方千米。重点发展科技创新、文化创意、商务会展、邮轮游艇经济等。

7 月，中国（广东）自由贸易试验区广州南沙新区片区管委会制订发布《中国（广东）自由贸易试验区广州南沙新区片区建设实施方案》，明确南沙自贸区的战略地位、总体目标、功能布局，从 9 个方面提出自贸区建设 5 大核心任务，共 95 项创新工作，并分工落实到各个负责部门。南沙自贸区战略定位为重点发展航运物流、特色金融、国际商贸、高端制造等产业，建设以生产性服务业为主导的现代产业新高地和具有世界先进水平的综合服务枢纽，构建引领广州乃至广东产业发展的现代产业体系，形成与国际投资贸易通行规则相衔接的基本制度框架，打造广东省对外开放重大平台。总体目标是力争经过 3—5 年的改革试验，构建与国际投资贸易通行规则相衔接的制度框架，建立高水平开放型经济新体制，逐步建成符合国际高标准的法制环境规范、投资贸易便利、辐射带动功能突出、监管安全高效的自由贸易试验区，为全面推动珠江三角洲转型发展、构建全国开放型经济新格局发挥更大作用。南沙自贸区建设的主要任务是构建与国际投资贸易通行规则相衔接的基本制度框架；支持广州形成国际航运中心、物流中心、贸易中心和金融服务体系融合发展格局；强化广州在

广东自由贸易试验区广州南沙新区片区标志

建设“21世纪海上丝绸之路”战略中的主力军作用；营造市场化、法治化、国际化营商环境；推进金融领域开放创新；推动粤港澳深度合作；建设现代产业新高地；打造自贸区高品质空间载体；加强全球招商工作。

2015年，南沙自贸区推进一系列改革创新工作，形成可向全市复制推广的“56+8”改革创新经验，25项创新成果纳入广东自贸试验区首批可在全省复制推广的27条改革创新经验。全面实施负面清单管理模式，完成外资企业投资备案229家，涉及注册资本205亿元；办理内资投资项目备案106个，涉及投资总额313.7亿元。实施国际贸易“单一窗口”“互联网+易通关”、海关快速验放、国际转运货物自助通关、检验检疫“智检口岸”、以政府采购形式支付查验服务费用、陆路跨境快速通关等改革。在全市率先推行企业设立登记“一口受理”新模式，实现“十一证三章”联办，市场准入联办证件数量和效率全国领先。实施“一照一码”、综合窗口服务以及政务服务事项标准化等改革。率先建立跨境电子商务监管模式。成立全国第一家自贸试验区法院，组建广州国际航运仲裁院、广州国际金融仲裁院自贸试验区分院、广州知识产权仲裁院自贸试验区分院和广州市贸促会南沙自贸片区法律服务中心。

（撰稿：李芳；编辑：李玉平）

审结广州亚钢、广州亚铜重整案

广州亚钢、广州亚铜两公司是香港注册上市的中国金属再生资源（控股）有限公司（简称中金再生公司）的第四级子公司。中金再生公司主营废铁和废铜回收，福布斯2013年香港上市内地家族企业榜显示，其营业额高达500多亿，高居榜单第二位。2013年7月26日，香港特别行政区高等法院颁布对中金再生公司的临时清盘令。该公司大量资金蒸发，中金再生公司在大陆地区的多家第四级子公司包括广州亚钢、广州亚铜两公司停止清还公司债务，引发公司债权人恐慌。为避免公司经营崩溃、保障金融债权安全，多家银行债权人联合组成“银团”协调统一主张债权，并相继在广州、天津、中山、江阴、上海、武汉等地对中金再生公司的多个第四级子公司提出重整申请。广州市中级人民法院（简称市中院）收到债权人申请后，于2014年2月17日裁定受理广州亚铜、广州亚钢重整两案，指定北京金杜（广州）律师事务所担任两公司管理人，并于2015年4月29日裁定批准两公司的重整计划。截至当年底，两公司经裁定确认的债权已经按照重整计划的规定全部清偿，股权过户至重组方名下，两公司的重整计划执行完毕，企业全面恢复正常的生产经营。中金再生系列重整案在市中院率先破冰，广州亚铜、广州亚钢顺利破茧重生。

市中院在案件审理过程中探索并实施了一系列富有成效的举措：一是保存企业有生力量。为减少重整程序对企业的影响，避免人力资源及客户资源流失，法院允许两公司在重整期间继续营业，并在薪酬待遇不变的情况下留用企业全部职工，同时与企业原有客户保持良性沟通，减轻或消除客户对重整程序的恐慌心理。二是善用"银团"特殊优势。两公司的绝大多数债权人均为银行，并自发组成"银团"。法院与管理人利用"银团"的特殊优势，集中听取债权人利益诉求，争取到大多数债权人支持与配合，提高重整效率。三是确保临时清盘人合法权益。严格依法尊重临时清盘人享有的知情权、参会权等合法权益，对于香港地区法律赋予临时清盘人的特殊权利，以解释疏导为主，尽可能取得临时清盘人的理解与支持。四是引入新的资金源泉。鉴于两公司已无法正常经营，市法院与管理人积极引入外部重组方——广东恒聚投资控股有限公司。重组方同意在股权变更前注入巨额重整资金，双方并就债务清偿、职工安置、企业后续经营等问题达成一致意见。五是依法强裁排除重整障碍。由于重组方要求两公司的股东让渡全部股权，导致出资人组对重整计划持反对意见。为破解这一僵局，市中院依照《中华人民共和国企业破产法》第八十七条第二款的规定，综合考量不同主体的权益保障情况，强制裁定批准了重整计划草案。

上述两案是中金再生公司系列重整案在全国法院系统中最先审结的案件，也是市中院首次采取强行裁定方式批准重整计划的案件。两宗案件审结对其他关联案件的审理具有参考和借鉴意义。两公司牵涉巨额金融债权，重整成功提高了债权清偿率，维护了国家金融安全。在市中院裁定确认的58.96亿元债权中，金融债权高达57.79亿元，两案重整成功，使广州亚钢普通债权的清偿率从破产清算状态下的11.89%提高至17.74%，广州亚铜则由4.58%提高至7.85%，而且普通债权中10万元以下部分获得全额清偿。

（撰稿：范晓玲；编辑：李玉平）

开展"三严三实"专题教育

根据中央和省委、市委的统一部署，自2015年5月开始，广州市在全市部署开展“三严三实”（严以修身、严以用权、严以律己；谋事要实、创业要实、做人要实）专题教育。全市各级党委（党组）贯彻从严标准，突出问题导向，坚持以上率下，积极推动专题教育深入开展。

专题教育重点学习习近平总书记系列重要讲话精神，特别是关于“三严三实”的重要论述。全市各级党委（党组）认真抓好中心组学习、干部集中研学和个人自学，以上率下推动广大党员干部深入读原著、学原文、悟原理，以思想自觉引领行动自觉。将“三严三实”纳入全市各级党校（行政学院、校）教育培训重要内容，举办全市机关处级干部、事业单位处级领导干部和企业中层管理人员专题培训班，共培训700多人次。各级领导干部围绕“三严三实”要求深入开展“三个专题”学习研讨，在研讨中深化思想认识。开展“学习遵守党章，践行‘三严三实’”“六个一”主题活动，全市各级党组织集中学习党章18319场次，参学党员达49.3万多人次，撰写心得体会文章31万多篇。注重警示教育，组织党员干部学习《领导干部违纪违法典型案例忏悔录》，观看反腐电影《黑瞳》，参观党史旧（遗）址、党员教育基地和反腐倡廉教育基地，进一步筑牢拒腐防变的思想防线。

全面查摆党员干部在坚定理想信念、全面从严治党、修身律己用权、谋事创业做人、守纪律讲规矩和廉洁自律等方面存在的问题。全市各区、各单位党委（党组）共查摆出不严不实问题1863个。各级党组织对照查找出来的问题，建立问题清单和整改台账，做到边学边查边改。建立领导班子整改台账，巩固拓展群众路线教育实践活动专项整治成果，延伸整改教育实践活动整改不到位和解决新查摆的不严不实问题7021个。进一步强化曝光追责力度，全市共查处各类不良作风问题1180个，责任追究1621人，其中违反中央八项规定精神问题70个，责任追究83人；市、区两级2015年全年发布“曝光台”129期，曝光作风典型问题1170个，市纪委向社会通报“四风”典型案例32个，推动作风建设持续好转，干部精神面貌明显变化。

充分运用传统媒体和新媒体，加强正面宣传和舆论监督。市委组织部编发《广州市“三严三实”专题教育情况通报》，《广州日报》、广州广播电视台等新闻媒体开设“三严三实”报道专栏，紧扣主题推出系列报道。中央、省、市媒体刊发广州市“三严三实”专题教育相关报道629篇。坚持典型引路，大力选树践行“三严三实”的先进典型，在全市形成践行“三严三实”的浓厚氛围。

（供稿：市委组织部；编辑：梁斯豪）

广州—奥克兰—洛杉矶联席会议召开

2014 年 7 月，广州市友好城市新西兰奥克兰市提议在广州、奥克兰、洛杉矶三市互为友好城市的关系基础上，建立三城经济联盟（Tripartite Economic Alliance），进一步推动三个城市在经济、贸易、投资等领域的务实合作，深化三市之间的友城关系。该提议得到广州和洛杉矶市政府的积极回应。根据倡议，三城先期探讨在教育、旅游、影视、清洁能源、航空与港口等行业领域的合作。2014 年 11 月 16 日，广州市市长陈建华与率经贸代表团访穗的洛杉矶市市长埃里克·贾希提（Eric Garcetti）和奥克兰市市长莱恩·布朗（Len Brown）共同签署合作备忘录，正式成立三城经济联盟。

2015 年 6 月 11 日至 12 日，广州—奥克兰—洛杉矶三城经济联盟第一次市长联席会议在美国洛杉矶召开。由三市市长率领的三方政府和企业高层代表团共约 300 人出席会议并开展密集而广泛的洽谈、对接和推介活动，签署了加强三城在港口、影视、文化和科技等领域的合作协议，三个城市 150 多家企业达成数十亿美元的合作意向。

会议期间，举办中国（广州）投资贸易推介活动，推动更多广州企业“走出去”。广州就城市营商环境以及南沙自贸区开发、国际航运中心建设、港口合作等方面展开积极推介，并派出近 50 家企业随团参与洽谈和寻求合作。放眼全球市场布局，广州政府积极发声，广州企业大获认可。如广州天河商圈和不同国家展开合作，做强做优广州国际购物节暨文化艺术节；广州亿航智能公司的无人机项目赢得发达国家市场更多订单等。

会议签订了经贸、文化等友好交流合作项目，促进友城交流实质性发展。广州港与洛杉矶港、奥克兰港建立港口联盟，与温哥华港口深化合作关系，实现资源优势互补，开拓更多优质航线，推进港口领域更多合作发展。三城经济联盟会议期间，广州影业与美国好莱坞影视企业展开合作洽谈，建立合作关系，开启广州本土公司与美国好莱坞公司合拍电影的先河，为广州影视产业人才打造、技术管理、市场发行等方面的创新发展以及广州形象的国际推广奠定厚实基础。此外，广州还与洛杉矶和奥克兰探讨在互联网 + 、生物技术和创新产业等领域开拓合作空间，通过实现优势互补，推进友城交流更多实质性发展。

三城经济联盟是广州市建立的第一个友城经济联盟，是广州市友城工作的一次创新，也是广州市利用地方外事工作促进区域经济合作的一次尝试。该次市长联席会议是“三城联盟”成立以来的首次高层对话，三城市长共谋发展大计，企业展开直接洽谈，推动联盟创新合作机制得到巩固。通过形成与当地政府、商协会组织、企业间的常态化合作交流机制及互惠共赢的合作，促进政府间互信、经济融合，助推广州市企业加快“走出去”步伐，增强广州市经济国际化发展水平和国际影响力。

（供稿：市外办；编辑：李玉平）

召开建设广州国际航运中心圆桌会议

中共广州市委十届六次全会提出，广州将加快建设国际航运中心，构建国际航运中心、物流中心、贸易中心以及金融服务体系相互融合的格局。为加快建设广州国际航运中心，经市委、市政府同意，2015 年 6 月 23 日在白云国际会议中心召开建设广州国际航运中心圆桌会议。会议由广州市政府主办，广州港务局、广州市商务委、广州港集团承办。圆桌会议由副市长周亚伟主持，市长陈建华、常委陈志英、常委丁红都、常委陈国等领导出席了会议。马士基、地中海、达飞、长荣、中远、中海、东方海外、阳明、太平船务、以星公司、阿拉伯联合航运、中外运、日本邮船、德翔、商船三井、德迅、丹马士、中国外运、乔达国际、迈辉、捷士国际、香港嘉里大通物流、志宏国际物流、中外运普菲斯、华南日通、卓志、深圳立盟等 40 多家国际班轮公司、物流企业的负责人，中央驻穗口岸部门以及广州市有关政府部门的领导参加了会议。

上午，市委书记任学锋代表市委、市政府对参会企业代表表示欢迎。他表示，广州建设国际航运中心和物流中心是经济新常态下转变经济发展方式、推动产业转型升级、提升城市综合服务功能的客观需要，具备良好的基础和条件。当前，广州正抓住“一带一路”和自贸试验区建设等重大机遇，围绕集聚航运要素、完善产业链、增强航运综合实力，以服务企业需求为导向，进一步优化与枢纽海港、空港、铁路等相匹配的集疏运体系结构，完善口岸通关、金融服务、中介服务等航运服务体系，提高航运服务专业化国际化水平，建设国际化市场化法治化营商环境，降低物流成本，推动建设港口城市联盟，加大国际交流和区域合作，加快建设国际航运中心和物流中心。希望国际航运公司、国际物流企业多提宝贵意见建议，并充分发挥自身优势，用好广州优势，进一步加大投资、拓展业务。

2015 年 6 月 23 日，召开建设广州国际航运中心圆桌会议

在圆桌会议上，广州港务局介绍了广州国际航运中心建设情况，南沙区介绍了自贸区相关政策及措施，广州海关和广州检验检疫局介绍了通关便利政策及措施，广州港集团介绍了经营业务发展情况。随后，国际班轮公司和国际物流公司就建设广州国际航运中心展开了深入探讨，为广州国际航运中心发展出谋划策。

市委、市政府出台了《建设广州国际航运中心 2015—2017 年行动计划》。明确广州在建设国际航运中心方面具备国家中心城市、商业贸易发达、航运发展基础较好、航运历史悠久等客观比较优势，在推进国际航运中心建设中要重点做好加强基础设施建设，完善集疏运体系；发展港口航运物流；优化营商环境，提高贸易便利化水平；提高航运服务产业的聚集度；加大国际交流合作；提高港口航运的信息化水平等工作。

（撰稿：唐旭妍；编辑：刘德敏）

法国里昂市市长率团访穗

广州、里昂两市自 1988 年建立友城关系以来，双方在经贸、科技、文化、教育等多领域开展了务实的交流合作。2015 年 6 月 25 日至 26 日，法国里昂市市长钱拉·科隆（Gérard Collomb）率政府、经贸、教育代表团一行 61 人对广州进行友好访问。

6 月 25 日，广州市委书记任学锋、广州市市长陈建华在市委会见厅共同会见钱拉·科隆市长一行，两市签署《关于推动创设广州—里昂—法兰克福－伯明翰四城经济联盟的倡议书》，明确按照“平等互利、合作共赢、注重实效、循序渐进”的原则，通过“双边推进、多边共建”等方式，深化投资贸易、产业合作、企业交流、文化体育、社会发展等多领域合作交流，推动城市经济社会共同繁荣发展，为进一步扩大和促进与欧洲地区投资贸易合作建立新载体、打造新平台。两市还签署了《加强旅游合作备忘录》《广州商业总会与里昂工商会合作协议》《建设“孙中山—让·穆兰中法学术中心”合作协议》《建设“中山大学—里昂中法学术交流中心”合作协议》《里昂大学联盟、里昂第三大学与中山大学三方合作备忘录》，为两市在旅游、商贸和教育合作开启新的篇章。

在经贸领域，6 月 25 日，广州市与里昂市在花园酒店共同举办“广州—里昂经贸交流会”，推介广州市和里昂市投资环境，开展企业对接交流，举办了中欧区域经济合作第一次会议。广州和里昂作为中欧示范性城市，入选欧盟委员会发起的“中欧区域经济合作项目”，共同推动在欧盟框架下开展经济、创新、智慧城市、城镇化等领域的交流与合作。中法 60 多家企业进行面对面洽谈，极大促进两地经贸往来和企业合作。科隆市长与广州市市长陈建华共同出席在广州开发区举行的合生元研发品控中心暨中法技术合作项目启动庆典仪式，这是广州合生元公司与法国知名医药巨头梅里埃集团（总部位于里昂）的一项技术合作，是两市经贸实质性合作的具体体现。当天，还在花园酒店举办里昂旅游推介会，里昂市旅游局局长达克兰（Jean－Michel Daclin）向广州市旅游部门及旅行社推介里昂市旅游资源，广州市 50 家旅行社及相关媒体出席会议，有力推动两市加强旅游领域交流合作。

在文化方面，6 月 26 日，里昂市副市长凯贝内齐（Georges Kepenekian）在广州图书馆举行新闻发布会、“当里昂遇到中国”展览揭幕仪式，并做客“国际友城市长面对面”活动，作专题演讲，与广州相关媒体及市民进行互动交流。访问期间，代表团参观了广州开发区、广州威创视讯科技有限公司、TIT 微信总部、红专厂等。

这是继 2014 年成立“广州—奥克兰—洛杉矶三城经济联盟”后，进一步推广“经济联盟”友城交往合作的新模式，深化了友城经贸合作。

（撰稿：黄琼；编辑：李玉平）

开展"互联网+易通关"改革

2015年5月，中央政治局委员、中共广东省委书记胡春华以及广东省政府领导在视察广东自贸试验区南沙片区时，提出希望自贸试验区海关开展企业报关改革创新。海关总署署长于广洲在8月部分海关关长座谈会上指出，"要解放思想、开动脑筋，研究在海关怎么运用'互联网+'来提高通关效率"。在当年10月8日至9日的部分省市外贸工作座谈会上，国务院副总理汪洋强调，"要紧紧围绕企业诉求开展工作，在清理进出口环节收费、拓宽外贸融资渠道、促进贸易便利化等方面迅速出台一批含金量高、见效快、能管用的硬招"。

为贯彻落实中央和署、省领导的重要指示精神，有效促进外贸增长，广州海关按照《国务院关于积极推进"互联网+"行动的指导意见》和《海关全面深化改革总体方案》的总体部署，积极研究将互联网与海关监管服务深度融合，建设"线上海关"的"互联网+易通关"改革路径。自2015年9月29日开始，广州海关在南沙20家企业进行实地试点。10月25日起，广州海关联合南沙区政府在广东自贸试验区南沙片区率先启动"互联网+易通关"改革，12月16日，该项改革成功复制推广至佛山地区。在此基础上，"互联网+"改革在监管、行邮、关税、保税等业务条线逐步推进，"互联网+关邮E通"启动准备工作基本完成，保税对接"互联网+"改革项目正式起步。南沙片区"互联网+易通关"主要包括四项措施：一是"互联网+自助报关"。所有向南沙海关报关的海关注册登记企业，可基于互联网实现向海关录入和申报报关数据。企业通过访问广州海关互联网主页，下载安装互联网报关软件并网上申领软件激活码，实现自助免费报关。企业可关注微信公众号"广州海关12360"，在自定义菜单"通关服务"中实时查询报关单状态。手机用户可网上下载"广州海关移动"APP实时查询报关单状态。二是"互联网+提前归类审价"。企业通过"提前归类"专用互联网邮箱和"提前审价"专用互联网邮箱提交《中华人民共和国海关商品预归类申请表》或《进口货物价格预审核申请单》及相关商品资料，海关按照相关规定办理。三是"互联网+互动查验"。海关通过互联网向企业推送查验通知，在海关查验时，企业派员到场的，按现行查验作业模式开展查验作业。企业不派员到场的，可委托海关监管场所经营人或查验服务单位经营人等为其代理人，由代理人到场协助查验，并在查验记录上签名确认。技术成熟后，海关将查验结果通过互联网反馈相关企业，由相关企业进行联网确认。如查验有问题的，通知相关企业到场处理。四是“互联网 + 自助缴税”。已开通电子支付的企业，可通过电子税费支付系统实现自助缴纳税款。截至 2015 年 12 月 30 日，248 家企业参与“互联网 + 易通关改革”并通过网上下载安装互联网报关软件，共有 83990 票货物通过“互联网 + 自助报关”完成报关单录入和申报，2050 票货物通过“互联网 + 自助缴税”自动放行，57 票货物办理“互联网 + 提前归类审价”，67 票货物成功办理“互联网 + 互动查验”改革。

“互联网 + 易通关”是广州海关顺应互联网时代发展新趋势，充分应用“互联网 + ”和现代物流发展趋势，逐步建设全流程的“线上海关”，建立一种公平、开放、协作、安全的新型通关模式，实现企业便利通关和海关隐形监管的全新改革。该项改革使企业通关更加便利，实现通关“零限制、零跑动、零收费、零耗时”，也有利于增强口岸通关软实力，激发市场活力，吸引企业和物流聚集，为广州市开放型经济和进出口外贸发展带来新的增长优势。

（撰稿：刘作仁；编辑：李玉平）

市委十届七次全会谋划广州“十三五”发展

2015 年 12 月 2 日至 3 日，中共广州市委召开十届七次全会，回顾总结广州“十二五”期间经济社会发展工作，研究部署“十三五”广州经济社会发展工作。广东省委常委、广州市委书记任学锋就深入学习贯彻党的十八届五中全会和省委十一届五次全会精神、推动广州市“十三五”时期经济社会发展有关工作作专题讲话；市委副书记、市长陈建华就《中共广州市委关于制定国民经济和社会发展第十三个五年规划的建议（讨论稿）》作起草说明；会议审议通过《中共广州市委关于制定国民经济和社会发展第十三个五年规划的建议》。

全会总结了“十二五”时期广州经济社会发展的成绩，分析了“十三五”时期广州发展面临的形势和存在问题。“十二五”时期，广州始终坚持发展是第一要务，围绕建设国家中心城市，着力稳增长、调结构、促改革、惠民生、防风险、保稳定，基本完成“十二五”规划的主要目标和任务，经济社会发展取得新成就，广州国家中心城市建设迈上新台阶，为“十三五”时期更好发展奠定了坚实基础。全会明确“十三五”经济发展目标，地区生产总值年均增长 7.5% 以上，到 2020 年地区生产总值达到 2.8 万亿元，人均地区生产总值达到 18 万元左右，城乡居民收入与经济发展同步增长，力争提前实现地区生产总值和城乡居民人均收入比2010年翻一番。

全会提出，科学谋划和推进"十三五"发展，必须牢固树立创新、协调、绿色、开放、共享的发展理念。"十三五"时期，围绕建设国家中心城市这个总目标，广州要坚持以建设"三中心一体系"和国家创新中心城市为导向，落实加快建设三大战略枢纽、一江两岸三带、大交通综合枢纽形成多点支撑格局，构建高端高质高新现代产业新体系和高水平开放型经济体系等重大战略部署，推动形成新的发展动力源和增长极。一是拓展城市发展新空间。重点建设国际航运枢纽、国际航空枢纽、国际科技创新枢纽三大战略枢纽。优化提升珠江两岸经济带、创新带和景观带，构成由琶洲互联网创新集聚区、国际金融城、珠江新城构成的中心城区集聚高端要素的"黄金三角"，加快形成多点支撑格局，构建大交通综合枢纽。二是聚焦"三中心一体系"建设。扎实推进国际航运中心、物流中心、贸易中心和现代金融服务体系建设。建成高效便捷的交通体系、流通体系、服务体系，促进人流、物流、资金流、信息流的集聚和扩散，整体提升优化配置资源的能力，增强高端要素聚集功能和综合服务功能，成为代表国家参与国际产业分工合作和竞争的重要门户。三是建设国家创新中心城市。以价值创新为引领，大力推动以科技创新为引领的全面创新，着力培育创新主体，加强创新载体建设，营造创新生态环境，全面提升城市创新能力。加快建设珠三角国家自主创新示范区和全面创新改革试验核心区，发挥区域创新体系核心引擎作用，率先建设具有国际影响力的创新型城市。四是构建高端高质高新现代产业新体系。紧密对接"中国制造2025"、"互联网+"、大数据等国家战略，坚持现代服务业和先进制造业"双轮驱动"，培育战略性新兴产业和新业态，发展壮大海洋经济，推动传统产业优化升级，努力建设若干在全球、全国排在前列、叫得响的项目或产业，加快形成四梁八柱更加稳固的产业支撑体系。五是构建高水平开放型经济体系。加快南沙新区和南沙自贸试验区建设，建设"一带一路"战略节点。创新外贸新业态，加大引资引技引智力度，引领区域协同发展，在更深层次和更宽领域深化穗港澳台合作，不断提高对外开放质量和水平。

全会提出，科学谋划和推进"十三五"发展，必须坚持民生是指南针，在共建共享中增强市民群众幸福感、获得感。要增加公共服务供给，用心办好教育、医疗、交通、食品药品、养老等方面的民生实事；实施精准扶贫、精准脱贫，坚决打赢脱贫攻坚战；促进人口均衡发展，提高人口素质，优化人口结构。要加大水、大气、土壤等环境污染治理力度，建设森林城市，健全生态文明制度体系，优化城乡生态环境。要牢固树立总体安全观，加强风险防控，深化应急体系建设，健全城市公共安全网络体系。全会要求，要坚决贯彻全面从严治党要求，狠抓党建各项工作落实，加强干部队伍建设，强化基层党组织整体功能，提高领导经济社会发展的能力。要切实落实“两个责任”，把党的纪律和规矩挺在前面，坚决贯彻中央八项规定精神，落实“三严三实”要求，健全作风长效机制，加强权力运行监督和制约，严守安全、稳定、廉政等底线，始终保持惩治腐败高压态势，营造良好政治生态，为实现“十三五”发展目标提供坚强保障。

（供稿：市委办公厅；编辑：陈文敏）

推进“三中心一体系”“三大战略枢纽”建设

2015年，中共广州市委面对新形势新任务，统筹谋划发展新战略。1月30日至31日，中共广州市委第十届六次全会首次提出制定广州国际航运中心三年行动计划，构建国际航运中心、物流中心、贸易中心以及金融服务体系融合的格局。12月2日至3日，中共广州市委第十届七次全会审议通过《中共广州市委关于制定国民经济和社会发展第十三个五年规划的建议》，明确提出广州要对接“一带一路”“自贸区”等国家发展战略，立足国家中心城市的定位，围绕三中心一体系（国际航运中心、物流中心、贸易中心和现代金融服务体系）、三大战略枢纽、一江两岸三带、中心城区“黄金三角”、国家创新中心城市、大交通综合枢纽等一系列具有广州特色的创新举措，加快形成新的发展动力源和增长极，推动国家中心城市建设全面上水平。

推进“三中心一体系”建设。2015年，广州市谋划推进国际航运中心、物流中心、贸易中心和现代金融服务体系建设。（1）建设国际航运中心。实施国际航运中心建设行动计划，建设全要素型航运中心。发展航运交易、航运经纪等现代航运服务业，建设国际大宗商品交易中心和国际中转中心，建设国际航运服务业集聚区，扩大国际航运中心航运服务辐射面，加快无水港建设。实施航空产业发展行动计划，发展航空制造、航空物流等临空产业和航空产业，完善集疏运体系，推动海港、空港、铁路港联动发展。（2）建设国际物流中心。强化国家物流标准化示范城市、国家综合运输服务示范城市地位，加强与周边国家和地区的跨境物流体系建设。优化布局物流园区和专业物流基地，完善综合运输通道和交通枢纽节点布局，建设一批现代化物流配送中心。（3）建设国际贸易中心。适应和对接国际投资贸易新规则，运用新的商业模式促进国际贸易发展。推进国内贸易流通体制改革发展综合试点，大型商贸集聚区转型升级，开展市场采购贸易试点，发展电子商务，建设亚太电子商务中心。支持广交会做大做强，创建国家服务贸易创新发展试点城市，发展新兴服务贸易和国际服务外包，建设大宗商品交易基地和综合能源交易中心。（4）构建现代金融服务体系。以服务实体经济为宗旨，实施构建现代金融服务体系行动计划，鼓励金融改革创新，建设区域金融中心。重点建设国际金融城等特色金融集聚区，做大做强传统金融机构，引进新型金融机构。建设金融交易中心、资产交易中心、电力交易中心、融资租赁交易平台，发展天使投资基金、创业投资基金、产业投资基金和股权投资基金，培育融资租赁等新业态，壮大总部金融、国际金融、民间金融和农村金融。

推进“三大战略枢纽”建设。2015 年，中共广州市委通过《关于制定国民经济和社会发展第十三个五年规划的建议》，提出加快三大战略枢纽建设。（1）建设国际航运枢纽。加强广州港深水航道拓宽工程、南沙港区四期、江海联运码头等工程建设，优化港口布局，建设提升黄埔临港经济区，推动散货逐步从中心城区向外围转移。完善现代集疏运体系，推进江海直达，发展多式联运，完善现代航运服务体系，吸引航运总部企业和机构落户广州。推进邮轮母港建设，与欧盟及海丝沿线国家共建港口城市联盟，出台海关和检验检疫便利化通关措施，推动国际航运枢纽硬件和软件建设实现新的突破。（2）建设国际航空枢纽。推进白云机场扩建、空铁联运综合交通网络等基础设施建设。申报国家级航空经济示范区，推进广州航空产业基地、飞机维修基地、民航管理局广州终端中心等项目建设，吸引航空总部、飞机租赁等高端项目落户。做好空港经济区企业投资项目清单管理省级试点，出台扶持航空产业发展政策。开展白云机场综合整治，提高管理服务水平。（3）建设国际科技创新枢纽。实施创新驱动发展战略，建立自贸试验区和国家自主创新示范区“双自联动”机制，出台建设国家自主创新示范区方案，实施全面创新改革试验三年行动计划。整合优化创新空间，建设广州科技创新走廊，促进广州高新区、中新广州知识城等创新板块紧密联系。实施科技创新小巨人企业和高新技术企业培育三年行动计划，形成初创型企业、高成长型企业、领军型企业共生发展的金字塔型创新企业结构，推动科技与金融深度融合。做强一批龙头专业孵化器，推进中新国际联合研究院等新型研发机构建设，争取重大科技设施、平台落户广州。加大在财政资金等方面支持力度，构建并落实有利于创新创业的政策环境和制度环境，营造“要创业到广州、要创新来广州”的氛围。

开展全国贸易流通体制改革发展综合试点。2015 年 7 月 29 日，国务院同意在广州市等9个城市开展国内贸易流通体制改革发展综合试点。试点工作以市场化改革为方向、以建设法治化营商环境为主线、以新的流通创新为引领，坚持问题导向，重点推进体制改革、制度创新，围绕探索建立创新驱动的流通发展机制、探索建设法治化营商环境、探索建立流通基础设施发展模式、探索健全统一高效的流通管理体制等四个方面进行改革创新。广州市迅速行动，采取推开“零售业+”发展新模式，推进传统专业批发市场转型升级，推动电子商务跨越发展，推行物流标准化改革试点，做强“食在广州”城市名片等措施，取得阶段性成果。2015年，广州市商品销售总额5.1万亿元，比上年增长10.2%，占全省比重近5成，国际贸易中心功能得到提升；全市有66家企业被认定为国家和省电商示范企业，数量居全省第一。全市限额以上网上零售实现零售额576.9亿元，比上年增长61.6%，超过全市百货店和大型超市之和。跨境电商进出口67.5亿元，比上年增长3.7倍，居试点城市前列；全市综合物流效率提高3.8个百分点，标准化托盘总占比36%，比试点前提升13个百分点，标准化仓库及设备设施改造率达到40%。全市住宿餐饮业零售额1003亿元，比上年增长9.8%；同时广州市还获评中国餐饮十大影响力城市，以及全国首个由中烹协、世烹联授予的“食在广州”中华美食之都和国际美食之都的“双料称号”城市。

入选全国第一批综合运输示范城市。2015年8月6日，交通运输部印发《关于公布第一批综合运输示范城市的通知》，广州入选全国第一批综合运输示范城市。广州作为全国性42个综合交通枢纽节点城市之一，在全国综合交通网中具有重要的战略地位。广州依托国家的“一带一路”建设战略布局，围绕“三中心一体系”发展战略，推进17个重点任务和建设项目的实施，推动综合客运枢纽、物流集疏运中心、运输服务共享、综合运输组织模式、综合运输服务工作机制、综合运输服务标准建设，努力打造成国家三大国际性综合交通枢纽之一。

（撰稿：林欢；编辑：李玉平）

法治建设新举措领跑全国

2015年，广州市贯彻落实《中共中央关于全面推进依法治国若干重大问题的决定》精神，先后制定《关于加强法治政府建设的若干意见》《广州市建设市场化法治化国际化营商环境三年行动方案（2015—2017年）》《广州市法治政府建设规划（2015—2020年）》，推进法治政府建设，提升依法治市水平，法治建设位居全国前列。2015年12月14日发布的《中国法治政府评估报告（2015）》显示，广州法治政府建设位列全国第二。其中，在行政决策和机构职能两个单项勇夺第一，在制度建设位列全国第二。

制订建设市场化法治化国际化营商环境行动方案。2015年2月9日，中共中央政治局委员、广东省委书记胡春华在参加省十二届人大三次会议广州代表团讨论时指出，广州要加大改革力度，营造市场化法治化国际化的营商环境，增创广州经济发展新优势。2月17日，广州市委召开常委会议学习贯彻胡春华参加省十二届人大三次会议广州代表团讨论时的讲话精神，要求全市各级各部门着力营造透明高效的政务环境、竞争有序的市场环境、公平正义的法治环境、良好的创新环境，打造市场化法治化国际化营商环境高地，增强广州核心竞争力和国际影响力。市发展改革委牵头起草《广州市建设市场化法治化国际化营商环境三年行动方案（2015—2017年）》（简称《方案》）。6月9日，市政府常务会议审议原则通过《方案》。7月16日，广州市委常委会议通过《方案》，着力营造透明高效的政务环境、竞争有序的市场环境、公平正义的法治环境、良好的创新环境。市委强调，建设市场化法治化国际化营商环境，是进一步提升广州城市竞争力的重要举措，全市各级各部门要对标先进城市，坚持问题导向、目标导向，以促进投资贸易便利化和生活服务便利化为主线，组织实施行动方案，打造市场化法治化国际化营商环境高地，增创广州发展新优势。2015年，广州市深化重点领域改革，营商环境不断优化。加快行政审批制度改革，动态调整31项行政审批备案事项，全部取消非行政许可审批事项，完成政府部门权责清单公布。建成全市“一窗式”综合受理审批系统，有97.9%的市级行政审批事项和99.6%的社会服务事项可网上办理。推进商事登记制度改革。压减企业注册登记前置审批事项至12项，精简率达89%。全面实施“三证合一、一照一码”，登记审批时限由20个工作日缩短至3个工作日。全市新登记注册市场主体增长14.9%。此外，还通过深化财政和国资国企改革，推动价格和收费领域改革，加强农村产权制度改革，实施公务用车制度改革等，以改革激发活力和动力，城市软实力进一步提升。

建立基层立法联系点制度。2015年，广州市为贯彻落实中央、省委、市委决策部署和立法要求，完善立法机制，制定《广州市人大常委会基层立法联系点工作规定》，于6月1日起施行。同时广州市11个区人大常委会及其法制工作机构确定为广州市首批基层立法联系点。7月1日，市人大常委会召开全市基层立法联系点工作会议，就基层立法联系点工作进行动员、部署。及时启动开展基层立法联系点工作，在制定《广州市科学技术普及条例》《广州市历史文化名城保护条例》、编制2016年度立法计划等工作的过程中，通过相关区基层立法联系点组织召开基层现场征求意见座谈会、开展实地调研，并据此对相关法规作重要修改，成效显著。

制定法治政府建设规划。2015年7月27日，广州市政府第14届173次常务会议审议通过《关于加强法治政府建设的若干意见》。《若干意见》共二十七条，主要内容分为六个方面：一是提高政务服务能力。明确权责清单制度、行政审批标准化、清理公共服务事项等措施，为转变政府职能和提升政务服务奠定基础。二是提高制度建设质量。规定完善政府规章起草机制、拓宽公众参与机制、规章配套制度建设、规章和文件动态监管机制等，涉及从起草、审查，到评估、修订、废止的立法全过程。三是健全行政决策机制。规定行政决策管理制度、公众咨询监督委员会制度、实施效果追踪评估制度等，完善行政决策制度。四是严格规范行政执法。规定执法全过程记录制度、统一执法文书、执法公示、通报、分析报告制度、行政执法和刑事司法衔接。五是强化政府信息公开。提出健全政府信息的主动公开机制、畅通依申请公开渠道、构建信息互联、互通和共享机制等。六是完善依法行政监督与保障措施。在重申依法行政考核、依法行政责任机制的基础上，规定依法行政能力考查、政府法律顾问、行政复议规范化以及行政机关负责人出庭应诉等内容。

2015年11月2日，广州市政府14届187次常务会议审议通过《广州市法治政府建设规划（2015—2020年）》（简称《规划》）。《规划》分为四大部分，39个小项。第一部分是对全市十年以来推进依法行政工作的总结；第二部分明确指导思想和总体目标；第三部分是《规划》的主体部分，从依法全面履行政府职能、提高制度建设质量等八个方面作具体任务部署；第四部分是保障措施。《规划》的主要亮点：一是提出法治政府建设的总体目标和八个方面的具体目标，明确工作重点。二是强调要理顺各级政府事权。形成权责一致、分工合理、运行顺畅、保障有力的行政管理体制。三是明确要严格按照《立法法》的要求，健全科学、民主立法程序，重要立法事项引入独立第三方进行评估。四是对一般行政决策和重大行政决策实行分类管理，确保行政决策全过程纳入法制化轨道。健全行政决策合法性审查机制，落实重大行政决策终身责任追究制度和责任倒查机制。五是全面规范执法行为。推进执法重心向基层下移，完善行政执法程序规定，建立随机抽取被检查对象、随机选派检查人员的“双随机”机制，建立行政执法效果民意评价制度。

首创涉外案件专家陪审员制度。“十二五”期间，广州市法院涉外商事案件每年收案量都接近千件，收案量逐年稳步递增。由于审判的涉外案件涉及行业知识和专业知识，往往具有疑难性、专业性特点，法官无法通晓所有专业，在审理过程中出现“门外汉、说外行话”问题。2015 年，广州市中级法院为应对涉外商事领域出现的新情况，专门设立首个专家库涉外专业委员会，同时建立涉外专家陪审员制度。专家库的专家来自政府机关、科研机构等法院外部机构，凭借其在各自领域丰富的专业知识，为法院查明事实和正确适用法律提供专业支持，减少对司法鉴定或专家证人的需求，降低诉讼成本。1 月 7 日，市中院开审一件涉外民间借贷纠纷案件，中国人民银行广州分行外汇综合处有关专家以专家陪审员的身份参审。庭审结束后，市中院向 6 位专家颁发专家咨询委员会涉外专业委员会委员聘书，在涉外案件审判中正式建立和专家陪审和专家委员咨询制度，此举在中国法院系统属于首创。

出台司法社会工作项目体系建设实施方案。2015 年 1 月 19 日，广州市政府 14 届 150 次常务会议审议通过《广州市司法社会工作项目体系建设实施方案》，该方案明确司法社会工作项目体系建设工作目标、基本原则、工作内容、工作保障等，提出以政府购买服务项目的方式，培育专业的司法社会工作组织，建立专门的司法社会工作者队伍，承接对社区服刑人员和刑满释放人员的教育矫正、社会适应性帮扶等司法矫治服务工作，完善特殊人群管理服务，促进平安广州建设。

中国广州花都（皮革皮具）知识产权快速维权中心设立。2015 年 9 月 18 日，中国广州花都（皮革皮具）知识产权快速维权中心在花都区狮岭镇设立，是全国首家皮革皮具行业快速维权中心，也是全国第 8 个知识产权快速维权中心。该中心是一个集专利申请、维权援助、调解执法、司法审判于一体的一站式综合服务平台。通过国家知识产权局快速授权通道，花都皮革皮具企业外观设计专利授权时间由原来的半年缩短至 30 个工作日，最快的只需 1 周，使企业新产品一上市即可启动维权程序。外观设计专利侵权纠纷案件的结案时间由原来的半年大幅缩短至 1 个月左右，降低了企业维权成本。该中心的设立有效缓解制约皮具产业创新发展的专利授权周期长、维护权益难和知识产权服务能力弱等问题，促进花都区皮革皮具产业转型升级。

（供稿：市发展和改革委员会　市法制办　市司法局　市法院　花都区地方志办；编辑：李玉平）

推进安置帮教工作

“十二五”期间，广州市各级安置帮教部门认真贯彻落实相关决策部署和政策规定，推进全市构建公共法律服务体系，打造帮教“两类人群”安民服务工程和“帮教社会化、就业市场化、工作职责规范化、管理信息化”建设，为预防和减少刑释解戒人员重新违法犯罪，建设平安广州做贡献。

解决刑释解戒人员的就业安置和生活保障问题。着力推进安置点建设，使其真正成为刑释解戒人员实现过渡性安置就业的重要平台和驿站。全市共创办安置单位197个，其中安置基地3个，安置实体10个，安置点184个，共安置刑释解戒人员791人就业，基本解决了广州市“三无”刑释解戒人员的过渡性就业安置问题。番禺区率先在全省建成集培训、教育、劳动、生活为一体，可同时容纳70人左右的过渡性矫正安置基地。萝岗区司法局、越秀区司法局为鼓励安置点积极安置刑释解戒人员就业，制订《刑释解戒失业人员就业援助办法》，规定“凡在区内安置点安置一名刑释解戒人员就业半年以上并按规定办理相关手续的，给予用人单位1000元的资助性奖励；凡在物业管理、居家养老、治安巡防、出租屋协管、家政服务5类社区岗位就业的刑释解戒人员，每人每月资助100元”。着力抓好职业技能培训。安置帮教部门与人社部门密切配合，积极依托劳动就业训练中心，将无业可就、无谋生技能的刑释解戒人员纳入就业训练中心的培训计划，积极为他们提供技能培训、就业指导和推荐就业服务，广州市户籍的刑释解戒人员职业技能培训率达95%以上。各区安置帮教部门与人社部门联合制定“刑释解戒人员职业技能培训工作方案”，对自愿签订帮教协议书的刑释解戒人员，提供免费的职业技能培训、就业指导和推荐就业“一条龙”服务。白云区司法局、人社局还与花都监狱联合举办预释放人员就业推介会，组织13家企业进场设点招聘，招聘工种48个、就业岗位410个，进场求职的预释放人员超过190人，最终达成招工意向的153人。着力做好社会保障工作。2008年7月，市司法局与市民政局联合下发《关于进一步做好符合低保条件的刑释解戒人员及社区矫正对象最低生活保障工作的通知》，全市各级安置帮教部门把此作为进一步贯彻落实党和政府关于刑释解戒人员安置帮教工作方针、政策，维护社会和谐稳定的一项政治任务来抓。截至2013年年底，通过摸查、甄别、核实，共为700多名符合条件的刑释解戒人员办理了低保。按照有关政策规定把刑释解戒人员最低生活保障作为一项长期的基础性工作来抓。

切实为刑释解戒人员办实事、排忧解难。延伸墙内帮教工作：一方面，各区安置帮教部门组织社会帮教团前往监所对本辖区服刑在戒人员开展墙内帮教活动，通过亲情帮教、典型激励、现身说法、书信交流、赠送学习用品、组织文艺表演等多种形式，使服刑在教人员切身感受到党和政府以及社会对他们的关爱。另一方面，各区安置帮教部门与原市属各劳教场所签订协议、结对子，共同对劳教人员进行职业技能培训。如萝岗区司法局专门组织辖内安置企业到监狱、劳教所举办专场招聘会，请区就业培训中心的老师举办职业培训。广州市还积极探索开展异地帮教工作模式，市、区两级安置帮教部门根据工作安排，多次到省内外监狱对本地户籍服刑人员开展帮教活动。市安置帮教办组织帮教团，专程赴新疆生产建设兵团相关监狱，对广州籍服刑人员开展帮教活动。落实社会帮扶工作。自2000年以来，广州市一直坚持逢年过节对特困刑释解戒人员开展"献爱心、送温暖"社会帮扶活动，各级安置帮教工作领导小组、成员单位及安置帮教部门采取上门帮教、家访、发放困难补助金、生活用品以及召开座谈会等形式，开展送温暖活动。15年来，市安置帮教办累计下拨帮扶活动经费达100余万元。此外，发挥社区帮教小组、群团组织、帮教志愿者以及家庭的作用，以"一帮一"或"多帮一"等多种形式，做好刑释解戒人员特别是重点对象的帮教工作。引入专业社工服务，市安置帮教办、尚善社会服务中心积极配合省女子劳教所，做好毒杀生父少女黎某的矫正帮教和心理辅导工作。黎某解戒出所后，做好跟进帮教工作。此外，尚善社会服务中心积极推进省未管所未成年犯的释前辅导工作，扩大服务对象范围，深化专业介入手法，完善帮教辅导规范，增强家庭亲情介入，确保释后跟踪回访和关怀服务到位。越秀、荔湾、海珠、天河等区亦在安置帮教工作中引入专业社工服务项目，社会效果良好。

开创刑释解戒人员安置帮教工作新局面。推广成功经验，组织召开广州市安置帮教工作经验交流会，总结推广越秀区针对重点刑释解戒人员开展"深度帮教"活动，荔湾区构建"西关阳光驿站"工作机制，明确公安、民政、国土房管、工商、税务等部门工作职责并落实帮扶工作，以及原萝岗区成立"仰善中途之家"，对"三无"和生活困难的刑释解戒人员进行就业安置、生活救助和心理辅导的成功经验和做法。创新帮教模式，越秀区光塔街建立集帮教、生活救济、临时住房过渡救济、就业安置为一体的"阳光之路爱心服务工作站"，累计安置35名刑释解戒人员就业。越秀区东风街与廖冰兄人文专项基金会、广州市少年宫、广州市少教所联合发起并实施"展翅计划"，创建了全国首家面向青少年刑释解戒人员的临时庇护所——“中途宿舍”。在提供临时、免费住宿的同时，通过专业社工辅导，寻求社会支持，推荐他们就业，努力帮助他们自强自立，重返正常的社会生活。“中途宿舍”自创建以来，先后有13名失足青少年走出高墙后来到这里寻求庇护，迄今无一人再次违法犯罪。拓展帮教路子。白云区安置帮教部门落实并解决14名刑释解戒人员的股权分配待遇和就业安置问题，使安置帮教工作适应新形势的要求。

（供稿：市司法局；编辑：李玉平）

经济篇

综述

“十二五”期间，广州市坚持稳中求进的总基调，适应经济发展新常态，全面落实《广州市国民经济和社会发展第十二个五年规划纲要》，出台实施谋发展促转型等一系列工作方案，全力以赴稳增长、促改革、调结构、惠民生、增后劲，实现了经济持续较快增长，经济结构进一步优化，社会民生福利进一步改善，对外合作交流进一步加强，国家中心城市地位进一步巩固提升。

保持经济平稳较快发展。2015 年地区生产总值达 1.81 万亿元，“十二五”期间年均增长 10.1%，在国内各大城市中继续保持规模领先优势。2015 年地方财政一般公共预算收入达 1349.09 亿元，“十二五”期间年均增长 9.1%。2015 年社会消费品零售总额达 7932.96 亿元，“十二五”期间年均增长 14.0%，中心城市消费集聚功能进一步增强，连续 4 次被评为福布斯中国大陆最佳商业城市。2015 年全市固定资产投资达 5405.95 亿元，“十二五”期间年均增长 12.7%。在国际经济不景气的宏观环境下，2015 年商品进出口总值达 1338.7 亿美元，“十二五”时期年均增长 5.2%，其中商品出口总值达 811.7 亿美元，“十二五”时期年均增长 10.9%，跨境电子商务零售出口量全国第一。

加快重点领域改革。开展商事登记制度改革，全面实行工商登记注册与经营项目审批相分离的登记制度、注册资本认缴登记制度等，截至 2015 年 12 月

31 日，全市共有各类商事主体 133.49 万户，注册资本金总额 27763.21 亿元，同比分别增长 18.09% 和 26.66%。建立价格调节基金制度，保障居民基本生活、维护社会稳定，从 2011 年 7 月 7 日至 2015 年 5 月 31 日，累计征收市级价格调节基金 8.77 亿元。加快金融改革与创新步伐，成立广州首家科技支行——番禺天安科技支行，设立科技型中小企业贷款担保专项资金、联合科技贷款风险准备金和创业投资引导基金。出台《关于进一步加快发展民营经济的实施意见》"1+9"系列政策文件，2015 年全市民营经济实现增加值 7201.22 亿元，增长 8.2%，占全市 GDP 的 39.8%。

优化经济发展结构。实施市属国有企业整合重组，建设李坑循环经济产业园，持续优化产业结构，三次产业比重由 2010 年的 1.75∶37.24∶61.01 调整为 2015 年的 1.26∶31.97∶66.77，以服务经济为主体的现代产业体系基本建立。提出电商"1+1+9"的区域发展格局，重点把琶洲发展为"互联网集聚区"，与珠江新城、国际金融城共同组成集世界级商务办公、金融服务和会展商贸于一体的广州创新核心区。初步形成了商贸会展、金融、物流、汽车、石化、重大装备、新一代信息技术、生物与健康、新材料等 9 个千亿级产业集群；形成了汽车、船舶及海洋工程、核电装备、数控装备、石油化工和精品钢铁 6 大优势先进制造业基地。

加强城市交通设施建设。构筑多中心、组团式、网络型的城市发展大格局。推动交通枢纽建设，广河高速、广明高速广州段、广深沿江高速公路、从莞深高速增从段、大广高速（G45）粤境段，广深港高铁（广深段）、贵广高铁、南广高铁建成通车。广州南汽车客运站、同德围南北高架桥、广珠城际轨道、地铁六号线首期、海珠有轨电车试验段建成运营，白云机场第三跑道建成启用。打造国家"公交都市"，构建轨道交通（含新型有轨电车）为骨干，公共汽（电）车为主体，出租车、水上巴士等为重要组成部分的城市公共交通体系，截至 2015 年年底，公共汽电车线路网比率达 99.8%，比 2012 年上涨 15.52 个百分点。实行中小客车"限量"政策，截至 2015 年年底，全市中小客车保有量为 191 万辆，月均增长量由调控前的 2 万辆降至 0.6 万辆，年增长率由调控前 19.6% 降至 5.0%，缓解了城市交通拥堵。

改善社会民生福利。实施居民水电价阶梯式收费，提高用水效率，促进节约用水。建设平价商店，稳定消费价格总水平，保障群众基本生活。实施广佛肇"通信一体化"，降低用户通信费用支出。打造便民信息服务平台"广州通"，为市民提供全面的一站式便民服务。开通"粤港跨境缴费通"，便利两地居民往来，助推粤港经济社会共同发展。广州联通举办"创新彩虹"活动，发布"智慧沃家、广州通"等产品，方便市民生活。实施"万家旅舍"计划，利用村民的合法闲置住房开办旅舍，催生旅游产业新模式，解决农民的就业问题。

促进外经外贸发展。"十二五"期间累计外商直接投资额实际使用金额281.51亿美元，年均增长6.4%。积极实施"走出去"战略，境外投资领域进一步拓宽。跨境人民币结算实现了从单一进出口结算到货物贸易、服务贸易、资本项下等多种类结算转变。推进中新广州"知识城"建设，形成知识产业的集群效应。举办"新广州·新商机经贸合作推介会""海上丝绸之路国际博览会—港口城市发展合作高端论坛""中国企业跨国投资研讨会"，宣传广州的国际营商环境，吸引国内外知名企业来穗投资。广州白云机场口岸对45个国家持有第三国签证和机票的外国旅客实行72小时过境免签政策，加强对外开放与交流。划拨专项经费支持在穗台资企业的转型升级，以吸收更多优质台资企业来穗发展。

百舸争流，奋楫者先；千帆竞渡，勇进者胜。一串串的数据清晰地勾勒出广州加速发展的脉络，生动地讲述着广州经济发展的故事，真实地记载着广州规划蓝图的实现轨迹，成为广州"十二五"温暖的记忆，为"十三五"广州经济社会发展奠定坚实的基础。

中国（狮岭）皮革皮具节

狮岭皮革皮具业发展始于20世纪70年代末，花县狮岭义山村村民家庭简易皮革加工作坊。90年代，越来越多村民从事皮革加工，生产规模逐渐扩大，形成了闻名全省2千米长的"狮岭皮革一条街"（狮岭镇雄狮路），集聚皮革及原辅材料经营户500多家，日销售额达200万元。其皮革加工原辅材料、半成品、成品等远销全国及亚洲、东欧、美洲等地，产品占有广东省三分之一的市场份额。2000年，在花都区区长陈国主导下，狮岭（国际）皮革皮具城首期工程建成，成为当时中国最具规模的一座皮革皮具专业批发交易市场，并被列入广州市四大专业批发市场之一。2001年1月，首届中国（狮岭）皮革皮具节在狮岭（国际）皮革皮具城举办。是年至2011年，花都区每年举行一届"中国（狮岭）皮革皮具节"，自2012年开始，改为每两年举行一届。"十二五"期间，花都先后于2011年、2012年和2014年成功举办三展中国（狮岭）皮革皮具节。"世界皮具看中国，中国皮具看狮岭。"中国（狮岭）皮革皮具节已成为国内外皮革皮具业一个重要品牌会展，是皮革皮具业发展的重要风向标。

2011 年 12 月 19 日至 21 日，举办以“品质狮岭　物联全球”为主题的第十一届中国（狮岭）皮革皮具节，展会成交金额逾 20 亿元，客流量超过 30 万人次。在此次皮革皮具节上，引进国家皮革制品质量监督检验中心（广州）落户狮岭，圣地狮岭（国际）皮革皮具城真皮采购中心及物流服务中心揭牌启动。2012 年 11 月 30 日至 12 月 2 日举办以“品牌、原创、飞跃”为主题的第十二届中国（狮岭）皮革皮具节。为期三天的展会，以“时尚”为主线，融合节庆、会展、旅游开展了一系列精彩活动，成交额达 20 多亿元，客流量近 40 万人次。此届皮革节首次推出“首届中国优秀皮具设计师”评选活动，推选出中国有影响力和设计能力较强的皮具设计师。2014 年 11 月 28 日至 12 月 2 日，举办以“创意狮岭，电商狮岭”为主题的第十三届中国（狮岭）皮革皮具节。为期五天的展会，吸引了全世界 100 多个国家的 10 万多人次前来参观采购，总成交额达 3500 多万元。此届皮具节设立电子商务展，共设 28 个展位，吸引龙玑汇、圣地、红谷、希塔、中国皮具追单网、亮包包、蒙娜丽莎、金粉世家、万信达、本色娇姿等众多专业电商品牌企业参展。展会期间还举办 2014“真皮标志杯”中国国际箱包设计大奖赛、2015 年国际皮具流行趋势发布会、狮岭皮具品牌企业新品发布会、电子商务研讨会、电子商务展示、冠华小学艺术节等活动。三届皮革皮具节不仅给投资者带来无限商机，为广大企业提供更加广阔和多元化的展示平台，而且进一步巩固花都皮革皮具产业在中国的龙头地位。

经过 30 多年的发展，花都狮岭皮革皮具业实现跨越式发展，不断发展壮大。在产业规模上，实现由“家庭作坊”到“皮革皮具一条街”，再到“工业园区”和“专业市场”并存的“三个跳跃”；在生产形态上实现由贴牌加工，到产品制造，再到品牌创造“三个提升”，形成了“本地品牌不断成长，国内品牌不断涌现，世界品牌纷纷落户”的良好局面；在产业形态上实现由产业集群向品牌集群转变，由企业经营向区域经营转变，由经济狮岭向文化狮岭转变的“三个转变”；在经营模式上实现由产品经营向品牌经营跨越，由品牌经营向资本经营跨越，由个体经营向联盟经营跨越的“三个跨越”。中国（狮岭）皮革皮具节大大提升了狮岭皮革皮具的产业水平及龙头地位，使狮岭成为名副其实的“中国皮具之都”。

（供稿：花都区地方志办；编辑：常国光）

黄埔文冲建造系列救助船

2004年，经交通部救助打捞局考察、选点，中船黄埔文冲船舶有限公司（简称黄埔文冲）被确定为救助船承造单位。黄埔文冲始终坚持“质量第一、用户至上、可靠顶用、精益求精、诚信服务”的质量方针和“遵章守法、绿色造船、关爱健康、和谐发展”的环境与职业健康安全方针，严控质量和进度，至2015年，共建造18艘8000千瓦海洋救助船和3艘14000千瓦远洋救助船。

2008年，“东海救113”救助船建造时值海峡两岸实现大三通和春节，航行于两岸的船舶频繁。“东海救113”救助船接上级安排需在春节前赶赴台湾海峡执行护航值班任务，必须提前完工交船离厂。为满足船东需求，黄埔文冲在造船生产异常繁忙的情况下，采取不寻常措施，不惜代价，下水后只用三个月时间就完成了四个月工作量，提前交船，使该船能按期离厂执行任务。2012年10月31日，14000千瓦全天候远洋救助船“东海救101”救助船由黄埔文冲正式交付交通运输部东海救助局。“东海救101”救助船是中国目前救捞系统排水量最大、技术最先进、功能最完备、船舶总长最长、首次配有直升机机库和机械手的全天候远洋救助船，具有良好的耐波性、适航性、快速性，能在九级海况、12级风力、14级浪高下安全航行，快速到达海难现场，对海上遇险人员、财产、环境实施有效的救助。特别是配置的直升机船载功能和二级动力定位系统，具备海空立体救助能力。黄埔文冲是国内唯一建造8000千瓦海洋救助船和14000千瓦全天候远洋救助船的厂家，特别是14000千瓦全天候远洋救助船的承建，巩固了黄埔文冲在海洋救助船市场的地位。

自船舶交付船东使用时起，黄埔文冲便开始24小时售后保障服务，始终坚持“及时、积极、高效”工作作风。在保修期间，船厂与船东机务保持密切沟通，每周与船东电话或者邮件了解船舶运行状态，每月形成一个保修总结。船东以传真或者邮件的形式将保修项目发给船厂，船厂在一个工作日内对船东的保修单给予回复，两个工作日内形成一个有效的处理意见和安排。在船舶停靠基地补给期间进行集中保修，船厂按照船东要求邮寄备件或者安排服务工程师上船处理。在集中保修期间，船厂每天与机务联系，掌握每天的处理进度和情况。在年终保修期间，船厂专门负责保修的人员前往统抓保修工作，按船东要求处理完所有保修清单中的项目。

黄埔文冲建造的系列救助船在海洋救助中发挥了重要作用。2006年6月，

"东海救 113" 救助船

"南海救 111" 救助船成功救助遭受"珍珠"号台风袭击的 330 名越南渔民。2008 年 1 月和 4 月，"南海救 101" 救助船执行春运救助任务，遇上"浣熊"号台风，穿过风力超过 12 级、最大浪级达到 9 级、船舶横摇达到 20 度以上的台湾海峡和"浣熊"台风中心，全速开往西沙海域搜救，出色完成任务。2008 年 5 月，"南海救 101" 救助船出访新加坡，从广州出发，保持约 18 节的航速，途径西沙、南沙，航程 1500 海里，经过 5 天连续航行，安全抵达新加坡港。2008 年，海峡两岸实现大三通，"东海救 113" 救助船赴台湾海峡执行护航值班任务；7 月，"南海救 112" 号、"南海救 101" 号、"北海救 112" 号、"东海救 112" 号光荣承担了"神舟七号"升空时的海上护卫与搜救任务；2011 年 4 月，"东海救 113" 号成功对台湾进行了为期 11 天的访问，开创了大陆救捞系统大型专业救助船访台的先河。

（供稿：广州中船黄埔造船有限公司；编辑：黄敏华）

天河区连续八年经济总量排全市第一

天河区成立于 1985 年，成立之初区经济以农业为主。30 多年来，随着城市化进程加快，第三产业比重迅速增加。天河作为广州经济发展"一号引擎"，全力推动产业、要素、服务转型升级，努力打造一区（天河中央商务区）两城（天河智慧城、广州国际金融城），一带（教育科研创新带）双翼（岭南新城、奥体新城）的城市发展新格局。自2007年开始，天河区经济总量连续八年居广州各区之首。

建区伊始，天河就确立大力发展第三产业的思路，建设“区域金融中心之核”，着力发展总部经济、楼宇经济。通过提升现代管理服务水平、打造区域商业品牌等措施，将天河中央商务区打造成全市最大的总部经济集聚区，截至2014年年底，运营的高端写字楼有110栋，聚集76家总部企业，天河中央商务区是年生产总值达2114.47亿元。大力发展智慧产业、高端产业，将天河智慧城打造成以移动互联网、云计算、电子商务、生物工程、医药为代表的高端智慧总部集聚区，2014年生产总值达294.80亿元。建设金融总部集聚区，规划建设广州国际金融城，截至2014年年底，在天河投资的世界500强企业有200家。此外，作为华南第一商圈，天河路商圈聚集多家大型商业综合体、电子数码综合体，众多国际知名品牌在此开设旗舰店。

自2007年至2013年，天河区地区生产总值（GDP）增长率均保持在10%以上：2007年地区生产总值1204.63亿元，同比增长14.7%；2008年地区生产总值1434.39亿元，同比增长13.3%；2009年地区生产总值1607.99亿元，同比增长12.5%；2010年地区生产总值1832.60亿元，同比增长13.0%；2011年地区生产总值2138.73亿元，同比增长12.0%；2012年地区生产总值2394.81亿元，同比增长11.1%；2013年地区生产总值2781.61亿元，同比增长12.9%。2014年，天河区产业结构持续优化，经济保持平稳较快发展，实现地区生产总值（GDP）3011.12亿元，总量连续8年排名全市首位。

经过三十年的发展，三次产业结构从建区初的35.73∶26.54∶37.73转变为0.1∶13.5∶86.4。第一产业增加值2.93亿元，第二产业增加值405.40亿元，第三产业增加值2602.79亿元，增长了6036倍，第三产业增加值比重基本稳定在86%以上，对经济增长的贡献率达84.1%。天河总部企业位居全市第一，总部经济占全市半壁江山。完成现代服务业增加值1971.97亿元，占GDP比重达65.5%，占第三产业增加值比重为75.8%。天河以不足广州2%的土地，实现了超越全市1/6的GDP，书写了领跑广州经济的神奇篇章。

（供稿：天河区地方志办；编辑：陈喆）

危险化学品生产储存企业“退二进三”关停搬转工作

按照《中共广州市委、广州市人民政府关于切实解决涉及人民群众切身利益若干问题的决定》和市政府《关于推进市区产业“退二进三”工作的意见》，广州市安全生产监督管理局（简称市安监局）和市发展改革委、市环保局于2008年12月印发《关于印发市区退二搬迁企业名单的通知》，在广州市1093平方千米建成区内开展旨在“降低城市风险，保障城市安全”和创建“青山、绿水、蓝天、白云”宜居广州的危险化学品生产、储存企业的关、停、搬、转工作。列入关、停、搬、转的危险化学品企业共96家。分为2009年年底前24家、2012年年底前19家和2015年年底前53家共三批搬迁（关、停、搬、转）。市安监局采取会议宣贯、个别谈话、定期检查、部门联动、领导督查和复查验收等措施，全力推进“退二”工作。

2009年12月，按计划完成第一批24家危险化学品类企业的关、停、搬、转。2010年12月，全部完成广州市吉山地区13家危险化学品仓储企业的关、停、搬、转。危险化学品全部撤出吉山地区，困扰广州市多年并被国务院挂牌的广州市吉山地区危险化学品重大事故隐患被彻底消除。2012年12月，按计划完成第二批19家危险化学品类企业的关、停、搬、转。至此，广州市环城高速公路范围内的危险化学品生产、储存企业全部完成关、停、搬、转。至2015年12月，第三批53家危险化学品类企业全部完成“退二”工作，其中关闭停

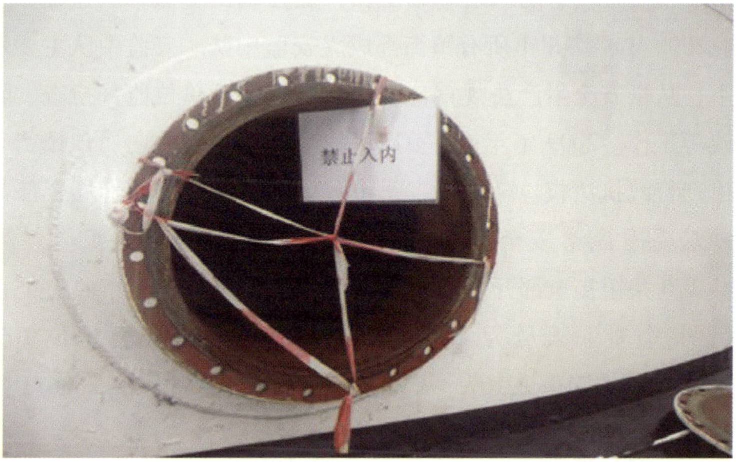

广州石油企业集团有限公司南村油库停用并清空后的储罐

产 45 家，搬迁 25 家，转营非危化 26 家。

根据《广州市区产业“退二进三”企业工业用地处置办法》，用“退二进三”的企业工业用地可选择三种方式之一进行处置。前两种分别是“原址土地纳入政府储备，并由市土地储备机构依法给予补偿和补贴”以及“企业原址土地纳入政府储备，具备公开出让条件的，可按该地块公开出让成交价款的 40% 补偿”。此外，市政府还提出，在符合城市总体规划的情况下，企业原址土地未纳入土地储备计划的，经市规划部门审核并报原批准供地的人民政府批准后，可改变原址土地的性质和建筑物的使用功能，从事除房地产开发以外的第三产业，企业可按新用途基准地价和原用途基准地价的差额补交地价，相应签订土地使用权出让合同变更协议或重新签订土地使用权出让合同，使“退二”土地发挥出最大的效用。

（撰稿：陈华康；编辑：刘德敏）

委托执法提升镇街安全生产监管水平

广州市委托镇街实施安全生产行政执法工作始于 2009 年年初，并选定萝岗区为试点单位，后逐步在全市 12 个区、县级市推广。广州市镇街安全生产委托执法工作，促进镇街基层安全生产监管水平的全面提升以及基层安全生产形势的好转。

广州市重视安全监管的基层基础工作，加强镇街安监中队建设，实施镇街委托执法。2008 年，广州市所有镇街都成立安监中队。安监中队主要职责是在镇街领导下，从事安全生产法规宣传教育、生产经营单位监督检查、隐患排查和督促整改等工作。2009 年年初，萝岗区安全监管局率先向属地镇街委托行使部分安全生产行政执法权。随后，广州市各区、县级安全监管局全部与属地镇街签订《执法委托书》，安全生产行政执法工作延伸到镇街一级。至 2015 年年底，全市共 170 条镇街全部开展安全生产委托执法工作。全市共有委托执法人员 1771 名，其中专职人员为 1562 名，监督检查生产经营单位 107876 家、282429 次，查处事故隐患 291673 项，监督完成整改事故隐患 283671 项，整改率达 97.26%，实施经济处罚 1425.48 万元。

广州市在实施镇街委托执法的过程中，积极探索，解决遇到的各种难题。如广州市绝大多数镇街安监中队由镇街自行组建，没有独立的机构和编制，大多数是镇街临时聘用人员，无法取得《行政执法证》。广州市各区、县级市采取多种措施，保障每个安监中队有2名以上人员持有《行政执法证》。针对相当部分镇街人员素质、执法能力不高的情况，广州市各区、县级市在初次委托执法工作中，主要是将听证以下（罚款5万元以下）的行政处罚案件委托给镇街，并鼓励各镇街采取简易程序实施行政处罚。广州市萝岗区率先探索和尝试，将处罚金额10万元以下案件的办理权、职业卫生领域的行政处罚权委托给镇街，调动镇街执法的积极性。

广州市委托镇街实施安全生产行政执法工作，拓宽日常安全监管的覆盖面，实现安全生产工作的“关口前移、重心下移”，推动镇街安全监管水平的全面提高，使镇街安全监管工作制度化、规范化和常态化，使安全生产违法违规行为等得到及时纠正和查处，减少了事故隐患，有效遏制了安全事故的发生，切实保障了人民群众的生命财产安全。

（撰稿：钟韵；编辑：刘德敏）

建设广州之窗商务港

广州之窗商务港是中交集团南方总部基地，位于海珠区新城市中轴线南段端点西侧，规划地块总用地面积为167259平方米，其中建设用地91539平方米。广州之窗商务港包括超甲级写字楼、商务配套、大型游艇码头、主题园林等，分A、B、C三区建设。A区是高200米的中交集团南方总部大厦，已建成入驻；B区用地面积51656平方米，建筑面积129497平方米，容积率4.53，设计高度为187米，建筑功能为办公；C区用地面积36773平方米，建筑面积110286平方米，容积率0，设计高度为150米，建筑功能为科研。

广州之窗商务港建筑设计外观“001”，似两面巨大窗口，象征着广州——这个中国最早且从未关闭的贸易橱窗。借助项目内含的“国际文化艺术交流中心”“国际产品展示中心”“境外投资咨询服务中心”等硬件和服务，“广州之窗商务港”被打造为立足广州，面向全球的世界级常态化经济、艺术、文化交流平台，成为广州新的城市“窗口”。

抓政策机遇，推进自有土地开发。2003年，中交四航局酝酿转型升级，提出盘活利用自有土地，将房地产开发作为四航局主业。2009年，广东省出台“三旧”改造政策，广州市推出“腾笼换鸟”“退二进三”产业政策，以及出台

《关于加快发展总部经济的实施意见》，为四航局开展房地产开发提供了良好的机遇。海珠区沥滘地块被纳入"三旧"改造范围。

2009 年 8 月 3 日，中国交建与广州市政府签订《中交集团南方总部基地项目协议》，举行奠基仪式。四航局成为广州市出台"三旧"改造政策后第一家在广州动工奠基的工业企业。中交集团南方总部基地项目分两期开发建设，首期规划总用地面积 16.7 万平方米，规划建筑面积 34.4 万平方米，建设周期 6 至 8 年，总投资约 43.5 亿元。项目建成后，预计可吸纳就业人口 2 万多人，经营期内整体项目园区的企业营业额有望达 500 多亿，并带动沥滘村近 700 万平方米的城中村改造。

整合优化设计，"广州之窗"冠名。2009 年，中交集团南方总部基地项目最初定位为四航局老办公楼的替代品，以"经济、实用"作为标准，采用五栋单体写字楼建筑方案。国际房地产顾问公司戴德梁行完成市场调研后，告知四航局园区建设要凸显特点，吸引企业入驻。四航局领导班子及相关人员对广州高端写字楼的设计理念、租售使用、功能分区布局等进行充分调研。2012 年底，四航局相继拜访有滨江水岸设计经验的世界顶级工程顾问及设计公司阿特金斯、伍兹贝格、PTW 等数家单位，重新设计、调整项目建筑形态，最终采纳阿特金斯设计的具有岭南特色的窗形建筑方案——"001 窗形"方案。该方案设计充满冲击力，确保项目与后面建筑的珠江美景最大化，同时采纳绿色建筑的设计原则，如太阳能遮阳、通风、隔热、防潮等，以适应中国南方典型的炎热潮湿气候。项目设计方案初步命名为"广州之窗"。从 2013 年 2 月至 6 月底，经过四次审查审批，最终成功冠名"广州"二字。

强强联合，调整升华项目定位。2013 年，国家提出"一路一带"战略，为沿线国家优势互补、开放发展开启了新的机遇之窗，而"广州之窗"项目，也为四航局开启了新的探索之窗。四航局紧跟国家"一带一路"战略步伐，继续大力拓展海外市场布局，且充分利用"广州之窗"项目积极推动"一带一路"国家战略落实。在 80 米长的绿化带上，增加设计了以海上丝绸之路为背景的主题园林，将项目 A、B、C 三区连为有机整体。2014 年 11 月，中国交建与英国阿特金斯集团在广州正式签署战略合作框架协议。通过"广州之窗"项目的合作契机，双方资源共享、优势互补，开展基础设施建设及规划、设计等方面合作，共同推进"21 世纪海上丝绸之路"交流合作平台建设。

四航局不断提升项目定位，不仅要把项目打造为广州新中轴线南端上的地标建筑，还要使"广州之窗"成为"21 世纪海上丝绸之路"的重要驿站。该项目已不是简单的企业总部基地，而是服务广州发展的经济引擎。四航局还计划在项目内注册成立由海上丝绸之路沿岸国家商会、贸促会和国内企业家协会等组成的海上丝绸之路促进会，使项目融入“21世纪海上丝绸之路”经济带建设。

保留历史建筑，增强厚重文化感。为进一步提升项目定位和品位、增加园区历史文化性，“广州之窗”保留坐落于江边位置的原广州航通造船厂的船舶下滑道和有40多年历史、华南地区首个自主生产岸式造船吊机和轨道。利用广州出台《历史建筑和历史风貌区保护办法》的契机，四航局将位于80米绿化带上原有旧建筑轮机车间和船体车间申请为历史建筑。轮机车间保持外立面原貌，内部经过简约装修改造后成为文化艺术中心，进行项目推介发布和境外投资咨询活动，以促进中国资金和产能转移出去、招商引资，将国外的新技术新的管理经验引进来。

广州之窗商务港俯瞰图

四航局积极推进广州之窗项目建设，重视开发、建设及运营管理等环节的系统发展。经过市场调研和大量经营分析，以及地标性建筑的审批、项目资源的丰富完善等系列工作，四航局逐步使中交南方总部项目从单一写字楼向城市综合体转变。2009年底获项目规划许可，2010年完善国土相关手续并全额缴付土地出让金，11月完成主楼设计招标，12月28日正式开工。2015年3月，广州之窗A区总部大厦完成竣工验收，并通过了住房和城乡建设部组织的绿色建筑评审，获得“绿色建筑设计标识二星级”荣誉。四航局本部于5月6日搬迁至广州之窗办公，广州之窗A区总部大厦正式启用。

打造绿色节能建筑，实现多方共赢。为最大限度地促进国有资产保值增值，四航局在“广州之窗”项目的施工建设上注重成本管理，通过在设计阶段运用价值工程原理，加强项目设计的经济分析，充分发挥专业人员的优势，在保证功能、质量的前提下，力争降低项目投资费用。“广州之窗”项目从工程设计开始，到施工全过程，贯彻绿色节能建筑理念，从土建的砌体选择、幕墙玻璃的遮光系数和折射率的比选、装修材料的精挑细选，坚守节能标准，聘请专业节能顾问公司全程指导、监督和检验。

四航局通过广州之窗项目，逐渐摸索出一条适合自己发展的路子，最终四航局房地产板块成为支柱型板块；原四航局预制厂、机电公司和航通船业所在地，从“城中村”老工业区变为“繁华都市”，实现了国有资产的大幅升值；广州之窗商务港项目成为四航局实现“华南地区知名企业”发展目标的标志性品牌；广州之窗的开发和运作模式，为中国交建拓展房地产业务、打造“五商中交”提供有益借鉴；“广州之窗”成为珠江后航道上的一道亮丽风景，成为广州南中轴线上的地标建筑，推进了附近城中村的改造和建设，且项目吸引的众多一流企业和产业，对区域经济社会发展也很大帮助。2015 年 5 月至 12 月，广州之窗总部大厦租售率达 30%。

（撰稿：成朋朋；编辑：刘德敏）

广府文化旅游嘉年华

广府文化旅游嘉年华是越秀区最早打造的一年一度的广府文化旅游品牌，始于 2009 年，截至 2015 年共举办七届，每年吸引近 400 万名市民、外地游客参加，是广州市大众参与度高、社会美誉度高、传媒关注度高的文化旅游活动。

2009 年 11 月 13 日至 18 日，广府文化旅游嘉年华在北京路步行街、五仙观、越秀区文化馆同时开展。活动当日，首次公布了越秀区旅游形象口号为“越秀越精彩”，并用生动的动漫人物造型作为越秀旅游宣传的形象代言。启动“越秀越精彩——‘同根同生’香港学生养成探源之旅”首发团，香港学生到越秀区进行修学游。

2011 年，越秀区与广州岭南国际企业集团有限公司（简称岭南国际集团）签订五年战略合作协议，整合岭南国际集团作为华南地区旅游酒店与主副食品龙头企业的力量，联手推广越秀旅游，构筑共融发展平台，在广州首创依托社会力量举办旅游文化节庆活动。10 月 21 日至 30 日，广府文化旅游嘉年华在北京路步行街盛大举行，活动围绕“越秀越精彩”主题，分“越游越精彩”“越睇（看）越精彩”“越讲越精彩”“越食越精彩”四个板块，在北京路及周边区域设立表演区、展览区、旅游直通车区、展销区、活动区，并结合场外微博互动等活动，以展、销、秀有机结合的形式，多维度全方位展示广府特色文化及丰富的广府文化旅游资源，通过广府传统和时尚文化的碰撞与融合，让广大市民游客尽享广府文化旅游盛宴。

2012 年广府文化旅游嘉年华于 9 月 21 日开幕，活动持续到 9 月 30 日。此次嘉年华通过“广州古城十八门展”，重现十八门原有风貌，让市民游客在微缩版的“广州古城”内游走。从“古城旧照”“考古发现”以及“人文风情”三个主题，透过历史的画卷、记忆的书卷以及古老的照片，让游客穿越时空，来一次城市历史文化新观察。

2013 年广府文化旅游嘉年华主题为“城市印记 FUN 享与你”。活动时间从 10 月 18 日至 27 日。首张以手绘形式重现清代时期的广州地图免费派发，成为此次嘉年华的最大亮点。市民跟随《城市记忆地图》，实现一次城市历史文化新观察。活动期间设有骑楼模型、广州原创手信展、怀旧黄包车展、周末特设怀旧老式电影机展、岭南婚宴展示、吉祥物广仔巡游等展览活动。

2014 年 10 月 17 日至 26 日，广府文化旅游嘉年华以“城市印记、广府映像”为主题，一连十天为羊城市民带来巡游表演、特色美食、特惠旅游线路等欢乐盛宴，推出包括广府映像、广府食肆佳肴、广仔巡游、重现广府人家生活场景等活动，唤起街坊们对传统广府文化的集体回忆。

2015 年 10 月 16 日至 25 日，广府文化旅游嘉年华活动在广州北京路举办。活动围绕“吃、住、行、游、购、娱”六大旅游项目，用文化创意和时尚旅游的理念，推出“怀旧广府、欢乐广府、美食广府、时尚广府”四大板块的文化旅游活动，为市民游客带来巡游表演、广府美食展、广府手工艺展。同时还有旅游资源推介、旅游展览、特惠旅游线路及星级酒店推介等各类互动活动，让市民和国内外的游客全方位了解最地道的广府风土人情，同享广府文化旅游盛宴。

（供稿：越秀区旅游局；编辑：刘燕玲）

广珠城际轨道开通运营

2011 年 1 月 7 日，广（州）珠（海）城际铁路开通，结束珠三角西岸地区没有火车的历史。主线从广州南站引出，经顺德、中山至珠海；支线从小榄站引出，经古镇、江门到新会站，全长 144 千米。广州南至珠海北段开通线路长 92.74 千米，江门支线长 26.6 千米。全线设 22 个车站，均为高架站，首期开通顺德、容桂、中山、珠海北、江门、新会等 12 个车站。从广州南出发，最快 30 分钟到珠海北。2012 年 12 月 31 日，珠海北站至珠海站开通，广珠城际轨道全线贯通。

广珠城际轨道交通由广东城际轨道交通有限责任公司负责建设和管理。该公司成立于 2004 年 7 月，由铁道部和广东省各出资 50% 共同组建。2012 年 11 月 1 日，公司股权变动为广东省铁路建设投资集团有限公司出资 51%，广州铁路（集团）公司出资 49%。广珠城际轨道交通总投资为 181.9 亿元。

在建设过程中，为节约用地，减少对城市的分割，广珠城际轨道桥梁比例达 94% 以上。综合考虑功能、受力、景观、经济、维修等多方面因素，采用轻型设计活载，减少桥梁重量和桥墩宽度。全线路基、边坡防护 17 处，立体植被网 51569 平方米，喷播植草 89521 平方米。

广珠城轨最高允许速度 200 千米/小时。营业长度 142.918 千米，线路总延长 313.175 千米（其中正线延长 288.465 千米），道岔 80 组（其中正线 64 组）。桥梁 66 座 135373 米。全线设防灾监测系统 21 处，其中风速监测子系统 16 处、雨量监测子系统 5 处。该铁路采用立体高架桥方式建造，高架桥占线路的 94%。

广珠城轨为客运专线。建成通车后，旅客列车分为时速 200 千米的直达列车和时速 140 千米的“站站停”列车两种，其中直达列车暂时使用 CRH1A 电力动车组（2010 年增购车），远期则改为使用 CRH6 电力动车组（包括 200 千米/小时版本运营直达列车和 160 千米/小时版本运营站站停通勤列车）。广州南至珠海直达旅行需 41 分钟；广州南至新会需 53 分钟；尖峰列车间隔最短为 2 分钟。

广珠城际铁路开通，有利于珠江西岸“珠、中、江经济圈”的交通一体化，初步形成珠三角一小时交通圈，强化了广州国家中心城市地位，增强广州对珠三角城市群的经济辐射力，并带动珠三角地区打造布局合理、功能完善、联系紧密的城市群。

（供稿：广铁集团；编辑：刘德敏）

建设广州天河中央商务区

广州天河中央商务区（又称天河 CBD）是全国三大商务区之一，包括天河北、珠江新城及广州国际金融城三个部分，规划总面积约 20 平方千米，是广州总部经济最发达、高端资源最集聚、现代化程度最高的区域。

2011 年 1 月，天河中央商务区管委会正式成立，统一履行广州天河 CBD 的管理、服务和营销职责，标志天河发展进入高端产业、高端人才、高端管理、高端发展的新时期。3 月，天河 CBD 标识公布，加拿大 AB 省 3W Design Studio（3W 设计工作室）图文设计师温荣胜设计的作品“飞扬天河”入选。5 月，广州天河 CBD 加入中国商务区联盟。

2012 年，天河 CBD 高端载体规模不断扩大，利通广场、广州银行等一批高素质商务楼宇陆续投入使用，新增楼宇建筑面积近 100 万平方米。是年，天河 CBD 管委会积极参与北京 CBD 商务节暨 2012 世界 CBD 联盟大会、广州国际城市创新奖暨广州国际创新大会、世界大都市协会董事年会、中国（广州）国际金融交易博览会、天津 CBD 商务节，参与“新广州 新商机”天津、乌鲁木齐站招商活动，积极宣传天河 CBD，扩大知名度。

2013 年，天河中央商务区在全市率先开展商事登记制度改革试点，为重点企业提供登记注册、法律咨询、人才引进等服务。11 月，承办 2013 中国商务区联盟年会和 2013 世界商务区联盟年会，获全票通过入盟申请，正式成为世界

位于广州新城市中轴线上的花城广场

商务区联盟会员，这也是华南地区首个加入世界商务区联盟的商务区。天河CBD获国家质检总局批准，筹建全国中央商务区知名品牌创建示范区。是年，金融监管机构——广东证监局和广东保监局入驻天河CBD。

2014年，天河CBD加强基础设施建设，加快完善花城广场及周边区域基础设施，推进兴盛路特色街区建设，开设珠江新城穿梭巴士线路。筹建“全国中央商务区知名品牌创建示范区”。广州新地标周大福金融中心封顶并完成35%写字楼的预租。开展楼宇经济数据库建设，制定完善楼宇经济信息服务平台建设方案，并选取重点楼宇开展企业名称和住所数据采集工作。是年，天河中央商务区新增写字楼面积30万平方米，当年生产总值2114.47亿元，总量占全区的70.2%，占全市的12.7%。规模以上工业总产值1255.42亿元，资质内建筑业总产值230.99亿元，社会消费品零售总额685.06亿元，商品销售总额11416.70亿元，房地产开发投资额214.35亿元。

（供稿：天河区地方志办；编辑：陈喆）

加强房地产市场调控

2011年以来，为贯彻落实国务院、广东省政府关于房地产调控工作的战略部署，广州市不断出台措施，多措并举，稳定住房价格，保持房地产市场平稳健康发展。

2011年2月，广州市政府出台《关于贯彻国务院办公厅关于进一步做好房地产市场调控工作有关问题的通知的实施意见》，进一步完善广州市多层次、差别化的住房供应和消费政策，通过综合采取税收、信贷、行政、土地、住房保障等政策调控措施，以及限购、限贷等手段，切实将房价控制在合理水平，并要求从化市、增城市在2011年3月底前制定本区域的政策落实意见。同年3月30日，市政府正式向社会公布广州市新建住房2011年度价格控制目标，明确提出2011年新建住房价格涨幅要低于全市年度生产总值增幅和城市居民人均可支配收入增幅。当年，广州市房地产调控成效显著，新建商品住宅成交量同比大幅下降，价格上涨过快势头得到遏制，部分地区房价出现松动下调迹象。2011年市辖10区新建住房（含限价房、经济适用房）均价为12988元/平方米，同比2010年新建住房均价12661元/平方米上升2.6%，房价涨幅低于同期GDP和人均可支配收入的增幅，实现了年初制定的房价控制目标。

2012 年 7 月 31 日，广州市提前拟定一揽子精细化房地产调控措施，顺利通过国务院督查组检查，获督查组充分肯定。同时，根据国务院督查组督查意见和全国房地产市场调控工作座谈会精神，广州市提出进一步贯彻落实房地产调控的意见，有针对性地严格控制高端、高价商品住宅预售规模和交易节奏，及时引导市场，巩固调控成效。着眼解决住房合理布局与中长期规划，研究、编制《广州市住房建设规划（2013—2015 年）》。通过落实各项调控措施，2012 年新建商品住宅网签均价为 14044 元/平方米，同比上涨 4.8%，明显低于同期全市年度生产总值增幅和城市居民人均可支配收入增长水平。

2013 年 3 月、11 月，广州市政府先后出台《关于贯彻广东省人民政府办公厅转发国务院办公厅关于继续做好房地产市场调控工作通知的实施意见》和《关于进一步做好房地产市场调控工作的意见》，从明确工作问责机制、进一步严格执行商品住房限购措施、提高第二套住房贷款首付款比例、加大普通商品住房和用地供应、加快保障性安居工程建设、加强商品房价格监管、引导开发企业理性定价、完善市场监测分析和舆论引导、加紧研究建立多层次住房供应体系等方面提出具体措施。2013 年 1 月至 3 月，全市（包括市辖 10 区和从化、增城 2 个县级市）一手住宅成交均价同比上涨 24.4%。实施调控后，4 月至 12 月，全市一手住宅成交均价同比上涨 3.7%，涨幅回落 20.7 个百分点。2013 年广州市一手住宅成交面积 1058 万平方米，同比减少 1.4%；成交均价为 13100 元/平方米，同比上升 8.07%，市场保持平稳健康发展。

2014 年，结合国家房地产分类调控精神和广州实际，广州市进一步发挥市场配置住房资源的决定性作用，有序推进住宅市场的去行政化，逐步解除行政调控措施；结合撤市设区工作的统一部署，限购区域暂不扩大至从化、增城。与住房和城乡建设部、省住房城乡建设厅保持密切沟通，及时汇报广州市房地产市场形势和调控政策优化调整意见，对市场需求进行分类调控，做好限购政策、住房信贷政策优化和储备工作。受宏观经济运行和市场预期偏弱影响，广州市房地产市场进入缩量盘整期，市场整体呈现量减价稳态势。全市一手住宅成交面积 835.95 万平方米，同比减少 21%；成交均价为 15075 元/平方米，同比上升 15.1%。进入第四季度，市场逐步回暖，月均成交面积从前三季度的 63 万平方米逐步回升至 90 万平方米。

2015 年，按照中央有关房地产市场分类调控要求，广州市继续加强房地产市场管理，防止市场大起大落，促进房地产市场平稳健康发展。结合广州市房地产市场企稳回暖的新情况，加强与金融、税收等部门政策衔接；强化对市场整体形势和风险点的监测和分析研判，密切掌握每月全市房地产市场成交情况，做好住房限购、信贷政策优化调整预案。2015 年 1 月至 6 月，全市一手住宅成交面积 494.42 万平方米，同比增长 21.8%；一手住宅成交价格保持稳定，成交均价为 14696 元/平方米，同比下降 2.6%，比 2014 年全年均价也略有下降。

（撰稿：梁有红；编辑：李启伦）

举行新广州·新商机经贸合作推介会

为吸引更多企业来广州投资兴业，借力外界引进重大项目投资，发展战略性新兴产业、先进制造业和现代服务业，“十二五”期间，广州市委、市政府每年在开年后举办全市性招商活动，2011 年至 2014 年推出以“新广州·新商机”为主题的商贸推介、投资合作、经贸洽谈等系列活动，2015 年举行“新常态新机遇——2015 年中国（广州）国际投资年会”，并在国内外多个城市先后开展。这既是在全国乃至世界范围内对广州城市综合实力、投资环境和城市形象的集中展示，也是进一步推动广州率先实现转型升级，加快建设国家中心城市的有力创举，是广州继亚运后又一次成功的城市品牌“营销”。

2011 年 3 月 21 日，广州在北京人民大会堂举办“新广州·新商机北京推介会”。随后在上海、成都、重庆、西安等城市、港澳以及日本等地共举办 9 场推介会，集中展示广州城市综合实力、投资环境和城市形象。首届推介会共签署合作项目 431 个、签约金额 10179.5 亿元。其中，香港、澳门推介会签约项目 69 个，总投资额达 119 亿美元；日本推介会签约项目 23 个，签约金额 5.8 亿美元。成功吸引华润、中国移动、统一、安利、万达、网易等一大批大型央企、世界 500 强、中国民营 500 强企业到广州市投资发展或增资扩产。

2012 年广州再次拉开盛大推介序幕。6 月 7 日，在天津市万丽天津宾馆举行 2012 年首场“新广州·新商机”天津推介会。结合广州市党政代表团赴新疆疏附县开展考察调研和对口援建活动的行程安排，8 月 21 日在中国西部对外开放重要门户乌鲁木齐举行第二场“新广州·新商机”推介会。两场推介会，成功签约 92 个项目，总投资约 893 亿元。为进一步深化国企改革，9 月 5 日下午，市属国有企业“新广州·新商机”稳中求进工作座谈会在市府礼堂召开。会议强调将签约项目建设作为率先转型升级、建设幸福广州的重要途径，从抓好政策支持、健全体制机制、优化服务环境、强化要素保障等四个方面入手，采取一系列措施，推动签约项目尽快落地建设，并产生预期经济社会效益。9 月 10 日，举行“新广州·新商机”百家知名企业广州推介会，主要集中在战略性新兴产业、先进制造产业、现代服务业、基础性产业、高新技术产业等领域。中国航空工业集团公司、中国兵器工业集团公司等 11 家央企和 1 家民企与广州市签订 12 个项目，合同金额超 440 亿元。参加此次推介会的政府部门、商会、金融机构和知名企业的数量超过 200 家，共计 421 名代表，其中中央企业 50 家，包括中航工业、东方电气、北车集团等国内知名企业，范围涵盖核电、航空航天、电子信息、能源、投资开发、基础设施建设等 10 多个行业领域，是广州史上规模最大的与国内知名企业合作对接会。

2013 年“新广州·新商机”系列推介会活动继续不断推进与发展。3 月 28 日，“新广州·新商机”2013 年重大项目投资推介会在广州白云国际会议中心举行。会上，广州市市长陈建华作主题推介，广州市委常委凌伟宪作“2 个新城区、3 个副中心、9 个重大发展平台”专题推介。广州市重要领导、企业高管、社会乡贤及来自希腊、墨西哥、韩国、越南等 20 个外国驻穗领馆的 35 名领事官员参加。这次推介会的主要内容有：一是介绍了广州完成推进新型城市化发展的战略谋划。二是举行中国移动互联应用产业联盟授匾仪式、广州产业投资基金管理有限公司揭牌仪式、广州市移动互联网产业园揭牌仪式以及 43 个合作项目现场签约仪式，阿里巴巴物联网新城及大数据中心、腾讯华南电子商务总部、广东省欧科数字空间院士工作站等一批产业链高端项目签约落户。三是选定签约项目 132 个，总投资额超过 4620 亿元，涵盖现代服务业、战略性新兴产业、先进制造业、基础设施、科教文卫等领域，推介项目 50 个，其中地铁二十一号线、萝岗区新交通（捷运）系统、南沙新区明珠湾区起步区等基础设施项目 10 个，总投资约 1200 亿元；广州超级计算中心、国家电子商务示范基地等战略性新兴产业项目 9 个，总投资约 420 亿元；广州白云机场综合保税区（南区）、琶洲会展总部功能区等现代服务业项目 15 个，总投资约 750 亿元；黄埔区智能产业创新基地、广州市花都机车装备制造产业园等先进制造业项目 6 个，总投资约 290 亿元；增城副中心挂绿新城核心区三甲医院、南沙新区国际高端医疗健康城等社会事业项目 10 个，总投资约 615 亿元。四是广州市区两级与一批金融机构签订合作协议，为重大项目争取总额超过 4000 亿元的融资。五是邀请重点民企的负责人参会。7 月 9 日，举办“新广州·新商机”健康综合体推介会，广州开发区三大健康综合体——广州国际生物岛和广州科学城研发总部综合体、长岭居健康养生谷综合体和中新广州知识城国际健康综合体受到

2015 年中国广州国际投资年会现场

广泛关注。

2014 年"新广州·新商机"系列推介会活动又给广州招商引资带来了新的契机。3 月 28 日，"新广州·新商机"2014 广州重大项目招商推介会在白云国际会议中心举行。此次推介会上，广州推出约 130 个重大项目，吸引国内外投资者到穗投资。选定 136 个签约项目（不含金融合作项目），签约金额约 2530 亿元；签约金融合作项目 18 个，签约金额约 4430 亿元；筛选出一批重要产业项目、轨道交通、医院、能源设施、科技创新等 68 个优质项目进行推介，总投资约 2800 亿元。

2015 年 3 月 26 日，举行"新常态新机遇——2015 年中国（广州）国际投资年会"，来自国内外各行各业的世界 500 强企业、大型跨国公司、行业领军企业和知名央企、民企的高层代表，以及社会知名人士、高等院校及科研机构的领导和专家、外国驻穗机构官员、外省市驻穗机构的负责人等，共约 1000 多人参加活动。大会组织和筛选了一批重点推介项目，合作范围涵盖金融产业、轨道交通、港口建设、装备制造、文化交流、养老服务、生态环保等领域，重点推出 21 个推介项目，总投资超过 1100 亿元。同时，收集了 140 个涉及高端制造、信息科技、商业零售、金融服务、医疗健康及总部经济等领域的重大项目，总投资额达 2395 亿元。

"新广州·新商机"系列推介会取得丰硕成果，为广州发展注入了强劲动力和活力。同时，也有效缓解了广州经济发展缺项目、缺动力的突出问题，为广州投资增长、加快发展促转型打下了坚实基础。

（供稿：市工商联；撰稿：李国莹　高培杰；编辑：李玉平　曾新）

平价商店建设

2010 年，广州市价格总水平呈上行态势，比上年同期上涨 3.2%，比全国低 0.1 个百分点，略高于省（3.1%）。其中，食品类价格同比上涨 5.7%，居民消费价格总水平上涨 2.6%。为稳定市场价格，切实保障群众基本生活，2010 年 11 月，国务院、广东省政府先后下发通知，要求稳定消费价格总水平，保障群众基本生活。

广东省、广州市和白云区三级供销合作社联合打造平价商店。2011 年 1 月 12 日，全省第一家“广州新供销”社区“农超对接”示范店——新供销购物广场黄边店开业。该店经营面积 3500 平方米，经营日杂、果蔬生鲜等日常生活用品 2 万多种。通过特色农产品专柜、合作社产地直供专柜等方式，与多个农民专业合作社直接对接，减少了流通环节，降低了农副产品的流通成本，为城乡居民提供新鲜、放心、实惠的农产品，并带动白云区当地 630 多户农户生产对接，助农增收。

2011 年 1 月 19 日，中共中央政治局委员、中共广东省委书记汪洋到广州市调研农超对接和物价情况，专程到新供销购物广场黄边店考察，对供销合作社“农超对接”给群众“菜篮子”带来的实惠给予了充分肯定。他要求各级党委和政府研究推广供销合作社系统“农超对接”的做法；鼓励企业开展“农超对接”，减少流通环节，降低流通成本，使企业得发展、市民得实惠、农民受益；要求供销合作社利用组织体系优势，发挥联系产销“农超对接”的纽带作用，在稳定市场、平抑物价方面发挥积极作用。

2011 年 4 月 6 日，为贯彻落实国务院、省关于稳定消费价格总水平保障群众基本生活的工作部署，根据省物价局等 11 个部门《关于依托供销社和农民专业合作社建设平价商店稳定农副产品价格保障群众基本生活的意见》的要求，市物价局等 5 个部门制定《关于印发广州市农超对接平价商店建设实施方案的通知》，推进平价商店建设。9 月 9 日，市物价局等 6 个部门制定《关于广州市农超对接平价商店资质认定和建设管理有关问题的通知》，进一步明确农超对接平价商店资质认定和建设管理有关问题，为推进平价商店建设提供政策保障。10月、11月，市政府还先后印发《批转市物价局关于使用价格调节基金补贴平价商店有关问题的通知》《批转市物价局2011年广州市农超对接平价商店建设实施方案》，将平价商店建设纳入2011年重点工作，利用广州市供销合作社系统经营网点优势，扶持发展农产品经营公司，将供销合作社系统经营网点建设成农超对接平价商店，并制定了推进农超对接平价商店建设相关的扶持配套政策。

2011年，市供销合作社系统建成2000平方米以上的综合性超市6家、社区超市40家；其中，市供销合作总社以“小鲜驿站”为品牌，按照社区超市标准建设社区平价商店28家。为建立稳定安全的农副产品供应基地，市供销合作总社与省、各区供销社联合建立起集采购、检测、分拣、配送于一体的农产品配送中心，以农民专业合作社为平台，引导农民进行专业化、规模化、标准化生产，实行产业化经营，建立起“农民专业合作社＋供销合作社＋平价商店”的农超对接方式和农产品质量安全可溯源机制，实现从田间到销售自设体系、自有设施、自行配送、自建网络的一体化经营方式。平价商店积极帮助农民解决“卖难”问题，稳定了平价商店鲜活农产品供给和销售价格。当年4月、9月，全国推进“三项建设”（平价商店、蔬菜大棚、冷藏设施）稳定“菜篮子”价格现场会和全省平价商店进社区进乡镇现场会先后在广州召开，推广市供销合作社建设农超对接平价商店的做法和经验。

2012年1月，广州市政府把稳定“菜篮子”价格作为2012年十大民生实事之一，资助建设100家平价商店。当年，市供销合作总社积极拓展网点资源，多方筹集建设资金8450多万元，建设平价商店58家。9月，“小鲜驿站”平价商店在金沙洲保障房小区开业，方便了5000多户低保收入家庭的日常生活。年末，共建设平价商店总数108家，其中农超对接平价商店“小鲜驿站”59家，覆盖全市65%的街道和37%的镇。为配套平价商店建设，确保平价商店持续稳定经营，市供销合作总社在佛山南海区里水镇新建1个物流配送中心，与供销合作社领办的农民专业合作社建立稳定的农副产品购销对接关系，并与省内外蔬菜产地对接和本地供应商合作，从产地直接采购，通过物流配送直接供应平价商店。是年，平价商店建设与慈善超市相结合，市供销合作总社与荔湾区民政部门和海珠区部分社区签订协议，将实物救助工作纳入供销社“小鲜驿站”，平价商店供应救助物品种有2500多种。

建设平价商店是广州市政府稳定物价，特别是农副产品价格的创新性举措。通过产销对接、农店对接、农超对接，形成覆盖全市城市社区的平价商店网络，减少农副产品的流通环节，使平价商品售价比“菜篮子”价格平均低5%—15%，保证全年供应每市斤2元以下的廉价大米。门店每天公示的蔬菜价格，成为周边市场蔬菜价格的“风向标”，发挥了“稳价惠民”骨干示范作用。

（供稿：市供销合作总社；编辑：李启伦）

居民电价实施阶梯式收费

2012年6月15日，广东省物价局印发《关于我省居民生活用电试行阶梯电价有关问题的通知》，决定自2012年7月1日起对广东省居民生活用电试行阶梯电价。《通知》的主要内容有：一是居民阶梯电价的电量分档。将城乡居民每月用电量划分为三档，电价实行分档递增，并将电量分档划分为夏季标准和非夏季标准，每年的5月至10月执行夏季标准，其余月份执行非夏季标准。二是对全省城乡“低保户”和农村“五保户”家庭每户每月设置15千瓦时免费用电基数。免费用电基数采用“即征即退”的方式，由供电企业在抄表收费时直接扣减。三是汕头、潮州、揭阳、汕尾和云浮5市的居民电价统一降低到每千瓦时0.70元，在此基础上实行阶梯电价。四是居民用户在实行居民阶梯电价的同时，可自主选择是否执行峰谷电价政策。选择执行峰谷电价的居民用户，其峰谷分时计量表计由电网企业免费安装，用户选择实施后一年内不得变更。五是居民阶梯电价实施范围为广东省行政区域内实行“一户一表”的城乡居民用户。六是居民用户原则上以住宅为单位，一个房产证明对应的住宅为一“户”。

从2012年7月1日起，广州市执行《广州市电价价目表》。广州市城乡地区居民生活电度电价分阶梯电价、峰谷电价和合表电价三类。居民阶梯电价将城乡居民每月用电量划分为三档，电价实行分档递增。考虑到广州市夏季天气较为炎热，空调用电量较大的情况，将电量分档划分为夏季标准和非夏季标准，每年的5月至10月执行夏季标准，其余月份执行非夏季标准。夏季标准第一档电量为每户每月0—260千瓦时的用电量，其电价不作调整，为0.61元；第二档电量为每户每月261—600千瓦时的用电量，其电价每千瓦时加价0.05元，为0.66元；第三档电量为每户每月601千瓦时及以上的用电量，其电价每千瓦时加价0.30元，为0.91元。非夏季标准第一档电量为每户每月0—200千瓦时的用电量，为0.61元；第二档电量为每户每月201—400千瓦时的用电量，其电价每千瓦时加价 0.05 元，为 0.66 元；第三档电量为每户每月 401 千瓦时及以上的用电量，其电价每千瓦时加价 0.30 元，为 0.91 元。

居民用户在实行居民阶梯电价的同时，自主选择是否执行峰谷电价政策。居民峰谷电价政策的平段电价以各地现行居民电价水平为基础，峰段、平段、谷段的电价比价（不含政府性基金及附加）为 1.65∶1∶0.5；峰平谷时段为高峰时段（14：00 至 17：00；19：00 至 22：00）、平时段（8：00 至 14：00；17：00 至 19：00；22：00 至 24：00）、低谷时段（0：00 至 8：00）。选择执行峰谷电价的居民用户，其峰谷分时计量表计由电网企业免费安装，用户选择实施后一年内不得变更。此外，执行合表居民用户电价政策包括三种类型：未抄表到户的统建住宅（包括商品房和机关企事业单位自建住宅、政府公租房等）；住宅小区内执行居民电价的公共用电；执行居民电价的非居民用户（如学校、集体宿舍等）。此三类用电由供电企业直接按照合表居民用户电价政策计收电费，即电价统一提高 0.037 元/千瓦时，为 0.647 元。2013 年，广州市实施用电“价格惠民”工程，对城乡“低保户”和农村“五保户”家庭每户每月设置 15 度免费用电基数。

广州市建立“多用者多付费”的阶梯价格机制，有助于推进电价市场化进程，优化销售电价分类结构；减少交叉补贴；建立有利于节能减排、引导用户合理用电的电价体系；形成节能减排的社会共识，促进资源节约型、环境友好型社会的建设。

（撰稿：王键；编辑：曾新）

《广州市价格调节基金管理规定》实施

1994 年，广州市颁布《关于实施广州市副食品价格调节基金试行办法的通知》，设立价格调节基金。随着市场经济发展，政府主要依靠经济手段来间接调控价格总水平，原有法规已不适应新经济形势，需进一步完善运用价格调节基金，建立宏观调控的制度，由此推动《广州市价格调节基金管理规定》出台。

2010 年 12 月，广州市物价局开始起草《广州市价格调节基金管理规定》。2011 年 3 月 16 日，市物价局发文《关于征求对〈广州市价格调节基金管理规定（送审注释稿）〉修改意见的函》，分别征求市发展改革委、经贸委、财政局、国土房管局、城乡建设委员会、交委、农业局、法制办、地税局和市供销社意见，并修改和完善规定。4 月 29 日，市物价局将《关于印发〈广州市价格调节基金管理规定〉的请示》呈报广州市政府。6 月 14 日，《广州市价格调节基金管理规定》在广州市人民政府第十三届 139 次常务会议上审议通过。7 月 5 日，广州市政府印发《广州市价格调节基金管理规定》，标志着价格调节基金制度在广州市正式建立。

《广州市价格调节基金管理规定》（简称《规定》）共五章二十七条，分别依次为总则、征集、使用、监督管理和法律责任以及附则五章，有效期五年。根据《规定》，广州市价格调节基金面向酿酒、房地产开发、汽车生产和发电企业按季度征收，征收标准分别为：酿酒企业按实际缴纳增值税税额和消费税税额之和的 1%；房地产企业按实际缴纳的营业税税额的 1%；汽车生产企业按实际缴纳增值税税额和消费税税额之和的 0.5%；发电企业按上网销售电量 0.002 元/千瓦时。征收来的价格调节基金主要使用在低收入居民和领取失业保险金人员发放临时价格补贴、“三项建设”（蔬菜大棚、冷链设施和平价商店）、生猪定点供穗基地建设和家禽销售补贴方面。

2011 年 10 月，广州市第一笔市级价格调节基金征收完毕，共 4400 万元。11 月 10 日，市物价局、发展和改革委员会、财政局和民政局联合召开新闻发布会，宣布经市委、市政府决定，从全市第一笔市级价格调节基金 4400 万元中拿出 2172.126 万元，面向全市具有本市户籍的重点优抚对象，五保对象，城乡低保、低收入困难家庭成员和市、区（县级市）属社会福利机构政府供养人员，共 15.4 万低收入居民群体发放 10 至 12 月份临时价格补贴。从 2011 年 10 月起，困难群众的价格补贴按季度发放。

2013 年 5 月，针对广州家禽批发价受 H7N9 禽流感影响下跌五至六成的突发情况，广州市首次启动价格调节基金对家禽养殖场及禽类加工企业进行临时补贴，补贴资金约 2220 万元人民币，保障了广州家禽市场的稳定。7 月，广州市出台《广州市价格调节基金扶持项目补贴试行办法》。明确价格调节基金扶持项目的补贴方式（先建后补，以奖代补），明确价格调节基金扶持项目的补贴标准（平价商店项目、定点供穗生猪养殖基地项目、农副产品冷藏储备流通设施建设项目和有利于调控价格、稳定市场的其他项目）以及引入第三方专业机构评审验收机制，使基金的管理适用得到进一步规范。其中规定，对各定点供穗生猪养殖基地达到年供穗生猪要求的，以动物卫生监督机构统计的直接进入屠宰场屠宰的供穗生猪数量为计量依据，按每头 15 元的标准给予补贴。每年每个定点供穗生猪养殖基地最高可获得 500 万元的补贴，补贴资金从广州市价格调节基金中调拨。

2014 年 8 月，广州市物价局出台《广州市物价局等六部门关于进一步完善低收入居民临时价格补贴与价格上涨联动机制的通知》（简称《通知》），使价格补贴能及时发放。《通知》规定以市为单位统一启动或中止联动机制，达到以下条件之一时，应启动或中止本市低收入居民临时价格补贴的发放：当广州市低收入居民食品消费价格指数月度同比涨幅连续 3 个月达到 4%（含 4%）以上或连续 2 个月达到 8%（含 8%）以上时，启动联动机制；当连续 3 个月低于 4% 时，中止联动机制。当居民消费价格指数（CPI）中粮食价格同比涨幅连续 3 个月达到 10%（含 10%）以上时，启动联动机制；当连续 3 个月低于 10% 时，中止联动机制，使得价格调节基金的使用更加灵活。

2014 年 12 月，广州市下发价格调节基金扶持平价商店持续经营，在 2013 年 8 月 1 日至 2014 年 7 月 31 日期间经营满一年且经价格主管部门考核合格以上的平价商店获得共计 931 万元的奖励奖金。

从 2011 年 7 月 7 日至 2015 年 5 月 31 日，广州市累计征收市级价格调节基金 8.77 亿元，由于期间市场没有出现大的价格异动，共使用 22776.395 万元，结余 61275.915 万元。广州市价格调节基金在增强政府驾驭市场能力、减轻地方财政负担、应对突发性价格异常波动、平抑市场物价、保障居民基本生活、维护社会稳定等方面都发挥了重要的杠杆作用，且价格调节基金制度自身也在实践中不断成熟与发展。

（撰稿：司徒炜民；编辑：曾新）

广东首份金融业信用建设规范性文件

为深入贯彻落实《珠江三角洲地区改革发展规划纲要（2008—2020 年）》和《关于落实〈珠江三角洲地区改革发展规划纲要（2008—2020 年）〉推动金融业科学发展的若干意见》的有关要求，加强和改进广东省金融业信用建设，2011 年上半年，中国人民银行广州分行组织研究、起草了《关于加强广东金融业信用建设的指导意见》，并于 2011 年 7 月向金融机构正式发布。这是广东省首份金融业信用建设规范性文件。

《关于加强广东金融业信用建设的指导意见》吸取广东金融业在改革开放初期因金融诚信缺乏、盲目发展创新型金融业务、违规经营等给金融资产造成巨大损失的深刻教训，为促进金融业提高信誉，加强金融服务，促进金融业的稳健运行和经济的持续、快速、健康发展，以加强金融业的信用建设为主线，建立健全金融系统的诚信机制为重点，注重发挥金融业在社会诚信建设中的促进和辐射作用，共有12条，分为三个部分：第一部分（1—2条），重要意义、目标和要求。明确了建立健全金融行业诚信机制，形成产权结构清晰、治理机制完善、内控制度健全、职业操守良好、金融创新活跃、社会责任感强的现代金融服务体系的目标，并提出了相应的要求。第二部分（3—11条），主要的工作任务。主要包括9项：进一步完善公司治理结构，不断健全内部管理机制；探索建立金融高管人员履职评价机制，形成树正气、讲信用、重承诺的金融文化氛围；严格规范金融从业人员职业操守；切实保护金融消费者权益；审慎开展金融创新；认真履行社会责任；培育和规范信用市场；主动承担社会信用体系建设的责任；全面推进金融信用文化建设。第三部分（12条），保障机制。主要是要求金融机构积极参与金融行业信用建设，探索建立信用建设的协调联动机制、评价机制和考评通报制度等，确保各项任务落实。

《关于加强广东金融业信用建设的指导意见》实施后，产生较广泛的影响。一是推动了“信用广东”建设。随着金融业信用建设的逐步推进，信用报告作为企业和个人的“经济身份证”，其效能得到充分体现，社会公众的信用意识逐步提升，主动查询信用报告的人数越来越多。二是扩大了社会融资总量。金融业信用建设极大地缓解了银企信息不对称问题，依托金融信用信息基础数据库，促进了银行业金融机构的信贷投放，扩大了全省社会融资总量。截至2014年末，广东金融机构总资产19.6万亿元，约占全国的1/10，社会融资规模、上市公司数量、金融机构总资产等主要金融指标均保持国内领先地位。三是支持了实体经济发展。加强金融领域的信用建设，持续优化的信用环境和金融生态环境吸引了越来越多的金融资源聚集，促进了实体经济发展。2014年末，广东省小微企业贷款余额1.4万亿元，涉农贷款余额8983亿元，信贷不良率持续保持低位。

（撰稿：戈志武；编辑：曾新）

广钢白鹤洞基地整体关停

广州钢铁集团有限公司（简称广钢集团）白鹤洞基地的运营主体是其全资拥有的广州钢铁控股有限公司（简称广钢控股），前身是1958年建厂的广州钢铁厂。1988 年，广州钢铁厂与香港粤海企业（集团）有限公司合资，成立全国冶金系统首家中外合资企业——广州钢铁有限公司。1993 年，股份制改造后成为广州钢铁股份有限公司（简称广钢股份）。1996 年，广钢股份作为全国第一家地方钢铁企业成功在上海证券交易所上市。但是，在城市化快速发展的情况下，广钢集团白鹤洞基地地理位置由建厂初期的广州郊区快速地变成城市中心，环保压力越来越大。

在国家和省、市进一步加大淘汰落后产能力度，着力推动新型城市化建设的形势下，2008 年 3 月，国家发改委在批复湛江钢铁项目开展前期工作时，明确要求广钢集团白鹤洞基地在湛江钢铁项目投产时关停。2008 年，广州市提出了“退二进三”工作方案和要求，广钢集团被列入“第三批”搬迁计划中。2009 年 11 月，广州市将广钢集团白鹤洞基地列为第三批“退二进三”环保搬迁企业，要求在 2015 年前完成搬迁。为全面贯彻落实国家产业政策，适应广州市新型城市化发展战略，自 2011 年起，广钢集团按照“安全、环保、有序、按计划”原则对广钢集团白鹤洞基地生产工序实施逐步关停。

2011 年 8 月 22 日，宝钢重组广钢系列协议签署生效，白鹤洞基地需关停。2012 年 6 月 20 日，广钢股份与广日集团完成法律交割手续，广钢股份资产、债务及人员关系由新成立的广钢集团全资子公司广钢控股承接。广钢集团单独实施白鹤洞基地关停的条件基本具备。2012 年 12 月，广州市政府批准《广州钢铁企业集团有限公司转型发展实施方案》，明确要求白鹤洞基地尽快关停实施转型发展，白鹤洞基地关停进入组织实施阶段。广钢集团白鹤洞基地关停涉及债务安排，人员分流安置，周边区域水、电、燃气等能源介质供应的社会化切换，以及生产技术安全等重大问题，是一个庞大复杂的系统工程。

债务安排。2013 年 1 月至 6 月，完成白鹤洞基地所在广钢新城的规划深化工作。6 月 24 日，广钢集团和市土地开发中心签署《广钢集团白鹤洞地块收储工作实施方案》，并以此为基础，与华夏银行签订过桥资金贷款协议，解决白鹤洞基地关停债务问题。

人员分流安置。2012 年 3 月 28 日，广钢控股按照第五届职代会第八次会议审议通过的《广州钢铁股份有限公司职工分流安置方案》，根据“依法依规、以人为本”的原则和“关停无情，安置有情”的工作思路，大力开辟各种分流安置渠道，集中“一站式”服务为员工办理离职、公积金转移、申领失业救济、组织关系转移和档案转移等手续，人员分流安置平稳有序。2012 年 3 月底起，实施焦化、小轧、电炉、废钢、无缝等部分关停工序人员分流安置；6 月，实施劳动关系变更人员分流安置，2012 年共分流安置 1443 人。2013 年 9 月底整体关停后，广钢控股于10月精心组织了集团内部、市国资委监管企业、广船及周边企业3场招聘会，提供4741个再就业岗位，其中643名员工应聘到新岗位就业。2013年分流安置2471人。受白鹤洞基地关停影响的其他企业也相应进行了人员分流安置，2011年至2013年共分流安置员工约925人。

周边区域水、电、燃气、蒸汽等能源介质供应的社会化切换。2011年7月30日，广钢集团与广州燃气集团完成白鹤洞生活区燃气置换工作，先后完成水、蒸汽的切换，供电社会化留待关停后过渡期内解决。

技术安全关停。广钢集团制订严密的技术安全关停方案，并自2011年年底开始，有步骤、有计划地对广钢集团白鹤洞基地进行关停：2011年12月，广钢股份炼铁总厂焦炉、小轧、无缝热轧等三个工序（单位）关停；2012年3月1日，石灰厂关停；2012年3月13日，撤销广钢股份废钢供应部，与金兴公司一并关停；2012年9月11日，广钢控股电炉厂关停；2013年3月7日，广钢控股能源中心11MW发电机组、炼铁总厂4#高炉关停；2013年9月22日，广钢控股炼铁总厂5#高炉、连轧工序关停；2013年9月25日，广钢控股炼铁总厂3#高炉、炼钢总厂转炉关停；2013年9月29日，广钢控股32MW电站关停。至此，广钢集团白鹤洞基地实现“无安全事故、无环保事故、无设备损坏事故”顺利整体关停，广钢集团从此告别了在广州市的钢铁冶炼时代。

2013年9月25日，广钢白鹤洞基地最后一炉转炉钢出钢后，全体公司领导与员工代表在炉台上合影留念

广钢集团白鹤洞基地整体关停后，广钢控股仍作为一个经济实体继续运作经营，继续完成拍卖出让地块上的资产处置工作。2013 年，广钢控股能源中心小火电指标转让给发展集团，完成实现关停工序部分设备处置，开始对连轧生产线、60 吨电炉、一期发电站、高线生产线、40 吨电炉等工序资产清查及评估工作。2014 年，完成白鹤洞一期出让地块上两台废旧内燃机车、高线作业区、连轧作业区、燃气作业区、转炉作业区、电炉厂等 13 个资产包的处置，于 11 月 20 日向市土地开发中心如期交地。2014 年 7 月前，完成炼铁总厂、无缝钢管厂、电炉厂、能源中心等白鹤洞基地余下地面资产的拆除、拍卖和搬运出厂工作。至此，广钢集团白鹤洞基地地面资产处置工作全部完成。

广钢集团白鹤洞基地关停完成，标志着曾作为广州经济支柱的广钢集团正式退出广州工业发展的历史舞台。根据“广钢新城控制性详细规划修编”规划，广钢集团白鹤洞基地将被建设成为特色宜居新区、专业交易中心。

（撰稿：刘新奇；编辑：黄敏华）

广钢集团实施重组

2008 年，广东省委、省政府作出实施广州钢铁企业集团有限公司（简称广钢集团）环保搬迁，建设湛江钢铁项目的重大战略决策。宝钢集团有限公司（简称宝钢集团）重组广东省属企业韶关钢铁集团有限公司（简称韶钢集团）和广州市属企业广钢集团。广州市和广钢集团从全国、全省钢铁工业发展的大局出发，坚决拥护省委、省政府的统一部署和重大决策。6 月 28 日，广东钢铁集团有限公司（简称广东钢铁集团）成立。由于 2008 年国际金融危机爆发，国家暂缓湛江钢铁项目的正式核准工作，广东钢铁重组方案也一直不断变化，直至 2011 年才最终明确下来。

2011 年，省、市政府和宝钢集团经过多轮谈判，最终确定了宝钢集团重组广钢集团的基本方式：撤销广东钢铁集团，宝钢湛江钢铁有限公司以现金出资、广钢集团以所持广州 JFE50% 股权作价出资，按照 51∶49 的股比设立“广州薄板有限公司”（简称广州薄板）。广钢集团关停珠江钢铁责任有限公司（简称珠江钢铁）和白鹤洞生产基地，将钢铁产能提供给湛江钢铁项目使用，广钢集团的转型发展与人员安置由广州市负责。8 月 22 日，宝钢集团重组广钢集团系列协议在广东迎宾馆正式签署生效。广钢集团重组自此正式进入组织实施阶段。

为确保广钢集团重组成功，市政府成立了广钢集团重组和转型发展领导小组，由常务副市长陈如桂担任组长（前任组长为常务副市长邬毅敏），成员包括市国有资产监督管理委员会（简称市国资委）、市发展和改革委员会（简称市发改委）、市财政局、市国土房管局等市政府相关局、委、办和广钢集团，及时研究和处理广钢集团重组和转型发展工作中的重大问题；同时成立综合协调小组、财税政策协调小组、人员分流安置小组、应急维稳小组、转型发展小组、土地及房地产开发协调小组等六个专责小组；市国资委建立沟通联络制度、定期报告和督办落实制度，确保整体工作平稳有效推进。广钢集团重组主要涉及宝钢集团重组广钢集团、珠江钢铁金融债务重组和广钢股份资产重组等三大重组。

一是宝钢集团重组广钢集团。按照协议要求，广钢集团主要工作包括：一是关停珠江钢铁和广钢集团白鹤洞生产基地；二是组建广州薄板，将广钢集团所持广州 GJSS 钢板有限公司股权注入广州薄板并转让给湛江钢铁有限公司；三是协助宝钢集团处理珠江钢铁主体设备。广州薄板组建及股权转让方面，2011 年 12 月 22 日，完成广州薄板的工商注册登记；2012 年 3 月 28 日，完成办理广州薄板实收资本变动的工商登记，完成广钢集团对广州薄板的注资工作；稍后，完成办理广钢集团所持广州薄板股权转让相关法律手续；4 月 19 日，广州薄板举行挂牌仪式。珠江钢铁设备处置方面，宝钢集团先后组织了对珠江钢铁主体设备的资产评估、接收对象评估考察等工作，历时近一年，仍未能确定主体设备接收主体。根据变化后的新情况，市国资委、广钢集团与宝钢集团友好协商，于 2012 年年中达成了重组协议约定的 55 亿元（含购买珠江钢铁设备款）补偿额的分配协议。2012 年 10 月底，产能补偿款 50.93 亿元到账市国资委。2013 年 9 月 30 日，广钢集团与宝钢集团达成珠江钢铁设备处置的补充协议并履行。钢铁产能关停方面，2011 年 1 月，珠江钢铁关停；2013 年 9 月 29 日，广钢集团白鹤洞生产基地全线关停。至此，宝钢集团重组广钢集团系列协议全部完成。

二是珠江钢铁金融债务重组。受金融危机严重冲击的影响，2010 年 10 月 8 日，珠江钢铁决定临时停产，引发债务问题，其中金融债务最为突出，涉及 15 家商业银行。为稳定宝钢集团重组广钢集团大局和维护区域金融稳定，2011 年年初，开始推动珠江钢铁金融债务重组工作。2 月 14 日，省政府主持召开“广钢集团资产重组有关债权银行协调会”，拉开珠江钢铁金融债务重组的序幕。从筹划开始至银企双方签署重组协议，历时两年。2012 年下半年，在广钢股份资产重组所涉及的相关债务处理明晰后，经反复磋商，银企双方对《广州珠江钢铁有限责任公司银行债务重组协议》和《广州钢铁企业集团有限公司及下属相关企业银行授信总框架协议》两份协议达成一致，协议约定分5年还清本息。10月31日，协议正式签署生效。11月2日，完成首付以及截至10月31日的所有欠息，并豁免罚息。至2015年下半年，金融债务重组协议全部完成。珠江钢铁金融债务重组协议签订并正常履行后，非金融债务重组协议也随后签署并履行。

三是广钢股份资产重组。广钢集团白鹤洞生产基地是广钢集团属下上市公司——广州钢铁股份有限公司（简称广钢股份）的生产基地。为保存广钢股份的价值和保护投资者利益，维护资本市场稳定，2010年年底至2011年年初，广州市决定对广钢股份与广日电梯集团有限公司（广日集团）实行资产重组。重组结束后，广钢集团100%控股现在广钢股份的资产，广日集团控股新的上市公司。广钢集团、广钢集团指定或新设立的控股公司负责安置当时广钢股份的全体员工，新设公司从事的业务、拥有的资产和员工与当时的广钢股份保持一致。2011年，广钢集团设立"广州钢铁控股有限公司"，以承接广州钢铁股份有限公司重组后的资产、债权债务和人员等。2011年7月20日，广钢股份与广日集团资产重组方案获股东大会审议通过。2012年5月24日，中国证监会正式批准广钢股份与广日集团的资产重组方案。6月20日，广钢股份与广日集团完成法律交割手续。随后与重组有关的劳动人事关系转移、工商变更登记、资产打包置入广州钢铁控股有限公司等工作相继完成。

广钢集团重组是广东贯彻落实《珠江三角洲地区改革发展规划纲要（2008—2020年）》，推进广东钢铁产业转型升级，加快区域经济协调发展的重大举措；同时，也是广州市优化产业结构、加快高端要素集聚、提升综合服务功能、强化国家中心城市地位的重大举措。广钢集团转型发展是广州产业布局的又一重大成果。

（撰稿：刘新奇；编辑：黄敏华）

广州航运交易所揭牌

2011年9月8日上午，广州航运交易所成立仪式在广州市港口中心举行。该所是国内第三家、华南地区首家航运交易所，为船舶交易、航运人力资源供求、临港大宗货物交易提供市场和信息平台。

广州航运交易是现代航运服务业的重要组成部分。珠三角地区集中了广州、深圳等国际大港，进出口贸易约占全国1/4。广州作为国家中心城市，组建航运交易所，可以为广东、华南地区乃至泛珠三角地区的航运交易提供场所、设施、信息、交易等服务，引领区域经济发展，有利于提高航运交易效率，降低交易成本，调节市场价格，规范航运交易市场秩序，吸引国际船公司、航运总部以及船舶租赁与交易、船舶融资与保险、大宗商品交易等业务集聚广州，更好地发挥广州国家中心城市和综合性门户城市对区域经济的集聚辐射带动力。

广州航运交易所成立初期重点建设船舶交易市场及信息平台，开展船舶交易服务及其相关的经纪、评估、验船、融资、法律等业务；发展航运人力资源供求市场及信息平台，开展船员人事代理、人才测评、劳务中介等服务；建设船舶舱位、货源供求市场；发展临港大宗货物交易市场及信息平台，促进煤炭、油品、钢材、粮食、木材等临港大宗商品的现货交易和期货交易市场发展。在条件成熟的基础上逐步开发编制具有鲜明特色的珠三角运价指数，为进出口贸易提供快捷的信息服务。航交所立足于服务华南地区港航业，从开展船舶交易、大宗货物交易、航运经纪服务、人力资源评价及输出等业务入手，逐步实现船舶交易、航运服务、发布行业信息等航运要素聚集广州。进一步引入政府、国有、民营乃至境外资本，活跃航运服务市场，提高航运资源配置能力，提升航运服务效率，带动航运金融、航运保险、航运仲裁等高端服务业的发展。

广州市政府支持广州航运交易所做大做强。2015年年初，同意广州航运交易所作为发起单位，组建广州航运交易有限公司。该公司立足广东，面向港澳及全世界拓展业务，并计划整体上市。广州已经制定《建设广州国际航运中心2015—2017年行动计划》，通过共建的方式做大做强广州航运交易所，全面带动广州航运服务业的发展。

（供稿：广州港务局；编辑：刘德敏）

城市轨道列车在途监测与安全预警关键技术研究

“城市轨道列车在途监测与安全预警关键技术”是国家高技术研究计划（863计划）现代交通技术领域的科研项目，于2011年9月获国家科技部立项，牵头单位为广州市地下铁道总公司，项目首席专家为丁建隆。项目总经费预算23371万元，其中863计划专项经费7371万元，科研单位自筹经费16000万元。

项目下设6个课题，包括“列车在途隐患挖掘与评估预警技术及系统研制”“列车运行综合优化控制技术”“基于传感网的列车关键设备在途故障诊断技术及系统研制”“列车在途安全综合监测数据大容量传输技术及设备研制”“列车安全检测传感网关键技术及设备研制”和“列车在途监测与预警系统集成技术与示范工程”。市地下铁道总公司、北京交通大学、南车株洲电力机车有限公司、北京首科中系希电信息技术有限公司、株洲南车时代电气股份有限公司5家单位分别承担相关课题，同时联合西南交通大学、同济大学、上海申通地铁集团有限公司、长春轨道客车股份有限公司、北京交控科技有限公司共10家单位组成“产学研用”科技攻关团队。

科研团队研究、借鉴国内外相关领域最新技术发展方向及成果，立足于自主研发，最大限度地发挥协同创新优势，扎实推进各课题的研发工作。历经3年，组织约850人参与，共投入近6600人次，相继攻克城市轨道列车安全检测传感网、基于传感网的列车在途故障诊断、列车在途安全综合监测数据大容量传输、列车在途隐患挖掘与评估预警、列车在途监测与预警系统集成和运维资源优化等24项关键技术，成功研制具有自主知识产权的基于物联网、传感网、车联网和移动传输网“四网融合”的列车运行及环境状态全过程和全息化智能感知、预警、应急与运维支持一体化技术与成套系统装备7台（套），申请发明专利50项、软件著作版权申请39项、发表论文88篇，形成6项企业标准技术规范，获得19项产品应用，完成100名硕士研究生和26名博士研究生的人才培养。项目研制的中国首套城市轨道列车在途监测与安全预警系统，在广州地铁完成了覆盖15列车和2条典型运营线路的规模化工程验证。

城市轨道列车在途监测与安全预警系统主要由三大部分组成：车载系统、车地传输系统、地面系统。车载系统主要完成列车各关键系统状态的智能感知（智能传感网和物联网），与基于100兆实时车载以太网共同组成的车联网，完成信息的交互汇聚，并实现列车在途故障诊断，同时具备大容量的无线传输能力。车地传输系统通过具备多宿、软切换、宽带的高速无线数据传输网络，实现具备准确列车序列号和网络地址的列车状态信息及故障数据向地面控制中心的无缝实时传输。地面系统实现广州地铁沿线空间分布的数据接入点、地面检测设备和移动车联网节点（列车）的网络化互联，形成具有分布式智能化特征的列车隐患挖掘系统，对列车的“健康”状态进行跟踪，挖掘故障隐患。

该项目研制系统通过对涉及行车安全关键部件（列车制动、走行、动力、辅助、均衡、乘客异动等）运营状态的监测、感知、诊断、传输、分析，具备对列车的运行状态跟踪分析、隐患挖掘、应急处置和运维决策等功能，解决无法实时全面获取安全相关状态、诊断预警缺失和无法进行安全性能评估与预测的问题，实现了对列车智能感知、智能诊断、智能跟踪和运维保障的全过程一体化，大幅提高了“列车在途故障判断”“应急处置和检修”等方面的运作效率，增强了列车运行的安全性。

经过1年多投入现场应用的运行考核，该项目经济社会效益明显。仅项目示范工程经济效益超过4000万元/年。按全国列车保有量2700列计算，项目成果推广到全国，每年仅检修人工成本可节约3亿多元。通过第三方测试结果表明，该项目成果在隐患预测准确率、在途故障诊断准确率、最高时速120千米/小时下传输带宽≥16M时误码率、传感网支持多元异构及多路信号接入等方面技术指标均全面达到或超过了项目原定指标水平。

该项目成果代表轨道交通智能化发展的趋势和方向，为中国城市轨道交通运营向主动安全保障和高效运维转型奠定技术和装备基础。2015年2月，通过国家科技部的验收。

（撰稿：杨玲芝；编辑：李启伦）

市属国有企业规范董事会建设

“十二五”期间，广州市国有资产监督管理委员会（简称市国资委）以市场化、证券化、社会化、国际化为导向，深入推进国资国企改革，在市属国有企业中全面推进规范董事会建设，完善公司法人治理，明晰出资人权力边界，建立健全协调运转、有效制衡的公司法人治理结构，进一步强化企业真正成为自主经营、自负盈亏的市场主体地位，增强企业活力、竞争力和影响力。

建立完善规范董事会建设的制度。首先，规范董事会建设系列文件。根据监管企业实际，科学制订《董事会规范运作试行办法》《外部董事管理办法》《职工董事管理办法》《报告事项管理办法》和《董事会及董事评价办法》等董事会“1+4”系列文件，从董事会运作、外部董事管理、职工董事管理、董事会报告事项管理、董事会及董事评价等方面，全面夯实董事会改革制度基础，对国有企业董事会建设进行系统的顶层设计。其次，出台外部董事建设管理文件，包括《外部董事资格认定委员会管理试行办法》《外部董事考核评价细则》《外部董事报酬管理办法》和《外部董事报告事项管理办法》等系列配套文件。

建立外部董事遴选机制。首先，在借鉴国内先进经验和调研的基础上，成立外部董事资格认定委员会，引入第三方专家评审机制。其次，建立200多人组成的外部董事人才库。主要成员由广州地区著名高校及科研单位的学者、国有企业交叉任职的企业领导人员、银行等金融机构的专家，以及会计师事务所、律师事务所等中介服务机构的专业人士构成。

有序推进规范董事会建设验收。2011年9月28日，以市政府名义组织召开全市国有企业规范董事会建设工作会议，部署全面启动市属国有企业规范董事会建设工作，完善国有企业法人治理结构，促进国有企业健康发展。2011年正式启动规范董事会建设工作。2012年推进9家，2013年6家、2014年6家，累计推动三批共21家企业的规范董事会建设工作，占监管企业数量超60%。竞争性企业通过规范董事会建设现场验收、准公益性企业外部董事占1/3以上的企业“双过半数”。规范董事会建设，主要是优化董事会人员结构、健全董事会机构和完善董事会制度，通过对国有企业内部管理体制、架构、流程进行优化和再造，塑造“国有体制、民营机制和上市公司的规范透明”有机结合的充满活力的现代化企业。制定《规范董事会建设验收手册》和《规范董事会建设验收表》，细化验收标准为12大项、30小项。市国资委会同市委组织部联合组成规范董事会建设工作领导小组，依照“积极有序，稳妥推进，成熟一家，验收一家”的原则，针对国有独资公司和国有资本控股公司的不同特点，启动分类验收。对于国有独资公司，验收着重于董事会运作的规范性和决策的科学性；对于国有资本控股公司，验收着重于董事会运作的独立性和国有控股股东的自律。具体做法上，重点是采取“制度审查＋领导约谈”现场验收方式，审核《公司章程》和《董事会议事规则》等董事会相关制度及《投资管理办法》等公司专项管理制度；约谈企业领导班子。完成广州汽车工业集团、万宝集团、建筑集团、轻工工贸集团、珠江实业集团、越秀集团、金融控股集团、电气装备集团和无线电集团等9家国有独资公司和广州友谊、珠江钢琴、广州酒家等3户国有资本控股公司规范董事会建设的现场验收工作。

批复授权。在现场验收的基础上，市国资委联合市委组织部对验收合格企业正式进行批复，并根据《广州市国资委规范董事会建设企业章程指引》，修改完善验收企业章程。市国资委对规范董事会建设企业授予投资权、人事权和薪酬权三项权力。市国资委只审定企业的战略发展规划和主业（原则不超过三个），主业范围内投资项目由董事会决定，并要求向出资人备案，不再由出资人审批。企业总经理和其他高级管理人员的选聘权授予董事会，总经理由董事会提名委员会提名，董事长按有关规定确定考察人选，董事会确认并报市委组织部、市国资委党委任前备案后，由董事会聘任或解聘。副总经理等其他高级管

规范董事会建设工作会议

理人员由总经理提名，公司事前书面向市国资委备案，市国资委收文后10个工作日内未反馈不同意见的，公司董事会可聘任或解聘。市国资委只考核董事长的薪酬，董事长以外的内部董事、高级管理人员的薪酬以及工资总额预算等由董事会管理。

采取措施提升董事履职尽职意识和能力。组织全体董事培训，每年度与高校或专业培训机构合作组织举办“董事会成员高级研修班”，邀请国内知名学者就当前宏观经济形势、金融形势等进行解读，构建高层次、高水平、具有重要影响力的董事学习交流平台。开展董事会秘书培训，针对公司治理和董事会建设方面的文件规定，加强董事会秘书与董事会运作的相关培训，提升董事会秘书的业务政策水平和业务能力。加强外部董事管理。首先，逐户逐个建立外部董事履职档案，包括：参加培训、在任职企业开展调研、个人年度述职报告等情况；其次，每年组织召开广州市国有企业外部董事座谈会，沟通交流工作，并听取外部董事对工作的建议意见；再次，考核、考评小组根据外部董事考核细则的相关规定，在外部董事履职档案、外部董事访谈情况、外部董事考核评价表、个人年度述职报告的基础上，按照各考核评价主体的权重，形成考核评价意见，确定考评结果，将考核结果与薪酬挂钩，并作为续聘使用的重要参考依据。

加强董事会建设基础工作。构建董事会档案资料库，为监管企业建立专户专档；加快推进“国资监管系统董事会管理工作平台”建设；推动董事会工作标准化管理，规范文本，出台《董事会决议范本》和《董事会会议报告范本》

等系列范本，规范董事会会议报送格式；建立董事会和监事会工作月报、专报制度等。

（供稿：市国资委；编辑：黄敏华）

建立出租车运价与燃料价格联动机制

2011 年 10 月 10 日，广州市建立出租车运价与燃料价格联动机制，市区出租车（不含从化、增城、花都、南沙，下同）起步价从 7 元/2. 3 千米调整为 10 元/2. 5 千米，取消 2 元/车次燃油附加费。

为应对国际、国内液化石油气（LPG）、成品油价格上涨，缓解燃料价格波动对全市出租汽车行业的影响，促进出租汽车行业的稳定和发展，国家、省已于 2006 年要求各地逐步建立出租汽车运价随燃料价格变动调整的机制，2011 年 4 月，市出租车协会向市物价局提交《关于申请建立我市出租车运价与燃料价格联动机制的函》，要求建立出租汽车运价与燃料价格联动机制。市物价局委托市价格成本调查队对 2007 年至 2009 年全市出租车行业的运营成本进行审核，与市发展改革委、交委、财政局、质监局等部门研究，制订《关于取消出租车燃油附加，建立出租汽车运价与燃料价格联动机制的听证方案》，并于 7 月 18 日组织召开听证会。在对联运机制方案进行充分论证后，经报市政府同意，10 月 9 日，市物价局发出《关于我市取消出租汽车燃油附加、建立运价与燃料价格联动机制的通知》（简称《通知》），主要内容如下：

取消燃油附加，调整出租汽车起租价和起租里程。自 2011 年 10 月 10 日零时起，全市取消现行 2 元/车次的出租汽车燃油附加，出租汽车起租价调至 10 元，起租里程调至 2. 5 千米，续租价维持 2. 6 元/千米不变。

建立出租车运价与燃料价格联动机制。一是当出租汽车起租价调至 10 元、起租里程调至 2. 5 千米、续租价维持 2. 6 元/千米不变时，对应的车用 LPG 零售价格上限为 5. 22 元/升，下限为 4. 39 元/升。二是当车用 LPG 零售价格每变动 0. 83 元/升时，出租汽车起租价相应变动 1 元，续租价维持 2. 6 元/千米不变。三是出租汽车在低速营运或应乘客要求停车等候时，维持现行 26 元/小时标准不变。四是当载客车辆行驶满 35 千米标准收费后，维持现行的表内自动计收 50% 空驶费不变。五是运价与油价联动参照运价与气价联动的措施，按照现行车用 LPG 与 93 号汽油单位里程燃料费用比为 1∶1.40 计算。由于出租汽车经营者可以根据性价比选择使用汽油或车用 LPG，因此，需调高运价时，以后达到联动区间的燃料价格为准；需调低运价时，以先达到联动区间的燃料价格为准。六是当全市出租汽车起租价上升达到北京、上海、深圳三地平均水平时，联动机制将改为通过提高续租价消化燃料价格上涨。

（撰稿：王键；编辑：曾新）

广州民间金融街工程建设

2011 年 11 月，为实现“金融强省”“金融强市”的战略目标，提升广州区域性金融中心地位，广州市决定在越秀区建设集资金借贷、财富管理、支付结算、信息发布为一体，体现岭南风情和广州特色的民间金融集聚区——广州民间金融街。广州民间金融街工程分三期建设。

首期工程建设。历经近 4 个月筹建，广州民间金融街首期工程建设完成。2012 年 6 月 26 日，省委书记汪洋为广州民间金融街授牌，6 月 28 日，举行广州民间金融街开业仪式，市委副书记、市长陈建华为广州民间金融街揭牌。首批入驻机构 35 家，其中小额贷款公司 11 家；同期发布民间融资“广州价格”。民间金融街按日通过网络、街内终端电子显示屏，以及市内主要媒体定期发布民间融资“广州价格”，为街内外民间融资提供价格参考。

二期工程建设。2013 年 6 月，广州民间金融街二期工程建设完成。二期重点打造项目：一是广州民间金融街综合服务中心。作为民间金融街的公共服务平台，为企业和个人提供借贷咨询、股权交易、资产交易，以及公证、法律、会计等“一站式”专业配套服务。二是广州民间金融大厦。主要为入驻小额贷款、典当等民间金融机构以及会计师事务所、律师事务所等配套机构提供办公场所，致力于打造集金融、商业于一体的民间金融高端集聚园区，共有 9 家机构入驻民间金融大厦。三是中国（广州）民间金融博物馆。国内首个以民间金融为题材的博物馆，展示从西周至近现代广州乃至全国民间金融发展历史，以及广州民间金融街建设发展历程。四是丰富民间金融指数。在首期发布民间融资利率、费率的基础上，研究开发小额贷款利率指数和民间金融景气指数。

民间金融街二期工程建设取得明显成效。金融集聚效应持续增强，品牌影响力逐步显现。一是新引入各类民间金融机构 50 家，同比增长 134%，入驻机构总数达到82家；累计向全市2500余家企业和个人提供融资服务超100亿元。二是企业缴纳税收明显增加。民间金融街业态转型升级，新入驻企业相比原址所经营的企业缴纳税收总额增加10倍。三是增加社会就业岗位。大量金融机构及配套服务机构入驻带动周边产业的发展，增加大量的就业岗位。四是提供旧城改造新模式。民间金融街修旧如旧，以较低的成本实现了旧城改造，探索通过“腾笼换鸟”、整修危房、保持原有风貌进行旧城改造的新模式。五是形成民间金融风险防范新机制。完善现场检查工作流程，及时查纠各类违规行为，及时防范风险；研究开发民间金融街风险监测系统，通过智能化技术手段对入驻机构进行违规预警，提升非现场监管水平。六是推动社会信用建设。作为广州市社会信用体系建设的试点，民间金融街建设拓宽信用信息数据收集渠道，为街内机构提供人民银行征信查询的绿色通道；搭建民间信用自律平台，通过政府引导，街内入驻机构共同成立民间金融商会，引导入驻企业开展行业自律，促使企业遵纪守法、合法诚信经营。

广州民间金融街

三期工程建设。2015年1月，民间金融街三期工程建成。重点建设项目：一是打造果菜西金融社区。果菜西社区位于长堤大马路和一德路之间，首期投入3000万元，对果菜西金融社区开展总体规划、外立面整饰、物业装修等工作，并采取因地制宜、腾笼换鸟方式置换原有业态，打造国内首个宜商宜居综合性金融服务社区，规划建设民间金融业态区、餐饮配套区、商务休闲区、金融体验区、互联网金融基地五大区域，共置换出商铺和仓库约120户，引入一德电商 O2O 体验店、唯品会互联网特色小贷公司、鼎宏小贷公司等 16 家机构入驻。二是设立小贷“央行”。2013 年 10 月，由广州金融控股集团发起成立全国首家小额再贷款公司——立根再贷款公司，向全市小贷公司发放贷款，同时经营小贷公司同业拆借、资产转让、票据贴现等业务，被称为小贷公司的“央行”。三是打造诚信产业。2014 年 6 月成立全国首家专注于服务民间金融产业的市场化征信公司，建设征信平台，采集上万条企业和个人的民间借贷信息，同步录入工商、质监、食药监、卫生、法院、公安和地税等 7 个区属部门的信用信息，初步建成区域性的信用数据库。四是设立全市首个互联网金融产业基地。共入驻企业 14 家，其中互联网金融企业 6 家、互联网金融科研机构 3 家、电商 O2O 体验店 1 家、电商创业基地 1 家、社区银行 2 家、金融商务主题餐厅 1 家。同时，为扶持互联网金融产业基地的发展，出台《关于促进广州民间金融街互联网金融创新发展的若干意见（试行）》《广州民间金融街互联网金融基地管理与服务办法》。

民间金融街三期新引入机构 50 家，入驻金融机构达到 152 家。2014 年，为全市超 15000 家小微企业和个人提供融资超 1000 亿元，同比增长 5 倍；缴纳税收超 4 亿元，同比增长 2.9 倍，民间金融街已成为越秀区新的经济增长传动带。

经过三期工程的建设，广州民间金融街进入扩容提质建设时期。2015 年 6 月，广州民间金融街获省金融办批复，率先开展小额贷款公司行业监管改革创新试点，国内企业、境外资本均可在金融街发起设立小贷公司，优质企业还可设立独资小贷公司。至此，金融街已发展成为涵盖小贷公司、再贷款、融资担保、典当、互联网金融、电商平台、融资租赁、文化产业、专业配套、商务服务于一体的宜商宜居综合体，多元企业主体、多层服务体系、多样经营方式的民间金融生态圈日趋成熟。截至 2015 年 6 月底，广州民间金融街共入驻各类民间金融及配套机构 158 家，其中小额贷款公司 49 家，互联网金融企业 15 家。

（撰稿：张晓慧；编辑：刘燕玲）

打造世界第一超级计算中心

广州超级计算中心坐落在广州大学城中山大学东校区，总建筑面积 4.23 万平方米，其中机房面积约 8000 平方米，配电、制冷系统等设备附属用房面积约 9500 平方米。作为广东最大的科技基础设施、广州市“科技一号工程”，广州超算中心着力打造材料科学与工程计算平台，生物计算与个性化医疗平台，全数字设计与装备制造平台，能源及相关技术数字化设计平台，天文、地球科学与环境工程平台，智慧城市平台六大应用平台。该中心是中国第一个具有亿亿次以上计算能力的超算中心，是助推战略性新兴产业发展、支撑国家创新型城市和智慧城市建设的重大战略性基础设施，旨在建设融高性能计算、海量数据处理、信息管理服务于一体的世界一流超算中心。

建设历程。2011 年 11 月底，广州市政府联合广东省政府、国防科学技术大学、中山大学成功申报科技部“十二五 863 计划高效能计算机重大项目课题”，并正式启动超算中心建设。成立以广州市市长陈建华为组长的广州超级计算中心建设工作领导小组，以及以陈建华为理事长、各共建单位有关负责人为副理事长的超算理事会，协调解决建设期遇到的重要问题。广州超算中心项目建设由国家、省、市、区、校五方共同出资，总投资超过 25 亿元。按照国家、省、市 1∶1∶1 研制经费的配套原则，除省、市各拨付约 6 亿元作为研制经费外，广州市还拨付约 5 亿元支持配套设施建设。同时，还设置应用研发专项资金扶持，组织引导社会力量开展高性能计算和海量数据处理应用研发，支持重点应用领域的高性能计算应用软件研发与示范应用。2012 年 3 月 26 日，广州市政府与国防科学技术大学签署“天河”二号高性能计算机系统研制合作协议，标志着广州超级计算中心项目进入实质性建设阶段。5 月 16 日，广州超级计算中心建设工作领导小组开展第一次工作会议，研究确定中山大学大学城校区为广州超级计算中心最终选址。5 月 30 日，为先期开拓应用市场，广州市与国防科学技术大学、中山大学合作建设的广州超级计算中心先导系统正式开通上线，开展应用适配和人才培训。9 月 26 日，广州超算中心配套用房项目正式奠基。2013 年底前完成一期建设，“天河”二号一期系统按时进驻。2013 年 6 月，“天河二号”一期系统（54.9P）研制成功，以峰值计算速度每秒 5.49 亿亿次、持续计算速度每秒 3.39 亿亿次、能效比每瓦特 19 亿次的优异性能荣登世界超级计算机 TOP500 排名榜首，比原世界排名第一的泰坦超级计算机快 1 倍。10 月，“天河二号”一期系统进驻广州超算中心大楼。11 月，国家科技部正式批复同意组建“国家超级计算广州中心”，纳入国家超级计算中心序列。同时，广州超算中心“天河二号”再次参加在美国丹佛举行的世界超级计算机 TOP500 排名，蝉联世界第一。2014 年 4 月 1 日，国家超级计算广州中心正式开始试运行，对外开放提供服务。6 月 23 日，“天河二号”在德国莱比锡世界超级计算机大会上发布的最新世界超级计算机 500 强中再次位居榜首，获得世界超算“三连冠”。11 月 17 日，在美国新奥尔良举办的 2014 超级计算年会上发布的世界超级计算机500强排行榜中，“天河二号”超级计算机以每秒3.39亿亿次的浮点运算速度又一次折桂，荣获“四连冠”。

广州超算中心落户中山大学东校区

用户培育和应用推广。自2014年4月试运行以来，广州超算中心先后为250多个用户提供计算服务，其中高等院校用户168个，科研单位用户46个，企业用户34个，个人用户4个。用户覆盖国内18个省、直辖市以及中国香港地区。其中广东省、广州市用户110个，占用户总数的43%。广州超算中心多效并举，不断培育新用户，大力推广应用领域。截至2014年年底，共与35个单位签订超算资源使用协议，与12个单位签署战略合作协议。一是通过举办超算应用推广大会暨重点用户座谈会，与华大基因、广东工业研究院、北京大学等8家单位签署战略合作协议。二是主动开拓市场，多渠道、多形式挖掘潜在用户群，积极与高等院校、科研院所、工业企业对接应用需求，吸引包括远景能源、长程软件、广州气象局等一批典型行业用户。三是聚焦重大领域科研，支持一大批国家和省市科研项目，其中支持国家重点基础研究计划（973）项目、国家高技术研究发展计划（863）项目、国家自然科学基金重点项目、国家自然科学基金国际合作项目等国家级科研项目超过60项，广东省和广州市各类科研项目30余项。四是拓展广泛应用领域，典型产业和工程领域包括新药设计与制备、智慧风能、聚变能源、微纳电子器件、大型装备电磁环境分析、金融风险分析和宏观、微观经济数字模拟、飞机和高速列车设计等；典型科学研究领域包括人类和动植物基因分析与测序，模拟气象与气候、地震和宇宙演化，材料微观行为分析，定量生物医学等。此外，在电子政务应用、动漫渲染应用、小微企业的信息服务等主要领域探索“由点及面”的云平台服务模式，共建云服务生态圈，云服务应用成效明显。2014 年云平台用户共 26 个，其中党政机关用户占 16%，中小企业用户占 84%。云服务区资源利用率达 91.18%。分布式存储使用 15 个柜中的所有可用节点，总容量 1352TB。

国际合作。广州超算中心秉持“开放包容、合作共赢”发展理念，利用毗邻港澳、地处中国南大门的优势，积极开展国际科研合作。2014 年 4 月，“天河二号”作为 2014 年 ASC 世界大学生超级计算竞赛平台，实现了 16 支决赛队体验超算的梦想。5 月，与英国哈璀超级计算中心签署《战略合作备忘录》，开启国际强强联合步履。11 月，邀请美国工程院院士、世界超级计算机 500 强排名发起人之一、橡树岭国家实验室 JackDongarra 教授，美国能源部先进科学计算研究部、美国阿贡国家实验室、瑞士国家超级计算中心、日本筑波大学科学计算中心等世界级教授与专家齐聚广州超算中心，围绕如何应用“天河二号”解决世界性难题展开深入交流。12 月，与乌克兰国家科学院控制学研究所就实时图像处理等应用技术达成意向合作协议。同时，注重国际合作回访，出访剑桥大学、曼彻斯特大学，就开展远程传感和计算模拟在农业科技中应用等内容会商合作。

正在运行的“天河二号”

广州超算中心主机系统“天河二号”是国家“863 计划”和核高基重大专项的标志性成果，是新一代银河高性能计算机关键技术突破的成功应用。随着“天河二号”连续问鼎世界超级计算机 Top500，广州超算中心影响力不断提升。

经统计，截至2014年12月31日，参观访问团共计71批次，约1700人。从来访团体机构属性看，来自国内外教育科研机构的团体共37批次，约占52%；来自机关单位的团体共23批次，约占32%；来自企业的团体共11批次，约占16%；具有国际背景的共计20批次，主要为国外大学及科研机构，约占28%。广州超算中心已经成为粤穗地区一张科技创新的新名片。

（供稿：广州超级计算中心；编辑：郑剑锋　曾慧娟）

实施《广州市城乡规划程序规定》

广东省、广州市先后出台《广东省实施〈中华人民共和国城市规划法〉办法》和《广州市城市规划条例》，但部分内容已难以适应新形势需要，且未对城乡规划管理的程序作出具体规定。2008年1月1日《中华人民共和国城乡规划法》颁布实施，广州结合实际对上位法加以细化，全面规范广州市城乡规划管理的程序。2011年9月13日，由广州市规划局制定的《广州市城乡规划程序规定》（简称《规定》）经市政府第13届147次常务会议讨论通过，自2011年12月1日起施行。该《规定》是中国城市规划管理领域第一部全面规范规划行政管理行为的程序法。

《规定》共65条，分为总则、城乡规划的制定、城乡规划的实施、城乡规划的监督检查和附则五章，对城乡规划管理的全过程作了详尽而具体的规定。第一章总则部分（第一条至第三条）规定立法目的和立法依据、适用范围和实施部门，并对城乡规划管理程序进行总述。第二章城乡规划的制定部分（第四条至第十三条）依次规定城市总体规划、部门专业发展规划、控制性详细规划和村庄规划的制定程序、修改程序和规划制定过程中最重要的通用的制度（批前公示和批后公开制度）。第三章城乡规划的实施部分（第十四条至第五十四条）依次分为三节，主要规范城乡规划行政许可的程序。第四章城乡规划的监督检查部分（第五十五条至第六十二条）对城市规划监督检查工作职责以及对规划管理过程中发现的违法建设的处理、提出规划处理意见、补办规划手续的程序作了规定。第五章附则部分（第六十三条至第六十五条）对建设工程的定义作了规定。第六十四条还对特定功能区作出“法律、法规、规章对特定区域的城乡规划管理有特殊规定的，依照其规定”。

《规定》呈现六大亮点：一是对规划的编制、实施、修改听取公众意见作了规范。要求在城乡规划编制过程中，规划报送审批前，应当将规划草案予以公示，征求公众意见；规划批准之日起30日内公布经批准的城乡规划，并以方便公众查阅的形式长期公开。《规定》明确对直接关系他人重大利益的5类行政许可、行政审批事项，城乡规划主管部门应当在作出决定前进行批前公示，充分听取相关方面的意见。规划许可申请内容涉及利害关系人利益的，规划部门应当通过听证会等方式听取利害关系人意见。控制性详细规划的修改，应当听取规划地段内利害关系人的意见，并将意见报送审批机关。《规定》对公众参与方式、公示时间、意见反馈等作了具体规定。二是对规划行政许可的有效期作出了规范。《规定》对城乡规划部门行政许可“三证一书”，即建设项目选址意见书、建设用地规划许可证、建设工程规划许可证、乡村建设规划许可证的有效期分别作了规定。三是对村民建房规划报建作了规范。《规定》结合统筹城乡发展、加强集体建设用地规划管理的需要，完善和细化《城乡规划法》相关条款，分村民住宅和乡镇企业、乡村公共设施和公益事业两种情况，规定不同审批程序，确立广州市集体建设用地的规划管理制度，其中，对村民住宅的建设区分为申请集体建设用地新建住宅和利用原有宅基地加、改、扩建或者原址重建住宅两种类型分别作了规范。四是对房地产项目规划信息的披露作了规范。《规定》规定修改规划三种审批程序，并将经审定的修建性详细规划、建设工程设计方案的总平面图纳入房地产项目预（销）售管理中，提高规划的公开度和透明度。《规定》还明确规定，如开发商申请修改修建性详细规划、建设工程设计方案的总平面图和建设工程规划许可证附图的，建设单位应当先暂停预（销）售，并取得该房地产项目全部已预（销）售单位买受人和建设项目抵押权人的书面同意。五是对临时建设的范围和使用期限作了规范。《规定》将临时建设工程范围严格限定为“因建设市政基础设施工程及其建设期间必须搭建、配置的辅助性、临时性设施需要，城乡防灾减灾应急需要，或者政府有其他规定允许建设的”等三种情形，并规定了临时建设工程的使用期限，历史上原经批准的不属于《规定》里限定的临时建设工程的范围的临时建设工程，使用期届满后一律不予延期。六是对违法建设的查处和职能部门责任作了规范。《规定》颁布实施，规范广州市城乡规划管理的程序，推动政府统筹安排城乡发展建设空间布局、保护生态和自然环境、合理利用自然资源、维护社会公正与公平等。

（撰稿：叶嫦君；编辑：陈晓青）

广州西气东输项目通气投产

广州西气东输项目暨广州市天然气利用工程三期工程，是世界上最长的跨国天然气管道——国家“西气东输二线”工程的重要组成部分，承担着广州北接国家西气和川气两个重大陆上天然气气源的重任，是广州市的一项重要民生工程。广州西气东输项目由花都北兴门站、从化鳌头门站、增城石滩门站、白沙阀室、和龙水库阀两座线路阀室及从花都北兴门站至白云区和龙水库阀室间约 24 千米的高压管线组成。全线穿越水域 31 次，其中大型水域 1 次，采用定向钻穿越流溪河（约 559 米）；穿越道路 15 次，其中顶管穿越道路 8 次（约 746 米）。该项目工程由广州燃气集团统筹承建全部主体线路工程及配套门站、阀室等设施项目工程，总投资 5.94 亿元，设计规模按照最终供气规模 30 亿标准立方米/年来确定，达产规模为 20 亿标准立方米/年。

2009 年 12 月至 2010 年 10 月，广州燃气集团完成西气东输项目建议书的编写，可研报告的编写和评审，申请报告的委托、编制和评审，勘察项目招标，设计单位招标，项目设计和评审，线路工程征借地委托及项目施工监理单位、项目线路工程施工单位和线路工程无损检测单位的招标等一系列准备工作。2010 年 10 月 29 日，广州西气东输项目工程开工仪式在广州市白云区钟落潭镇举行，标志着广州西气东输项目建设正式拉开序幕。11 月 18 日，线路工程管线施工完成焊接第一条管，广州西气东输项目进入正式施工阶段；12 月，广州燃气集团完成西气东输项目配套门站施工单位的招标、委托工作，项目配套设施、设备入场施工；2011 年 6 月 11 日，广州西气东输项目北兴门站—和龙水库阀室高压管线工程全线 23.3 千米的借地工作和管道全程扫线工作全部完成，管道焊接完成 18.6 千米，管道下沟完成 15.3 千米；6 月 16 日，高

广州西气东输管网规划示意图

压线路工程流溪河定向钻管道回拖完成定向钻管道焊接、防腐检测、光固化套的安装及检测、管道发送沟的制作等前期工作，经历8小时的不间断管道回拖作业，总长689米的流溪河定向钻于9点30分顺利完成管道回拖；7月8日，在广州市白云区钟落潭镇金盆村，西气东输项目北兴门站至和龙水库阀室线路工程的最后一道焊口焊接工序完成，广州燃气集团承建的西气东输项目线路全线贯通；7月25日，完成北兴门站与广东省省网的连头施工；8月23日，完成强度试验和严密性试验；8月25日，西气东输项目北兴门站工程完成建设，西气东输项目整体建设完成。

2011年12月1日，广州市天然气利用工程西气东输项目通气投产仪式在燃气集团花都北兴接气门站举行。北兴门站正式开始接收西气东输天然气。经广州燃气集团工程技术人员的认真检查、调试后，“西气”正式通过北兴门站出站向广州市区中压管网输送气源。

广州西气东输项目工程是广州城市燃气供应格局中的核心通道。它的建成投产，标志着广州城市燃气将全面步入多气源进入、交汇供应的新时代，不仅大幅提升了广州市天然气供气规模，还实现了与广州天然气利用工程大鹏LNG项目和亚运燃气项目的贯通连接，使广州市燃气高压管网形成了一个环状闭合供应系统，改变了广州城市燃气管网的格局分布，增强了城市天然气供应的稳定性和连续性；同时，促进了广州市天然气产业的发展，进一步优化了广州市能源结构，提升了广州市环境质量和市民生活品质。

（撰稿：梁万鹏；编辑：黄敏华）

日立汽车零部件生产及研发基地落户增城

2011年12月5日，日立汽车系统株式会社汽车零部件生产及研发基地项目签约落户增城经济技术开发区。2011年7月，广东经贸代表团赴日开展“广东省珠江三角洲地区与日本经贸合作交流会”，期间广州分团举行了“新广州·新商机”日本推介会，考察了丰田、日产、本田三大汽车公司，以及日立汽车系统株式会社等电子电气、汽车零部件企业，围绕高端汽车零部件项目合作等方面进行了深入交谈，双方进一步坚定了合作信心。该项目落户增城经济技术开发区，是此次赴日本交流活动所取得的又一项重大成果。日立汽车系统（广州）有限公司由日立汽车系统株式会社与日立（中国）有限公司共同出资成立，总投资12.6亿元，注册资本4.2亿元，是日立汽车系统株式会社的该类产品在中国首家投资项目，主要研发生产日立公司为汽车和新能源汽车配套的汽车发动机控制系统和行驶控制系统核心零部件产品，包括高压燃料泵、MPI喷射系统、刹车控制系统、平衡轴等汽车核心零部件产品，是日立汽车系统在中国重要的汽车和新能源汽车零部件研发和生产基地。

该基地占地17.6公顷，规划总建设面积11.5万平方米，分两期建设。其中，一期工程投资12.6亿元，于2012年5月15日动工，2013年6月竣工试产。二期工程投资2.1亿元，于2014年3月动工，计划2016年4月完工。该基地导入日立株式会社最先进的技术，进行相关产品的研究和开发。包括有发动机控制系统和控制车辆行驶状态的行驶控制系统。同时，计划将新工厂建设成为HEV（油电混合动力车）、EV（纯电动车）相关的研发和生产基地。

2012年5月15日，日立汽车系统株式会社汽车零部件生产及研发基地项目奠基典礼在广州市增城经济技术开发区隆重举行。这是日立汽车系统株式会社扩大在华投资，抢占华南汽车零部件产业制高点的战略举措。

日立汽车系统株式会社旗下最具竞争力的汽车零部件生产及研发基地项目落户增城经济技术开发区，是其重大战略决策和战略布局，同时对广州提升汽车产业核心竞争力具有重大意义。广州市政府全力支持该项目实施，并努力将其打造成为标志性、典范性项目。

（撰稿：刘文斌；编辑：刘燕玲）

加快高速公路建设

“十二五”期间，为完善广州路网结构，促进地区经济发展，方便市民出行，广州市加快高速公路建设，广河、广明高速广州段，广深沿江高速公路，从莞深高速增从段，大广高速（G45）粤境段相继通车。

2011年12月20日，广河高速公路广州段通车。广河高速公路广州段位于广州市东北部，全长约70.754千米，起点位于天河区龙眼洞，途经白云区、萝岗区、增城市，与广州市华南快速干线二期、三期，北二环高速公路，省道S116、S118等多条干道相交，从增城市梳脑林场进入惠州市龙门县境内，接广州至河源高速公路惠州段。广河高速公路广州段为双向六车道高速公路，路基宽34.5米，沥青混凝土路面。起点至八斗互通段，设计时速为100千米/小时，八斗互通至终点，设计时速为120千米/小时。广河高速公路广州段项目建成通车第一年即2012年全年车流量约600万辆、日均约1.6万辆，至2015年全年车流量已突破1000万辆、日均约3万辆。广河高速公路广州段是广州市路网规划“五环十八射”中的“第六射”，是广州市城市空间发展规划“东进”战略和沟通广佛都市圈与粤东北之间的重要交通枢纽，也是建立“9+2”泛珠三角经济圈的重要基础设施。全线建成后的广河高速不仅贯穿广州、惠州和河源市，而且经河源市的粤赣高速可直通江西省，经梅河高速可通福建省。广河高速建成通车后，河源市直达广州市区，全程只需1.5小时。

2012年9月28日，从莞深高速增从段建成通车。全长66.8千米，起于增城区增江街周山村，向北途经增城区增江街、正果镇、小楼镇、派潭镇、从化区温泉镇，终于从化区温泉镇卫东村。主线起点至坳背立交段为双向6车道，坳背立交至终点段及街口支线为双向4车道，全线设计速度为100千米/小时。主线设置扶罗、正果、小楼、派潭、灌村、桃园收费站和G105临时收费站，支线设置双凤、白田岗收费站。作为广东省高速公路网规划的重要组成部分，该项目服务于增城、从化两地的区域交通，对改善广州北部地区交通状况，加强从化、增城与东莞、深圳、惠州等地区的交通连接，进一步提高珠江三角洲地区辐射能力，引导从化和增城的资源优势向产业优势转变，带动沿线地区经济发展具有非常重要的作用。

广河—九龙江大桥

2013年12月28日，广深沿江高速公路全线通车。全长89.14千米，起点位于广州市黄埔东路（G107）与信华路交界处，沿珠江东岸跨越广州、东莞、深圳，与东二环高速、黄埔大桥、虎门大桥等高速路网相接，终点连接深港西部通道，直通香港。沿线有14个出入口，设官田、夏港等14个收费站，并预留虎门港、宝安机场2个互通接口。广深沿江高速公路为双向8车道，全线桥梁隧道占比高达97.5%以上。广深沿江高速公路广州东莞段里程59千米，其中广州段长9.645千米，东莞段长49.235千米。广深沿江高速公路广州东莞段全线建成通车第一年，即 2014 年全年车流量约 2300 万辆，日均车流量约 6.5 万辆；2015 年全年车流量超过 3000 万辆，日均车流量约 8.4 万辆。广深沿江高速公路将广州、东莞、深圳、香港四座城市连在一起，被誉为广州、东莞、深圳、香港“四城第一路”。广深沿江高速公路建设，实现了高速公路网及市政路网的有机衔接，极大地推动了穗、莞、深、港经济产业带的飞速发展，为粤港区域经济发展带来新的发展机遇。

2014 年 12 月 31 日，广州新洲至化龙快速路南段（长洲至化龙）建成试通车。路线全长 10.952 千米，起点位于新洲立交东侧的新港东路，终点在化龙立交与广珠东线、东二环及广明高速相接。该线路为双向六车道、路基宽 29 米的城市快速路，设计行车速度南段为 80 千米/小时，北段为 60 千米/小时。全线共设特大桥 2 座、大桥 9 座、互通式立交 5 座（预留 1 座）。该线路是广州南部地区道路主骨架网络的组成部分，是广州市南出口的主要通道之一。

2015 年 12 月 31 日，广明高速广州段主线建成通车。广明高速广州段全长约 30 千米，起点位于番禺区化龙镇眉山村，途经化龙、石碁、南村、钟村、石壁等街镇和佛山市顺德区陈村镇、南海区桂城街道，至佛山吴家围与广明高速公路佛山段衔接。广明高速广州段为双向六车道高速公路。广明高速全线包括广州段、佛山段、高明段，是贯通广州东西向的交通动脉，连接珠三角及粤西主要城市，形成一个“90 分钟交通圈”。与广明高速广州段同日开通的还有大

广深沿江高速公路全线通车

广高速（G45）粤境段。大广高速（G45）粤境段起于河源市连平县上坪镇李屋排（设粤赣隧道接大广高速公路江西境段），由北向南经河源市连平县，留

关市新丰县，惠州市龙门县，广州市从化，终于从化太平镇中和里后龙山（顺接街北高速公路）。全长182.015千米，运行速度120千米/小时，双向六车道，与京港澳高速、乐广高速、机场高速、增从高速、华南快速相连接。大广高速（G45）粤境段通车，不仅进一步加强广州中心区与粤北山区以及江西等地的交通联系，同时也缩短广东省与首都北京、东北三省、长三角地区的距离。

（供稿：市交通投资集团有限公司；撰稿：闫卫星；编辑：刘德敏）

广州高铁建设跨越式发展

2009年年底，从第一条出省高铁武广高铁开通，到2011年底广深港高铁（广深段）开通运营，再到2014年年底贵广、南广高铁通车，伴随着沪昆高铁杭州至南昌段以及厦深高铁的开通，广州通过高铁可到达国内14个省、省内16个地市。

广深港高铁（广深段）工程总投资227.6亿元，由铁道部与广东省共同出资建设。2011年12月26日，广深港高铁（广深段）开通运营。该线路于2005年12月18日开工建设，起点自广州南站，沿线设庆盛、虎门、光明城3个车站，终点为深圳北站，全长102千米。广深港高铁是中国“四纵四横”客运专线中京广高速铁路至深圳、香港的延伸线，亦为珠三角城际快速轨道交通网的骨干部分。铁路主要提供广深港之间的客运服务，并发展长途高速铁路客运业务。列车时速中国大陆段可达350千米，香港段为250千米，由广州至香港行车距离142千米，全程行车时间约为30分钟。广深港高铁广深段正式开通，广州南站到深圳北站只需29—50分钟。

2012年12月26日上午9时，全程2298千米的京广高铁正式全线开通运营。京广高铁北起北京，经石家庄、郑州、武汉、长沙至广州，穿越京、冀、豫、鄂、湘、粤六省市，全线设计时速350千米，初期运营时速300千米。京广高铁与既有京广线并行，全程运行时间最快控制在8小时以内，比普速铁路的特快列车节省12小时30分钟。京广高铁2005年开始建设，全线分为三段。南段武广高速铁路于2009年12月26日率先通车运营。中段石武客运专线以郑州东站为界分为两部分，郑州至武汉段于2012年9月28日通车运营，石家庄至郑州段则与北段京石客运专线一同在2012年12月26日投入运营。京广高铁是中国“四纵四横”铁路网的重要组成部分。

南广线——云浮东站

2014 年 12 月 26 日，连接贵州、广西和广东的贵广铁路正式开通运营，它是连接中国西南内陆和华南经济带的一条高标准快速铁路干线。该项目于 2008 年 10 月开工建设，自贵阳市起，经龙里、都匀、榕江，广西壮族自治区三江、桂林、恭城、钟山、贺州，广东省怀集、广宁、肇庆、佛山抵达广州，全长 856 千米，广东境内 207 千米，设怀集、广宁、肇庆东、三水南、广州南（既有）等 5 个客运站。按客运专线标准建设，设计速度 250 千米/小时，贵广铁路建成通车后，贵阳至广州行车时间由原来 20 小时左右缩短至 4 小时左右。作为连接粤桂黔三省旅游景点最便捷的快速通道，贵广铁路有利于区域旅游资源有效整合、优势互补，增强三省的旅游吸引力，并引导三省人流、物流、信息流、资金流更快地流动，为粤桂黔三省加速融合、深化合作，促进泛珠、长株潭、

贵广线——怀集站

北部湾等经济圈构建新的战略合作关系提供强大动力。

贵广高铁开通同日，南广铁路也全线开通运营。该项目于2008年12月开工建设，2014年4月南宁至梧州南段开通运营。南广铁路西起广西南宁，经广西黎塘、贵港、梧州，广东云浮、肇庆、佛山，东至广州，全长574千米，设计速度200千米/小时，全线设21个车站（线路所）。其中，广东境内227千米，设郁南、南江口、云浮东、肇庆东、三水南、广州南（既有）等6个客运站。南广铁路建成通车后，南宁至广州的行车时间由原来12小时左右缩短至3小时左右。南广铁路在两广间串联起一条桂粤黄金旅游线，并和相关铁路共同构成东南沿海地区通往越南、老挝、泰国等东盟国家的陆路快速通道，为珠三角与东盟间加强经贸合作、人员往来提供强大的运输支撑。

（撰稿：娄胜；编辑：刘德敏）

越秀区连续四次获“国家科技考核先进区”称号

越秀区境内有中科院广州分院、广东省科学院等科研机构223个，其中国家级重点实验室4个，占广州市总量近1/4；有高新技术企业超100家、科技服务机构超500个，专业技术人员超10万人；有“千人计划”南方创业服务中心、广州民间金融街、国家版权贸易基地等创新创业平台。越秀区依托研发力量聚集行政、教育、医疗资源优势，打造广州“科技＋”发展示范区和系统创业生态圈。2011年至2015年，越秀区专利申请量和授权量均居全市各区前列，获各类科技进步奖励成果近400项，是国家知识产权强县工程试点区和广东省知识产权服务业集聚发展试验区，连续四次获得“国家科技考核先进区”称号。

巩固科技创新环境优势。越秀区在发展导向上着力培育企业创新主体，在发展路径上着力推动科技成果转化，在发展布局上着力提升“一园多区”发展格局，在发展支撑上着力集聚创新创业高端人才。修订《越秀区科技计划项目管理办法》，改革科技项目评审方式，加大信息公开公示力度，建立项目全流程管理制度，规范征集、评审、立项、验收等各环节。围绕科技创新和产业化、产学研协同创新、项目配套及教育卫生等科技专项，通过无偿资助、配套资助、事后补助等多种方式，引导企业加大技术创新和研发投入力度。引导企业争取各级政策扶持，近年来全区企事业单位承担国家、省、市级科技项目267项，获得扶持经费1.44亿元；获得国家、省、市科技进步奖共245项；专利申请量达15422件，平均专利申请年增长率为25.5%；获得中国专利奖10项。全区有高新技术企业116家，2015年通过广东省初审的高新技术企业44家，市级以上创新型企业（含试点）30家。

推进产业园区建设。越秀区推进黄花岗科技园扩容提质，2015年，新建国家版权贸易基地东方文德园区、羊城同创汇、南方传媒289艺术中心、星光映景移动互联网产业园等特色园区。至2015年年底，全区共有产业园区31个，经营面积逾110万平方米，其中移动互联网产业园、创意大道、广州健康医疗中心被认定为省、市战略性新兴产业基地，园区累计培育企业近1900家。2015年，黄花岗科技园营业收入突破540亿元，比“十二五”计划目标超额完成140亿元。

形成三大主导产业。新兴产业形成信息服务业、文化创意产业、健康医疗产业三大主导产业，培育久邦数码、用友软件等行业龙头企业；成功举办9届中国动漫金龙奖，培育国家级重点动漫企业5家，占全省的5/6，全区文化创意产业增加值占广州市总量近1/4；黄花岗科技园健康医疗产业园引进广东省药品交易中心、国药集团广东医疗器械有限公司、广州中山医医药有限公司等多家行业龙头企业，形成集聚效应。

创新创业服务不断完善。建设孵化器8个，面积共19万平方米，其中“广州创业大街”及289艺术PARK被认定为省级众创空间试点单位。成功举办4期越秀区青年创新创业沙龙活动，协助举办第三届广州青年创业大赛。建设羊晚腾讯创业基地，依托腾讯开放平台为创业者量身打造“一站式”创业帮扶计划，首批创业团队8家入驻。

促进科技金融融合发展。建设广州科技金融服务中心越秀分中心，建立黄花岗科技园创业投资引导基金、中国银行黄花岗科技园支行，为区内科技型企业发放贷款近1亿元。实施科技型企业上市行动计划，为500多家企业提供上市培训，成功推动科传计算机、天锐科技等一批行业领军企业上市，共有上市科技企业24家。

集聚高端人才。发挥国家“千人计划”南方创业服务中心和南方国际人才研究院的集聚作用，引进“千人计划”专家、创新创业领军人才以及“珠江新星”等各类高层次人才106名，其中有6位“千人计划”专家落户越秀创业发展。设立不低于2000万元的专项资金，为高层次人才提供创业资助以及医疗保健等服务。

（供稿：越秀区地方志办；编辑：陈文敏）

天河智慧城建设

天河智慧城位于天河区东北部，南接广州 CBD，东临科学城，北为帽峰山森林公园，总面积约63 平方千米。天河智慧城是广州市“十二五”规划重点发展项目，也是天河区的“一号工程”，按照“低碳经济、智慧城市、幸福生活”三位一体发展理念规划建设。其管理实施目标是“一年启动，两年发展，三年跨越”，到 2015 年成为天河区“双核”（另一“核”是天河 CBD）之一和广州智慧城市的典范。

2011 年，广州市规划局将天河智慧城纳入《广州市城市总体规划纲要(2010—2020)》，提出将天河智慧城建设成“低碳广州、智慧广州、幸福广州”示范区，拟定智慧城发展策略研究及城市设计概念方案建议书，并拟定规划编制初步方案。是年，该发展战略研究和整体城市设计概念方案初步完成，智慧城控规及城市设计列入市 2012 年规划编制计划。完成天河智慧城概念城市设计和生态基础设施规划，储备土地近 133. 3 公顷，天河智慧城核心区天河软件园累计企业 1500 多家，实现总收入 911. 23 亿元，在全国 11 个国家软件产业基地中位居第二，被评为“国家新型工业化产业示范基地”“国家海外高层次人才创新创业基地”和“广东省战略性新兴产业基地”。2011 年，天河智慧城实现生产总值 182 亿元，占全区的 8. 5%。

天河智慧城高唐科技园

2012 年，天河智慧城完成生态基础设施暨开放空间研究与生态基础设施规划，包括天河智慧城发展策略研究和城市设计初步概念方案、城市发展战略与地区发展策略研究、产业转型与智慧社区研究、综合交通发展策略、休闲社会研究5个专题。是年，天河智慧城大力完善交通路网等基础设施，在核心区路段双向增设公交站点，新建道路纳入路网；安排公交线路停靠天河软件园管委会站，新增公交候车亭；开通夜班公交线，调整原有夜班线路，加强天河智慧城与沿线区域夜班公交联系。2012年，天河智慧城实现生产总值240.43亿元。

2013年，天河智慧城核心区控制性详细规划获市政府批准，建设总量增加327万平方米，征收土地121公顷。2月，广州天河智慧城管理委员会正式挂牌成立，实行广州高新技术产业开发区管理委员会与天河区双重领导。天河科技园管委会启动智慧城（东南片区）控规编制。8月，天河智慧城核心区（东南片区）控制性详细规划编制成果通过市规委会审议，11月获市政府审批同意。天河科技园管委会积极推进核心区范围内岑村、凌塘村、新塘村和柯木塱村的土地征储工作，打造核心区南部、中部、东部路网和慢行系统。2013年，天河智慧城实现生产总值278.46亿元，完成规模以上工业总产值92.85亿元，完成资质内建筑业总产值82.88亿元，实现社会消费品零售总额153.98亿元，实现商品销售总额432.42亿元，完成房地产开发投资额2.41亿元。

2014年，天河区政府深化在信息工程、新能源、生命科学等创新领域的合作，与UCSD（加州大学·圣地亚哥）签署合作意向书，合作开展智慧城市建设试点。是年，天河智慧城生产总值294.80亿元，总量占全区的9.8%。规模以上工业总产值87.95亿元，资质内建筑业总产值110.71亿元，社会消费品零售总额166.07亿元，商品销售总额644.30亿元，房地产开发投资额9.52亿元。

（供稿：天河区地方志办；编辑：陈喆）

广佛肇凭证式国债区域服务一体化试点工作

珠江三角洲地区是国内凭证式国债发售的重点地区，其中广佛肇就有16家国债承销机构、2260个国债发售网点，每年发售凭证式国债约65亿元，占全国凭证式国债发售总量的4%—5%，凭证式国债投资者人数超30万人，其中半数左右为55岁以上中老年人。随着城乡居民对实现金融服务同城化、一体化的需求日益迫切，国债投资者对促进区域国债服务一体化提出了更高要求。中国人民银行广州分行营业管理部牵头启动广佛肇凭证式国债服务一体化试点工作。

中国人民银行广州分行营业管理部牵头设立了广佛肇凭证式国债服务一体化试点项目管理小组，协调构建三地国债服务合作机制，制定促使中国人民银行国库部门加强区域合作、拓宽广佛肇地区凭证式国债投资者的融资渠道等具体工作目标。三地围绕中国人民银行广州分行营业管理部“推进区域国债市场业务合作”的工作构想，结合辖区国债投资者实际诉求，以凭证式国债不跨行通兑业务为切入点，在对相关法规制度、凭证式国债兑付资金来源、承销机构债权登记管理机制、成本费用及资金清算等各方面进行科学论证的基础上，制定了《广佛肇凭证式国债服务一体化实施方案》，明晰了实施该项工作的必要性、可操作性与三地国库部门的职责与分工。向三地16家国债承销机构发放调查问卷，形成《广佛肇三地实施凭证式国债服务一体化可行性报告》。调查显示，国债承销机构均认为广佛肇凭证式国债服务一体化能有效提升承销机构国债服务水平及综合服务能力，扩大其在广佛肇地区的社会影响力，同时能够拓宽广佛肇地区凭证式国债投资者与企业的融资渠道，有利于为各承销机构培养忠实的客户群体及拓展业务范围。

中国人民银行广州分行营业管理部下发文件，通过采取交易不跨行、试点单位须对本行广佛肇三地凭证式国债债权实行集中登记管理、国债兑付资金实行集中统一清算等风险防范措施，严格控制风险，保证凭证式国债异地通兑资金的安全，维护凭证式国债信誉和投资者的合法权益。

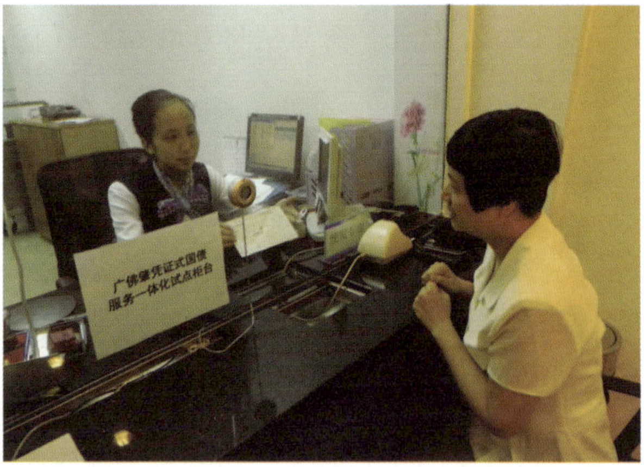

2011年12月23日，广佛肇凭证式国债异地通兑业务开通

中国人民银行广州分行营业管理部通过现场考察符合条件且参与意愿较强的国债承销机构、召开广佛肇凭证式国债服务一体化试点工作会议、下发指导文件明确试点银行工作职责及任务等各项措施，选择中国农业银行、中国银行和中国建设银行广东省分行作为试点单位，组织其在广佛肇的营业网点，于2011年第四季度成功启动广佛肇凭证式国债服务一体化试点。

开办广佛肇凭证式国债区域服务一体化试点工作后，实现广佛肇凭证式国债无障碍兑付，改变了凭证式国债投资者必须回原购买网点兑付的旧模式，扩大了凭证式国债的市场需求和竞争力。广佛肇凭证式国债服务一体化与三地城市化水平较高、人口流动频繁的特点高度适配，从技术、服务、风险防范等方面消除了凭证式国债投资者因居住地改变而造成的投资心理瓶颈，使凭证式国债在三地更受欢迎。2011 年至2014 年期间，中国人民银行广州分行营业管理部引导中国建设银行广东省分行、中国农业银行广东省分行、中国银行广东省分行 3 家金融机构以及 1422 个网点共办理凭证式国债异地兑付 33 笔，本金合计约 100.4 万元，为广佛肇地区凭证式国债投资者尤其是中老年投资者就近办理不跨行通兑业务提供了便利。

（撰稿：余璀；编辑：曾新）

新一代广州财税库行横向联网系统建设

中国人民银行广州分行根据广州现代化服务型国库建设的基本要求，结合中国人民银行总行国库新制度体系、新业务系统和新操作流程，密切联系广州区域金融中心以及珠三角金融圈建设的实际情况，经与广州市财政局、国税局、地税局等部门多次协商，充分了解掌握新形势下地方政府、企事业单位和广大纳税人的国库服务需求，按照“更严、更优、更快、更安全”的指导思想，立项开发并打造了新一代广州财税库行横向联网系统（简称 ETS）。

新一代广州财税库行横向联网系统是在继承广州市电子缴税系统主要优点的基础上，按照统一联网模式、统一接口规范、统一业务标准的原则，对系统功能进行重新定位、分析、设计，全面提高系统性能，实现国库与财政、税务、海关和商业银行之间高效信息交换和全业务电子化处理的系统。该系统的上线能更好地满足了纳税人多元化的缴税服务需求，纳税人可自主选择银行端查询、POS 刷卡、手机银行、网上银行等互联网缴税方式在线办理税费缴纳，涉税业务成本大大降低。另一方面，可实现财政、税务、国库、商业银行的电子信息流转以及税款资金的快速汇划、高效对账、全程监控，让几千亿预算收支资金实时缴库、实时达账，有助于广州市财政资金的提速增效。

成立广州国库业务跨部门、跨系统应急处置专项小组，将全市银行机构纳入人民银行广州分行营业管理部国库应急管理体系，明确管理职责、充实应急资源、规范处置流程、增强部门协作，形成广州预算资金应急处置联动机制；

下发指导意见，组织各支库、代理支库和横向联网系统各联动单位制定国库业务及系统的应急预案，统一部署国库应急演练；组织开展了5次覆盖全部业务系统和关键环节的实战应急演练，排除10多个计算机硬件与网络安全隐患，保证广州市各级国库资金在全天候、全气象条件下安全畅顺运行。

该系统以广州银行电子结算中心的中心系统为核心，依托广州金融区域网连接各联网单位，向全市逾95%以上在册纳税人和缴费人（国税35万户、地税99.4万户）提供7×24小时全天不间断缴税服务；同时也为市财政局、国税局、地税局、预算单位、联网金融机构提供涵盖财政预算收入和支出在内的“一站式”服务。截至2014年12月31日，联网系统共联接广州地区34个财税机关和15个国库部门，直联银行金融机构省、市分行26个、网点总数达1505个。

2013年5月4日，新一代广州财税库行横向联网系统与国库会计数据集中系统成功对接

2010年至2014年该系统各直接参与者的业务量情况：一是广州市国家税务局。2010年业务量为435万笔，金额1364亿元；2011年业务量为447万笔，金额1452亿元；2012年业务量为231万笔，金额1502亿元；2013年业务量为284万笔，金额1688亿元；2014年业务量为265万笔，金额1854亿元。二是广州市地方税务局。2010年业务量为1182万笔，金额1176亿元；2011年业务量为1365万笔，金额1557亿元；2012年业务量为1433万笔，金额1711亿元；2013年业务量为1592万笔，金额1883亿元；2014年业务量为1595万笔，金

额 2023 亿元。三是广州市财政局（拨款业务）。2010 年业务量为 45 万笔，金额 1178 亿元；2011 年业务量为 50 万笔，金额 1274 亿元；2012 年业务量为 56 万笔，金额 1150 亿元；2013 年业务量为 57 万笔，金额 1376 亿元；2014 年业务量为 57 万笔，金额 1881 亿元。

2014 年度，该系统共办理缴税业务 1860 万笔，金额 3877 亿元，占国税部门缴税业务总量的 99.32%、地税部门缴税业务总量的 98%，日均处理业务 5.11 万笔，金额 10.65 亿元；办理国税部门电子退税业务 6.02 万笔，金额 298 亿元；办理财政部门电子拨款业务 57.37 万笔，金额合计 1881 亿元，其中，实拨业务 0.38 万笔、金额 472 亿元，授权支付业务 53.03 万笔、金额 201.84 亿元，直接支付业务 3.96 万笔、金额 1207 亿元；办理财政部门其他电子业务 1.3 万笔。

新一代广州财税库行横向联网系统使广州预算收支资金流转环节大幅减少，周转时间从按天计算缩短为按小时和分钟计算，运行效率显著提升。据初步概算，系统每年为市政府节约人员经费、纸质缴款书、场租水电等行政办公成本 2688 万元，为百余万纳税人节约交通费用等生产成本超 4200 万元，创造的预算资金运行效益约 11.78 亿元。

（撰稿：佘璀；编辑：曾新）

琶洲聚力发展会展与电子商务互联网产业双核经济

海珠区发挥琶洲地区展馆资源集中优势，规划建设电子商务总部区、互联网集聚区，实施会展业与电子商务和互联网产业双引擎驱动战略。琶洲地区正建设成为广州知识经济的新高地、广州经济发展的新亮点。

琶洲地区会展资源丰富，已形成了完整的产业链。它聚集广交会展馆、保利世贸博览馆、中洲国际商务展示中心、南丰国际会展中心等世界一流展馆，展馆展览面积达 53.9 万平方米，群体规模全球第一，其中广交会展馆总建筑面积 108.6 万平方米，展厅面积 34 万平方米，形成“国有、民营、外资”三足鼎立局面。琶洲会展配套不断完善，集中香格里拉、广交会威斯汀、南丰朗豪等 3 家五星级酒店，保利国际广场、保利世界贸易中心、中洲中心、中洲交易中心、南丰汇环球展贸中心等高端写字楼群，以及中国对外贸易中心（集团）、广州益武国际展览有限公司、广州市保利锦汉展览有限公司等展览企业，还有全国首家会展主题园区——琶洲会展产业孵化基地，吸引72家会展企业及相关配套入驻集聚发展。展馆资源、展会项目、展览企业、展览服务公司、会展上下游产业配套等会展要素在琶洲集聚发展，产业联动作用明显。琶洲地区已成为广州会展经济核心区，更在广交会的带动下成为国家级的国际会展中心区。

2011年广州（海珠·琶洲）会展经济论坛上，海珠区被中国会展经济研究会授予“国际展都”称号。据初步统计，2011年至2015年，琶洲地区先后分别举办展会138场、180场、201场、224场、212场，展览面积分别为674万平方米、761万平方米、808万平方米、843万平方米、825万平方米，10万平方米以上的大型展会数量由12场增加到16场。年度办展面积占广州市重点场馆办展面积九成以上，成为广州会展业的代表符号。其中，广交会、广州国际照明展等两个展会展览规模居同行业世界第一，中国（广州）国际建筑装饰博览会、广州国际美容美发美妆博览会展会规模为同行业亚洲第一。广州国际照明展览会、琳琅沛丽亚洲皮革展等展会发展成为国际知名品牌展会，中国国际中小企业博览会、广州（锦汉）家居用品及礼品博览会等展会被认定为UFI展会。

琶洲会展中心

建设琶洲国际会展中心区，是贯彻国家商务部、省委省政府“推动广州成为新全球会展中心”的重要指示精神，是建设国际会展中心城市、做大做强会展产业、提升广州国际竞争力的重大战略部署。2014年7月，广州出台《关于全市电子商务与移动互联网集聚区总体规划布局的意见》，首次提出广州电商“1+1+9”的区域发展格局，琶洲被定位为互联网集聚区、电商总部示范区，是第一个“1”。广州将加大电子商务和移动互联网企业扶持力度，加大在土地、招商引资等方面支持力度。会展经济与电子商务是实体经济与虚拟经济的完美结合。电子商务是会展产业发展的趋势，也是完善会展配套体系的重要内容。在琶洲规划建设电子商务总部区，有利于形成电子商务都市型总部基地，促进电子商务与会展经济、总部经济联动发展。琶洲地理位置优越，交通便利，毗邻天河软件园、大学城，有利于完善相关的电子商务支撑服务体系，推动该区域产业链向高附加值延伸。

2015年7月，广州召开2015（第十届）城市发展与规划大会，广州提出打造国家高铁枢纽中心（陆港）、国际航运中心枢纽港（海港）和世界级航空枢纽（空港），构建“一江三带”——珠江经济带、创新带、景观带，重点把琶洲发展为“互联网集聚区”，与珠江新城、国际金融城共同组成30平方千米的集世界级商务办公、金融服务和会展商贸于一体的广州创新核心区。2015年年底，琶洲互联网创新集聚区通过土地公开出让17个地块，阿里巴巴、腾讯、华多网络、环球公司、唯品会、小米通讯、复星集团、国美集团、粤传媒、粤科金融、康美药业等企业进驻。落户琶洲的互联网“全明星阵容”向着“FULL TEAM”的方向又进一步，琶洲互联网集聚区雏形初现，琶洲地区已成为珠江边一颗耀眼的明珠。

（供稿：海珠区地方志办；编辑：王娜）

广州市青少年科技创新大赛

广州市青少年科技创新大赛具有30多年历史，由广州市科协、教育局、科技创新委、知识产权局等单位主办，市青少年科技中心、市青少年科技教育协会及有关学校（单位）承办。每年约有20多万名广州市中小学生参加，选拔出优秀选手，参加次年广东省及全国举办的同类大赛，以及英特尔国际科学与工程大奖赛。截至2014年，广州市青少年科技创新大赛已举办30届，广州市青少年科技创新大赛具有以下特点：

大赛层次高、规模大、影响大、组织优。从2011年第26届起，创新大赛设立“市长奖”，是全市青少年科技创新活动的最高荣誉奖项。市领导和院士出席大赛活动，并亲临比赛现场与小选手们交流。除大赛组委会设立的一二三等奖外，市科协特设千师万苗工程科技创新奖，市教育局设立英才翱翔奖，广东实验中学、广州市执信中学、广东广雅中学、广州市第二中学、广州市第六中学、广州市第四中学均在大赛设立了校长创新奖，奖励优秀的项目和参赛选手。

竞赛作品立意高、思维新、质量好。作品的科技含量高，紧跟社会脉搏，关注社会热点，贴近日常生活，具有鲜明的时代性，展现出与时俱进的创新精神，是现阶段全市青少年科技活动最新成果的集中体现。

参赛项目涉及学科领域范围广。涵盖数学、物理、化学、计算机科学、动物学、植物学、微生物学、地球与空间科学、环境科学、社会科学、工程学等众多学科，涉及工业产品设计与改进、环境保护、节能减排、农业生产、城市建设、交通安全、自动控制、及日常生活等方方面面，绝大多数项目体现“三自”（即自己选题、自己设计和研究、自己撰写）和“三性”（即科学性、先进性、实用性）原则。

第 26 届广州市青少年科技创新大赛终评现场

项目评审严格化、公平化、科学化。青少年科技创新大赛分初评评审、终评评审两个阶段。初评阶段，根据申报材料评选约 80% 申报项目入围终评，终评阶段包括项目现场展示、答辩与交流等环节。大赛分为青少年和科技辅导员两个活动板块，包括竞赛活动和展示活动两个系列。竞赛活动包括青少年科技创新成果竞赛、科技辅导员科教创新成果竞赛。展示活动包括优秀少年儿童科学幻想绘画展、青少年优秀科技实践活动展和科技辅导员科技教育方案展。大赛邀请来自高校、科研院所以及科技教育部门的30多名权威专家组成评审委员会，通过专家与选手封闭答辩形式，考查学生潜在科研能力和科学素养，包括创新精神、分析推理，综合判断，语言表达等能力，评价其作品的整体得分。

历届广州市青少年科技创新大赛选拔出的优秀选手，代表广州参加省赛时表现优异，名列前茅，在全国赛上奋勇争先，如第25届全国赛青少年科技创新项目金牌总数与上海并列第二，仅次于北京。

广州市青少年科技创新大赛是中、小学各类科技活动优秀成果集中展示的一种形式，是广州市面向在校中小学生开展的规模最大、层次最高的青少年科技教育活动。经过30年的不断发展和完善，青少年科技创新大赛积累了丰富的经验，在活动内容、活动形式等方面不断汲取国内外的成功经验。

（撰稿：何贯中；编辑：郑剑锋）

海珠区文化创意产业园建设

广州打造、发展文化创意产业是广州建设国家中心城市的迫切要求。海珠区紧紧抓住省、市大力发展文化创意产业的机遇，结合区域资源功能定位，制定《海珠区文化产业发展规划（2011—2020年）》，引导工业企业搬迁后发展文化创意产业，将传统工业城区改造成为具有高技术、高产出、高智慧、高才艺、低消耗、低污染的新型城区，重点推动T. I. T纺织服装创意园、珠影文化创意产业园、太古仓码头创意产业园建设。

T. I. T**纺织服装创意园**。园区位于新港中路397号，占地面积约为9.3万平方米，建筑面积约5.4万平方米，其前身为成立于1956年的广州纺织机械厂，隶属市国有企业广州纺织工贸集团，2004年正式停产。广州纺织工贸集团采取不改变用地性质、房屋权属和建筑物主体结构，最大限度保留园区老工业厂区有价值的原始建筑体貌特征及原生态环境的方式，通过升级改造将该旧厂房建设成以纺织服装创意为主题的时尚产业园区。广州纺织工贸集团依托自身优势携手深圳德业基投资集团有限公司投资2.3亿元共同打造T. I. T纺织服装创意园。园内已吸引了一批国内外时尚界著名设计师、名模、名企、名牌进园发展，其中包括：著名设计师邓达智、刘洋、屈汀南、知名模特王东等分别在园区设立了设计工作室；爱帛服饰（Mo&Co. 法国品牌）、匹克、美思等有70多家著名企业进驻。腾讯微信总部也入驻园区。该园区通过“退二进三、三旧改造”，绿化覆盖率从原来的50%提升到70%，在保留城市工业发展记忆的同时旧厂房用地得到盘活，取得可观的经济效益和社会效益，由改造前的连年亏损到租金收入由开园初期的60多元/平方米上升到200多元/平方米，2015年年收入近1亿元，带动相关行业产业链年产值150亿元，就业人数由改造前的1400多人增加至3000多人。

T. I. T纺织服装创意园

珠影文化创意产业园。园区位于新港中路352号珠江电影制片厂内，以原珠江电影制片厂大院为基础，占地面积约12万平方米。项目整体规划包括花样年华街区、电影和音乐主题的时尚生活综合体、创意办公及展示区、时尚公寓居住区共四大区域，总建筑面积约40万平方米。园区采取“修旧如旧”和“拆除重建”相结合的改造模式分期改造，将原厂区单一的影视制作功能升级改造成高端的文化创意产业园区。一期“修旧如旧”，充分保留50多年电影文化的历史积淀，对一批50年代苏式建筑等具有较高历史价值的典型旧厂房建筑实施原状维修、选择性保护开发。在保留原工业厂房的楼体设计元素的同时，对外观和内部进行全新现代的装修改造。花样年华街区建筑面积约2万多平方米，包括创意办公和特色文化主题餐厅，并于2013年4月28日开业。二期“拆平重建”，结合岭南地区特有的建筑文脉，拆除没有保留价值的建筑以及与规划定位及功能存在矛盾的建筑，在符合整体规划的情况下，重点打造五星级电影城、主题文化广场、创意办公和电影文化公园。已有珠江电影集团、珠影数字音画传媒有限公司等60多家影视文化创意企业入驻，初步形成了以影视文化产业为特征的文化创意企业聚集区。珠影文化创意产业园成为南中国电影和音乐创作的新硅谷，并与新规划的广州博物馆新馆等“四大馆”一起，成为广州新城市中轴线上的文化产业新地标。

太古仓码头创意产业园。该园区利用旧工业码头和仓库改造建成。码头位于海珠区革新路124号，由3座T字型码头、7座仓库和后方场地及建筑物构成。地处珠江后航道，靠近白鹅潭。码头区域占地约7.1万平方米，其中陆地

太古仓码头创意产业园

面积约5.4万平方米，码头岸线长312米。太古仓的历史悠久，由原英商太古洋行建于1904年至1908年间，1953年太古仓码头收归国有，相继由广州港务局及广州港集团经营管理。2005年被定为广州市文物保护单位。广州港集团根据“三旧”改造有关政策，采用“修旧如旧”的方式，在保留原有码头区完整性、真实性和历史内涵的基础上，把旧码头旧仓库改造为一个集文化创意、展贸、观光旅游、休闲娱乐等功能于一体的广州“城市客厅”。太古仓码头项目规划总建筑面积约4万平方米，总投资约8000万元，拉动社会投资约1亿元。一期工程对沿江7座面积超过1.7万平方米的英式建筑仓库、保税仓和办公楼采取“修旧如旧”的方式进行改造，功能定位为葡萄酒展贸中心、展览展示中心、创意产业园、电影院、游艇俱乐部、休闲餐饮等。通过旧码头旧仓库的转型改造，太古仓码头被打造成独具特色的城市滨水开放空间和新型体验式商业文化景区，有力地推动了周边区域的环境综合整治和产业升级。改造前太古仓作为码头，年收入在800万元左右，年亏损约500万元，职工人数最多时达到500人；改造项目完成投入营运后，年营业收入可达1.5亿元，并提供超过1000个就业岗位。太古仓更注重的是“展示”功能，红酒、珠宝、房地产以及汽车等行业都很热衷借助太古仓发布各种新品。

（供稿：海珠区地方志办；编辑：王娜）

南沙游艇会落成

南沙游艇会地处广州市南沙湾虎门大桥下游、南沙客运港上游约200—800米处，航道四通八达，由广州市南沙区政府与霍英东集团携手开发，广州南沙游艇会管理有限公司负责管理运营。南沙游艇会于2010年初动工建设，2011年7月18日落成，2012年1月正式对外营业。

项目总投资约2.5亿元，总占地面积17万平方米（其中港池面积13万平方米），规划建设总建筑面积9000平方米豪华会所、720米长防波堤、水上泊位352个（分三期建成）、干仓泊位120个。至2015年已建成一、二期水上泊位150个，干仓泊位30个，可停泊165英尺长超级豪华游艇，为广东省已建游艇会之冠。一期会员32个，成员主要来自珠三角各地。

南沙游艇会致力于打造南中国海上商务、休闲、度假领航家及游艇产业中心，引入国外的先进理念推动国内游艇产业及水上生活文化发展，推动粤港澳合作共赢。从项目的前期设计规划开始，南沙游艇会便以打造具有国际标准的游艇会为目标，各种硬设备坚持高标准原则，而管理团队亦从每一个细节抓起，确保工程的高质量。南沙游艇会和国内部级相关行业协会及新加坡、英国等海外游艇协会和组织达成合作，并与新加坡莱佛士等知名游艇会建立互认机制，建立良好的关系，标志着南沙游艇展会初步形成跨国经贸合作与海洋产业运作相结合的新格局。为实现游艇通关便利化，南沙游艇会力争成为“粤港澳游艇自由行”试点，争取游艇会口岸开放、游艇两地牌、粤港澳游艇驾驶员证书互认、扩大游艇航行水域等相关政策突破，切实简化通关程序，缩短旅客和游艇通关时间等，带动更多外籍游艇、帆船进入南沙。2015年南沙区已启动粤澳游艇自由行申报工作，就游艇性质界定、游艇登记、游艇驾驶员证互认、游艇“两地牌”、游艇查检监管、游艇航行水域等六个问题上报市有关部门。

南沙游艇会除日常专业服务外，还设置Yacht CN－广州南沙湾国际游艇博览会、中国游艇文化论坛两个特色品牌活动。Yacht CN－广州南沙湾国际游艇博览会由南沙游艇会主办，每年一届，是南沙区振兴海上丝绸之路、推广海洋休闲旅游产业的一项盛事，至今已成功举办四届，平均每年吸引游客1万多人次。2012年10月，首届“Yacht CN 2012－广州南沙湾国际游艇博览会”，共展出50多家展商的60多艘现船，吸引15000多名参观者，成交游艇17艘，成交额近1亿人民币。第二届Yacht CN 2013－广州南沙湾国际游艇博览会，共吸引

52 家国内外展商参展，展出不同类型和尺寸的实船 56 艘，现场成交游艇 6 艘，总价值 6400 万人民币，意向成交游艇 13 艘，总价值人民币 1 个多亿，共吸引 12000 人次参观。“全球最惊艳游艇”阿达斯特拉号（Adastra）成为 Yacht CN 2013 最精彩的亮点，这艘 42 米长的超级三体游艇像一艘水上的“宇宙飞船”，突破传统游艇的设计理念，预示着高效远程巡航的未来。第三届 Yacht CN 2014 - 广州南沙湾国际游艇博览会，带领观众在该届博览会中穿越古今，重温“海上丝绸之路”。第四届 Yacht CN 2015 - 广州南沙国际游艇博览会在往届展会基础上另有创新，吸引众多豪车珠宝等奢侈品牌惊艳亮相，成功打造南中国地区游艇业内水陆联展盛会。中国游艇文化论坛由南沙游艇会承办，每两年一届。2012 年 10 月，举办首届“中国游艇文化论坛”，11 个国家的 22 位游艇行业领域的顶级专家与 100 多位参会代表参加分享交流。2014 年 10 月，举办第二届中国游艇文化论坛，主讲嘉宾团 30 人，具有较强的国际化与专业性，现场提供中英同声传译服务。

2013 广州南沙湾国际游艇博览会开幕现场（黄伟雄拍摄）

从 2011 年到 2015 年，南沙游艇会经过不断地发展，相继获得了一系列荣誉。2011 年 7 月 18 日，在南沙游艇会落成仪式上，英国游艇码头协会主席 Simon Nicolas Haigh 授予南沙游艇会“五金锚奖”，成为中国内地第一家获得“五金锚奖”的游艇俱乐部。2013 年，南沙游艇会和中东地区领先的游艇会管理公司 ART Marine 码头管理公司签署合作备忘录，标志着南沙游艇会与“目的地”联盟中的世界各地高品质、有名望的游艇会成为互惠游艇会，南沙区成为一个国际性的航海“目的地”。2014 年 12 月底，南沙游艇会正式获批开设广州首个水上保税仓，并成为中国（广东）自贸区内首个游艇帆船进出口保税仓。水上保税仓面积 2800 平方米，可同时停泊 16 艘最大 100 英尺的船艇。2015 年，经由国家海事局核准，南沙游艇会获批为广州唯一合法经营游艇驾驶培训机构，学员经过培训考核合格，由海事局颁发“游艇驾驶证”，全国通用。4 月 22 日南沙游艇会航海培训中心在南沙新区挂牌。是年，南沙游艇会获“2015 年度中国最佳游艇码头”称号。

（撰稿：李芳　林沛；编辑：陈喆）

广州国际金融城建设

2011 年 11 月，广州市提出建设广州国际金融城，将天河区员村片区打造成为以高端现代服务业为主体、全国一流的金融总部聚集区，成为广州区域金融中心和广东金融强省的重要载体。致力于引进“一行三局”等驻粤金融监管机构和国内外金融总部机构，建设金融博物馆，打造一个全新的国际金融城，推动天河可持续发展。

广州国际金融城北起黄埔大道、中山大道，南至珠江，东至天河区界，西至华南快速干线，总面积 7.5 平方千米。其中，核心区总面积 2.3 平方千米，包括起步区和西核心区两部分。起步区北至黄埔大道，南至临江大道，东至车陂路，西至科韵路，面积 1.1 平方千米；西核心区北至花城大道，南至临江大道，东至员村四横路，西至员村大道，面积 1.2 平方千米。

2012 年 1 月，市、区相关部门理清金融城用地、建筑、单位权属和规划控制指标等数据，确定起步区的定位选址并初步完成安置地块选址方案。4 月，市委常委会议通过《广州国际金融城起步区开发建设工作方案》，确定科韵路以东片区作为金融城起步区先予启动。10 月，《广州国际金融城起步区村民住宅、集体物业征拆补偿安置方案》获市政府常务会议原则通过。至年底，共有 29 家金融机构、13 家总部企业、10 家房地产企业表达进驻意向，引进 11 家外资融资租赁公司，合同外资额 1.24 亿美元。

2013 年，广州国际金融城提前完成起步区约 45 万平方米的村民住宅和集体物业征拆工作，实现零投诉、零上访、零强拆、零事故。11 月，金融城起步区控规对外颁布实施，起步区以功能划分为金融办公区、总部办公区、综合商业区、滨水休闲区、特色生活区。是年，首批3宗地6个地块总用地面积14.72万平方米，以129.9亿元成功出让；第二批4个地块总用地面积4.8万平方米，以56.7785亿元成功出让。

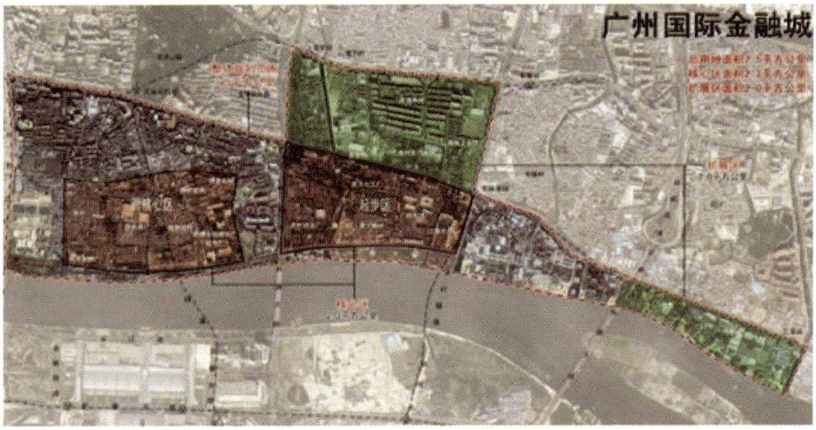

广州国际金融城规划图

2014年，金融城起步区村民复建工作进入动工建设阶段。CBD管委会与区财政局、区国资公司共同拟定的《广州国际金融城起步区“小配套”公共服务设施移交方案》获市金融城办批复。是年，完成国际金融城起步区控制性规划、国有企业用地和集体土地收储、建设项目规划报建等前期工作。首批建设项目的地下空间土石方开挖和基坑支护工程正在推进，广州国际金融城起步区建设全面铺开。

（供稿：天河区地方志办；编辑：陈喆）

海珠桥大修

海珠桥是广州市第一座跨江桥梁，全长约357米。主桥为三孔简支钢桁架桥，全长184.7米，宽度为21.9米，跨径分别为67.8米、49.1米、67.8米，南北两跨对称布置；主引桥为钢筋混凝土结构；边桥为1974年在主桥两侧加建的钢筋混凝土桥，宽度7.83米。主桥为三孔下承式简支钢桁架桥，主引桥为钢筋混凝土结构。

海珠桥1933年建成通车。80多年来，海珠桥历经磨难，见证了广州城市的变迁与发展，贯通珠江南北，发挥着重要桥梁的作用。海珠桥最早建成时桥梁中跨为可开启式结构，向上分开，可供大船通过。1938年日寇轰炸广州，桥体开合器震坏。1949 年国民党撤离广州炸毁大桥。1950 年，广州市建设局委托衡阳铁路局广州分局第三桥梁工程队修复大桥，当年 11 月竣工通车。为满足日益增长的交通疏导需要，1974 年，广州市建设局在大桥两侧，分别修建宽 8 米的非机动车道、宽 3 米的人行道钢筋砼悬臂梁桥，原非机动车道改机动车道，并于 1976 年建成使用。1995 年 1 月，广州市市政管理局对海珠桥钢桥结构实施加固，历经一年完成。进入 21 世纪，由于长期超负荷使用与环境腐蚀影响，海珠桥钢结构主梁及结构的安全难以保障。2011 年 6 月，海珠主桥检测被认定为四类桥，急需加固维修。

海珠桥大修引起广州市民的高度关注。广州市政府通过新闻媒体、网络广泛征求市民对海珠桥维修加固的意见，并邀请国内知名桥梁专家评审方案。市政府两次召开常务会议研究讨论，从保护历史文化遗产角度出发，最终确定以“修旧如旧”原则，采用对主桥维修加固、主引桥拆除重建、边桥整饰的方案。

2012 年 2 月 28 日，海珠桥大修正式启动。海珠桥危桥抢修工程建设管理单位为广州市市政园林工程管理中心（即广州市隧道开发公司），监理单位为广州市市政工程监理有限公司与广州市富华工程建设监理有限公司联合体，主桥维修加固设计施工总承包单位为中铁大桥股份有限公司与中铁大桥勘测设计院集团有限公司联合体，主引桥拆除重建设计单位为中交第四航务工程勘察设计院有限公司，边桥整饰设计单位为广州市市政工程设计研究院，主引桥拆除重建施工单位为中铁九局集团有限公司，边桥整饰施工单位为广州工程总承包集团有限公司。参建单位坚持精细化管理原则，制订质量、安全文明施工、进度、结算和支付等管理办法及特殊工艺的验收规定，建立责任追究和奖惩机制，明确工期关键节点，制定工期滞后及提前完成奖惩条款。为加强对参建单位考核，施工现场安装视频监控。施工单位采用三维数控钻床钻孔技术，全桥 16 万套铆钉杆件钻孔 48 万个，精度均控制在 -0.2—+0.4 毫米。还采用电磁感应技术，研究铆钉自动感温加热器，创新热铆传统工艺，使铆钉加热温度区域从传统的 800—1200 度，精确到 950—1050 度，居全国领先水平。

维修后，海珠桥继续作为广州市引以为傲的“名片”屹立在珠江之上。主桥恢复 1950 年时的三跨简支结构，桥宽、桥长及外观均保持不变，维修时将钢结构进行解体，保留经检测满足继续使用的旧杆件。下部结构采用钢围堰的方式进行检测加固，把主引桥拆除重建，优化下部结构的墩柱布置，改善沿江路及滨江路的行车条件，对左右两幅人行边桥进行美化整饰，提升景观效果。

2013 年 8 月底完工，9 月 1 日正式开放通行。应市民要求，2013 年 8 月 31 日下午开放主桥供市民参观。9 月 1 日上午 9 时，举行简单而隆重的与民同乐活动。陈建华市长宣布“海珠桥正式通车”后，由近千人组成的集体婚礼、拜客自行车等多个方阵通过海珠桥，庆祝海珠桥修复开通。维修后的海珠桥不仅恢复了1933年刚建成时的历史原貌，并且在保持原有风格的基础上提升了景观效果。“海珠丹心”重放异彩。

（撰稿：廖丽萍；编辑：赖剑颖）

中国首个隧道盾构机刀盘生产基地落成

2012年4月26日，中国首个隧道盾构机刀盘生产基地在广州市南沙区落成。该基地占地面积3290平方米，由广州海瑞克隧道机械有限公司（简称海瑞克公司）建成投产。海瑞克公司是德国海瑞克股份公司与广州广重集团有限公司于2003年7月共同组建的中外合资企业，位于南沙区黄阁工业园，占地4.6万平方米，2005年12月正式投产。海瑞克公司核心业务范围包括隧道掘进设备的制造组装、调试和中国项目工地服务管理以及隧道掘进设备的维修与翻新，其定制产品包括土压平衡式盾构机、混合式泥水盾构机、开敞式硬岩掘进机、单护盾硬岩掘进机以及双护盾硬岩掘进机等，产品广泛应用于国内外重大基础设施建设。

刀盘生产车间

海瑞克公司拥有海瑞克集团全球第二大组装基地，可组装直径达19米的大型隧道掘进设备，每年可制造组装40台直径为6.3米用于地铁项目的盾构机。刀盘是盾构机的核心部件，盾构机在地下的挖掘工作完全靠刀盘体旋转、切削泥砂来实现的。海瑞克公司自2006年开始进行刀盘制造，成立一支公司自有的、专业的、稳定的刀盘制造队伍，主要技术骨干从广州广重集团有限公司引入，经德国专家严格培训、考核，以及实践经验的总结和积累，这支队伍不断发展和壮大，技术水平不断提高。

海瑞克公司建厂初期没有独立的刀盘生产场地，靠占用部分盾构机组装场地或租用外部车间来解决。随着刀盘生产技术的进步、刀盘需求量的日益增大，原有场地、人员和设备已不能满足生产需求。2011 年，海瑞克公司开始建设刀盘生产车间，包括单层组装车间 1 栋、桥式吊机 4 台、固定立柱式悬臂吊 6 台、大型数控火焰切割机及专用气房 2 台、便携式数控切割机 2 台、二氧化碳保护焊机 20 台，晶闸管控制直流弧焊机 10 台、埋弧焊机 2 台、等离子切割机 1 台、焊烟尘吸收机 8 台、电动平车 5 台和叉车以及焊接实验室。2012 年，海瑞克公司刀盘生产基地建成后，刀盘产能达 46 个/年，可生产所有隧道掘进机类型的刀盘，包括土压、逆水、单护盾、双护盾和开敞式刀盘，直径由 3.5 米至 17.6 米，以及常规刀盘及最新科技的常压换刀刀盘。

海瑞克公司所生产的隧道掘进设备不仅仅应用于广州、深圳、成都、沈阳、北京等地铁以及其他重大基础设施建设项目，还应用于香港、新加坡、美国、新西兰、澳大利亚、印度和土耳其等海外隧道工程项目。截至 2015 年 6 月，已成功完成 194 台盾构机的制造组装以及 238 个刀盘的生产制造。

（供稿：广州海瑞克隧道机械有限公司；编辑：陈喆）

广钢集团 180 万吨冷轧生产线建成投产

为改变普冷板及镀锌板主要依赖进口、轿车面板供需矛盾突出的局面，2003 年 4 月 17 日，广州钢铁企业集团有限公司（简称广钢集团）与日本 JFE 钢铁株式会社（简称 JFE）在东京签署南沙钢铁项目合作意向书。9 月 22 日，广钢集团和 JFE 在广州正式签署合作协议，按 49∶51 股比（广钢集团占 49，JFE 占 51）成立合资公司，在广州南沙区万顷沙镇建设 40 万吨热镀锌钢板生产线。2004 年 1 月 15 日，合资公司——广州 JFE 钢板有限公司（简称 GJSS）正式挂牌成立。GJSS 是最早落户南沙的企业，被广州市委、市政府喻为南沙大开发“棋局”上布下的“第一粒棋子”。4 月 13 日，一期工程 40 万吨热镀锌钢板生产线全面动工建设。2006 年 1 月 17 日，一期工程竣工投产。

在与 JFE 双方共同建设一期工程的同时，从 2004 年 9 月开始，广钢集团又开始研究后续发展项目。双方对建设南沙千万吨级钢铁项目的可行性进行研究，并根据项目可批性、资金筹措、人员等情况，决定二期建设 180 万吨冷轧钢板生产项目（简称冷轧项目）。同时双方多次就合资公司股比调整问题进行沟通。根据当时国家钢铁产业政策，建设大型项目不允许外国企业控股，双方把一期工程确定的 GJSS 股比（广钢集团与 JFE 股比为 49∶51）调整为 50∶50。2007 年 3 月 6 日，广钢集团和 JFE 签署 180 万吨冷轧项目合作协议书；4 月 16 日，广钢集团成立 180 万吨冷轧项目工程筹备组；6 月 22 日，国家发改委正式批准 180 万吨冷轧项目建设；7 月 31 日，广钢集团与 JFE 签署合资建设冷轧项目的合资合同和章程，共同为 GJSS 增资扩股，在 GJSS 一期工程北面建设冷轧项目以及第二条年产 40 万吨热镀锌生产线。12 月 18 日下午，举行开工仪式，冷轧项目工程建设正式开始。

冷轧项目包括一条 180 万吨酸洗冷轧线、一条 100 万吨连续退火线和一条 40 万吨热镀锌生产线，各生产线均采用 JFE 多项专利技术与工艺，生产装备和技术水平在世界领先。其中，180 万吨酸洗冷轧线，可生产板厚 0. 3—2. 6 毫米、板宽 800—1850 毫米的 CQ、DQ、DDQ、EDDQ、SEDDQ（CQ、DQ、DDQ、EDDQ、SEDDQ 为对应的钢种等级）以及高强钢等钢板，主要供下一工序连续退火线以及镀锌线生产家电和汽车使用；100 万吨连续退火线，可生产超低碳钢、低碳钢、高强钢等钢板，供给汽车板、高端家电板的客户；40 万吨热镀锌生产线，可生产板厚 0. 3—2. 3 毫米、宽 800—1880 毫米，780MPa 以上级别的镀锌板，具备“柔、韧、坚、亮”的特点，主要用于中高档汽车门、汽车翼子板、行李箱盖、车盖发动机罩等。冷轧项目估算总投资约 10 亿美元，产量约为商品冷轧板卷 95 万吨/年，商品热镀锌板卷 85 万吨/年。

2008 年 3 月 31 日，GJSS 与日本三菱日立公司签订连续酸洗冷轧生产线（PL－TCM）、连续退火生产线（CAL）合同；4 月 30 日，与日本三菱日立公司签订 2 号镀锌线合同；7 月 14 日，与 JFE 签订技术转让合同；8 月 20 日，与上海宝信签订 MES 项目合同；9 月 1 日，与西安重型机械研究所签订 2 号、3 号重卷和包装机组合同。

2011 年 3 月 21 日，冷轧项目中的酸洗冷轧线开始冷负荷试车。4 月 30 日，酸洗冷轧线热负荷试车成功。5 月 30 日，冷轧项目投产仪式在南沙万顷沙举行。2012 年 5 月 15 日，2 号热镀锌线建成投产。至此，GJSS 冷轧项目全面建成投产。

冷轧项目的建成投产，解决了广东地区及其周边地区的市场需求，推动了广州和广东汽车工业的发展，结束了广东地区无高级冷轧钢板生产的历史，广东省钢铁制造水平上了一个新台阶。

（撰稿：刘新奇；编辑：黄敏华）

居民水价实施阶梯式收费

为全面推进居民生活用水阶梯式计量水价、落实国家关于简化水价分类的要求，合理补偿供水新增成本，理顺广州市自来水价格与成本关系，2012 年 2 月 29 日，广州市物价局在越秀宾馆组织召开了广州市自来水价格调整方案听证会。听证会严格按照《政府制定价格听证办法》规定的程序进行，参加人员 25 名，实到 24 名；旁听人 6 名，实到 5 名。全体听证会参加人充分发表意见，大多数赞成全面实施居民用水阶梯水价，简化用水分类，适度提高水价，合理补偿成本，提高用水效率，促进节约用水。在充分听取社会意见、修改完善后，广州市自来水价格调整方案按程序报市政府同意，并经市人大常委会审议，于 2012 年 5 月 21 日印发实施。

广州市自来水价格调整方案主要内容包括：一是调整对象为广州市自来水公司供水范围内的各类用水户。二是自来水水价分类由原来五类，简化为居民生活用水、非居民生活用水和特种用水三类。三是自来水综合水价调整为每立方米 2.53 元，居民生活用水基本水价每立方米 1.98 元，非居民生活用水价格每立方米 3.46 元，特种用水价格每立方米 20.00 元。四是对广州市低收入困难家庭实行水价优惠：每人每月用水量在 7 立方米以下（含 7 立方米）的居民生活用水仍按 0.7 元/立方米计收，超出部分按居民生活用水价格第一阶梯水价计收。五是为确保阶梯水价的稳妥实施，阶梯水价第一级水价与新水价同步实施，第二、第三级阶梯水价在新的水价收费标准执行 6 个月后再正式实施。

2012 年 10 月 24 日，经市政府同意，广州市物价局、水务局联合发布《广州市居民生活用水阶梯式计量水价办法》。《办法》明确阶梯水价实施范围，即广州市行政区域范围内由广州市自来水公司供水的居民生活用水户实施阶梯水价。用水人口为 4 人及以下的用水户，第一级水量基数为每户每月用水量 26 立方米，按基本水价每立方米 1.98 元计收水费；第二级水量基数为每户每月用水量 27 立方米以上至 34 立方米的部分，按基本水价的 1.5 倍（每立方米 2.97 元）计收水费；第三级水量基数为每户每月用水量 34 立方米以上的部分，按基本水价的 2 倍（每立方米 3.96 元）计收水费。采用人、户结合的核算方式计算水量基数，用水户用水人口超过 4 人的，每增加一人，该户各级水量基数每月相应增加 6 立方米。用水人口超过 4 人的用水户需到用水地址所属的广州市自来水公司供水管理所办理用水人口申报手续，未办理用水人口申报手续的，按用水户用水人口为4人及以下的标准实施阶梯水价。

（撰稿：王键；编辑：曾新）

北汽集团华南生产基地建设

2011年6月22日，北汽集团北汽（广州）汽车有限公司揭牌暨自主品牌技术改造项目奠基仪式在增城经济技术开发区举行。继广汽本田汽车在增城建厂后，增城市再添汽车整车龙头项目，成为北汽集团华南生产基地、出口基地和对外合资合作的新平台。

北汽集团华南生产基地项目是增城经济技术开发区挂牌后引进的第一个大型汽车项目，总投资50亿元，规划产能30万辆/年，其中，一期投资36亿元，占地规模83公顷，规划设计产能10万辆/年，可实现年产值179亿元，年税收20.8亿元。项目及所带动的配套零部件产业可实现年产值约400亿元，年创造税收40亿元。项目建设包括冲压、焊装、涂装、总装四大工厂、质量中心、PDI车间以及动力中心、充电间、污水处理站、燃气调压站等公用配套设施。主导产品为北汽集团自主品牌轿车、SUV及其新能源车型等乘用车产品。一期工程于2012年6月1日动工建设，历时近两年建成。2014年4月2日，北汽（广州）汽车有限公司举行北汽集团华南生产基地工厂建成暨首车下线仪式，标志着北汽集团华南基地从建设期转入生产运营阶段。

北汽（广州）汽车有限公司是北汽集团直属的全资整车生产独立法人企业，坐落于广州增城经济技术开发区东区高科技工业园内。2010年12月30日，北汽集团与广州增城市人民政府签订正式合作协议后，对广州宝龙集团轻型汽车制造有限公司进行兼并重组。2011年4月1日，广州宝龙集团轻型汽车制造有限公司正式更名为北汽（广州）汽车有限公司，成为北汽集团所属全资整车生产企业。5月3日，国家工信部批准原

2014年4月2日，北汽（广州）汽车有限公司举行北汽集团华南生产基地工厂建成暨首车下线仪式

宝龙公司汽车生产资质变更为北汽（广州）汽车有限公司，并在第225批《车辆生产企业及产品》公告中公布，公司具备了合法的汽车整车研发、生产、销售及服务资质。北汽（广州）汽车有限公司注册资本3.3亿元，主要经营业务范围包括制造、销售汽车及汽车发动机；摩托车及零配件；售后服务；经营该企业自产产品的出口业务和该企业所需的机械设备、零部件、原辅材料的进口业务等。

北汽（广州）汽车有限公司生产基地承担着推进北汽自主品牌乘用车跨越式发展、实现全国布局的重要使命。它的竣工投产，标志着北汽集团在华南地区建立了一个重要的桥头堡。

（撰稿：刘文斌；编辑：刘燕玲）

“6·29”道路交通事故

2012年6月29日4时20分左右，湖南省株洲市茶陵县盛兴物流有限公司一辆号牌为湘B83393（湘B3425挂）的重型半挂油罐车，从广东省茂名市开往东莞市，当车辆行驶至广州市沿江高速公路南岗段夏港入口附近，临时停靠在道路最外侧车道和应急车道中间时，一辆号牌为湘L66215的个体经营货车从后方驶来，与湘B83393油罐车发生追尾，造成罐体破损，装载的约41吨溶剂油泄漏，并沿高速公路路面（斜坡路段）自西向东流淌，同时经高速公路10个排水口的排水管，流淌至离高速公路高架桥约12米下方及周边地区。4时25分07秒，湘B83393司机周崇海打110报警，但由于情绪紧张，一直未能说清楚具体情况。经110接警员反复询问，4时31分左右才问明情况，并立即转消防、交警和急救等部门。接到报警后，广州消防夏港中队于4时50分左右到达事故现场，共有19名官兵和4台消防车，救出被困湘L66215车内的刘振东。5时16分28秒，泄漏的溶剂油遇高速公路下的过往机动车产生的火花引起连环爆燃，波及广深沿江高速公路夏港高架桥下及周边的货物堆场、工棚等建、构筑物，并引燃桥下堆放的木板及临时搭建的工棚，火势迅速蔓延到桥面。广州市公安消防部门立即再调度2个大队、13个中队、29台消防车和220名官兵赶赴事故现场抢险。10时10分，事故现场明火全部扑灭。11时05分，事故现场清理完毕。这次事故造成数辆汽车被烧毁，20人死亡，31人受伤（其中16人重伤），死者大多数是木材厂工人，直接经济损失约4600万元，过火面积1396.1

平方米。

广东省政府事故调查组经调查研究后，认定“6·29”重大事故是一起由货运车辆与危运车辆追尾相撞造成溶剂油泄漏引发爆燃，导致人员伤亡的重大责任事故。暴露出道路运营车辆安全管理、交通执法、公路控制地区管理以及应急指挥和救援处置能力等方面存在的问题。

“6·29”重大事故发生后，广州市各级各部门迅速贯彻落实省、市安全生产紧急会议精神，以及各级领导对“6·29”重大事故的指示，分工合作，拉网排查，认真分析事故暴露出来的问题，采取强有力的措施，消除安全隐患，防止同类事故的发生。一是全面开展高速公路和快速路控制区域清理整治。广州市制定印发《广州市高速公路和快速路控制区域整治总体方案》，根据有关法律、法规规定，利用1个月时间，对高速公路两侧30米范围内、快速路用地范围内的生产、经营、居住生活场所进行全面清理整治，从根本上消除高速公路和快速路控制区域内的各类隐患，理顺管理职责，落实日常管理，确保人民群众生命财产安全。二是切实强化道路交通安全监管和执法检查。广州市责成各有关部门针对事故暴露出来的突出问题，切实强化道路交通安全监管和执法检查，努力构建道路交通事故防范长效机制，防止类似事故发生，促进全市经济社会实现科学发展安全发展。三是部署开展全市安全生产大检查大整改。开展为期1个月的全市安全生产大检查大整改：在危险化学品方面，重点检查石油化工、氯碱化工、剧毒化学品生产（储存）企业，突出对危险化学品生产、运输、经营、储存、使用、废弃物处理等六大环节进行全面排查整顿；在消防方面，检查车站、商场、影剧院、宾馆饭店、医院、网吧等人员密集场所的防火措施的落实情况，检查生产经营单位是否存在将员工宿舍与生产、储存、经营混合设置的“三合一”场所，检查出租屋、仓库、木材加工厂火灾隐患整治情况；在建设施工方面，检查脚手架、深基坑、高大模板、起重机械等危险性较大的分部、分项工程安全监管情况，检查施工用安全网是否符合安全防火规范，检查狭窄空间作业的防中毒措施到位和应急救援措施有效情况；在水上交通方面，检查水上加油站、油船清污企业安全生产情况，对安全管理混乱、安全管理制度不健全、防火防爆措施不落实、员工安全教育不到位的，责令限期整改、依法处罚。四是加强监督检查。在深入开展大检查大整改基础上，由市政府成立7个督查组，分别对各区（县级市）、各有关部门开展大检查和大整改情况进行督查检查，确保检查整改落到实处。

（撰稿：田果　郭娟；编辑：常国光）

“粤港跨境缴费通”开通

随着粤港两地经济的一体化，两地居民往来日益密切，相互选择在对方投资、居家、消费的日渐增多，由于无法实现银行卡或账户跨境支付，给两地居民生活带来诸多不便。为深化粤港两地金融合作与创新，解决两地支付瓶颈问题，根据《粤港合作框架协议》安排，中国人民银行广州分行、香港金融管理局自2012年年初开始，积极牵头组织两地有关各方启动“粤港跨境缴费通”建设。经两地积极协商，业务和技术人员加强沟通，联合解决了业务实现方式、业务流程、资金清算、系统开发等一系列难题，顺利推出“粤港跨境缴费通”。

2012年7月16日，由中国人民银行广州分行、香港金融管理局牵头，香港银行同业结算有限公司、广州银行电子结算中心、深圳金融电子结算中心、中国银联、香港中银等单位推动，联合粤港两地银行机构共同打造的粤港代收付系统（又称“粤港跨境缴费通”）顺利开通。“粤港跨境缴费通”是广东省政府与香港特别行政区政府共同商定的金融合作内容，是粤港民生金融服务创新的重要成果。粤港两地居民可使用银行卡或账户，快速支付两地之间的物业管理费、消费贷款、水电费、手机费、保险费等各类缴费与支出，从而实现粤港两地民生服务便利化，支持两地经济社会发展。

“粤港跨境缴费通”已开通香港客户缴付广东省商户费用单向服务，实现南卡北用、南户北用，即香港客户可选择通过香港银行发行的银联港币或人民币借记卡，在香港银行开设的人民币账户缴纳内地商户费用。具体办理流程为：内地商户可向广州银行电子结算中心申请，签约注册后即可办理托收；香港客户通过已经注册的商户或者所有已参与香港同业结算有限公司人民币自动转账服务的香港参与银行授权签约确认后，就可实现在限额内按指定用途向内地商户付款，每日每户合计付款不超过8万元等值人民币。粤港跨境缴费服务实现香港客户向广东省商户缴付物业管理费、消费贷款、高尔夫球会会费等，随着业务的开展，也可提供缴付水电费、手机费、保险费等服务。

（撰稿：孙方江；编辑：曾新）

广州股权交易中心开业运营

建立区域性股权交易市场——股权交易中心，有助于完善国内多层次资本市场体系，促进企业特别是中小微企业股权交易和融资，鼓励科技创新和激活民间资本，支持实体经济发展。2012 年 8 月 9 日，经广东省人民政府批准，广州股权交易中心正式开业运营。交易中心位于广州金融创新服务区，由三家大型国有企业广东粤财投资控股有限公司、广州金融控股集团有限公司、广州凯得控股有限公司共同出资设立，注册资本 1.8 亿元。

广州股权交易中心按照“定位高、覆盖宽、交易活”的思路筹建，充分发挥珠三角金融改革创新综合试验区的政策优势，紧紧围绕科技型、中小型企业创新发展和培育壮大战略性新兴产业的需要，在市场组织、服务模式、产品设计、体制机制等方面进行制度创新和技术创新，形成了鲜明的市场运营特色。一是实施“无门槛，有台阶”挂牌企业准入政策。除完成改制的股份有限公司外，凡具备持续经营能力、治理结构完善的有限责任公司也可挂牌，真正实现了挂牌企业“无门槛”。同时，广州股权交易中心要求未改制企业在开展股权转让、增资扩股、股权质押融资等业务前，应严格按照法律法规及交易双方的约定做好有关前置手续的办理。二是开拓“先挂牌、后收费”商业模式。为降低企业融资成本和交易成本，广州股权交易中心率先采用“先挂牌、后收费”的商业模式，对挂牌企业不收挂牌费用，挂牌企业在成功融资或股权转让之后，再根据交易金额收取一定的手续费。三是实现直接融资和间接融资的无缝对接。针对挂牌公司大多处于成长初期、普遍惜售股权的特点，广州股权交易中心在市场机制上强化股权质押业务设计，整合各类金融资源，为挂牌公司的股权质押业务提供了更为便利的条件，实现股权与债权的对接、直接融资和间接融资的对接，以更低成本和更高效率达成融资目标。

广州股权交易中心作为国内区域性股权交易市场的探索者和实践者，致力于成为“资本市场的平台，企业成长的摇篮”。开业运营三年多来，广州股权交易中心正式大力推动会员机构之间、会员机构与挂牌企业之间、挂牌企业之间的资源凝聚、整合，增强自身作为平台的整合能力和中介服务功能，为中小微企业打造综合金融服务平台，真正实现企业的孵化与成长。目前，中心挂牌企业突破 1700 家，实现广东省内全覆盖，近 150 家挂牌企业累计实现融资超过 70 亿元，并成功辅导 7 家企业转板新三板。广州股权交易中心与共青团广东省委合作共建的“青年大学生创业板”挂牌项目超过100项，成功对接“创青春”国赛、省赛等大学生创业大赛，为国内资本市场服务和促进青年创新创业探索出全新的模式。2015年，广州金融创新服务区集聚股权投资机构51家，基金规模近200亿元，金融设备制造业全国领先，成为全市股权投资机构集聚的核心区域。

（供稿：广州开发区档案馆；编辑：常国光）

广州市邮政管理局成立

2005年，国务院实施邮政体制改革，实行政企分开，重组国家邮政局，并设立由其垂直管理的31个省（区、直辖市）邮政管理局，履行行业管理和市场监管等职责。此后，邮政业快速发展，尤其是快递业，连续保持年均30%的高速增长。同时，由于行业高速发展，行业管理力量薄弱现象逐渐显现，加强地方邮政管理力量显得更为迫切。2012年1月，国务院办公厅正式下发了《关于完善省级以下邮政监管体制的通知》，对完善省级以下邮政监管体制工作进行系列部署。中央编办印发《关于省级以下邮政监管机构设置人员编制的通知》，在广东省设立21个地市邮政管理局。2012年9月14日，经广东省邮政管理局批准，广州市邮政管理局（简称市邮管局）成立。市邮管局实行广东省邮政管理局与广州市人民政府双重管理，邮政业务、机构编制、干部、财务等以省邮政管理局管理为主。2012年10月30日，市邮管局在天河举行成立揭牌仪式。

市邮管局成立，标志着广州邮政业监管体系进一步健全。市邮管局管理架构设置办公室、普遍服务处、市场监管处三个内设机构，其中普遍服务处负责监管广州地区邮政普遍服务和特殊服务义务的履行和服务质量，市场监管处负责监管广州地区邮政快递市场，规范邮政快递市场经营秩序，维护公平竞争。市邮管局贯彻执行国家邮政法律法规、方针政策和邮政服务标准，研究拟定广州市邮政发展规划，监督管理广州市邮政市场以及邮政普遍服务和机要通信等特殊服务的实施，负责快递企业的管理、负责行业安全生产监管、统计等工作，保障邮政通信与信息安全，承办上级邮政管理部门和市政府交办的其他事项。

2015年，全市邮政业务量总量完成397.75亿元，其中，快递业务量完成19.52亿件，占全国总量的9.44%，快递业务收入完成195.99亿元，占全国快递业务收入的7.08%。全市日均快递业务量约为535万件，为全国城市排名第一，月均快递业务量继续保持全国城市排名第一。

广州市邮政普遍服务主要由中国邮政集团广州市分公司（原名为“广州市邮政局”“广东省邮政公司广州市分公司”）承担。截至2015年12月，已备案的邮政普遍服务场所共243个，投递道段1590条，邮筒（箱）963个、信报箱（群）32836个、智能包裹箱1229组、村邮站总量为740个。截至2015年，市内邮路共108条，单程邮路总长度11484千米，农村邮路20条，单程邮路总长度1800千米。城市投递路线共1161条，城市单程投递线路长度29022千米；农村邮路429条，农村单程投递线路长度18254千米。全市每日需处理进出口函件约124万件，进出口包裹邮件约4.8万件，进出口汇票0.8万张，报刊杂志每日投派37.2万份。

广州市快递市场经营主体主要包括国有、民营、外资等所有制为主的快递企业。据统计，截至2015年年底，全市共有许可快递企业399家（国有快递企业10家，民营企业389家），分支机构793家，快件分拨中心29个。全市快递从业人员突破15万人。从2014年8月开始，广州快递业务量首次超过上海，在全国城市中排名第一。广州已成为广东省乃至全国快递企业最集中、从业人员最多、业务收入规模最大的地区之一。

（撰稿：李德洪；编辑：刘德敏）

实施广佛肇“通信一体化”

为贯彻落实国务院《珠江三角洲地区改革发展规划纲要（2008—2020年）》，根据省委省政府关于推进珠三角区域一体化的工作部署，结合广佛肇、深莞惠两个经济圈经济社会和通信业的发展实际，2012年，广东省通信管理局、省发改委、省物价局联合制定印发《广佛肇、深莞惠通信一体化实施方案》。同年9月24日，由省通信管理局联合省发展改革委、物价局共同主办，广佛肇三市政府和四家电信企业协办，广州市科技和信息化局承办的广佛肇通信一体化启动仪式在广州举行。10月1日，广佛肇通信一体化正式实施。广佛肇通信一体化是惠及广州、佛山、肇庆三市老百姓的利民、便民和惠民工程，有利于促进区域信息通信能力的整体提升，促进广佛肇经济圈在政务、商务、金融、交通、医疗、卫生等信息资源的交流共享，有利于区域经济融合和发展。

省通信管理局、省发展改革委、省物价局、广佛肇三市政府和基础电信企业科学论证，试点先行，稳步推进通信一体化工程。各基础电信企业对涵盖广佛肇三市4300万用户的通信网络、业务系统和支撑平台进行升级和改造，参照珠中江通信一体化的经验，采取保留各市现有长途区号，通过资费一体化、服务一体化、网络一体化的方式实现区域通信一体化。广佛肇通信一体化以“资费叠加包”、取消长途费和漫游费为主的方案来实施，降低用户通信费用支出。广佛肇三市用户无须更改长途区号、也不须升位，通信系统、网络改动较小，用户操作简单，不改变原有号码、不改变原有拨号习惯，可直接通过发送短信、网上营业厅等途径简单办理手续，次月生效后便能享受通信一体化优惠资费。

广佛肇通信资费一体化实现后，三市用户人均通信费从24.8元降低至19元，降幅高达23.3%。三市人民经济社会活动的通信费用每年减少支出6.91亿元。此外，广佛肇通信一体化的实现，有利于促进区域信息通信能力的整体提升，促进广佛肇经济圈在政务、商务、金融、交通等各类信息资源的交流共享，助力广佛肇地区经济融合和发展。

（撰稿：林宝珠；编辑：刘德敏）

广州市率先完成“三规合一”工作

2012年3月，广州市委、市政府提出“完善城乡规划和土地利用规划体系”，“加强城乡规划和土地利用规划的衔接，更好地形成人口、产业、资源和环境相协调的城市空间格局”的目标。9月30日，广州市制定印发《广州市“三规合一”工作方案》。10月，率先启动全国特大城市经济社会发展、城乡、土地利用规划的“三规合一”工作，以系统解决城市空间资源配置和功能布局存在的深层次问题。花都区、白云区、天河区、萝岗区和南沙区作为试点先行开展。

“三规合一”工作采取市区联动、多轮核实方式，分三个阶段逐步推进。具体过程包括“三上三下”。“一上一下”重点是摸清全市“三规”差异，并制定差异图斑处理措施，对土地利用总体规划、城乡规划“两规”之间差异逐一处理。“二上二下”重点是明确可调整的建设用地数量及规模，形成“三规合一”的框架性文件。“三上三下”重点是依据第二阶段确定的可调整建设用地规模和发改委确定的建设项目排序，布局建设用地，确定“三规合一”的建设用地规模控制线及相关控制线，形成“三规合一”最终成果。

2014 年 1 月 9 日，广州市“三规合一”工作成果审查会议上展示三规合一部分图纸成果

“三规合一”工作成果有利于克服传统城市管理方式存在的“三规矛盾突出、用地低效粗放、项目落地困难、生态用地蚕食、审批效率低下、多规各自为政”等六大弊端。一是划定全市统一建设用地规模控制线、建设用地增长边界、生态控制线、产业区块控制线，形成一张蓝图。二是运用城乡统筹试点政策，盘活存量土地资源，确定全市调出建设用地规模 128.32 平方千米，保障经济社会发展；统筹工业发展空间布局，积极引导工业集聚进园，划定产业区块 95 个、面积 325 平方千米，占建设用地比例 17.74%，推动产业转型升级，促进土地节约集约利用。三是全面梳理形成 2016 年前全市拟建项目库，并按轻重缓急排序落实建设用地规模，合计调入建设用地 191.74 平方千米；优先并完全保障了重大民生和公益性基础设施 1100 余项，包括新增保障中小学等教育设施项目 60 余项、综合性及专科医院等医疗卫生设施 20 余项、儿童公园项目 13 项、各项文化设施 30 余项、市政设施及道路交通项目 300 余项。四是划定全市增长边界约 2440 平方千米，首次在空间上明确了城市开发边界，控制城市的无序增长；在“123”功能规划、城市总体规划的基础上，落实到坐标，全面排查重点发展平台、重点发展项目，将市域范围的水库、湿地、水源保护区、自然保护区、森林公园等重要生态用地，以及其周边控制区域划定为保护性生态控制线；划定基本生态控制线面积共 4426 平方千米，占市域总面积的 60%。五是借助“三规合一”，实现一门受理，并联审批，信息共享，限时办结，减少

审批环节，保障政府投资项目、重点建设项目和土地储备项目有序实施。六是各主管部门在编制涉及用地、空间布局规划时，可以“三规合一”一张图为基础，以保障与土规、城规一致，确保落地实施。

（撰稿：杨延；编辑：陈晓青）

中山大道BRT项目获“灯塔奖”

2011年1月24日，在美国交通运输研究委员会（TRB）年度会议上，广州由于在中山大道快速公交（BRT）系统、公共自行车系统、绿道系统等方面的突出成就，获得“2011年可持续交通奖”，这是中国城市首次获得该项荣誉。2012年12月4日，在联合国气候变化大会暨“2012年应对气候变化灯塔项目”颁奖典礼上，广州BRT公交项目也因此荣获“灯塔奖”。

2004年12月，广州市住房和城乡建设委员会（简称市住建委）规划建设广州BRT项目。历经前期研究、备选线路设计竞赛、国外专家咨询研究等多个阶段，2005年至2006年间，广州BRT项目取得《BRT概念设计》《天河黄埔区BRT网络研究》《广州市近期轨道交通与快速公交整体协调发展方案》和《中山大道BRT试验线方案设计（三种运营模式）》等研究成果。2007年1月，广州市委、市政府把中山大道BRT试验线确定为“惠民66条”的实施内容，并正式启动建设。

经过近一年半的设计和论证、两次国内专家评审，2009年3月，中山大道快速公交（BRT）试验线正式施工，2010年2月初基本建成。该项目西起天河路—广州大道路口，东至黄埔区夏园，全长22.9千米，全线路宽60米（蟹山—文园段约75米）。路中央设双向2条BRT公交专用道（车站处是4条，含2条停车道），外侧设双向6条社会车道。新建车站26对；新（改）建天桥23座、人行隧道6座；新建车行道7万平方米，改建车行道71.3万平方米；新建人行道18万平方米，非机动车道6.3万平方米；增加护栏3.9万米；新建绿化面积5.8万平方米；新建通信、监控管线3.5万米；安装高压箱变52台，各类交通监控、运营设备1300余处（套），智能交通、票务、安全门三大营运系统；全线更换可调式防沉降井盖1280套。

BRT项目征地拆迁和管线迁改面广量大，为最大限度地缩短征拆和迁改周期，建设方采用“边征拆，边施工”的办法，2008年12月全面开展征拆，至

2009 年 11 月基本完成。征地拆迁和管线迁移涉及沿线逾 100 家单位，共征地 16 公顷多，拆迁房屋 590 多平方米、简易结构房屋及各种构筑物 2.6 万平方米，迁移煤气管线 3.6 千米、自来水管线 12.7 千米、电力管线 13.2 万米和各类通讯管线 111.3 万米，还涉及路灯、消防栓等临时迁移、通信管道、电缆沟、供水井的沉降保护等工作。

BRT 试验线选址于商住物业密集、车流人流巨大、公交线路众多、交通异常拥挤的中山大道。为避免对市民生活和出行造成不利影响，建设方按照“边施工、边疏解”、分阶段推进的原则组织工程，施工期间不作交通封闭。BRT 工程先后有 36 家施工队伍先后进场，专业纷繁，工序交叉。施工过程采取流水作业办法。市住建委统筹工程整体建设进度、标准，确保工程平行、快速、有序地推进；动工前 26 对站点平行作业，分 5 个土建施工标段，要求“一个站台、一座天桥绝对工期 3 个月”，明确对参建单位的分工和层级管理制度，设计、施工、监理、质监及代建管理责任明晰，各尽其责、分头落实。建设过程中，建设方与市交委、交警支队、广州供电局、路灯所等单位密切联系，为 BRT 运营提供了先进而完备的运营调度系统。在工程关键阶段，市政府每周召开专题会议，协调解决“双回路供电”、52 台专用变压器的选型、选址等难题。

中山大道快速公交（BRT）系统采用“干线（专用）走廊 + 灵活线路运营”模式，并配合沿线同步实施的行人过街系统来完善工程和养护大中修工程。这种多项功能的整合体现了“绿色交通”的建设理念，改善了沿线交通状况，并推动了广州市东部地区的建设和发展。据市交通部门统计，中山大道 BRT 试运营以来，日发送乘客最高突破 71 万人次。通道内车辆运营平均时速超过 23 千米，比 BRT 开通前中山大道沿线公交车速度提高了 84%，并带动社会车辆通行速度提高 28%。而且，同向免费换乘的 BRT 车辆可到达全市 1/7 的公交站点，平均每天可减少市民车费支出 148 万元，有效落实了公交优先、民生为重策略。

（撰稿：廖丽萍；编辑：赖剑颖）

实施《广州市城市功能布局规划》

2011 年 12 月 24 日，市第十次党代会提出全面提升城市发展质量，优化提升一个都会区、打造两个新城区、建设三个副中心，继续实施“十字方针”

（南拓、北优、东进、西联、中调），促进“三规”衔接，完善多中心、组团式、网络型城市空间结构。按照市委、市政府的工作部署，市城市规划编制研究中心（简称编研中心）在广州市战略规划和《广州城市总体规划（2011—2020）纲要》基础上，开展广州城市功能布局规划研究工作。

2012年2月，编研中心正式启动功能布局规划的咨询研究工作，分别委托中国城市设计规划研究院、中国社会科学院城市发展与环境研究所、北京清华城市设计规划研究院完成咨询研究成果。6月至7月，广州市召开“城市功能布局研究专家研讨会”，通过综合比较三家设计单位的咨询研究成果和征求专家意见，决定由中国城市设计规划研究院工作团队完成《〈广州市城市功能布局〉综合报告》。在功能布局规划咨询和综合报告的基础上，编研中心重点明确民生实施目标和行动计划，相继完成《广州城市空间发展战略——“123”实施政策》和《中共广州市委广州市人民政府关于加强规划引领促进节约集约用地的实施意见》两项成果。该成果被纳入广州市推进新型城市化“1+15”系列政策文件中。

2013年1月，广州市委第十届四次全会暨广州市第十次党代会提出“123城市功能规划”，又称“一个都会区、两个新城、三个副中心”城市发展战略规划。“一个都会区”包括越秀区、荔湾区、海珠区、天河区、黄埔区、白云区南部、萝岗区的南部地区和沙湾水道以北地区。“两个新城”指南沙滨海新城和东部山水新城，分别包括南沙区、番禺区在沙湾水道以南地区和萝岗区的北部地区、增城市的中新镇、朱村街道。“三个副中心”则指花都、增城与从化。“123”城市功能规划的出台，为《广州市城市功能布局规划》作了强有力的护航工作。

《广州市城市功能布局规划（征求意见稿）》先后4次征求31个市直部门和12个区（县级市）的意见，共收到328条反馈意见并逐一予以研究落实。2012年12月26日，广州市第十四届人民代表大会常务委员会第九次会议审议通过《关于〈广州市城市功能布局规划〉的报告》，批准《广州市城市功能布局规划》。

《广州市城市功能布局规划》总体目标是站在建设国家中心城市，人民满意的理想城市，建设低碳经济、智慧城市，幸福生活的美好家园的高度上，以功能为导向，统筹优化全市域空间资源。全面实施“123”城市发展战略，构筑多中心、组团式、网络型的新型城市化时期城市发展大格局。广州被划分成25个功能组团，各组团集中建设，就近布局居住和就业，中心城区占全市交通出行量比例从现状56%降低到39%。

《广州市城市功能布局规划》提出七大策略：一、在城市功能方面，广州都会区、新城区和副中心错位发展。都会区聚集现代服务功能；两个新城区主要承担交通枢纽、大宗物流、重型制造业以及会展、研发、教育、医疗等专项高端服务职能，同时完善人居公共服务配套设施；三个副中心，以自然生态保护为本底，相应完善公共服务配套设施，促进农村地区城市化。二、打造“一核三带”的产业布局。“一核”为现代服务业集聚核，“三带”为东部产业集聚带、北部产业集聚带和南部产业集聚带。三、优化公共服务设施和基础设施配套布局，促进“产城融合”。四、网络互联，疏解交通。都会区规划新增10条通道，向北规划新增和改造8条通道，向东规划新增和改造8条通道，向南规划新增和改造5条通道。花都副中心加快建设北部空铁联运综合交通枢纽，增城副中心建设东部综合交通枢纽，南沙滨海新城建设南部综合交通枢纽。各新城与副中心之间规划新增和改造12条通道。五、市域面积69%划入禁建区和限建区，划定基本生态控制线，保护5140平方千米的非建设用地。重点保护20.39平方千米历史城区、历史文化街区46片、历史文化名镇名村以及各级文物保护单位。构建三纵三横、宽度300米至1000米、长度约1000千米的生态廊道体系，限定一个都会区、两个新城区和三个副中心的增长边界，构筑城市生态安全格局。完善城市绿地系统、绿道网建设，提升人居环境质量。六、完善狮岭、新塘、鳌头等19个镇的综合服务功能，增强产业和人口集聚，将其打造为城乡一体化发展的重要节点。实施美丽乡村行动计划，合理划分“生活区、生产区、生态区”。七、重点保护历史城区、历史文化街区、历史文化名镇名村以及各级文物保护单位，建立“整体城市风貌格局——历史城区——历史文化街区（风貌区）——名镇名村（含其他历史村镇）——文物保护单位——其他文物古迹——非特质文化遗产”的多层次综合保护体系。坚持中西合璧、崇尚自然、以人为本的岭南建筑风格，打造百座岭南特色现代建筑精品和一批岭南风貌展示区。以“三旧”改造为重点，合理提高轨道交通站点周边的开发强度，综合开发地下空间。

《广州市城市功能布局规划》实施，解决广州空间结构问题，使广州成为国内第一个由战略规划向功能规划转型升级的城市。

（撰稿：游甜；编辑：陈晓青）

珠三角区域车辆通行费年票互通

2008年年底，国务院出台《珠江三角洲地区改革发展规划纲要（2008—2020年）》，提出加强珠三角交通一体化建设，建立统一的综合交通运输体系的战略目标。为此，广东省专门制定了《〈珠江三角洲地区改革发展规划纲要〉交通一体化（公路水路）实施方案》，并提出分步实施珠三角区域车辆通行费年票互通的工作计划。经省政府同意，从2012年12月31日24时起，珠三角地区广州、珠海、佛山、惠州、东莞、中山、江门、肇庆、深圳9个城市实施车辆通行费年票互通。购买年票的车主在以上9市通过普通公路收费站时，免缴通行费。广州、珠海、佛山、惠州、东莞、中山、江门、肇庆籍已购买本市车辆通行费年票的车辆（凭有效年票缴讫凭证或年票标识）及深圳籍车辆（凭车辆号牌），通过珠三角地区9市行政区域内设置的普通公路收费站时，免缴车辆通行费；通过珠三角地区9市行政区域内的委托高速公路代收次票收费站时，免缴代收的普通公路车辆通行费次票。

省交通运输厅、物价局联合发文，要求各地市及高速公路运营公司积极做好年票互通互认工作。省交通运输厅要求各市要按照“谁主管、谁负责”的原则，负责落实本地区参与年票互通各项具体工作，并制定预案，做好解释。珠三角各市政府及有关部门要加强监管，在年票互通工作中发现问题及时向省相关部门报告，并提出切实可行的解决方案。

珠三角年票互通进程大致经历如下阶段：2008年10月1日起，广佛试行年票互通；2010年1月1日起，珠海、中山、江门三市年票互通；2010年3月31日起，广州、佛山、肇庆三市年票互通；2011年3月起，深圳、东莞、惠州三市通行费互免；2012年12月31日24时起，珠三角9市年票（通行费）互认互免，广佛肇、深莞惠、珠江中三大已实行年票互认互通的城市正式联合。实施珠三角区域车辆通行费年票互通，有利于破除珠江三角洲各市间的行政壁垒，推动珠三角地区建立统一、快速、便捷的综合交通运输体系。

（撰稿：刘德敏；编辑：曾慧娟）

越秀区入选“中国服装商贸名城”

为提高越秀区在全国服装产业知名度，发挥流花—矿泉服装专业市场园区的集聚规模效应，2008 年，越秀区向中国纺织工业联合会申请加入“中国纺织产业集群试点”行列，同年被授予“中国服装商贸名城”称号。2012 年，越秀区再度入选“中国服装商贸名城”。

优化资源配置。越秀区以流花—矿泉服装专业市场集群为基础，建立广东商品国际采购中心。成立流花—矿泉服装专业市场园区统筹发展委员会，并进行实体化运作，争取财政奖励资金和扶持政策，支持和引导区内服装专业市场商圈企业升级改造。

加强品牌建设。申报注册“中国流花”集体商标，每年举办一届“中国流花国际服装节”，打造时尚品牌潮流发布的时尚文化社区。加强港澳合作，粤港澳服装协会、广东省服装服饰行业协会、广东省服装设计师协会、广东服装设计研究中心、广东省时尚服饰产业经济研究院五大机构先后进驻广州国际服装展贸中心。

开拓电商市场。安排电子商务专项扶持资金，支持流花服装商圈专业市场电子商务平台建设。白马服装市场“白马服装网”集新品发布、招商加盟、产品交易、物流配送、网上结算于一体，是中国服装市场流量最大、访问量最多的实体服装专业市场。鼓励和引导经营者使用“阿里巴巴”“eBAY”“淘宝”等大型电商网站方式实现电子商务，对运用电子商务且依法纳税商户给予财政补贴。

（供稿：越秀区地方志办；编辑：陈文敏）

天河路商圈建设

天河路商圈西起天河立交，东至岗顶，北至天河北路，南至黄埔大道，以天河路为核心轴线，全长约 2.8 千米，总面积约 4.5 平方千米。此地是广州核心商圈，也是中国最具规模的高端商贸集聚区之一，有“华南第一黄金商业带”的美誉。天河路商圈集聚以太古汇、天河城等为代表的大型商业综合体，以太平洋数码广场等为代表的电子商贸综合体，以天河体育中心为代表的文化体育载体，拥有多家高端影院、国家级酒家、三星级以上酒店，多个国际一线和著名品牌。2011 年，天河路商圈商户近 8000 家，每天客流量超过 150 万人，商业零售面积近 120 万平方米，社会消费品零售总额超过 350 亿元，商品销售额逾 2000 亿元。

2012 年，天河区着眼于“国际商贸中心标志区、国际购物天堂核心区、亚太时尚潮流引领区、商业文化景观示范区”的目标，推动天河路商圈整体改造提升，将天河路商圈纳入广州市重点支持的战略性发展平台，成立天河路黄金商业带管委会，制定《打造天河路黄金商业带工作方案》。7 月，天河区首个以区域为特性的商会——天河路商会正式成立，吸引位于天河路黄金商业带上的众多知名企业和商家，创始会员达 103 家。是月，天河区启动“天河路黄金商业带整体策划”国际招标，《天河路黄金商业带整体策划》和《天河路黄金商业带立体步行廊道系统规划、交通组织规划及重点地段城市设计编制》两个项目完成全球招标工作。是年，天河路商业零售面积近 140 万平方米，社会消费品零售总额 2600 亿元。

2013 年，天河路商圈升级改造进入落地实施阶段。商圈整体策划案、天河路商圈立体步行廊道系统规划、交通组织规划及重点地段城市设计通过终审。天河区政府通过国际招标聘请财富美国 500 强公司——艾奕康环境规划设计（上海）有限公司对天河路商圈进行整体策划，提出打造立足华南、面向亚太的世界级商业门户的发展战略目标及“一核、两轴、双廊、六主题”的商业空间布局。是年，天河路商圈确定英文名称为 Tinho Town，推出 LOGO“GZ TinhoTown”；承办 2013 年广州国际购物节启动仪式和天河主会场活动。天河路商会举办天河路商圈发展国际论坛；与巴黎香榭丽舍管委会、新加坡乌节路商联会等国际知名商圈交流合作。是年，天河路商圈引进国内外知名品牌 80 多个，社会消费品零售总额逾 460 亿元，商品销售总额近 2880 亿元。

2014 年，天河路商圈继续升级改造。4 月，召开第一次天河路商圈发展工作联席会议，天河区区长林道平汇报《天河路商圈立体步行廊道系统规划、交通组织及重点地段城市设计》规划成果及升级改造项目情况。在 2014 年广州国际购物节上，中国首个商圈商业指数——天河路商圈商业指数正式发布。此指数按季度发布，及时准确地反映天河路商圈的经济脉动，也是广州商业发展的指标性指数。是年，天河路商圈引进 100 多个国际知名品牌，日均客流量超 150 万人次。

2015 年，继续推进天河路商圈升级改造。推进商圈升级改造项目，全面启

天河路商圈航拍图

动天河路沿线景观改造。指导天河城、正佳广场、万菱汇等载体完成多轮香花补植，打造“流光溢彩，天河留香”形象品牌；联合区代建局发布《天河路商圈升级改造项目——城市灯光、标识、艺术景观规划设计方案》竞赛预公告，吸引15家国内外优秀规划设计单位报名；推动地下连廊建设，“正佳广场—万菱汇”“万菱汇—外经贸大厦”地下连廊纳入市建委项目库，“地铁一号线体育中心站—太古汇”地下连廊进行深化设计；完成天河路部分路段人行道修补维护工程及市政交通设施维护；建设天河路商圈停车诱导系统（二期），在天河立交、中山大道、广州大道、花城大道等多处交通节点完成一级停车诱导屏安装，并与多家停车场物业单位沟通协调建设三级诱导屏。2015年4月27日，位于摩登百货岗顶店的广州首家百货跨境电商“020”线下体验店正式营业。2015年，天河商圈正佳广场、天河城、太古汇3家购物中心，分别以60亿、55亿、36亿的营业额进入全国购物中心前十。是年，天河商圈社会消费品零售总额突破540亿元，商品销售额达8900亿元。

（供稿：天河区地方志办；编辑：陈喆）

中远航运购买广远有限100%股权

中远航运股份有限公司（简称中远航运）成立于1999年12月8日，原为广州远洋运输公司（简称广州远洋）下属二级企业，2002年4月18日在上海证券交易所挂牌上市。为提高资源配置效率，促进上市公司做强做大，增强企业核心竞争力，广州远洋启动“整体上市”方案，即由中远航运股份有限公司（简称中远航运）购买广州远洋运输有限公司（简称广远有限）100%股权方案（该方案简称U项目）。

在中远航运购买广远有限100%股权实施过程中，各方综合考虑广远的资产和人员状况、中远航运的财务状况，以及监管部门和资本市场对上市的要求，“整体上市”采取“分步实施，先易后难”的策略，以中远航运“配股+现金收购”的方式进行。一是先将与中远航运业务紧密相关的人员和资产装入上市公司。二是对广州远洋进行重组和改制：无法进入上市公司的资产无偿划转至存续公司，后续逐步清理；产权相对清晰、财务状况较好、无重大法律瑕疵的资产经过重组改制和增资，以中远航运现金收购的方式注入中远航运。

2007年1月9日，U项目正式启动。历时6年，期间开展股权清理，推进房产处置，实施配股融资，完成广州远洋重组改制和增资工作，推进机构、人员整合，最终中远航运收购广州远洋100%股权，完成资产整体上市工作。实施过程总体可划分为以下五个阶段。第一阶段：2007年1月至2008年3月，广州远洋内部筹备阶段。主要工作是与中远集团沟通，搭建项目方案框架，探讨方式方法，并先行扫除内部障碍，以及推进实施船员、船员管理机构和办事处进入上市公司。第二阶段：2008年3月至2010年1月，中介辅导筹备和改制方案制订阶段。主要是聘请中介机构，对广州远洋进行尽职调查，研究制定U项目具体方案，并于2009年4月通过集团总裁办公会审核。后由于航运市场和经营形式变化，公司对U项目进行了调整和优化，2010年1月29日，集团总裁办公会批准了“配股+现金收购”方案。第三阶段：2010年1月至2011年8月，广州远洋重组改制和中远航运配股实施阶段。主要是推进和实施广州远洋的重组、改制、增资、资产清理，以及中远航运的配股融资工作。第四阶段：2011年8月至2012年1月，机构和人员整合阶段。主要是制订并实施广远本部和中远航运的机构整合方案。第五阶段：2012年1月至2013年1月，资产整体上市实施阶段。主要是推进中远航运现金收购广州远洋等工作。2013年1月8日中远航运的股东大会审议通过收购广州远洋100%股权议案，标志着整体上市工作圆满完成。

中远航运收购广州远洋100%股权意味着中远集团对中远航运作为集团特种船运输资本平台战略地位的进一步明确，中远航运在全球特种船运输市场的成长更加前景广阔。

（撰稿：江海珊　黄其祥　魏思怡；编辑：刘德敏）

广州南站汽车客运站一期建成运营

广州南站汽车客运站为广（州）佛（山）组合公路主枢纽，集客运、站务、便民服务等多功能于一体，主要承担广佛经济圈城镇体系的公路客运服务。广州南汽车客运站工程分两期建设。客运站一期位于广州南站东广场中轴线北侧，占地面积15952平方米，总建筑面积24276平方米。主体结构分为地下两层，负一层设售票厅（售票窗13个）、候车厅、发车卡位（24个）；负二层设售票厅（售票窗13个）、候车厅、配套服务设施及办公区。地面为旅客主出入口及设备通风口。日最大发班量为2150班次，最高日发送旅客4.3万人次。客运站二期位于广州南站东广场中轴线南侧，占地面积15886平方米，总建筑面积24702平方米。主体结构为地下二层，局部三层。

一期工程于2011年9月30正式奠基，2012年2月正式进场施工，6月完成基坑开挖，11月完成主体施工，2013年1月26日正式投入试营运，被誉为“南站速度”。2013年11月，二期工程修建性详细规划方案获批，2015年9月，取得《建设工程规划许可证》，进入基坑支护工程和主体工程施工图设计、监理招标和施工招标前期筹备工作阶段，力争2016年底前开工建设。

广州南站汽车客运站发车区

广州南汽车客运站为广东省内首个采用全下沉方案建设的客运站，也是第一个实现“七种”接驳换乘方式的公路客运交通枢纽。为体现“低碳经济、智慧城市、幸福生活”的建设理念，广州南汽车客运站建设大力推广应用新技术、新工艺和新设备，采用光导入系统、清水混凝土、新型污水提升装置、光催化技术空气净化消毒装置。

广州南站汽车客运站一期建成使用后，进站经营公路客运班线58条（含广佛城巴投币线路1条），进站经营车辆292辆，线路主要覆盖深圳、东莞、中山、江门、增城、佛山、珠海等城市，并辐射粤东、粤西、粤北等地；省际开通海南、湖南班线。最高日发送量为 2.21 万人次/日（2015 年国庆），为 2014 年平均日发送量的 4.73 倍（2014 年日均发送量为 4681 人次/日），为车站设计发送量的 51.44%。2015 年广州南站高铁到达日均客流为 12.82 万人次，其中京广、南广、贵广合计到达日均客流为 6.77 万人次（同比增长率为 119.56%）；广深、广珠合计发送日均客流为 6.22 万人次（同比增长率为 29.38%）。2015 年在广深港、广珠城轨交通发送量仅增长 29.38% 的情况下，广州南站汽车客运站共计发送旅客 304.33 万人次，实现 78.12% 的整体客流增长，日均发送量为 8338 人次/日，京广、南广、贵广高铁分担率为 12.32%。

广州南站汽车客运站作为接驳方式最多的主枢纽客运站场和实现无缝接驳方式最多的客运枢纽站场，促进了广州周边地区社会经济和交通运输业的发展，推动广深、广珠、广佛、广莞惠一体化发展。

（撰稿：陈英伦；编辑：刘德敏）

广州市村庄规划编制

为落实市第十次党代会作出的“12338”决策部署，实施广州新型城市化发展战略，促进城乡统筹发展，全力推进美丽乡村建设，2013 年广州市规划局开展全市行政村村庄规划编制工作。

2013 年 1 月 21 日，市委副书记、市长陈建华主持召开第 52 次市政府常务会议，审议并原则通过由市规划局牵头草拟的《广州市村庄规划编制实施工作方案》（稿）及有关配套文件。3 月 1 日，市委十届第 7 次常委会会议原则通过该方案及有关配套文件。4 月 9 日下午，广州市政府召开村庄规划编制实施工作动员大会，正式启动全市 1142 个行政村村庄规划编制工作。陈建华向有关区（县级市）颁发《村庄规划编制实施工作责任书》，要求各相关部门建立健全工作绩效考核制度，层层抓落实。

为做好村庄规划宣传工作，市规划局在 2013 年 5 月至 2014 年期间编印《广州市村庄规划工作简报》共 25 期，并下发到各基层镇（街）村，便于百姓了解村庄规划具体工作。2013 年 5 月至 8 月，市规划局开展全市村庄规划现状摸查工作，共涉及 7 个市辖区、57 个政府职能部门、56 个镇（街）、1112 个行政村（另外 27 个涉及拆迁的村庄、3 个城中村均不纳入现状摸查范围）。摸查内容包括村庄社会经济、土地现状、建设现状、建设需求和历史文化五大方面

技术人员向村民讲解村庄现状摸查工作的流程和意义

共586项数据，共形成15568份摸查表格及3336份图纸。同时还完成7个历史文化名镇名村、94个传统村镇的调查和登记。

村庄划编制工作开展期间，市规划局先后举办四场大型专题培训，约3000名工作人员参与。还组织技术人员召开19次现场示范会，向村民讲解村庄现状摸查工作的流程和意义，参会村民达2382名。

2013年11月11日，广州市村庄规划编制工作获国家住房和城乡建设部认可，广州市成为全国唯一的村庄规划编制和信息化建设试点城市。2014年6月，增城区村庄布点规划被国家住房城乡建设部评为广东省唯一的全国县城村镇体系规划试点，增城区正果镇规划被国家住建部评为广东省唯一的全国镇规划试点。

2014年6月30日，全市编制完成889条行政村（5257条自然村）村庄规划方案。至12月底，完成867条行政村村庄规划编制和审批工作。村庄规划编制成果丰硕。花都区红山村作为美丽宜居村庄示范单位，获世界大都市“优秀案例提名奖”；村庄规划编制管理信息平台项目获2014年地理信息科技进步二等奖。

（撰稿：刘贺龙；编辑：陈晓青）

从化获批国家科技兴贸创新基地

2012年3月，从化市以新材料制造产业为特色产业，以广东从化经济开发区明珠工业园为主体区域，启动申报第四批国家科技兴贸创新基地工作。从化市聘请中国工程院院士、广州有色金属研究院院长周克崧等24名专家组成从化市新材料制造产业专家咨询小组，为从化市的新材料制造产业发展提供咨询。

“十二五”期间，从化市围绕国民经济和社会发展需求，以加快材料工业升级换代为主攻方向，以提高新材料自主创新能力为核心，以有机高分子材料、新型功能材料、高分子结构复合材料为发展重点，通过产学研用相结合，大力推进新材料产业化规模化发展。经过多年发展，该产业规模不断壮大，已初步形成包括研发、设计、生产和应用的完整产业体系。特别是在高分子材料、稀土功能材料及稀有金属材料、精细化学材料、光电材料、无机非金属材料、金属结构材料等技术领域取得了突破，并相继开发生产钽粉、氧化铌、高分子材料、改性塑料、有机复合绝缘子等一批拥有自主知识产权和较强市场竞争能力的主导产品。其中，从化钽铌冶炼厂研制的FTB－42钽粉被指定为国家载人航天、航空飞行及战略导弹等非地面控制系统的唯一专供军品级中压中比容钽粉；聚赛龙工程塑料有限公司开发的PP材料和PA材料等牌号材料成为“日产汽车”当前在中国唯一指定的产品，于2011年成功登陆日本市场；迈克林电力有限公司的端部联接采用的压接式结构和工艺填补了国内空白。2009年至2011年，从化市获得新材料产业专利授权329件，发明专利授权24件。截至2011年，该市拥有国家名牌产品、广东省名牌产品、广东省著名商标各1个、广州市著名商标6个，名牌企业ISO9000认证或其他国际认证通过率近98%，采用国际标准或国外先进标准率超过90%。

此外，从化市以从化经济开发区明珠工业园为载体，培育了一批自主创新、有自主知识产权的新材料骨干企业，逐步形成了以稀有金属材料、高分子材料、光电材料、精细化学材料四个产业集聚的特色功能区，产业集聚效应明显。截至申报工作开始时，全市共有新材料企业55家，其中从化市聚赛龙工程塑料有限公司被认定为广州市市级企业技术中心，广州市迈克林电力有限公司被认定为广州市市级工程中心，广州保赐利化工有限公司等7家企业建立了技术中心或研发中心，全市新材料产业工业产值超过100亿元，出口额逐年上升，出口产品以稀有金属材料、稀土功能材料、先进高分子材料、高性能复合材料、塑

美丽的明珠工业园（邝建华拍摄）

胶制品、塑料制品等为主，对外贸易市场以欧盟国家、美国、俄罗斯、日本、东盟国家、印度和中国香港、中国台湾为主。2011 年，全市研发投入达 10.53 亿元，其中新材料产业研发投入 3.28 亿元，占新材料产业销售总收入的 4.91%。先进高分子材料、稀有金属材料、稀土功能材料等产能均居国内行业前列。

2012 年 4 月，从化市申报第四批国家科技兴贸创新基地通过广东省、广州市的初审，并正式上报国家商务部、科技部。5 月，成功进入并通过第二轮专家答辩复审阶段。9 月 14 日，商务部、科技部联合发出《关于认定第四批科技兴贸创新基地的通知》，从化市被认定为国家科技兴贸创新基地，是广东省第二家、广州市唯一一家国家级科技兴贸创新基地。2013 年 5 月 24 日，在北京召开的战略性新兴产业国际化发展形势分析会上，从化市获颁“国家科技兴贸创新基地”牌匾，并于同年 8 月 1 日正式挂牌。至 2015 年，在该基地的带动下，从化战略性新兴产业共实现产值 19.29 亿元，35 家高新企业实现产值 150 亿元，专利受理 790 项，专利授权 613 项。

（撰稿：潘彦；编辑：梁斯豪）

实行中小客车总量调控管理

广州市中小客车保有量始终保持快速增长态势。2012 年 6 月底，广州市中小客车保有量达 169.4 万辆，5 年内年均增长率高达 19.6%，而城市道路年均增长率不足 2%。机动车快速增长导致交通供需矛盾不断扩大，中心城区道路运行承担巨大压力。其中，核心区晚高峰平均车速低于 20 千米/小时的国际拥堵警戒线的主干道已占 29%，中心城区高峰期交通拥堵已开始由点向面扩散并有发生大面积严重拥堵的趋势。机动车也成为 PM2.5 的主要来源之一，中心城区机动车排放 PM2.5 占大气总量比例高达 38%。

面对大气环境和交通运行持续快速恶化的情形，为缓解城市交通拥堵、落实公交优先战略和改善城市大气环境，2012 年6 月30 日晚，广州市政府发布通告，自 2012 年 7 月 1 日起在全市范围内实施中小客车总量调控措施。同年 7 月 31 日，《广州市中小客车总量调控管理试行办法》正式发布，具体指标配置工作自 8 月 1 日起正式启动。经一年试行后，2013 年 6 月 26 日，《广州市中小客车总量调控管理办法》由试行转入正式实施。9 月 10 日，国务院发布《关于印发大气污染防治行动计划的通知》，要求北上广严格限制机动车保有量。

广州市中小客车总量调控模式学习借鉴北京、上海经验，对全市范围内的中小客车设置增量指标、更新指标和其他指标三类，分别在新增的中小客车、转移报废后更新的中小客车以及按规定可直接申领指标的中小客车办理车辆登记时使用。对于增量指标，广州市创新提出“环保 + 摇号 + 竞价”的调控模式，即在一个调控周期（12 个月）内配置 12 万个增量指标额度，每月向社会投放 1 万个增量指标，按照 1∶5∶4 的比例分配给节能车指标、普通车摇号指标和普通车竞价指标。而对新能源车指标，则由试行期的摇号配置调整为直接配置。在业务办理上，采用“网上受理为主，电话预约窗口办理为辅”的模式，98% 以上业务可通过网络自助办理；并通过信息系统的后台互联互通实现 7 个政府部门（试行期为 8 个）资格联审、引入公证和人大代表、政协委员监督、加强信息公开等措施，确保总量调控管理的阳光运行。

广州市委、市政府高度重视“限牌”政策组织工作。市交通工作领导小组办公室（市交委）和市相关部门制定了涵盖制度完善、受理申请、资格审核、摇号、竞价和发布指标等 6 大环节的调控管理工作流程图，每个工作阶段内又按制度完善、系统建设、机构运行、宣传、配套等板块以天为单位进一步细化分解，将各环节工作详细分解为总计 264 个小项，且均倒排明确时间节点，形成了严格以时间倒逼进度的工作机制。“一天一评估、一天一完善”，至 2012 年 10 月底共召开 58 次工作督导会。每个模块任务分解清晰、分工负责、落实到人，保障各项工作按计划开展。

自 2012 年 7 月 1 日开始实施总量调控措施至 2015 年年底，市指标办按规定共完成 41 期指标配置，累计成功配置 77. 8 万个指标，其中增量指标 39. 4 万个、更新指标 33. 2 万个、其他指标 5. 2 万个。累计实现增量指标竞价收入 26. 1 亿元，已全额缴入市本级财政，并按规定实行收支两条线管理，专项用于城市公共交通事业支出。

通过实施中小客车总量调控管理，广州市中小客车基本实现合理、有序增长。广州市通过加大交通基础设施建设和公共交通发展，积极实施加强交通管理、交通综合改善一揽子措施，广州交通拥堵恶化的总体趋势明显放缓。根据对城市道路交通运行监测，2014 年广州市中心城区城市道路工作日平均车速为 31. 50 千米/小时，晚通勤高峰期平均车速为 26. 70 千米/小时，交通服务水平总体未出现明显恶化。截至 2015 年年底，全市机动车约 244 万辆，其中中小客车保有量为 191 万辆，月均增长量由调控前的 2 万辆降至 0. 6 万辆，年增长率由调控前的 19. 6% 降至 5. 0% ，有效缓解了交通拥堵。

（撰稿：黄健；编辑：刘德敏）

广州公共资源交易中心成立

广州公共资源交易中心（简称交易中心）于 2013 年 7 月 3 日成立，为市政府直属事业单位，副局级，公益三类，内设 26 个部门，下属广州交易所集团有限公司。业务范围涵盖建设工程交易、政府采购、土地使用权和矿业权出让、政府特许经营权出让和综合性产权交易等，覆盖中央、省、市、区、镇（街）、村 6 级工程项目。2014 年年交易量在 4000 亿元人民币以上，是全国进场交易业务领域最广、交易规模最大的区域性公共资源交易平台之一。

交易中心设有信息发布区、投标报名区、集中办事窗口区、开标区、评标区、业务洽谈区、廉洁教育基地、隔夜评标基地以及广州产权交易所等功能区域。交易中心管理的综合评标专家库，有 8 大门类 1. 5 万余人，可为各类项目交易提供高质量的评审服务。交易中心建有各类企业库，3 万多家企业、庞大的专业技术人员和业绩数据，为电子化招投标、信用体系建设和行业监管提供动态更新、翔实可靠的基础数据。交易中心具备运行高效、数据安全的信息系统，有清晰边界的交易系统、公共服务系统和监管系统，在线系统 48 个。由碳排放权、大宗商品、企业综合产权、涉诉资产、行政事业单位资产以及物流等专业性强、市场化程度高的产权交易平台组成的综合性产权交易平台已发展成为全国同行中的知名品牌。

广州公共资源交易中心办事大厅

交易中心大力运用现代科技手段创新评标工作机制，以南沙交易部为试点，在全国首创"两地三方"远程异地评标新模式，全面提升评标过程的廉洁风险防控水平。"两地三方"远程异地评标模式，实现两地专家通过远程评标系统独立评标，监督、管理部门在线远程监管，提高了工作质量和效率，并为全省乃至全国跨区域评标奠定了基础。自 2012 年 12 月以来，交易中心做出重大革新，在全国首创"数字见证"新模式，并以实施"数字见证"为契机，优化再造招投标业务流程，集成多项业务和技术应用创新，防止人为干扰，实现评委独立评标，促进有形建设市场管理水平和廉洁风险防控水平的整体提升。

交易中心不断优化业务办理流程，将建设工程交易流程由 22 个环节压缩至 14 个，政府采购交易环节由 42 个压缩至 11 个，将原来分散在各业务部门办理的业务统一集中到窗口受理，实行"一个口子进出"和"一站式服务"。实行集中窗口办事以来，中心内部业务流转全部实行信息化，业务办理分段操作，解决过去一个项目由一个部门和一个人员跟到底可能引发的廉洁风险问题，且环环相扣、步步留痕，形成有预警、可追溯的智能化廉洁风险防控体系。

交易中心梳理和优化政府采购业务流程，健全内部风险防控机制，实行政府采购"三分离"模式，即将政府采购业务分段操作，采购文件编制、审核和评审工作分别由三个部门负责：招标部负责采购文件编制，交易部负责项目开评标操作，审核部负责采购文件审核。三个部门分别由不同的中心领导分管，独立工作。政府采购"三分离"的工作模式，加强了对采购文件的审核把关，完善了内部监督制约机制，有效解决了以往采购文件由一个部门负责到底、缺失第三方审查和监督的问题，既提高了采购文件编制质量，又有效防范了廉洁风险。

交易中心建立公共资源交易各方主体信用信息库，搭建公共资源信用平台，研究公共资源交易信用指数，形成“广州模式”并在全国推广。至2015年年底，以公开企业、人员和工程项目三大管理信息库以及交易全过程数字化为基础的诚信体系已经在3900多个项目中应用，进行约16万次投标，6大类2300余家企业纳入企业诚信综合评价。该体系促进了交易平台与建筑业现场的“两场联动”，逐步引导企业从以往只注重商务报价竞争转向更注重企业实力竞争。同时，交易中心着力在政府采购领域建立信用评价体系，将信用评价的重点放在履约行为评价上，以解决政府采购合同执行不到位、采购结果不尽如人意的问题。

（撰稿：李苗；编辑：李玉平）

科技类社会组织孵化基地成立

广东省首个科技类社会组织孵化器——广州市科技类社会组织孵化培育基地历经半年多筹备，于2012年12月27日正式挂牌成立。基地采取广州市学会学研究会、广州市科技创新联盟、广东博士俱乐部有限公司三位一体承办和运营管理的组织形式，打造综合办公、联合协作、资源整合、项目带动和网络延伸等集约化综合服务平台。2013年7月15日，广州市科技类社会组织服务中心正式登记成立，开始承接孵化基地的运营。

广州市科技类社会组织服务中心坚持以市场化为导向，把建站、管站、发挥站点社会价值和探索建站标准化当成一个深入、持续、系统的大事来做，既能实现自身循环管理，又可纳入科协科技服务站管理系统运行，建立起一个对企业、博士、政府、学会和服务中心自身俱有利的科技服务站服务体系。

聚集高级专业人才。一方面，通过科技服务站服务体系聚集高级专业人才，深入服务于企业、市场。投资300万元，联同广东博士俱乐部在广州市恒生大厦B座13楼提供可使用面积超过3000平方米的场地平台，分别设立办公区、会员交流区、会议区、多功能培训区、党员活动区，方便各博士、专家、党员先进分子和入孵、入驻的社会组织根据自身的需求选择使用，促进交流与工作提升。另一方面，开展一系列组织活动促进智慧人才集中，如提供免费交流环境、举办博士沙龙、开办学术研究会、组织博士专家参与社会组织专业委员会、开展企业调研、组织博士专家秘书长交流日、科技项目合作、信息化联动手段等，有效聚集博士、专家、党员先进分子、社会组织等个人、团体会员。截至2013年年底，广州市科技类社会组织服务中心已建立了专业人才数据库和社会组织管理数据库，连接跨领域、分专业的博士5000多名、科技类社会组织会员47家，覆盖服务省级科技类社会组织157家，市级社会组织107家，为进一步服务人才、服务政府、服务社会组织、服务区域、行业、企业奠定了强大的智慧资源基础。

打造平台枢纽。作为科技服务站的承接建设和运营管理机构，广州市科技类社会组织服务中心坚持政府主导、社会组织承担、企业参与的原则，构建服务中心学会之家、培育基地、信息平台、科技集市等枢纽。学会之家定期召集相关学会举办联谊活动、学术交流、科技成果展示、科普宣传和科技服务等，为博士、专家等智慧人才和入会单位搭建多元化的交流平台。培育基地提供基础设施与服务，整合社会资源，实现资源、信息互通，优势互补，构建科技类社会组织的培训指导、孵化扶持、管理服务、咨询代理等一站式服务体系，解决其在发展过程中遇到的场地、资金、项目和管理等难题，帮助社会组织成长发展，为广州市科技类社会组织更好地承接政府职能转移，助推创新驱动提供

广州市科技类社会组织孵化培育基地

良好的社会基础。信息平台依托网络和信息技术的发展完善，实现科技信息、科普信息、创新信息、政务信息等共建共享。科技集市通过实物、论文、电子等方式，展示学会组织的科研成果，助推产学研有关项目的研究和推介，致力于打造科技人才、科技类社会组织、科技成果展示、成果转化的交流平台。

架构服务网络。广州市科技类社会组织服务中心协同多个社会组织，聚合多方资源，深入服务区域、行业、企业，建立区域博士服务总站、行业博士服务总站、企业博士服务站等科技服务站，提升服务市场、服务社会的能力。区域博士服务总站是牵手地方政府、产业园区合作共建，促进区域人才集聚与科技创新的枢纽型专业性服务站，促进区域产业升级，带动区域战略研究的快速发展，打造区域高端智库，探索区域升级发展之路。行业博士服务总站提供行业、产业集成服务，围绕行业、产业经济和科技发展的需求，提供行业标准制订、产业分析、产业规划布局、园区规划、产学研合作、技术转移、政策解读等综合服务，促进行业、产业、园区创新资源的融合发展。企业博士服务站（博士科技服务站）是博士服务企业的“科技桥头堡”，是企业接收新技术的窗口，为企业开展科技咨询、科技攻关、科技项目申报、科技人员培训、新成果与技术的转化及推广、学术交流研讨、科学普及等多种形式的科技服务，满足企业对科技服务的迫切需求，为企业的技术开发、科学生产、成果转化及健康发展保驾护航。

（撰稿：何贯中；编辑：郑剑锋）

实行船舶车船税委托代征管理

根据国家税务总局、交通运输部联合发布的《关于进一步做好船舶车船税征收管理工作的通知》要求，为方便纳税人缴纳税款，提高船舶车船税的征管质量和效率，降低税收征管成本，2013 年 8 月 1 日，广州海事局正式启动船舶车船税代征工作，在全省率先实现船舶车船税委托代征管理。船舶所有人或管理者凭纳税人身份证明、税务登记证和船舶所有权证书等资料到广州海事局政务中心、广州市政务服务中心等 9 个船舶车船税代征点，缴交在海事部门登记且船籍港为广州的船舶车船税。

为切实做好船舶车船税代征工作，广州海事局同广州市地方税务局加强沟通协调，完成制定代征方案、组织业务学习、编制基础数据、代征系统调试、制定应急预案及实现政务公开等多项工作，确定“以局政务中心、珠江新城政务中心、局属各海事处处本部政务窗口为征收点，在船舶检验证书领取环节对船舶车船税缴纳情况进行把关，对在船级社检验的船舶派专人做好统计登记跟踪工作”的代征工作模式。2013 年 7 月 18 日，广州海事局与广州市地方税务局举行委托代征船舶车船税签字仪式，协议明确代征范围和内容、代征税款的解缴方式和具体期限、代征手续费的支付比例和支付方式、协作配合方式等内容。按照委托代征协议，双方约定自 8 月 1 日起在海事部门登记且船籍港为广州的船舶车船税统一由广州海事局负责代征。8 月 1 日，广州海事局正式代征广州地区船舶车船税，并向广州港集团游船有限公司递交广东地区首张由海事部门代征船舶车船税的税收通用完税凭证，成为广东省第一家代征船舶车船税的海事机构。

9 月 6 日，广东海事局、广东省地方税务局联合印发《关于进一步做好船舶车船税委托代征工作的通知》（简称《通知》），要求在广州、肇庆等地已建立的船舶车船税委托代征工作机制基础上，进一步落实《通知》的相关规定，强调海事管理机构要发挥船舶监督管理优势，通过直接代征或者向地税机关提供船舶信息、协助把关等方式，支持和配合地税机关做好船舶车船税的征收管理工作；为方便纳税人缴纳税款，提高船舶车船税的征管质量和效率，降低税收征管成本，凡在海事管理机构登记管理的应税船舶，其车船税由船籍港所在地的地税机关委托当地的海事管理机关代征，海事管理机构应积极接受当地地税机关委托，在办理船舶登记手续或受理年度船舶登记信息报告时代征船舶车船税，共同做好委托代征工作；各地地税机关与海事管理机构要充分依托信息技术手段，建立沟通协调机制，搭建畅通的信息交流渠道，及时交换代征船舶名称、代征金额及税款所属期、船舶纳（减免）税信息等船舶车船税相关信息，切实加强船舶车船税的源头控管，堵塞征管漏洞，确保船舶车船税征收工作顺利进行。

按照交通运输部海事局印发的《海事机构代征船舶车船税工作方案》和《船舶车船税代征工作规程（试行）》的要求，广州海事局进一步细化船舶车船税代征工作管理规定，做到政策执行统一、征管流程统一、规范要求统一。截至 2015 年年底，广州海事局共代征船舶车船税 1995 万元。

（撰稿：徐李　郑修平；编辑：刘德敏）

实施72小时过境免签

广州是国家中心城市和国内三大航空枢纽之一。经国务院批准，自2013年8月1日起，广州白云国际机场口岸对45个国家持有第三国签证和机票的外国旅客实行72小时过境免签政策。12月扩大到51个国家，其中欧洲申根签证协议国家24个，即奥地利、比利时、捷克、丹麦、爱沙尼亚、芬兰、法国、德国、希腊、匈牙利、冰岛、意大利、拉脱维亚、立陶宛、卢森堡、马耳他、荷兰、波兰、葡萄牙、斯洛伐克、斯洛文尼亚、西班牙、瑞典、瑞士；欧洲其他国家共13个，即俄罗斯、英国、爱尔兰、塞浦路斯、保加利亚、罗马尼亚、乌克兰、克罗地亚、塞尔维亚、黑山、马其顿、波黑 、阿尔巴尼亚；美洲国家6个，即美国、加拿大、巴西、墨西哥、阿根廷、智利；大洋洲国家2个，即澳大利亚、新西兰；亚洲国家6个，即韩国、日本、新加坡、文莱、阿联酋、卡塔尔。

广州是继北京、上海之后国内第三个获准实施72小时过境免签政策的城市。2013年8月6日，市旅游局、南方航空、白云机场和广之旅国际旅行社有限公司在白云机场举行首团欢迎式，邀请近20位符合政策要求的外国游客免费体验广州一日游，正式启动广州72小时过境免签旅游线路。

广州白云国际机场72小时过境免签专用通道

72小时过境免签政策为广州打造国际航空枢纽、建设国家中心城市创造有利的条件。市委、市政府高度重视，2014年8月20日，广州市政府14届79次常务会议决定安排1000万专项经费用于72小时过境免签政策宣传。市旅游局采取多项措施积极推进旅游工作。专门设计定制28条面向过境免签游客的旅游线路，囊括广州经典景区和特色产品。精心设计“广州72小时过境免签”标志，制作编印了近5万册含多种语言版本的《72小时过境免签宣传手册》，在南航10个海外办事处的新闻发布会上，全球同步发布。

广州市旅游部门整合多方资源，通过各种方式到相关国家推介，持续扩大广州过境免签政策的影响面。市旅游局通过政府公开采购方式，委托广之旅国际旅行社于2015年11月至2016年5月，为享受“72小时过境免签”政策的中转游客提供免费广州一日游服务。

广州白云国际机场2014年机场旅客吞吐量5478.03万人次，其中，国际旅客达992.95万人次。南方航空公司以广州为总部，开辟通达37个国际和地区目的地的空中航线，仅针对72小时过境免签旅客，可提供42个转向的337个国际转国际中转衔接。全年办理享受“过境免签”政策游客约35.64万人次。2015年，南航在广州国际转国际旅客承运量已经突破52万人次，是年1月至6月，白云国际机场办理享受“过境免签”政策游客约18.78万人次。

广州实施“72小时过境免签”政策，为外国游客来穗提供了诸多便利，提高广州国际知名度，极大提升航空枢纽的国际竞争力和吸引力，带动了广州的旅游消费，成为提升广州国际旅游目的地形象的助推器。

（撰稿：邹晓芳；编辑：刘德敏）

“永盛轮”完成“再航北极、双向通行”任务

2013年8月8日，中远集团旗下中远航运股份有限公司（简称中远航运）“永盛轮”在大连港举行首航北极东北航道仪式。“永盛轮”是一艘多用途船，总载重量1.9万吨，船长155.95米，船宽23.70米，设计船速14节，冰级为中国船级社的Ice Class B1，相当于俄罗斯的Arc 4。“永盛轮”于8月27日3时30分通过白令海峡到达北极东北航道起始点，6时进入北极圈，然后向西经过楚科奇海、德朗海峡、新西伯利亚群岛北部、维利基斯基海峡、喀拉海、新地岛北部、巴伦支海，于9月5日抵达挪威北角附近。10天航行2936海里，顺利通过东北航道，成为第一艘成功经由北极东北航道到达欧洲的中国商船。

为进一步探索北极商业利用，努力拓展服务客户新航线，逐渐积累冰区航行技术，履行绿色环保企业责任，中远集团决定在2013年“永盛轮”首航的基础上再航北极东北航道，并升级为往返双向通行。北极航道一年中只有3个多月的少冰、无冰期。2015年7月8日“永盛轮”在大连港启航后，7月22日从江苏江阴出发，经过26天航行，再次成功穿越北极东北航道，8月18日顺利抵达瑞典的瓦尔贝里港。卸货后，“永盛轮”分别在比利时安特卫普港和德国汉

堡港受载。北京时间9月5日凌晨3点30分，“永盛轮”从德国汉堡港启航，开始回程航次。在东行过程中，9月14日通过维利基茨基海峡，进入拉普捷夫海航行，驶抵东行北极北纬最高点77度49分，9月16日驶出桑尼科夫海峡，9月22日驶至北纬60度纬度线，正式驶出北极水域。9月30日经停韩国釜山。10月3日，“永盛轮”经过55天近2万海里航行，成功往返北极东北航道，抵靠天津港，比计划提前半个月完成“再航北极、双向通行”任务。这一回程航次，创造中国商船首次经过北极东北航道从欧洲到中国的纪录。

2015年7月21日，“永盛轮”在江阴正式起航

与2013年首航不同，2015年航行经过冰区更多，难度更大，而且去程首次取道拉普捷夫海，从桑尼科夫海峡进入维利基茨基海峡。回程途中，为探索和积累独立航行的经验，经过充分的风险分析和评估，此次航行没有申请引航员和破冰船。面对挑战，“永盛轮”船员克服海上浮冰、大风巨浪、严寒浓雾、极地环境特殊等困难，在岸基的指导下，成功操控船舶两次穿越北极东北航道往返欧洲和中国。

“永盛轮”此次航行比传统经马六甲海峡、苏伊士运河的航线缩短航程近约7000海里，时间减少20天以上，降低了碳排放和通航成本。“永盛轮”完成“再航北极、双向通行”项目，开辟中国往返欧洲的新航线，为客户提供了新的选择，提高了北极航行的商业价值。

（撰稿：江海珊　王雷；编辑：刘德敏）

市属国有企业整合重组

为深入实施广州市“调整优化、项目带动、创新驱动、资本运营”四大战略，推动国有资本、国有资源向重要行业、关键领域、优势企业和优势主业集中，实现广州市属企业“数量减少、结构优化、实力增强、效益提升、贡献增大”的目标，广州市国有资产监督管理委员会（简称市国资委）采取各种措施，推动广州市属国有企业实施整合重组。

推进监管企业层面的重组整合，打造大型国企航母。电气装备集团与广重集团联合重组，增强装备制造业竞争优势，加快现代产业体系建设；国际集团重组橡胶集团和化工集团，打造具有核心竞争力的市属大型化工集团；越秀集团重组建材集团，进一步增强地产产业的竞争力。2013 年 9 月，市属企业全部纳入市国资委统一监管，新纳入的 39 户直接监管市属企业只保留 6 户为一级企业，其余企业均整合进入其他一级或二级企业，使市国资委直接监管企业从 65 户重组整合成 32 户。

推进监管企业下属企业板块之间的重组整合，促进资源向优势企业集中。上市公司广州药业与白云山重组，风行集团属下花城药厂、东康药业进入广药集团，打造广州大医药产业。金融控股集团推进广州银行置换不良资产和市科技信托投资公司重组，进一步做强现代金融服务业。轻工工贸集团属下虎头电池与越秀集团高力电池重组，增强电池产业竞争力。越秀集团的东方酒店集团整体划入岭南集团，并实施市属国有酒店业重组，打造国有酒店航母。广百集团的广百股份定向增发收购新大新公司，实现商贸板块快速扩张。丽新出租车公司重组进入广州汽车工业集团，打造自主品牌和节能与新能源汽车示范推广平台的载体，支持并促进广州市节能与新能源汽车产业的发展。穗航实业等港口航运类企业重组进入广州港集团，大力发展航运、码头、游船业务。鹿鸣酒家、广州大厦等酒店餐饮类企业重组进入岭南集团，以实现市属酒店统筹管理。发展前景不明朗或已停产歇业的企业重组进入工业发展集团，发挥其资产处置平台功能，推进国有资本有序退出。

推动企业以市场化手段跨地区、跨行业、跨所有制联合重组，加快做强做大。广州汽车工业集团兼并控股湖南长丰汽车制造股份有限公司，携手菲亚特在长沙合资建厂，又与浙江吉奥开展战略合作，布局萧山。轻工工贸集团属下包装集团参股北京科印传媒公司、人民印刷厂，与民企合资成立人印包装材料有限公司，东方红印刷公司收购广州市铭金贸易有限公司股权。无线电集团旗下海格通信上市融资31.5亿元，围绕军用通信产业链开展系列投资收购，2013年完成8项投资并购，主要投向模拟仿真、北斗导航、频谱管理、信息服务4大领域；2014年斥资8.4亿元收购怡创科技60%股权，全面进入公网通信领域，完成国防信息化系统全面布局；并购深圳天立通、西安海通天线、北京爱尔达等，进入民用新领域。广电运通与广州龙源环保科技有限公司合资合作，进入环保新领域；投资成立广电汇通金融服务公司，进入银行卡收单支付业务领域，打造金融外包服务全价值链，全国服务站总数接近600个。鹰金钱公司与世界最大的鲍鱼养殖供应商合资合作。积极推进整合外部资源，越秀集团以116.4亿港币收购香港创兴银行75%股权。万宝集团成功并购意大利ACC公司，加快海外资源整合和发展进程。

以上市公司为平台推动资源重组整合，加快重点产业发展壮大。广州友谊通过非公开发行股票募集资金100亿元，收购广州越秀金控100%股权并增资越秀金控。广药白云山非公开定增100亿元，引入云锋基金等战略投资者并实施员工持股，加快发展生物医药及健康产业。无线电集团属下海格通信、广电运通等上市公司充分利用资本市场，发展军用通讯导航产业，积极打造行业领先的高端金融服务方案提供商。海格通信非公开发行股票申请已获中国证监会审核通过，募集资金总额不超过118200万元，并通过非公开发行认购股票的方式实施员工持股计划，成为广州市国有控股上市公司中首家推出员工持股计划的企业。

加大力度剥离无效低效资产，推进业务结构调整和优化。越秀集团围绕精干主业、剥离辅业、退出低效企业的战略，明确地产、交通、金融为集团三大主业，积极推进集团内部资产重组和非主业企业及低效资产剥离与转制处置。广州钢铁集团围绕重组和主业转型，自2011年以来，相继关停珠江钢铁、白鹤洞生产基地等16家属下企业（生产基地），全面退出钢铁制造主业；积极推进物贸板块、有色集团、金业集团和地产板块的资源整合，积极拓展现代服务业、钢铁深加工业、工业气体产业、有色金属产业、战略新兴产业等新产业，加快推进广州钢铁博汇商务区、岭南V谷园区等转型发展项目建设。广州港集团持有广州宏港人力资源开发有限公司40%股权无偿划转给广州工业发展集团，解决集团公司与股份公司的关联交易问题。各监管企业加快内部纵向收缩投资级次、横向收缩行业跨度、点上收缩参股比重，切实打造主业优势、提高企业核心竞争力，推进低效或非主业资产调整重组项目500余项。

（供稿：市国资委；编辑：黄敏华）

130家国有企业纳入国资委监管

为落实"十二五"期间"国资监管上新水平、国企发展上新台阶"的"两新目标"要求，2011年，根据国务院国资委《关于在国资委系统推动构建国资监管大格局的指导意见》，广州市委、市政府从广州国资国企管理实际出发，围绕国资国企规范管理、保值增值、做强做大和深化行政管理体制改革，推动政企分开、政资分开的目标要求，大力推进市属经营国有资产统一监管工作。

实行统一监管之前，广州市国有资产有三个监管主体：其中市国资委监管企业28户，资产总额达6071.4亿元，国有权益1262.9亿元；市财政局监管企业91户，资产总额9141.2亿元，国有权益1655.6亿元；市文资办（宣传部）监管企业13户，资产总额89.4亿元，国有权益63.9亿元。市国资委监管企业大多数属于竞争性行业，由基础产业、先进制造业、现代服务业、优势传统产业和战略性新兴产业"五大板块"构成。市财政局监管企业包括两家银行、两个投融资平台和较多的公益性企业。市文资办监管企业都是文化企业。

统一监管工作于2011年年底正式提出，2013年9月正式实施，大致可分为研究提出目标、调查制定方案、方案实施、深化改革四个阶段。

研究提出目标阶段（**2011年至2012年**）。2011年，广州市出台《关于促进广州市国有经济又好又快发展的实施意见》，首次提出推进国有资产监管全覆盖，明确广州推进市属经营性国有资产统一监管的工作任务基本要求和目标。同年底召开的广州市第十次党代会、2012年和2013年市政府工作报告，均部署推进市属经营性国有资产集中统一监管工作。

调查制定方案阶段（**2012年至2013年8月**）。2012年，由市国资委、市委组织部、市财政局、市发改委、市编办、市文资办等相关部门组成推进市属经营性国有资产统一监管联合工作小组，经过一年多的对外调研学习，对内摸查核实，尤其是在充分借鉴京津沪渝深等先行城市经验和做法的基础上，结合实际形成有广州特色的《关于推进市属经营性国有资产统一监管的实施方案》，并在多次广泛征求意见完善后，于2013年8月印发执行。根据《实施方案》，制定并出台《广州市国资委关于印发对市属委托监管国有企业实施"三统一"管理的意见（试行）的通知》等相关配套文件，明确委托监管企业的监管要求。

方案实施阶段（**2013年9月至12月**）。2013年9月30日上午，市政府召开“推进市属经营性国有资产统一监管工作会议”，全面部署统一监管工作。除市建委管辖的2家企业外，130户市属国有企业（含金融、文化及特殊领域国企）全部纳入市国资委统一监管，其中，直接监管企业65户，资产总额1.53万亿元，占99%；委托监管企业65户，资产总额0.02万亿元，占1%。新增纳入市国资委直接监管的39户企业已顺利移交市国资委，委托监管的65户企业由市国资委与市科技和信息化局等10多个有关受托监管部门签订委托监管责任书，落实监管责任。统一监管的实施，使市国资委监管国有资产总额从6071亿元增加到15464亿元，国有净资产由1263亿元增加到3053亿元，分别增加了1.5倍和1.4倍，监管企业总数由28户增加到130户，增加了3.6倍。至此，广州市“大国资”格局正式形成。

深化改革阶段（2014**年以来**）。2014年开始，在统一监管的平台上，逐步推进分类监管、资源整合和企业重组、完善法人治理结构、规范管理制度等工作。对直接监管企业，市国资委实施全面监管即“管资产、管人、管事。”对委托监管企业，主要履行“三统一”职责，统一基础管理、统一监管政策、统一监督检查。同时，推进广州市国有企业兼并重组，做强核心企业，解决监管企业“多、散、小、乱、弱”的问题。力争用三年时间，市属企业由2014年的130多户调整至40户左右，使市属国有资产的80%集中到前20户大企业集团。此外，着力推进资本运营，做强广州国资产业发展股权投资基金，加快推进国有资本证券化等。

（供稿：市国资委；编辑：黄敏华）

中新广州知识城迈向国家战略

中新广州知识城（简称知识城）被列为《珠江三角洲地区改革发展规划纲要》（2008—2020年）重点建设项目，位于广河高速以北萝岗区九龙镇镇辖区范围内，规划面积约123平方千米，可开发建设用地约60平方千米。规划总人口约50万人（其中就业人口约25万人）。2010年6月30日，知识城在萝岗区九龙镇九龙大道中段的知识城南起步区举行奠基仪式，中共中央政治局委员、广东省委书记汪洋和新加坡荣誉国务资政吴作栋出席仪式并致辞。

知识城分三期建设。近期（2015年）：城市建设用地规模约8平方千米，人均建设用地面积约100平方米；远期（2020年）：城市建设用地规模控制在

30平方千米以内，人均建设用地面积控制在115平方米以内。远景（2020年以后）：城市建设用地规模控制在60平方千米左右。知识城分为南部组团、中部组团和北部组团，以研发、服务和生产功能为主导。各组团功能各有侧重：南部组团围绕生命健康、新能源与节能环保等产业，重点打造知识创新、科技研发、高等教育、知识成果孵化和知识产权交易等平台；北部组团发展新型材料、新能源、节能环保、生物医药、电子信息等产业，形成先进制造业基地；中部组团重点发展总部经济、商业金融信息、研发设计和教育培训等知识性产业，打造创新和交流平台。

中新广州知识城效果图

知识城突出知识经济特点，产业规划重点聚焦在研发服务、创意产业、生命健康、教育培训、信息技术、生物技术、新能源与节能环保、先进制造等八大支柱产业，对接国家战略性新兴产业。具体可概括为五方面：一是产业高端发展。知识城产业用地50%以上为科研类用地，形成以知识密集型服务业为主导、高附加值制造业为支撑、宜居产业为配套的产业结构。二是人才高端聚焦。形成以高端人才优先发展、引领和带动经济社会科学发展的格局。三是运行机制改革创新。采取“企业先行、政府推动、市场运作”的运作模式，中新双方按照50∶50的股份比例共同组建合资公司，充分发挥企业、政府、市场的优势，形成风险共担、共赢发展的机制。四是环境宜业宜居。强调用地混合布局和综合使用，住宅区用地占建设用地比例约为27.7%，产业用地占35.4%。大力建设轨道交通，开通地铁14号线知识城支线、穗莞深城际轨道，加强与中心城区、国际空港的联系，加快建设商贸、居住等配套设施。五是管理先进。运用新方及社会资金，借鉴新加坡社会管理等方面的成功经验，走出一条新路子。

2010年12月25日，知识城管委会成立，具有广州市一级管理权限。2011

年 3 月 14 日，国家发改委正式核准知识城起步区项目。2011 年 6 月 29 日，新加坡—广东合作理事会宣布成立知识城工作委员会。2012 年 10 月 8 日，广州市编委批复知识城管委会与广州开发区管委会合署办公，撤销原内设的知识城项目办公室、知识城建设办公室、知识城社会事务办公室，新设知识城合作事务办公室，专司管委会与新加坡合作事务。2012 年 7 月 1 日，《广州市中新广州知识城条例》正式实施，该条例全面赋予知识城管委会行使市一级行政管理权。同年《中新广州知识城总体发展规划（2010—2020）》等 6 个重要文件获省市批准通过。《中新广州知识城总体规划（2010—2020）》突出生态低碳、智慧城市的创新理念，体现知识城作为广州东部山水新城核心区的城市定位和知识经济高地的产业定位。

2013 年 10 月 22 日，广州市政府代表首次应邀参加中国—新加坡双边合作联委会（简称中新联委会）第十次会议。会议期间，双方国家领导人达成“1＋3”的战略合作框架共识，即在中新联委会的合作机制下，积极推动苏州工业园、天津生态城以及广州知识城等中新合作战略平台的建设，标志着中新广州知识城向国家级合作项目迈出重要一步。是年，知识城新引进项目 37 个，至年底，累计引进项目 92 个，其中产业项目 58 个。已安排用地项目 30 个。国家知识产权局专利审查协作广东中心、腾飞科技园等 15 个项目动工建设。金发科技碳纤维和宝洁知识城项目投试产。全年完成固定资产投资 92.3 亿元。

2014 年 9 月，新加坡总理李显龙访问知识城。10 月 27 日，广州市连续第二年受邀参加中新联委会，知识城被列为两国知识产权领域合作示范区，为知识城上升为中新两国国家战略合作项目奠定基础。同年，知识城征拆安置、地铁和主干路网、生态及市政工程建设全面推进，基础设施不断完善，城市功能持续提升。

2015 年 10 月 29 日，新加坡荣誉国务资政吴作栋访问知识城，公开表达新加坡政府支持知识城上升为国家级合作项目的积极意愿。11 月 7 日，在习近平主席国事访问新加坡期间，知识城管委会在习近平主席和新加坡李显龙总理的见证下，与南洋理工大学、华南理工大学、中新广州知识城投资开发有限公司正式签署了中新国际联合研究院合作协议，推进中新知识城上升为国家级合作项目。

（供稿：广州开发区档案馆；编辑：常国光）

南沙钢铁物流园一期建成投产

2010年，宝钢集团提出重组广州钢铁集团有限公司（简称广钢集团）新方案，广钢集团全面关停珠江钢铁有限责任公司和广钢集团白鹤洞生产基地，退出在广州市的钢铁冶炼，产能提供给湛江项目使用。在即将全面退出钢铁主业的情况下，广钢集团积极寻求新的经济增长点，推动转型发展。3月16日，广钢集团与广州港集团签订了南沙钢铁综合物流园合作意向书。

2011年年初，宝钢集团重组广钢集团方案框架基本确定后，广钢集团加快新项目建设步伐。5月20日，广钢集团批准物流贸易整体规划；27日，广钢集团批准建设广州南沙钢铁综合物流园项目（简称物流园项目），这是广钢集团转型发展的第一个项目。7月6日，物流园项目举行奠基仪式。物流园位于广州市南沙区龙穴岛广州港南沙粮食通用码头后方，项目占地面积31.02万平方米，分两期建设运营，一期占地11.72万平方米，用于建设仓储库、加工车间、板材落料车间、物流配送仓库、交易市场、商铺等。其中，仓储库由露天堆场、室内冷轧板（卷）仓库、室内热轧板（卷）堆场组成；加工车间由冷、热轧卷剪切车间（冷轧卷材剪切业务量25万吨）组成。二期占地19.3万平方米，建成后具有形成年冷轧50万吨、热轧70万吨、落料29万吨的生产能力和年670万吨的仓储能力。

2012年2月25日，物流园项目被列入2012年广州市重点建设项目和广东省重点建设项目。8月1日，物流园一期工程项目正式动工建设；12月31日，完成地下基础工程，开始吊装厂房钢柱，正式转入上部主体结构施工。与此同时，广钢集团与广州港集团研究决定由广钢集团属下金博物流贸易集团有限公司和广州港集团属下广州港物流有限公司分别按80%∶20%比例投资成立合资公司，作为物流园项目的建设运营主体。2012年11月26日，鞍钢集团董事长、党委书记张广宁一行到物流园项目现场考察，表达共同建设物流园项目的意向。2013年2月22日，鞍钢集团国际经济贸易公司、金博物流贸易集团有限公司和广州港物流有限公司三方签订意向书，按股比45%∶40%∶15%对广州南沙钢铁综合物流园有限公司进行增资扩股，并改名为广州南沙钢铁物流有限公司（简称项目公司）。11月7日，项目公司召开首届股东大会，确认股东的出资额及出资方式，审议通过公司章程、合资合同、增资扩股协议，选举产生了公司第一届董事会成员。11月9日，物流园项目一期工程建成投产。

物流园项目以广钢集团大量的原材料及成品材的采购销售和集团贸易业务为基础带动，以广钢集团一贯良好的声誉及战略性互惠政策为导向推动及引导，利用地处珠三角地理位置中心的优势，综合南沙港口的地域及物流优势，以广钢集团钢铁物流业务为支撑，以钢材市场为核心，配套剪切加工、码头起水和物流配送等相关业务，打造“前店后厂”“前港后市”式华南地区最具竞争力的综合型钢铁物流园区，在短期内，形成一个年贸易量在800万吨以上，年剪切加工量100万吨以上，码头装卸500万吨以上，常备库存50万吨以上，包含钢材市场、剪切加工、码头作业、物流配送四大业务园区的物流园。它的建成投产，标志着广钢集团转型发展迈出战略性一步。

（撰稿：刘新奇；编辑：黄敏华）

广州地铁六号线首期开通

2013年12月28日下午2点，广州地铁六号线首期开通。当天上午10点，广州地铁总公司邀请沿线的100名拆迁户、建设者和市民代表试乘六号线，共同见证六号线首期开通的历史时刻。

六号线首期是广州市建成投入使用的第9条地铁线路，全长24.5千米，设计22座车站，1个车辆段和1个停车场，车辆编组为四节编组。西起金沙洲浔峰南山脚，东至天河长湴，沿途跨越白云、荔湾、越秀、天河等中心城区，线路大致呈“U”型走向。与1、2、3号线等贯通南北或者东西走向的骨干线不同，地铁六号线有7座车站分别与现有的4条线路接驳，包括区庄站、燕塘站、坦尾站、黄沙站、天河客运站、海珠广场站和东山口站，是现有地铁线网中接驳站最多的线路。另外有两座车站预留了与未来新线的换乘条件，而文化公园站则直接建设为换乘站，可供8号线北延段（凤凰新村—白云湖）使用。位于金沙洲内的三座车站（浔峰岗、横沙及沙贝）为高架车站，其余车站均为地下车站。

六号线首期在设计方面有三个亮点：有13部列车的车厢6人座椅由4条改为2条；车内横杆整体下移方便扶握；每节车厢从原有的1个大排风口调整为8个小排风口，并把排风口位置从车厢顶部调整到车厢下部，均匀分布在车厢的各个位置；在感应板上采用了新技术，与同为直线电机的四五号线列车相比，在同等牵引性能的情况下提高了车辆直线电机效率，降低能耗。

六号线首期，原计划于2012年底开通，但由于沙河站、黄花岗和一德路站的征地拆迁问题，以致工程进度缓慢，导致六号线最后于2013年12月28日才开通。其中，一德路站因征地拆迁问题于2011年底才正式移交土建承包商施工，导致其无法随六号线开通而投入使用，最后于2015年1月28日开通。

六号线首期建成开通，在广州地铁史上创下了多个“首次”。一是六号线开通初期以3分59秒的高峰行车间隔创下广州地铁建设史上新开通线路初期行车间隔最小的纪录；二是六号线首期设有公共厕所，车站男女厕蹲位比例基本达到了1:2，绝大部分的车站还设置了无障碍厕所；三是广州地铁建设史上首条专题宣传历史文化标志的地铁线路。选取文化公园站、海珠广场站、北京路站、团一大广场站、东山口站、黄花岗站等6个特殊站，在站厅层的墙面设置文化艺术墙，充分展现广州的自然地理和历史文化特色，让市民乘坐六号线时可一路赏尽广州历史文化。四是首次在地铁内开通移动4G网络。至2014年，广州六条地铁陆续实现移动4G信号全线覆盖，且现场测试显示，地铁站台站厅和多条线路地铁车厢的4G信号最高下载速率超过60M bps。

六号线首期开通后，为金沙洲市民提供一条更便捷的“出岛路”，有效缓解金沙洲地区的交通压力。

（供稿：市地铁总公司；编辑：曾慧娟　赖剑颖）

落实收寄验视制度专项整治

据国家邮政局统计，寄递渠道安全事件出现多发趋势，主要原因是部分快递企业不执行收寄验视制度，损害行业整体形象，严重威胁公共安全和国家安全。为切实落实广州地区邮政、快递企业收寄验视制度，2013年12月，根据“全覆盖、零容忍、严执法、重实效”总要求，广州市邮政管理局（简称市邮管局）全面铺开落实收寄验视制度专项整治活动。

按照“谁主管、谁负责，谁经营、谁负责”原则，市邮管局落实管理和经营责任，形成“邮管局总体部署、业务处室指导、企业具体落实”齐抓共管格局。2013年12月17日，市邮管局下发《关于做好年底安全生产自查工作的通知》，要求广州地区邮政企业、各快递企业做好包括严格执行收寄验视制度在内的安全生产六项重点工作。12月30日，市邮管局召集中国邮政集团广州市分公司（原名为“广州市邮政局”）和规模以上快递企业召开了收寄验视制度专项整治暨2014年安全生产工作会议，各参会快递企业汇报了12月17日以来各企业针对落实收寄验视制度的自查整改情况，市邮管局传达了国家局、省局关于开展落实收寄验视制度专项整治活动的要求和部署，各邮政、快递企业全面启动“收寄验视章”工作，与各企业签订《广州市邮政行业安全生产工作责任书》，并对岁末年初安全生产进行了工作部署，提出了相关工作要求。

此次专项整治活动从2013年12月16日开始，至2014年1月22日结束。市邮管局采取日常检查、突击检查、联合检查、明察暗访、调取监控录像记录等多种方式，重点检查依照国家规定需要用户提供有关书面凭证的，邮政企业、快递企业是否要求用户提供凭证原件，并进行严格核对等；重点检查用户拒绝验视、拒不如实填写寄递详情单、拒不提供相应书面凭证或者不按照规定出示有效身份证件的，邮政企业、快递企业是否坚决不予收寄等。此次专项整治活动市邮管局出动执法人员93人次，检查快递企业31家，对现场发现的问题均责令限期整改。

在专项整治活动中，市邮管局反复进行政策宣传和强化执法检查，督促落实各企业安全生产主体责任，落实企业主要负责人和实际控制人安全生产第一责任人责任。强化岗位、职工的安全责任后，各企业也进一步加强企业内部管

收寄验视制度专项整治现场

理，对收寄验视制度进行细化强化，取得良好成效。例如顺丰采用“‘神秘客户’寄件测试”：每天以“神秘客户”形式在不同时段测试本区收件员开箱验视的执行情况；圆通在12月中旬即已采用“收寄验视章”制度，对所有快件100%执行开箱验视，并在已验视的快件面单上加盖“已验视”章；中通将寄递物品安全责任书层层签订，严格责任，严明追究，推行总公司对加盟公司、加盟公司对员工、加盟公司对寄件客户的三层签订模式。

通过此次收寄验视制度专项整治活动，辖区内邮政、快递企业落实收寄验视制度初见成效。在广州邮政业业务量迅猛发展的情况下，做到了行业重大事故零发生，确保了寄递渠道安全畅通，为行业的平稳运行和健康发展提供了有力的保障。

（撰稿：李德洪；编辑：刘德敏）

汽车工业集团三度入选财富世界500强

广州汽车工业集团有限公司（简称广汽集团）成立于2000年6月8日，是广州市政府国有资产授权经营的企业集团，其控股子公司——广州汽车集团股份有限公司是国内首家实现A＋H股整体上市的大型国有控股汽车企业集团。集团旗下拥有广汽本田等20多家知名企业与研发机构，员工6万多人，主要业务包括面向国内外市场的汽车整车及零部件设计与制造，汽车销售与物流，汽车金融、保险及相关服务。

2012年，广汽集团在宏观经济增速放缓、汽车市场微增长、行业竞争进一步加剧及钓鱼岛事件等一系列严峻考验下，通过开源节流等手段，实现自主品牌、合资合作、资本运营、重组整合等多个重点项目建设的全新突破，年产销汽车70万辆、摩托车106万辆，实现工业总产值1374亿元、利税总额240亿元，在中国企业500强中排名第65位，工业经济效益综合指数排名行业第二，连续九年在广东省大型企业竞争力50强中蝉联第一。2013年7月8日晚9时，美国《财富》杂志发布2013年财富世界500强排行榜。31家企业新登财富世界500强，中国大陆新增16家企业，来自广州的广汽集团首次上榜，以241.448亿美元的营业收入位居全球第483位。

2013年，广汽集团生产经营形势呈良好发展态势，主要经营指标同比大幅增长；实现汽车产销100.75万辆和100.71万辆，同比分别增长43.3%和

40.7%；摩托车产销107.20万辆和110.65万辆，同比分别增长0.8%和3.4%；汽车、摩托车产销量成功跃进百万辆级门槛，成功晋级年产销“百万辆俱乐部”，汽车销量增幅约高于行业平均水平25个百分点。营业收入超2000亿元，实现营业收入从千亿到两千亿的又一历史突破。2014年7月7日晚，财富中文网（www.FORTUNEChina.com）与英文网全球同步发布2014年财富世界500强排行榜。广汽集团以327.756亿美元营业收入排名366位，再次入选财富世界500强，较2013年上升117位，排位大幅提升。

2014年，受中国宏观经济增速放缓及汽车行业竞争加剧等因素影响，广汽集团生产经营面临严峻挑战。广汽集团认真研判经济运行态势，采取一系列应对措施。一是进一步明晰发展方向。2014年，广汽集团在广州车展上发布“3+e”发展战略，分别对自主、日系、欧美系三大业务板块，以及全新电商构建做出重要部署。此外，广汽集团还打造一个开放、共享的互联网汽车电商生态圈，满足消费者选车、购车、用车、养车、换车等相关需求。二是抢滩新能源汽车“蓝海”。广汽集团加快新能源发展步伐，提出“153”新能源发展战略，即构建“1个研发平台”；掌握电池系统、电机系统、电控系统、机电耦合系统和系统集成等“5大核心技术”；以纯电驱动和混合动力车型产品作为重点发展方向，形成混动、增程、纯电动等“3大产品系列”。2014年4月，广汽集团与比亚迪共同成立广州广汽比亚迪新能源客车有限公司，联手研发以纯电驱动公

广汽传祺汽车生产线

交车为主的新能源客车。同年10月，首个由广汽集团承担的国家“863计划”重大项目——“增程式纯电动轿车研发与产业化技术攻关”课题顺利通过科技部技术验收。广汽传祺重要新能源车型也相继投放市场，并在国内外多个重要车展上亮相。三是推进海外战略部署。2014年年初，广汽集团旗下传祺品牌发布“有谋有动、整体布局，稳步发展，重点突破”的海外战略部署。广汽传祺海外布局首先集中在中东、非洲、南美、东南亚和东欧等国家和地区，择机进入北美和欧洲等发达成熟市场。2014年，广汽集团实现汽车年产销121.85万辆和117.35万辆，同比分别增长20.9%和16.5%；摩托车年产销116.89万辆和116.10万辆；发动机产销62.38万台和44.09万台；广汽部件实现工业总产值261亿元，占全市工业总产值的1.43%；实现工业总产值1921.74亿元，营业收入2087.55亿元，利润总额113.78亿元，利税总额312.58亿元，位列全国企业500强第70位；在汽车行业内，汽车产销位居第6，工业企业销售收入位居第6，利润总额位居第7，反映经济效益的工业经济效益综合指数居行业第4，获得《2014年中国机械工业500强》第32名。2015年7月22日晚，美国《财富》杂志发布2015年世界500强企业名单，广汽集团再创佳绩，以332.37亿美元营业收入位居第362位，比2014年排名上升4位，连续第三年入围世界财富500强。

2013年至2015年，广汽集团三度入围世界财富500强，既是广汽集团实力的体现，也是广汽集团勇于创新、不断开拓的结果。

（供稿：广汽集团；编辑：黄敏华）

全面推进商事制度改革

推进商事制度改革，是党中央、国务院立足经济社会改革发展全局，着眼完善社会主义市场经济体制、形成中国经济发展新动能作出的重大决策部署。率先开展商事制度改革，是国家交给广东的一项重要改革任务。2012年后，广东省率先全国开展工商登记制度改革试验。2012年4月，广州市着手筹备商事制度改革工作，成立由48个单位组成的广州市商事制度改革工作联席会议，办公室设在市工商局。2013年9月1日，广州经济技术开发区、南沙新区等6个区域启动商事制度改革试点工作，2014年1月1日起在全市范围内全面铺开，广州市成为国内首个全面实施商事制度改革的省会城市。自2014年1月1日起，广州市全市范围内商事主体均可享受“先证后照”“0首付”“一照多址”等商事登记制度改革带来的好处。

广州市商事制度改革以完善制度设计、放宽准入门槛和推进平台建设为重点，主要包括：实行注册资本认缴登记制度，有限责任公司和发起设立的股份有限公司实收资本不再作为工商登记事项，无需提交验资报告，同时取消注册资本最低限额；放宽对商事主体住所及经营场所限制，允许“一址多照”和“一照多址”；实施“先照后证”改革，全面清理工商登记前置审批事项，前置审批事项从127项压减至12项；推进工商登记便利化，提升行政审批效率，缩短登记业务办结时限至3个工作日；创新便民服务举措，在全国首创营业执照二维码、“商登易”APP应用、“具体经营项目生成器”，上线“广州工商”微信公众服务号和网上年度报告系统，实行工商登记网上预约，开辟便民利民“绿色通道”等。

广州商事制度改革以信息化、智能化为抓手，着力强化“严管”举措，营造诚实守信、公平有序的营商环境。在全国率先建立商事登记信息管理平台，实现市、区两级347个许可审批部门信息共享，以及登记、许可、监管工作联动和无缝衔接；建立全市统一的商事主体信息公示平台，公众可以查询商事主体注册登记、行政许可、年度报告、行政处罚、所获荣誉等信用信息，自行判断企业是否有实力、是否诚实守信、是否值得交往合作；强化信用监管和信用约束机制，建立商事主体信用公示制度、年度报告制度和经营异常名录制度；明确许可经营事项后续监管的牵头部门，厘清各部门后续监管职责，形成有力的后续监管链条。

广州的商事登记制度改革推动全市新增商事主体数量呈“井喷式”增长，2014年全年新登记注册商事主体18.65万户，同比增长27.94%；新增注册资本3181.18亿元，同比增长108.72%。截至2015年12月，全市新登记各类内资市场主体共计20.59万户，与2014年同期相比增长11.26%；全市期末实有登记各类内资市场主体（含分支机构）共计130.6万户，注册资本（金）总额达到22185.39亿元，与2014年期末相比，分别增长13.61%和49.72%。广州商事制度改革对减少行政审批，转变政府职能、创新政府监管方式，建立公平开放透明的市场规则，调动社会资本力量，释放市场潜力，促进小微特别是创新型企业成长，推动新兴生产力发展具有重要的作用和意义。

（撰稿：窦鹏；编辑：曾新）

“离岸深水港建设关键技术研究与工程应用”项目获国家科技进步奖一等奖

2014年1月10日，中国交建牵头组织、中交四航工程局研究院参与完成的科技项目“离岸深水港建设关键技术研究与工程应用”在2013年度国家科学技术奖励大会上获国家科学技术进步奖一等奖，共获25块大会颁发奖章，其中10块授予单位，15块授予个人。此项目还荣获“2012年度中国水运建设行业协会科学技术奖”特等奖和“2013年度国家科学技术进步奖”一等奖。

“离岸深水港建设关键技术研究与工程应用”项目是《国家中长期科学和技术发展规划纲要2006—2020》和交通运输部《公路水路交通“十一五”科技发展规划》重大科技攻关专项，由中国交建牵头组织产学研用协同攻关完成，累计投入科研经费1亿多元，是交通运输部最大的水运建设技术开发类项目。

项目在国际上率先形成了系统完备的离岸深水港建设核心技术，在离岸深水港安全高效总体规划与运营、海工新型结构设计与新材料、外海快速环保施工成套装备与工艺、新的土体极限分析理论与计算方法和水下原位自动化监测等四个方面取得多项创新技术成果突破。同时也解决了外海恶劣自然条件下建设大型离岸深水港口的世界性难题，使中国具备了在外海建设港口和陆域基地的实力，对中国扩大海洋权益维护范围，提高海洋资源开发水平具有重要意义。

中交四航工程局研究院作为“离岸深水港建设关键技术研究与工程应用”科研项目的参与单位，承担了其中“大面积超软黏土地基处理技术研究”子课题，自主研发的“深层井点降水联合强夯加固技术”和“水上施工智能控制软件”为该项目的顺利完成提供了有力技术支撑，为在港口建设向离岸深水方向发展中利用疏浚吹填土造陆技术的深入研究奠定了坚实的理论和技术基础。

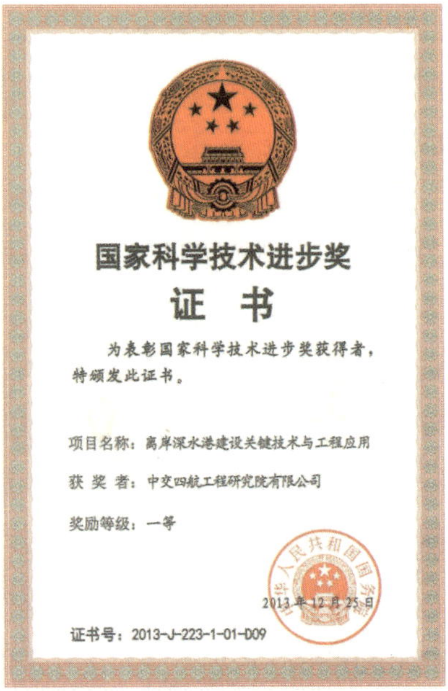

“离岸深水港建设关键技术与工程应用”项目获国家科学技术进步奖

“离岸深水港建设关键技术研究与工程应用”项目成果已在世界最大的矿石码头、

世界最大的人工港等20余项国内外重大工程中应用，并纳入13部国家和行业标准规范中，显著提升了中国海洋土木工程的国际影响力。项目创新成果已延伸推广到港珠澳大桥、厦门翔安海底隧道、青岛海军某工程、南中国海岛礁开发等基础设施建设中。

（撰稿：成朋朋；编辑：刘德敏）

涉氨制冷企业液氨使用专项治理

2013年6月、8月，长春、上海先后发生两起与氨气泄漏有关的重大事故。为深刻吸取事故教训，强化源头治理，2014年1月，广州市安全生产委员会办公室组织专家对广州市涉氨制冷企业液氨使用情况进行检查，发现涉氨制冷企业存在对液氨危险性认识不足、生产作业场所问题隐患较多、安全管理制度执行不到位等问题。根据《国务院安委会关于深入开展涉氨制冷企业液氨使用专项治理的通知》和省、市决策部署，广州市安全生产监督管理局（简称市监局）牵头开展涉氨制冷企业液氨使用专项治理。

广州市共有涉氨企业83家，其中涉氨制冷类企业48家、非制冷企业35家。市安监局通过动员部署、摸底排查、教育培训、企业自查、专家检查、部门督查等步骤，开展涉氨制冷企业液氨使用专项治理，推动企业主体责任“五到位”。全市涉氨企业投入安全隐患整改资金超过1亿元。如萝岗区广州麦芽有限公司投入资金100万元更新制冷车间管道阀门；广州鼎丰水产公司投入资金超过1000万元，对制冷系统进行全面更新；白云冷冻食品投入1500万元，对设施进行整体改造；磨碟沙冷冻厂投入近1000万元进行消防改造和完善“三同时”手续。推动涉氨企业建立完善教育培训、安全隐患排查、应急演练、特种设备管理、动火等特种作业审批、防雷检测等管理制度。促使所有涉氨企业按规范要求配置2套以上重型防化服和2具以上空气呼吸器，提高企业自救能力。市安监局联合省安监局在太古冷链公司组织综合性事故演练，全省21个地市安监局和广州市所有涉氨企业观摩演练，各区县组织本辖区企业逐家开展应急演练，提高涉氨企业应急救援能力。按照《冷库设计规范》和《冷库安全规程》要求，对照《涉氨制冷企业自查自改表》，企业开展隐患排查。先后与质监、建设、消防、气象等部门联动，组织3次专项督查，发现并整改问题1000余项，对整改仍不具备安全条件企业分别作出关闭、更换非氨制冷介质等处理，涉氨企业由整治初期的89家下降到83家。

（撰稿：陈华康；编辑：刘德敏）

2014年广州市社会信用和市场监管体系建设考核获省第一

自2012年广东省开展“两建”（社会信用体系建设和市场监管体系建设）工作以来，广州市落实省委、省政府工作部署，围绕“信用广州”总体目标，加快政务诚信、商务诚信、社会诚信和司法公信建设，全面推进社会信用体系建设，出台一系列法规政策，优化信用建设环境，推进部门间信用信息共享。2014年4月10日，广东省政府办公厅公布2013年度全省社会信用体系建设和市场监管体系建设工作考核结果，广州市社会信用体系建设工作专项获评全省第一，广州市以总分99.45分居全省“两建”考核榜首，标志广州法治化、国际化营商环境进一步优化，城市软实力进一步提升。

做好顶层设计。2012年，广州市成立由市领导任组长、12个区（县级市）和72个部门组成的市社会信用体系建设统筹协调小组，下设12个专责小组，形成各方参与、多方联动、机制健全的工作格局；研究制定并以市委办公厅、市政府办公厅名义印发实施《广州市社会信用体系建设工作方案》，明确工作思路。广州市发展和改革委员会根据国家和省印发的社会信用体系建设规划，牵头编制《广州市社会信用体系建设规划（2014—2020年）》（简称《规划》），2014年12月以市政府名义印发。《规划》提出围绕建设“信用广州”的总目标，按照“打造一个系统、构建五大运行机制、培育六大主体、实施十大重点工程”总体思路，全面推进广州市社会信用体系建设。

完善覆盖全市的公共信用信息管理系统。依托市电子政务外网及市政府信息共享平台，建成“两库一网站一专栏”，为建立健全守信激励、失信惩戒机制和打造“诚信广州”奠定良好的基础。截至2014年年底，市政府信息共享平台接入单位90家，自然人基础档案库涵盖1811万人基本信息，法人基础档案库涵盖138万家企事业单位和个体户基本信息，支撑政府部门超过30项联动监管应用，取得较好效果。升级改造“信用广州网”，推进信用信息网上公开。“信用广州网”已公开69万户企业档案和6.6万多重点人群档案信息，档案查询次数超过321万。2014年8月，印发《广州市公共信用信息管理系统建设工作方案》《广州市公共信用信息资源目录（第一版）》及《系统建设技术方

信用广州网

案》。广州市公共信用信息资源目录涵盖金融、工商登记、税收缴纳、社保缴费、交通违章记录等信用信息。

搭建行业和部门信用记录体系框架。广州市在公共信用信息管理、综合治税、食品安全、生产安全等信用法制重点领域相继颁布实施《广州市政府信息共享管理规定》《政府信息共享接入规范》《广州市商事主体信息平台运行管理规则（试行）》等系列规范性文件，不断探索信用信息记录和整合、监督和奖励、信用服务市场培育和监管、信用信息应用等措施。建筑行业建立包括市场、质量、安全、建设单位评价等信息的信用档案。工商、质监、建设、人社等部门分别建成“工商企业信用平台”“企业信用信息共享查询系统”“广州市质监局综合业务系统质量信用子系统”等信用信息系统，涵盖各类经济组织的基础和监管信息的企业法人数据库，实施分类记录、分类监管。广州市建立商事登记信息管理平台，实现市、区两级 347 个许可审批部门的信息共享，市政府各部门对热点领域和行业开展了信用信息基础工作。

法规制度先行。一是加强信用法规和标准规范建设。2014 年，广州市在重大行政决策等信用法制重点领域出台实施《广州市重大行政决策听证办法》等 4 部规章、22 份规范性文件，构建社会信用体系重要支柱；起草《广州市公共信用信息管理和考核办法》，多次征求市直相关单位意见。二是建立守信激励和失信惩戒机制。市工商行政管理局会同市国家税务局、广州海关、市财政局等 22 个政府部门为“守合同重信用企业”“纳税信用 A 级企业”等诚信企业提供

53 项优惠扶持措施。广州市印发《广州市食品安全“黑名单”管理试行办法》等管理规定，在食品药品安全、环境保护、工商管理等领域建立失信公开曝光及联合惩戒机制。2014 年 6 月，广州市第一批 19 家环境违法“黑名单”正式对外公布，纳入黑名单的企业在银行贷款、上市融资等方面将受到限制。三是加强企业信用分类监管。市质量技术监督局根据《广州市工业产品生产企业质量信用评价和分类管理办法（试行）》，建立评价系统，2014 年初步评出 AA 级企业 7 家、A 级 289 家、B 级 627 家、C 级 248 家，分别对 AA、A、B 和 C 类企业实施不同的监管方式。广州市在食品药品安全、工商管理、税收等领域也实施了企业信用分类监管。

公共资源交易领域诚信建设

培育信用服务市场。中国人民银行广州分行制定并印发《广州市信用服务市场建设实施方案》，推进信用服务市场建设。市发展和改革委员会根据《国家发展和改革委员会办公厅关于加强企业发债过程中信用建设的通知》要求，推进在企业发债过程中信用报告的应用。广州公共资源交易中心制定《关于在政府采购交易试行供应商信用评价的意见》，在政府采购领域使用信用记录或信用报告。市城乡建设委员会率先在全国推行建筑业企业诚信综合评价体系，截至 2014 年年底，已有五大类 2000 余家企业纳入评价体系，在招投标等领域使用信用记录。市质量技术监督局根据国家及省质监局《关于组织企业试点发布企业质量信用报告的通知》要求，在机械装备、纺织服装等重点行业试点企业开展质量信用报告发布工作，初步建立了企业质量诚信自律机制。

（撰稿：李国莹；编辑：曾新）

广州金融资产交易中心开业

为贯彻落实广州市第十次党代会精神，加快广州区域金融中心建设，2013年11月25日，广州市委颁布《广州市人民政府关于全面建设广州区域金融中心的决定》，提出支持广州金融资产交易中心做大做强，推动金融资产的高效流动和有效配置。

2014年4月18日下午，广州金融资产交易中心开业仪式暨珠江金融论坛（第13次）在广州科学城举行。广州金融资产交易中心是经省政府批准，从事金融资产交易及相关业务的专业化金融资产交易场所，纳入广东省金融资产交易市场统一监督管理。广州金融资产交易中心计划注册资本为3亿元人民币，首期由广州股权交易中心出资6000万元先行发起设立，视运营情况，在设立后2年内以增资扩股的方式逐步引入国家、省市大型国企、金融机构参与。主营业务是为金融企业的资产以及小额贷款公司、融资性担保公司等相关资产交易提供场所、设施和服务。

广州金融资产交易中心借鉴国内外金融资产交易市场运行和管理经验，在市场组织、产品设计、机制建设等方面进行制度创新和技术创新，在强化风险防范、切实保护交易当事人合法权益的同时，不断提高服务质量和效率。广州金融资产交易中心致力于提供低成本融资产品及高效的融资服务，以“高效、透明、低成本的金融资产交易平台”为发展定位，以“会员多元化、交易高效化、成本低廉化、服务标准化、平台国际化”为运营宗旨，在为中小微企业拓宽融资渠道，为小贷公司等创新型金融机构运行提供重要支撑，解决金融资产规模膨胀及流动性不足问题，完善多层次资本市场体系等方面作出积极贡献。广州金融资产交易中心依法经营、规范运作，建立了较为健全的交易制度和严密的风险防范机制，对交易参与主体实行会员管理制度，交易方式包括协商交易和竞价交易，参与交易的会员为具备一定金融专业知识，有一定投资能力和风险承受能力的法人或个人。交易产品均经过严密的风险评估论证，在各项法律法规及规范性文件规定的基础上从严管理。

广州金融资产交易中心创新设计交易产品，首期上线产品为小贷资产收益权、信托收益权、应收账款受益权和商业汇票受益权。开业当日，广州金融资产交易中心挂牌金融资产交易项目73个，挂牌资产金额达700亿元，与4家银行、3家小额贷款公司及小额再贷款公司，4家担保机构签约。截至2015年6

月，广州金融资产交易中心共完成小贷公司资产收益权转让业务38笔，项目交易金额5.8亿元，小贷资产收益权业务居国内前列。

（撰稿：陈晓青；编辑：曾慧娟）

低成本航空“飞入”空港经济区

中国低成本航空（又称廉价航空）起步晚、发展慢，市场份额不到5%，共有春秋航空、西部航空、中联航、九元航空、幸福航空及成都航空等廉价航空公司。广州作为中国中小工商业和现代加工制造业的最大聚集地，其商流、人流、物流成为低成本航空发展的市场基础，也成为低成本航空公司的必争之地。

2014年2月底，国家民航局出台《关于促进低成本航空发展的指导意见》，引导和鼓励国内航空公司实践低成本运营。是年2月，九元航空有限公司（简称九元航空）经中国民航总局批准筹建，在国际民航组织正式注册，民航局空管局向其指配三字代码JYH。3月28日，在“新广州·新商机”广州市重点项目推介会上，九元航空作为白云区的重点招商项目进行签约。4月2日，九元航空在白云区完成工商登记注册，取得营业执照，公司注册资本6亿元，是“新广州·新商机”签约仪式之后落地最快、推进最迅速的项目。

九元航空有限公司由上海吉祥航空有限公司、亿利资源集团、新华联控股有限公司、自然人纪广平共同出资参与发起组建，借鉴国内外众多低成本航空公司的发展经验，开创廉价航空的运营新模式，把基本航空运输服务和其他服务进行明确划分，坚持只让旅客购买自己需要的服务，从而将机票价格降至最低，并在航班上推出9元、19元、29元、99元、199元系列的特价机票，持续让利促销、回馈旅客。九元航空以广州白云国际机场作为主运营基地，航线网络以广州为中心辐射全国，中远期的航线将基本覆盖广州出发的5小时飞行圈，包括东亚、东南亚、东北亚、南亚、澳洲等地。

2014年5月14日上午，九元航空与美国波音公司签订飞机采购协议，一举采购50架波音737－800型和下一代737MAX飞机，按目录价计算价值超60亿美元，这成为中国民营航空有史以来最大规模的单次采购活动。此类机型是其他地区低成本航空公司的首选，是美国西南航空、南美洲巴西航空等低成本航空公司的主力机型，性能可靠和有较高的燃油效率，给九元航空的低成本航空

九元航空公司的波音 737－800 型客机

运营带来有力支持。

2014 年 12 月 2 日，九元航空正式开航。首次航班执行广州—湛江航线。这标志着首家以白云国际机场为主运营基地的低成本航空公司正式启动运营，开启国内廉价航的新纪元。九元航空是广州第二家基地航空公司，也是中国中南部地区首家低成本模式航空公司。它为广州乃至珠三角地区广大旅客带来更多的廉价航空出行的选择。九元航空公司运营以来，广州出港平均客座率高达 95% 以上，高于行业普遍水准。

（撰稿：林洽渠；编辑：王娜）

广州中小微企业金融服务区成立

广州中小微企业金融服务区选址增城新塘镇广州东部布匹辅料城，2014 年 6 月 20 日获授牌，成为继广州民间金融街、广州国际金融城、广州金融创新服务区和南沙现代金融服务区之后的广州第五大金融服务区。至 2014 年年底，已有 34 家金融机构入驻该区。

中小微企业金融服务区旨在解决金融及经营顾问机构与中小微企业无缝对接的难题，借助金融机构和经营顾问机构的资金和智慧，促使中小微企业实现产业转型升级。该区由两大集群构成：一是金融/类金融集群，主要聚集银行、证券、保险、资产管理、信托、小额贷、融资担保、融资租赁、投资、金融中介等机构，旨在为中小微企业打造一条“品种齐全、专业高效”的金融街；二是经营顾问集群，主要引进企业管理咨询、品牌策划推广、战略转型规划、网络营销、网络营销教育、人力资源培训、法律财务顾问等机构，旨在为中小微企业经营提供“模式先进、渠道齐全、经验丰富、市场广阔”的商业运作辅导。通过两大集群的共同发力，使中小微企业在区内一站式获取“人、财、智、销”等产业提升所需要的全方位资源。

中小微企业金融服务区已基本完成前两期项目开发，即酒店组团、超甲级写字楼组团，可提供405间铺面。广州基金与增城公有资产管理公司联合投资1.3亿元成立广州中小微企业金融服务区管理公司，代表政府执行一系列扶持政策，包括为园区内金融机构的客户提供融资贴息，融资额度达20亿元；给予首期进园机构平均每家10万元装修补贴；帮助园区内各类机构约见目标企业主；组织园区内各类机构举办论坛、沙龙、培训等客户沟通活动；建立中小微企业大数据系统，供进园机构分享等。

广州中小微企业金融服务区

中小微企业金融服务区除引进金融集群进驻园区为中小微企业经营提供金融服务、引进经营顾问集群进驻园区为中小微企业经营提供商业运作辅导外，还打造互联网金融、牛仔电商、股权交易、金融资产交易等多个交易平台，推动产品销售及资本流转；组建产业投资基金，作为示范性投资，引导社会资金进行战略转型升级投资；长期组织服务机构与中小微企业的互动课程，引导中小微企业进入园区接受辅导；为中小微企业提供从种子期、成长期到上市企业的一条龙服务。

（撰稿：刘文斌；编辑：刘燕玲）

万宝冰箱光伏应用项目建成投产

2014年7月，由广州发展集团股份有限公司全资子公司广州发展新能源有限公司独资投资建设的万宝冰箱光伏项目通过验收，正式并网发电。该项目是广东省首个建成的国家级光伏应用示范项目，也是广州市第一个、南方五省第二个享受度电补贴的分布式光伏发电项目。

万宝冰箱光伏应用项目

万宝冰箱光伏应用项目位于广州市从化区明珠工业园万宝冰箱厂区内，为从化明珠工业园分布式光伏发电应用示范区首个项目。2014年3月26日，项目开工建设，规模为4.19兆瓦，利用万宝集团冰箱公司主生产车间约5万平方米厂房屋顶铺设16434块光伏组件，安装面积约26900平方米，年设计平均发电量355万度，所发电力优先供应万宝冰箱生产和办公使用，余电上网。其中，项目首期建设2台15兆瓦级燃气热电联产机组，总投资约3.6亿元。广州发展新能源有限公司以建设国内一流光伏发电站为目标，实施严格的管理，在光伏组件施工安装前，对屋面做了防漏排查、打胶防水处理，施工安装期间管理措施得当，光伏施工人员与工厂生产人员有效分离，工厂正常生产没有受到影响。

2014年7月，万宝冰箱光伏发电站建成，年均发电量363万度，节约标煤1184.0吨，减少排放二氧化碳3078.3吨，取得较高的经济效益和社会环境效益。万宝集团冰箱公司享受优惠电价，降低用电成本；通过屋顶电池板遮挡，厂房温度降低3℃—5℃，降低空调使用量，间接节约电能；企业生产利用太阳能，减少二氧化碳、二氧化硫等污染物排放，提升企业低碳环保形象和品牌形象。

万宝冰箱光伏发电站的建成，标志着广州发展新能源有限公司正式进入分布式光伏发电业务领域，进一步开拓了公司的业务范围，促进公司产业结构的优化升级和综合能源业务的持续发展。

（撰稿：黄敏华；编辑：曾慧娟）

举行第三届广州国际轨道交通产业展

2014 年 8 月 22 日至 24 日，第三届广州国际轨道交通产业展览会在琶洲中国进出口商品交易会展馆举行。此次展览会由广州市人民政府、中国对外贸易中心和广州地铁总公司联合主办，广州地铁物资有限公司和广州宇康展览有限公司承办，为第 22 届广州市博览会七大专业展之一。参展企业中有中国南车、中国北车、中国中铁、佳都科技等国内外知名轨道交通解决方案供应商。轨道交通产业展作为广州地铁总公司着力打造的专业展，是中国轨道交通产业重要的交流贸易平台。

展会面积达 7000 平方米，来自国内外 45 家领先的轨道交通解决方案供应商展出其最新研发技术、装备及产品，国内 18 家地铁公司 53 名高层代表出席了展会，该届展会面积、参展企业规模、专业嘉宾人数均创历届之最。该展览会以“智慧轨道交通、绿色创新发展”为主题，秉承“推动轨道交通信息化与智能化发展”办展理念，展示中国轨道交通最新发展全貌，整合政府、轨道交通业主单位、行业协会、产业园区、行业媒体等各方优势资源，帮助参展商、参观商削减商务成本，提高生产力和创造新业务，呈现出一场上下游齐聚的产业链品牌和技术创新盛宴。

展会期间，主办单位广州地铁总公司旗下的设计、监理、咨询、装备制造、物资、培训等 6 大产业链同台登场，展示了广州地铁总公司在设计、咨询、监理、物资采购及物资经营管理、培训输出等方面的成就以及未来规划。同时佳都科技也现场展示了自动售检票系统（AFC）、屏蔽门系统（PSD）、综合监控系统（ISCS）、视频监控及安检系统（CCTV）等四大系统最新技术、最新装备及整体解决方案。

广州地铁总公司还举办了 2014 智慧轨道交通关键技术发展论坛以及中国轨道交通机电应用与发展高峰论坛，国内地铁公司高层代表、参展商、专家学者就轨道交通创新技术应用以及机电领域健康发展等论题交换意见，为轨道交通可持续发展建言献策。

2014 年第三届广州国际轨道交通产业展览会是国际轨道交通技术交流和经贸合作的一次盛会，有利于增进对国际轨道交通的了解，对实施中国轨道交通业“引进来”和“走出去”战略有积极推动作用。

（供稿：市地铁总公司；编辑：曾慧娟）

建设李坑循环经济产业园

2013年，按照新型城市化建设发展总体要求，为破解“垃圾围城”的困境，广州市按照“生态环保，集约用地，能源循环，固废为主，带动产业”的原则，依托7个资源热力电厂，因地制宜，全面规划建设循环经济产业园。李坑循环经济产业园为广州市七个循环经济产业园区之一，也是当时广州最大的循环经济产业园区。

园区位于白云区太和镇永兴村，规划面积0.99平方千米，内含城市固废处理区、综合管理区、市民环保公园区及填埋场功能提升区。其中城市固废处理区包括广州市第一资源热力电厂一分厂（日焚烧处理生活垃圾1000吨）、二分厂（日焚烧处理生活垃圾2000吨）、李坑综合处理厂（生化处理厨余垃圾1000吨/日）、渗滤液处理厂、渗滤液调节池、环保储备项目等；综合管理区包括综合管理楼、生活服务中心、研发基地等；市民环保公园区主要利用环保搬迁后的村庄用地，建设生态环保公园和体育休闲公园；填埋场功能提升区包括太阳能利用区、园林绿化区等。

李坑循环经济产业园是广州市开发城市矿产、发展循环经济的示范性项目，

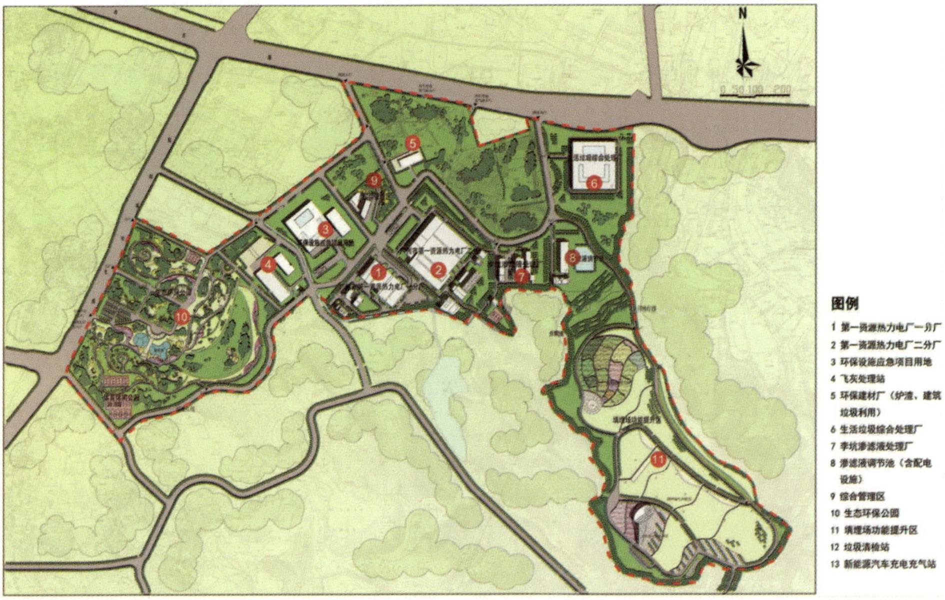

李坑循环经济产业园平面图

以建设循环经济产业园为核心，规划打造一个以城市固废资源化处理、环卫综合管理、市民宣教休闲为一体的国家级循环经济产业园，形成一个以人为本、环境友好、可持续发展的现代化、园林式生态示范园区。

李坑循环经济产业园概念性规划于2012年开始编制，经多次修订并征求相关部门意见后，2013年年底上报市政府，2013年11月，广州市市长陈建华召开办公会议，强调李坑园区要按照高标准循环经济示范园区的定位进行规划设计，并议定要加快土规调整申报工作和开展控规调整工作。2014年5月，广州市规划局原则同意广州市城市管理委员会开展编制李坑循环经济产业园控制性详细规划调整论证报告的工作。2014年8月5日，李坑循环经济产业园规划环境影响报告书编制项目国内公开招标评审工作完成，广州最大的循环经济产业园建设正式启动。

广州市第一资源热力电厂一分厂设计处理能力为1000吨/日，采用2炉1机配置，是中国首个中温，次高压（450度，6.4兆帕）锅炉垃圾焚烧发电项目。一分厂于2002年12月正式动工，2005年10月23日点火试运行，2006年9月，该厂通过国家环境保护总局的竣工环保验收。该厂年均累计焚烧处理垃圾超过30万吨，总发电约1.2亿度，全年环保排放达标，于2013年被评为国家住建部生活垃圾焚烧厂无害化“3A”等级。

广州市第一资源热力电厂二分厂设计日焚烧处理生活2000吨，年发电量2.6亿度，年上网电量2.1亿度。2009年开工建设，2013年6月26日点火调试，2013年9月26日完成3炉2机72+24小时满负荷试运行。2014年9月通过项目竣工环境保护验收，正式投产运营。二分厂获国务院住房和城乡建设部颁发的2014年中国人居环境范例奖，被广东省环境保护厅评为“广东省环境教育基地”。

李坑循环经济产业园区建设为全市其他循环经济产业园区的规划建设树立标杆，同时为全国循环经济产业园的规划建设创建示范工程，为探索环保设施与周边环境和谐共赢之路打下坚实基础。

（撰稿：唐德军；编辑：李启伦）

实施“万家旅舍”计划

为优化产业结构、加快生态旅游产业发展，2014年8月，增城市计划用3

年时间在全市范围内实施建设“万家旅舍”计划，依托优质的生态旅游资源，广泛发动村（居）民及企业等投资主体，以市场为导向，通过规范提升一批、新建改建一批的办法，在11个镇街内建设1万家左右的家庭旅舍，实施标准化、品牌化、精细化管理，建立统一的营销、管理机制，配以“万家旅舍”的统一标识，推广“一间房、两张床、三顿饭”的大众旅游消费，逐步形成受珠三角大众旅游市场欢迎的休闲度假产业。

2014年9月9日，增城市委、市政府印发《增城市万家旅舍计划工作方案》。市政府牵头编制万家旅舍发展规划、建设要素控制性导则、经营服务规范、办证工作指引等。各镇（街）、各相关部门做好环境整治计划、道路提升计划和林业园林、水务、环保、卫生、公安、文化、体育、旅游等方面的配套规划等，做到规划先行，加强规划引导。镇街为建设责任主体，紧密结合辖区实际，整合各种资源，支持万家旅舍发展。

万家旅舍着眼于家庭旅馆建设，发动村民、居民利用合法的闲置住房开办万家旅舍，同时鼓励龙头企业盘活闲置住房资源，按照连村成片的要求，由镇街统一规划布局建设万家旅舍。万家旅舍建设从投资经营主体上主要有六种模式：一是农户经营模式。村民把自家闲置房屋或原有农家餐厅升级改造为家庭旅舍，自主投资经营。如派潭镇仙寨阁、正果镇蒙花布村高家庄休闲居、莲塘村莲庄、增江街大埔围定红旅店、小楼镇拳岭旅舍、石滩镇凰埔村农家旅舍等。二是企业经营模式。利用农村的闲置连片的房产资源（如旧厂房、撤并后闲置的旧学舍等），由企业或企业家投资建设并进行经营管理。如小楼镇江坳驿站岭南人家旅舍、中新镇青门客栈、派潭镇黔霖山庄等。三是城镇酒店转型模式。通过登记、造册、规范经营，将城镇社会旅馆、旅舍、商务宾馆等纳入万家旅舍。如荔城街壹方快捷酒店、新塘镇韦尔森酒店等。四是利用扶贫资金支持建设模式。如小楼镇拳岭旅舍、正果镇亲子农场。五是“农户＋企业”合作模式。如朱村街丹邱村新竹农庄、派潭镇灵秀山庄李家老宅、增江街多拉公寓、石滩镇广州市增城勤隆鱼庄。六是出租屋转型旅舍模式。在新塘镇等南部镇选择19个示范点共16个出租屋进行转型试点。对这些出租屋进行升级改造为“万家旅舍”，试行“旅业式”管理。

增城市公开引进万家旅舍管理公司，统一灯标、标识和编号，搭建统一的电子商务营销平台，建立企业准入和退出管理机制，实施企业化统一规范管理，塑造增城万家旅舍品牌的良好形象。要求各镇（街）、村（社）干部将引进龙头项目作为发展农村经济的核心工作来抓，力争每个村至少引进一个龙头项目，带动万家旅舍发展。引进有实力的相关龙头企业积极参与万家旅舍计划实施，

位于正果镇蒙花布村的高家庄休闲居万家旅舍（孙毅强拍摄）

有利于促进整体规划、连村成片开发，提高发展档次，形成规模效应。

万家旅舍实施标准化、精细化和品牌化管理模式，在此基础上，努力实现个性化发展，营造安全、规范、舒适的住宿环境。一是统一规范，标准化管理。增城市编制《万家旅舍办理证照工作指引》《万家旅舍建设要素控制导则》等，万家旅舍实施行政审批标准化和消防设施安装、建筑材料选择等建设要素的标准化。市统一编制《万家旅舍经营服务规范》，管理公司编制《万家旅舍加盟店管理办法》，促进经营服务和运营管理标准化。二是分散经营，精细化管理。优先依托旅游景区（点）、绿道、公园花园、休闲文化体育设施、美丽乡村建设等优势资源，结合本地的自然人文特色，发展各具特色的万家旅舍，凸显休闲度假旅游住宿设施的唯一性和差异性，办出个性特色，打出独立品牌，增强生态休闲度假的吸引力。三是从严要求，品牌化管理。努力塑造和弘扬“增城万家旅舍”优质品牌形象。全市统一宣传口号，如“增城处处是你家——万家旅舍”；统一对外宣传形象，各类对外宣传资料都需标注万家旅舍灯标、LOGO；统一设置万家旅舍的旅游交通指示牌；将依法自愿注册的万家旅舍纳入电子商务平台登记；同时，在统一识别体系下鼓励个性化发展，形成具有较强的可识别性且风格各异的品牌化视觉系统。建立力度大、覆盖面广的线上线下宣传推广平台和持续的宣传推广工作机制，扩大万家旅舍品牌的知名度和美誉度。

2014 年建成“万家旅舍”300 多家，其中示范点 68 家。至 2015 年年底，全市通过发展农户经营、企业开发、城镇酒店转型、扶贫资金支持建设、“农户+企业”合作、出租屋转型旅舍等模式，累计建成万家旅舍 617 家，客房 8064

间。万家旅舍建设盘活了农村闲置房产资源，同时整合近30处的连片古建筑、古村落，并公开进行招商。万家旅舍建设还解决了2000多个农民的就业问题，促进农民增收致富，改善了增城生活环境，有利于增城生态环境保护。推动休闲农业与乡村旅游的融合发展，催生旅游产业新模式，增城万家旅舍成为学生课外实践教育基地及拓展训练基地的首选，夏令营式旅游活动和体验式教育活动成为增城市的一个新亮点。

（撰稿：刘文斌；编辑：刘燕玲）

第一资源热力电厂二分厂投产运营

广州市第一资源热力电厂二分厂（简称李坑二厂）于2009年9月10日动工，2012年底基本完工，2013年6月26日点火试运行，并举行调试试运行启动仪式。2013年9月26日，李坑二厂完成"72+24"满负荷试运行工作，正式进入试生产期。2014年9月19日，李坑二厂完成竣工环保验收，正式进入商业运营期。

李坑二厂位于广州市白云区太和镇永兴村，占地面积约7万平方米，由广州环保投资集团有限公司（简称广环投）负责整体投资、建设和运营。该项目主体工程采用世界先进的丹麦伟伦垃圾焚烧技术和丹麦尼鲁烟气处理技术，配备3台日处理能力750吨的焚烧炉排炉和2台25兆瓦的汽轮发电机组，设计日均处理生活垃圾2250吨，是国内规模最大的垃圾焚烧发电厂之一。其采用的机械式炉排焚烧炉，能使垃圾逐层拱碎、均匀分布，实现更完全的燃烧，尤其适合广东地区生活垃圾水分高、热值变化大的特点。按李坑二厂年处理73万吨垃圾能力算，通过将焚烧垃圾产生的热能转化为电能，上网电量可达2.08亿千瓦时，相当于逾10万个家庭一年的用电量。通过先进的垃圾焚烧技术处理生活垃圾并达标排放，使垃圾处理达到"无害化、资源化、减量化"的目的，既具有广泛的社会效益，又有较好的经济效益。截至2015年年底，李坑二厂机组运行稳定，各项指标和数据良好，烟气及各项污染物排放指标合格，并实现和市环保局、政府监管部门联网，在线监控。为保护环境、恢复生态，李坑二厂的环保投资规模约2亿元，约占项目总投资的20%。李坑二厂执行的是国内最严格的三废排放标准，其中部分指标达到欧盟2002标准。此外，李坑二厂建立了多方监管平台，在正式投入运营后，接受村民驻厂监管、城管委废管中心驻厂监管；烟气在线监测装置与市环保局监控中心联网，实时在线接受环保局监管；DCS 关键数据、地磅计量数据、烟囱实时影像等联网传至城管委废管中心“广州生活垃圾处理远程监控系统”，随时接受主管部门的核查。

广州市第一资源热力电厂二分厂全景图

李坑二厂从建成投产以来，高度重视公众环保教育工作，建设了花园式厂区，组织开展形式多样的宣传展览、文化交流等环保教育活动，收到了较好的效果。园区设计布置大量的园林绿化景观，布局合理，与厂区内的建筑、交通道路等交相辉映，整个厂区干净、整洁、优雅，让参观者切身感受到垃圾焚烧处理技术的清洁和环保。李坑二厂在厂房 13. 5 米高的位置设置占地面积约 3000 平方米的环境教育展厅，面向社会大众普及环保教育工作。制作 50 多块展板和 8000 多张《浴火重生》宣传教育光盘，并放映 800 多场次；印制 1 万多册垃圾分类处理宣传图册；展厅设 6 名专职解说和工作人员，通过模型、展板、影视等方式全面宣传垃圾围城危机、垃圾分类、焚烧技术等知识，并设有电子触摸屏垃圾分类游戏、儿童爱心区等互动项目，为青少年开辟专门的环保教育区域，以漫画故事和卡通人物等方式，寓教于乐，生动形象地向广大青少年传播环保理念，引导中小学生形成良好的垃圾分类等环保行为习惯，提高他们的生态环保意识。同时，为帮助参观者更直观地了解整个垃圾焚烧工艺过程，在参观路线上精心设计，独创360 度开放式橱窗，长达 30 米的全景玻璃长廊，参观全程可视化，使参观者能全方位了解卸料、投料、焚烧炉膛、烟气处理、汽轮发电机组以及中央控制室等主要环节，实景参观生活垃圾焚烧的处理设施。2014 年 6 月 10 日至 7 月 8 日，为响应市政府的号召，市城管委联合广州环保投资集团组织万名市民参观李坑二厂，作为 7 月 10 日广州市第三季度垃圾分类总动员日的前奏，为全市各界凝聚共识，做好垃圾分类，保护城市环境，做出突出贡献。截至 2015 年 6 月，共接待国内外专家学者、市民、学生等各类参观人员 38000 多人次。

2015 年 1 月 14 日，李坑二厂城市固废物环境教育项目，经国务院住房和城乡建设部中国人居环境奖领导小组综合评审并批准，荣获 2014 年中国人居环境范例奖。这是全国 54 个获奖项目中唯一一个关于城市固废物环境教育的获奖项目，也是广东省获此殊荣的 4 个项目之一。

（撰稿：姚强；编辑：李启伦）

广州 LGD8.5 代液晶面板项目建成投产

电视显示屏增大是未来发展趋势。国家大力扶持 8.5 代面板生产线项目，并以此推动中国显示产业市场化、国际化，促进产业转型升级。2014 年 9 月 1 日，乐金显示（中国）有限公司在广州科学城举行竣工典礼，标志着 LG Display（简称 LGD）广州 8.5 代液晶面板项目（2.2 米×2.5 米）在广州开发区正式竣工投产。乐金显示（中国）有限公司即 LGD 广州 8.5 代液晶面板项目总投资 40 亿美元，注册资本 13.34 亿美元，由韩国 LG Display 及其驻广州开发区全资子公司乐金显示（广州）有限公司（占 70%，出资 9.338 亿美元）、广州凯得科技发展有限公司（占 20%，出资 2.668 亿美元）、深圳创维－RGB 电子有限公司（占 10%，出资 1.334 亿美元）合资建设运营。

广州是 LG Display 在中国业务的中心。广州 8.5 代液晶面板工厂占地近 33 万平方米，位于广州开发区内 LGD 广州产业园区。此园区包括 16 个上游部件及原材料供应商、LGD 的液晶面板及模组生产工厂以及创维等电视厂商。区内成立了 TFT—LCD 产业及技术创新联盟，有平板显示相关会员企业 30 多家，并集聚众多大型电子信息制造企业和平板器件制造企业，已形成优质产业群，产业园区占地约 200 万平方米。作为广州市的重点企业，LGD 广州产业园区可为当地创造约 20000 个工作岗位。

2012年5月，广州8.5代液晶面板项目动工，历时两年4个月建成。LGD广州8.5代液晶面板的投产，补齐了广州平板显示产业链最关键的一个环节。该项目主要生产8.5代2.2米×2.5米规格的液晶面板，用于生产55英寸、49英寸以及42英寸超高清及全高清产品，每月按6万片玻璃基板的产能进行生产。该厂符合国际环保制造标准，荣获国内首个"绿色制造"认证。它也是中国技术最先进、生产规模最大、产出效益最高的液晶面板项目之一，成为广东省加快彩电产业升级换代的重要载体。乐金显示（中国）有限公司一期自2014年9月1日正式投产以来，生产运营状况良好，2015年全年加工液晶玻璃基板100万片，产品主要供给创维、康佳及LGD广州模组厂等下游厂商，2015年公司全年生产的各种尺寸的液晶面板总计771万片，产值约98亿元人民币。

广州LGD8.5代液晶面板项目发挥行业龙头作用，全方位链接上游的半导体、集成电路、背景光、粘接技术行业，以及下游的手机、电脑、液晶电视制造行业，并辐射相关电子、机械、化工等制造产业，对形成完整的TFT—LCD产业链，带动形成千亿元级的平板显示产业集群有积极作用。

（供稿：广州开发区档案馆；编辑：常国光）

建设"中国融资租赁第三极"

融资租赁是现代化大生产条件下产生的实物信用与银行信用相结合的新型金融服务形式，是集金融、贸易、服务为一体的跨领域、跨部门的交叉行业。广州市委、市政府高度重视融资租赁业发展，市商务委会同相关部门紧抓全国融资租赁业加速发展的战略机遇，大胆探索扶持政策措施，重点开拓飞机租赁等重点领域，稳步推动融资租赁业集聚发展，促进各项工作有效落实，力争将广州建设成为继天津、上海之后的"中国融资租赁第三极"。

完善融资租赁扶持政策。2014年9月，广州市政府出台《关于加快推进融资租赁业发展的实施意见》（简称《意见》），提出到2016年年底力争形成若干个千亿级的融资租赁产业集聚区，培育2—3家注册资本超过50亿元以上融资租赁龙头企业和设立100家以上融资租赁企业，全市融资租赁业的市场渗透率达5%以上。通过3年时间夯实融资租赁业基础，优化融资租赁业发展环境，努力使广州市成为华南区域融资租赁集聚中心、中国融资租赁第三极，助力提升广州市区域金融中心地位。《意见》从促进产融结合、产业集聚发展、优化市场环境、建立风险防控体系、政策支持、组织保障等方面明确 12 项工作任务、9 项扶持政策和 3 项组织保障措施。广州市建立融资租赁联席会议制度，统筹协调各相关部门共同支持融资租赁业发展。同时，设立融资租赁产业发展专项资金。2014 年以来，全市审核发放扶持资金 5200 多万元。2015 年 4 月，市政府办公厅印发《关于进一步加快融资租赁业发展工作方案的通知》，提出放宽企业准入及经营条件、加大财政扶持力度、解决企业融资困难、推动自贸试验区创新集聚发展、规范行业健康发展等 5 个方面共 29 个主要任务，并明确责任分工。

各区配套出台相应扶持政策。南沙区出台《广州南沙促进融资租赁业健康发展的实施意见》《关于促进广州南沙融资租赁业发展暂行办法》，从企业落户、经济发展贡献、人才补贴、办公用房补贴等方面对企业予以支持，并以补贴方式重点支持开展飞机租赁等业务发展。越秀区出台《促进越秀区融资租赁业加快发展的若干意见（试行）》，市空港经济区、海珠区等也研究出台有关融资租赁扶持政策，形成市区联动、协同推进的良好局面。

落实单机单船（SPV）融资租赁政策。协调海关、检验检疫、税务等部门，借鉴天津、上海经验，制定单机单船（SPV）融资租赁业务流程和监管模式，落实单机单船（SPV）融资租赁税收优惠政策。2015 年 9 月 22 日，广州首家以 SPV 方式引进的飞机交付仪式在白云国际机场举行，南沙开发区管委会与天津渤海租赁有限公司就空客 A330－300 型飞机引进签订《合作备忘录》，并完成飞机抵穗交付。此次交付标志广州已具备飞机租赁业务的配套政策环境，实现飞机租赁业务零的突破，并形成利用自贸试验区南沙片区优惠政策，以低成本、高效率“租”飞机的成功模式。

开展内外资融资租赁统一管理试点。为促进公平竞争，最大程度焕发各类租赁企业的市场活力，自 2015 年 4 月起，广州市积极谋划并在南沙自贸区稳步推进内外资融资租赁统一管理试点，推动融资租赁产业在南沙集聚发展。经国务院同意，12 月 15 日，《中国人民银行、发展改革委、财政部、商务部、港澳办、台办、银监会、证监会、保监会、外汇局关于支持广州南沙新区深化粤港澳台金融合作和探索金融改革创新的意见》正式印发实施，这是广州市第一个经国务院批准实施的金融专项政策。《意见》提出支持南沙新区推动粤港澳台金融服务合作，开展人民币资本项目可兑换先行试验，发展航运金融等特色金融业。支持在南沙新区开展全国内、外资融资租赁行业统一管理体制改革试点，研究制定内、外资统一的融资租赁市场准入标准。广东省首家全国性金融租赁公司——珠江金融租赁公司在南沙新区正式挂牌成立。一年来，南沙自贸区新落户融资租赁企业 103 家，注册资金 450 亿元，新增合同金额约 300 亿元。

重点企业经营发展较快。广州市融资租赁业服务领域涵盖飞机、汽车、轨道交通、成套设备、能源、节能环保、医疗、印刷和工程建筑等，服务对象从珠三角辐射到全国各省。如广州越秀融资租赁有限公司 2015 年项目投放资金 90 多亿元，较上年增加超 15%。立根融资租赁公司 2015 年项目投放资金共 41.81 亿元，同比增长 227%。广东资雨泰融资租赁有限公司 2015 年项目投放资金共 6.33 亿元，同比增长 100.1%。各融资租赁企业结合自身特点，针对特定行业开展相关业务，如越秀租赁、量通租赁、立根租赁积极参与地铁和公共汽车等公共设施建设，累计放款已超过 100 亿元。广汽租赁有限公司主要从事汽车产业链融资租赁业务等，2015 年广汽集团共销售各类乘用车 129.77 万辆，同比增长 11.06%。融资租赁业在各行业中的渗透，大大促进了实体经济的发展，为加快广州市产业转型升级、建设区域金融中心、发挥国家中心城市辐射力发挥了重要作用。南沙自贸区已显示出聚集效应。凭借自贸区的政策红利，南沙自贸区已聚集超过全市一半以上的融资租赁企业，区内融资租赁企业呈现爆发式增长，自贸区聚集效应不断显现。

举办融资租赁论坛。2015 年 4 月 9 日，中国融资租赁三十人论坛专题高峰会在广州举行，此次论坛的主题为"发挥自贸区改革创新优势，提速广州融资租赁发展"，全国融资租赁行业 170 位专业人士参会。广东省委常委、市委书记任学锋会见与会嘉宾，向嘉宾介绍广州建设国家中心城市的实施战略。高峰会围绕南沙自贸区在广州建设"中国融资租赁第三极"方面的潜力与优势、机遇与挑战等主题，展开讨论。会议产生两项助推南沙融资租赁产业发展的成果：一是越秀融资租赁与工银金融租赁签署战略合作协议，明确写入共同谋划建设南沙新举措；二是与会嘉宾签署共同宣言，发起设立广州南沙租赁资产交易平台，利用南沙自贸区的政策优势，共同打造国内领先的融资租赁资产交易所，抢占行业发展的制高点。

截至 2015 年年底，全市新增融资租赁企业 52 家，总数达 166 家，其中金融租赁企业 1 家，非金融系租赁企业中内资试点融资租赁企业 4 家，外商投资融资租赁企业 161 家，约占全国企业总数的 4%，全市各类融资租赁企业注册资金约合 713.1 亿元，约占全国注册资金的 5%。

（撰稿：莫艳华　李建党　李芳；编辑：李玉平）

实行企业和个体工商户年度报告制度

2013 年 6 月，广州市率先全国开展商事登记制度改革。2014 年 2 月，国务院印发注册资本登记制度改革方案，正式宣布在全国实行商事制度改革，其中一项是将企业年检、个体工商户验照改为年度报告（简称年报），年报制度自 2014 年 10 月 1 日起正式实施。

年报制度规定每年 1 月 1 日至 6 月 30 日，企业、个体工商户、农民专业合作社（简称商事主体）通过广州红盾信息网进入全国企业信用信息公示系统向登记机关报送有关信息并向社会公示，登记机关不再审查商事主体报送的年报。商事主体对年报的真实性负责，年报结束后登记机关对商事主体的年报公示内容进行抽查，发现商事主体未按时报送年报或报送的年报隐瞒真实情况、弄虚作假的，登记机关将把企业、农民专业合作社列入经营异常名录，个体工商户标注为经营异常状态，并处以不同程度的罚款。

经过反复调研和积极探索，广州市开发了广州版年报系统，并于 2014 年 1 月 1 日正式开展 2013 年度报告工作。广州市的年报思想、方法和模式得到了国家工商总局的高度赞扬和认可，并被工商总局开发全国统一年报公示系统时所借鉴。

年报制度减轻了商事主体的人力、物力、财力成本，同时年报信息向公众公示，使商事主体置于社会监督之中，年报制度发挥了更大的监管作用。年报制度将繁琐、严格的年检验照制度改为简便、易做的年报制度后，促进广州商事主体的发展壮大。自 2014 年 1 月 1 日广州开展年报工作以来，全市商事主体年报数量较往年年检验照有较大提高。2012 年度实行年检验照制度前，全市的企业年检率、个体工商户验照率分别保持在 85%、50% 左右，实行年报后，2013 年度，全市的企业年报率为 90.47%、个体工商户年报率为 62.34%；2014 年度企业年报率为 90.13%、个体工商户年报率为 62.69%、农民专业合作社年报率为 88.71%，年报工作排名居全省前列。

（撰稿：蔡红亮；编辑：曾新）

万宝集团并购意大利 ACC 压缩机资产项目

2014 年 12 月 2 日，中国工商银行广东省分行成功运作万宝集团并购意大利 ACC 压缩机资产项目。该项目是广州市国资系统首笔海外收购项目。项目的成功实施，帮助国有企业实现了技术突破和“走出去”战略，为国有企业跨境资本运作提供了良好的示范效应。

广州万宝集团有限公司（简称万宝集团）成立于 2000 年 7 月，法人代表为周千定，由广州市政府全额出资，市政府授权市国资委履行出资人职责。万宝集团拥有完整的冰箱产业链和空调产业链，是国内少数产业链完整的制冷企业，在国内拥有番禺、从化、合肥三大工业园和青岛、海宁、民权三大生产基地。公司控股、参股企业 31 家，分为国有控股板块、中外合资板块。国有控股板块主要为冰箱产业链的生产经营，中外合资板块主要为空调产业链和小家电的生产经营。公司主营业务收入的 80% 多来自冰箱及空调产业链业务。

广州万宝集团压缩机公司（简称万宝压缩机）为广州万宝集团有限公司全资子公司，公司实际控制人为广州市国资委。万宝压缩机前身为广州冷机股份有限公司（简称广州冷机）重组资产和业务而注册成立的全资子公司。自广州冷机时代，中国工商银行广东省分行就与万宝压缩机有密切合作。2008 年，中国工商银行广东省分行成功为广州冷机统筹设计并完成了上市公司借壳重组，帮助广州冷机理顺了股权结构，增强了持续发展能力。

万宝压缩机是中国最早从日本松下成套引进电冰箱压缩机先进技术和设备的厂商之一，压缩机技术在国内一直处于领先水平。该司是国内四家具备生产符合国家节能标准冰箱压缩机生产企业之一。自 2004 年以来，万宝压缩机产销量逐年上升，市场占有率不断提高，产销量连创新高，连续三年位居行业前三位，已成为国内规模最大的冰箱压缩机生产企业之一。该司所生产的“华光”牌压缩机为国内知名产品，已成为青岛海尔、河南新飞、合肥美菱、伊莱克斯和惠而浦等中外知名冰箱厂家的主要供货商之一。

意大利 ACC 集团原为全球第二大冰箱压缩机制造商，由若干私募股权投资公司以及管理层股东通过中间控股公司共同持有，旗下著名的压缩机制造企业——意大利 MEL 成立于 1966 年，是欧洲历史最悠久的压缩机制造企业，代表欧洲压缩机制造的最高水平，是欧洲高端家电品牌的压缩机供应商。由于意大利连续数年经济低迷，加上企业经营不善，意大利 ACC 集团被当地政府接管。当地政府通过招标的方式出售目标公司的部分资产（包括部分固定资产、存货和无形资产）并承接ACC的业务及部分员工。2014年7月1日，意大利经济发展部根据立法令签发签署本协议和进行本协议规定的交易批准，包括目标公司与家用冰箱压缩机的设计、生产和销售业务有关的资产、法律协议和员工等。

万宝集团与工商银行（欧洲）有限公司对意大利项目进行调研，认为该项目符合万宝既定的高端化、吸收先进技术、实现公司全球化布局的战略，决定开展收购。工商银行（欧洲）有限公司与中国工商银行广东省分行营业部内外联动，为万宝集团并购该项目提供交易撮合、并购结构设计、融资方案设计以及融资安排的全流程并购服务，经过数轮竞标，终于成功促成了该笔交易。

（撰稿：陈琢；编辑：曾新）

专项经费支持在穗台资企业转型升级

改革开放以来，台资企业为广州经济发展、城市建设做出重要贡献，与广州发展休戚与共。为支持穗台资企业转型升级，2013年5月8日，广州市市长陈建华实地考察位于萝岗区的广州市台资企业长兴电子公司、宏昌电子公司，并在宏仁企业集团召开座谈会，听取有关广州台资企业经营发展情况介绍及华钜君悦酒店等10家台资企业的意见和建议。陈建华表示拨出一定专项经费，连续三年扶持台资企业转型升级。

2013年5月16日，市政府召开市长办公会议，研究吸引更多优质台资企业来穗发展，以及在穗台资企业加大研发力度、不断创新和转型升级，增强产业辐射带动能力等问题。要求相关职能部门和区（县级市）政府与台湾地区的机构和企业密切联系，进一步加强双方经贸往来和多元合作；努力为台资企业提供优质服务，营造一个有利于台资企业转型升级、加快发展、做大做强的营商环境，特别要支持有品牌、技术、市场优势的企业做大做强；积极为台资企业排忧解难，协调解决企业用地、人才入户等具体问题。会议议定由市财政局负责，逐年增加财政拨款中科技经费的投入，并在科技经费中连续三年、每年投入1千万元，与台湾工研院等有关机构合作在穗设立研发中心，全力支持台资企业加强科技研发工作，促进企业转型升级。县级市亦应安排相应资金扶持属地台资企业的科技研发工作和加强转型升级辅导。

为落实每年划拨1000万元（为期3年）作为对台科技研发合作专项基金，

扶持台资企业转型升级，市科技和信息化局与市委台办、广州台协沟通协调，增加广州台协为广州市促进台资企业科技创新和转型升级服务中心项目的参加单位，鼓励广州台协发动台资企业参与。经市科技和信息化局委托组织的专家评审会审议通过并经市政府同意，2014 年 8 月 28 日，广州市光机电研究院与台湾工研院等有关机构共同合作成立"广州市促进台资企业科技创新与转型升级服务中心"。该中心由广州市光机电技术研究院、台湾工业技术研究院、广州台协共建，重点建设 3 个为在穗注册台资企业提供技术服务的特色实验室、1 个穗台多功能演示与交流平台，引进一批境外（主要是台湾工业技术研究院）专家为在穗台资企业贴身服务，提供检测、技术咨询和辅导及解决方案、人员培训、项目对接和成果推广、信息服务和协助融资等服务。

2014 年 12 月 17 日，市政府同意《广州市科技和信息化局关于广州市支持台资企业科技创新资金安排方案》（简称《资金安排方案》）。《资金安排方案》包括资金来源、支持内容、资金安排、项目管理、绩效目标等，主要是在市科技经费中安排 3000 万元（连续 3 年，每年 1000 万元），以无偿资助方式划拨 1390 万元资助服务中心，包括平台建设经费和技术服务补助经费等，采用一次性立项签合同、分年度划拨的方式；安排 1610 万元补助在穗注册台资企业的研发项目，采用事前立项、事后补助方式，每个项目补助 50 万元，项目结题验收后补助经费一次性划拨。上述项目纳入广州市科技计划体系产学研协同创新专项下的对外科技合作专题内，按照市科技计划项目管理制度进行管理。《资金安排方案》项目组织时间为 2014 年至 2017 年，经费安排时间为 2015 年至 2017 年，由市科技和信息化局和市委台办共同组织实施。

2015 年 6 月 2 日，广州市 35 家台资企业通过网络递交申报市政府科技创新专项扶持资金材料，并成功通过相关部门初审。6 月 29 日，广州市科技创新委员会通过政府网站正式公布网络评审结果，31 家企业专家加权平均分在及格以上。

（撰稿：卢向宽；编辑：陈文敏）

海珠有轨电车试验段开通

打造公交都市，需大力建设包括轨道交通在内的立体化交通系统。2013 年 11 月 11 日，海珠有轨电车试验段在新港东路正式开始围蔽进行绿化迁移施工；

2014 年 9 月 26 日，会展西至会展东段轨道贯通；9 月 28 日，南风站至万胜围站区段运营接管，首列车进入会展东开始车辆、信号系统综合调试；12 月 6 日，猎德大桥南站至广州塔站运营接管；9 月 28 日至 12 月 30 日，试验段工程系统联调及不载客试运行。

2014 年 12 月 31 日 10 时，海珠有轨电车试验段开通试乘。海珠有轨电车试验段起于万胜围，止于广州塔，沿新港东路、阅江路布设，途经琶洲塔、会展中心、啤酒博物馆等区域，长约 7.7 千米，设 11 座车站、1 座停车场，其中万胜围站和广州塔站与已建地铁站接驳。

海珠有轨电车试验段的建成开通，在广州轨道交通史上创下了八个“率先”：

一是选用世界首例超级电容 100% 低地板车辆，各个车站设置地面充电装置为有轨电车充电，车站之间无需架空接触网，车辆同时配备雷达探测系统。二是率先采用自带柴油发电机及车载充电装置的公铁两用救援车，当充电站故障时，可将快捷式插头接入充电站，通过车站充电轨为上下行列车提供充电电源。三是率先采用移动式不落轮镟床，无需对车辆做任何拆卸即可对车辆轮对进行镟削外廓操作。四是率先采用 800M 政务网实现无线调度指挥系统，这是国内首例通过租用 800M 广州政务网，实现无线调度指挥系统的单呼、组呼、全呼、紧急呼叫等全部功能。五是率先采用自主研发的智能化信号系统，当列车接近平交路口时，列车自动触发路口交通信号灯控制系统，给有轨电车开放绿灯，同时指示社会车辆及行人避让有轨电车。在车站区间，行人若要穿越轨道只需按照交通指引按下交通灯柱上的红色按钮，待开放绿灯后便可安全通过路口。六是率先选用槽型钢轨。海珠试验段率先选用了被誉为“轨中之王”的槽型轨。七是率先采用园林式停车场设计。海珠试验段停车场试验段停车场采用岭南园林风格设计而成，位于磨碟沙公园内东北角，约占公园面积的 30%，可满足试验段 7 列新型有轨电车停放、维修以及办公、市民休憩等需要。八是率先采用开放式售检票系统。遵循国际惯例，设置敞开式站台，先上车后验票。站台设置售票机，投币即可购买印有二维码的纸质车票。列车车厢内所有车门处均设有检票设备，可通过识别纸质车票二维码完成检票，也可感应羊城通储值卡，同步完成扣费及验票。

海珠有轨电车试验段是广州首条有轨电车线路。作为第三套公共交通系统，有轨电车正式加入广州公交系统行列。有轨电车的造价相对地铁而言较为低廉，具有节能环保、安全快捷、舒适经济等特点，为市民出行提供便利。

（供稿：海珠区地方志办；编辑：曾慧娟）

创建国家“公交都市”

2011年，交通运输部正式启动“公交都市”创建工作。经历两轮申报，2013年11月，广州成功入选国家“公交都市”示范工程创建城市，开启为期五年的“公交都市”创建工作。2014年，广州市颁布实施《广州市关于落实公交优先加快建设公交都市的意见》，作为2014年至2018年创建“公交都市”的总体规划。规划以“公共交通引领城市发展”为战略导向，以构建轨道交通（含新型有轨电车）为骨干，公共汽（电）车为主体，出租车、水上巴士等为重要组成部分的城市公共交通体系，全面打造多模式、多层次、换乘便捷的与国家中心城市地位相适应的城市公共交通系统。围绕“综合公交、枢纽公交、畅通公交、智能公交、低碳公交、优质公交、文明公交、平安公交”等八大公交工程，推进落实30项具体工作；全面落实“组织保障、规划保障、财税保障、用地保障、交通管理保障、宣传和监督保障”等六项保障措施；用5年时间，力争建成具有国内领先水平的“公交都市”体系，实现中心城区公共交通占机动化出行比例达60%以上的目标。

为完成总体规划，广州市加大“公交都市”创建工作力度。一是全面推进11条（段）地铁新线建设。2014年年底开通海珠区环岛有轨电车试验线7.7千米。2015年7月7日，广州地铁首条“环线”十一号线工程获省发改委批复可正式动工建设，设32座车站。同年11月3日，《广州市轨道交通线网规划优化

广州“定制公交”如约巴士

方案》经十届第35次市委常委会审议通过，优化后的城市轨道线路共23条，线网总里程达到1025千米。2015年年底开通地铁广佛线二期西朗至燕岗段。全市2015年完成地铁新线建设投资177.69亿元，完成85千米单线盾构隧道掘进任务。至2015年年底，广州地铁日均客运量659万人次，占全市公共交通客运总量42%；客流强度达每千米2.48万人次，居国内首位。二是大力推进公交站场建设。2014、2015年全市新增公交站场面积24.8万平方米。三是大力推广新能源汽车应用。2014年、2015年共新增投放3000余台节能与新能源公交车。四是不断完善常规公交网络。2014年新开通100条公交线路，2015年优化调整及新开通72条公交线路，全市公交线路达1140条。充分利用珠江水域资源，将水上巴士打造为“第四套公交体系”。截至2015年年底，共有水上巴士线路14条，码头26座，船舶51艘，水巴航线里程56.1千米，日均客运量5.6万人次。五是大力推进公交专用道建设。2014年、2015年各新增50千米公交专用道，公交专用道总里程达420千米，初步形成“一环、九骨干、十八联络”的公交专用道路网络布局。六是进一步推广城市公共自行车项目，打造城市慢行系统。七是实施停车场差异化收费政策，通过提高一类中心城区停车收费标准，适当调整二、三类地区收费标准。在2、3、8号线等七条地铁线路规划建设22个“P+R”停车场、6700个停车位，减少自驾车进入中心区，优化市民交通出行结构。八是推出全国首个提供城市综合交通信息服务的手机软件系统——“行讯通”，可供用户查询实时路况、实时公交、停车场服务等交通服务信息。九是创新发展约租车服务试点，建立符合广州实际和移动互联网等新兴科技发

水上巴士

展趋势的预约租车服务体系。7月27日，市第一、第二、第三巴士公司以及电车公司联袂推出如约巴士，运营初期共开通7条线路，这是全市首次通过微信号“广州定制公交”推出由政府平台开发的定制公交。至12月，“如约巴士”运营线路达50条，为超过8万市民提供服务。8月19日，“优步”公司率先在广州50多个社区和商业中心设立上下车站点，更加方便市民出行。

通过努力，广州创建“公交都市”取得初步成效，“公交都市”各项评价指标稳步提升。2015年年底，广州公共汽电车线路网比率达99.8%，比2012年上涨15.52个百分点；公共交通站点500米覆盖率达94%，比2012年上涨6.71个百分点；公共交通车辆保有量达33.19标台/万人，比2012年增加4.51标台/万人。广州已基本构建起以轨道交通为骨干，公共汽（电）车为主体，出租车、水上巴士等为重要组成部分的城市公共交通体系。

（撰稿：黎建文　王晨琛　李洪斌；编辑：刘德敏）

羊城晚报集团实施“一园多区”发展战略

羊城晚报集团（简称羊城集团）着力打造品牌、盘活资源，2014年以142.3亿元品牌价值，在世界品牌实验室发布的《中国500最具价值品牌》排行榜首，连续九年稳居国内晚报和都市类媒体第一。自2014年起，羊城晚报集团坚持以“传媒树品牌，园区聚要素，产业促融合”为发展战略，全力打造“一园多区”，2015年继续推进集团媒体融合转型发展。

一园即以“羊城创意产业园”统一品牌，依托集团已有的土地物业资源，盘活羊城创意产业园、东风东大院及增城园区土地物业资源，以产业园区为平台，集聚内容、技术、资本、管理等要素，打造独具特色的新型产业园区集群。羊晚晚报集团旗下的羊城创意产业园，已初步形成“一园多区”格局：其中位于黄埔大道中的主园区，是国家级文化产业示范基地，现入驻企业100多家，重点发展创意设计、移动互联和网络金融三大产业；东风东园区，携手移动互联网巨头腾讯公司，打造移动互联创业孵化基地，重点孵化新兴传播技术和传播应用项目；广州东园区，发展以物联网为核心的新一代信息科技产业，服务珠三角制造业转型升级；南沙项目，从文化创意出发，全力复制黄埔大道中主园区模式，大力建设“一镇两园一中心”。羊城创意产业园已是国家级文化产业示范基地，也是省现代产业500强项目和广东省重点建设项目之一，重点发展文化创意、移动互联和网络金融三大产业，积极探索“文化、科技、金融”创新融合发展之路。园区已经入驻三大产业的多家业内翘楚，包括金山系网络游戏公司西山居，视频娱乐霸主、纳斯达克上市企业YY，移动音乐客户端领先者酷狗音乐，华语音乐巨头滚石“中央车站”，移动互联网孵化平台创新谷，VC风投总部创业家黑马会，华南民营设计力量的聚集羊城设计联盟等。依托园区内聚集华多科技YY、酷狗音乐和滚石中央车站、荔枝FM等诸多音乐巨头的优势，以发展互联网音乐产业为重点，打造亚洲网络音乐节，全年共举办各类音乐活动20余场，形成了良好的社会效益和产业聚焦效应。园区成功举办2015中国（广州）智慧城市大会和“天英会”创业大赛等众多大型活动和赛事。据初步统计，2015年园区企业总产值已突破90亿元，同比增长25%以上。2015年按照“瞄准国际一流水平、建成全国最好园区”的目标，围绕绿色园区、智慧园区、创业园区、音乐园区四个定位，全力推进创意产业园升级改造，对园区道路系统、园林景观、灯光照明、指示系统、停车系统、围墙大门、休闲设施、艺术装置以及电力、给排水、消防、避雷、垃圾处理系统等进行全面升级，打造功能齐全、配套完善，干净、整洁、平安、有序的新型绿色园区。

羊城创意产业园东风东园区——羊城同创汇，主要功能在于创业孵化。以位于羊城晚报东风东大院为基础开发建设，定位于“大众创业基地、报业转型平台、城市更新样本”。2015年3月25日，羊晚集团与互联网巨头腾讯公司正式签约，联手在东风东园区建设腾讯创业（广州）基地，打造以移动互联为主题的高新科技孵化平台，为广大创业者提供线上线下相结合的“一站式”创业服务。该基地整合包括腾讯开放平台、应用宝、腾讯云、广点通等大量优质资源，为开发者提供包括流量支持、多平台能力开放、变现能力培育、创业成本分担、知识培训体系、实体资源注入等在内的创业扶持。9月8日正式开园，迎来腾讯众创空间、3W咖啡首批创业团队入孵。截至12月，入驻企业和团队已60多家。还建成岭南报业博物馆，由羊晚集团联合高科技公司共同打造的新兴传播技术应用实验室也落户园区，在探索全景视频现场新闻应用的同时，借助众创空间的创新创业生态圈，构建起联合创新的平台合力。

位于增城的羊城创意产业园广州东园区占地60000多平方米，至2015年12月，已完成规划设计和土地用途变更等相关手续，着力发展以物联网为核心的新一代文化信息科技产业，服务珠三角制造业转型升级。

2015年4月，羊晚集团抓住南沙自贸区正式挂牌的历史性机遇，与广州南沙开发区管委会签署战略合作框架协议，共同建设文创小镇、国际文创传播中心、生态旅游文化产业园和升级版羊城创意产业园等项目。集团专门成立全资子公司——南沙智融文化产业投资发展公司，全推进项目落地和实施。6 月，结合抗战胜利70周年，羊城晚报与榄核镇共同策划了“重走星海路”大型主题活动。10 月，集艺术创作、培训、展览、拍卖等功能于一体的“羊晚星海艺术基地”在榄核镇揭牌；11 月，“星海艺术产业园”项目落地协议签署。

（撰稿：张靓雨；编辑：卢玉华）

建成全国一流进口汽车集中检管区

广州进口汽车检管区位于新沙口岸，是广东出入境检验检疫局批准设立的首个进口汽车集中检验监管区，被国家质量监督检验检疫总局列为全国首个进口汽车质量安全风险监测点。

广州新沙口岸与上海、天津并列为全国三大整车进口口岸之一。自 2009 年来，广州口岸进口汽车连续实现快速增长，2014 年进口车辆首次突破 30 万辆大关，达 32.8 万辆。进口车辆总量占全国总进口车量的 1/5 以上，涵盖欧、美、日、韩等国家和地区的主要汽车品牌。原设在新沙港区内的进口汽车检测仅有的 1 条汽车固定检测线和 2 条试车跑道，已满足不了广州新沙口岸进口汽车业务发展的需要，检测项目难以完全达到国家规定的要求。2012 年以来，广州出入境检验检疫局对新沙口岸进口汽车检测中心实行扩容，在海关、码头、口岸管理部门支持和帮助下，通过协调组织社会力量，在广州港新沙港务有限公司、东莞市中海龙仓储有限公司和东莞市桦德仓储有限公司的进口汽车检测线所在场地设立进口汽车检验监管区。

广州新沙口岸的进口汽车

2013 年，广州出入境检验检疫局继续深化进口汽车检测“检校合作”模式。合作单位华南理工大学车辆检测机构参与口岸检测设施建设，解决检验检疫机构检测设备、人员和技术储备不足的难题。广州华工机动车检测技术有限公司对广州新沙口岸进口汽车检测中心进行扩容。8 月 8 日，共同兴建的广州新沙口岸进口汽车检测中心景观河路检测场挂牌成立。该检测场 15000 平方米，拥有 3 条高标准的固定检测线，4 条试车跑道，可进行前照灯、汽车悬架特性及汽车动力性等多项汽车性能检测项目。2013 年，广州新沙口岸共拥有 4 条固定检测线，6 条试车跑道，可在 10 分钟内完成整车检测，为建成全国一流的进口汽车检测中心奠定了基础。

2014 年，广州出入境检验检疫局整合口岸资源，通过协调组织社会力量建立进口汽车集中检验监管区。该监管区设置在新沙口岸以及口岸以外指定区域，由具备物流、储运经营资质条件的经营单位建设和运营，是检验机构对依法应实施检验的多种类别进口汽车及其他应检物实施集中检验和监管的场所。检测线严格按照国家级汽车综合性能检测站标准建设，可进行前照灯、汽车悬架特性及汽车动力性等多项汽车性能检测项目，配备汽车废气分析检测仪、滚筒反力式制动检测台、美国进口 VC4000 便携式制动检测仪等先进设备。检测线全部使用先进的网络技术，实现实时检测数据采集、联网共享、远程监控，同时具有检测报告自动生成功能，可检测轿车、越野车、卡车等各种车型，也可检测前驱、后驱或四驱车型汽车。进口汽车集中检验监管区除可满足新沙口岸进口汽车检验把关需要外，还可接受其他口岸送检车辆业务，并开展召回汽车的整改后跟踪检验和质保期内出现质量问题汽车的检验。监管区内共设有 8 条固定检测线、5 条试车跑道，构成“四点八线”的进口汽车集中检验监管格局。监管区每小时可检测汽车 210 辆，日检测能力可达 1260 辆，通关流程比原来缩短了近 5 个工作日，成为全国口岸检测能力最强、最先进高效的进口汽车检测场之一。

此外，广州出入境检验检疫局不断探索检验检疫监管新模式，针对进口汽车通关数量大、企业时限要求高的情况，提出“无缝隙，零等待”的服务理念，全方位、深层次提高通关效率和服务效能。创新性开通“海上报检”模式，使进口汽车在海上运输途中即可受理报检，汽车检测实行报关、检测同步进行，汽车到岸即上线检测，检验合格随即拟制证稿、审核单证和签发进口机动车随车检验单，将原来的串联通关模式改为并联通关模式，提高了审单出证速度。广州新沙口岸被国家质量监督检验检疫总局设为全国唯一的汽车产品风险监测点，承担国家监测中心赋予的对进出口汽车贸易伙伴质量安全风险信息的采集、汇总分析的职责，对进出口汽车质量安全风险进行研判和监控，为国家加强进口汽车质量安全宏观管理提供重要的依据。

2015 年 1 月 6 日，进出口商品质量安全风险国家监测中心汽车分中心暨广州新沙进口汽车检管区在广州新沙口岸正式挂牌。是年，共检出不合格进口汽车 114 批次、3134 辆，货值 6530.48 万美元，进一步加强了进口机动车质量安全风险监控。

（供稿：市出入境检验检疫局；编辑：曾新）

广州白云国际机场第三跑道建成启用

2014 年 8 月 20 日，广州白云国际机场第三跑道工程通过竣工验收，2015 年 2 月 5 日正式启用。广州白云国际机场成为继北京首都国际机场、上海浦东国际机场后，第三个拥有三条跑道的机场，加快迈入世界超大型航空枢纽之列。

2004 年建成运营的广州白云国际机场是国内第一个两条跑道同时建设并投入使用的机场，但随着机场的旅客吞吐量不断扩大，到 2013 年突破 5000 万人次，超过了既有航站楼的容量。此外，机场仅有的两条跑道每天允许起降飞机架次不超过 1000 次，飞行区的保障能力接近饱和。资源紧张、供不应求，促使了白云机场二期扩建工程的启动，第三跑道是其主打项目。

广州白云国际机场第三跑道全景图（叶华春拍摄）

2012 年 7 月 20 日，白云国际机场第三跑道经国家发展改革委批准建设，于 2012 年 8 月 20 日开工，2014 年 7 月 31 日完成全部工程。第三跑道位于白云国际机场现东跑道东侧 400 米处，跑道长 3800 米、总宽 75 米，飞行区指标为 4F，可满足空客 A380 等超大型飞机起降要求。第三跑道南端与现东跑道向南错开 600 米，新、老跑道之间及其新跑道东侧各设置 1 条平行滑行道，第三跑道与两侧的平行滑行道间分别设置 6 条快速出口滑行道、5 条垂直联络道，现有东跑道南端设置绕行滑行道。第三跑道助航灯光工程双向按Ⅱ类仪表精密进近运行类别，设置进近灯光及顺序闪光灯，跑道灯光系统，滑行道灯光系统，滑行引导标记牌，灯光计算机监控系统及 2200 平方米的灯光变电站。同时，第三跑道助航灯光工程部分光源采用了节能、环保的 LED 光源，安防系统围界报警设备采用了振动光缆（现有围界报警设备采用的是震动电缆），精确率更高、防雷性能更好。第三跑道工程同时还进行了消防工程、安防工程、场内和场外排水工程、土方和围场路及围界等工程施工。项目总占地面积 226. 11 万平方米，道面总面积 82. 24 万平方米。

2015 年 2 月 5 日，南航一架 A380 飞机执行的从洛杉矶飞广州的 CZ328 航班，平稳地降落在广州白云国际机场第三跑道，标志着该跑道正式启用，也意味着白云国际机场成为京沪之后国内第三个拥有三条跑道的机场，正式进入“三跑道运营时代”。

2015 年，广州白云国际机场的旅客和货邮吞吐量分别达到 5521 万人次和 153. 8 万吨，第三跑道的启用，对缩短白云机场进港和离港航班的间隔起到积极作用，可以缓解航班时刻紧张、减少航班延误，进一步推动白云机场世界级航空枢纽建设的步伐。

（撰稿：刘德敏；编辑：曾慧娟）

广州联通举办“创新彩虹”活动

广州联通积极响应国家“互联网 +”战略，2015 年 5 月 17 日，在天河城中国联通沃生活馆举办了“创新彩虹”，打造“互联网 +”七彩世界的正式发布活动。现场发布和展示“广州通”“智慧沃家”“BEE BOX 蜜蜂箱”“沃羊城通”“掌上微店”“广州现代产业基地暨云数据中心及”及“互联网 +创新项目”等 7 个方面创新应用，同时，线下开启“智慧沃家智造幸福”全城惠民、云数据中心预售、互联网 + 大会等活动。此次活动中发布的 7 个产品和彩虹的 7 种颜色相互映衬。

赤——“广州通”权威发布。2015 年 4 月，广州联通联合广州市工信委、市民政局、市城管委、市公安局、市体育局等委办局共同发布“广州通”。它集合政府便民、车主服务、交通出行、医疗健康、本地生活五大模块26个功能项，为市民提供全面的一站式便民服务。

橙——“智慧沃家”。它是中国联通专门面向家庭客户推出的一个综合信息服务解决方案。以家庭为单位设计套餐，满足所有成员通信需求，家庭成员间宽带、流量、语音、短信等全面共享。还提供“沃家电视”“沃家云盘”“沃家总管”等多项家庭应用业务。主打全城惠享套餐：1000分钟国内通话、3GB全国4G流量、10M高速宽带，全家共享每天仅需5.2元。

黄——“BEE BOX蜜蜂箱”。广州联通携手广州邮政，依托自身信息化技术与网络资源优势，在全市高校、社区、商厦推广安装BEE BOX（蜜蜂箱），实现快件、包裹全天候24小时便利、安全投取的服务模式，破解物流配送“最后一公里”难题。

绿——“沃羊城通”。它是广州联通与羊城通联合开发的公交一卡通产品“沃羊城通”。普通羊城通卡的功能集成在手机SIM卡中，客户只要使用中国联通认证的NFC手机和NFC－SIM卡，刷刷手机便可实现所有刷羊城通卡的功能，方便快捷。

青——“掌上微店”。依托“广州联通”官方微信平台，用户申请开通个人掌上微店，通过朋友圈传播、二维码扫码等方式快速完成线上销售，并以此享受订单带来的收益。广州联通还提供官方授权、产品设计、免费配送等服务。

蓝——“云数据中心”。位于化龙的中国联通广东云数据中心广州现代产业基地，可容纳2万台服务器同时运行，功能区分布合理、集实用与安全性为一体，绿色、科技、人文、智慧、品质五大理念交互贯穿。

紫——“互联网＋”大会。举办“互联网＋沃，改变世界”的高端主题沙龙，聚合优质资源，寻求跨界合作，为拥有潜质的“互联网＋”创业项目提供一个展示的平台以及与业界大咖交流的机会。

（撰稿：王永金；编辑：刘德敏）

举办首届中国创新科技成果交流会

2015年5月22日至23日，由中国科学技术协会和广州市政府共同主办的首届中国创新科技成果交流会（简称科交会）在广州白云国际会议中心举办。

22 日下午，举办科交会启动仪式，10 个推选对接落地项目在启动仪式上签约。科交会除展示创新科技成果外，还举办科技沙龙、组织现场考察等，促成创新科技成果项目转化落地。科交会期间共促成 26 项成果转化落地并签订协议，涉及金额达 45 亿元。另外还有 100 多个项目在会上和会下达成对接合作意向。为期一天半的展示共吸引了超过一万名观众进场参观。

2015 年 5 月 22 日，中国首届创新科技成果交流会启动仪式在广州白云国际会议中心隆重举行

科交会主展场约 7000 平方米，共有 675 个参展单位 1100 个创新科技成果项目，分为生物医药、电子信息、新材料、智能制造、仪器仪表等 14 个专业板块和北京、天津、上海、广州、俄罗斯、港澳台等 6 个地区板块进行展示。

首届科交会是中国科协第十七届年会的重大专项活动之一，以“推动创新驱动发展，促进科技助力跨越”为主题，依托科协组织和广大科技工作者的人才和智力优势，发挥全国学会及科技团体的独特作用，在大众创业、万众创新的新形势下，为广州市、广东省乃至全国的企业特别是中小微型企业的转型升级搭建了一个供需见面、合作联络、成果转让和交易的平台，通过市场化的运作，将创新科技成果交流会打造成助推产学研用的盛会，为推动经济社会发展提供科技和智力支撑。

（撰稿：何贯中；编辑：郑剑锋）

召开2015年城市发展与规划大会

2015年（第十届）城市发展与规划大会（简称城规大会）于7月22日至23日在广州举行。大会紧扣"生态智慧·一带一路·绿色发展"主题，结合全球规划领域发展趋势进行深入探讨。来自城市规划、交通运输、生态城市、风景园林与环境保护等领域的设计机构、开发建设运营企业、高校及研究机构共近2000名代表参会，其中国内外知名专家学者、国际组织代表200名。

7月22日开幕式当天，广州市委书记任学锋代表广州市委、市政府对参会代表表示欢迎，并简要介绍广州经济社会发展情况。开幕式暨综合论坛上，联合国副秘书长、人居署执行主任霍安·克洛斯视频致辞，市委副书记、市长陈建华致辞。国务院参事、中国城市科学研究会理事长、国家住建部原副部长仇保兴，国际生态城市建设理事会副主席、美国生态城市建设者协会主席理查德·瑞杰斯特，国家住建部总规划师唐凯，同济大学副校长、瑞典皇家工程院院士吴志强，市国土和规划委主任彭高峰等作主题演讲。

大会紧扣"生态智慧·一带一路·绿色发展"的主题，主要活动包括开幕式、主论坛和26个专业论坛。同时，为提升广州国际影响力、宣传广州宜居环境及城市规划建设、展示岭南文化，大会增加了广州元素。一是通过广州发展珠江论坛展示广州市城市规划与建设成果，围绕广州珠江规划工作回顾与展望、珠江两岸规划设计、"三规合一"实施与管理、国际滨水城市发展与滨水区规划等主题，国内外专家学者进行深入交流；二是举办南沙新区与自贸试验区发展论坛，邀请国内外知名专家和机构，集成南沙及其他地区的优秀案例和先进理论，形成自贸区建设的创新成果共享平台；三是举办公众参与论坛和城市发展规划创新论坛，探讨公众参与在城市管治中的地位作用和创新模式；四是为彰显岭南特色，组织约400名中外嘉宾前往被誉为"广州城市客厅"的花城广场、海心沙参观，并乘坐游船就珠江两岸景观规划进行现场调研。为进一步加强国际合作，举办了中德生态城市、绿色建筑实践案例与创新发展、中欧城市伙伴关系论坛、中欧低碳生态城市合作项目——绿色建筑研讨会、中欧低碳生态城市合作项目——绿色交通研讨会等多个分论坛，分享经验，实现跨国合作、跨界融合，推动中国城市规划行业和城市建设的跨越发展。

为期两天的研讨会紧扣大会主题进行专题学术研讨。大会主报告发言和分论坛报告，围绕中国当今城市发展与规划的热点难点问题，集思广益提出了众多具有前瞻性和可操作性的解决方案。大会还出版《城市发展研究——2015（第十届）城市发展与规划大会论文集》，围绕26个论坛主题，收录论文338篇，并刊入中文核心期刊——《城市发展研究》增刊。

（撰稿：任虹蓉；编辑：李玉平）

实施"三证合一、一照一码"登记制度改革

2015年9月1日，广州市根据国务院、省政府的部署，正式实施营业执照、组织机构代码证、税务登记证"三证合一、一照一码"登记制度改革。"三证合一、一照一码"改革是通过"一窗受理、互联互通、信息共享"，将企业登记时依次申请，分别由工商行政管理部门核发工商营业执照、质量技术监督部门核发组织机构代码证、税务部门（包括国税和地税部门）核发税务登记证，并分别编号，改为一次申请，由工商行政管理部门核发一个加载法人和其他组织统一社会信用代码的营业执照。实行"三证合一、一照一码"改革后，企业的组织机构代码证和税务登记证不再发放。企业原需要使用组织机构代码证、税务登记证办理相关事务的，一律改为使用"三证合一、一照一码"改革后的营业执照办理。

改革最大程度实现登记便利化。改革前，申请人办理企业设立登记，需要跑多个部门、提交多份申请表格和材料才能取得营业执照、组织机构代码证和税务登记证。改革后，申请人只需填写"一表"，向"一个窗口"提交"一套材料"，经登记部门审核后，直接核发加载统一社会信用代码的营业执照，并在全国企业信用信息公示系统公示。此项改革，节约行政资源，提高登记服务效率，方便群众办事，受到广大投资者和企业的欢迎。

改革实现部门间的信息共享。实施"三证合一、一照一码"登记制度改革后，各部门实行档案共享、信息互认，有利于推进工商、质监、税务部门互助协作，实现部门间的信息互联互通，有利于加强税源管控，强化风险管理，打破"信息孤岛"，为部门之间信息整合打下基础。

改革激发了市场主体活力。改革前，企业办理工商、质监、税务等部门相关证照的法定时限为20个工作日。改革后，登记审批时限缩短至3个工作日，较过去核发三证的法定审批时限提速85%，登记效能大幅提高。广州市还在全国率先上线商事登记管理平台和公示平台，首创二维码营业执照等改革措施。

2015年，广州市工商登记前置审批事项从127项精简至12项，登记业务办结时限由15个工作日压减至3个工作日；全市新登记商事主体20.4万个，注册资本金为5 836.33亿元，分别比上年增长14.94%和62.28%。

（撰稿：窦鹏；编辑：李玉平）

举办“海上丝绸之路国际博览会——港口城市发展合作高端论坛”

2015年10月28日至31日，“2015广东21世纪海上丝绸之路国际博览会——港口城市发展合作高端论坛”（简称论坛）在广州市白云国际会议中心隆重举行。中共中央政治局委员、省委书记胡春华，中国贸促会会长姜增伟、省长朱小丹等国家部委、省有关领导出席大会，省委常委、市委书记任学锋主持大会，市长陈建华出席大会并在“市长对话会”中发表演讲。新加坡前总理、荣誉国务资政吴作栋，汤加副首相肖西·索瓦莱尼等外国前政要、20多个国内外港口城市市（州、省）长、海丝沿线国家重要商协会负责人、港口管理机构官员、国内外专家学者、驻穗总领事馆总领事、国内外相关企业高层代表、境内外媒体以及驻粤中直、省直部门等共国内外嘉宾1300多人参加了大会。

论坛作为“2015广东21世纪海上丝绸之路国际博览会”的配套活动和重要组成部分，由“2015广东21世纪海上丝绸之路国际博览会”组委会主办、广州市人民政府承办、广州市贸促委牵头落实。大会分成参观考察、合作交流、领导会见、主题大会、市长对话会、招待晚宴等6个部分，共3项主体活动、10项配套活动。其中，共约150名国内外与会嘉宾参加东莞海博会开幕仪式、参观考察广东南沙自贸区（广州南沙港二期码头、中船龙穴造船）基地、参加南沙推介交流会、珠江夜游以及参观广州市容风貌等，共约100名国内外嘉宾参加国际港口交流会、中国（广东）—太平洋岛国合作交流会、非洲国家驻华使节团合作交流活动等。中共中央政治局委员、省委书记胡春华先后会见中国贸促会会长姜增伟等国内重要嘉宾，新加坡前总理、荣誉国务资政吴作栋一行以及汤加副首相肖西·索瓦莱尼等国外重要嘉宾。省长朱小丹、中国贸促会会长姜增伟分别在主题大会上致辞，新加坡前总理、荣誉国务资政吴作栋和国际港口协会秘书长成濑进在主题大会上发表主旨演讲。市长陈建华与斯里兰卡科伦坡市、巴基斯坦卡拉奇市、马来西亚马六甲州等7位重要港口城市市长、国际港口企业负责人就“21世纪海上丝绸之路建设”战略、国际港口城市发展的合作与发展”等问题展开对话交流。大会还成立了“21世纪海上丝绸之路港口城市重要商协会联盟”，并在会上发布“发展合作宣言”。

除了主题大会外，为使各国及地区更加全面地掌握了解省、市有关政策，提供友好交流与合作的契机和平台，还举办了市长对话会、国际港口交流会、非洲国家驻华使节团合作交流活动、广东—太平洋岛国经贸合作交流会等。在市长对话会中，市长陈建华的主旨演讲，以及与国外港口城市的市长、州长的对话，使与会各方进一步加强了相互合作、互联互通，构筑了务实长效互利的合作机制，共同铺就一条和平繁荣、合作发展的海上新丝路。由广州港务局、南沙开发区管委会负责的国际港口交流会，邀请马士基、招商国际、德国汉堡港、比利时安特卫普港、马来西亚巴生港、印度蒙德拉港、菲律宾马尼拉港等来自海上丝绸之路沿线国家（地区）的相关港口、航运企业代表20多名，围绕自身生产建设情况以及如何深入参与21世纪海上丝绸之路建设作了业务推介。南沙区政府、广州国际航运仲裁院分别围绕南沙自贸区政策及广州航运仲裁建设发展情况同与会代表作了深入交流。

主题论坛港口城市市长发展合作宣言仪式

此次活动参加的境外嘉宾众多，达到350多人，有效地宣传了广州的国际营商环境，促成了商机。其中，组织境外重要嘉宾参观广东南沙自贸区环节，向嘉宾推介项目，取得丰硕成果。如南沙与马来西亚中国总商会、印尼工商总会、韩亚银行、广汽集团商贸有限公司、环绿棕合有限公司、广贸天下网络科技有限公司6家商会及企业签订合作协议，涉及航运物流、国际商贸、保税仓储、跨境电商、金融创新等方面。论坛还举行了太平洋岛国经贸合作交流会，巴布亚新几内亚工商会会长、萨摩亚工商会副会长等外宾和省直有关单位负责人及双方企业代表共150多人参加。中外双方代表发言，外方代表介绍了其营商环境，中方企业介绍了相关情况。交流会期间，还专门组织双方企业家交流。企业主要意向集中在旅游、渔业、轻工及家用电器、农产品贸易等方面，并商定2016年在太平洋岛国设立区域性广东产品营销、展销中心。

此次论坛具有广泛的国际代表性特点。一是地域涵盖范围广，参会的350多位外国嘉宾来自亚洲、大洋洲、欧洲、拉美、非洲等五大洲近88个国家和地区；二是国际组织层次高，具有全球影响力的世界城市和地方政府联盟（UCLG）亚太区秘书长博纳蒂娅、国际港口协会秘书长成濑进，以及泰中经济协会、肯尼亚国家工商联合会、菲律宾工商总会、斯里兰卡汉班托塔商会、伊斯坦布尔工业商会、斐济苏瓦商会等20多个海丝沿线国家重要商协会负责人参加了论坛；三是国际港口城市代表性强，马来西亚马六甲州、斯里兰卡科伦坡市、巴基斯坦卡拉奇市、澳大利亚悉尼市等12位海丝沿线重要港口城市市长，德国汉堡港、美国洛杉矶港、巴基斯坦瓜达尔港、印度蒙德拉港、比利时安特卫普港、马来西亚巴生港等10多个国际重要港口管理机构负责人，以及招商局国际有限公司副总经理杭天、马士基中国有限公司总裁彦辞等重量级嘉宾参加了大会；四是论坛的总体策划及设计按照国际化活动规则进行，体现了国际化、高水平、高标准，主题大会全程采用英文同声传译，受到国外嘉宾的高度评价。

此次论坛有力地推进了广东、广州与这些国家及地区间的交流交往，促进相互了解，特别是对广州有关港口政策的进一步了解，为下一步开展合作打下了良好的基础。

（撰稿：余斌华；编辑：曾新）

迪士普公司创造音响科技行业多个第一

2015年11月，由广州迪士普音响科技有限公司研发的新一代会议系统在第九届亚欧首脑会议上投入使用，引起了国际同行的高度关注。

迪士普企业在音频技术领域和公共广播行业开创多个行业、甚至世界第一的记录。该公司是一家集全景互联智慧平台、公共广播、多媒体音视频数字会议、全自动高清教学录播、高清视频监控等系统研发、生产和销售为一体的国家级高新技术企业企业，创办于1988年。创业之初，迪士普研制成功国内第一台电影模拟立体声解码器，在广州80%的电影院使用，并在全国顺利推广。

1995 年，国内第一套智能化公共广播系统 MP 系列问市，迪士普企业实现由单个产品供应到系统集成供应的发展。2000 年，迪士普将计算机技术迁移到公共广播领域，研发出世界上第一台带触摸屏的嵌入式公共广播设备——MAG1189 公共广播媒体矩阵器。

UDC

中华人民共和国国家标准 GB

P GB 50526－2010

公共广播系统工程技术规范

Technical code for public address system engineering

2010－05－31 发布 2010－12－01 实施

中华人民共和国住房和城乡建设部
中华人民共和国国家质量监督检验检疫总局 联合发布

由于国内公共广播应用范围越来越广、工程要求越来越多，但是，缺乏统一的工程技术标准，国外也没有相关的技术指引可以借鉴，2003 年，国家决定编制公共广播行业的国家标准。由于迪士普是公共广播行业的领军企业，董事长王恒在这方面研究很深，并且拥有雄厚的研发团队，2006 年，国家有关部委采用立项方式，委托迪士普与中国电子学会声频工程分会联合主编公共广播技术的国家标准。接到任务后，王恒及其恩师钟恭良教授带领迪士普研发团队，与国内外专家组成工作小组，共同攻关。工作小组在多次调研、反复研讨的基础上，开创性地引进一些国外公共广播技术指标，特别是测量方法、声学特性指标等，结合中国实际，形成国家标准。2009 年底，工作小组完成并向国家提交研究成果《公共广播系统工程技术规范》。该项国家标准规定了公共广播系统的定义、分类、技术要求和检测方法，适用于相对固定安装的公共广播系统的工程设计、检测与调试、招/投标设定及验收。同时，该项国家标准注重实用性和先进性，不仅很多指标均在行业内率先引进，而且社会普及性强，易于推广。2010 年 5 月，国家住房和建设部正式批准编号为 GB50526 的公共广播国家标准《公共广播系统工程技术规范》。该标准由广州迪士普音响科技有限公司领衔编制，是公共广播技术领域第一个国家标准，也是世界第一个公共广播标准。

2010 年 12 月 1 日，迪士普领衔主编的首项公共广播国家标准，作为中国该领域唯一验收标准，正式在全国实施，此举打破了外国在这一领域的技术垄断地位，也填补了该项行业标准的空白。同年，迪士普“智能化数字媒体矩阵”被批准列入 2010 年度文化部科技创新项目，成为公共广播领域唯一获得国家级科技创新项目。

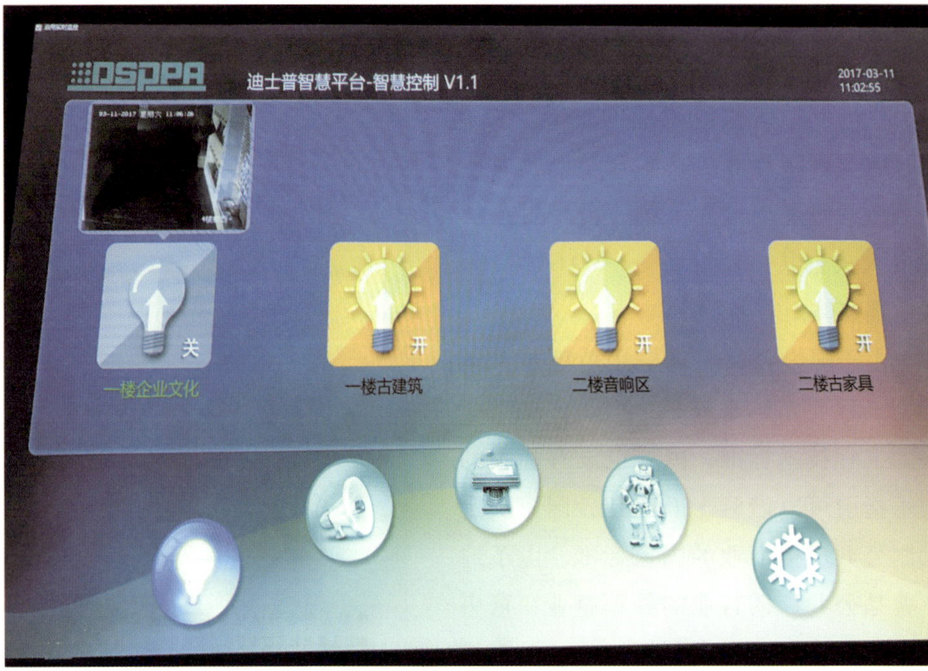

迪士普企业研发的智慧平台

2011 年，迪士普企业荣获“高新技术企业”称号、音响灯光行业“十佳民族品牌”。2012 年，荣获音响灯光行业“十佳广播会议品牌”、“影响中国”智能建筑电气行业“公共广播及会议系统十大优秀品牌”；2015 年，迪士普荣获全国智能建筑行业“十大创新产品品牌”。为振兴民族科技，让迪士普的声音唱响世界，迪士普不遗余力地建设企业文化。2016 年 5 月，迪士普音响博物馆开馆，成为国内首个由民营企业自主筹建的以陈列“音响发展历史”为主题的博物馆。该馆建成后，与广东省科普中心、广州市科协等部门联合创建了科普基地，向广大市民、学生宣传普及音响科学技术。2016 年 6 月，迪士普商学院正式成立并开始运营。这是企业建设学习型组织的重要举措，为进一步提升企业创新力奠定基础。

广州公路交通实现“六个显著提升”

“十二五”期间，广州公路交通工作实现路网通行能力、养护管理水平、路政管理能力、收费管理水平、出行服务水平、交通综合执法等“六个显著”提升，打造了畅、安、舒、美的公路通行环境，2015 年 11 月 16 日至 17 日，顺利通过交通运输部“十二五”全国干线公路养护管理规范化检查。

路网通行方面。广州公路总里程9236.73千米，其中高速公路26条、867千米，国道6条、374.075千米，省道22条、831.302千米，桥梁2690座、58.22万延米。“十二五”期间，广州市加强公路规划建设重难点问题的统筹协调，强化主动脉、畅通微循环，不断优化路网结构。分别投入18.3亿元和43.91亿元用于普通公路和高速公路日常养护；投入49.95亿元用于普通公路改扩建大中修项目55个，共332.57千米，其中沥青路面191.51千米；投入674.75亿元用于高速公路新建项目8个，共484千米。2015年，海珠区洲头咀隧道工程、金沙洲大桥扩宽工程、花城大道东延线一期工程（含潭村隧道和华快潭村立交）、北环高速沙贝出口综合改造工程竣工通车。机场第二高速公路先行工程高增枢纽互通立交正式开工。同比“十一五”期，广州市高速公路、一级以上公路里程分别增加57%、4.95%，形成以中心城区为中心、高速公路为主骨架、等级公路为连接线的环形放射状路网。

养护管理方面。广州制定公路精细化养护工作手册、公路养护大中修工程项目管理手册、小额建设工程交易管理规定等97项管养制度，全力推进公路精细化、专业化、科学化、创新化、人性化养护管理工作。对高速公路、国、省、县道每年开展不少于1次的路况检测和技术评定。对桥梁、隧道坚持定期和特殊检查，落实桥梁安全运行十项制度，建立“一桥一档”，并按照轻重缓急，制定加固、改建、重建计划。消灭国省道的四、五类桥，对高快速路四类桥启动加固维修工作。干线公路、桥隧、交通设施等安全隐患全部治理完毕，其中整治国省道路口交通安全隐患364处，交通运输部补助的3项安保工程全部完工。同时还开展G321线鸦岗至广和大桥段改造示范工程创建工作，提升通行能力、路况水平、出行服务、文化建设和路域环境。“十二五”期，高速公路、国道、省道技术状况指标（MQI值）分别为93.26、91.45、89.84，年均优良路率分别为95.45%、93.02%、91.69%。

路政管理方面。各级路政机构在严格执行广东省路政管理各项制度的同时，制定市路政许可监督检查、路政许可工作指引等制度，梳理完善路政管理、路政执法业务法规资料汇编，完善工作流程和执法程序，实行罚缴分离。与此同时，进一步加大路产路权保护力度，对国道、省道、桥下空间与涵洞巡查每周分别不少于3次、2次、1次。尤其加强公路建筑控制区、安全保护区，以及路域“八个无”违法行为的管理。与综合执法机构建立信息互告制度，通过交叉和专项许可检查，全方位监管涉路项目的实施。“十二五”期间，路政巡查782万千米，办理许可1144宗，现场制止违法案件18759宗。

收费管理方面。严格按照批复设置收费站点，依据收费标准开展收费工作，并加强与公安、交警、路政等部门协调，形成警民联动机制，打击倒卡、套牌、逃费、滋事挑衅等扰乱收费秩序的行为。“十二五”期间，实施高速公路“一张网”联网收费，撤销沙贝等5个主线收费站、蚌湖等4个标识站点；取消广花等11个普通公路收费站；完成全计重收费和车型分类国标化的各项工作；认真落实“绿色通道”管理和重大节假日小型客车免收通行费的规定，切实提供通行率，减免通行费。

交通服务方面。坚持“服务民生、服务基层、服务发展”的理念，完善出行信息服务系统，满足公众需求。路政、治超、收费等对外服务窗口实行持证上岗、挂牌、文明礼仪等服务。充分利用行讯通APP、微信、微博、移动电子屏、电台、电视、报纸等媒介为公众提供多样化的通行服务信息。由市交委开发的行讯通APP总用户已超过470万。同时，设置22个普通公路驿站和高速公路服务区，配备停车场、休息场所、卫生间、超市、医疗站等，不断完善便民服务措施。

交通执法方面。在全国范围内率先推进交通综合行政执法改革；建立市、区两级路政执法队伍，加大对涉路违法行为的打击力度，同比“十一五”期间增长2.6倍。狠抓固定治超检测站的规范化建设，加大科技治超的投入。虎门大桥治超站实施“一车一检，无缝执法”，超限率最低降至0.177‰。“十二五”期间，检查车辆17.52万辆次、查获超限超载车辆6.54万辆次，同比“十一五”提升50%；卸载5.59万辆次、卸载84.72万吨，同比“十一五”增加100%。建立超限车辆数据库，每月通报广州市和外市交通部门查处的违章车辆。建立长效机制，落实各级政府、各部门的治超职责和联动机制，重点加强危险化学品源头监管力度，督促危运源头企业安装危运IC卡配载管理系统，系统使用率89%，危化品港口装卸企业达到100%。

（撰稿：杨良　陈霞　林朝龙　朱章勇　谢煜；编辑：刘德敏）

举办中国企业跨国投资研讨会

2015年11月25日，经国务院批准同意，由中国贸促会、广州市政府主办，广州市贸促委、中国贸促会贸易投资促进部具体承办的“2015中国企业跨国投资研讨会”（简称跨投会）在广州召开。跨投会以“共商、共建、共享——国际产能合作新愿景”为主题，围绕“一带一路”战略，中国企业如何开展海外产能合作、基础设施投资和项目融资等议题进行研讨，并设立投资东盟、投资非洲、投资中亚·聚焦俄罗斯、境外经贸合作区四个专题分组会议，重点推介热点地区与行业的投资环境、投资机遇。

积极推动国际产能合作。2015 年 5 月，国家出台文件，采取多项措施推进国际产能和装备制造合作。在跨投会上，国务院发展研究中心副主任隆国强，中国外交部外交政策咨询委员会委员、国际展览局名誉主席、前驻法大使吴建民等就在大力拓展海外市场的情况下中国装备制造产业如何助力企业更快实现产业转移，世界各国如何看待中国提出的产能合作主张，中国企业未来将面临的机遇和挑战等内容进行全方位解读。

“跨投会”的另一个特点是紧扣“一带一路”战略。共建“一带一路”倡议大大激发了各国与中国合作开展基础设施建设的热情。联合国工发组织商务投资与科技服务司司长穆罕默德·拉明·德豪威、全球产能资源交易中心 CEO 詹姆斯·菲耶罗、泛美开发银行对外推广和伙伴合作部部长贝尔纳多·吉利亚蒙、财新智库首席经济学家何帆等嘉宾从“一带一路”基础设施建设领域和金融服务创新视角展开深入分析。

2015 中国企业跨国投资研讨会中外专家与企业家座谈

此次跨投会在举办投资东盟、非洲、中亚及俄罗斯专场基础上，增设了境外经贸合作区专场，为中国企业抱团出海、投资海外提供更丰富和权威的信息渠道，凸显新兴市场投资商机。来自科特迪瓦、加纳、马达加斯加、喀麦隆等国家和地区的商贸、投促机构官员就各自国家投资环境进行介绍，发布最新投资优惠政策。埃塞俄比亚东方工业园、尼日利亚莱基自由贸易区、泰国泰中罗勇工业园、赞比亚中国经济贸易合作区等中外经贸合作区负责人积极推介合作区重点投资项目。

此次活动取得了显著效果。参会嘉宾来自32个国家和地区的投促机构、商协会和跨国企业代表，是一个国际化程度较高的经贸交流合作会议。活动上，不仅播放广州宣传片，给与会重要嘉宾分发广州宣传画册，市委书记任学锋还在会见国内重要嘉宾时重点介绍了广州推进海上丝绸之路建设、建设国际航运中心和南沙自贸区的战略部署，副市长蔡朝林在开幕式致辞中介绍了广州市"三中心一体系"的战略部署和对外投资合作的情况。这些都有效地推介了广州，树立广州作为国家中心城市和21世纪海上丝绸之路门户城市的良好形象。活动的另一个效果是，为广州企业"走出去"搭建了国际平台。会议特别安排国内企业，尤其是广东、广州企业投资意向地比较集中的东盟、中亚、非洲、俄罗斯、德国等专场，为企业"走出去"打下了基础。

（撰稿：余斌华；编辑：曾新）

航班时刻资源配置市场改革试点

为更好发挥市场在航班时刻资源配置中的决定性作用，探索建立航班时刻资源市场配置最佳模式，进一步促进航班时刻配置的公平、效率和竞争，2015年12月4日，民航局宣布启动航班时刻资源市场配置改革试点，首批试点为广州白云机场和上海浦东机场，在广州白云机场开展以"时刻拍卖"为模式的初级市场改革试点，在上海浦东机场开展以"时刻抽签+使用费"为模式的初级市场改革试点。

12月8日，民航中南地区管理局发布《广州白云机场航班时刻资源市场配置改革试点实施细则》（简称《实施细则》），正式启动航班时刻资源市场配置改革试点工作。《实施细则》细化广州白云机场"时刻拍卖"的改革试点工作，明确航班时刻拍卖的工作原则、条款、程序及相关要求。试点工作由民航中南地区管理局负责组织领导，会同民航中南地区空中交通管理局、广州白云国际机场股份有限公司，成立白云机场航班时刻资源市场化配置工作领导小组，全面统筹实施航班时刻拍卖试点工作。航班时刻拍卖有关具体工作由广州白云国际机场股份有限公司承办，依照拍卖法的有关规定确定第三方拍卖企业负责具体实施。此次航班时刻市场配置改革试点，在广州白云机场10：00至23：59时段，每小时各新增一个起飞时刻一个落地时刻，每日计28个，每周共计196个。其中，50%用于市场配置改革试点，另外50%用于国际地区飞行的行政配置。此次拍卖的九组时刻对组合即为每周用于市场配置改革的98个新增起降时刻，主要用于国内干支线客运飞行，使用权为三年（即2016年1月31日开始使用，有效期至2019年1月30日），在符合航班时刻使用规则的前提下不需换季时刻协调。

这是中国首次试行以拍卖方式分配航班时刻。12月30日，广州白云机场航班时刻对组合使用权进行公开拍卖，34家国内航空公司竞买人全部参加。拍卖工作由广东国际拍卖有限公司负责具体实施。按照《实施细则》，拍卖采用第二价格密封拍卖方式，即参加竞拍的竞买人提交密封的报价函，出价最高者为买受人，但只需支付第二高的价格获取该标的。拍卖成交后，买受人现场签订《拍卖成交中标单》及《拍卖成交确认书》。拍卖收益按民航局确定的程序缴纳国库。从递交报价函的数量上看，9个标的都收到24份到30份不等的报价函，单个标的最高出价达到1亿5000万。整个拍卖活动持续三个多小时，共进行六轮激烈的竞拍。被公开拍卖的九组航班时刻对组合使用权，标的分别以3000.01万、2615万、8100万、9099万、9030万、9000万、9009万、3000.01万和3000.01万全部成交，拍出总价超过5.5亿。经民航局确认，2016年1月6日，民航中南地区管理局正式发布拍卖结果通报。

第一组合：降落时刻为10时段，起飞时刻为11时段，班期为1357，买受人为贵州航空有限公司，最终以3000.01万元拍卖成交。第二组合：降落时刻为10时段，起飞时刻为11时段，班期为246，买受人为深圳航空有限责任公司，最终以2615.00万元拍卖成交。第三组合：降落时刻为12时段，起飞时刻为13时段，班期为1234567，买受人为珠海航空有限公司，最终以8100.00万元拍卖成交。第四组合：降落时刻为14时段，起飞时刻为15时段，班期为1234567，买受人为乌鲁木齐航空有限责任公司，最终以9099.00万元拍卖成交。第五组合：降落时刻为15时段，起飞时刻为16时段，班期为1234567，买受人为中国东方航空股份有限公司，最终以9030.00万元拍卖成交。第六组合：降落时刻为16时段，起飞时刻为17时段，班期为1234567，买受人为中国南方航空河南航空有限公司，最终以9000.00万元拍卖成交。第七组合：降落时刻为18时段，起飞时刻为19时段，班期为1234567，买受人为深圳航空有限责任公司，最终以9009.00万元拍卖成交。第八组合：降落时刻为20时段，起飞时刻为21时段，班期为1357，买受人为厦门航空有限公司，最终以3000.01万元拍卖成交。第九组合：降落时刻为20时段，起飞时刻为21时段，班期为246，买受人为珠海航空有限公司，最终以3000.01万元拍卖成交。

根据《实施细则》规定，航班时刻对组合的买受人应在通报发布之日后的十个工作日内，就航班时刻拟适用航线报备中南管理局。竞拍成功的航空公司必须在规定的结算时间内办理付款手续，逾期未办理付款的，将被视为放弃成交并作违约处理，由中南管理局予以记录，收回其所放弃的时刻对组合，并取消其下次参加航班时刻拍卖的资格。买受人在付款完成后，航班时刻可以在次级市场通过交换、转让、出租、出售等方式进行交易。买卖双方在次级市场交易完成后5个工作日内须报备中南管理局。

（撰稿：刘丹；编辑：刘德敏）

第17届留交会创下三项历史之最

2015年12月21日至22日，第17届中国留学人员广州科技交流会（简称留交会）在广州白云国际会议中心成功举行，由广州市人力资源和社会保障局、广州市外国专家局首次负责承办。

第17届留交会以“纳天下英才、助创新驱动”为主题，开展峰会论坛、交流对接、展览展示、推介发布等4大板块逾30场重点活动。其中，峰会论坛活动围绕国家的最新政策、发展战略、前沿科学、重大项目等，邀请国家部委领导、著名专家学者、企业领袖进行权威发布、解读；展览展示活动以实物展览为主，围绕“工业4.0”“中国制造2025”、高端装备制造、“互联网+”、智能机器人等前沿科技领域，展示国内“十二五”重大科技建设成果和留学人员创新创业成果。此届留交会创下三项历史之最：海外人才项目参会为历届最多、国内各城市参与程度创历届之最、人才项目对接之热烈及需求之多创历届之最。

海外人才项目参会为历届最多。此届留交会共有来自美国、加拿大、英国、新加坡、澳大利亚、独联体等29个国家和地区的15家海外专业社团参与；参会的科技创业项目达1162项，覆盖多个高新技术领域；海外人才达2500多人，具有博士学位占70%，具有5年以上海外工作经历的占70%，有意向回国创业

第 17 届留交会现场

者占 70%，约 30% 属于顶尖人才，在各自领域有重大影响力。

国内各城市参与程度创下历届之最。留交会的协办城市（单位）已增加至 28 个，重庆市、深圳市、澳门人才交流协会等均加入了此届留交会协办城市（单位）的行列，全国 4 个直辖市全部成为留交会的协办城市。来自各省、自治区、直辖市的 83 个代表团（包括省、市单位以及多家高校、科研院所、创业园孵化器、风投创投机构）的 5563 名专业代表参会。

人才项目对接之热烈及需求均创历届之最。一大批重大项目在此届留交会签约落地，据统计，大会开幕式当天签订的人才科技项目首期投资的规模就达 25 亿元；留学人员与创业园、科技企业孵化器、投资机构和企业进行对接洽谈 3200 多对次，与创业园区签署入驻意向 500 多份，与投资机构和企业签署投资与合作意向近 200 份；海外人才招聘咨询 2100 多人次，收到求职意向 380 份。

（供稿：市人社局；编辑：曾新）

智能装备制造业快速成长

广州市顺应新一轮科技革命与产业变革，加快发展智能装备业，推动制造业发展方式加快向智能化、绿色化、服务化转变，2015年出台《广州市工业转型升级攻坚战三年行动实施方案（2015—2017年）》，把智能装备及机器人产业列为引领工业转型升级的重要产业，自2015年起连续3年共安排30亿元专项资金支持智能装备及机器人等重点产业发展。年内，广州市组建中国（广州）智能装备研究院，引进中以机器人研究院、国家机器人检测与评定中心（广州）等智能制造重大创新平台，配套开展穗美、穗乌、穗以、穗港合作交流活动，促成盲人眼睛、无线充电等一批高科技项目对接落地。智能装备制造业引进广州机研院、沈阳自动研究所等一批实力雄厚的研发机构，智能装备检验检测的综合实力位列华南地区第一，智能装备和机器人产值近400亿元。在工业机器人领域，广州本土制造、集成企业较多，细分市场门类齐全，形成自主品牌。其中，广州数控、广州启帆产销量连续多年在国内名列前茅。广州数控年产销数控系统连续13年全国第一，占国内同类产品市场的二分之一。广州启帆在经济型机器人本体领域国内市场占有率第一；粤研公司在汽车躯干和钢铁清洗机器人方面在国内品牌中排名第一。在智能制造成套装备方面，海瑞克隧道设备公司、一道注塑机械公司的实力在国内排名前列。

组建中国（广州）智能装备研究院。2015年3月11日，广州市政府与中国机械工业集团有限公司签署《战略合作协议》，共同组建中国（广州）智能装备研究院，组织举办广州国际汽车零部件及售后市场展览会，推动与中国汽车技术研究中心合作。6月，中国（广州）智能装备研究院落户广州科学城。中国（广州）智能装备研究院由工业和信息化部、中国科学院、广州市政府、中国机械工业集团四方联合共建，总投资10亿元，主要为广州市工业机器人及智能装备及智能装备产业发展提供战略性方向决策及技术支撑。同时，中国机械工业集团还投资建设国机智能装备有限公司总部及检测与评定中心（广州）项目，检测研究项目由该集团旗下的广州机械科学研究院承建，总投资预算为2.4亿元，规划改造场地建筑面积约2万平方米。

R－550D型钻井平台南沙出坞。2015年5月16日，R－550D型自升式钻井平台在广州南沙出坞。R－550D型自升式钻井平台由中船黄埔文冲船舶有限公司、TSC集团控股有限公司、美国ZENTECH设计公司整合各自优势，面向墨西哥、中南美洲及亚太地区市场推出的战略性合作产品。该平台工作水深 400 英尺（122 米），钻井水深 3 万英尺（9144 米），多项性能指标达到国际领先或先进水平，适合于恶劣海况的高端自升式钻井平台，用于海上钻井或井口作业，可从海底开发出石油，属于高投入、高技术、高附加值产品，具有较强的市场竞争力和良好的市场推广前景。与同类型自升式钻井平台相比，R－550D 型自升式钻井平台有作业能力强、重量轻、易建造和造价低等优点，产品拥有梁臂梁作业范围广、升降能力强、可变载荷大、环境适应性好、性价比高等高性能特点。其船体为三角形，船长 79.25 米，宽 79.55 米，型深 8.23 米，甲板面积 3 152 平方米，面积相当于 7.5 个标准篮球场，并带有铝质直升机平台。平台有 3 个三角形桁架桩腿，桩腿全长 170.22 米，相当于 56 层楼高；每个桩腿由下端的桩靴支撑；生活楼有 5 层，可居住 150 人。

“海上石油工厂”在广州交付。2015 年 8 月 11 日，中船澄西船舶（广州）有限公司改装的海上浮式生产储油船“萨卡里玛”轮在广州市南沙区龙穴岛交付使用，该项目是世界上最先进的第三代“海上石油工厂”。“萨卡里玛”轮改装项目是把一艘超大型油轮（VLCC）改装为集生产处理、储存和卸载于一体的 30 万吨级海上浮式生产储油装置（FPSO）。“萨卡里玛”轮总长 346.5 米，型宽 58 米，型深 31 米，设计吃水 22.7 米，其甲板面面积相当于 3 个足球场。该轮日处理原油 15 万桶、天然气 600 万立方尺，能储存原油 160 万桶。作业油田离岸 250 千米，作业水深 2120 米，未来 25 年不需要进行大的维修。改装工程完成，刷新由中船澄西船舶（广州）有限公司保持的同类型改装史上工程量最大、工程最复杂、功能最先进的新纪录。

广船国际首艘极地重载甲板运输船出坞。2015 年 9 月 15 日，由广船国际建造 2.5 万吨级极地重载甲板运输船中出坞。该极地重载甲板运输船满足最强冰级规范，有极强的破冰能力。该船总长 206.3 米，垂线间长 193.8 米，型宽 43 米，型深 13.5 米，设计吃水 7.5 米，结构吃水 8 米，设计载重量 24 500 吨。该船能在零下 50 摄氏度超低温环境下正常工作，并在 1.5 米冰厚海况下保持 2 节航速，适合于常年在极地冰区航行。该船将服务于俄罗斯北冰洋沿岸利比利亚半岛和亚玛半岛的大型天然气田项目，承担亚玛尔液化天然气（LNG）项目所有大型模块的运输工作。

［供稿：中船黄埔文冲船舶有限公司　中船澄西船舶（广州）有限公司　广船国际有限公司；撰稿：赵星亮　田果；编辑：李玉平］

网络约租车成为公共交通服务新模式

2015 年，在“互联网 +”新形势下，网络约租车在广州市迅速发展。截至年底，广州市主要有滴滴、优步、神州、AA、易到、星星等 6 家大型网络约租车平台企业，其中 2 家最大的企业滴滴和优步，约占行业 97% 以上市场份额，车辆以私家车为主，少量为租赁车辆；司机主要为私家车主等不具备营运载客从业资质的人员。网络约租车在方便市民约车出行的同时，通过长时间大规模补贴等方式，组织不具备客运营运资质的车辆从事客运服务，冲击传统出租汽车行业；网络约租车日常营运、服务、安全等方面的问题日渐突出。国家有关部门组织研究出租汽车行业改革及网络约租车规范管理的办法。2015 年 10 月 10 日，交通运输部向社会公开征求对《关于深化改革进一步推进出租汽车行业健康发展的指导意见》《网络预约出租汽车经营服务管理暂行办法》的意见。在国家层面有关改革政策文件未正式出台前，广州市交委履行政府监管职责，从维护广大市民出行及出租汽车行业整体利益出发，坚持依法行政，通过约谈平台企业、打击非法营运等措施，规范、纠正包括外地车辆在内的网络约租车非法营运行为。同时，广州市交委密切跟进国家有关政策文件出台情况，按照程序出台广州市层面深化出租汽车行业改革及网络约租车规范管理等政策文件。

2014 年下半年，广州市启动约租车服务试点，通过以服务质量为主的招投标方式投放 2950 辆约租车运力。截至 2015 年 12 月，参与测试约 4.5 万人次。如约的士司机均取得出租汽车驾驶员客运资格证，并经过正规的培训教育，车辆为全新购置的合法运营车辆，提供正规发票，接受政府监管和社会监督，其安全、专业、规范的服务，受到参与测试乘客的普遍认可。

2015 年 7 月 22 日，在前期开展定制公交试点基础上，广州市正式推出如约巴士平台，取得良好的社会效果。截至 2015 年 12 月，运营线路 50 条，为超过 8 万多市民提供高品质的服务。如约巴士优势在于：一是多渠道应用信息平台。通过开发网络平台、手机 APP 等多种信息系统功能同时上线，拓展市民使用途径。二是建立网上支付渠道。与相关支付商建立合作伙伴关系，支持各类第三方支付，方便市民使用。三是实现智能化管理。如约巴士的乘客需求征集、线路规划、线路预定缴费及线路运营管理等全部流程可通过信息化平台实现。四是强化安全管理和司机培训。重视安全管理工作，组织城市公共交通专业运输企业开展“如约巴士”服务。五是选择多车型，确保客流与需求相匹配。有大巴、中小巴等多种车型，在满足乘客需求的前提下，避免造成资源浪费。

（撰稿：涂中秋；编辑：李玉平）

文化篇

综述

文化，是民族的血脉，是人民的精神家园。当今世界，文化的地位和作用更加凸显，越来越成为民族凝聚力和创造力的重要源泉、综合国力竞争的重要因素以及经济社会发展的重要支撑。

广州，作为拥有2200多年建城史的历史文化名城，既是岭南文化中心地，也是中外文化交融交汇之地。"十二五"期间，则是广州城市建设面临"率先转型升级、建设幸福广州"的关键时期，是强化国家中心城市地位、培育世界文化名城的攻坚时期。站在新的历史起点上，广州市各级各部门以"创新"为驱动，着力打造文化名片，不断提升广州城市形象和国际影响力。

以"自主创新"为主导，取得多项成果"第一"。十年磨一剑，《广州大典》终于在2015年4月完成编纂出版。这是广州历史上继学海堂和广雅书局刻书之后第三次大规模的古籍整理，也是迄今为止最为全面的广州历史文化史料著作集成。《广州大典》先后被列为广州市"十一五""十二五"时期重点文化工程。从2014年8月开始，广州市每月开展一次科普游自由行活动，是探索创新科普活动模式的又一新举措，为全国首创。"十二五"期间，广州市编纂了亚运史上首部地方志《广州亚运会志》、全省首部地方志事业志《广州地方志事业志（1984—2014)》、全国首部记述非物质文化遗产及其保护工作的专志

《广州非物质文化遗产志》等特色专志，《广州年鉴》连续四届获全国年鉴评比特等奖，《中国共产党广州历史》（第二卷）出版发行，广州市人民政府地方志办公室在全国地方志系统中首创地情公众开放日活动。“传承岭南历史，启迪广州未来”，广州文化精品璀璨夺目。

以弘扬岭南文化为重点，夯实广州建设世界文化名城基础。“十二五”期间，为弘扬历史悠久的岭南文化、打造世界一流文化精品集聚区、提升广州市文化软实力和国际竞争力，世界最大的城市公共图书馆——广州图书馆新馆正式启用；部署完成文化“四大馆”——广州博物馆新馆、广州美术馆、广州科学馆和广州文化馆规划；广州亚运会亚残运会博物馆、市国家档案馆新馆一期工程、“团一大”纪念广场等建成并对外开放。着力打造广州乞巧文化节、波罗诞、盘古王诞、岭南祠堂文化节、老广州民间艺术节等民俗文化品牌，打造品牌学术讲座“广州讲坛”，持续推进理论大众化和文化惠民……广州文化活动精彩纷呈。

致力打造“国际体育名城”。为整合社会资源，推动城市体育的发展与繁荣，2012 年首次举办了世界马拉松比赛，迈出打造“国际体育名城”的重要一步；广州恒大足球队斩获广州职业足球队有史以来第一个全国顶级联赛冠军，随后又为中国首夺亚冠联赛冠军并创下上座率亚洲之最等多项新纪录；广州作为中国足球改革的五个试点城市之一，率先启动了足球协会改革。此外，广州成为全国首个举办乒乓球、羽毛球世界顶级赛事的“大满贯”城市，世界羽联—广州国际羽毛球培训中心挂牌，开展了第六次全国体育场地普查，持续举办国际龙舟邀请赛，举办第 46 届亚洲健身健美锦标赛等系列活动……广州体育事业繁荣向好。

“十二五”时期，广州还以文化体制改革为突破口，积极实施“文化强市”战略，文化领域取得了令人瞩目的成就。公共文化服务体系日趋完善，文化基础设施建设突飞猛进、文化产业获得快速发展，重大文化活动品牌影响力明显增强，文艺精品硕果累累，文化遗产保护工作成绩斐然，文化体制改革深入推进，体育事业成果世人瞩目，传承和弘扬了岭南优秀文化，兼具吸收外来有益文化，加快培育世界文化名城，致力打造“国际体育名城”的脚步越走越快，越走越稳，城市文化软实力进一步加强，举手投足间尽显国际大都市的文化魅力。

持续举办国际龙舟邀请赛

在珠江河段举办龙舟竞渡活动由来已久。每年端午节期间，广州市郊各乡及附近农村都先后派龙舟到广州参加竞赛和表演。“文化大革命”期间，广州地区龙舟活动被迫停止。十一届三中全会后，广州市龙舟活动得到恢复和发展。1995年2月，广州市人民政府就95广州龙舟节的筹备工作召开市长办公会议，4月5日发出《关于搞好95广州龙舟节活动的通知》。6月4日举办广州地区传统龙舟竞渡比赛和国际标准龙舟邀请赛，首邀10多支国（境）外队伍参赛，参赛运动员达2000人以上。开幕式增设舰艇破浪、军乐队演奏、传统彩龙争芳斗艳等表演项目。随后，每年端午节期间，广州市都会在海珠桥与人民桥之间珠江河段举办广州国际龙舟邀请赛。2005年，国家体育总局决定6月举办全国龙舟月活动，广州国际龙舟邀请赛被列为一类八大赛事之一。2010年，龙舟赛正式成为2010年广州亚运会的比赛项目。“十二五”期间，广州持续举办国际龙舟邀请赛，并逐步发展成为国内规模最大、影响最广的国际龙舟邀请赛之一，规模、影响力进一步提升。

2011年6月12日，2011年广州国际龙舟邀请赛在广州市中大北门广场至广州大桥之间的珠江河段举行。和平鸽腾空而起，风采各异的数十条彩龙、游龙聚集竞赛河段，参加比赛的有来自英国、加拿大、澳大利亚等国家，港澳台地区和深圳、佛山、肇庆、顺德以及广州各区（县级市）共111支队伍（其中传统龙12支、标准龙53支、彩龙36支、游龙10支），设5个竞赛项目，1个彩龙评比项目。市、区领导首次组队参加龙舟表演赛，约10万市民在珠江两岸为参赛队加油助威。2012年6月30日，广发银行2012年广州国际龙舟邀请赛在广州市中大北门广场至广州大桥之间的珠江河段举行。有广州国际龙舟队、美国驻广州总领事馆龙舟队、港澳地区和清远、佛山、肇庆以及广州各区（县级市）共82支队伍（其中传统龙12队、标准龙29队、彩龙31队、游龙10队）4000余名运动员参赛。此次赛事首次纳入“爱我珠江亲水节”系列活动。2013年6月22日，2013年广州国际龙舟邀请赛有广州、清远、佛山、肇庆、港澳台等地区以及俄罗斯、英国、澳大利亚、加拿大、马来西亚等国家共102支队伍（其中传统龙12支、标准龙51支、彩龙29支、游龙10支）参加，约5000名运动员相聚珠江，展开激烈竞技。2014年广州国际龙舟邀请赛上，市领导、相关区主要负责人与市民代表、大学生、外国友人混编组成五支联队进行龙舟表演赛，数万市民观赛。2015 年广州国际龙舟邀请赛，参赛队伍达到 115 支，参赛龙舟队和参赛人数超过历届。

广州国际龙舟邀请赛至 2015 年成功举办二十一载，一直秉承着“以水为桥、以舟会友”的宗旨，具有浓郁的岭南区域文化特色，备受广州市民追捧，在国际上有一定的影响力和品牌效应，在弘扬民族传统文化，建设广州文化体育强市中发挥着积极作用。

（供稿：市体育局；编辑：张丽蓉）

广州乞巧文化节

天河区珠村乞巧习俗历史悠久。1998 年珠村 8 个乞巧婆婆重新发起珠村乞巧文化活动，后得到市、区两级政府大力支持，升格为广州乞巧文化节，截至 2016 年已举办 12 届，每年吸引国内外游客约 50 万人。2011 年，以天河乞巧为代表的广州乞巧习俗入选第三批国家级非物质文化遗产名录。广州乞巧文化节已成为广州一张耀眼的城市文化名片，被评为“广东省群众性文化活动优秀品牌”。

“广州乞巧文化节”落户天河，是珠村传承乞巧文化结出的硕果。“粤人重巧夕，灯火到天明。”乞巧节，习称“七姐诞”“摆七娘”。每年农历七月初七，民间女子将自己制作的各种手工艺品摆在八仙桌上，琳琅满目，争奇斗艳并举行祭拜七姐、穿针竞技等仪式，以祈求心灵手巧、姻缘美满。2010 年“天河乞巧习俗”被列入国家级非物质文化遗产名录，珠吉街珠村被评为“中国民间文化艺术之乡”“广东省历史文化名村”。

广州乞巧文化节每年农历七月初七前后举办，每年开展不同主题的活动。2011 年，广州乞巧文化节组织“四进”活动（进校园、进商厦、进都市、进社区），注重促进穗台两地乞巧文化交流和建设乞巧文化传承基地，举办白领情缘派对。“七夕祭典”成为开幕式的一大亮点，真实地再现古代民间朝拜七娘的盛况，三叩首、女子成年礼、仙女舞、穿针乞巧等环节延续汉唐古风，表达自古以来女子对心灵手巧与美满生活的虔诚期盼。2011 年乞巧节与 2012 年广东国际旅游文化节接轨，举行以“邻里牵手幸福之旅”为主题的幸福广东旅游社区文化节公益巡展活动，拓展延伸乞巧文化影响。

2012 年，珠村建成七夕文化广场，面积达 18403 平方米，成为当年广州乞巧文化节的开幕场地，后作为广州七夕主题公园。广州乞巧文化节首次在晚间举行。除开展摆七娘、拜七娘、七夕巡游等传统活动，还联合世纪佳缘等网站开展“相约七夕 牵手幸福”相亲大会，邀请中国台湾、马来西亚等地的民俗专家参加乞巧文化高峰论坛。此届乞巧文化节还引入港澳台地区以及文莱、泰国等国家的乞巧作品同台竞技。

2013 年，广州市、天河区政府共同出资 2800 多万元兴建广州乞巧博物馆，并于当年 9 月落成，是国内首个融乞巧文化展示、交流于一体的乞巧文化博物馆，占地面积 2500 平方米、建筑面积 1850 平方米。是年 8 月，第九届广州乞巧文化节期间，博物馆以临展形式举办“2013 广州乞巧文化节手工艺品暨赛巧会获奖作品展”，首次设展对外开放。开幕式上演大型音诗画《乞巧 · 女儿梦》，以宏大的历史视野、优美的叙述语言、唯美的文化画卷，讲述乞巧节在中华文明中的起源与传承。该届文化节首次邀请来自马来西亚、新西兰、日本及中国港澳台地区 50 多名民俗专家及传承人共聚一堂。活动共历时 8 天，吸引游客 40 多万人。

2014 第十届广州乞巧文化节开幕式

2014 年，第十届乞巧文化节重点突出“文化惠民”特色，以“七夕天河 · 梦圆广州”为主题，围绕“回归、节俭、热闹、精彩”进行整合策划，充分展现七夕民俗风情风貌。乞巧节开展三场文化惠民演出，举办乞巧手工艺作品慈善义购，举行七夕风情展芳华“2014 广州乞巧赛艺会”，发布广州乞巧文化节十周年理论成果书籍。组织“欢聚七夕”主题游园，设立“七夕展缤纷”乞巧集市，推出“七夕情”美食、购物酬宾活动，把文化节真正打造成了全民欢庆的民俗文化盛宴。2014 年广州乞巧文化节的首场演出主题为《乞巧·梦之韵》，以更唯美、更贴近民众心声的形式，打造一场乞巧民俗文化的温情盛典。组委会在珠三角地区选拔一批艺术作品参与2014 广州乞巧赛艺会，评选出赛艺会传统供案金奖4 名、传统供案银奖6 名、传承奖5 名等15 个集体奖项和金巧奖3 名等3 个个人奖项，共18 个奖项。是年，珠村与黄埔巧姐及乞巧文化专家组赴澳门参加2014 亚太文化创意博览会，向海外传播广州乞巧文化。

（供稿：天河区地方志办；编辑：陈喆）

广州民俗文化节暨黄埔“波罗诞”千年庙会

南海神庙地处广州古代海上对外贸易的外港扶胥港，始建于开皇十四年(594)，主祭南海神。扶胥古港经济繁荣，文化发达，中外交往频繁。民国之前每逢神诞日（农历二月十一日至十三日），历朝历代官府重视祭祀南海神；民间商贾、四乡百姓也到庙中拜祭，参与祭祀活动。因南海神庙又叫波罗庙，故南海神诞也称“波罗诞”。波罗诞庙会成为中外文化交流的重要活动。

2005 年，南海神庙使用和管理权移交给黄埔区政府。当年3 月18 日（农历二月十三日），广州市文化局、黄埔区政府联合举办“首届广州民俗文化节暨黄埔波罗诞千年庙会”，为期5 天，游客超过30 万人。此后，“广州民俗文化节”永久落户南海神庙。每年南海神诞期间均在南海神庙举办广州民俗文化节暨黄埔“波罗诞”千年庙会活动，已成为广州市一个重要文化品牌。“十二五”期间，黄埔“波罗诞”千年庙会在延续传统的基础上不断创新，为千年庙会注入新的活力。

2011 年，第七届广州民俗文化节暨黄埔“波罗诞”千年庙会组织举办千年祭海、广府婚庆、汉服展示、四地水神齐聚巡游庆会等特色活动。2012 年，举办首届岭南民俗文化节与第八届广州民俗文化节暨黄埔“波罗诞”千年庙会，共同打造“三节合一”的民俗文化盛典。中共中央政治局委员、广东省委书记汪洋亲临现场宣布文化节开幕。举办盛世欢聚、珠水赐福、家园体检、风雅颂歌、五子朝福、花朝祈福、岭南风情等7 个展演项目，活动为期7 天。岭南民俗文化节是广东省建设文化强省规划中提出的一项重要节日活动，与“波罗诞”千年庙会相结合，从内容、形式、规模、档次等方面提升了“波罗诞”千年庙会的地位，使南海神庙和“波罗诞”成为岭南重要民俗文化旅游品牌和展示岭南民俗文化的重要窗口。

2013年，第九届广州民俗文化节暨黄埔“波罗诞”千年庙会除举办仿古祭海仪式等传统活动外，还组织挖掘停演多年的“凤舞”登台演出，以及以波罗诞历史文化内容为基础编排的《波罗传说》音乐歌舞剧和大型歌舞《欢乐岭南幸福来》等。民俗舞蹈《凤舞鸾鸣》，是黄埔“非遗”项目当中唯一搬上舞台的表演类节目，由10名男子30名女子扮成40只彩凤，展示了历史悠久、内容丰富的岭南民俗文化。

2014年，第十届广州民俗文化节暨黄埔“波罗诞”千年庙会主要展示“非遗”文化。南沙黄阁麒麟舞、白云和越秀传统醒狮、番禺龙舞和高桩醒狮、海珠和荔湾咸水歌、花都和增城客家山歌、从化猫头狮、天河猎德大鼓和萝岗貔貅舞等市属十二区县特有民俗文化活动齐聚庙会“非遗大舞台”。期间，还举办“广州非遗保护成果图片展览”和“广州民俗文化发展”学术活动等。

2015年，第十一届广州民俗文化节暨黄埔“波罗诞”千年庙会突出海丝风情文化，展现南海神庙“波罗诞”历史地位和内涵，助力广州建设21世纪海上丝绸之路。以“中国梦·广州海上丝绸之路”为主题开展书画、摄影、诗歌等艺术创作，从民俗、历史、文化多维度展现羊城海上丝绸之路历史文化的“静态”之美。策划了“海丝福缘”主题摄影邀请赛和展览活动、广州“海丝文化”书画图片联展活动、广州海上丝绸之路史迹图片展等一系列海丝历史文化展览。在“波罗诞”期间出版的《海丝华礼——波罗诞》（三卷）丛书，分别以全图册、学术论集、报告文学等三种形式，对十年“波罗诞”发展轨迹、贡献、展望进行记录。活动期间，众多学者、文博专家、使馆嘉宾齐聚“南海神庙‘波罗诞’与21世纪海上丝绸之路建设”学术座谈会，共同探讨“波罗诞”文化。

（供稿：广州开发区档案馆；编辑：常国光）

实施穗港姊妹学校计划

为加强广州与香港学校的相互了解、交流和合作，促进两地的教育教学研究，2004年底，香港教育统筹局（现为香港教育局）提议在广东推行“粤港姊妹学校缔结计划”。在广东省教育厅的推动下，广州市教育局启动广州市与香港缔结姊妹学校活动，以此为穗港学校搭建更多的交流平台，提供更多的交流学习机会。在香港，此项工作由香港教育工作者联会（简称香港教联会）中标承办；在广州，由广州市教育局委托广州市教育工会承办。两地教育工会合力推进与积极落实“粤港姊妹学校缔结计划”等有关工作。

穗港学校以“双方自愿、双向交流、相互推进、共同提高”为原则，签约为姊妹学校。姊妹学校每年约在12月签约一批，每批签约名额由香港教育局确定，每批给广州市名额为10所学校，其中中学5所、小学5所。2005年5月，第一批“粤港姊妹学校缔结计划”签约仪式在香港举行。从2005年至2014年年底，广州市共有9批110所中小学校，其中中学58所、小学52所参与了“粤港姊妹学校缔结计划”。2015年12月15日，穗港“姊妹学校”10周年成果展示分享暨“粤港姊妹学校缔结计划”2015年签约活动在广州珠江宾馆举行，新增18对穗港中小学签约成为姊妹学校并作交流经验分享。会议倡议并发起成立首个“穗港姊妹学校发展联盟”，创新推动“姊妹学校”由“一对一”向“多对多”模式发展。

“粤港姊妹学校缔结计划”内容主要包括广州市的学校利用科技节、艺术节、运动会、校庆日、夏（冬）令营等活动，策划丰富多彩的科技、文化、体育、艺术等交流项目，邀请香港学生一起参与，展示广州市教育事业发展的成果。如广州市第二中学与香港德信中学联合举办主题为“通过学校、家庭的变化反映祖国改革开放30年的成果”学生征文；番禺石楼中学与香港中华基督教公理高中举办学生智才杯辩论赛；香港青年会书院50多位学生到广州市东圃中学进行手球、足球队、篮球队友谊赛；香港灵粮堂秀德小学师生22人到荔湾区乐贤坊小学进行学习体验；香港沙田围胡素贞博士纪念学校100多名师生和家长到广州市西关外国语学校小学部交流，两校学生通过PPT介绍广州和香港交通的发展特色，以有奖问答的形式把活动气氛推向高潮；广州市天河区华阳小学举办第二十届学校艺术节暨庆“六一”年级自编操比赛活动，香港英公立学校校长带领3名教师和2名学生参加活动，一起表演文艺节目；香港慈云山圣文德天主教小学师生40人到广州市黄埔区姬堂小学参与大课间活动，两校学生一起跑操、跳绳、跳兔子舞、玩游戏、学武术操，将美术元素融入汉字，设计各种各样颇具新意的“创意汉字”；香港潮阳小学学生36人和老师6人参加广州市白云区三元里小学开展的“同根童心同圆中国梦”主题大队活动，香港潮阳小学、三元里小学的升旗手与共建友好单位的战士共同完成升旗仪式；广州市黄埔区横沙小学六年级学生，带领香港小学学生30人，参观横沙书香街、乞巧工作室、功甫私塾，宣传广州地方非物质文化遗产。生动活泼的交流活动使两地学生增长了见识，增进了友谊。

穗港"姊妹学校"交流与合作活动大胆创新、形式新颖、卓有成效，吸引了越来越多的穗港学校加入到穗港"姊妹学校"行列。通过实施"粤港姊妹学校缔结计划"，实现了穗港两地教育教学多形式、多层次交流，实现两地教育教学方式、管理模式的相互借鉴、优势互补，打造"一课两讲、同题异教"的工作亮点，让两地老师领略到教育多样性的魅力，进而启发思路、取长补短、共同提升。

（撰稿：姚健建　周衡　黄丽虹；编辑：李玉平）

广州科普一日游活动

2008 年 9 月 20 日，在广东省、广州市"全国科普日"启动仪式暨"万人科学传播大行动"中，市科协首次推出"广州科普一日游"活动。2013 年 9 月，"广州科普一日游"正式成为市科协每月一次的科普品牌项目之一。

科普一日游是非盈利性的科普惠民公益活动。市民每月可以通过广州市科协官方网站、微信、微博和大洋网四种方式报名，答对三道科普题后方可进行报名，报名截止后，将随机抽取 500 位幸运市民参加科普一日游，活动全免费并提供一份简易午餐。自活动开展至 2015 年 6 月，全市已有 20.2023 万人次报名，11500 人次的市民受益。

2013 年市科协举办"科普一日游"，市民参观香草公园

2015年期间，广州科普一日游活动涵盖广东中医药博物馆、中山大学生物博物馆、广州海洋馆、广东科学中心、鳄鱼公园、广东省微生物真菌标本馆、沙湾古镇、广州农科大观、石头记矿物园、岭南印象园、华南植物园、广州农业科技开发研究基地、广东东升农场、沙湾古镇等胜地，供市民自由选择与参观。同时，除专门为市民安排了科普专职人员讲解和导游外，还策划科普互动或科普讲座项目，配合开展“广州市最受欢迎的十佳科普基地”“科普游随手拍摄影大赛”及“我最喜爱的科普基地”青少年征文评选等活动。

通过开展广州科普一日游活动，充分利用广州地区科普教育基地及科研院所、高新企业及其他相关单位的科普资源，将科学知识与旅游相结合，让市民在旅游中感受现代科技的神奇魅力和传统文化的博大精深，提高自身科学文化素质。

（撰稿：何贯中；编辑：郑剑锋）

“羊城新八景”评选

始于宋代的“羊城八景”，早已是广州城市文化的物化载体。宋、元、明、清，每一时期的羊城八景，都凝固、记录了当时的广州城市形态、城市内涵和城市精神。2010年广州市成功举办第16届亚运会，广州城市面貌发生了巨大变化，实现“天更蓝、水更清、路更畅、房更靓、城更美”。评选“新羊城八景”成为社会各界共同的心声。

2010年11月16日，由羊城晚报报业集团主办，羊城晚报、新快报、金羊网承办，中国建设银行广东省分行协办的“羊城新八景”评选正式启动。羊城晚报报业集团旗下《新快报》率先推出“羊城新八景”评选活动，并升格为羊城晚报报业集团主办、子报子刊、网络协办，联盟多媒体伙伴实施的方式。亚奥理事会主席艾哈迈德亲王为“羊城新八景”挥笔签名。

2010年“羊城新八景”评选活动时间跨度长达半年，共计投入版面300多个，推出12位区（县级市）委常委、宣传部长系列专访，12区（县级市）“八景”推荐；22场“城市公众论坛”，15场大学生辩论赛，100多位国内文化名流专访。活动辐射整个广东，同时吸引全国各地群众甚至是海外侨胞的热烈参与。公众投票达860万张，28个国家华侨参与，国内上百家媒体参与报道，130多家海外华文报纸报道。

2011年4月1日，“羊城新八景”投票正式开始，20天吸引了860多万张选票（含网络投票、短信投票、邮寄投票和现场投票），邮寄到羊城晚报的“投票箱”超过34万封，创下历次“羊城八景”评选之最。5月18日，“羊城新八景”正式揭晓，分别是：“塔耀新城”“珠水流光”“云山叠翠”“越秀风华”“古祠流芳”“荔湾胜境”“科城锦绣”“湿地唱晚”。评选出的“羊城新八景”，恰好是“四老四新”，传统与现代相映生辉。

羊城晚报报业集团主办的“羊城新八景”评选活动，在中国报业发展史上留下了精彩的一页。“羊城新八景”之评，让市民与城市走得更近，让市民与市民靠得更紧，增进了不同阶层之间的了解与认同。正如中共中央政治局委员、广东省委书记汪洋所说：“‘羊城新八景’评选主题好，创意新，得民意，顺人心，增强了城市凝聚力，打造了广东的新形象，望善始善终，为‘十二五’‘加快转型升级、建设幸福广东’开个好头。”

（撰稿：陈春英；编辑：卢玉华）

广州恒大足球屡获冠军

广州在全国最先组建足球俱乐部。1993年1月8日，成立全国首家股份制形式的足球俱乐部——广州太阳神足球俱乐部，此后17年间，因股份变更，广州太阳神足球俱乐部先后易名为广州吉利足球俱乐部、广州日之泉足球俱乐部、广州广药足球俱乐部。2009年年底，广药集团提出退出广州足球。广州足协全面托管俱乐部，成立托管班子，处理广药足球俱乐部遗留问题。2010年初，在市政府、市体育局的指导下，恒大地产集团入主广州足球，实施广州足球俱乐部的股权转让，成立广州恒大足球俱乐部。

在2010年中国足球协会甲级联赛中，广州恒大足球俱乐部以冠军佳绩实现“冲超”目标，取得2011年中超资格。2011年，围绕打造国际一流足球俱乐部的目标，恒大在俱乐部建设上倾注了极大的人力物力和精力。重金引进外援和国字号球员，包括欧冠射手克莱奥、韩国前国脚赵源熙、巴西甲级联赛主力铁卫保隆、巴西豪门弗米嫩赛队中场核心孔卡等多名顶级外援，以及冯潇霆、张琳芃、姜宁、杨君、杨昊、荣昊、赵旭日、李建滨、彭欣力等多名国字号球员，增强队伍整体实力，打响恒大俱乐部的知名度和市场号召力。在佛山和清远建造广州恒大足球训练基地，为队伍训练和食宿提供最优良的硬件和良好氛围。

2010 年，广州恒大足球俱乐部征战中国足球协会甲级联赛，以提前三轮的成绩取得中甲冠军，晋级中超队伍行列。2011 年，在升上中国足球协会超级联赛的第一年征战中超。在 2011 年中超联赛第 26 轮的比赛中，客场以 4 比 1 战胜陕西人和队，以 20 胜 7 平 2 负积 67 分的佳绩提前四轮勇夺中超联赛冠军，并取得由亚足联主办的 2012 年亚冠联赛参赛资格。广州足球队成立 58 年历史以来，第一次杀进亚冠联赛。2011 年联赛赛季，广州恒大足球俱乐部在天河体育场创下全国顶级联赛主场氛围和上座率的新纪录，平均每个主场比赛吸引了 4.5 万观众，重现广州职业足球最辉煌鼎盛的气氛，广州球迷载歌载舞、欢呼雷动的盛况，广州主场成为中超联赛最亮丽的风景线。2011 年中超联赛开幕式和颁奖礼在广州举行，为中国职业足球联赛成功打造了最轰动的揭幕、最圆满的尾声。

2012 年，广州恒大提前一轮卫冕中超联赛冠军，成为历史上第一支卫冕冠军的球队。并且夺得足协杯冠军，成为中国职业联赛史上第三支获得联赛杯赛双冠王的球队。亚冠赛场，球队两回合 4 比 5 负于伊蒂哈德，止步八强。

2011 年 10 月 16 日，广州恒大足球队夺得广州史上首座顶级足球联赛冠军（黄晋文拍摄）

2013 年，广州恒大足球俱乐部以 2012 年中超冠军身份参加 2013 年亚洲足球俱乐部冠军联赛，以主场 6 战 5 胜 1 平、客场 6 战 4 胜 2 平的成绩进入决赛。10 月 26 日，广州恒大在客场对阵韩国首尔 FC，以 2∶2 取得客场平局；11 月 9 日，广州恒大在主场 1∶1 战平首尔 FC，以两回合 3∶3 而客场进球多的优势，成为亚冠历史上资历最年轻的冠军球队。恒大外援球员穆里奇以本赛季 13 个进球的成绩，荣获 2013 年亚冠联赛最佳射手奖、最有价值球员奖。广州恒大足球俱乐部参加 2013 年中国足球协会杯比赛获得亚军，参加 2013 年中国足球协会超级联赛获得冠军，获得 2011、2012、2013 年中超联赛三联冠军。

2015 年，广州恒大淘宝足球俱乐部与日本鹿岛鹿角、澳大利亚西悉尼流浪者、韩国首尔 FC 分在 H 组。经过小组赛 3 个主场 3 个客场的比赛，广州恒大淘宝足球俱乐部以 3 胜 1 平 2 负积 10 分获小组第一晋级十六强。在十六强淘汰赛中，以客场 2∶1 负、主场 2∶0 胜的成绩，淘汰韩国城南 FC 晋级八强。八强赛遇日本柏太阳神，以客场 1∶3 胜、主场 1∶1 平的成绩跻身四强。半决赛中，以主场 2∶1 胜、客场 0∶0 的战绩，淘汰日本大阪钢巴晋级决赛。决赛遇阿联酋迪拜阿尔阿赫利，以客场 0∶0 平、主场 1∶0 胜的总成绩夺冠。11 月 21 日广州恒大淘宝足球俱乐部继 2013 年首夺亚冠冠军后，再次获 2015 年亚冠冠军，成为中国足球、广州足球历史上首支获得三年双冠、连续五届中超冠军的足球队，并再次获亚足联最佳俱乐部称号，球员高拉特获 2015 年亚洲最佳外援、亚冠联赛最有价值球员、亚冠联赛最佳射手 3 项殊荣。

广州恒大足球队的夺冠，不仅创造了广州足球队参加职业联赛以来的最好成绩，还实现了中国足球运动的历史性突破，为推动广州足球事业发展和提升广州城市品牌，打造"国际体育名城"建设作出贡献。

（供稿：市体育局；编辑：张丽蓉）

举办广州讲坛

"广州讲坛"创办于 2002 年，是由广州市委宣传部主办的品牌学术讲座，致力弘扬人文精神和科学精神，广邀海内外知名学者到广州讲学，营造良好的文化学术氛围，是广州市推进理论大众化和文化惠民的一项重要品牌。至 2014 年，已举办 87 期讲座。"十二五"期间（不含 2015 年），"广州讲坛"共举办 17 期，每期到场人数平均 500 人左右，具体如下：2011 年 1 月 4 日，葛剑雄应邀到广东省博物馆作"岭南文化与世界文化名城"讲座；3 月 10 日，宋鸿兵应邀到广州图书馆作"金融高边疆——货币战争时代的金融理念与投资策略"讲座；4 月 21 日，梁衡应邀到广州大学作"阅读红色经典 感悟人生幸福"讲座；5 月 19 日，彭凯平应邀到华南师范大学作"心理和谐与人生幸福"讲座；6 月 1 日，王登峰应邀到广州大学作"健全人格与人生幸福"讲座。2012 年 4 月 19 日，韩少功应邀到华南理工大学作"文学与记忆"讲座；4 月 22 日，雷达应邀到华南农业大学作"当代长篇小说的审美经验反思"讲座；5 月 11 日，潘凯雄应邀到广州大学作"数字时代阅读的分众化"讲座。2013 年 4 月 2 日，叶兆言应邀到广东工业大学作"与时代有关的文学"讲座；4 月 11 日，施战军应邀到华南师范大学作"人文之心和文学之魅"讲座；4 月 16 日，刘醒龙应邀到中山大学作“文学的觉悟”讲座；4 月 23 日，叶辛应邀到暨南大学作“客过亭里论古今”讲座；7 月 6 日，茅威涛应邀到广州图书馆作“我们要看什么样的戏”讲座。2014 年 4 月 10 日，李锐应邀到华南师范大学作“双向的煎熬——对百年白话的反思”讲座；4 月 22 日，陈晓明应邀到华南理工大学作“文学：细节的力量”讲座；4 月 25 日，陈思和应邀到广州大学作“如何理解莫言的文学创作”讲座；4 月 28 日，阿来应邀到广东财经大学作“文学化想像下的中国边疆”讲座。

2014 年 4 月 25 日，陈思和主讲广州讲坛（广州大学）

广州讲坛自开办以来，得到各界的肯定，广受市民学生的欢迎，有效促进了广州公共文化发展和广州世界文化名城建设。它还具有五个亮点：

一是名家汇聚传播正能量。广州讲坛坚持精品导向，每期活动精心筹备，在主题策划、嘉宾邀请、主持人遴选、宣传推广、场地选定等环节精益求精、严格把关，确保整个讲坛活动的质量。2013 年著名作家叶辛作客广州讲坛时，专门邀请暨南大学教授、博士生导师费勇担任主持，与叶辛一同探讨文学创作问题；在邀请著名越剧艺术家茅威涛作客讲坛时，由广东南方电视台著名主持人姐江涛任主持，生动呈现越剧艺术魅力；2014 年，阿来作文学系列讲座时，由广东财经大学人文学院院长江冰教授担任嘉宾主持。专业学者担任嘉宾主持，深入解读，增强学术性，提高了主讲嘉宾与听众之间的互动性，提升了讲座效果。

二是贴近时代展示人文精神。广州讲坛既注重品牌层次和品牌培育，也紧跟形势发展，反映重大社会主题。邀请葛剑雄讲“岭南文化与世界文化名城”，阐述对海洋文明、岭南文化和广州世界文化名城建设的见解；邀请《货币战争》作者、国际金融学者宋鸿兵主讲“金融高边疆——货币战争时代的金融理念与投资策略”，以国际视野和金融历史的角度讲解国际金融发展形势；陈思和主讲“如何理解莫言的文学创作”，则是对中国首位诺贝尔文学奖得主的文化关注；阿来“文学化想象下的中国边疆”，通过文学书写的视角审视边疆民族地区的发展。

三是聚焦艺术奏响华美乐章。广州讲坛旨在通过邀请名家讲课，浸润城市文化，提高广州人文底蕴。如邀请叶兆言、施战军、刘醒龙、叶辛等知名作家、学者主讲文学创作与欣赏，提高听众艺术欣赏水平。为促进广大市民对传统戏剧文化的认识，专门邀请浙江小百花越剧团越剧代表人物茅威涛到广州图书馆讲“我们要看什么样的戏”，现场座无虚席，众多越剧迷慕名而来。该次讲座与随后在广州的系列越剧演出，丰富了市民文化生活。

四是服务市民群众，贯彻文化惠民。广州讲坛立足于服务市民、服务社会，通过开展高品质的公共文化讲座，丰富市民精神生活，提高文化欣赏水平。如梁衡的“阅读红色经典　感悟人生幸福”、彭凯平的“心理和谐与人生幸福”、王登峰的“健全人格与人生幸福”，就是从市民生活切入，注重培养良好心态，积极乐观、科学理性对待生活中遇到的各种问题，提高生活幸福感。广州讲坛还依托广州地区高校资源，开展讲坛进高校，分别在中山大学、华南理工大学、暨南大学、华南师范大学、广东财经大学、广州大学等举办讲座，深受广大师生的欢迎。

五是统筹宣传推广，扩大影响力。经过多年发展，“广州讲坛”已经成为广州公共文化建设的品牌。为便于统一宣传和推广，在“书香羊城阅读月”活动期间，广州讲坛同时开展，以更好利用宣传资源。同时，还选择与广州日报、广州市作家协会等合作，提升举办效果。每期讲坛开展前，通过《信息时报》等预报信息，还通过社科网、高校官网等渠道，广而告之，并制作精美卡片，加深讲坛印象。活动举办期间，邀请南方日报、南方都市报、羊城晚报、新快报、广州日报、信息时报、大洋网等媒体采访报道；部分媒体除了报道讲坛外，还会策划系列专题，对主讲嘉宾进行专访，或整合其他文化活动信息，使报道更丰满、更生动。为了积淀讲坛成果，组织编辑审定嘉宾演讲录正式出版，已由商务印书馆出版《广州讲坛演讲录》四辑，既固化了讲坛成果，扩大了宣传推广范围，又提升了品牌效应。

（撰稿：宋昌发；编辑：陈喆）

广府庙会

越秀区是广府文化发源地，也是广府文化中心地。为挖掘和弘扬广府文化，自2011年开始，越秀区以“广府庙会，幸福相约”为主题，以“政府搭台，民间唱戏”为原则，从农历正月十五日至二十一日，举办为期一周的广府庙会。以广州市中山四路城隍庙忠佑广场为主会场，在区内开设多个活动区域；同时举行大型的广府民俗文化巡游活动，向市民展现民俗文化、祈福文化、美食文化、商贸休闲文化等丰富多彩的文化活动。截至2015年已成功举办五届，打造成为广东省民俗文化活动品牌。

广府庙会概况。首届广府庙会于2011年2月17日至23日在越秀区北京路文化商贸旅游区举行。庙会以城隍庙为主会场，以府学西街、北京路、惠福美食街、大佛寺、五仙观等为活动分点，开展广府传统民俗文化活动，包括祈福文化、民俗文化、美食文化、商贸休闲文化等活动。共举行9场文艺演出、1场大型民俗文化巡游活动。在五仙观、大佛寺、六榕寺等场馆，举行灯会、非物质文化遗产展览、文化讲座、民俗文化表演及府学西街民间文化、惠福东路美食文化、北京路商贸文化展示等多项民间民俗文化活动；举办庙会重头戏——广府民俗文化巡游活动，巡游演出队伍人数350多人，巡游方队分别有醒狮队、城隍队、广府华彩队、岭南英歌队、腰鼓队、扇子队、舞龙队等，巡游路线从忠佑广场开始，经文德路、文明路、北京路、中山四路，最后返回忠佑广场。该届庙会参与群众达300多万人次。

第二届庙会于2012年2月6日至12日举行，重点突出广府味、亲民性、互动性、创新性，同时注重文化活动与产业相结合，庙会资金由中国移动公司提供赞助。在活动内容方面，划分出广府庙会中心区、美食区、非遗区、动漫区、元宵灯会区、游园区、互动区七大活动区，并增设“我要上庙会——广府达人秀”活动项目，发掘广府达人奇才。该届庙会巡游规模更为盛大，巡游队伍扩展成10个，内容更具广府特色，参加巡游的演出队伍人数超过1000人。该届庙会参与群众超过500万人次。

第三届庙会于2013年2月24日至3月2日举行，活动地点包括城隍庙忠佑广场主会场和府学西街、北京路、惠福美食街、大佛寺、五仙观等活动分区。该届庙会的民俗文化大巡游安排在开幕式当天，以逆时针方向行进，从忠佑广场起，经中山四路、北京路、文明路、文德路，最后返回忠佑广场。该届庙会邀请了韩国、土耳其等国家友好城区的传统民族艺术团队及香港的管乐队参加，为广府庙会增添了异域风采，体现了广府文化兼容并包的独特个性。文艺展演以弘扬广府文化为核心精神，用各种艺术形式演绎普通市民的衣食住行。广府达人秀从2012年12月启动，历时三个月，经海选、晋级赛、培训、PK、决赛等环节，评选出优秀的广府达人，并在文艺展演舞台上展现风采，获得了社会各界的普遍支持和赞誉。该届庙会由中国移动公司提供资金赞助，吸引了600多万名国内外市民游客参与。

第四届广府庙会于2014年2月14日至2月20日举行，活动在时空布局上着眼全区，划分了活动区、展示区、美食区、灯会区、商贸区五大功能区域，开展传统节日庆典、民间工艺展示、商贸、旅游、美食等丰富多彩的群众活动，举办9场“广府达人秀”比赛作为庙会的预热活动。庙会期间，举办民俗文化巡游1场、文艺展演19场、异域风情展演19场、艺术展览10场。该届庙会增设水上庙会，扩大了庙会的活动范围和辐射力。在内容安排上，在北京路新增了一连7天的异域风情展，融合了法国、韩国和非洲、南美等地的特色风情进行展示、展销、展演活动；此外，还在西湖路策划了骑楼展、老爷车展，实现了传统与时尚的结合。该届庙会由广府文化产业发展促进会提供资金赞助。

第五届广府庙会于2015年3月5日至11日举行，活动以城隍庙忠佑广场为主会场，以北京路、文德路、中山四路、惠福东路、西湖路、忠佑广场、五仙观、越秀公园、天字码头、公园前地铁站为支点开展活动。该届庙会增设了地铁庙会、小巷庙会。开幕式以“五周年的精彩绽放”回顾历届庙会的盛况，并分5个板块表演文艺节目，展现广府民俗文化的多元荟萃、广府美食文化的无穷魅力、广府爱情的甜蜜浪漫、广府达人的奇特绝技以及非物质文化遗产在广府的传承、发展和创新，同时，现场启动首届广东省非遗创意设计大赛。该届庙会中心舞台文艺演出19场，五仙观青年庙会文艺演出6场，西湖路广府茶居文艺演出35场，民俗文化巡游中的“神将队”和“南越王卫队”、水上庙会开船礼等受到

庙会期间举办的民俗文化大型巡游活动——城隍爷出巡

媒体的热捧。北京路步行街全部设为非遗展示区，并划分为南北荟萃非遗展区、岭南精粹非遗展区、非遗创意集市展区 3 个展区，共有 36 个非遗项目参展，比 2014 年扩大了展示范围和增加了非遗项目。新设的地铁庙会展示宣传广府非遗作品，开通地铁庙会幸福专列。该届庙会美食区携手美食评论家庄臣进行打造，同时利用网络平台联动北京路核心文化区范围内的知名美食企业打造广府美食 O2O，优选了一批广州知名的地道小吃和精致单品，为市民献上极具广府特色、来自广府人民传统记忆中的美食盛宴。该届庙会由广府文化产业发展促进会提供资金赞助。

广府庙会亮点。一是在广府庙会资金投入上，逐步实现社会化运作。广府庙会本着“政府搭台，社会参与”原则，建立广府庙会与社会企业合作机制，引导和鼓励社会参与庙会，积极推进广府庙会招商引资工作。在前四届的尝试过程中，逐步探索社会化运作机制，并从第五届庙会起，与广府文化产业发展促进会、时代地产公司开展战略合作，保障了广府庙会的顺利运行。

二是在广府庙会展现形式上，不断创新赋予新活力。广府庙会策划团队在重点突出庙会的广府味、民俗味、文化味上，吸收和培育多元化艺术，使广府庙会除了具有本土性外，还具有包容性、开放性。第二届广府庙会增加了“我要上庙会——广府达人秀”活动项目，并逐步打造成广府庙会活动品牌。第三届广府庙会邀请了韩国、土耳其等国家友好城区的传统民族艺术团队及香港的管乐队参加，增添了异域风采。第四届广府庙会增加了水上庙会。第五届广府庙会增加了地铁庙会、小巷庙会，巡游方队增加了天宫神将队、南越王卫队，使庙会不断焕发新光彩。群众参与人数逐年增加，逛庙会、看大戏、品美食，已成为市民节日活动的期盼。

三是在广府庙会保障上，逐步形成强有力的保障体制。越秀区委、区政府不断完善庙会保障工作，形成有效的保障工作运行机制。成立广府庙会组委会和广府庙会指挥部，设立活动组、安保组、保障组，加大保障力量，加强保障措施，全区上下齐努力，使庙会既保安全，又出精彩。

（撰稿：曾刚保；编辑：刘燕玲）

“千师万苗工程”

“千师万苗工程”是广州市全民科学素质工作领导小组办公室、市科学技术协会主办的大型公益性科技系列活动。市科协充分发挥和整合科协系统的资源优势，动员和组织广大科技专家组成科技导师志愿团，指导青少年开展各种科技创新活动，逐步把青少年的科技教育推向社会化和个性化。

2011 年 3 月 9 日，“千师万苗工程”办公室揭牌正式成立，负责工程整体策划、组织管理、宣传推广，向全市发起活动倡议，推进工程发展。科技导师志愿团由中国科学院院士张景中担任团长，科技导师分别来自省市各高等院校、科研院所、企事业单位、学会的教授和专家，具有教授、研究员、高级工程师等高级职称的导师占 92%，专业涉及生物、环境、化学、数学、物理、电子计算机、机械制造、建筑工程、医学、保健、地理等 10 多个领域。

5 月 25 日至 26 日，市科协名誉主席、中国工程院院士钟南山和市科协主席、中国工程院院士周福霖分别在千师万苗工程倡议书上签名。4 月至 5 月期间，千师万苗工程办公室重点开展“师”和“苗”结对子的活动。导师与学生及学生家长联系沟通，结成 203 对对子，并多次组织专家进入校园开展科技活动。7 月 3 日，“千师万苗工程”组织了四位科技导师与青少年结对见面会，科技导师王正询、罗飞、黄钧燊、李富潮四位教授按生物、工程、地理环境、化学四个学科进行分组，给市第二中学的学生进行指导。7 月 17 日，王正询、陈南、谢巍三位教授和刘怡、周松斌两位副教授为来自市 8 个区属 14 所学校的 58 名学生进行科技辅导，对学生的兴趣爱好进行引导和激发，及对科技论文和创意作品进行点评，并就如何深入挖掘创新点和引导课题拓展提升等提出专业的意见和建议。9 月 28 日，周福霖院士以“学会做人、学会做事、学会做学问”为题，在市第六中学举行报告会。至 2011 年年底，包括钟南山院士、周福霖院士、张景中院士等近千名科技工作者报名担任科技导师，36 所广州市中小学校的 3200 名学生报名参加活动，组织导师与青少年结成了 386 对科技对子。是年底，千师万苗工程办公室已为天河区少年宫、海珠实验中学、广东实验中学等 14 所共建单位授牌。通过单位共建，整合社会资源，以共建促工程，以共建促发展，达到“优势互补、资源共享、共同提高”的目的，“千师万苗工程”开始扬帆启航。

为进一步扩大“千师万苗工程”的影响范围，2012 年 9 月 28 日，首个“千师万苗工程”社区培训基地落户天河区黄村中海康城社区，标志着“千师万苗工程”正式走进社区。

2013 年市科协积极推动“千师万苗工程”开展。对“千师万苗工程”进行整体设计，并召开实施工作会议，动员组织区（县级市）科协、街道、社区与学会、企业科协以及科研机构、院校参加到工程中来，制定“千师万苗工程”

项目实施规范，明确保障条件和激励机制；以编制《千师万苗工程科技导师丛书》为切入点，逐步加强科技导师队伍建设；以市青少年科技馆展教模式转型为依托，辐射各千师万苗工作站，实行“区（县级市）科协开展千师万苗工程专项”和“科普基地、院校与科研机构以及企业科协开展千师万苗工程专项”申报。同年，海珠区建设“千师万苗工程”示范区，登峰街等14个街道建立“千师万苗工程”社区工作站，广州大学等高校师生参与“千师万苗工程”项目，市环境科学学会等7个学会建立“千师万苗工程”青少年科技辅导站，海珠区以机器人、陶瓷、科技英语为特色的工作站已显雏形，“千师万苗工程”科协系统实施体系基本建立。学会（协会、研究会）、企业、高等院校、科研院所、科普基地及其他市科协团体会员单位合作的“千师万苗工程”项目达到22项。市科协专项经费资助133个创新项目。周福霖院士选苗、与5位青少年多次结对开展科技活动；张景中院士在海珠实验中学设立了两个院士数学创新实验班，带领105名学生进行数学创新活动。此外，还开展了院士报告会、科技导师科技传播活动，组织青少年进高校、进科研实验室、进科普基地、进高新企业、走进大自然；组织青少年参加科技创新大赛，机器人竞赛等等。

2014年、2015年全市建立了14个“千师万苗工程”社区工作站，确立了与学会（协会、研究会）、企业、高等院校、科研院所、科普基地及其他市科协团体会员单位合作的“千师万苗工程”项目29项。市科协专项经费资助160个创新项目。

2014年7月12日，“千师万苗工程”——广州青少年科普互动大舞台观鸟科普知识大赛在市科协举办

2014年5月31日，"千师万苗工程——广州青少年科普互动大舞台"揭幕仪式在广州青少年科技馆举行。青少年科普互动大舞台将突出科普性、趣味性和可持续性的社会化特征，为青少年的科普教育、科学素养和科技创新能力培养做出不懈努力。10月25日，千师万苗工程——广州青少年科普互动大舞台之刘人怀院士报告会暨科学营活动在广州青少年科技馆学术报告厅举行。中国工程院院士、著名板壳力学和管理学专家、原暨南大学校长刘人怀院士应邀作了题为《百年追梦，科技兴国》的报告。10月26日，举办"千师万苗工程"——广州青少年科普互动大舞台"观鸟科普知识大赛"半决赛和决赛。11月15日，"千师万苗工程"——广州青少年科普互动大舞台"天文科普知识大赛"在广州青少年科技馆落幕。

截至2014年，已有1200多名导师加入了"千师万苗工程"导师志愿团，其中两院院士有钟南山、周福霖、张景中、刘人怀、刘颂豪、钟世镇、侯凡凡、何镜堂、吴硕贤、苏锵、谢先德、陈勇、周克崧、计亮年、陈小明等15位。13000多名加入了"千师万苗工程"的青少年在导师的带领下，在各学科领域中开展丰富多彩的社会化科普传播活动和科技创新活动，并得到了广大青少年、家长和社会各界的一致认可和好评。

2015年7月12日，由市科协和市教育局主办、市青少年科技中心和市青少年科技教育协会承办的2015年广州市青少年科技创新能力提升与项目培育活动首场师苗结对辅导会在广州青少年科技馆举办。31位来自广州市各学会协会、科研院所、高等院校和企业的教授、专家组成的科技导师辅导团队，对从科技申报项目中脱颖而出的200个项目进行专业配对和辅导。

（撰稿：何贯中；编辑：郑剑锋）

广州国际羽毛球培训中心挂牌

2011年，在世界羽联授权、中国羽协批准下，由广州市羽毛球协会注资成立并直接管理运作的广州国际羽毛球培训中心正式挂牌，成为世界羽联在中国以至亚洲内唯一的一个培训中心。

"十五"期间，广州市委、市政府提出"建设全国一流体育城市"的规划目标，广州市体育局结合广州市羽毛球项目的基础和条件，提出"构筑广州国际羽毛球文化，创建广州羽毛球品牌"的发展理念。为更快地推进广州羽毛球运动的普及和发展，加强与国际羽联的协调和合作，经过广州市羽毛球协会、羽毛球世界冠军关渭贞历时一年不懈的努力，2005 年，广州市羽毛球协会与国际羽毛球联合会达成建立广州国际羽毛球培训中心的意向。3 月 22 日下午，双方在广州花园酒店签署备忘录。6 月 19 日晚，在广州东方宾馆举行广州国际羽毛球培训中心签约和授牌仪式，国际羽联新任主席姜荣中（韩国）向广州市授予了“IBF 广州国际羽毛球培训中心”的牌匾。

北京奥运会羽毛球项目参赛队伍达 50 个，相较希腊奥运会的 32 个国家有大幅提升，并成为羽毛球自正式被国际奥委会接纳为奥运正式比赛项目以来参与队伍最多的一届，参赛运动员有 173 名。培训中心出色完成国际培训任务。在北京奥运会上，赞比亚、乌干达、尼日利亚、南非、埃及和塞舌尔 6 个国家参赛。其中，赞比亚、埃及、尼日利亚等国家曾委派运动员前来广州受训。

广州国际羽毛球培训中心原选址广州二沙岛烟雨路，规划总建筑面积为 1.3 万平方米，建筑面积约 6000 平方米。培训中心由羽毛球综合馆、国际羽联办事处及羽毛球文化博物馆组成。2007 年，广州国际羽毛球培训中心列为第十六届亚洲运动会重点建设项目，改选址在萝岗区科学城奠基。2010 年广州国际羽毛球培训中心建成。2011 年 3 月 18 日上午，广州国际羽毛球培训中心举行挂牌仪式，正式对外开放。

建成后的广州国际羽毛球培训中心占地面积 27863 平方米，建筑面积 21164 平方米，其中正规比赛场地 4 个、训练场地 20 个、观赛座椅 2800 多个，是一个完全按照世界顶级羽毛球赛事标准建设、专门为羽毛球项目而设计的综合性多功能体育场馆。培训中心核心任务是完成世界羽联计划内的培训业务，并在此基础上，开展各类羽毛球项目的推广营运。

培训中心成立有利于进一步开拓和培养广州、广东乃至全国的羽毛球市场，更快地推动羽毛球运动的普及和发展，同时，宣传广州的城市形象和中心城市的影响力。通过加强与国际羽联的协调和合作，为世界羽毛球运动的发展作出贡献。

（供稿：市体育局；编辑：张丽蓉）

广州大学设立国家级人权教育与培训基地

2009 年 4 月，国务院新闻办发布《国家人权行动计划（2009—2010）》，明确提出在国内开展人权教育的各项目标和要求，其中一条措施是“选取若干开展人权教育较早的高等院校作为人权教育与培训基地”。据此，2010年，广州大学人权研究院院长、中国社会科学院荣誉学部委员李步云教授向中国人权研究会及中央有关部门建议在国家层面设立国家人权教育基地，以调动有关高校开展人权教育的积极性，整合各方面的教学资源，提高工作效率，保障该项工作的可持续发展。中央有关领导对此建议作出重要批示并责成教育部等有关部门积极着手组建国家人权教育与培训基地。

2011年7月6日，教育部与中央对外宣传办公室联合发布《关于批准南开大学、中国政法大学、广州大学成立国家人权教育与培训基地的通知》，批准广州大学人权研究与教育中心为国家人权教育与培训基地，广州大学成为全国首批3个国家人权教育与培训基地之一，同时获批的还有南开大学人权研究中心和中国政法大学人权研究院。根据教育部组建国家人权教育与培训基地的要求，广州大学人权研究院主要承担7个方面任务：开展人权学术研究；为政府提供人权有关的政策性建议；传播人权理念，在各级国家机关和社会团体的工作人员中开展人权教育；为社会组织、团体和个人提供与人权有关的法律咨询；为弱势群体提供法律援助；开展与人权有关的国际交流与合作；建立国内一流的人权图书资料中心和人权信息网站。

广州大学人权研究院原名广州大学人权研究中心，成立于2004年7月，以人权研究和人权教育为己任，立足本校、面向全国、放眼世界，以科研强院为基础，积极开拓渠道、开展面向不同受众的多层次的人权教育与培训。自研究院成立以来，其科研人员主持各类科研项目90余项，其中国家社科基金重点项目2项，国家社科基金其他项目7项，教育部基地重大项目3项，其他项目70余项；出版专著70余部，主编教材3部；发表论文300余篇；获省部级以上奖励10余项。近十年来，广州大学人权研究院在对国家公职人员和社会公众开展人权培训方面取得了突出的成绩。研究院组织了对粤、湘、赣地区的警察、法官、检察官、律师等各类社会群体的人权培训50余期，培训人数达5000余人。研究院科研人员还积极参与各类社会实践，面向各省市政府部门、多所高校作有关人权的学术讲座上百场，受众达20余万人。

研究院按照教育部重点学科基地和社会科学创新基地的模式组建和运行，设有单独的编制、固定的办公场所和专门的办公经费。研究院现有专职科研人员12人，行政人员1人。专职科研人员中有特聘教授3人、教授（研究员）5人、副研究员1人、讲师3人。另外，中心聘请了校内外兼职教授（研究员）17人。专职研究人员以法学学科为主，并涉及历史学、社会学、伦理学等学科。为进一步优化与创新国家人权教育与培训基地工作，研究院根据研究需要设立了人权理论与历史研究所、司法人权研究所、工商业与人权研究所、公众参与研究所、弱势群体研究所、残疾人人权研究所、律师与人权研究所、人权文化传播中心、人权教育培训中心、公益诉讼与法律援助中心、广州公权力观察研究中心等11个研究机构。2007年，广州大学人权研究院被广东省教育厅遴选为广东省普通高等学校人文社会科学重点研究基地，是国内首个以人权为研究主题的省级重点研究基地。2013年，广州大学人权研究院与南开大学人权研究中心、中国政法大学人权研究院、西南政法大学人权教育与研究中心共建人权建设协同创新中心。

（撰稿：舒赧；编辑：卢玉华）

广州选手在世界技能大赛荣获佳绩

世界技能组织（World Skills International）成立于1950年，其宗旨是提升世界范围内职业技术和职业培训的水平与标准。世界技能大赛被誉为“技能奥林匹克”，竞技水平代表了各领域职业技能发展的世界标准，也体现出各个国家和地区的专业化水平。该组织已有70多个国家和地区成员，其中中国香港、澳门和台湾地区均较早加入。世界技能组织每两年在其会员国家或地区内轮流组织世界技能大赛。该组织最早的比赛始于西班牙，20世纪60年代初期亚洲国

第43届世界技能大赛银牌获得者钟建伟（右一）与各国获奖选手合影

家当中日本率先参赛，1981 年美国也参加了比赛。2010 年中国大陆才正式加入世界技能大赛组织。

2011 年 10 月，中国首次派代表队参加第 41 届世界技能大赛。最终，中国代表团取得 1 个项目银牌、5 个项目优胜奖。其中，来自广州市工贸技师学院学生李骞获得网站设计项目优胜奖，华南理工大学学生魏俊杨获得 CAD 机械设计项目优胜奖。

2013 年 7 月 2 日至 7 日，中国代表团在第 42 届世界技能大赛中收获 1 银 3 铜以及 13 个项目优胜奖的优异成绩。广州市选手同样发挥出色，来自工贸技师学院的冼星文获得了制冷与空调项目铜牌，田科（网站设计项目）、阮维卓（信息网络布线项目）、吴泳超和曾明智（机电一体化项目）、林泽生（机械设计 CAD 项目）分别取得第 4、6、7、10 名，获得优胜奖，广州市参赛人数和获奖数量均取得了历史性突破，占中国获奖总数的近三分之一。

第 43 届世界技能大赛银牌获得者谭伟创（右一）与各国获奖选手合影

2015 年 8 月 11 日至 16 日，第 43 届世界技能大赛在巴西圣保罗举行，广州市有 5 名技能选手入选国家参赛代表团，占代表团人数的近六分之一。经过激烈争夺，广州选手钟建伟、谭伟创分别取得了制冷与空调、CAD 机械设计两个项目的银牌，林洪伟取得了信息网络布线项目的铜牌，冯俊杰、李群嘉分别取得了网站设计、网络系统管理项目的优胜奖，广州获得奖牌数占中国所获奖牌数的五分之一，广东省近二分之一。奖牌数量和获奖层级均比上届参赛有新的突破，为中国代表团做出了重要贡献，为祖国争得荣誉，为广州增添光彩。

广州作为改革开放的前沿地和国际化大都市，不仅在中国加入世界技能组织中发挥了积极作用，而且凭借职业技术和技能人才培养方面的领先地位，在 3 届世界技能大赛荣获佳绩。

（撰稿：石文海；编辑：曾新）

《中国共产党广州历史》（第二卷）出版

《中国共产党广州历史》（第二卷）的编写是广州党史部门的一项基本任务，是资政育人的基础性工作。2011 年 12 月，《中国共产党广州历史》（第二卷）由中共党史出版社正式出版发行，它是一部具有很高的学术性和政治性，具有鲜明特色的党史基本著作。

该书在写作和修改的过程中，充分发挥老领导、老同志以及专家学者的作用，向市委、市政府及相关部、委、办、局部分老领导、老同志，省市部分专家学者共 40 多人发出了征求意见稿，先后召开 10 余次审稿会，倾听各方面的意见，吸收最新的研究成果，把握好历史发展的主线，突出党性和地方特色。《中国共产党广州历史》（第二卷）记述从 1949 年 10 月广州解放至 1978 年 12 月党的十一届三中全会召开的近 30 年间，中国共产党在广州的各级组织领导全市人民建立并巩固新生政权，贯彻新民主主义建国纲领，恢复国民经济，开展各项社会事业的建设，实现由新民主主义向社会主义过渡，建立社会主义基本制度，并初步探索社会主义建设道路的历史。全书共 40 万字，分为新民主主义建国纲领的贯彻与实施、计划经济建设的开始和社会主义三大改造、社会主义建设事业的全面展开与曲折发展、“文化大革命”十年内乱、走向伟大的历史转折共 5 章 26 节。书中还披露了许多鲜为人知的历史细节。

如广州当年“烟楼多于米铺”。新中国成立初期的广州，旧社会传袭下来的黄、赌、毒现象十分严重。全市鸦片烟馆 1300 多档，呈“烟楼多于米铺”之状。广州公安机关在人民群众的配合下，对全市地下烟馆进行了多次扫荡，至 1950 年 3 月，共破获烟毒案 754 宗。1949 年年底，广州市设立妇女教养所，收容娼妓近万名。通过扫除黄、赌、毒，广州社会环境逐步安定和净化。

基立村原是“疍民”定居点。“疍民”是指新中国成立前珠江上的水上居民。1954 年 6 月，周恩来总理参加日内瓦会议后回国途经广州，专门关心过问水上居民的境况。1956 年，广州市委决定每年从地方财政拨出 20 万元解决水上居民上岸定居和就业问题。1958 年正式撤销珠江区委、区人委的编制。1959 年又拨出 200 万元在海珠区基立村集中兴建水上居民住宅。1971 年，广州市最大的水上居民住宅群——滨江新村建成，从此水上居民结束了世代漂泊水上的生活。

又如悼念周恩来总理活动用广州鲜花。1976 年 1 月 8 日，周恩来总理逝世。

当天傍晚，广州花木公司接到北京方面电话，希望广州能提供鲜花，以供悼念之用。1月9日清晨，广州花木公司派出近20名业务员到市郊、花县、南海和顺德等地采购。鲜花采购后，花木公司的干部工人加班加点进行包装。1月10日凌晨4时把第一批鲜花送到了广州白云机场，赶上开往北京的早班飞机。从10日至15日，寄托着广州人民对周总理深切悼念之情的13万枝菊花、玫瑰、芍药、剑兰和一批制作花圈用花源源不断地空运到北京。

《中国共产党广州历史》（第二卷）是广州市委党史研究室历时八年组织编写完成的一本党史基本著作，也是广州党史工作者在建党90周年之际在党史研究方面取得的重要理论成果，是广州党史学界共同完成的重要工程项目。

（撰稿：周艳红；编辑：曾慧娟）

广州国际灯光节

2011年，广州市举办首届广州国际灯光节，至2015年，已连续举办五届，主要采取“政府搭台、企业唱戏”，整合市场资源、引导企业参与，走市场化运作的方式。每届灯光节均包含开幕式、艺术灯光作品展、闭幕式以及其他相关活动。广州市每年用于举办灯光节的专项经费约300万元至500万元，主要用于灯光作品设计、安保、工程监理、场地及设施维护、宣传、策划组织、水电、中国照明学会合作、招标代理等方面。根据《2012—2016年广州国际灯光节承办协议书》的相关条款要求，承办方每年投入不少于2500万元，以自筹为主，可以使用政府资源做广告、灯光作品植入广告以及灯光节期间开展商业活动、场地免费使用等。

2015年11月14日，第五届广州国际灯光节在海心沙隆重开幕。灯光节活动主要包括开幕式、艺术灯光作品展、创意灯光作品大赛及摄影大赛，并举办《小王子》大型童话灯光主题展及首届国际灯光创意城市论坛，同时在珠江前航道七座桥梁及珠江新城17座连廊上设置灯画作品，还开辟了10所高校联展专区，给青年设计师们一个展示奇思妙想的舞台，演绎对于未来灯光的期待和梦想。观众在国内首次实现以俯瞰为最佳观看角度的演出场景，并亲身体验3D全息声效系统带来的声随光动、声光互动的神奇听觉感受。

2015年，广州国际灯光节凭借着绚丽的灯光作品，以及不断传承文化，探讨人文，普及环保节能理念的内涵，被联合国教科文组织评为“国际光年”

2014 年广州市国际灯光节

（光和光基技术国际年）特别活动，并在“国际光年”官网作出了特别推荐。“国际光年”是联合国为了纪念千年来人类在光领域的重大发现而设定的特别活动。“国际光年”强调推送可持续发展、解决能源、教育、农业和卫生等世界性问题的光技术的重要性。正是由于这些重要性，广州国际灯光节的国际影响力进一步增强。

广州国际灯光节已成为市民喜闻乐见的节庆活动，成为宣传广州新形象的一张靓丽名片，成为推动广州绿色照明事业发展、促进广州新兴照明产业进步的重要载体。灯光节提供展示与运用各种照明新技术与节能技术的创新平台，为广州照明行业带来新理念、新技术和新产品，是一场融合了先进照明及互动技术，将科技与艺术完美结合的公共文化盛事。

（撰稿：高戈；编辑：罗锦强）

建成全国首个法律语言学实验室

广东外语外贸大学于 2012 年 3 月建成中国首个法律语言学实验室，标志着法律语言学从理论研究向应用研究的跨越，是语言科学与现代实验技术密切结合的成功尝试。

广外法律语言学实验室设计充分吸收国内其他类实验室建设经验，兼顾与国际同类实验室技术的互补性，同时独具特色，采用新的理论，重视新实验技术的研发。该实验室总面积64平方米，包括3个分析室和被试等候区，每个分析室约14平方米。实验室设备包括心理测试仪（测谎仪）（PG－10A型）、语音工作站（CSL4500型）、文件翻拍仪、显微照相和高倍放大设备、语篇信息分析软件、多模态分析软件、统计分析软件等，均可接入互联网和专用信息库。首批实验技术人员于2012年3月5日至9日接受了中国科学院自动化研究所心理测试工程中心培训。3个分析室分别为法律语言心理分析室、法律语音分析室和法律文本分析室。法律语言心理分析室用于对语言心理的分析，通过语言研究心理活动并进行语言心理鉴定，采用心理测试仪进行验证，首开先河启动了法律语言心理研究。法律语音分析室用于语音识别和鉴定，该室的语音工作站是一套语音分析软硬件设备，与计算机配套，通过采集语音样本、进行语音分析，最后确定样本的质量、来源、讲话人特点等信息，可与广东省公安部门的语音工作站形成互补，有利于开展深入合作。法律文本分析室用于文本作者鉴别、文本内容分析、版权分析等，该室的设备一部分用于文档的初步鉴定和筛选，兼具辅助验证功能，另一部分用于文本的深度分析。

“广外法律语言学实验室技术”是法律语言学实验室的主要特色。该项技术充分整合仪器测试技术和广外法律语言学研究成果及语言分析技术，采用语篇信息理论和语篇信息分析方法，对实验所涉及的语言材料进行语篇信息分析，采用仪器进行实验分析，结合两种分析的结果，解决法律实践中的语言问题，如语言证据、刑事案件线索、讲话人和作者的技术鉴定等。

截至2015年年底，各分析室已完成多个研究项目，如法律文本分析室的“法律文本作者身份识别的探测研究”；法律语音分析室的“基于法律语言学实验室平台的语音识别研究”；法律语言心理分析室的证人证言可信度分析。实验项目包括学术研究课题和实验室基本技术的扩展、新技术研发和社会服务项目。广外法律语言学实验室的建设开辟了法律语言学研究的新领域，是中国法律语言学研究从基础理论探索向应用研究转变的显著标志。

（撰稿：杜金榜　关鑫；编辑：卢玉华）

老广州民间艺术节

老广州民间艺术节自2012年开始逐年举办，荟萃广州民间艺术精粹，展示广州岭南文化精髓，除举办荔湾传统习俗活动外，还突出时代气息，组织开展相关活动，已成为荔湾区重点打造的历史文化名片。

2012年首届老广州民间艺术节于3月23日至28日由中华文化促进会、广东省民间文艺家协会、广州市文化广电新闻出版局、荔湾区委区政府联合主办。“三月三·荔枝湾”活动呈现“转文塔、祭北帝、百位名家游西关、西关五宝汇荔湾、名人名嘴说西关、岭南小吃聚西关、粤剧名伶唱西关、经典韵律响西关、青春时尚炫西关、岭南书香飘西关”十大亮点。按照“传统风采，现代气息”的原则，活动期间还临时成立了“五宝坊”工作室，展示由大师级工艺师制作的牙雕、玉雕、木雕、广彩、广绣等作品；何香凝艺术中心展示“西关五宝”及剪纸、押花、广州榄雕、广州珐琅等工艺品；荔湾湖公园内举行西关美食文化展示和表演，并以图文结合的方式介绍西关传统美食的典故、由来、名人轶事等。

2013年老广州民间艺术节包括“寻找广东——十大传统美食之乡”暨2013年老广州民间艺术节“三月三·荔枝湾”、第二届岭南民俗文化节暨2013年老广州民间艺术节“五月五·龙船鼓”系列活动。

2013年老广州民间艺术节

“寻找广东——十大传统美食之乡”暨2013年老广州民间艺术节“三月三·荔枝湾”于4月12日在荔湾区仁威广场举办，在老广州民间艺术节“三月三·荔枝湾”民俗活动的基础上融入“美味广东——寻找广东十大传统美食之乡”评选活动启动仪式，重点打造“三月三，北帝诞，踏春游荔湾”的荔湾文化品牌。北帝诞祈福复现荔湾传统民俗，在仁威广场举办祈福、拜祭、舞狮助兴等传统民俗活动。"美味广东——寻找广东十大传统美食之乡"评选活动，共有"泮溪酒家""广州酒家""莲香楼""陶陶居"等老字号名店和"开记甜品""陈添记""老西关美食城""林师傅"等西关传统特色店铺等30家荔湾餐饮企业入围首批"西关美食人气店"。

第二届岭南民俗文化节暨2013年老广州民间艺术节"五月五·龙船鼓"于6月12日至16日举办，活动范围包括荔枝湾景区、文化公园、荔湾体育馆、广州美食园等。开幕式在荔枝湾水上舞台举行。2013年老广州民间艺术节"五月五·龙船鼓"与岭南民俗文化节结合举办，将广东传统龙文化、广州荔湾水文化和现代艺术表现形式有机结合，分别以"群龙欢腾游荔湾、欢乐龙舟闹荔湾、花船飘色游珠水、岭南武术赛省城、西关五宝汇羊城、琴棋书画绘花城"六大板块，展示独具岭南特色的荔湾端午盛宴。

2014年老广州民间艺术节包括"三月三·荔枝湾·北帝诞"和"五月五·龙船鼓"。"三月三·荔枝湾·北帝诞"活动于3月31日至4月4日在荔枝湾举行。除举办传统贺北帝祈福仪式、水陆醒狮游、打铜工艺文化展外，还新增水上集体婚礼、中华文化博览汇等特色活动。"五月五·龙船鼓"于5月31日至6月2日举办，将岭南传统龙舟文化、端午粽文化与2014世界杯文化相结合，通过水上祈福、水上龙舟饭、端午"粽"动员、曲韵声声、龙舟文化展、激情世界杯六个部分，展现龙舟文化、粽文化、非遗文化魅力。

2015年老广州民间艺术节包括"荔枝湾三月三踏春季"和"五月五·龙船鼓"。"荔枝湾三月三踏春季"于4月21日在荔枝湾拉开序幕。此次活动以仁威庙北帝诞为核心，延续北帝出巡传统，首次加上水上展示部分，通过"北帝出巡""北帝祈福""水上展示""恭迎北帝"四个环节，结合以泮塘舞狮队为主力的群狮拜贺和水上祈福神龙出水的舞龙庆贺，体现北帝主水、风调雨顺的美好祝福。此次活动还新增"粤剧快闪传承"、"才子佳人踏春"、"西关风情角"等特色活动。"五月五·龙船鼓"于6月20日在荔枝湾、荔湾湖公园举行。龙舟活动由泮塘村自发组织筹备，注重传统节日的原汁原味。来自泮塘、盐步等地14条龙舟造型巡游，其中有盐步老龙、泮塘"仁威"凸眼龙，以及唯一一支成立于2013年的泮塘女子龙舟队。"五月五·龙船鼓"还开展系列常态活动：在梁家祠有富山香道物品、器皿展示，牦牛骨雕展示，荔湾传统风情书画演示活动；在泮塘人家生活馆有明清高仿画展，汉服婚俗表演，中华传统茶文化交流；在荔园有百科读物免费阅读；在荔枝湾大戏台有粤韵风华粤剧、粤曲表演。还开展了传承文明践行公益、传统民俗体验、展览、汉服走秀等活动。

（撰稿：汪宏保；编辑：陈喆）

越秀区“区域教育现代化”建设

越秀区立足“广东省基础教育标杆”“南方教育高地窗口”发展定位，以推进区域教育现代化和“广东省教育综合改革实验区”为切入点，打造“学在越秀”品牌，形成结构优化、规模优裕、质量优异的现代化教育体系。

2012 年 4 月，越秀区被广东省教育厅认定为首个“广东省教育综合改革实验区”。以此为契机，越秀区成立区教育综合改革领导小组，全面推进“广东省教育综合改革实验区”建设。与广东省教育研究院签订战略合作协议，推进广东省教育科学“十二五”规划立项课题《转型期区域教育科学发展体系创新与实践探索》研究。9 月，广东省委政策研究室刊出题为《争当建设南方教育高地的排头兵——广州市越秀区创建教育现代化先进区的调研报告》，高度评价越秀教育改革成果。

开展学区建设。越秀区成立横向合作中学学区 4 个、小学学区 6 个，纵向连贯多学段教育集团 2 个，其中广州育才教育集团为广州首个名校教育集团，培正教育集团所有成员单位均为百年名校（园），试点立体学区建设有序开展。建立“三共享、两建立、一考核”学区建设工作机制，建成覆盖教育科研、教学质量分析、行政管理、教育评估等方面的学区信息化支撑平台，学区资源覆盖区属中小学 80 所，近 10 万名学子受益。

开展素质教育。越秀区坚持“育人为本、德育为先”思想，启动书香校园全员阅读工程，开展一年级新生开笔礼活动、广府读书活动、“美丽中国·我的中国梦”主题教育，举办全区中小学生环保讲演大赛、区中小学生环保漫画大赛活动；组队参与全国青少年校园足球联赛暨东亚国际邀请赛、广州市青少年运动会等青少年体育赛事，并取得优秀成绩。“十二五”期间，越秀区被教育部授予全国“阳光体育运动先进县（区）”称号，被国家体育总局航管中心授予首批“全国科技体育传统校示范区”称号（全国共 7 个）；东风东路小学被认定为“广东省培育和践行社会主义核心价值观示范点”，广州市第三中学等 3 所学校被授予“全国学校场馆向公众开放先进单位”称号，东风西路小学等 7 所学校被评为“广东省体育特色学校”等。

提升教育国际化水平。成为“广州市基础教育国际教育与合作试验区”之一，实施“131”计划（建设 1 所高水平外国语学校，高标准打造 3 所有优质国际交流与合作项目窗口学校、1 所有优质国际交流项目少年宫），加强教育交流合作。越秀区教育局及美国加州弗雷斯诺市教育局签订合作意向协议，广州市第二十一中学、广州市贸易职业高级中学等学校与美国、澳大利亚等国的高中、大学建立长期合作关系，其中贸易职业高级中学的“ATU”本科国际课程项目成为广东省首个职业中学国际课程项目。区属学校、师生参与国际竞赛、海外游学、夏令营、姊妹学校访问等对外交流项目活跃。

教育信息化应用深化。2010 年至 2014 年，越秀区投入 1.8 亿元进行教育信息化建设，教育信息化硬件基础设施均衡配置，所有中小学、幼儿园均通过光纤上联区教育城域网，截至 2015 年年底，建成电脑室 273 间，多媒体教学平台 3685 套，为教师配置笔记本电脑 6478 台、台式电脑 3667 台。100% 的中小学一线教师配备笔记本电脑或办公电脑，100% 的中小学配置 2 间以上电脑室，100% 学校建设有智能交互一体机，100% 中小学课室及专用场室配置多媒体教学平台；100% 学校建设千兆主干校园网，100% 学区牵头学校配备“录播易”，100% 学校校园网通过光纤宽带千兆接入区教育城域网，通过 1GB 中国电信互联网出口和 1GB 市教科网光纤出口接入国际互联网；100% 区属国家考试定点考场安装网络巡考监控系统，与省市区考试中心相连接；100% 学科教师熟练使用学科工具软件。

（供稿：越秀区地方志办；编辑：陈文敏）

广州图书馆新馆建成

广州图书馆新馆坐落于广州市的新城市中心——花城广场，位于城市新中轴线和古老珠江交汇处，面向广州塔，与周边的广东省博物馆、广州大剧院、广州市第二少年宫形成文化共同体，成为广州的文化窗口。新馆占地面积 2.1 万平方米，总建筑面积 10 万平方米，总投资 13.14 亿元。新馆地下 2 层，地上建筑设中庭，把新馆分成南楼和北楼，北楼 10 层，南楼 8 层，是世界上规模最大的城市图书馆之一。

2004 年 10 月，广州市发展计划委员会正式批复，同意广州图书馆新馆建设项目立项。2004 年 10 月至 2005 年 1 月，广州图书馆新馆国际邀请建筑设计竞赛面向全球征集最佳设计方案。2006 年 2 月 20 日，广州图书馆新馆正式奠基。2012 年 4 月 30 日初步竣工，2012 年 12 月 28 日起试开放，2013 年 6 月 23 日起全面开放。

广州图书馆新馆以“美丽书籍”为设计理念，依托城市新中轴线景观，采取东西走向、南北塔楼、独特的“之”字优雅体造型，突出层叠的建筑肌理，寓意书籍的重叠和历史文化的沉积，同时融入骑楼等文化元素，体现了岭南建筑艺术特色，2011 年入选“新广州好”百景。以“连接世界智慧，丰富阅读生活”为愿景，“建设以人为中心、一流的国际大都市图书馆”为总目标，定位为区域内的体系建设推手、城市文化地标、终身学习中心、泛在知识门户、公共交流平台、多元文化窗口等六大功能，秉持“理性、开放、平等、包容”的理念，致力成为促进阅读、交流与分享，激发理性、灵感与想象力，倡导社会和谐包容的公众共享空间。

广州图书馆新馆因其独特的建筑设计，被称为“国内目前倾斜角度最大的框架结构”。其中南楼整体向北倾斜 6. 8—14. 8 度，北楼南侧柱向南倾斜 8. 3—12. 67 度，北侧柱向北倾斜 2—14 度，中间部分分开叉柱倾斜达 17 度。在 8 层结构合拢前，南、北楼均属悬臂结构，全靠首层柱的抗弯、抗剪能力支撑。第八层以上，通过万向铰和连杆的安装，将它们连为一体，这样便实现了整体结构的稳定和安全。

新馆现藏文献 733 万册（件），阅览座位 4000 个，公用计算机 500 台，有线网络节点 4000 个，无线网络全覆盖。2015 年日均接待公众访问 2 万人次、注册读者 1000 人次、外借文献 2. 4 万册次、举办活动 3. 3 场次。实现藏、借、阅、咨一体化；全面应用无线射频识别技术（RFID）、文献自动分拣系统、自助服务设备，实现高效精确的典藏管理与便捷服务；设置综合服务区、大众服务区、对象服务区、主题服务区、交流服务区、藏书区等功能区域，具有鲜明时代风格和浓郁岭南人文蕴涵。

广州图书馆新馆是广州市重点建设项目、文化惠民工程之一。它的建成对提升人民群众的文化素养，加强社会精神文明建设有着重要的意义。

（撰稿：曾慧娟；编辑：陈文敏）

“团一大”纪念广场建成

1922 年 5 月 5 日，中国社会主义青年团第一次全国代表大会在广州东园召开。2011 年 6 月，广东省社科院原院长、广东省社科联原主席张磊等专家联名提出《关于“修建东园历史文化广场，给力广州世界文化名城建设”的建议》，中共中央政治局委员、省委汪洋高度重视并作出重要批示。2011 年 9 月 28 日，广东省委常委、广州市委书记张广宁到东园视察并主持召开会议，对修建东园历史文化广场提出要求。中国共青团的成立和省港大罢工，是中国现代史上两大重要事件，对中国乃至世界青年运动史、工人运动史具有划时代的意义。要积极推进“团一大”纪念广场和东园历史文化广场规划建设，打造展示广州近现代革命历史的窗口和广州城市“新名片”。

“团一大”纪念广场及东园历史文化广场建设按照“科学定位、整合资源，统一规划、分期实施，突出特色、打造精品”的原则推进。2012 年 5 月 8 日，广东省纪念建团 90 周年暨“团一大”纪念广场落成仪式在广州举行。中共中央政治局委员、广东省委书记汪洋，共青团中央书记处第一书记陆昊，广东省委副书记、省长朱小丹等出席落成仪式。来自北京、上海、广州、武汉、南京等共青团的历次代表大会召开地、“团一大”代表来源地的优秀团员青年及各界青年代表参加落成仪式。

“团一大”纪念广场位于广州市越秀南路与东园横路交界处，东至东市北街，西至越秀南汽车站东侧围墙，南至东园横路，北至越秀南汽车站员工宿舍楼。“团一大”纪念广场是广东省首个共青团历史文化主题纪念广场，总建筑面积约 3744 平方米，广场沿越秀南路分为东、西两部分。东广场面积 1404 平方米，主要为绿化景观，供游人休憩，建有“志愿驿站”（“团一大”纪念广场站），是广州 150 个城市志愿服务站之一，“志愿驿站”依托“团一大”志愿服务队开展“团一大”历史宣讲，为游客提供咨询指引服务。西广场面积 2340 平方米，其中最夺人眼球的是一整座砖红色的雕塑，由广州美术学院负责设计创作。主雕塑依托地铁站出风口建设，呈现“品”字型结构。整座雕塑高 9.9 米，为红砂岩材质，像一本“展开的共青团历史之书”。雕塑上面部分是飘扬的团旗，团旗底部和下方两个基座形成一座拱门，寓意“青春之门”。雕塑下方主舞台，进深 5.4 米，五层四级、每级台阶进深 0.54 米、总高约 0.61 米，寓意共青团带领团员青年和少先队员在五四精神指引下为共产主义不懈奋斗。浮雕以雕塑基座立面为展示载体，分别依托雕塑基座的 6 个立面设计创作 6 幅浮雕画面，南侧基座正面浮雕是“团一大”旧址介绍，北侧基座正面浮雕是“入团誓词”，两个基座的其他立面分别为“青春汇洪流”“群英聚东园”“立纲铸伟业”“先驱连工农”浮雕画面。

“团一大”纪念广场集教育、文化、活动等功能于一体，是广州爱国主义教育基地、仪式教育活动阵地、团员青年服务窗口和青少年文化展示平台。

（供稿：团市委；编辑：李玉平）

广州亚运会亚残运会博物馆建成

2010年11月12日至12月19日，广州成功举办第16届亚洲运动会和首届亚洲残疾人运动会，大大提升广州城市国际影响力。为了更好传承亚运遗产，再现亚运盛会的辉煌历史，广州市委、市政府决定兴建广州亚运会亚残运会博物馆（简称亚博馆）。经过一年多的紧张筹备，该馆于2012年5月18日建成正式对外开放。

2012年5月18日，广州亚运会亚残运会博物馆开馆仪式在亚体中心举行（黄晋文拍摄）

亚博馆位于广州天河体育中心西大门、广州亚组委原址——广州亚运体育文化中心。亚博馆总面积约4000平方米，其中馆内展厅面积2500多平方米，亚残运圣火广场面积1500多平方米。展览共分为亚运历史、亚运申办、亚运筹备、赛会运行、亚残运会及新广州、新形象6个部分，所展出珍藏的物品、图片、摄像资料达2000多件（套）。正门入口处弧形的玻璃窗设计动感十足，现代气息浓厚。亚博馆力主展示亚运会亚残运会的辉煌，诠释亚运文化遗产，弘扬亚运精神。广州亚残运会火种，作为广州这座城市对亚洲残疾人事业的一种贡献，永久留在该馆中进行展示。作为镇馆之宝——国家主席胡锦涛点燃的亚运会第一棒火炬也陈列于馆内。亚博馆还收藏两件浑然天成的宝贝，一个是发现于古丝绸之路的陨石——新疆人民赠送给亚组委的一块名为“亚运石”的大陨石。另一个是亿万年前巨树凝聚日月山川精气硅化而成的一块重达3吨的硅化木。

亚博馆建成后，曾多次举办重大活动。如2012年12月2日，举办由市体育局、团市委、市残联主办的“广州建设国际体育名城”研讨会；2013年8月举办了“广州体育局成立60周年图片展览”；2014年组织足球世界杯邮票展览和广州马拉松文化精品展览，并举办“岭南书画名家　挥毫助威广马”专题书画创作活动。

建成开馆的亚博馆为广州城市文化增添光彩，并充分发挥亚运遗产研究基地的重要作用，推动文化、体育和青少年、残疾人服务等各项事业进一步发展。

（供稿：市体育局；编辑：张丽蓉）

广州市国家档案馆新馆一期建设

广州市国家档案馆旧馆建成于1987年。随着广州各项事业发展，各门类档案不断增多，旧馆在20世纪90年代开始出现库房不足、馆库功能不能有效发挥、公众利用档案不便等问题。档案馆库成为制约广州市档案事业科学发展的瓶颈。经市档案局几届领导班子十多年的不懈努力，2009年终于解决用地等瓶颈问题，在不到一年的时间里完成用地审批、规划报建、设计招标等工作，不到两年的时间里完成了一期工程建设。2012年12月28日新馆一期投入使用，广州市档案事业实现跨越式发展。

立项选址。广州市国家档案馆新馆的立项选址工作从1990年开始，经历了多次地址变迁。1990年4月26日，市档案局向市政府呈送《关于在八五期间修建广州市综合档案馆的报告》，建议把修建市档案馆列入市“八五”计划，并建议市档案馆建筑用地应不小于1万平方米。1991年1月11日，市长召开当年第一次办公会议，会议同意给予用于开放档案的场地，尽快做好档案开放工作。为此，1991年2月25日，市档案局向市规划局发出《关于解决档案馆开放档案场地的函》，申请开放档案用地。因开放档案馆基建计划和投资未落实等，市规划局对开放档案用地申请作出回复，指出建设用地不宜征用，待相关材料证明补齐后再进行研究。1992年6月15日，市计委同意市档案局提出的建立档案馆业务技术服务综合楼的申请，计划在天河体育中心附近批准划拨3000平方米建设用地。后市规划局查核，天河体育中心附近已无可用地。1993年1月6日，市档案局向市长黎子流请求批准在广州大道东边菜田（五羊邨对面）划拨3000平方米建设用地。1993年5月，市规划局批准在天河区东圃镇镇政府以东菜地兴建，划拨用地面积3669平方米，并批出建设用地规划许可证和规划用地红线图。后因资金和征地补偿问题未落实而无果。1994年7月28日，市档案局向市政府作《关于建设市档案馆馆址的报告》。根据市政府大院改造规划，市档案馆拟安排在新华社广东分社旧址和市政府大院西侧筹建档案馆，由于市政府大院改造计划推迟，档案馆建设也停顿下来。2001年9月20日，市档案局向市政府呈送《关于建设新档案馆的请示》。2002年3月，在市政协九届五次会议上，林高潮等委员递交了《关于将市档案馆新馆建设纳入"十年大变"规划的提案》。根据提案和建议，市规划局与市计委研究，市档案馆新馆项目拟选址东方乐园以北、白云大道西侧地块，分两期建设。2004年3月22日，市档案局向市计委发函《广州市档案馆一期工程建设项目建议书》。2004年7月28日，市计委批复同意广州市国家档案馆新馆一期工程项目立项，批复项目选址广州白云国际会议中心以北、白云大道西侧地块，总用地面积4万平方米，建筑面积2.41万平方米。后由于该地块涉及农民用地，征地拆迁十分困难，新馆项目一直无法开工建设。2008年，市档案局会同市规划局等部门，重新开始了选址工作。经综合比选，2008年6月，市档案局向市政府报送了《关于申请调整档案馆新馆建设用地的请示》，提出选址白云新城和广州大学城两个方案。2009年2月2日，市规划局向市政府办公厅报送了《关于协助市档案馆选址问题办理情况及意见的函》，建议以广州大学城市政公共服务设施用地为首选方案，这一方案得到了广州市市长张广宁、常务副市长苏泽群、副市长甘新的批复同意。经过十几年的努力，广州市国家档案馆新馆项目终于立项并完成选址工作。

新馆设计。广州市国家档案馆新馆一期工程设计方案经过初步设计、优化改进、专家评审、领导审核批示等多个过程，不断完善。2009年2月，市档案局对现有馆藏量和未来30年应进馆的档案增量进行统计分析，形成了《广州市国家档案馆馆藏量增长趋势及新馆建设规模需求研究》课题报告。3月31日，市档案局邀请《档案馆建设标准》起草专家、中国人民大学档案学院教授、华南理工大学教授等全国档案界权威专家和建筑方面的专家对课题报告进行了论证。2009年3月17日，副市长甘新带队到国家档案馆新馆项目选址现场检查建设进展情况，并主持召开现场办公会议，议定：新馆项目按照总体规划、一次征地、分期建设原则实施，以满足"三个基地，三个中心"（即党和国家重要档案保管基地、爱国主义教育基地，教学科研资源基地以及档案信息利用服务中心、已公开现行文件利用服务中心、政府信息查阅中心）的功能为总要求，突出公共服务，定位为公共文化资源中心和公共文化活动场所。总建筑面积 10 万平方米，达到 1500 万卷档案馆藏量对馆库用房的标准，以满足未来 30 年档案发展、保管和利用的需要。一期 28800 平方米，主要是公共服务用房，二期 45000 平方米，主要是库房和部分业务用房、展厅，三期 26000 多平方米，主要是库房。新馆还配置了先进的设备监控、安全防范、信息发布等智能化系统。

新馆一期工程设计主要突出以下亮点：一是以人为本、生态优先的生态档案馆。二是粘滞耗能支撑加钢筋混凝土框架结构，可以有效缓解地震时对结构的扭转效应，提高建筑的防震能力。三是档案库房墙体采用六面体围护结构，可以有效降低能耗，控制库房的温湿度。四是档案库采用高压细水雾灭火系统及 IG541 气体消防系统。五是集中供冷，由能源公司提供空调服务，节能、环保，降低大学城温室效应。

2009 年，市人防办审查批复同意新馆项目人防地下室总平面规划设计，市疾病预防控制中心批复新馆建筑设计的卫生学审核意见，番禺区环保局批复《广州市国家档案馆新馆（一期）建设项目环境影响报告》，市公安消防局批复同意新馆工程消防设计，市规划局同意新馆一期工程项目综合管线规划。2010 年，番禺区气象局对新馆一期工程防雷设计图纸作出审核，市建委同意新馆项目的初步设计。

新馆建设。经招投标，市国家档案馆新馆一期工程代建单位为市重点办、市城市规划勘测设计研究院。设计单位为广东省建筑设计研究院。监理单位为广东建设工程监理有限公司。施工单位为广州工程总承包集团有限公司。2009 年 12 月 25 日上午，新馆奠基仪式在广州大学城南五路隆重举行，施工建设拉开了帷幕。2010 年 3 月 31 日，市国家档案馆新馆一期正式启动挖土及场地平整工程。9 月 30 日，完成主体结构封顶。2012 年 8 月，市国家档案馆新馆一期工程竣工通过验收。11 月 15 日，市国家档案馆搬迁至大学城新馆，12 月 28 日正式对外开放。

（供稿：市档案局；编辑：李玉平）

规划建设广州“四大馆”

2012年9月至2015年5月，广州市开展文化设施“四大馆”——广州博物馆新馆、广州美术馆、广州科学馆和广州文化馆的规划工作。“四大馆”规划工作是市委、市政府推进广州新型城市化发展的重大民生工程，也是广州市弘扬历史悠久的岭南文化、打造世界一流文化精品集聚区、提升广州市文化软实力和国际竞争力的重要举措。

2012年8月，市政府指示，按照“一组建筑、风格相近、一体化设计、造型各有特色”的要求，在南中轴线上做好广州博物馆新馆、广州美术馆、广州科学馆和广州文化馆“四大馆”的规划建设。同年9月，广州市委在听取海珠生态城工作汇报会议上，指示要在海珠生态城中轴线南段设置“四大馆”建设。根据市委、市政府部署，2012年8月，市规划局开展“四大馆”选址工作，先后完成的五轮成果提交市规委会主任委员会、人大、政协、专家及有关部门审议，并于2013年4月19日，在市政府召开的市文化设施规划建设座谈会上成功立项。

“四大馆”选址布局。2013年5月7日，市“四套班子”在市委召开会议上原则同意该项目的“3+1”选址布局。即广州美术馆、广州博物馆和广州科学馆选址于城市新中轴线广州塔南段地块，广州文化馆则选址于海珠湖东北部，与岭南文化大观园结合布置。在建设规模方面，广州美术馆、广州博物馆、广州科学馆建筑面积约为8万平方米，广州文化馆建筑面积约为5.7万平方米（具体以最终设计为准）。在投资概算方面，广州美术馆、广州科学馆各约12亿元，广州博物馆约10亿元，广州文化馆约4.5亿元。2013年8月30日、9月26日，“四馆一园”控规修改方案分别提交第二届规委会第十五、十六次会议审议通过并作为继续开展国际竞赛的设计条件。

“四大馆”设计国际竞赛。主要分为两个阶段。第一阶段，即2013年10月至2014年6月开展“三馆一场”（广州博物馆、广州美术馆、广州科学馆和岭南广场）、“一馆一园”（广州文化馆、岭南大观园）项目设计。市规划局于2013年9月4日发布了第一阶段竞赛公告，其中“三馆一场”项目有64家境内外设计单位报名参赛、“一馆一园”项目有51家境内外设计单位报名参赛，经过专家遴选会研讨分别选出8家参赛单位和4家候补参赛单位。参赛单位以整体城市设计、整体综合交通规划、岭南广场地下空间规划、广州美术馆、广州科学馆、广州博物馆建筑进行设计工作，其中城市设计达到控规深度，广州美术馆达到建筑方案深度，其余两馆达到概念性建筑方案深度。2013 年 12 月 26 日回收竞赛成果。2014 年 1 月，市规划局组织召开“三馆一场”和“一馆一园”项目技术审查会和专家评审会，各选出 3 个优胜方案。优胜单位确定后，市规划局根据市委市政府及专家意见立即组织优胜设计方案的深化工作。2014 年 6 月 27 日，经业主单位市文广新局确认，将德国赫尔佐格与合伙人建筑设计事务所方案，华南理工大学建筑设计研究院和艾奕康环境规划设计（上海）有限公司（联合体）方案分别作为广州美术馆、广州文化馆的中标方案。第二阶段，即 2014 年 8 月至 2015 年 5 月广州博物馆、广州科学馆建筑项目设计。市规划局于 2014 年 8 月 6 日发布第二阶段竞赛公告，其中博物馆有 113 家境内外设计单位报名参赛、科学馆有 107 家境内外设计单位报名参赛。经过专家研讨和遴选，分别选出 8 家参赛单位和 4 家候补参赛单位参与竞赛设计。参赛单位以整体环境景观设计、公共文化中心、广州之路图片展览馆、广州文艺中心、八大园的建筑进行设计工作，其中整体环境景观设计达到修详规深度。2014 年 11 月 5 日回收竞赛成果完毕后，市规划局于 2014 年 11 月组织召开了广州博物馆和广州科学馆项目技术审查会和专家评审会，各选出 3 个优胜方案，进而根据市委市政府工作部署组织设计单位完成优胜方案深化工作。2015 年 5 月 26、27 日，分别经业主单位市文广新局、市科创委确认，广州博物馆、广州科学馆竞赛中标方案分别为方案一（“丝路方舟”方案）和方案五（“科技魔方”方案）。6 月 9 日，进一步确认并公布来自德国的设计公司中标了广州博物馆的方案，命名为“城市的观赏者”，设计庄重含蓄，并与岭南建筑风格相融合；来自西班牙的公司则中标了广州科学馆设计方案，命名为“衍生”，方案充满未来感，仿佛一组瓷瓶堆放一起。至此，广州文化“四大馆”的方案全部确定。

从 2014 年 3 月起，在“三馆一场”竞赛成果的基础上，市规划局开展岭南公园道路交通及地下空间规划研究。市政府于 6 月 10 日确定岭南公园东西向的双塔路在中轴线段为下沉负一层隧道，南北向的广场东路、广场西路下沉负二层。岭南公园的中轴广场及各馆的负一层地下空间可步行连通，负二层地下空间与广场东路、西路实现车行交通与地下停车场连接。与此同时，市政府提出编制岭南公园概念方案设计活动工作。岭南公园范围包括广州国际媒体港、广州塔、赤岗塔、广州博物馆、广州科学馆、广州美术馆六组建筑，总占地面积约 73 公顷。市政府要求参照粤剧艺术博物馆的建设标准打造文化精品工程，同时结合周边河涌等自然环境要求，打造具有岭南风格的景观设计。2014 年 7 月

10 日，市政府会议明确岭南公园概念方案采用方案一，并已移交市重点办进行后续深化设计招标工作。2015 年 9 月 30 日，岭南广场项目获广州市发改委批复立项，工程总投资估算达 23 亿元，其中工程费用 19.5 亿元。业主方为广州市城投集团，组织实施方为广州市重点公共建设项目管理办公室。

（撰稿：杜海伦；编辑：陈晓青）

第 46 届亚洲健身健美锦标赛在广州举行

广州是中国健美健身先生/小姐比赛的发祥地。1997 年、2006 年，广州市分别举办首届全国健美健身先生/小姐锦标赛、第 10 届中国健身先生/小姐锦标赛，曾培育和产生多个健美健身亚洲冠军、全国冠军，并推动全民健身健美活动兴起，健美健身房遍布大街小巷，健美健身运动逐渐成为一项大众运动。2010 年下半年，广州市举重健美协会开始筹备申办第 46 届亚洲健身健美锦标赛。2011 年 5 月，经国家体育总局批复同意，广州承办第 46 届亚洲健身健美锦标赛。2012 年 2 月组委会架构正式确立。同年 3 月召开协调会，广州向亚健联代表团介绍亚锦赛比赛场馆基本情况以及汇报亚锦赛筹备工作。亚健联对竞赛日程、参赛人数、竞赛设施需求以及医疗准备等方面筹备工作给予了充分肯定，同意按照申报时间如期举办该赛事。

2012 年 9 月 22 日至 23 日，第 46 届亚洲健身健美锦标赛在广州天河体育馆举行，赛事由亚洲健身健美联合会主办，国家体育总局社会体育指导中心、中国健美协会、广州市体育局、广州市举重健美协会承办。来自中国、印度、韩国、马来西亚、阿富汗、不丹、柬埔寨、中国香港等亚洲近 22 个国家和地区共计 200 多名运动员参加健身、健美、形体等 8 个大项。竞赛项目包括男子健美 55、60、65、70、75、80、85、90、100、100 公斤以上，健身小姐、女子健美 46、49、52、52 公斤以上，青年组别、男子元老组、形体小姐、男子运动体格（古典健美）、2012 亚洲先生、最佳队伍等。

东道主中国队共夺得 8 个单项冠军、9 个亚军及女子总分团体第一名的好成绩。中国健坛顶尖高手辛健、健身先生陈箭春、健身（形体）小姐牟丛、向再华、孙瑞芬、刘亚男等夺得不同项目、不同级别的金牌。其中，辛健还获得最快进步奖。广州队亚洲健美女神梁月云夺得女子健美 55 公斤级冠军，向成月夺得男子 65 公斤级亚军。健美强国伊朗、泰国、韩国、不丹和越南等国选手均有金牌收入囊中。

此次大赛有四大亮点：顶级选手报名参赛多，有2012年印度健美先生马夫克斯·辛格、2012马尔代夫健美先生阿帝尔·默罕穆德、2011年马来西亚男子健美70公斤级冠军马斯喀特；本土选手组队参赛，亚健联允许广州单独组队参赛，队里有亚洲健美女神之称的、多届亚洲女子健美冠军梁月云等高手；奥运冠军服务组委会，2008年北京奥运会举重冠军、中国代表团首金得主、广州市举重健美协会副主席陈燮霞，1984年美国洛杉矶奥运会举重冠军、广州市举重健美协会副主席陈伟强，以组委会委员的身份服务于此届世锦赛组委会；低票价惠民，推出普通票50元、套票80元的低票价，吸引更多的市民观看。

第46届亚洲健身健美锦标赛在广州举行

此次大赛为亚洲甚至世界选手提供更好的交流竞技平台，提升了广州在国际上的影响力，并进一步推动广州本土健身健美运动的普及与健康发展。

（供稿：市体育局；编辑：张丽蓉）

狮岭镇盘古王诞祈福活动

花都狮岭盘古神话民俗流传了1500多年，在狮岭盘古王庙举行“盘古王诞”民间庆诞活动，已有两百多年。2012年之前，狮岭盘古王诞敬拜祈福活动主要由镇村自发组织举行，自2012年开始，提升到市、区层面来举办，盘古王诞活动由原来烧香、祭拜等形式向更加注重表现盘古文化的深刻内涵与精神转变，成为宣传花都、推介狮岭的一张响亮名片。

2012年9月27日（农历八月十二日），由广州市民间文艺家协会和花都区民间文艺家协会联合主办的“2012花都（狮岭）盘古王诞祈福活动”在狮岭盘古王庙举行。所有参加祈福活动人员都佩戴具有花都狮岭盘古王民俗特色的“红、绿、黄、白、黑”五彩飘带。9月26日至29日，盘古王公园内同时举行猜灯谜、盘古文化粤剧展演等活动。2013年盘古王诞祈福活动主题是“拜盘古·祈永昌”，主要由敬拜主礼、歌舞敬祀和祈福永昌3大部分组成，其中分为盘古开天、上奉供品、恭读拜文、净手上香、行施拜礼、百狮抢花炮、全民齐跳盘古舞、祈福传承8项活动。祈福活动在百狮朝圣的基础上，沿用“狮子”这一特色环节，以百狮抢花炮作为亮点，并加入“百面盘鼓”和“百面彩旗”为开场表演，场面震撼。除祈福活动外，还举办竞烧盘古王头炷香、群众自发拜祭盘古王、“拜盘古·祈永昌”群众山歌会、“拜盘古·贺中秋”社区居民灯谜会、价值观图片展、盘古舞推广及“盘古开天地”传说故事创编大赛等活动。

2014年盘古王诞祈福活动于2014年9月5日举行。此次盘古王诞主题是“拜盘古·祈永昌”。活动主要由敬拜主礼、歌舞敬祀和祈福永昌3大部分组成，其中又细分盘古开天、上奉供品、净手上香、恭读拜文、行施拜礼、抢花炮、全民齐跳盘古舞、祈福传承8项内容。为了更好地让群众了解和认识盘古王文化，花都区邀请有关专家根据盘古王的神话传说对盘古舞进行深度挖掘、提炼与编排，并安排舞蹈老师对狮岭镇各村村民舞蹈队伍进行辅导，在诞日那天佩戴五色祈福带齐跳盘古舞，同贺盘古诞，让群众在舞蹈中感受节日的欢乐，体验盘古王文化。除了祈福活动外，还有竞烧盘古王头炷香、群众自发拜祭盘古王、“拜盘古·祈永昌”群众山歌会、“拜盘古·贺中秋”社区居民灯谜会、价值观图片展、盘古舞推广及“盘古开天地”传说故事创编大赛等活动。

2015年9月23日，花都区迎来了一年一度的盘古王诞。花都区首次将以往的“拜盘古·祈永昌”盘古王诞祈福活动升格成为中国（狮岭）盘古王民俗文化节，共有10项活动内容，分两天举行。此次民俗文化节的特色主要是“让民俗活起来”“让民俗传久远”“让民俗乐万家”，充分体现“文化共建、文化共享”的办节精神，节俭务实办会，注重群众参与，致力于还节于民，让民俗回归民众，让民众共享快乐。祈福活动除了延续往年的敬拜主礼、歌舞敬祀和祈福永昌外，还加入了“中国盘古王文化研究会成立大会”“盘古神踪光影秀——中国（狮岭）盘古王民俗文化节”摄影大赛、“山歌唱出盘古情——狮岭镇客家山歌比赛”以及“五彩缤纷汇民俗——民俗风情长廊及非遗项目展”4项文化活动，盘古王诞成为了一个真正与民同乐、全民参与的民俗文化节。

花都狮岭镇充分发挥盘古王文化丰富的自然和人文资源优势，秉承“保护、利用、传承、发展”的理念，不断发掘盘古王民俗文化的内涵，扩大狮岭盘古王文化的影响，打造狮岭盘古王民俗文化品牌。

（供稿：花都区地方志办；编辑：曾慧娟）

广州马拉松比赛举行

2011 年，广州市体育局开始对广州举办马拉松赛进行可行性调研，认为马拉松赛事具有强大的整合社会资源的功能，有助于推动城市发展与繁荣，是广州致力于打造“国际体育名城”的重要内容。2012 年年初，广州市研究决定举行广州马拉松赛（简称广马），首届比赛定于 2012 年 11 月 18 日，以后定为每年 11 月至 12 月举行。

2012 年 9 月 16 日零时，由中国田径协会、广州市人民政府主办，广州市体育局、广州市田径协会承办，以“名城、和谐、健康”为主题的首届广州马拉松赛启动官网报名，仅 116 个小时报满 4 个项目 2 万个参赛名额，创国内城市马拉松赛的报名速度记录。11 月 18 日上午 7 时 30 分，首届广州马拉松赛在花城广场起跑，共设全程马拉松（42.195 千米）、半程马拉松（21.0975 千米）、10 千米、迷你马拉松（约 5 千米）。比赛线路设置涵盖广州城市主要景点，途经 29 条市内道路，最高最低海拔差距 7 米，18 个拐弯点或转折处。参与比赛选手 2 万名，其中 200 多名外籍人员来自美国、英国、法国、德国、瑞士、澳大利亚、智利、科威特、日本、马来西亚、新加坡、阿根廷、菲律宾等 30 个国家和地区，特邀专业马拉松运动员 49 名，参赛选手年龄最大的 81 岁，最小的 15 岁。比赛过程中，在规定时间内完成半程比赛的有 1950 人，完成全程比赛的有

广州首次举办世界性的马拉松赛事的起点——花城广场（陈星波拍摄）

1833 人，完赛率达 75.7%。3000 名赛事服务人员、5000 多名公安干警，250 名医务人员、560 名保洁人员、1750 名学生志愿者、388 名医疗志愿者、21 支拉拉队参与赛时工作。沿途设有 17 个医疗救护站、21 辆救护车，20 家医院待命。比赛奖励前八名，全程、半程马拉松总奖金共 17 万美元，全程冠军奖金是 4 万美金，10 千米总奖金为 8000 元人民币。埃塞俄比亚的贝卡纳·达巴·托雷萨获全程马拉松男子组冠军，成绩是 2 小时 11 分 5 秒。埃塞俄比亚的穆露·赛博卡·赛夫获全程马拉松女子组冠军，成绩是 2 小时 26 分 46 秒，中国参赛选手王雪芹获此届全程马拉松女子组第 4 名，成绩是 2 小时 30 分 36 秒。

2013 年 11 月 23 日、2014 年 11 月 23 日、2015 年 12 月 6 日，广州相继举行第二、第三、第四届广州马拉松赛。与首届广马相比，2013 广马赛事优化比赛路线，首发纪念徽章和纪念邮票册，首设“为国争光奖”，分别颁给全程马拉松中跑得最快的中国人东莞男子选手斯国松和香港女子选手陈惠芳。2014 年，广州马拉松比赛完赛率由前两届的 75.7%、75% 提升至 91.96%，达到北京、上海马拉松等国内知名马拉松赛事完赛率水平，与上海、北京等地的 14 个马拉松赛被评为 2014 中国马拉松金牌赛事。2015 年，为鼓励选手创造好成绩，组委会首设马拉松项目破赛会纪录奖，打破广州马拉松赛会纪录且获得第一名的马拉松选手，奖励额外 1 万美元。最终来自埃塞俄比亚的森塔也胡·摩格·伊基古夺得男子组全程马拉松第一名，成绩为 2 小时 09 分 57 秒，成功夺得破赛会纪录奖。此外，2015 年广马首次提供即时成绩短信通知服务，并首次公开招募官方配速员（领跑员），帮助跑手控制配速，创造更好的成绩。

（供稿：市体育局；编辑：张丽蓉）

《广州市学前教育资助制度实施办法》出台

为资助家庭经济困难儿童、孤儿和残疾儿童接受普惠性学前教育，广州市逐步探索学前教育资助方式。2010 年以来，中央、地方都相继出台了一系列相关政策力促学前教育发展，其中，建立学前教育资助制度被提上日程。广东省政府《关于加快我省学前教育发展的实施意见》要求“各地要建立资助家庭经济困难儿童、孤儿和残疾儿童接受普惠性学前教育”。

2011 年，广州市政府办公厅《印发广州市学前教育三年行动计划的通知》，明确提出“完善优抚对象学前教育资助制度。制定相关办法，保障广州市户籍家庭经济困难儿童、孤儿、残疾儿童及其他优抚对象接受普惠性学前教育"。2012年学前资助列入广州市十件民生实事，同时广州市教育局会同广州市财政局抓紧拟定学前资助制度实施办法。2012年3月，广州市组织有关人员到周边城市开展调研，历经调查、研讨、收集数据、资金测算、文件起草、修改、公开征求意见、市政府会议审议等环节，并于2012年12月6日印发《广州市学前教育资助制度实施办法》。

《广州市学前教育资助制度实施办法》实行"先执行，后补助"原则，即从2011年秋季学期起建立学前教育资助政策体系，资助范围不低于本市户籍在园适龄幼儿的10%，资助标准不低于每人每学年300元。一方面，优先对在经县级以上教育行政部门审批设立的公办幼儿园和普惠性民办幼儿园就读的符合国家相关政策的本市户籍3—6岁家庭经济困难儿童、孤儿、残疾儿童及其他优抚对象给予每人每学年不低于1300元的资助标准。另一方面，资助对象需同时具有3个条件：具有广州市户籍；在经县级以上教育行政部门审批设立的公办幼儿园和普惠性民办幼儿园就读；持有《广州市城镇居民最低生活保障金领取证》《特困职工证》等相关证件。在落实上述幼儿接受普惠性学前教育资助工作的基础上，各区（县级市）根据实际，逐步扩大学前教育资助覆盖面，资助标准为每人每学年不低于300元。具体资助对象由各区（县级市）教育行政部门会同财政等相关部门确定。

资助经费按幼儿园隶属关系和"以县为主"属地管理原则，由各区（县级市）政府负责筹措落实。市每年按照上一年度各区（县级市）在经县级以上教育行政部门审批设立的幼儿园就读的符合国家相关政策的本市户籍幼儿（以教育统计手册在园户籍幼儿数为准）的10%、每人每学年300元的标准安排对区（县级市）的补助经费，由各区（县级市）统筹用于资助对象的资助。鼓励有条件的区（县级市）结合本区实际，提高资助标准。

《广州市学前教育资助制度实施办法》实施以来，广州市和各区（县级市）政府加强组织领导，多部门联动，组织执行，确保资助政策顺利实施。市、区教育行政部门建立和完善学前资助信息管理系统，建立完备的学前教育受助幼儿档案库，实行动态管理，确保受助幼儿信息真实、可靠。各区（县级市）教育部门制定规范的申请、公示、评审、审核、发放等程序并向社会统一发布，确保程序规范、结果公平。市和各区（县级市）强化资金管理，加强对学前教育资助制度落实情况的监督检查，确保资金及时拨付、专款专用，并积极引导和鼓励企业、社会团体和个人捐资助学，帮助家庭经济困难儿童、孤儿、残疾儿童和其他优抚对象接受普惠性学前教育。2013年，广州市财政安排了776.78

万元专项资金用于学前资助；2014 年和 2015 年，广州市财政各安排了 722 万元资金用于学前资助。

（撰稿：鞠研娜；编辑：张丽蓉）

启动新一轮“百千万人才培养工程”

2012 年 12 月 25 日，广州市基础教育系统新一轮“百千万人才培养工程”在广州大厦正式启动。该工程属于高端培养，旨在培养一批师德高尚、具有先进教育理念和丰富理论知识、扎实教育教学能力和教学管理水平、国际视野和开拓创新能力、较大社会影响力和知名度、处于领军地位和发挥示范作用的教育专家、名校长和名教师，以 2—3 年为一个培养周期，最长不超过 3 年。培养规模为名教师培养对象 2000 名、名校长培养对象 300 名、教育专家培养对象 50 名。广州市实施基础教育系统新一轮“百千万人才培养工程”，是大力实施教育强市战略，增强区域教育竞争力的重要举措，体现三个特点：即通过构建开放、多元的人才培养联盟体系，为广州市优秀教育人才队伍建设提供培训保障；创新培养工作模式，注重协同创新；构建网上网下一体化的管理网络，强化培养工作绩效管理。

首批项目由华南师范大学、广东第二师范学院、广州大学、广州市幼儿师范学校等培养机构承担培养任务，有广州市教育专家、名校长、名教师培养对象共 481 名参加培训。培训对象由个人申请，学校和区（县级市）教育局自下而上逐级推荐，市教育局组织专家选拔，经公示无异议后确定。培训由集中培训、课题研究、境外研修、岗位实践、品牌传播等部分组成，以结业答辩、主持教育科研项目、发表论文或出版学术著作、举行学术讲座、建立个人网站或工作室为考核内容。

启动广州市基础教育系统新一轮“百千万人才培养工程”，设立高素质教育人才队伍建设项目，对于进一步加强优秀教育人才培养，着力提高教育质量，促进人才集聚工程的有效实施，引领新型城市化发展有重要作用。广州市计划 5 年内选拔认定教育专家 10 名、名校长 100 名、名教师 200 名，加快建设一支高素质、创新型教育人才队伍，满足人民群众对优质教育的需求。

（撰稿：郭海清；编辑：张丽蓉）

打造迎春花市文化名片

广州春节逛花市习俗延续100多年。从2012年年底开始，广州市在继承弘扬传统迎春花市的基础上，对迎春花市进行了连续三年的精心策划和创新发展，举办了三届比过往规模更大、历时更长、形式更多样、内容更丰富的迎春花市节庆活动，传承了岭南优秀传统文化，唱响了“广州过年，花城看花”的宣传口号，营造了浓郁的新春佳节氛围。

2013年2月7日至24日，广州市首次采用“3+15”模式（即从腊月廿七起年前3天的传统迎春花市和春节至元宵节期间15天以观花、赏花、文艺活动及游园为主的嘉年华活动），以“美丽花城，幸福广州”为主题，以广州迎春花市亮灯仪式暨吉祥树发布、广州传统迎春花市开市仪式、全城联动送吉祥挥春活动、花城广场灯光音乐秀等活动为主线，创新举办了广州有史以来规模最大、历时最长、形式最多样、内容最丰富的迎春花市节庆活动。该届迎春花市增加了开市亮灯仪式、水上花市、“花好月圆——广东音乐元宵晚会”等多项内容，活动范围扩展到12个区（县级市）主要繁华地段的城市广场和文化景点，首次成功将迎春花市从“民间传统习俗”升级为“城市文化品牌”。据不完全统计，2013年传统迎春花市共迎客878.7万人次，比2012年的658万人次增加220.7万人次，同比增长33.5%；吸引市民和游客共达2580万人次；2013年春节黄金周期间全市旅游业总收入达到67.10亿元，同比增长13.87%；全市酒店入住率同比增长20%。中国旅游研究院发布的2013年春节黄金周旅游人气排行榜显示：广州出行人气城市榜和到达人气城市榜均居国内第三位（2012年排名仅为第五位）。

2014年，广州市加大对迎春花市节庆活动整合力度，进一步凸显以越秀、荔湾为主体的“幸福广州民俗圈”和以天河、海珠为主体的“美丽花城新轴线”两大重点区域，新增“花城春天”广场文化艺术季活动、“花城大舞台”市属文艺院团专场演出、“首届广州花市摄影大赛”等活动内容。2014年春节黄金周期间，广州市接待游客1054.89万人次，比上年同期增长5.23%；旅游业总收入74.08亿元，增长10.39%。节日抽样调查数据显示，游客对广州旅游的满意率达98.9%。

2015年，广州迎春花市节庆活动继续通过创新方式、周密部署、精心组织，取得显著成效。一是城市品牌“走出去”。继续实施“走出去”的宣传策

2015 年花城广场迎春花市 LOGO 花坛

略，在北京、天津、贵阳、南宁、澳门等地举办城市推介会，同时在哈尔滨、上海、武汉、长沙、福州、厦门等地投放宣传广告。二是四方游客“迎进来”。创新策划“广州过年”友好人家来穗过大年活动，通过民间家庭联谊过年的独特方式宣传“广州过年，花城看花”。活动共邀请 10 个城市 10 户家庭来穗过年。三是全国各地“齐关注”。积极协调中央媒体宣传广州迎春花市。春节期间，中央电视台策划推出多场节目直播广州迎春花市和现场连线。活动还吸引了俄罗斯电视台采访报道越秀公园灯会，制作以中国“欢乐春节”为主题的纪录片及中国文化旅游系列节目。邀请本地媒体亲身体验。通过城市推介会和“广州过年”友好人家来穗过年活动引起各大城市、当地媒体的关注和报道。2015 年春节黄金周期间来穗旅客超 1085.49 万人次，比 2014 年同期增长 2.90%。实现旅游总收入 78.41 亿元，同比增长 5.85%。广州不仅名列国内出游目的地第三位（仅次于北京、海南），而且还入选中国旅游研究院发布“2015 年春节黄金周国内十大旅游目的地”。

广州市打造迎春花市文化名片，全面推行“四个统一”，即：以岭南传统迎春祈福民俗和广府文化为核心，形成文化理念的统一；以主题“美丽花城，幸福广州”、口号“广州过年，花城看花”和“花城花市花海洋，迎春迎福迎吉祥”为贯串，形成活动主题的统一；统一应用广州迎春花市 LOGO 及 VI 视觉形象设计系统，形成整体形象的统一；全市节庆民俗活动及群众文化体育活动实现整体包装宣传，形成品牌宣传的统一。经过培育提升的迎春花市节庆活动，传承了岭南优秀传统文化，为进一步形成“广州花城”品牌效应、加快培育世界文化名城作出了积极贡献。

（撰稿：赵晓涛；编辑：刘燕玲）

全面完成第二轮志书编修任务

1998年12月7日，广州市地方志办向市委、市政府提出《关于在我市开展续修志书工作的请示》，经市委、市政府同意，1999年5月，市志编委会印发《广州市续修志书工作方案》，正式启动二轮志书编修工作。截至2012年，《广州市志（1991—2000）》和市属8部区志、4部县级市志全部出版，二轮志书编纂任务圆满完成。

1999年12月13日，广州市政府召开广州市续修志书动员大会，《广州市志（1991—2000）》编修工作全面铺开。全市有125家承修单位（包括中央、省驻穗单位）参与市志续修，专兼职修志人员1000多人。经过篇目设计、资料收集、志稿编写与初审、总纂审定等环节，2009年9月，《广州市志（1991—2000）》第八册（卷十五、卷十六、卷十七共3卷9个分志）率先出版；11月，第二册（卷三、卷四共2卷15个分志、2个综述和1个专记）出版；12月，第五册（卷十、卷十一共2卷13个分志和2个综述）出版；2010年5月，第四册（卷八、卷九共2卷19个分志、2个综述、2个专记和1个专题调查报告）出版；6月，第三册（卷五、卷六、卷七共3卷12个分志、3个综述和1个专题调查报告）出版；7月，第六册（卷十二、卷十三共2卷8个分志）出版；12月，第一册（卷一、卷二共2卷2个分志、1个卷首总目录、1个总述、1个大事记、3个专记和1个区县级市概况）、第七册（卷十四共1卷6个分志）和第九册（卷十八、卷十九共2卷6个分志、1个附录）出版；2012年11月，第十册（索引）出版。至2012年，经过十四年的辛勤耕耘，《广州市志（1991—2000）》全部编纂完成，由广州出版社出版。

《广州市志（1991—2000）》是首部《广州市志》的续篇，共19卷10册，1200万字，2100多张图照，由总述、大事记、区县级市概况、9个综述、90个分志、6个专记、2个专题调查报告，以及首部《广州市志》考订、文献辑存、修志始末、索引等组成。遵循正确处理与前志“既衔接继承又发展创新”的关系，以及“全面记述、突出重点、体现特色”的编纂总体思路，篇目设计以前志篇目为基础，遵循“基本保留，部分调整或合并，少数取消，据实创新”的基本原则，力求以科学合理的篇目设置，全面系统地记述1991年至2000年广州市自然、政治、经济、文化和社会的发展历程；充分彰显改革开放以来，广州作为国家实行改革开放的先行地和实验区，其“综合经济实力跃居全国大城市前列、城市环境面貌发生巨大变化、市场经济起步早发展快、中心城市功能的承载力明显提升”等经济社会发展的时代特点和地方特点。在沿袭首部市志编纂体例的基础上，新设政府决策志、地铁志、人民生活志、精神文明建设志、地名志，以及海洋综合管理专记、农业现代化产业化建设专记、“一年一小变，三年一中变”专记；尝试为毛泽东、邓小平、江泽民三位国家领导人设立人物专记，分别集中记述他们在广州的重要活动；创造性地运用了专题报告体裁，设置了生活服务业状况和非公有制工业状况这两个专题报告，简略地反映这两个发展较快、影响较大又无足够资料的事物。特别是《政府决策志》的设置，体现了政府在促进全市国民经济和社会发展中的重要决策作用。

《广州市志（1991—2000）》

广州第二轮区县志的编修从2000年正式启动，继承首轮修志的优良传统，经过续修准备、资料收集、志稿编写与总纂、审查验收等环节，2007年11月，100万字的《广州市东山区志（1991—2005）》由广东人民出版社出版；2008年12月，100万字的《广州市天河区志（1991—2000）》由中华书局出版；2009年12月，107.1万字的《广州市越秀区志（1991—2005）》由广东人民出版社出版；2010年6月，138.7万字的《番禺市志（1992—2000）》由方志出版社出版；7月，168

广州市第二轮续修的区志

万字的《从化市志（1979—2004）》由广东人民出版社出版；8月，74.3万字的《广州市芳村区志（1991—2005）》由广东人民出版社出版；9月，115万字的《花都市志（1993—2000）》由广东人民出版社出版；2011年9月，85.2万字的《广州市荔湾区志（1991—2005）》由广东人民出版社出版；2012年7月，90万字的《广州市海珠区志（1991—2000）》由广东人民出版社出版；12月，86万字的《广州市白云区志（1996—2000）》由广东人民出版社出版，115万字的《广州市黄埔区志（1991—2000）》由方志出版社出版；140万字的《增城市志（1994—2005）》由花城出版社出版。至2012年，经过十二年的艰苦努力，广州市属8部区志和4部县级市志全部编纂完成出版。

至此，广州市第二轮志书编修任务全面完成。10册1200多万字的《广州市志（1991—2000）》和12部1300多万字的广州市属区县志的出版，不仅为子孙后代留存了一部珍贵的信史，还为党和政府及有关部门进行科学决策提供了重要参考，为科学研究提供了基本资料。它们是社会各界了解广州、研究广州最权威的资料性文献，具有鲜明的时代特征、地方特色和特殊的历史价值、文化价值、学术价值，是一项有益当代、惠及千秋的大型文化系统工程，是“十二五”时期广州市精神文明建设的一项重大成果。

（撰稿：黄敏华；编辑：罗锦强）

市属公办幼儿园管理体制改革

在国家重视学前教育公平、鼓励创新办园体制的大背景下，广州市启动公办幼儿园管理体制改革，由政府主导、幼儿园配合。2012年12月25日，广州市政府第14届49次常务会议审议通过《广州市属公办幼儿园管理体制改革实施方案》（简称《实施方案》），决定启动市属公办幼儿园管理体制改革，重点改革经广州市编办核定事业编制并纳入财政核拨或核补经费的幼儿园。

2013年1月，广州市下发《广州市人民政府办公厅关于印发市属公办幼儿园管理体制改革实施方案的通知》，确定市属公办幼儿园的移交办法、移交程序等。方案明确了此次改革的目标是将经市编办核定事业编制并纳入财政核拨或核补经费的幼儿园，归口教育行政部门管理，并逐步面向社会公开招生。此次改革分两个阶段：第一阶段是2013年6月30日前移交广州市教育局管理。第二阶段是广州市教育局在解决各幼儿园历史遗留问题、理顺关系后，原则上在

2016 年 1 月 1 日前将上述幼儿园下放给各幼儿园所在区教育行政部门管理，逐步面向社会公开招生。

2013 年 6 月，12 所市属公办幼儿园签署移交协议，移交工作基本完成。此次市属公办园移交涉及 12 所幼儿园及其原主管部门，其中，由市政府相关局办移交的幼儿园 8 所，由市属国企移交的幼儿园 4 所。广州市积极稳妥推进市属公办幼儿园体制改革，确保教学水平不下降、教职员工待遇不下降、招生更加公平、财政投入逐年增加。

结合学前教育第二期三年行动计划，按照“原状下放，逐步推进”原则，根据区政府承担本行政区域学前教育的组织实施、统筹建设和管理职责，区域内所有学前教育机构由所在区教育行政管理部门统一规划、审批和管理的要求，广州市教育局管理的 13 所市属公办幼儿园的 14 个园区，原则上于 2016 年 1 月 1 日前下放给各园区所在区教育行政管理部门管理，并面向社会公开招生，其中越秀区 8 个园区，天河区 3 个园区，荔湾区 2 个园区，海珠区 1 个园区。在下放的过程中要求做到：教学水平不下降、招生更加公平、财政投入逐年增加。

此次市属公办幼儿园管理体制改革，体现了政府在推进公共服务均等化、培育更多学前教育优质资源的决心，推动了广州学前教育优质资源均等化。

（撰稿：姜华；编辑：张丽蓉）

广州成为全国首个举办乒乓球赛事“大满贯”城市

广州先后举办 2008 年世乒赛团体赛、2009 年乒乓球女子世界杯赛、2011 年国际乒乓球精英赛、2012 年亚洲杯乒乓球赛，2013 年乒乓球团体世界杯赛，成为首个先后举办过国际乒联全部最高级别赛事的“大满贯”城市。

2008 年 2 月 23 日至 3 月 2 日，恒大地产第 49 届世界乒乓球锦标赛在广州天河体育馆和广州体育馆举行。本届锦标赛是由国际乒乓球联合会授权，中国乒乓球协会、广州市人民政府主办，广州市体育局承办，广州市乒乓球协会协办，恒大地产独家冠名赞助。锦标赛设男子团体和女子团体两个项目，有 147 个国家和地区的 1552 名运动员参赛，800 名志愿者参与志愿服务，连同教练员、官员、工作人员和新闻媒体约 5000 名参与此次锦标赛。中国队包揽男子团体、女子团体两个项目的金牌。期间，国际乒联在广州召开代表大会（205 个国家代表参加）。此届世乒赛是广州开埠以来举办的参加国家和地区及运动员人数最多、邀请领导规格最高的国际单项体育赛事。

2009 年 10 月 10 日至 12 日，大众汽车 2009 年乒乓球女子世界杯在广州体育馆举行，有 13 个国家和地区 19 名运动员参赛，总奖金 15 万美元。经过 3 天的精彩争夺，来自中国的 3 名选手包揽前 3 名。在决赛中，刘诗雯战胜郭跃最终捧得冠军奖杯，郭跃获亚军。李晓霞则连胜 4 局完胜来自新加坡的选手冯天薇获得第三名。

2011 年 3 月 23 日至 24 日，大众汽车 2011 年国际乒乓球精英赛在天河体育中心体育馆举行。此次精英赛总奖金 26.5 万美元，设男子单打、女子单打两个项目，有中国（包括香港地区）、德国、日本、韩国等 10 个国家和地区 16 名男女运动员参赛。中国队李晓霞以 4 比 1 击败德国选手吴佳多获得女单冠军，而王皓则以 4 比 2 击败了世界排名第一的德国名将波尔获得男单冠军。

2012 年 4 月 6 日至 8 日，第 25 届乒乓球亚洲杯在天河体育中心体育馆举行。该届比赛设男、女子单打两个项目，有亚洲排名前 16 的男、女共 32 名运动员参赛。在决赛中，中国队刘诗雯直落四局 4 比 0 击败队友武杨，再摘亚洲杯女子单打冠军。中国队许昕亦以 4 比 0 战胜日本队吉村真晴，获得个人首个亚洲杯男子单打冠军。

2013 年 3 月 28 日至 31 日，时代地产·2013 年乒乓球团体世界杯赛在广州天河体育馆举行。有中国（包括香港和台湾）、德国、韩国、澳大利亚、巴西、埃及等 24 个国家和地区约 200 名男女运动员参赛，中国队包揽男、女团体冠军。至此，广州成为首个举办乒乓球赛事“大满贯”的城市。

广州市成功地举办了世界乒联所有顶级赛事，进一步扩大了广州市在国际乒乓球界中的影响力，进一步提升广州“国际体育名城”的知名度；有利于推动广州市乒乓球竞技水平的提高，也有利于带动广州市群众性乒乓球运动的蓬勃开展。

（供稿：市体育局；编辑：张丽蓉）

岭南中草药文化博览园项目投入建设

2012 年，广州中凯商业投资集团借助国家大力发展中医药事业及广东建设中医药强省的政策，决定投资建设一个展示、发扬传统中医药文化的综合性旅游园区及产业园区，并命名为“岭南中草药文化博览园”。园区选址广州从化市太平镇格塘村，并聘请中山大学生命科学院、广州中医药大学中药学院等专家学者多次研讨，确定岭南中草药文化博览园设计方案。

该项目由中凯商业投资有限公司投资，广州市岭南中草药博览园有限公司开发，中山大学生命科学学院、广州中医药大学中药学院、中国当代中医药发展研究中心等合作单位参与建设，开发面积约677万平方米，其中建设用地面积为25万平方米，租用土地面积约641.7万平方米，建筑面积7.5万平方米，建设期限从2013年至2018年共计5年，总投资预算12亿元人民币。该项目分三期建设：一期重点建设中医药文化科普展示项目，2015年年底建成千米中医药文化长廊、名药广场、十里健康长廊、中医药文化博览中心等；二期重点建设中医药文化体验项目，计划2016年建成中草药湿地生态园、药膳街、中草药教学与实习区、药浴谷等；三期重点建设中药医产业延伸项目，计划建成中药创新园、中草药保育园等，预计2018年完成。

岭南中草药文化博览园牌坊

岭南中草药文化博览园项目特色以农业为基础、以文化为引领、以养生体验为效益，主要功能区分为“一园（岭南中草药博览园）”“两廊（观花长廊、北回归线健康长廊）”“三功能（生产与研发、教育与保护、观光与养生）”“四大园区（中草药种植园区、中草药保育园区、中草药教育与体验园区、中草药研发园区）”“八大基地（中草药种质种苗基地、岭南地道药材示范基地、中药材创新技术研发基地、中国中草药文化研究基地、中草药养生旅游示范基地、民族药浴健康研究基地、中小学生科普教育基地、大学生教学与实习基地）”，力求以博览园区的自然山地为依托、以中草药种植为基础、以中草药研发为突破、以博览园观光为载体、以博物馆展示为媒介，建设一个高品位、具有前瞻性、体现岭南特色中草药文化，集生产研发、教育保护、观光养生等功能为一体的综合性中草药文化博览园。

2013 年 6 月 4 日，岭南中草药文化博览园项目签约仪式举行。2014 年，博览园一期工程投入建设。截至 2015 年年末，博览园牌坊、博览园桥、岭楠生物科技有限公司（中草药提纯厂）、吕田药膳基地、中草药组培生产车间、名医名药广场等项目已完成建设。在中草药标本展区展示各类中草药标本 2400 多种，建成中草药种苗圃 4 个，总面积 4000 平方米，中草药品种 1200 种，种苗 10 万多株，其中 1 号药用植物棚和 2 号兰科植物棚专门作为科普展示而用。同时，该园于 2015 年通过“省中医药文化宣传教育基地”审核，正在申报成立“从化地区中小学中医药文化科普宣传教育基地”。此外，本草园项目（包含青蒿园、芳草园、毒草园、凉茶园、药蔬园、护肤园）、中医药文化历史浮雕长廊、国学国医大道、中医药文化博览中心、北回归线十里健康长廊、四季花海等项目也已投入建设。

（撰稿：潘彦；编辑：梁斯豪）

广州成为全国首个举办世界羽联顶级赛事“大满贯”城市

在国际羽联、中国羽协和社会各界的支持下，广州市举办了 2000 年世界青年羽毛球锦标赛、2002 年汤尤杯世界羽毛球团体锦标赛、2003 年至 2007 年连续 5 年国际羽联系列大奖赛——中国羽毛球公开赛、2009 年“苏迪曼杯”世界羽毛球混合团体锦标赛、2010 年第十六届亚运会羽毛球赛、2013 年世界羽毛球锦标赛等一系列国际大赛，成为中国首个举办世界羽联所有顶级赛事“大满贯”城市。

羽毛球运动在广州是一项具有传统优势的运动项目。从 20 世纪 50 年代起，广州涌现出众多的羽坛明星，在国内外的羽毛球大赛中，广州运动员多次获得优异成绩。2004 年雅典奥运会上，广州运动员杨维、张洁雯获得羽毛球女子双打金牌。2005 年广州市羽毛球协会与国际羽毛球联合会达成了建立广州国际羽毛球培训中心的意向，为促进羽毛球国际化合作迈开了重要一步，广州市成为世界第五个、全国第一个拥有国际羽毛球培训中心的城市。广州市群众性羽毛球活动普及程度高。2010 年全市共有羽毛球人口 280.45 万，约占户籍人口的36.87%；中小学生羽毛球人口数为53.12万，约占全市中小学生人数的41.3%。

2002年5月9日至19日，第22届“汤姆斯杯”（男子）和第19届“尤伯杯”（女子）世界羽毛球团体锦标赛在广州天河体育中心体育馆举行。此次赛事由国际羽联主办，中国羽毛球协会、广州市人民政府、广州市体育局、广州市羽毛球协会承办，这是中国第一次承办汤尤杯赛。参加汤尤杯赛的有11个国家和地区的运动员、教练员以及各国羽联的官员共500多人，记者350多人。中国女队第八次夺得“尤伯杯”，印度尼西亚队获得“汤姆斯杯”。比赛期间，国际羽联在广州召开了代表大会。

2009年5月10日至17日，李宁·2009年苏迪曼杯世界羽毛球混合团体锦标赛在广州体育馆举行。赛事由世界羽毛球联合会批准，中国羽毛球协会和广州市人民政府主办，广州市体育局承办，广州市羽毛球协会协办，共有34个国家和地区近500名运动员、教练员、官员、裁判员参加，559名中外记者云集广州报道赛事，360名工作人员和800名志愿者为比赛服务。比赛采用五场三胜制，由男子单打、女子单打、男子双打、女子双打和混合双打等5个项目组成，中国队3比0战胜韩国队夺得冠军，第七次捧起苏迪曼杯。韩国队获亚军，印度尼西亚和马来西亚队获季军。

2013年8月5日至11日，王老吉·2013年世界羽毛球锦标赛在广州天河体育馆举行。锦标赛设男单、女单、男双、女双、混双5个项目，来自中国（包括中华台北）、英格兰、澳大利亚、加拿大、墨西哥、马来西亚等48个国家和地区337名运动员参赛，中国队林丹获得男单冠军，泰国队拉差诺·因达农获得女单冠军，印尼队享德拉·塞蒂亚万、穆罕默德·阿赫桑获得男双冠军，王晓理、于洋获得女双冠军，印尼队通托维·艾哈迈德、利利亚纳·纳西尔获得混双冠军。至此，广州成为中国首个举办世界羽联所有顶级赛事“大满贯”城市。

广州市成功地举办了世界羽联所有顶级赛事，既提高了广州市在国际羽毛球界中的知名度，又提升了广州市作为国家中心城市的影响力以及“国际体育名城”的知名度，推动广州市群众性羽毛球运动的蓬勃开展，带动羽毛球相关体育产业的发展。

（供稿：市体育局；编辑：张丽蓉）

举办广州青年创业大赛

为深入贯彻党的十八大关于多渠道多形式创业，促进创业带动就业的精神，切实解决青年创业“项目、场地、技术、资金”的困难，共青团广州市委员会（简称团市委）联合各相关职能部门举办广州青年创业大赛。大赛作为扶持青年创业项目落地的服务平台，以“落地扶持”为办赛宗旨，立足青年创业需求，积极整合社会资源，打造“大赛 + 基地 + 基金 + 导师 + 政策”的办赛模式，打通青年创业“最后一公里”。截至 2015 年 7 月，团市委共举办两届广州青年创业大赛。

首届广州青年创业大赛由团市委、市人力资源和社会保障局与广州日报传媒股份有限公司联合主办，于 2013 年 10 月 15 日正式启动。大赛采取符合青年时尚和需求特点、青年乐于参与的形式，围绕岭南创意文化产品类、新媒体类、电子商务类、空间设计类及企业成长类 5 个类别，面向广州地区青年及省内外各大高校征集创意项目。来自中山大学、华南理工大学、从化市、花都区、番禺区等 20 多所高校和 12 个区县共 952 个创意创业团队报名参赛。

组委会成立了由专家学者、行业协会、风投企业和孵化基地负责人组成的 30 人专家评审团，根据大赛规则遴选出 460 个有发展前景的创业项目进入初赛，110 个项目进入 2014 年 3 月 9 日的复赛，56 个项目进入 4 月 28 日的决赛，通过项目演示和现场答辩等环节竞争，最后评选出电子商务类、新媒体设计类、岭南创意文化产品设计类、空间设计类、企业成长类 5 个组别一、二、三等奖、优胜奖及最具市场潜力奖，并在 6 月 5 日进行了颁奖典礼。

大赛组织评审期间，组委会联合全市各大高校面向参赛选手和在校学生开展了系列创业技能和典型宣讲活动：一是成立由青年企业家、风投机构负责人、行业专家及高校学者组成的创业导师团队 100 人。二是开展进校园、进社区创业巡讲及沙龙活动 210 余场，为青年提供创业知识及技能辅导，覆盖大学生近 6 万人。三是在广州青年公园建立“青年创意汇”，搭建创意创业项目展示交流平台，开展项目展示、创意沙龙近百场。四是加大资金扶持力度，筹集 1000 万元成立创业风投基金，并为大赛 30 个创业项目争取到市创业项目补贴，为优秀青年创业项目提供资金支持。五是开展 50 场创业大赛参赛项目风投对接会，达成参赛创业项目重点对接意向 40 个，累计促成融资 5000 余万元。六是整合社会资源，联合共建“时代国际单位”等 13 个广州青年就业创业孵化基地，为

第二届广州青年创业大赛复赛评审协调会现场

青年提供电商、文化创意、互联网等创业孵化空间，可容纳1000多个青年创业团队入驻，同时扶持大赛28个创业团队入驻孵化，并提供租金减免、技术指导、导师结对、代办服务等多项优惠扶持政策。首届大赛扶持落地的创业项目共45个，注册成立公司38个。

2014年11月13日，第二届广州青年创业大赛拉开帷幕，活动由团市委、市人力资源和社会保障局、市科技和信息化局、市教育局、市青年联合会联合主办，大赛分成项目初创组和企业成长组两个组别。第二届广州青创大赛组委会办公室共收到来自大赛官网（U创业网）线上报名、线下及现场报名的参赛项目1518个。经过大赛初审，227个项目晋级2015年4月14日、15日的复赛，86个创业项目进入2015年6月23日的决赛。经演讲推介和答辩环节的严格评审，最终评选出35个参赛项目分获各组别一、二、三等奖及优胜奖以及最具人气奖、最具市场潜力奖和最受媒体青睐奖。

自2014年11月13日启动以来，大赛利用公交、地铁、志愿驿站、微博、微信等各类媒介资源，进行全方位的线上线下宣传，营造起良好的创业氛围。截至2015年7月，组委会累计举办各类青年创业公益巡讲、导师面对面及创业沙龙活动30场次，组织创业项目路演（风投对接会）45场次，累计服务上万人次。另外，组委会围绕创业大赛设立广州青年创业基金1亿元，为青年创业保驾护航。同时联合广州股权交易中心共同搭建青年创业项目网上综合服务平台——广州U创板，通过整合金融服务资源为广州青年创新创业项目或企业提供挂牌展示、孵化培育、规范辅导、登记托管及交易、融资对接、信息发布、资本运营、财务顾问等综合金融服务，并在广州共青团“智慧团建系统”U创业网设置前端页面，实现青年创业项目比赛、征集、评审、展示、辅导和融资一站式服务以及项目投融资的线上阳光对接。

（撰稿：郑先统；编辑：李玉平）

岭南祠堂文化节

海珠区黄埔村作为黄埔古港所在地，至今仍保存众多祠堂。祠堂文化是岭南民俗传统文化的重要部分。为宣传、推广、传承、发展传统民俗，充分展现岭南传统文化的魅力，自2013年开始，海珠区每年重阳节前后在黄埔村举办岭南祠堂文化节，通过舞台表演的形式展现重要民俗活动，至2015年，已连续举办3届。

2013年10月12日，由中共海珠区委宣传部主办，琶洲街道办事处、海珠区民间文艺家协会、自在堂文化发展公司共同承办的首届广州海珠祠堂文化节在广州市海珠区黄埔村祠堂开幕，为期两天。首届祠堂文化节以“寻根·圆梦”为主题，向观众展示丰富的祠堂文化和民俗文化。在开幕仪式上，广州民俗专家带领各宗族代表举行秋祭仪式，包括百姓（百家姓）敬宗亲、秋祭祭文告祖先、新媳妇敬茶、闹新娘（开枝散叶摘琅琅）、开灯、上族谱、太公分猪肉等传统项目，主祭人与数十名小学生饰演的“孝子贤孙”将传统祠堂礼仪文化展示得有声有色。向父老送寿面、新人婚庆拜祠堂、添丁挂灯礼、儿童开笔礼等表演展现了在祠堂代代延续的农耕社会岭南传统习俗和风情。此次岭南祠堂文化节还举办祠堂楹联展、祠堂文化摄影展、祠堂陶瓷艺术展、乞巧民间工艺展、市民进香许愿及小学生朗诵擂台赛、广府大戏、进香祈福，以及非物质文化遗产展览活动。

2014年10月2日，以“慎终追远、认祖归宗”为主题的第二届岭南祠堂文化节在广州市海珠区黄埔村开幕，为期3天。第二届岭南祠堂文化节通过“认祖归宗饮锦宴”，举行学童开笔礼、“进士”赢国威衣锦还乡、“竹升过南洋”等认祖归宗仪式。舞台上，庄重的旗杆塔升旗，取心香、装故土、送福袋，三牲祭礼等仪式，直观展现祠堂在传统社会中的功能。

、 2015 年 10 月 18 日至 20 日，举行以“追本溯源，仁孝传家”为主题的第三届岭南祠堂文化节，重现福寿双存庆凤浦、耆英欢聚饮菊酒、开笔礼、孝亲墙等传统民俗活动。文化节期间，游客在黄埔古村体验民间工艺展示、粤剧民间戏曲展演、广绣艺术传承、珠绣展以及剪纸艺术展，还在村内的侨乡广场大玩跳皮筋、跳房子、扔沙包、老鹰抓小鸡等怀旧游戏，品尝姜撞奶、艇仔粥等广府特色美食。

第二届岭南祠堂文化节开幕式

岭南祠堂文化节的成功举办，再现传统文化的精髓，展示传统文化遗产的独特魅力，深化了岭南文化的底蕴。广大市民参与祠堂文化节，有助于更好地传承和弘扬祠堂文化，培养集体意识，增强民族认同感、凝聚力和向心力，同时，海珠区古祠堂乃至岭南地区古祠堂得到社会广泛关注，得到了更好的保护。

（供稿：海珠区地方志办；编辑：王娜）

举办首届世界广府人恳亲大会

广府人主要以广州为中心，分布于广东、广西、香港、澳门及东南亚、欧美、澳洲等地，60% 为珠玑巷南迁后裔，在语言、艺术、风俗、饮食、建筑风格等方面具有独特的文化特征，以粤语为母语。2011 年 7 月，广东珠江文化研究会专家学者以及海内外广府籍社团、侨领提议，将“广东南雄珠玑巷后裔联谊会”更名为“广东省广府人珠玑巷后裔海外联谊会”，举办世界性广府人恳亲大会。2012 年 5 月，经省民政厅批准，“广东南雄珠玑巷后裔联谊会”更名为“广东省广府人珠玑巷后裔海外联谊会”，并制定了“倡议召开世界广府人首届恳亲大会”的时间表。9 月，在广州市政府、省侨办、省侨联支持下，广府人海外联谊会牵头，组织来自世界各地 33 个广府人社团 88 名侨团、侨领相聚广州，倡议 2013 年秋冬之际在广州召开首届世界广府人恳亲大会。

2013年11月12日至14日，由中共广州市委、市政府指导支持，广东省广府人珠玑巷后裔海外联谊会、广州市人民政府侨务办公室、广州市归国华侨联合会联合主办的首届世界广府人恳亲大会（简称首届世广会）在广州隆重举行。大会口号是："世界广府人，共圆中国梦！"广州人恳亲会主要目标是团结、凝聚世界各地广府人的力量，传承广府文化，壮大广府文化教育慈善基金。活动期间，共举办了10个主题活动。

2013年11月12日上午，中共广州市越秀区委、区政府牵头举办广府文化博物馆建设启动仪式；下午，广州市文化广电新闻出版局、市旅游局、广府人海外联谊会分别牵头举办广府文化论坛、南雄市旅游投资环境推介会和代表团团长会议。11月13日，首届世界广府人恳亲大会开幕式在广州白云国际会议中心举行。开幕大会内容包括观看相聚广州专题宣传片、表彰首届世界广府人"十大杰出人物"和"十大杰出青年"、发表首届世广会宣言、举行会旗交接仪式等。全球39个国家和地区347个社团逾3000名嘉宾参加，其中境外社团319个，境外嘉宾1716人。省内24个地级市及区（县级市）和广西壮族自治区均派代表团参加开幕式。大会期间，举办广府传统艺术精品和广府风情摄影大赛作品展览，成立广府人联谊总会，总部设在广州，并建立世界广府人恳亲大会的办会组织机制。广府人海外联谊会组织近700名嘉宾到珠玑古巷等地寻根谒祖，感受世界广府人同根同源的姓氏历史文化，参观考察广州经济社会发展新成果。13日晚，由市委宣传部牵头，市文广新局、市文联等单位筹划，举办以粤剧、广东音乐为主打的文艺晚会。晚会上，由10名"小市长"将取自南雄珠玑巷和广州白云山混合而成的家乡泥土，作为特殊意义的礼物，赠送给来自五大洲的社团领袖代表，寓意"代代相传广府人、永世不忘故乡情"，体现"特色、乡情、震撼"的理念。由团市委牵头组织首届世界广府人"十大杰出人物"和"十大杰出青年"评选活动，发动497个社会团体、单位参加，共收到376份来自海内外10多个国家和地区候选人的报名材料。经评委会评审和投票程序，最终评选出王锦辉、邓小颖、古润金、石汉基、红线女、苏志刚、李学海、欧初、萧德雄、翟美卿为首届世界广府人"十大杰出人物"，古巨基、冯珊珊、李慧琼、吴杰应、岑钊雄、余威达、易建联、赵广军、袁玉宇、霍启刚为首届世界广府人"十大杰出青年"。

首届世广会尝试"民办公助"办会新模式，开创社团主办、政府指导、社会参与的"民办公助"办会新模式。

（撰稿：彭春华；编辑：陈文敏）

广州北京路文化商贸旅游核心区建设

2014年年初，广州市委、市政府批准规划建设广州北京路文化核心区，是全市唯一一个以文化保护与发展为主要内容和特色的产业发展功能区。“北京路文化核心区”东起东濠涌（连至二沙岛），西至人民路，北接环市路，南到沿江路，总面积11平方千米；其中起步区东起仓边路、东濠涌，西至人民路、解放路、吉祥路，北接大新路、越华路、文明路，南到沿江路，总面积3.2平方千米，处于传统广州城市中轴位置。北京路文化核心区建设充分挖掘利用“广府文化源地、千年商都核心”文化资源和既有优势，实施“文化引领、功能置换、空间优化、产业升级、商旅融合”五大策略，打造北京路文化核心区成为集文化保护与体验、文化创意、旅游休闲、商业商务、金融、居住、生态等功能为一体的广府文化博览区、转型升级示范区、城市更新先行区。

是年，广州市根据《关于建立广州市北京路文化核心区建设工作联席会议制度的通知》精神，成立以常务副市长陈如桂为总召集人，广州市发改、规划、国土等部门为成员单位的广州市北京路文化核心区建设工作联席会议。越秀区根据《越秀区北京路文化核心区规划建设工作机构方案》，成立以区委书记武延军为组长、区长王焕清为第一副组长的越秀区北京路文化核心区规划建设工作领导小组，下设规划编制、重大项目、专业市场、文化建设、金融工作等五个专责组，负责组织实施北京路文化核心区的规划建设工作。成立广州北京路文化核心区管理委员会，为越秀区人民政府派出机构，正处级别。

广州北京路文化核心区按照“先急后缓、先易后难、以点带面、成熟一个推进一个”原则，推动核心区重点项目和重点工作。包括：2014年5月28日国家版权贸易基地正式挂牌成立；东濠涌二期综合整治工程涉水主体部分完工；北京路北段实施全天候步行化管理；北京路步行街区优化提升工作启动，修复灯光喷泉基本功能，初步完成出入口和北京路北段绿化景观改造。

2015年，广东省“非遗”中心暨大小马站书院街项目完成立项、用地、规划用地许可等各项前期手续；推进庐江书院、药洲遗址和南方剧院“三位一体”改造，其中庐江书院通过广州市竣工验收，药洲遗址管理权经过广东省批准由广州市移交给越秀区；完成北京路优化提升策划方案，对北京路业态布局、空间形态、活动设计等方面进行系统策划；推进惠福美食花街和北京路188号物业改造运营项目，完成《惠福美食花街改造设计方案》，完成美食花街用电增容基础工程等相关工作。

启动国家 AAAA 级旅游景区创建。2014 年，《北京路创建国家 AAAA 级旅游景区工作方案》经越秀区政府常务会议审议通过。2015 年，越秀区投资 1600 多万元，开展 23 大项 48 小项整改工作。是年，在北京路步行区黄金地段建成 40 多平方米的景区游客中心，配置导游及信息问询、导游导览、投诉援助、邮电通讯等相关功能。设计并制作安装能充分体现广府文化特色的景区标识系统，对景区景点进行有机串联和清晰指引，合理设置公共信息导视指引，完善景区外部交通标识系统。按照国家最新发布的旅游厕所标准，统筹利用和提升商业配套厕所资源，改造提升北京路 8 家公厕。选定教育路以及以太广场旅游大巴停靠点，建成景区停车场导视系统，统筹景区 1650 多个停车位资源。新安装休闲座椅 100 多张、分类垃圾桶 150 个，加强垃圾回收，每日清洗步行区路面。在景区原有视频监控系统基础上，查漏补缺，新安装高清摄像头 20 多个，建成约 20 平方米的景区监控中心，实现景区监控无死角，成为广州城区监控系统覆盖最集中的区域。

（供稿：越秀区地方志办；编辑：陈文敏）

实施《广州市历史建筑和历史风貌区保护办法》

为保护和合理利用历史建筑及历史风貌区，市法制办和市规划局深入调查研究，对广州市 994 处地块、2 万余栋建筑进行实地踏勘和拍照，召开专家论证会，对历史建筑进行普查认定。2013 年 1 月 6 日，市法制办公布《广州市历史建筑和历史风貌区保护办法（征求意见稿）》，并公开征求公众意见。2013 年 11 月 25 日《广州市历史建筑和历史风貌区保护办法》（简称《办法》）经市政府常务会议审议原则通过，自 2014 年 2 月 1 日起施行。

《办法》共 48 条，以统一规划、分类管理、保护优先、合理利用为立法重点，主要有四个方面的创新：

一是明确保护对象，完善保护体系。《办法》明确保护对象为“历史建筑”和“历史风貌区”。历史建筑是指建成 30 年以上且未公布为文物保护单位，也未登记为不可移动文物的建（构）筑物，并列出 5 种具体情形。历史风貌区是指空间格局、景观形态、建筑样式等较完整地体现地方某一历史时期地域文化特点，具有一定规模，但尚未达到历史文化街区标准或者尚未公布为历史文化街区的区域。《办法》对现有历史文化保护对象实现分层次、系统化保护。在建筑物保护方面，形成“文物、历史建筑、传统风貌建筑”3个保护层次；在区域的保护方面，形成“历史文化街区（名镇、名村）、历史风貌区”两个保护层次。二是创新保护机制，凸显保护优先。通过建立文化遗产普查制度、房屋征收前的调查制度、整体征收（改造）制度、预先保护制度等，加强对历史建筑和历史风貌区的保护。同时，对相关的损失补偿原则做了规范：对统一纳入征收（改造）方案的历史建筑与其他建筑应按同等的补偿标准予以补偿；因预先保护对有关单位或者个人的合法权益造成损失的，政府应当依法给予补偿。三是转变保护思路，加强合理利用。《办法》突出“合理利用”，为合理利用创造良好的制度环境：将历史建筑的保护要求划分为两类，合理利用简便易行；强调保护规划规定历史建筑禁止的使用功能，拓宽合理利用的渠道；明确政府可以收购私有的历史建筑后通过公开招标等方式选取符合历史建筑保护利用要求的单位管理和合理利用；明确历史建筑修缮、使用、日常管理等要求和审批程序，为历史建筑改造、再利用提供了程序上的指引；除政府加大投入，设置专门的保护经费以外，还建立开发权置换、修缮资金补助等多种形式的奖励和补助制度，鼓励全社会积极保护、利用历史建筑。四是建立联动机制，加大监管力度。通过建立以区政府为属地责任主体，相关部门协同落实日常监管和保护工作的联动机制，有效防控破坏文化遗产等突发事件；规定建设单位擅自拆除历史建筑的法律责任以及对确需重建的项目的相关程序，并对不按建筑工程规划许可施工的行为设立了法律规范，切实加大监管力度。

《办法》的编制和实施，有利于有效保护和合理利用广州市的历史文化资源，更好地建设文化名城。《办法》还对市人民政府、区人民政府、城乡规划主管部门、文物行政管理部门、房屋行政管理部门、城市管理行政管理部门、公安机关消防机构和城市管理综合执法部门等部门负责的有关历史建筑和历史风貌区保护和监督管理工作作了说明。

（撰稿：叶嫦君；编辑：陈晓青）

华南地区唯一国家版权贸易基地建成

2013年，越秀区成立国家版权贸易基地申报工作领导小组，启动国家版权贸易基地申报工作。是年，越秀区向国家版权局提交《可行性研究报告》，以北京路文化核心区为依托，以版权产业为重点，辐射中国香港、中国澳门、中国台湾等地区及新加坡等东南亚国家，联合国际版权知名组织机构，打造“示范全省、影响华南、交易覆盖全球”的版权交易中心，构建与国际接轨的版权交易制度。2014 年 5 月 28 日，经国家版权局批复同意，广州市越秀区国家版权贸易基地挂牌成立，成为华南地区唯一一个国家版权贸易基地。

2015 年 5 月 22 日，越秀区联合广州市文广新局成立国家版权贸易基地建设工作领导小组和项目办，制定《广州市越秀区国家版权贸易基地建设方案》，越秀国家版权贸易基地项目被列入广东省新闻出版（版权）业、广播影视业“十三五”规划。

11 月 15 日，中国版权保护中心华南版权登记大厅正式落户越秀，延伸中国版权保护中心著作权登记受理服务，成立由中国行业行为规范会、广东省版权保护联合会、广州市版权协会、广州市版权保护中心、广州市南方公证处及多家律师事务所代表组成的基地维权专家委员会。国家版权贸易基地（越秀）还与 21 多家律师事务所合作，汇聚超过 5000 名律师，其中 500 名为知识产权专业律师，为版权企业提供法律服务，协助版权人进行版权交易。同日，国家版权贸易基地（越秀）交易平台上线。以具有广州市特色版权产业为突破口，建立以教育出版、动漫游戏、软件等行业为主要板块的版权交易系统。至 2015 年年底，教育出版行业板块拥有教育课件库 50 多万学时，课件资源 10 万件和付费客户 50 多万人，版权交易合作客户达 5000 多家。

成立广东省版权贸易与产业协会，为省内版权企业建立行业版权保护联盟。与华南理工大学联合建立知识产权教学基地、博士联合培养站，为入驻企业引进培养高端人才提供平台。举办“永不落幕的丝绸之路”系列艺术展演、“广州国际艺术与框业展览会”等活动，扩大基地知名度和影响力；举办国家版权贸易基地 LOGO 征集活动、世界知识产权日活动及国家版权贸易基地（越秀）交易平台上线及中国版权保护中心华南版权登记大厅签约活动。联合国家新闻出版广电总局中国新闻研究院，开展广州市版权产业经济贡献调查统计，发布广州版权产业发展指标。

（供稿：越秀区地方志办；编辑：陈文敏）

全国首创科普游自由行项目

为深入实施《广州市全民科学素质行动计划纲要实施方案》，实现广州市委、市政府提出的“到2015年广州市公民具备基本科学素质的比例超过8%”的工作目标，广州市科学技术协会（简称广州市科协）从2014年8月开始，每月开展一次科普游自由行活动。

科普游自由行是探索创新科普活动模式的一个新举措，为全国首创，活动整合利用了广州地区现有的重点实验室、农业龙头企业、科研院所、大型企事业科协、高新企业、科普基地等6大类科普资源。2014年7月5日，广州科普游自由行项目评审会议在市科普中心召开，5位评审专家对103个单位申报的自由行项目进行了书面评审。入围承办活动的百余家单位科普资源各不相同、各具特色。其中既有钟南山院士主持的广州呼吸疾病研究所呼吸疾病国家重点实验室、中科院热带海洋环境国家重点实验室等一批平时不为市民所了解的重点实验室，有华南师范大学生命科学学院、广东省昆虫研究所等科研实力雄厚的高等院校、科研院所，也有广州广高高压电器有限公司、广州环亚化妆品科技有限公司等知识密集、技术密集的高新企业，还有广州风行牛奶有限公司、广州宝桑园生态科技有限公司、广州百万葵园生态发展有限公司等知名的农业龙头企业，以及石头记矿物园、华南植物园、南沙湿地等深受市民喜欢的科普基地。

2014年8月，科普游自由行活动正式启动。市民通过网上答对3道科普题后进行报名，报名结束后由电脑随机抽取参与市民，参与市民以自行往返的方式到各科普资源单位参加活动。接待市民科普游自由行的各个重点实验室、科研院所、农业龙头企业、大型企事业科协、高新企业、科普基地等单位，除了专门为市民安排了科普专职人员讲解和导游、引导参观游览外，还策划了专家科普讲座、科普互动、科普有奖问答、派送科普宣传资料等活动，还为每一名自由行市民提供一份简易午餐或科普小礼品。

科普游自由行在社会上形成了一定的影响力和知名度。为进一步推进项目发展和完善项目实施流程，2015年3月27日，广州科普游自由行交流研讨活动在沙湾古镇举行，共有81家项目承担单位152人参会。通过交流研讨活动，规范各项目承担单位的活动组织行为，增强各单位对自由行项目的认同感与凝聚力，增强自由行活动的科普效果。

2014 年 8 月至 2015 年 6 月，共有 24.1827 万人次通过登陆广州市科协官方网站、大洋网、广州市科协微信和广州市科协新浪微博等 4 种方式参与报名。报名结束后，按照相关流程电脑随机抽取了 42224 人次的市民参加活动。

广州科普游自由行项目的运行，实现了科普组织形式的创新，同时优化整合了广州地区的科技和科普资源，让市民从自身需求出发选择科普资源单位，实现了从“要我来”接受科普知识的“被动”科普到“我要去”接受科普知识的“主动”科普的转变，使科普受众更为广泛。

（撰稿：何贯中；编辑：郑剑锋）

广州在全国地方志系统首创地情公众开放日活动

2014 年 11 月，广州市举办第一次广州地情公众开放日活动，至 2016 年 1 月共办 15 次，这是全国地方志系统内首次举行地情公众开放日系列活动。广州地情公众开放日活动以“传承岭南历史，启迪广州未来”为宗旨，以群众喜闻乐见的传播方式将广州地方志成果转化为地情教育素材，向社会公众提供内容丰富、形式多样的地情知识展览与民俗文化体验活动，面向社会免费开放，吸引街坊群众、粤港澳学生、公务员、企业员工、退休老同志等各界人士参加，已成为广州市地方志办为社会提供公共服务的重要平台和知名品牌。

自 2014 年 11 月以来，广州市地方志办联合市区两级机关、企事业单位、社会团体、行业协会等 80 多个单位，分别以“青少年科普实验”“非物质文化遗产展览及教学体验”“花城水城文化”“民俗迎新”“社区居民参与十件大事评选”“‘十二五’大事宣传推介”“广州敢为人先精神大家谈”“倾听广府故事”“悦读广州·涂画羊城”“地情文化走进书香节”“走进广州典籍”“开发《广州大典》资源”“初任公务员了解广州地情”“送地情文化进扶贫村”等为主题举办公众开放日系列活动。中共中央候补委员、中国社科院副院长、中指组常务副组长李培林，原省人大常委会主任、省关工委主任张帼英，中指组办公室党组书记赵芮，省政府副秘书长李贻伟，广州市副市长贡儿珍，以及省市老领导黎子流、石安海、苏泽群、沈柏年、孔少琼、陈绮绮、姚蓉宾、郭向阳、潘庆楮、苏晋中、陈国安、冼若瑶等与机关干部、社区群众、来自 12 个国家的留学生、穗港澳大学生、广州中小学生以及社会各界群众共 8300 多人次参与活动。社会各界纷纷呼应并参与开放日活动，先后有十几个省市地方志机构派员观摩了活动举办情况，广东电视台、广州电视台、《南方日报》《广州日报》相继作了专题报道，网络媒体和新媒体也作了大篇幅报道，极大提升了地方志工作的社会影响力，开拓了地方志事业的新领域。

第一次广州地情公众开放日活动

同时，开放日活动创立“羊城今古”讲坛公益性文化品牌，在广州地情公众开放日活动当天邀请省、市老领导，社会名流、知名专家学者走进方志馆、社区、企业和学校，面向广大市民群众、中小学生开设广州城市历史、当代发展成就讲座，让市民群众特别是青少年自觉接受乡土文化熏陶，充分了解广州的历史、政治、自然、文化等各领域的知识。授课内容涉及广州与海上丝绸之路建设、骑楼建筑历史、广州水文化、如何提升孩子的专注力、孩子行为偏差的成因及矫正等，通过了解广州灿烂的历史文化和辉煌的发展成就，激发其建设美好家园的自豪感和使命感。

市地方志办通过“广州地情网”、官方微博、微信对历次广州地情公众开放日进行预告，在省、市图书馆广泛派发宣传单，邀请市民群众报名参与，并向中小学校、广州年报会员单位等发起定向邀请，组织团体参观，为地方志馆带来大量的人气。市地方志办采用声、光、电等多种手段结合的形式开展爱国爱市教育，在电子查阅厅设置了液晶触摸屏以点播广州地情专题片及动漫卡通，设置了哥德堡号和中国皇后号有关历史的3D电子图书，以互动的形式充分唤起观众的阅读兴趣，让观众在互动中接受教育，为社会公众提供了高规格、高水平的地情展览和体验服务，将优秀的地方志资源推荐给社会公众，满足各阶层民众文化生活需要。市地方志办紧扣广州地情主题，开展广州刺绣、广州彩瓷、广州玉雕、骨雕、岭南古琴、科普实验、3D 打印等各类地情展览体验和教学，形成了地方志特色的文化活动品牌。馆内常设有《广州之最》和《广州城市发展图志》等图文并茂的展览，以生动声画、珍贵文书、深情讲述让市民了解广州千年历史、饱览广州文史菁华。广州地情公众开放日拉近了群众和地方志的距离，加强了地方志工作机构与社会各界的联络。参与人数众多，社会反响强烈，引起了社会各界的广泛关注和新闻媒体的集中报道，提升了地方志工作的社会影响力。

（撰稿：郑剑锋；编辑：罗锦强）

实施《广州历史文化名城保护规划》

广州具有 2200 多年悠久历史，是中国第一批公布的 24 个国家级历史文化名城之一。为实现对历史文化名城的整体有效保护，2003 年广州启动编制《广州历史文化名城保护规划》（简称《名城保护规划》），并分别于 2005 年 1 月、2012 年 3 月两次通过全国专家论证会审查，于 2008 年 7 月通过广州市城市规划委员会第一次会议审查，2011 年 9 月经市长办公会议审议并原则同意。在广泛征求专家学者、相关职能部门和各区政府意见的基础上，2012 年 1 月 5 日至 2 月 3 日，《名城保护规划》进行批前公示，并开展公众参与活动。8 月 15 日、12 月 12 日先后召开两次市名城委会议，审议通过《名城保护规划》，同年 12 月 30 日第 14 届 97 次市府常务会审议同意《名城保护规划》上报广东省政府审批。2014 年 11 月 11 日，省政府批准实施《名城保护规划》。《名城保护规划》核心内容后被纳入《广州市城市总体规划（2011—2020 年）》，并上报国务院建设主管部门和国务院文物主管部门备案。

《名城保护规划》是名城保护的纲领性文件，其规划范围为广州市市域行政区，面积 7434 平方千米。该规划有四大创新之处：在规划编制思路上将传统的“云山珠水”自然山水格局跃升为具有“山、水、城、田、海”特色的大山大海格局；对城市特色内涵进行了概括，创造性地提出历史悠久古都城、岭南中心文化城、丝绸海路港口城、革命策源英雄城、田园风光山水城、千年发展商业城、全国著名华侨城、多元文化遗产城八大保护主题；在编制方法和内容上以 1949 年为界，第一次系统、明确地划定了面积约 20.39 平方千米的广州历史城区范围；在保护体系上提出物质和非物质文化遗产保护策略，从空间体系上分“市域、历史城区、历史文化街区、名镇名村、文物保护单位和历史建筑”5 个层面编制保护规划。

在市域层面，制定“一山一江一城”的整体保护空间战略，同时划定八大主题区域，分别为莲花山自然人文主题区域、从化历史村镇主题区域、沙湾镇岭南市镇主题区域、黄埔港丝绸海路主题区域、越秀南先烈路革命史迹主题区域、三元里鸦片战争主题区域、长洲岛军校史迹主题区域以及沿珠江工业旧址主题区域。

在片区保护层面，建立以历史城区、历史文化名镇名村、历史文化街区、历史风貌区、传统村落等为要素的保护体系。历史城区重点保护古城城郭的历史空间格局，保护历史城区的整体风貌特色。历史文化名镇名村、传统村落整体保护传统格局、历史风貌和空间尺度以及历史环境要素。历史文化街区和历史风貌区保护历史真实性和格局与风貌的完整性，坚持小规模渐进式的更新模式。

在文物古迹及历史建筑保护层面，明确和扩大法定保护对象，规划纳入历

历史城区内历史文化街区划分图

史文化名城保护体系的文物古迹包括：市级以上文物保护单位共 322 处、市登记保护文物单位 138 处、区县级文物保护单位 208 处、全国第三次文物普查新增的 3700 多处有价值的文物线索、478 处历史建筑以及骑楼街和传统街巷。

《名城保护规划》编制以后，市政府加快规划建设一批与世界文化名城相适应、以历史文化资源保护与利用为主题的重点文化项目，包括南越王博物馆整治二期工程、南越王宫博物馆、南粤先贤馆一期建设工程、广东民间工艺博物馆（陈家祠）扩建工程、镇海楼保护和利用、十三行历史文化保护与利用工程、大小马站书院群复建保护与利用工程、三元里人民抗英斗争纪念馆改扩建工程、"三二九"起义指挥部旧址纪念馆扩建工程、辛亥革命纪念馆、孙中山大元帅府复建扩建工程等；打造和提升广州历史文化名城的重点品牌，包括海上丝绸之路文化、中国近现代革命文化、南越国历史文化、古城中心城区历史文化、广州"老字号"文化等品牌。

为确保规划的实施，市政府加大政府财政投入，建立名城保护的资金保障机制；建立健全历史文化名城保护的公众参与机制；制定和调整历史文化名城保护相关的地方性法规。《名城保护规划》在广州市历史文化名城保护中起到综合调控作用，进一步强化广州市的国家级历史文化名城地位，有利于长期有效保护和利用广州历史文化遗产和资源，延续历史文脉，传承与弘扬优秀岭南传统文化。

（撰稿：纪雪丽；编辑：陈晓青）

《广州年鉴》连续四届获全国年鉴评比特等奖

1983 年首部《广州年鉴》出版，至 2015 年年底已经出版 33 卷。1999 年《广州年鉴》开始参加全国年鉴编纂质量评比，于 1999、2004、2009、2014 年连续四届获得全国年鉴编纂质量评比特等奖和框架设计、条目编写、装帧设计三个单项特等奖，位居全国城市年鉴前列。

1982 年，广州市委在全国城市中率先创办地方大型资料性年刊，组织编纂出版《广州经济年鉴》。1985 年，《广州经济年鉴》正式更名为《广州年鉴》，全面载录广州地区经济社会发展变化的全貌。自创刊以来，《广州年鉴》勇于创新，狠抓质量，不断完善框架篇目，突出年度特点与地方特色，编纂质量逐年提高，年鉴编纂工作走在全省前列，创下多个第一：改革开放后全国第一部地方年鉴、第一家不再刊登广告的地方年鉴、第一家免费向国内外公共图书馆赠阅的地方年鉴、第一家省会城市和副省级城市编纂出版的英文版年鉴。

《广州年鉴》框架全面、分类科学，较好地反映社会生活的广度和深度。在内容质量上，《广州年鉴》忠实记录广州经济、社会发展的历史进程。内容涉及各个领域、各个部门、各个方面，并着力突出广州特点。全书篇目从创办时 1983 年卷的 23 个增加到 2015 年卷的 33 个，如独立成篇的有“珠江三角洲城市群”“文化”“民营经济”“信息业”“社会群众团体”“年度要事”等，增加分目有“证券业”“期货业”“网络媒体”“文物博物”“来穗人员服务”等。《广州年鉴》编纂求真务实，确保年鉴内容的真实、数据的准确可靠。《广州年鉴》发表文字 4500 多万字，大中小条目 4.5 万多条。全书所记录的内容和数据，均由广州地区各有关部门负责提供，并经各级主管部门和市统计部门审核。年鉴的稿件大多是由政府各部门和各事业单位提供。《广州年鉴》力求常编常新，年鉴条目及时调整，对一些新兴的行业采取特约撰稿人的形式进行组稿，并开展多元的组稿渠道收集资料等，以丰富年鉴的信息资料，拓展年鉴反映内容的深度和广度。《广州年鉴》精心编校、精心印制。年初制定全年工作总目标，各责任编辑根据总目标制定各自的工作计划，开展组稿和编辑工作，确保编辑进度。制订《年鉴版式规范要求》和《年鉴行文规范要求》，严格操作规程，确保全书编辑标准的统一。《广州年鉴》实行总校制度，即成书前采取集中校对、交叉校对、评点校对、核查校对等方式解决全书各相关篇目内容的交叉重复问题，最大限度地消灭编校错漏。全书的校对基本在 5 个校次以上，个别篇目达 6—7 校。《广州年鉴》连续多年获得全国年鉴编校质量特等奖，编校差错率远低于国家规定的标准。在出版方面上，力求印制高质量的精品年鉴，做到年鉴内容与形式相统一。

2000 年起，《广州年鉴》在“中国广州”网站设立专题性网页，在该网站上，可以随时查阅年鉴已出版的历年资料内容并可了解最新编纂动态，这在全国地方年鉴中也是第一家。2009 年起，广州年鉴社又将已经出版的《广州年鉴》30 多卷内容放在“广州市地方志网站”，免费供读者查阅、下载。

（撰稿：阳晓儒；编辑：罗锦强）

广州开展第六次全国体育场地普查

根据国家体育总局、教育部、铁道部、国家旅游局《关于开展第六次全国体育场地普查工作的通知》、广东省《关于开展第六次全国体育场地普查工作的通知》）要求，2014 年，广州市体育局、广州市教育局、广州市旅游局联合组织开展广州市第六次全国体育场地普查（以 2013 年 12 月 31 日为标准时点），普查对象为全市（不含军队、铁路）各系统、各行业、各种所有制形式的各类体育场地，全面摸清广州市体育场地的建设、经营和使用及其发展变化情况，掌握全市体育场地的数量、类型、分布、开放情况及相关数据等。

广州市“六普”工作于 2013 年 12 月底开始筹备，2014 年 1 月 7 日，广州市体育局、教育局、旅游局联合印发《关于开展广州市第六次全国体育场地普查工作的通知》，并迅速成立相关组织机构。2014 年 1 月 15 日，三个部门联合在广州市体育局召开广州市六普工作动员大会。会后，市、区（县级市）均迅速成立组织机构，组建队伍，制定工作方案。市体育局、教育局、旅游局，各区（县级市）、街道、社区等共组织 5000 多名工作人员参与普查工作。广东省体育局下拨专项经费 35 万元及“六普”物资（登记表等），广州市体育局划拨 85 万元，各区（县级市）配套共 205 多万元，约计 325 多万元。普查工作采取区级自查，市级、省级、总局抽查，市 3 轮专项核查的方式，共完成 22180 张普查表的回收、审核、数据录入工作。

截至 2013 年 12 月 31 日，全市共有体育场地 19650 个，用地面积 4123. 19 万平方米，建筑面积 584. 93 万平方米，场地面积 3080. 17 万平方米。其中，室内体育场地 2175 个，场地面积 163. 97 万平方米；室外体育场地 17475 个，场地面积 2916. 20 万平方米。以 2013 年末全市常住人口 1292. 68 万人计算，平均每万人拥有体育场地 15. 20 个，人均体育场地面积 2. 38 平方米。对比广州市第五次全国体育场地普查（截至 2003 年 12 月 31 日），全市体育场地数量增加 9510 个，场地面积增加 1353. 58 万平方米，人均场地面积增加 0. 68 平方米，每万人拥有体育场地数增加 5. 37 个。

体育场地普查工作的完成，不仅为制定体育事业发展战略、规划、政策和科学决策提供重要依据，还为制定幸福广州体育场地标准、完善体育公共服务体系提供基础数据，有助于解决体育发展中面临的各种困难和问题，更科学地配置体育场地设施资源，为“建设国际体育名城和幸福广州”打下坚实基础。

（供稿：市体育局；编辑：张丽蓉）

从化国家档案馆晋升为国家一级档案馆

从化国家档案馆前身为从化县档案馆，成立于1958年11月。2010年4月，该馆新馆在城郊街河滨北路622号动工兴建。同年10月，正式改名为从化市国家档案馆。12月晋升为国家二级馆。2012年9月，从化市国家档案馆新馆竣工投入使用。2015年晋升为国家一级档案馆。

该馆总建筑面积7450平方米，由主楼和副楼构成。其中主楼7层、副楼4层，全框架结构，档案库房1572平方米，对外服务用房面积1339平方米，档案技术用房1327平方米，办公用房、附属用房共3212平方米。总投资3800多万元。该馆档案库房墙体采用双层加气混凝土空心砌块、中间夹层加装铝箔片和挤塑聚苯板，抗震设防烈度7度，窗采用断桥隔热、中空玻璃。设置电梯两部，电梯载重量1000千克，其中一部电梯专用于运输档案。设置档案防磁屏蔽库房、珍贵档案珍藏库房、中心监控室、中心计算机房、档案技术处理用房、档案展览用房、对外服务用房和设备管理用房等，各类档案业务和技术用房设置符合要求。配有专门变压器、高低压配电柜和备用发电机。馆区周界设置有电子巡查设备和防护装置，馆内查阅大厅、档案数字化场所均设有视频监控设备，实行24小时监控、记录。计算机房设有自动监控管理系统，对设备的运行状态进行实时监测，防止网络被非法侵入。每年招投标，外包整幢档案楼的物业管理。档案馆总面积及各功能用房面积符合《国家档案馆建设标准》县级国家档案馆一类、市级国家档案馆三类的要求，能够满足该市未来30年档案保管需要。

馆藏方面，该馆按照《从化市国家档案馆收集档案范围实施细则》，共列入现行接收进馆范围单位88个，其中从化市直一级单位74个，二级单位10个，省、广州市垂直管理单位4个。现馆藏有全宗108个，其中民国档案、革命历史档案全宗2个，馆藏档案26.23万卷、20.25万件，折合档案28.25万卷；馆藏资料7193册。其中馆藏文书档案1.81万卷、13.8万件；专门档案24.42万卷、5.35万件；照片档案157册（底片224张、照片7233张）；音像档案2102盒；实物档案1551件。馆藏民生档案共6类，分别是：婚姻档案、社保档案、移民档案、农村五保供养档案、工伤鉴定档案、就业失业登记档案，存量共18.62万卷、8941件。市档案馆完成馆藏存量纸质档案数字化约50%，并实现与目录挂接。馆藏资料实行档案手检式、机检式双套目录。手检式检索目录6册，机检式目录数据7193条，能够有效提供检索利用。

从化市国家档案馆以建设“五位一体”（爱国主义教育基地、档案安全保管基地、档案利用服务中心、政府信息公开中心、电子文件管理中心）档案馆为目标，以《市、县级国家综合档案馆测评办法》为依据，进一步加强档案资源体系、档案安全体系和档案利用服务体系建设。2013年，从化市国家档案馆确立争创国家一级综合档案馆的工作目标，并纳入从化市政府2014年重点工作督办推进，从化市档案事业列入市国民经济和社会发展规划；从化市委宣传部把市档案馆列入“从化市爱国主义教育基地”。从化市档案局采取有力措施，推进创建工作。如与广州从化市技工学校签订“大学生实习基地”协议；利用档案资源，多次开展社会教育活动，先后举办《从科学发展的角度认识档案和档案工作专题讲座》《从广东省情看从化地情学术讲座》《档案馆艺术档案作品征集—本土书法家廉政书法创作活动》《档案摄影作品鉴赏专题讲座》《从化市“6·9”档案日档案馆开放日活动》等活动，并举办《最宜居城市——从化》《墨舞流溪》《从化风情》《党和国家领导在从化》《名人与从化》《人文从化》《姚传清微雕作品展》《馆藏实物展览》《党的群众路线教育图片资料展》等展览；采取“请进来、走出去”的办法，吸引广大学生、市直机关、团体、企事业单位、档案工作者和社会公众参与，充分拓展档案馆社会教育实践的功能，集中展现从化的历史风貌和文化特色，每年接待参观人员逾5000人次。同时，在互联网上建立“从化档案地情信息网”，设有“政务公开”“档案业务”“服务指南”“政府公开信息”“今日从化”“网上展厅”“预约查档”等一级栏目20个、二级栏目36个，并于2014年6月升级改版，适应档案馆工作需要进行栏目改造更新，点击率累计达到84万人次。

从化市国家档案馆

2014年11月，该馆向省档案局申请晋升国家一级馆并通过初审。2015年1月13日，国家档案局组织测评组对从化市档案馆创建国家一级档案馆工作进行测评。测评组通过听取汇报、观看专题片、现场检查、审查材料、综合评议等方式，对该馆进行全面测评。测评组认为，从化市国家档案馆布局合理、功能完善，馆库安全保障技术手段先进有效，经费保障有效；馆藏资源丰富、门类齐全、结构合理，档案整理和保存符合有关标准；注重馆藏资源开发利用，每年举行专题展览，展现馆藏资源优势和地方历史风貌，得到社会各界好评。最终，该馆以96分的高分通过测评，晋升为国家一级档案馆。

（撰稿：潘彦；编辑：梁斯豪）

市委宣传部统筹管理公益广告发布

随着公益事业逐渐升温，各类公益广告越来越常出现在街头巷尾，收到良好的社会反响。如：2013年4月20日，广州塔为雅安点亮祈福蓝灯；9月23日，广州塔与广州市气象局联合，利用塔身灯光发布超强台风“天兔”气象预警，成为首个发布台风橙色预警的地标建筑；10月7日，广州塔成为亚洲首个获邀参与全球第一届国际面瘫日亮灯的地标建筑；在广州地铁9条线路164座车站260千米的公共空间里，不间断播放《互助篇》《感恩篇》《我用心，您放心》《全程为你》等公益宣传片和公益广告。公益广告逐渐渗透到城市各个空间。为加强对广州市公益广告的宣传管理，2015年1月，市委宣传部牵头，会同市文明办、市城管委、市工商局等共同建立广州市公益广告宣传管理工作联席会议制度（简称联席会议），办公室设在市委宣传部宣传处，并印发《关于加强我市公益广告宣传管理工作的意见》（简称《管理意见》）。

《管理意见》规范市公益广告发布规范程序：各单位根据工作实际，提前1个月向市委宣传部来函提出公益广告宣传需求，同时一并提交宣传样稿；市委宣传部宣传处汇总有关资料后提交市公益广告宣传管理联席会议工作例会，在会上根据当前宣传重点、各单位需求情况和全市广告平台提供情况进行分配，对各单位提交的宣传样稿进行审定；每月公益广告发布以当前宣传重点为主，在完成重点宣传任务的基础上围绕市的重点工作和重大经济社会文化活动开展公益宣传；联席会议办公室根据例会决议发出公益广告确认函，各类广告媒介根据主管部门通知组织开展公益广告宣传，广告的制作费用由需求单位承担。根据《管理意见》，联席会议每月底召开一次工作例会，总结通报当月公益广告发布情况，对下一个月在全市开展公益宣传的任务和各单位需求进行研究，会后由联席会议办公室根据会议决议向有关单位制发公益广告发布的通知。

2015 年，全市户外公益广告以社会主义核心价值观、纪念中国人民抗日战争暨世界反法西斯战争胜利 70 周年、庆祝新中国成立 66 周年等为重点，在此基础上组织开展了对“双拥”工作、创建质量强市、建设平安广州、消防安全、禁毒、打假、防范电信诈骗、慈善、助残、法律援助、广州博览会、海上丝绸之路国际博览会、国际动漫节、国际纪录片节、图书馆年会、留交会等专题公益宣传。联席会议制度的建立，改变了过去各单位自行联系广告企业开展业务工作宣传的状况，由市委宣传部和市文明办牵头对全市公益广告发布工作进行统筹，确保重点宣传任务得到落实。

户外大型 LED 屏刊播社会主义核心价值观

（撰稿：陈立春；编辑：陈喆）

羊城晚报集团全媒体指挥中心建成

2014 年 8 月 18 日，中央全面深化改革领导小组第四次会议审议通过《关于推动传统媒体和新兴媒体融合发展的指导意见》，同年 9 月 4 日，广东省推动媒体融合发展座谈会在羊城创意产业园召开，要求全面推动传统媒体和新兴媒体在内容、渠道、平台、经营、管理等方面的深度融合。对此，羊晚集团制订战略目标，以新型传播应用重建连接，以高新科技服务增创价值，全力建设具有岭南文化特色的现代传媒产业集团，启动集团晚报社全媒体指挥中心建设工作。

2014 年 7 月，羊城晚报报业集团搬迁工作协调小组办公室启动羊城晚报全媒体指挥中心项目投资招标等一系列工作，抓住报社办公场地整体搬迁、重新组合采编空间的契机，于2015年2月，在羊城创意产业园1—16栋印务中心建立起全媒体指挥中心。全媒体指挥中心作为采编大平台的中枢和大脑，汇集集团所有的全媒体新闻、信息、数据，并通过中心发出指令，进行编辑、加工和处理，经过多层把关审核后，在集团的各类传播终端上发布。羊城晚报报业集团全媒体指挥中心通过线上线下两个集中，从而实现中心的“全程指挥、全程监控、全程留痕”。在线上，是基于全媒体采编大平台网络系统，将各类信息集中在一起，借助技术系统完成“一次采集、多元生成、多次发布”；在线下，是将相关岗位人员，集中在一处办公，及时沟通，高效指挥。

全媒体指挥中心内设置3排U型座位。其中一排席位是资讯采集和资讯处理区，包括新闻热线席（负责监控全网信息，将电话、QQ、网络等报料和新媒体互动信息汇集起来，并负责将有价值的线索，提供给中心，以指挥记者跟进采访，对全媒体即时新闻作初步审核和把关），图片总监席（负责各类新闻图片的筛选和审核；负责全媒体音视频的把关），要闻值班主任席（负责重大时政要闻以及深度、策划新闻的处理），技术总监席（负责整个指挥中心和采编大平台的技术保障）；另一侧则主要是资讯处理和资讯发布区，配置了“一报两网”和“两微一端”发布端口等，包括金羊网值班席，官方微博值班席，官方微信值班席。在采编大平台中，每篇稿件被选取进入原料池后，都自动生成一个身份识别码。这个唯一的代码伴随着稿件进入加工池，并直至签发完毕进入成品池，走完整个采编流程。

在采编流程中，报社除严格按照一系列管理制度进行加工处理外，还通过技术手段，对一些关键节点进行辅助把关。比如，根据流程技术设计，所有稿件如不经过上一环节的抓取、审阅，将无法进入下一流程。凡是没有经过加工池处理，并留下审核记录的稿件，也就无法进入成品池；而凡是不在成品池中的稿件，任何人在集团任何传播终端上都将无法抓取并发出。指挥中心还有效实现对所有采编人员的全天候、全媒体指挥。通过高清视频会议系统，联系各区域记者站或前方新闻报道组，可实现对每位外采记者的现场定位，一旦突发事件爆发后，可以利用这个全球定位系统，调遣距离最近的记者第一时间赶到新闻现场，并进行连线报道。

在指挥中心内，中心值班主任负责日常生产指挥和第二层级审核把关，值班总编负责对全媒体出版、发布内容的总调度和终审把关，除重大稿件需向社长、总编汇报外，日常性全媒体稿件的流程管控、审核把关及签发，都由值班总编完成。指挥中心还预留机动指挥岗，可以随时安排专业人员进行加强指挥。

指挥中心配备了一个大屏幕，在日常工作状态分为两个显示框，分别是实时资讯区和实时传播区。实时资讯区主要用于全媒体采编大平台密切关注的各类外部信息，主要包括：中国政府网、广东和广州政府网等政府网页，新浪、腾讯、网易等重要新闻门户，人民网、新华网、央视网等央媒网站，南方网、大洋网、深圳新闻网等兄弟网络媒体，还有全网大数据实时热点情况等。实时传播区则主要包括羊城晚报报业集团所属羊城晚报、新快报当天版面，金羊网、官方微博等实时传播状况。

（撰稿：张靓雨；编辑：卢玉华）

广州大学跨入全国重点高校招生行列

广州大学紧紧围绕“提升办学质量，打造一流大学”的核心任务，坚持“教学立校、科研兴校、人才强校、服务荣校”办学理念，各项事业实现跨越式发展，多个学科跨入全国高校先进行列。广州大学已快速发展成为一所区位优势突出、办学特色明显、综合实力较强、发展势头良好的地方综合性大学。2015 年 4 月 28 日，广东省教育厅印发《广东省教育厅关于广州大学等 6 所普通高等学校调整招生录取批次的意见》，同意广州大学的本科专业自 2015 年起在广东省调整到第一批本科录取批次招生，标志着广州大学在省内外晋升为一本高校，全面迈入全国重点高校行列。

秉持“教学立校”办学理念。学校强化教学工作的中心地位和教育质量为学校生命线的意识，以高素质应用型人才培养为核心，坚持“重基础、重实践、重质量、严管理”的治教方略，努力让广大学生享受更加优质的教育，不断创新人才培养模式，深化教育教学改革，人才培养质量跃上新的台阶，先后获得国家级教学成果奖 3 项。2006 年学校以优秀成绩通过教育部本科教学工作水平评估，同年被批准为全国大学英语教学改革示范点；2007 年被批准为全国大学生文化素质教育基地（联合）；2010 年获批为推荐优秀应届本科毕业生免试攻读硕士学位研究生资格单位；2011 年广州大学中华经典诵读项目在全国高校校园文化建设优秀成果评选中获特等奖。学校招生持续受到社会热捧，外省录取分数普遍超过当地一本线 20—40 分。

坚持“科研兴校”理念。建立完善的科研激励机制，积极整合学术团队，构建学科平台，科研实力显著增强，整体水平快速提高。2014 年科研经费达到 3.9 亿元，历年获得各级各类科研成果奖 253 项，其中国家科技进步奖二等奖 4

项；获批教育部创新团队 2 个，“2011 协同创新”取得重大进展，与南开大学、中国政法大学共同建立了“人权建设协同创新中心”，获批广东省国家级“2011 协同创新中心”培育建设规划项目 1 个、省级协同创新中心 1 个、协同创新发展中心 1 个；当选“广州校地协同创新联盟”副理事长单位，17 个项目入围“广州校地协同创新联盟”成员重大科技成果；“地方高校创新性应用型土建类专业协同育人基地”入选首批 40 个“广东省协同育人平台”。科技平台建设取得重大突破，“工程结构抗风与结构安全国际科技合作基地”被认定为国家国际科技合作基地，实现了广州大学国家级平台零的突破。

推动开放式发展战略。充分利用“广州”国际大都市的地域优势，广州大学先后与 30 个国家和地区的 200 多所大学和科研院所建立教育与科技合作关系，办学国际化水平不断提升。学校与法国教育部联合创办中法旅游学院，开创中外合作办学的人才培养新模式；与台湾淡江大学合作成立工程结构灾害与控制联合研究中心，与台湾屏东教育大学合作建设“教育政策研究中心”，创新了两岸高校科研合作的新模式；与美国华人教授科学家学社合作成立广州大学－美华学社跨学科研究中心；与瑞典国际著名大学林雪平大学联合成立“广州大学——林雪平大学城市可持续发展研究中心”，被广州市政府列为重点督办项目；在 7 个领域与意大利帕多瓦大学合作申报欧盟“地平线 2020”项目，积极搭建对外科研合作新平台；积极推进面向国（境）外专家的“引智项目”，吸引来自美国、新西兰、英国、意大利等多个国家的知名专家来校开展学术交流与合作研究，大大提升了科研国际化合作水平；先后与意大利帕多瓦大学、美国卫斯理安学院合作建立了 2 所孔子学院，显著提升了学校国际化办学的影响力；与美国卫斯理安学院合作成立了广州大学卫斯理安学院，首批 69 名新生

广州大学跨入全国重点高校招生行列

于 2014 年 9 月顺利开启全新的学习历程，广州大学与国际名校合作办学跨上新的台阶。

推进“服务荣校战略”。坚持以服务社会为己任，在不断为社会输送高素质应用型人才的同时，积极整合科研服务资源，拓展服务领域，重点实施“校区合作”和“校企合作”战略，取得良好的社会效应。学校承担了大量政府决策咨询、科技开发与服务、教育培训、信息服务、文化普及、城市建设、文物修复等方面的工作，为地方经济社会发展做出积极贡献。2008 年以来，学校承担的服务社会项目近 3000 多项，服务范围涵盖全国 27 个省、自治区、直辖市和省内 21 个地级以上市，延伸到香港和澳门地区，服务社会到校经费累计达到 10 亿元。学校服务广东广州经济社会发展的智库作用凸显，获得省市领导批示或企事业单位采用的研究报告和技术咨询报告有 300 多份，其中多份研究报告先后多次获得了省市主要领导的批示，被省市有关部门采纳。学校牵头编撰出版的《广州蓝皮书系列》，连续 3 年获得全国皮书“二等奖”，并有 3 种蓝皮书纳入中宣部“理论创新出版项目”，在广州甚至华南地区位居前列，在全国处于领先水平。

2009 年，广州大学在重庆、福建、河南、湖南、河北、辽宁、贵州、广西、内蒙古、宁夏、新疆、甘肃、云南、山西、吉林、安徽、江西、四川、海南、湖北等 20 个省、区、直辖市实现本科第一批次招生录取，成为全省二本招生高校中率先在省外开展一本招生的高校。随后，本科第一批次招生录取省份逐步增加，且录取分数平均高出所在省份一本线 30 分以上。2013 年，学校首次 8 个专业安排在广东省第一批次招生录取，2014 年再增加 13 个专业。自 2015 年开始，广州大学本科专业在广东省调整到第一批本科录取批次招生。至此，广州大学成为一本招生高校。

（撰稿：欧秋成；编辑：卢玉华）

《广州大典》完成编纂出版

2015 年 4 月 30 日，《广州大典》首发。《广州大典》汇集历史文献 4064 种，分经、史、子、集、丛五部，编成 520 册，是广州史上继学海堂和广雅书局刻书之后的第三次大型古籍整理，也是迄今为止最全面的广州历史文化史料著作集成。同日，广州大典研究中心成立揭牌，广州大典网络服务平台上线开通。《广州大典》由中共广州市委宣传部、广东省文化厅策划组织编纂，先后被列为广州市“十一五”“十二五”时期重点文化工程。

《广州大典》由陈建华主编，广州出版社出版，广州日报传媒股份有限公司印务分公司印制。《广州大典》收录广州人士（含寓贤）著述、有关广州历史文化的著述及广州版丛书。所收文献时间下限为1911年，个别门类延至民国。地域范围包括清代中期广州府所辖南海、番禺、顺德、东莞、从化、龙门、增城、新会、香山、三水、新宁、新安、清远、花县，以及香港、澳门、佛冈、赤溪。《广州大典》影印出版，保留古籍原来的版式和内容，采用国际大16开本，精装，天然丝封面。《广州大典》所收文献底本来自国内55个、国外14个藏书机构及6位私人藏书家。《广州大典》按经、史、子、集、丛五部编辑。《经部》收录自晋代尤其是明清以来广州学者有关经学的著述。收入文献375种，分为56册。《史部》收录从汉代至清代，尤其是明清两代广州史学著作，系统反映民国以前广州政治、经济发展的轨迹，广州史学发展演变的脉络。收入文献1178种，分为197册。《子部》收录自晋代至清代百余名广州府学者及寓贤著述，收入文献747种，分为62册。《集部》收辑广州古代诗文、词曲和文学评论等著作，反映广州地方文学特色之全貌。收入文献832种，分为103册。《丛部》分综合性丛书和自著丛书两类，收入文献932种，分为102册，于2008年出版，2013年获首届南粤出版奖图书奖。

（供稿：广州大典编辑部；编辑：李玉平）

广州率先启动足球协会改革

2015年8月31日，广州市政府14届178次常务会议审议通过《广州市足球协会改革方案（试行）》。这是继《中国足球改革发展总体方案》《中国足球协会调整改革方案》出台后全国第一个地方足球协会改革方案。

2014年10月，国务院《关于加快发展体育产业促进体育消费的若干意见》提出，抓好潜力产业，到2025年，体育产业总规模超过5万亿元。以足球、篮球、排球三大球为切入点，加快发展普及性广、关注度高、市场空间大的集体项目，推动产业向纵深发展。对发展相对滞后的足球项目制定中长期发展规划和场地设施建设规划，大力推广校园足球和社会足球。2015年1月26日，国务院审议通过了中国足球改革总体方案，2月27日，《中国足球改革发展总体方案》经中央深化改革领导小组审议通过后正式印发，为足球改革明确了发展目标、时间表和路线图，是全国体育管理体制改革的重要标志性文件。

广州作为中国五个足球试点城市之一，为推进《中国足球改革发展总体方案》的有序开展，先后出台《广州市足球试点城市工作计划（2014—2016）》《广州市中小学校园足球计划（2014—2016）》等政策文件，统筹推进全市足球发展和校园足球普及推广工作。2014 年年底，广州专门召开全市足球工作会议，部署足球改革发展工作任务，启动《广州足球中长期规划》编制工作；市体育局出台《2015 年广州市体育局落实足球试点工作计划重点事项分工表》，力求足球改革工作职责明确、目标明确、措施明确。市政府召开学习传达《总体方案》精神的专题会议，部署广州足球改革工作任务，并建立由市有关职能部门为成员的足球试点城市联席会议制度，还组织人员与香港足球总会及兄弟试点城市开展调研交流，借鉴推进足球改革的工作经验。2015 年 4 月形成了《广州市足球协会改革方案（初稿）》，8 月下旬经市政府第 14 届 178 次常务会议审议通过。

改制后，广州市足球运动管理中心撤销，广州市足球协会与广州市体育局脱钩，按照政社分开、权责明确、依法自治的原则，建立科学化、社会化和专业化足球管理体制和运行机制，主要负责团结全市足球力量，推广足球运动，培养足球人才，开展足球活动，制定行业标准，承接政府部门交给的工作任务，以职业俱乐部为龙头、校园足球为基础、青少年培训为重点、竞赛活动为杠杆，全面推动广州市足球事业不断发展。在内部机构设置、工作计划制定、财务和薪酬管理、人事管理、国内国际专业交流等方面拥有完全自主权。在管理模式和运行机制上优化组织架构、加强党组织建设、建立监督机制、建立科学管理体系、健全工作机制。编制内人员实行双向选择原则，选择离开的，由广州市体育局在局系统内部同类单位妥善安排工作；愿意留下的，按广州市足球协会改制后有关规定和要求执行。市足球运动管理中心原管辖的退休人员由市体育局在系统内同类单位统筹管理。财务管理按照社团法人机制运行，执行民间非营利组织会计制度，单独建账、独立核算，实行财务公开。在财产管理方面，其物业和资产应按资产清查的规定和程序，由第三方进行专项审查盘点，并由市体育局委托其无偿使用和管理，并按国有资产性质，其原债权债务仍归市体育局。委托该协会管理和使用的物业，该协会有权进行经营管理和日常维护维修。为保证广州市足球事业可持续发展，设立足球基金会、成立非营利性质的广州足球发展公司，加大全市足球发展资金的投入，给予足球场地业务管辖和优先使用权，减少承办（举办）国际和国内足球比赛的审批环节，并在足球产业方面给予政策支持和符合国家税收政策规定的税收优惠政策、开展对外交流合作享有一定的自主权等11方面的政策支持。

广州市足球协会的改革，是广州落实中央、省关于足球改革发展要求的具体举措，对于“十三五”期间广州体育事业发展，推进全市体育领域改革起到示范引领作用。

（撰稿：骆瓈；编辑：张丽蓉）

全国大学生课外学术科技作品决赛在广州举行

由共青团中央、中国科协、教育部、全国学联、省政府主办，广东工业大学和香港科技大学联合承办，中航工业冠名赞助的第十四届“挑战杯”中航工业全国大学生课外学术科技作品竞赛决赛，于2015年11月17日至11月21日在广州成功举办主体赛。此次“挑战杯”确定了主体赛，香港地区选拔赛和国际智慧城市专项赛的“1+2”赛制，共有来自全国2000多所高校200多万大学生直接参加，最终有318所高校、783件作品进入决赛，包括来自香港科技大学、香港中文大学、澳门大学等10所著名高校的40件作品。决赛期间，内地与港澳地区参赛参展4232名师生，现场观摩人员近万名，刷新“挑战杯”竞赛历史规模。

此次“挑战杯”开创校校联合承办、境内外联合承办的先河，推动境内外大学生科技创新交流与合作，促进境内外青年学子感情交融和文化认同。“挑战杯”依托占地45万平方米的专业展览馆广东科学中心作为作品展示场地，设置历届面积最大的大型展位，全力满足参赛团队布展提出的各项需求。开闭幕式以弘扬创新、创业和创客精神为主线，将岭南、科技、时尚、国际化等元素贯穿各环节中，获得社会、高校的广泛认可。后勤保障突出“准确”“周密”“贴心”三大理念，为近万名师生提供热情、周到、安全的保障服务。赛事组织全过程注重“绿色、低碳”，决赛期间为参赛师生提供免费公共自行车，所有服务信息以及新闻推送、地图导航、展位查询等全部采用微信信息化，每位参赛学生凭纪念卡可在大学城饮食、购物、搭坐交通。此次大赛共选拔了内地、香港及国外共4156名志愿者，成立临时党支部，设立“挑战杯”志愿驿站，志愿者们被广大师生亲切称呼为“蓝精灵”。

“挑战杯”坚持面向社会开放办赛，以竞赛营造“人人挑战”“人人创新”

的浓厚氛围。赛前，聘请了杜峰、曹景行、杨景辉等一批形象大使宣传"挑战杯"文化；举办"挑战杯"会徽、主题口号发布仪式、终审决赛倒计时30天誓师仪式暨"挑战蓝"骑跑宣传行动等。赛时，最大限度延长作品展示时间，依托广东科学中心的专业展览条件，面向社会、面向企业、面向家庭开放展览，同时联系中央地方媒体全程报道，力争打造一场参与感最强、知晓率最高、育人效果最好的青春科技嘉年华。同时开展一系列线上宣传活动。开发"齐齐来挑战"等手机游戏，开展了"晒我与竞赛吉祥物合影"、竞赛主题曲网络投票等活动，参与人数分别逾1000万人次；官微举行《七曜挑战行》等活动，全程跟踪报道竞赛盛况；与广东电视台联合出品《创客归来》，点击率达4万多次；地铁、车站点等滚动播放"挑战杯"宣传片，营造了浓厚的"挑战杯"氛围。

此次"挑战杯"协同地方政府、产业界、金融界等，助推一批竞赛优秀成果在粤港落地。终审决赛期间，首次举行"挑战杯"优秀作品展暨创新创业成果交易会。通过赛前与广东省科技企业孵化器协会、广州股权交易中心、广东科学中心等相关单位合作策划企业、风投等与优秀学生科技作品对接；赛时设置优秀作品展暨创新创业成果交易会，推动"挑战杯"走向交流、交易的即时双向互动；赛后项目成果在"青创板"挂牌向全国公开展示和融资，吸引天使资金、风投资金投资学生科技创新项目。

"挑战杯"实行粤港联办，促进了两岸四地创新创业合作交流。活动期间，超过四分之一的项目受到企业青睐达成初步合作意向，更有部分创新创业成果与企业直接签订合作协议，交易会共达成意向130项，近30项创新创业成果与企业直接签订合作协议，成交金额近3000万元。此外还有54个竞赛优秀项目在"中国青创板"平台挂牌展示，极大地推动了大学生科技创新作品落地孵化。

（撰稿：吕新铭；编辑：卢玉华）

发现三叠纪晚期地层遗迹沉积

2015年12月中旬，在广州市花都区炭步镇华岭村一个占地面积约1万平方米的煤炭工地上，发现距今约2.1亿年前的大型地质遗迹带，从中找到了蕨类、银杏、苏铁和松柏类等植物化石和双壳等古动物化石。根据20世纪60年代由地质矿产部门绘制的广州地区地质图显示，广州市域范围的三叠纪地层只局限于花都炭步镇华岭和大涡村一带，以及白云区北部旧小坪车站一带。由于旧小坪车站一带的地层剖面被完全破坏，地形轮廓消失殆尽。为此，这是广州市域内唯一保留的一片三叠纪晚期的地质遗迹沉积，具有丰富的科研价值。

三叠纪位于二叠纪和侏罗纪之间，是爬行动物和裸子植物的天下，其中爬行动物一开始主要是槽齿类、似哺乳的爬行类，随后槽齿类爬行动物慢慢进化、演化成最早的恐龙。到三叠纪晚期，恐龙发展成为种类繁多的一个类群。全国发现有很多三叠纪地层，但大多是陆地，而花都炭步镇这一带三叠纪地层是滨海沉积，是连接陆地和海洋的桥梁，对于与欧美国际范围的海相沉积对比研究具有非常重要的意义。通过对地质遗迹带研究分析，在三叠纪时代，花都一带是靠近海滨地区，气候温暖湿润，植物繁盛。后来因地壳运动，这个地块被压到了地下，这些植物印压在石头上，经过上亿年的地质变迁，最终形成含煤的地层。而后，地壳运动把这些地层抬升到地表，形成露出地面的地质剖面。

发现地质遗迹带的华岭村位于花都区炭步镇中心区西南 5. 8 千米处，面积 5. 32 平方千米。20 世纪 80 年代，炭步镇就在华岭村大涡圩岗嘴岭开采煤矿，当时整个山都能看到这些动植化石，但由于人们意识不到这些化石的价值，只觉得这石头奇特，把它们作为普通的煤块用于制砖或烧瓷，造成无法估算的损失。华岭村大型地质遗迹带被发现后，花都区对这一地质遗迹进行合理保护，停止采石场的商业行为，做好现场保护，防止乱采乱伐，防止偷盗行为发生。邀请国内古生物化石学、动植物学、考古学、地质学等方面的专家来花都考察、研究，发掘花都乃至广东的地质、地貌、气候、动植物和地壳运动的发展进程，探讨花都的历史脉络。

（撰稿：冯丽华；编辑：李玉平）

广州市编纂出版多部首创特色专志

“十二五”期间，广州市人民政府地方志办公室（简称市地方志办）和市属有关部门、专家学者合作，组织编纂各类专志，先后组织编纂《广州亚运会志》《广州非物质文化遗产志》和《广州地方志事业志（1984—2014）》等专志，丰富广州地方志宝库，在记载历史、传承文明、服务社会中发挥了重要作用。

亚运史上首部亚运会志——《广州亚运会志》。为全面系统地反映广州申办、筹办、举办第16届亚运会的全过程及其主要情况，市地方志办与市体育局、亚组委办公室合作主编，发动亚组委各部门、市直有关单位和区县政府共80多个单位共同编纂了《广州亚运会志》。《广州亚运会志》编纂工作于2008年年初启动，经过编纂组织、篇目设计、培训指导、资料收集、志稿编写与评议、总纂审定等环节，2014年11月由广州出版社出版。全志设亚运申办、组织运行、对外合作、场馆建设、城市建设、场馆运行管理、竞赛组织、服务保障、信息技术、亚运宣传、庆典文化和资源管理等12篇，"第16届亚运会中国体育代表团""举办2010年亚洲残疾人运动会""建设无规定马属动物疫病区"等3个专记，前设总述和大事记，后设附录和索引，共155万字，彩图116幅，随文插图634幅。以申办亚运会工作开始酝酿之时作为记述上限，记述下限为2012年5月亚运会收尾工作结束。重点记述第16届亚运会申办、筹办、举办情况，兼记广州推进城市建设步伐、提高城市管理水平、提升城市文明程度的真实过程，是一幅展开的全景式的广州亚运会画卷。该志重点突出，地方特色和时代特征鲜明，是继广州亚运会成功举办之后，留下的又一丰厚亚运会文化遗产，为举办大型赛事提供可资借鉴的资料，也为如何编纂重大活动志积累了经验。

《广州亚运志》

全省首部地方志事业志——《广州地方志事业志（1984—2014）》。2014年，是广州市地方志事业发展30周年。为全面系统地反映广州地方志事业发展历史与现状，总结经验教训，更好地为地方志事业科学发展服务，市地方志办组织编纂《广州地方志事业志（1984—2014）》。《广州地方志事业志（1984—2014）》的编纂工作于2013年年初启动，由市、区县地方志办共同完成，并充分发挥离退休老同志的作用，经过制定工作方案、拟定篇目初稿、资料收集、初稿编

《广州地方志事业志》

写、志稿讲评、全稿合纂与审定等环节，2014 年 11 月，由广东人民出版社出版。全志69 万字，采用章节目体，设方志事业管理、市志编修、区县（市）志编修、专志与街镇村志编纂、年鉴编纂、年报工作、地情研究宣传、方志理论研究、基础建设、人物等 10 章，并设“广州市地方志馆开馆庆典系列活动”“《广州市志（1991—2000）》首发系列宣传活动”“广州地情公众开放日活动”等 3 篇专记。该志以 1984 年 11 月广州市地方志编纂委员会成立为记述上限，记述下限至 2014 年 12 月，以 2014 年广州市域（含县级市）为记述地域范围，全面、系统地记述了广州市地方志事业 30 年的发展历程与现实状况。《广州地方志事业志（1984—2014）》是全省首部全面系统地记述新方志事业发展历程、单独出版的专志，是志书编纂领域的新拓展。

全国首部记述非物质文化遗产及其保护工作的专志——《广州非物质文化遗产志》。2011 年年初，在广州市第二轮修志即将全面完成之际，为推动广州国家中心城市和世界文化名城建设，充分挖掘、保护和利用广州非物质文化遗产资源，传承文明，保存历史资料，市政府决定由市地方志办和市文化广电新闻出版局合作主编《广州非物质文化遗产志》。《广州非物质文化遗产志》的编纂工作于 2012 年 7 月启动，采用以专家编修为主，区县地方志部门、文化馆参与为辅的编修模式，经过编纂组织、篇目设计、业务指导、志稿编写与评议等环节，2015 年 12 月由方志出版社出版。全志按非物质文化遗产的类别设民间文学、传统音乐、传统舞蹈、传统戏剧、曲艺、传统体育、传统美术、传统技艺、传统医药、民俗、非遗保护、代表性传承人等 12 章，前设总述和大事记，后设附录，共 192 万字。记述不设上限，追溯事物起源，下限至 2013 年。记述对象为 2013 年以前广州地区列入联合国、国家、广东省、广州市非物质文化遗产名录的非物质文化遗产项目共 77 个。记述地域以 2013 年 5 月广州市行政区划（包括 10 个区和 2 个县级市）为主，记述了 77 个非物质文化遗产项目的历史沿革、基本内容、传承发展及保护等内容，是国内第一部关于非物质文化遗产及其保护工作的专志。它的编纂出版，对加强广州非物质文化遗产

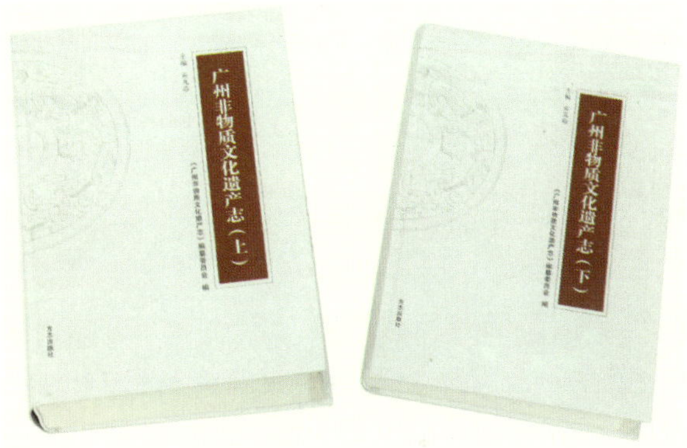

《广州非物质文化遗产志》

的保护，推动国家中心城市和世界文化名城的建设，促进文化大发展大繁荣具有重要意义。

《广州亚运会志》《广州地方志事业志（1984—2014）》和《广州非物质文化遗产志》编纂出版，不仅丰富了广州志书类型，形成了多层次的志书系列产品，还为社会各界了解广州、研究广州提供了权威资料，是“十二五”时期广州市文化建设的重要成果。

（撰稿：黄敏华；编辑：罗锦强）

社会篇

综述

俗语说，“安居乐业”。人类社会发展史证明，一个相对稳定和谐的社会环境，是社会生产力提高进步，经济繁荣发达，文化欣欣向荣、百花争艳、科技创新不可或缺的社会条件。“十二五”期间，按照建设“大社会、好社会”的总体要求，广州市政府紧紧围绕推进新型城市化发展、建设幸福广州的核心任务，以实现协同善治和人的全面发展与民生幸福为努力方向，从以下五个方面积极推进：

创新基层社会服务管理。自 2012 年下半年开始，广州市在越秀、黄埔等区开展社区网格化服务管理试点工作；2014 年 7 月，社区网格化服务管理全面启动。网格化服务管理就是在不打破现有行政区划和管理格局的前提下，按照科学适度、便于服务的原则和每个网格平均不超过 200 户的标准，将公共服务基础设施、城市管理、平安建设、消防安全、社会治安管理、矛盾纠纷调处、特殊人群管理、来穗人员服务管理、计划生育服务、重点保障对象服务管理等涉及居民切身利益的事项纳入网格服务管理的范畴，共划分基础网格 21912 个。每个网格指定一名专职网格员，逐人、逐地、逐事明确社会服务管理工作任务。每名网格员配备移动终端，将网格内基本情况全部实现数字化、信息化管理和共享，随时反映群众需求，把社会服务变“政府配餐”为“群众点菜”。

创建幸福社区体系。广州幸福社区的创建工作，坚持以社区居民服务需求为导向，以多元参与和分类创建为路径，以社区居民认同满意为标准，以多元治理、多元参与、多元服务为特征，建设“幸福社区建设GPS模式”。从2013年至2015年，广州全面推进幸福社区创建活动；创建以来共搜集管理类、服务类、硬件设施类等居民问题11883个，在社区层面解决10209个，解决率达86%，有效提升社区自治能力，强化居民的创建主体地位。至2015年年底，全市50%以上的城市社区打造成为“社区安全又舒适，邻里友善互关心，社区事务齐参与，社区幸福共分享”的幸福社区，推动幸福广州建设。目前，经第三方机构评估，全市幸福社区达标数量累计568个，占全市社区总数的38.5%，超额完成阶段创建任务。

构建城乡一体的社会保障体系。2012年，出台《广州市城乡居民社会养老保险试行办法》，将全市户籍的城乡居民统一纳入，真正实现社会养老保险全覆盖。2014年，为贯彻国家和省出台的城乡居民基本养老保险政策，出台《广州市城乡居民基本养老保险实施办法》，建立健全的广州市城乡居民保险缴费激励制度和基础养老金正常调整机制。此外，12320卫生热线开通预约挂号服务，加强广州市人感染H7N9禽流感疫情、埃博拉出血热、中东呼吸综合征疫情、手足口病、登革热疫情等传染病疫情的防控。自2015年1月1日起，广州市实现城乡居民医疗保险制度统筹，并建立了居民大病医疗保险制度，覆盖城乡全体居民，构筑起以城乡居民社会医疗保险为基础、城乡居民大病保险为补充、民政医疗救助为托底的多层次城乡居民医疗保障体系。发行广州市社会保障（市民）IC卡（简称社保卡），实现社会保障、民政、卫生、交通、公积金、文化、林业和园林、金融等多个业务领域的应用。截至2015年年底，广州市市民申领社保卡数量已超过1100万张，基本实现“人手一卡，一卡多用”。

构建双轨并行的多层次住房供应体系。自2013年以来，重点建立以实施公共租赁住房为供给主体的新型保障制度体系，将廉租住房并入公共租赁住房管理，经济适用住房供应对象纳入公共租赁住房供应范围，对低收入住房困难家庭实现“应保尽保”，并向解决“夹心层”住房困难过渡。自2011年以来，每年均超额提前完成保障房筹建和住房保障任务，五年来共新增和筹集保障性住房16.68万套。此外，广州市承担了广东省保障性安居工程建设任务总量的1/4左右，居全省之首。

回顾这5年来，我们看到，广州以创新基层社会治理模式、完善流动人员服务管理体制机制、深化社会保障为工作重点，不断完善“党委领导、政府负责、社会协同、公众参与”的社会管理格局，构建与社会主义市场经济、民主政治、先进文化和生态文明相适应的和谐社会建设体制；基本建成了覆盖城乡、功能完善、布局合理、规范科学、管理有效、适度普惠的基本公共服务体系；全市居民平等享有就业保障、社会保障、住房保障、公共医疗、公共安全等基本公共服务；提高了城乡居民的安全感、和谐感和幸福感。

手足口病等传染病疫情防控

手足口病是由多种人肠道病毒引起的一种儿童常见传染病，2008 年纳入广州国家法定丙类传染病报告管理。广州市一般于 4 月至 9 月出现流行高峰，但绝大部分为轻症病例，仅少数出现重症或死亡，其中集体单位特别是托幼机构容易发生局部聚集性疫情。

为做好手足口病疫情防控，广州制定《广州市卫生系统手足口病应急预案》，成立广州市手足口病防控工作领导小组，加强组织领导；成立广州市手足口病预防控制专家组和临床救治工作专家组，严格按照“集中患者、集中专家、集中资源、集中救治”的原则，完善医疗救治体系，指定广州市妇女儿童医疗中心等医院为手足口病定点收治医院。不断完善全市疾病监测体系，市财政每年补助经费开展霍乱等传染病及病媒生物监测，对全市手足口病等传染疫情发出预警；在全市 3000 多所中小学校和托幼机构开展晨检信息网络直报工作，发现疫情迅速处置。每年在手足口病流行高峰前，广州组织各托幼机构开展防控知识培训，其中 2009 年至 2012 年通过脱产方式，对全市各学校、托幼机构校医保健老师进行公共卫生专业知识培训，大大提高了校医（保健老师）传染病防控能力。加强与教育、民政、交通等多部门沟通，组织制定手足口病防治指引，开展联合督导检查，落实托幼机构等重点单位防控工作。

广州加强医疗机构诊治工作，在各大综合性医院和儿童医院制定手足口病等高峰期门诊应急预案，开辟门诊专区，增加门诊一线医生，合理调配医务人员加强夜诊值班，简化就诊程序，做好院内通风、消毒，防止医院内交叉感染。广州广泛开展健康宣传教育以及爱国卫生运动，提高市民防治手足口病意识和能力。

（撰稿：许鑫；编辑：郑剑锋）

居民家庭经济状况核对机制建设

开展居民家庭经济状况核对工作对于公平公正实施社会救助具有重大意义，同时也是社会救助向普惠化发展的基础。2009 年 12 月，广州市被国家民政部确定为全国首批城市居民家庭收入核对工作（下称核对工作）试点单位。根据民政部和省民政厅的总体部署，广州市按照“制定一套办法、成立一个机构、建设一个系统”的工作思路，全力推进广州市居民家庭经济状况核对试点工作。

2011 年 3 月 17 日，广州市成立由分管副市长担任组长，分管副秘书长任副组长，民政、科信、公安、人社、国土房管、工商、金融、地税、住保、公积金中心、银监、证监等 12 个部门主要领导为成员的“市居民收入状况核对协调小组”。2013 年又增加市财政、市国税局、市物价局、中国人民银行广州分行等 4 个单位为成员单位。协调小组负责领导、协调、审定试点工作的重要事项，下设办公室（由市民政局局长担任主任），负责试点的具体工作。2012 年 5 月 31 日，市编委印发《关于设立广州市居民家庭经济状况核对中心的批复》，同意设立广州市居民家庭经济状况核对中心，为市民政局下属事业单位，公益一类。

2012 年 2 月，广州市投入 300 万元正式启动广州市居民家庭经济状况核对信息系统（一期）的研发建设，实现对申请最低生活保障、低收入困难家庭认定、医疗救助、住房保障等社会救助居民家庭经济状况的核查功能。为规范家庭经济状况核对工作，8 月 9 日，市政府办公厅印发《广州市居民家庭经济状况核对办法》。市民政局先后制定《广州市居民家庭经济状况核对工作程序的规定》《广州市社会救助申请人车辆价格认证工作规定》《广州市居民家庭经济状况核对信息系统登录数字证书管理办法》《广州市居民家庭经济状况核对工作保密管理规定》等一系列配套文件，建立完善广州市居民家庭经济状况核对工作的政策支撑体系。2013 年 8 月 16 日，市民政局举办广州市居民家庭经济状况核对中心揭牌暨核对信息系统启动仪式。核对信息系统正式投入使用。8 月 23 日，出台《广州市民政局关于做好居民家庭经济状况核对工作的通知》，按照“分类实施、总体推进”的工作思路，在全市范围内全面开展居民家庭经济状况核对工作。在协调小组的领导以及各单位的配合下，广州市有效整合民政、公安、人社、国土房管、工商、国税、地税以及住房公积金管理中心等 8 个部门信息，通过核对信息系统准确核查到申请家庭成员的婚姻登记、车辆登记、户籍、社保缴费和提取、房地产登记和交易、工商登记信息、个体工商户税务缴纳、个人所得税缴纳以及住房公积金缴纳和提取等12类信息。同时与物价、国土房管等部门建立车辆、房产价值评估制度，获取对申请人持有的车辆、房屋的评估值。10月，广州市又投入近300万元，开展核对系统（二期）的研发建设。核对系统（二期）主要是要实现银行存款、保险、证券等金融信息的核查比对功能。2014年3月3日，市民政局联合市金融办、中国人民银行广州分行联合印发《关于开展广州市社会救助申请人金融信息核对工作的通知》，5月15日又联合印发《关于印发〈广州市社会救助申请人银行存款信息核查对比操作〉》，实现与广州市内14家商业银行信息核查比对功能。

截至2015年6月底，广州市共受理核对业务68950宗（158787人），其中低保30548宗（63915人），低收5557宗（15326人），医疗救助（2620宗）8451人，公租房29668宗（69684人），法律援助1宗（2人），其他556宗（1409人）。审批结束63579宗（144636人），其中检出不符合救助条件的共9415宗，具体为低保4048宗，低收1545宗，医疗救助790宗，公租房3032宗，检出率达14.81%，为市政府节约财政资金约1.16亿元。

（供稿：市民政局；编辑：张丽蓉）

“一线职工免费体检”活动

近年来，广州市总工会划拨专门资金打造一系列服务职工工作品牌，其中“一线职工免费体检”活动深受基层工会和广大一线职工欢迎，有着广泛的社会影响与良好口碑。自2005年开始，广州市总工会每年安排20万元专项资金，委托广州市工人疗养院向特困职工、非公企业职工等群体提供免费基本体检，每人100元，体检项目包括抽血（肝功能）、测血压、内外科、肾功能检查、血脂检查、胸透、尿常规、妇科检查、乳腺检查9个检查项目。免费体检的同时，还根据检查结果向患病职工配药送药，减轻患病职工的经济负担。至2012年，该项预算增至30万元。

2010年，为体现工会组织对环卫工人的重视和关怀，市总工会拨出100多万元专款，组织开展“万名环卫工人”免费体检活动。体检期间，主办单位还专门为参加体检的环卫工人准备免费营养早餐，并赠送常用药品。免费体检活动覆盖面广、广受欢迎，后实行常态化。市总工会每年划拨专款110万元，分别为环卫工人、建筑工地工人、从事有害尘毒作业工人等特定群体提供免费体检。2013年，市总工会将免费体检项目扩展到面向全市一线职工，划拨1000万元专项资金，提供10万个免费体检名额。2014年、2015年每年各投入500万元开展“一线职工免费体检”项目。2015年体检标准由原来每人100元调整为150元。2013年至2015年，共为18.33万名一线职工提供免费体检服务。

2013年越秀区组织环卫工人免费体检

市总工会委托市工人疗养院、市第二工人疗养院以“送检上门”为主要形式提供免费体检服务。各基层工会组织所在单位当年未体检的一线职工以集体形式参加，可直接选择“推荐体检套餐”，职工也可结合自身需求，在“体检项目明细表”中挑选合适项目进行组合，超出费用限额标准部分需自费。

免费体检活动参加对象为全市各基层单位的一线职工，即企事业单位中车间（科室）主任（含）以下的职工，机关单位参照执行。免费体检活动向以下人员倾斜：在广州市经济、社会建设中表现优秀，特别是有突出贡献的一线职工；缴交工会经费，或对当地税收有重大贡献企业的一线职工；因工负伤、从事有害尘毒作业，或长期在户外作业的一线职工；属异地务工人员，已签订2年以上劳动合同的一线职工。

“一线职工免费体检”还建立了服务质量监控机制：一是由参检职工签名确认，并预留手机号码，以供市总工会对体检服务质量进行抽查回访；二是人员组织单位随机选取参检职工，每批次约选10%，填写服务质量反馈表，交体检服务提供单位整理存档；三是人员组织单位对体检服务提供单位工作有意见或建议的，可向市总工会反映。

（撰稿：黄江夏；编辑：李玉平）

加快北部山区镇扶贫开发

2011 年，广州市委、市政府把加快北部山区发展作为“十二五”开局之年的重点工作。市委九届十次全会明确把扶持北部贫困镇发展作为年度重点工作之一，指出要抓农村，特别是北部贫困地区的发展，要举全市之力帮助北部贫困地区加快脱贫奔康步伐。2 月 12 日，广州市召开加快北部山区发展工作会议，研究部署加快北部山区发展工作，明确要具体做好“五个坚持”，即坚持规划先行，提升山区镇建设发展水平；坚持突出重点，完善北部山区镇基础设施和公共配套设施；坚持凸显特色，打造名镇名村；坚持完善机制，着力惠民利民；坚持强化责任，推动工作落实。3 月 2 日，市委、市政府印发《关于加强我市农村扶贫开发工作的实施意见》（简称《实施意见》），对新形势下广州加快北部山区镇发展作出全面部署，决定举全市之力，重点帮扶广州北部贫困镇、村的发展，确保“一年出成效，两年实现目标”，并制订一系列工作措施和配套政策。其中一项就是实施“一个区帮扶一个镇”，由花都、萝岗、海珠、黄埔、荔湾、番禺、天河、越秀 8 个区，分别对口帮扶梯面、鳌头、温泉、良口、吕田、派潭、正果、小楼 8 个北部贫困镇。全市组织党政机关、事业单位、国有企业和各有关区，对全市的贫困村、贫困户进行“规划到户、责任到人”的帮扶。市、区（县级市）两级财政按上年度财政一般预算收入的 1%，共安排 8.7 亿元资金专项用于扶贫开发工作。

广州建立起广州市农村扶贫开发工作领导小组、扶贫办、派驻工作队、驻村干部 4 个层面的工作架构。市委、市政府专门成立由市委副书记、纪委书记苏志佳任组长，副市长陈国任常务副组长，各有关部门领导任成员的市农村扶贫开发工作领导小组，负责全市市内农村扶贫开发的组织领导工作。领导小组下设办公室，由市农业局（市委农办）负责人任主任，从市直有关部门抽调 10 名左右工作人员组成，具体负责综合统筹、指导协调、检查督促、考核验收等日常工作。成立广州市派驻从化、增城工作队，各单位选派干部进驻对口帮扶所在村镇，负责统筹协调指导扶贫开发工作。2011 年 3 月 4 日，召开全市农村扶贫开发派驻干部动员培训大会，市派驻从化、增城工作队，各对口帮扶区派驻镇工作组和各对口帮扶责任单位驻村干部共计 276 人迅速到位，在 8 个山区镇和 206 条贫困村的扶贫一线立即展开工作。3 月 23 日，广州市召开北部山区镇发展工作座谈会，邀请广州地区 11 家知名大型企业，对口帮扶加快广州北部山区建设发展。市四套班子领导亲自发动9家知名房地产企业参与8个山区镇的对口帮扶建设，以及2家汽车企业参与全市农村路灯建设。

2011年9月20日，广州市召开加快北部山区发展工作检查现场会暨“百企助百村”扶贫开发项目签约仪式总结大会。广州市以北部山区为重点，大力实施“一区带一镇”“名企帮一镇”“百企助百村”和机关事业单位、国有企业驻村结对帮扶援建模式，扎实推进对口帮扶和扶贫“双到”工作。统筹安排各类扶贫开发资金43.2亿元，帮扶建设一批市政公用设施、产业经济、社会事业和民生保障项目，如期完成全部贫困村集体收入达到十万元，贫困户家庭人均纯收入突破五千元的目标任务，至2012年底，8个山区镇纳入帮扶的2836户扶贫户全部脱贫，家庭人均纯收入达到10700元；8个山区镇财政总收入水平达到65505万元，比2010年增长了46.65%，比全市建制镇平均财政收入同期增幅高出18个百分点；超过96%的山区自然村实现通电、通电话、通有线电视、通路灯、通清净水、通硬底化道路，改善了山区镇基础设施和生产生活条件；北部山区镇10所中小学校、9所幼儿园、10家卫生院、8家敬老院、5个文化广场以及100多个村民活动中心完成升级改造。此外，包括校校对接、院院对接的教育、医疗长效帮扶工作，解决贫困村集体经济长效“造血”的物业型统筹发展项目，均取得长足进展和突破。

2011年广州加快北部山区发展工作会议

2013年，市委、市政府启动实施市内新一轮（2013—2016年）农村扶贫开发工作，建立“市抓统筹、部门联动，区负总责、街（镇）抓落实、工作到村、帮扶到户”的管理体制。提出到2016年，实现被帮扶的有劳动能力的相对贫困户家庭人均纯收入达到1万元以上，被帮扶的相对贫困村集体经济收入达到30万元以上的目标任务。自工作开展以来，各级各部门和各帮扶单位紧密围绕精准扶贫、精准脱贫方略，深入实施“五个一批”工程：规划建设一批以扶贫厂房为代表的村集体脱贫项目；推动创建一批现代农业和乡村旅游业示范点；组织实施一批专项技能培训和定向就业项目；创新启动一批金融扶贫项目；盘活提升一批上一轮扶贫遗留闲置项目。

新一轮扶贫开发工作取得初步成效。截至2015年年底，全市纳入考核的3739户贫困户家庭人均纯收入已达到9707元，其中2990户贫困户提前达到人均1万元脱贫目标，脱贫率为80%；部分贫困村已提前超额完成脱贫任务，如派潭镇34个村中有16个集体经济收入达到30万元以上。

广州市经过持续两轮高强度、大投入开发式扶贫，采取“一区帮一镇、名企扶一镇、百企助百村”对口帮扶举措，构建“党委政府帮”与“社会各界帮”“外部帮”与“内部帮”相结合的大扶贫格局，有力促进了北部山区经济社会全面发展。着力发展村集体物业、“一村一品”生态产业，累计发展1527个经济项目，长效造血型项目640个，涵盖了农业、工业、商贸旅游等行业。其中以梯面镇商业楼、良口镇综合农贸市场、温泉镇物流配送中心、鳌头镇产业转移园等为代表的23个物业型项目，完成投资4.45亿元，每年可为8个山区镇163条村创造2042万元收益，平均每条村获益12万多元。在大力实施产业帮扶的同时，各帮扶单位大力开展教育帮扶、文化帮扶、科技帮扶、保障帮扶，资助贫困户子女入学和参加农村合作医疗、社会养老保险，开展就业技能培训、送医送药、科技下乡入户，推进供水、污水处理、道路交通、路灯照明等基础设施建设和农村危房改造，大力提升贫困村生产生活条件，把扶贫开发打造成为提升群众幸福感的惠民工程、民生工程。

（撰稿：陈嘉杰；编辑：刘德敏）

环卫工人加薪

2012年以来，广州市发生多起环卫工人因不满薪酬过低而提出诉求的事件。据广州环卫行业工会联合会调研指出，2010年以来，广州市环卫工人工作条件和工资待遇有一定幅度的改善。2010年5月最低工资标准由860元/月调至1100元/月，2011年3月又调至1300元/月。由于环卫工作实行市场化运作，为争取中标，各公司尽力压低劳动成本以增强竞争力。环卫行业属公益事业，依靠财政拨款给中标公司。环卫项目发包预算按最低工资标准，环卫工人工资只能按最低标准执行，甚至有部分环卫工拿不到最低标准。多数环卫工人为了养家糊口、孩子上学，不得不加班加点或是在下班后再做第二职业。长期以来，环卫工人社会地位低、工资福利低、生活待遇低等“三低”状况一直得不到实质性改善。

2013年1月20日，200多名来自广州市越秀区的环卫工人聚集广州市政府门口，要求提高工资福利。此诉求得到广州市政府有关部门的正面回应。市城管委表示正在对环卫工人工资福利待遇进行调研，已形成初步方案，处于征求意见阶段。当天，市城管委还承诺将大幅度提高广州环卫工人的工资福利。1月23日，广州市市长陈建华在广州市第十四届人民代表大会第三次会议的记者招待会上作出回应称，广州环卫工作存在三个不到位：投入不到位，10多年来招标都是价低者得；制度不到位，无章可循；管理不到位，政府出了钱但是否用到环卫工身上不明确。陈建华表示，要针对存在问题予以改进。

2013年5月，广州市政府出台《关于规范广州市环卫行业用工的意见》，明确单个环卫用工成本指导价包括基础工资、环卫岗位津贴、高温津贴、节假日加班工资、环卫工人节和春节慰问金、社会保险（单位）缴纳费用、住房公积金（单位）缴纳费用七个部分。同等劳动时间和工作量前期下，2013年5月起，环卫工人月实际收入为3033元，比原2175元增加859元，增幅约为40%。

同年，为确保环卫工人系列待遇落到实处，加强环卫作业全流程监管，系统解决环卫作业管理过程中的问题，广州市制定《广州市环卫保洁项目招标文件范本》《广州市环卫保洁项目合同范本》及《广州市环卫保洁劳务合同范本》《广州市环卫作业市场化运作监督管理规定》等规范性文件，对环卫项目资金申请、环卫工人合法权益保障、招投标行为、项目监管等方面做出了规定和要求，明确市、区城管部门、项目业主以及中标企业的职责，实现项目全流程监管。

2015年，随着广州市调整企业工人最低工资标准，广州市环卫工人自5月1日起上调最低工资，月基础工资不低于本市最低月工资标准（1895元）的110%，即不低于2085元，月实际收入增加到3612元，比2013年的标准增加了579元，增幅为19%，其余社会保险和医疗保险以及公积金等待遇也相应调整增加。

（撰稿：彭丽玲；编辑：李启伦）

志愿驿站常态化运行

新生活驿站（昵称西关小屋）是2010年广州亚运会、亚残运会期间城市志愿服务的一线窗口和创建城市文明志愿服务的活动阵地及有形载体，志愿者们依托“西关小屋”向广大市民及各方来客提供便利的语言翻译、信息查询、交通指引、应急救援等志愿服务。亚运会、亚残运会结束后，2011 年 4 月，经过市民、志愿者、媒体讨论，全市“西关小屋”保留150 间，分布于广州各商圈、文化广场、公园、社区、交通枢纽、体育场馆、旅游景点和校园周边，作为全市志愿者志愿服务的阵地。2012 年 3 月 5 日，“新生活驿站”正式更名为“志愿驿站”。志愿驿站以“循序渐进、一站一特色，深化服务、孵化自组织，立足驿站、服务走出去”为基础，承载着“广州城市形象的推广中心”“政府公共服务的便民窗口”“市民奉献爱心的集散平台”和“青年社会参与的实践基地”的功能定位。志愿驿站突破了以往志愿服务依靠单位进行组织化发动的“运动式”，建立了市民可随时随地参与的志愿服务终端。通过志愿时系统科学报名、排班、配岗，推动社会组织、市民积极抱团参与志愿服务。志愿驿站也成为志愿服务常驻的根据地，成为维系志愿者、组织开展活动的载体，从根本上解决志愿者松散型的难题。

2012 年 3 月，天河区摩登百货站爱心义演

2013 年 3 月，广州志愿驿站联合会（简称联合会）成立。借鉴现代公司法人治理结构模式，联合会采用“三会合一”新型化管理形式，设立理事会、执委会和监事会三大组织架构，志愿者以理事、监事、委员等身份参与驿站管理，强化每位志愿者“主人翁”意识，推动驿站实现自我管理监督、自主运行发展。同时依据地域划分原则，成立 12 个区（县级市）联络处，由志愿者牵头运

行，联络处可参照联合会注册登记，独立管理本区域志愿驿站。联合会为联结社会组织提供志愿服务阵地，倡导社会组织根据驿站周边社区及本身特性设计贴近市民需求的志愿服务。截至2015年年底，广州志愿驿站已有团体会员145个，其中综合类社会组织117个、扶老类社会组织13个、助残类社会组织9个、理念推广类组织6个；个人会员621名。

志愿驿站背靠社区，面向街头，服务领域包括扶贫助学、环保宣传、敬老爱幼、文明礼仪等，服务对象涵盖儿童、家长、青年、老人各个年龄层次。各志愿服务队针对自己所在驿站周边特点、居民需求，开展各式各样的志愿服务项目。如2013年3月在花城广场志愿驿站开展联合会首个品牌活动——“妈妈私房菜”社区长者关爱行动，每周走进社区为孤寡、残疾老人送爱心营养餐，受到驿站志愿者和媒体的关注，并迅速成立联合会长者关爱行动联盟，聚合全市开展长者关爱行动的社会组织，抱团开展活动。此项目得到社会关注，获得美国UPS速递公司华南总部3万元项目支持，以及许多社会热心人士捐资捐物。

志愿驿站是广州在全国率先建立“组织化动员、社会化参与、项目化运行、信息化管理、事业化发展”志愿服务体系的坚实阵地，也是广州成为志愿服务时时可为、人人可为、处处可为的“志愿之城”的“公益便利店”。截至2015年12月，全市志愿驿站注册志愿者7.5万名，累计组织了52.1万人次志愿者上岗。由志愿者自发组建队伍对接服务，平均开放率85%，其中98个站点志愿者活跃人数在40人以上。除提供日常的咨询服务外，还开展助残探访、山区助学、迎春祝福各类主题活动310多次，贡献超过250万志愿时，服务市民超过280万人次；志愿驿站“微日报”发布400余期，凝聚活跃粉丝3万多人。以“冬日暖阳”主题活动为例，2013年至2015年年底，全市累计140多个站点、8900多名志愿者参与，捐赠衣服86138件、被子251条，服务流浪人员、环卫工人、外来工子女约53400人。

（撰稿：何淑莹　叶莉婷；编辑：李玉平）

举办“较真功　展才华”广州市职工发明创新大赛

2009年5月至2010年6月，广州市总工会牵头组织开展“较真功　展才华”广州市职工发明创新大赛活动。“十二五”期间，又先后举办了第二届、第三届。广州市职工发明创新大赛已经成为广州地区职工中较具有影响力的比赛活动，激发广大职工学习技术、技能的热情，为职工提供展示才智、技艺的平台。

“较真功　展才华”第二届广州市职工发明创新大赛于2011年5月至2012年6月举行。大赛由市总工会、市科技进步基金会和市发明协会联合主办，市职工技术协会承办。参赛项目为：各行各业同类工种中能够保持稳定发挥，且超出行业水平的技能、技艺；能够大幅提高工作质量或者数量的具有原创性的操作法、工作法；各单位卓有成效的技改技革成果；其他创新成果。此次大赛活动从市属30个系统、集团、总公司、企业上报的三千多个项目中筛选出873个项目，经过各系统、集团、总公司初评后共有184个项目进入专家评审阶段。经过专家组三阶段的评审和大赛组委会的裁定，并经网站公示，最终评审出111个获奖项目。第二届赛事凸显几大特点：一是受关注度不断提高。职工关注程度、参与积极性不断提升。第一届只有几十个单位参加，第二届有几十个系统报来项目，覆盖广州市各行各业，参赛对象从一线职工到专家教授，覆盖

“较真功　展才华”广州市职工发明创新大赛表彰会

面拓宽。二是奖励力度不断加大。此次大赛特等奖奖金10000元，并授予“广州市经济技术创新能手”称号。三是平台建设不断完善，品牌效应逐步形成。经过不断完善活动方案，更多一线职工参与到活动中来，充分展现平台作用，品牌效应逐步形成。

“较真功　展才华”第三届广州市职工发明创新大赛于2014年举行，由市总工会、市科技进步基金会、市发明协会联合主办，市职工技术协会承办，共收到广州地区30多个集团、总公司近百家企事业单位报名项目近万项。经筛

选，最终推荐394个项目进入专家评审阶段。细分评审项目，由市发明协会从广州市专家库中推荐专家参加评审。经过专家自行评审、专家组评审、专家组组长集中评审三个阶段，评选出最终结果。随后大赛组委会办公室对专家评审结果进行裁定，并进行为期7个工作日的公示。评审过程公平、公正、公开。最终第三届大赛活动评审出获奖项目144项，其中特等奖4个、一等奖6个、二等奖8个、三等奖12个，优胜奖34个、五小奖80个。特等奖为广州市自来水工程公司的广州市西江引水工程大口径输水钢管管口活支撑设备研发项目，广州机施建设集团有限公司的地铁站主体结构大型钢模台车系统施工技术研究与应用项目，广州市广电运通金融电子股份有限公司的金融装备货币智能成色分拣系统项目，广州市农业科学研究院的早、中、迟熟菜心系列新品种选育与应用项目。为让更多的一线职工得到展示机会，第三届大赛还设置"五小奖"，80名获奖者全部是来自一线的护士、技工、技术员、助工、技师。更多基层职工参与第三届广州市职工发明创新大赛，使得比赛活动更接地气。

（撰稿：应伟；编辑：李玉平）

残疾人居家无障碍改造

2011年，广州市启动残疾人居家无障碍改造工程。6月2日，广州市副市长陈国、市政府副秘书长林道平、市残联理事长梁左宜等一行，专程考察残疾人居家无障碍改造服务工作。陈国先后走访了越秀区农林街、白云区金沙洲新社区4户享受过广州市残疾人辅助器具服务中心提供的居家无障碍改造服务的残疾人家庭，重点了解广州地区残疾人居家无障碍改造的需求情况、实施过程与效果评价，听取残疾人对居家无障碍服务的需求和意见。考察后，陈国作出了具体工作指示：残疾人居家无障碍改造是亚运、亚残运会社会无障碍改造的延伸，同时是创建"爱心城市"的内容之一。在无障碍改造中要注重设施的安全性，考虑好每个细节，定制个性化服务，在残疾人生活起居方面发挥积极作用，增强残疾人的生活独立能力，提高残疾人的生活质量；残疾人居家无障碍改造服务要逐步向全市开展，让更多的残疾人受惠。

12月8日，广州市政府新闻发布会宣布全面启动免费改造残疾人家庭无障碍设施项目，力争在近年内完成对有需求的残疾人家庭无障碍设施改造，首期残疾人家庭无障碍设施改造项目预计涉及1000户残疾人家庭。改造项目资金由社会募集和政府财政共同承担。根据计划，按肢体、视障、听障残疾人平均5000元/户、1500元/户、1000元/户的标准进行改造，3年内使5000名肢体残疾人、6500名视力和5500名听力残疾人受惠。广州市无障碍家居改造实行按需改造，如为肢体残疾人家庭免费建造轮椅坡道和停留平台，安装轮椅坡道和室内通道扶手，进行门宽、居室空间、厨房灶台、卫浴间、低位电源开关改造，配置辅助器具；配防褥疮垫、洗浴椅、厕椅等器具，资助改造特殊功能轮椅、护理床、升降书柜、升降橱柜、环境控制系统。为听力残疾人家庭免费安装聋人家庭来访设备、闪光开水报警壶、振动闹铃等，资助配置可视门铃、助听器。为视力残疾人家庭免费铺设盲道、包裹处理或圆滑处理室内墙体转角，配备听书机、盲杖、盲人手表、盲人闹钟等。资助安装便携式电子助视器、电脑读屏软件及声响导向装置。

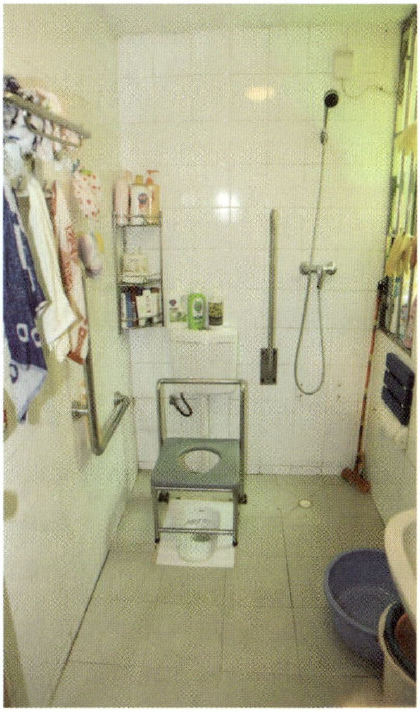

经改造后的残疾人卫生间

2012年，市财政投入300万元在荔湾和海珠两区先行试点，全市共1227户残疾人家庭进行了改造。2013年，广州市全面铺开残疾人居家无障碍改造工程，市财政投入1195万元，各区县财政配套投入。海珠区继续将改造工程列入为民办实事十件工作之一，从化市也将此列为2013年市民心工程，天河区在政府报告中将此列为“三个100%”之一。2013年，全市完成4318户肢体残疾人家庭改造的年度改造任务。

2014年，各区根据各自实际情况，按照方案和计划，加紧推进改造工作。继续推进肢残人士的家庭无障碍改造，完成视力和听力残疾人的无障碍信息终端的招标工作，给视力和听力残疾人统一配发无障碍信息终端（手机），并与通讯公司协商，为残疾人特设优惠套餐，订制个性化服务，组织人员对配发手机的残疾人进行一对一的使用教学，受惠残疾人达1.2万人。至2015年，全市已逾1.7万个残疾人家庭接受了免费无障碍改造。居家无障碍改造极大地改善了残疾人的生活质量，提升了他们的幸福感。

（供稿：市残联；编辑：李玉平）

农村道路“亮化”工程建设

广州市乡镇路灯建设是广州市2011年十大民生工程之一。该工程总投资约10.76亿元，覆盖白云、花都、增城、从化等所辖31个镇（街）788个行政村，涉及范围2857平方千米，安装路灯道路长度约4388千米，惠及人口约200万人。

2011年，广州市城乡建设委员会（简称市建委）根据广州农村道路实际，提出“道路标准不同，路灯建设标准不同”的总体思路，以“经济、实用、安全、环保、节能”为原则，采用LED节能灯、太阳能LED灯等低功率灯具。经济条件较差、电源接驳比较困难的村，尽量采用太阳能LED灯。在实际建设过程中，根据不同道路标准、现场实际情况来调整技术参数和布置档距。针对乡镇路灯建设国内尚无规范可循且LED灯无统一标准的实际，经充分调研，市建委组织国内专家编制了《广州地区乡镇路灯建设工程设计统一技术措施》，制定《农村路灯照明工程验收与移交工作指引》。

2011年11月，经项目立项、项目环评、节能评估、规划选址、工程规划许可、项目招标等环节后，广州乡镇路灯建设开始实施。一期工程分设8个标段。2011年11月17日各标段开始施工，当年12月31日，完成白云、花都、从化和增城等地54394盏路灯安装，实现工程项目当年立项、当年设计、当年完成安装并实现亮灯的目标。二期工程于2012年10月10日开始施工，当年12月31日，完成各标段路灯安装任务。

2012年6月、2013年6月两期工程先后通过竣工验收。此后，路灯移交当地镇（街）维护管理。2012年8月，市政府颁布《广州市城乡照明管理办法》，规定由镇人民政府负责村镇道路照明设施的维护和管理，所需经费纳入镇本级财政预算。为规范乡镇路灯维护管理，市建委又组织制定《广州市乡镇路灯建设工程质保工作指引》《广州市乡镇路灯建设工程路灯培训方案》和《广州市乡镇路灯工程质保工作联系名册》等一系列政策文件，用于指导各区路灯日常维护管理。

经过2011年、2012年两年建设，白云、花都、增城、从化等地建设乡镇路灯共约12万盏，基本实现广州市农村道路“有路必有灯”的目标。乡镇路灯建设推进了城乡公共设施建设，方便村民夜间出行，得到村民好评。尤其是2013年5月从化遭遇特大洪灾时，乡镇路灯发挥重要作用，被老百姓称为“救命灯”。乡镇路灯建设作为美丽城乡建设的重要内容，呈现出良好的社会效益，为实现城乡公共设施均等化添上浓重的一笔。

（撰稿：高戈；编辑：李启伦）

设立志愿服务行动日

2010年亚运会、亚残运会筹备和运行期间，志愿之花全城绽放，“一起来、更精彩”的志愿歌声和口号成为广州热烈欢快的乐章，“大拇指”“绿羊羊”和“木棉红”的美好形象成为广州城市最出色的微笑名片、最生动的亚运元素和最靓丽的文明标杆。6万名亚运会赛会志愿者，2.5万名亚残运会赛会志愿者，50万名亚运城市志愿者，2200多支城市文明志愿服务全民行动队伍，活跃在102个亚运场馆（团队）、600个亚运城市志愿服务站、7912个专项岗位和城市的各个角落，热情专业服务、微笑文明引导，充分彰显广州以人为本、开放包容、和谐进取的城市文明形象，推动了广州志愿服务事业的创新发展。

2011年两会上，市政协委员、市工商联副主席刘定锐在《关于建立和完善广州志愿者事业长效机制的建议》提案中提出“将9月30日命名为‘广州志愿者日’”；政协委员、民建广州市委林高潮则建议“将亚运会开幕的日子——11月12日定为‘广州志愿服务日’，以表彰广州志愿者在亚运志愿服务中的卓越表现”。此外，部分志愿者提出设立3月5日为“广州志愿者日”。社会期盼设立广州志愿者专属节日呼声日趋高涨。为此，团广州市委专门召开研讨会，听取专家、市民群众及资深志愿者代表的意见。2011年12月5日第26个国际志愿者日，广州市委、市政府印发了《关于进一步发展广州志愿服务事业的意见》，提出从2012年起，将3月5日设为“广州志愿服务行动日”，广泛传播“一起来更精彩”的志愿服务口号，持续推广戴志愿彩、行志愿礼、唱志愿歌、记志愿时等广州志愿服务特色文化，提高广州志愿者标识形象的知晓率。组织动员各领域艺术家以志愿者为主题创作生动感人的文化作品，传播志愿服务精神，展现广州志愿者的良好形象。

2012年3月5日是广州首个志愿服务行动日。省文明委、省直机关工委、团省委、市文明委主办的“粤志愿　粤幸福”广东“学雷锋全民志愿服务行动月”启动仪式暨广州志愿服务行动日活动在英雄广场举行。启动仪式上，发布新修订的广州市“一约三则”、广东省“学雷锋全民志愿服务行动月”倡议，广州“志愿服务地图”上线。通过举办志愿服务集市、志愿服务体验等，弘扬雷锋精神，推广志愿文化，在全市掀起学雷锋志愿服务活动的热潮。

2013年3月5日是第二个广州志愿服务行动日。由团市委指导，广州青年志愿者协会、广州市青少年发展基金会、雷风侠正能量动漫创作团队主办、中学生报等单位支持的“雷锋是个侠”公益展在广州越秀南路“团一大”广场举行。展览集结了广州各路志愿者团队近百人参与此次公益救助活动。现场举办雷锋侠作品展义卖，为王铠、郑益龙等“活雷锋”筹款，进行“雷锋是个‘侠’”行为艺术，呼唤社会正能量。

2014年3月5日，由省文明办、市文明办、市创建办、团省委、团市委、市文联、市红十字会、广州日报社等单位共同主办的“广东省学雷锋全民志愿服务月暨广州市志愿服务行动日”活动在广州新中轴线广场举行。在活动现场，志愿者代表们宣读《“邻里守望”倡议书》，号召广大志愿者、全体市民朋友们从现在做起，从身边的小事做起，友爱互助、一起把爱心与力量投入到“邻里守望”志愿服务中，共同描绘美好家园，铸造爱心羊城。市文明办、团市委还发布“羊城雷锋大民星”拼图。“羊城雷锋大民星”中的365个“志愿民星”都是扎根社区、服务街坊、无私奉献的“学雷锋时代标兵”。此活动希望发挥这些“民星”志愿者的影响力，带动更多社区居民共同参与到“邻里守望”志愿服务活动中来，传递志愿正能量。

2015年3月5日是第四个广州志愿服务行动日。恰逢中国农历的元宵佳节，广州团员青年、志愿者纷纷通过“唱雷锋歌”“戴雷锋帽”“重温雷锋电影”“传递雷锋事迹”“当雷锋侠”等方式学习践行“雷锋精神”。3月5日上午，由省文明办、市文明办、团市委、市青联共同主办的“美丽广州有雷锋”集中行动在广州花城广场志愿驿站、珠江新城志愿驿站举行。参加此次活动的百余名热心志愿者共同亲手制作了一批精美的元宵花灯，由社会爱心车辆开进社区，为城市一线工人、残障人士、独居长者、贫困家庭青少年等群体送上寄托了志愿者祝福的“元宵花灯”。此次活动旨在发动全市团员青年、志愿者、热心市民争当活雷锋，弘扬雷锋精神，奉献社会爱心，让“学雷锋”走进社区，切实帮助有需要特殊困难群体。

广州志愿服务行动日是“有心，更有行动”的志愿服务节日，通过志愿者的实际行动影响带动广州市民积极行动起来，服务他人，奉献爱心。

（撰稿：成哲；编辑：李玉平）

建成广州志愿者公园

2010 年广州亚运会、亚残运会上，广大志愿者热情周到、细心服务，用真诚奉献爱心、用微笑凝聚力量，为亚运会亚残运会的成功举办做出了巨大贡献。“人人都是东道主、个个都是志愿者”“让志愿之花开遍全城”“快乐担当铸精彩”的亚运志愿服务精神，积淀成为社会宝贵的精神财富。为进一步弘扬亚运志愿服务精神，巩固和转化亚运志愿服务工作成果，2011 年，广州团市委学习借鉴北京奥运会、上海世博会建设志愿者广场的做法，经实地考察、多处选址，确定在海珠区太古仓码头修建广州志愿者公园。

2012 年 3 月 5 日，广州志愿者公园落成于美丽的珠江之畔。公园由南北两区构成，南区面积 11900 平方米，北区面积 7250 平方米，共 19150 平方米。公园内建设了一批反映志愿者文化的景观，包括志愿者雕塑群、志愿文化墙、志愿者空间等；安装和展示一些志愿者文化产品实物，包括西关小屋、志愿彩、志愿者徽章、志愿者歌曲、亚运志愿者名人堂名人手印等。志愿者公园主要有三个特点：一是志愿者纪念元素。展示 6 万余名赛会志愿者的姓名、亚运志愿者名人堂名人手印、亚运会亚残运会标志、亚运会亚残运会志愿者文化标志等含有志愿纪念元素的文化景观。二是亚运志愿者典型人物与事迹。选取反映志愿者热情周到、细心服务的平凡故事和有代表性的志愿者人物文字及图片介绍，

广州志愿者“宣誓礼”在广州志愿者公园举行

例如“瞌睡妹”“微笑姐”等人物事迹。三是广州志愿服务文化。通过园内小景观，展示志愿歌歌谱、歌词，志愿彩、志愿者服装、志愿者徽章、志愿礼、志愿助威操等特色志愿文化元素文字介绍及相关图片，使市民在游览公园过程中接受志愿文化的熏陶。广州志愿者公园记载了广州志愿者的成长足迹、文化和精神，见证了广州志愿服务的诞生、发展与辉煌，是广大志愿者展示形象、沟通和交流的精神家园，是开展志愿文化仪式、志愿者培训拓展和广大市民参与志愿服务体验的活动基地，是广州志愿者共同的家。

广州志愿者公园全天候面向社会各类志愿服务组织开放。各组织可通过在线、电话或者前往志愿服务办事大厅现场申请使用公园场地开展公益活动。2012 年至 2015 年，广州志愿者“宣誓礼”在这里实现品牌化运作，平安广州志愿服务在这里完成专业化蜕变，志愿服务广州交流会在这里集聚梦想的力量。2013 年 3 月 31 日，由共青团广州市委主办、广州青年志愿者协会承办的首个广州志愿者“宣誓礼”在广州志愿者公园举行，来自各区（县级市），不同国籍、肤色各异、年龄不一的 300 名新注册广州志愿者代表在此庄严宣誓。此后，一月一度在广州志愿者公园举行的新注册志愿者“宣誓礼”已经成为全市性志愿服务文化品牌，并被长期固化下来。这不但提升了广州市新注册志愿者的归属感和使命感，还增强志愿者间的互动交流，促进志愿文化的传承与发展。2013 年 11 月 16 日至 17 日，市精神文明建设委、市社工委和市发志委共同主办、团广州市委等单位承办的以“梦想的力量”为主题第三届志愿服务广州交流会暨广州市青少年服务项目创意大赛项目评审会在广州志愿者公园举行。青少年成长守护、教育培养、职业发展、婚恋家庭、文娱体育、社会融入等六大领域，1002 个入围项目首次亮相广州志愿者公园，吸引了大批市民、爱心企业家、志愿者朋友们前来参加。入围组织各显神通，有激情宣讲、创意海报、趣味视频、体验服务、行为艺术等。参与观众们除了可以了解广州最新青少年服务项目动态之外，还可以与参展的项目方互动，以发微博等方式为申报组织站台赚人气。广州志愿者公园已成为广州志愿者的活动基地、志愿文化的传播中心、志愿服务资源的集善地。

（撰稿：成哲；编辑：李玉平）

实施社会组织直接登记

为顺应转型期社会组织发展的迫切需要，广州市先行先试，自2006年便开始社会组织直接登记改革探索，历经起步、逐步深化、全面实施、立法保障阶段。

2006年3月1日起，广州市取消行业协会业务主管单位，改为直接向登记管理机关申请成立登记，选择比较活跃、改革风险比较小的行业协会作为登记改革试点。2008年12月，印发《广州市社区社会组织管理试行办法》，促进和规范社区社会组织发展。自2009年3月起，对尚未达到社区社会组织登记条件的，但能正常开展活动且符合经济社会发展需要的社区社会组织实行备案管理。从2009年起，广州市逐步将科技类、体育类、社会工作类民办非企业单位和公益服务类、工商经贸类社会团体以及地市级异地商会业务主管单位改为业务指导单位，实行由民政部门直接登记。2010年9月，市政府实施第四轮行政审批制度改革，进一步清理相关政府职能部门对成立社会组织的前置审批权，并以市政府规章形式规定社会组织成立由民政部门直接受理，征求有关部门意见后审批。2011年11月，广州市民政局印发《关于进一步深化社会组织登记改革助推社会组织发展的通知》，明确自2012年1月1日起，除依据国家法律法规需前置行政审批的社会组织外，行业协会、异地商会、公益慈善类、社会服务类、经济类、科技类、体育类、文化类等八类社会组织可直接向登记管理机关申请登记。在认真总结社会组织起步阶段、逐步深化阶段做法和完善监管措施的基础上，广州市认真实施省社工委与广州市共建“广州市社会组织直接登记”社会创新观察项目，自2012年5月1日起，在全国率先全面铺开社会组织直接登记。即除依据国家法律法规须前置行政审批外，社会组织直接向登记管理机关申请登记。2012年年底，广州市“社会组织直接登记”项目顺利通过省社工委评估和答辩，以全省第一的成绩从社会创新观察项目上升为2013年省社会创新试点项目。

为巩固和深化广州市社会组织登记管理改革成果，广州市在全国地级以上城市率先以政府规章形式制定出台《广州市社会组织管理办法》，从2015年1月1日起实施。该办法巩固和深化了自2012年5月1日以来的广州市社会组织直接登记改革成果，在社会组织登记成立、年检制度、内部治理等方面取得有效突破，进一步降低了社会组织成立条件，将社会团体会员数量降至15个以上，取消社会团体和民办非企业单位（基金会除外）的注册（开办）资金要求，放宽社会组织住所要求，将社会组织年度检查改为年度报告，系列改革措施受到社会各界广泛关注，得到社会组织一致认可。广州市不断深化社会组织登记管理改革，进一步简化登记程序，降低登记门槛，优化便民服务措施，建立并落实登记咨询指导制度、发起人（举办者）培训制度、成立大会事前报告制度等，严格把好社会组织登记关，从源头入口上提升了社会组织的质量。2012 年至 2014 年，广州市社会组织数量实际增长率分别达 11%、14%、13.5%。截至 2014 年年底，广州市共有社会组织 6773 个（含备案 932 个），其中社会团体 3079 个，民办非企业单位 3682 个，非公募基金会 12 个，基本形成种类齐全、布局合理、结构优化、运作规范、作用明显的社会组织发展格局，社会组织年增长率由原来的 8%—9% 提高到 13% 左右，总体发展有序。2015 年 1 月 1 日，实施《广州市社会组织登记管理办法》后，社会组织登记成立踊跃，1 月至 5 月全市新注册登记社会组织 311 个，同比 2014 年增长 25.9%。2015 年 11 月，广州市民间组织管理局正式更名为广州市社会组织管理局。

（供稿：市民政局；编辑：张丽蓉）

启动社区少年宫校外教育工作

为缓解少年儿童校外教育的供求紧张矛盾，解决少年儿童校外教育机构数量少、分布和功能设计不合理的难题，2012 年 6 月广州市少年宫正式启动社区少年宫校外教育项目，积极拓展公益性、广泛性的公共服务平台，让广州少年宫的优质教育走进社区，打造“家门口的社区少年宫”。

社区少年宫是广州市少年宫面向社区输出的公益服务项目，以社区为阵地，以服务广大未成年人为宗旨，实施素养教育，最大限度地培养、满足和发展少年儿童的兴趣爱好。社区少年宫以普及性、特色性、低龄段教学为重点，开设艺术、体育、语言、学习能力等多个创新课程，组织开展各类社会体验式、表演及展示、社团类兴趣小组等丰富多彩的活动。2014 年，结合广州市少年宫课程教学体系的改革和调整，社区少年宫不断整合教育资源，充分发挥自身优势，以少年儿童喜闻乐见的形式，将技能学科类的课程向素质素养类课程转变，重点开设公民素养、人文素养、生命素养、审美素养、创造素养、媒介素养等六大素养教育。并契合最前沿教育理念，将素养教育渗透到生活的细节中，不断丰富孩子的知识，拓宽孩子的视野和胸襟，提升他们的综合素质。

本着服务社会、致力公益的发展理念，社区少年宫向困难家庭子弟提供一定量的优先学位，部分特殊儿童无需抽签，部分困难家庭还实行学费减免。2012 年 9 月，京溪社区少年宫成立全市首个“异地务工子女儿童合唱团”，实行全免费义务教学。2014 年举行“福彩育苗计划”异地务工人员子女综合能力训练营，召集 200 多名社区少年宫学员，通过游戏活动、创设情景，帮助外来务工人员子女融入城市、提升综合素质。2015 年元旦，面向全市社区少年宫征集新年心愿 2000 多条，并组织市青联委员帮助部分贫困家庭学员圆梦。同年 5 月 10 日举办了“爱在蓝天下”亲子公益活动，邀请 200 多名社区少年宫学员及家长，以体验式教育的形式共度母亲节。

为更好地探索和实践广州市少年宫专业化发展道路，广州市少年宫联合广州市青少年发展基金会共同发起，于 2013 年 5 月 21 日在越秀区民政局注册登记成立了民办非企性质的“广州市羊城社区少年宫服务中心”，作为社区少年宫的运营管理主体，组织架构为理事会和监事会监督指导下的执委会责任制，参考市场机理，按照教育规律开展有关管理工作。社区少年宫服务中心大力整合各方资源，广泛动员社会力量参与办学，加快青少年社区校外教育场所的开拓和建设。积极依托社区，与街道社区家庭综合服务中心、民营教育培训机构、小学、幼儿园、大型楼盘开发商等合作，将闲置的社会资源整合起来，在市内

2014 年 11 月 16 日，社区少年宫展演活动现场

各社区开设校外教育教学点。根据不同合作机构的资源优势、地域特点，通过专业的市场调研分析，制定多模式的服务体系，不同程度地提供课程、师资、活动、管理等资源和技术支持，构建一个"政府主导、社会参与、少年宫管理、责权利明确"的运营管理机制，实现民办非企的运作灵活性与少年宫教育公益性有机结合。

截至2015年年底，全市范围内已开办成立26家社区少年宫，分布在越秀、海珠、荔湾、白云、天河、番禺等多个新老城区。2012年至2015年，累计为全市青少年提供约5.73万个学位。社区少年宫充分体现了市少年宫以公益性与广泛性为理念的校外教育事业的核心价值，成为推介政府公共服务的重要场所，展现少年宫校外教育教学成果的阵地，普及青少年校外教育的平台和开展少年儿童社会教育的实践基地。

（撰稿：马发腾；编辑：李玉平）

实现城乡居民医保和大病医保全覆盖

根据《关于提高我省社会保险区域统筹层次的通知》《关于进一步完善基本医疗保险政策和规范管理有关问题的意见》的有关要求，广州市制定《广州市社会医疗保险市级统筹实施意见》，于2011年3月正式印发。根据该意见，2012年9月，市本级、花都区、番禺区、从化市和增城市（简称四区县级市）医疗保险独立统筹区统一为广州市社会医疗保险统筹区，实行统一政策、统一管理、基金统筹。

广州市医疗保险原有六个独立统筹区：市本级、番禺区、花都区、增城市、从化市和广州铁路（集团）公司，由于社会平均工资、参保缴费标准、待遇水平、信息系统建设及经办管理等存在较大差异，存在以下问题：一是参保人员在原独立统筹区域内定点医、药机构异地就医、购药的医药费用不能直接结算。二是独立统筹区参保人员在全市行政区域内流动时，社会医疗保险关系转移、接续和参保年限不能互认。三是四区县级市居民与市本级相比待遇差距较大。人民群众、人大代表、政协委员多次向广州市相关政府部门来访、来信、来函反映医疗保险所存在的问题，要求简化结算、关系互认、同城同待遇。为此，广州市专门成立医疗保险市级统筹专责小组，对医疗保险政策（主要是缴费标准、待遇标准和管理方式等）差异、难点问题进行调研、汇总和测算。在此基础上，召开专题研讨、论证会议，逐一研究解决政策和经办管理方面的实际问题。一是合理处理差异。为妥善解决各独立统筹区的差异问题，确保市级统筹新老制度平稳过渡，在市级统筹启动前，先后出台七个医疗保险新政策，提升九项医保待遇，为实施市级统筹奠定基础。同时，由于各独立统筹区医疗保险的启动时间不同，为统一缴费年限计算时点，仍以市本级统筹区启动社会医疗保险的时点来计算养老保险缴费年限，合理计算政府资助过渡金。二是稳妥安排实施步骤。根据四区县级市现行医疗保险管理及基金运行的实际情况，确定统筹分三个阶段逐步实施：2010 年 9 月，初步构建市级统筹政策体系。自 2011 年 9 月起，番禺区、花都区和增城市执行全市统一的居民医疗保险政策。从化市居民医疗保险制度与新型农村合作医疗制度已经合并为城乡居民医疗保险制度，在征缴及待遇标准上与其他统筹区差异较大，因此自 2012 年 9 月后再统一执行全市统一居民医疗保险政策。在一、二阶段，各独立统筹区经办机构按照“分级管理、分级负责”原则，继续负责本统筹区社会医疗保险经办业务和管理，逐步实行经办机构的一体化管理。广州铁路（集团）公司则仍按委托管理模式开展经办业务，并按照市级统筹的统一部署同步调整政策。三是制定过渡解决办法。由于各统筹区社会平均工资存在差异，导致医疗保险费缴费基数差异较大，为此设置了过渡期，采取“老人老办法、新人新制度”的方式过渡，逐步统一缴费基数，使基金平稳收入，同时广大参保人也能接受。

在医疗保险实现市级统筹的基础上，2014 年 9 月广州市出台《广州市城乡居民社会医疗保险试行办法》《广州市城乡居民大病医疗保险试行办法》两个文件，全面实施覆盖城乡全体居民的城乡居民医保制度及大病医保制度。这两个文件自 2015 年 1 月 1 日开始实施。2015 年 7 月 1 日，正式实施《广州市社会医疗保险办法》，构筑起以城乡居民社会医疗保险为基础、城乡居民大病保险为补充、民政医疗救助为托底的多层次城乡居民医疗保障体系。截至 12 月底，参加广州市城乡居民医疗保险人数达 444.99 万人。

城乡居民医保和大病医保全覆盖主要做法：一是建立动态筹资调整机制，以上年度本市城市常住居民人均可支配收入和本市农村常住居民人均可支配收入之和的平均数为缴费基数，根据广州市多年财政补贴占 7 成左右的实际情况，将个人缴费和政府补贴的比例固定为 3:7，保证城乡居民的缴费水平随着收入的增加而提高，亦使政府补贴形成长效的增长机制。二是实现城乡居民医保经办的统一管理。统一城乡居民医保制度后，管理服务工作由各级医疗保险经办机构统一办理，政策规定、服务标准、管理规范、基金收支、信息系统实现统一，提高经办机构的工作效率，方便定点医疗机构的结算管理，降低经办机构、定点医院的管理成本和城乡居民的就医成本。三是创建镇村定点一体化管理的新模式。广州市将村卫生站统一纳入医保定点管理，实施镇村定点医疗机构一体化管理，建立适应镇村一体化的医保管理模式和信息系统，特别是与农业银行合作，将 POS 机简便记账方式推广到全市一体化管理村卫生站和普通门诊定额包干就医管理的大中专院校，方便原新农合村民就医，破解村卫生站医保管理难题。四是引入商保经办大病保险的新模式。通过市公共资源交易中心公开招标，引入中国人寿广东省分公司承办大病保险，上线居民大病保险待遇记账系统，实现与商保机构信息系统的数据对接，实现城乡居民基本医保和大病医保“一站式”结算，减轻大病患者医疗费用负担。五是建立城乡居民医保扩面长效保障机制。广州市出台《关于城乡居民社会医疗保险扩面工作经费有关事项的通知》，每年按照新增缴费人数 6 元/人/年、续保人数 3 元/人/年的标准，由市、区财政部门按现行财政体制安排参保扩面工作经费，纳入各级人社部门年度部门预算。

城乡医保和大病医保全覆盖后，城乡居民实现公共服务均等化，制度公平性增强，农村居民得到更多实惠，减轻了大病患者医疗费用负担。

（撰稿：卢晓晶　段咏慧　文卓；编辑：曾新）

创建幸福社区

2012 年 9 月 28 日，广州市委、市政府召开美丽乡村和幸福社区建设现场会暨试点建设工作启动大会，正式启动 26 个幸福社区建设试点工作。2013 年，在试点工作基础上，总结形成幸福社区建设“GPS”（多元治理、多元参与、多元服务）模式，全面启动 314 个幸福社区创建工作，2015 年幸福社区建设工作全面完成。

广州市成立由市政府主要领导担任组长、分管市领导任副组长的美丽乡村和幸福社区工作领导小组，设立市幸福社区创建工作办公室（简称市幸福办），负责统筹、协调和组织幸福社区创建工作。制定《广州市创建城市幸福社区工作方案》，指导社区开展创建工作。各区、街（镇）相应成立创建工作领导小组或协调机构，制定创建工作方案及任务分解表，加强对本地区幸福社区创建活动的领导和组织协调。建立由市直有关职能部门、区政府组成的幸福社区创建工作办公室联络员制度，以沟通协调会、碰头会或到社区现场会诊等方式，共同商议解决社区的问题；以购买服务的方式委托广东省社会工作师联合会、广州市南方社会服务评估与研究中心等五家机构为第三方评估机构，与社区紧密衔接，对创建社区开展动态测评，确保评估结果及时反馈、及时整改，实现“以评促建、以评促改”；建立市、区、街（镇）、社区四级连通的幸福社区创建工作 QQ 群，确保信息即时互通互联；建立广州市幸福社区创建工作指导平台，编印《广州市创建幸福社区工作指引》及《幸福案例精选》，及时将创建经验传达给创建社区，有力推动幸福社区创建工作的开展。

在幸福社区创建过程中，各创建社区组织社区居民、辖区单位，针对社区存在问题，制定社区创建工作方案，并通过建立各类议事平台、论坛，全面掌握社情民意，及时协调解决关系群众切身利益的问题。创建以来，共搜集管理类、服务类、硬件设施类等居民问题 11883 个，在社区层面解决 10209 个，解决率达 86%，有效提升社区自治能力，强化居民的创建主体地位。依托第三方评估机构，广泛搜集整理居民意见建议，以市幸福办名义分派至市、区相关职能部门协同办理，为社区解决实际困难，认真回应居民诉求。各区加快推进社区网格化服务管理工作，建立社区问题处置协调机制，及时发现解决社区问题，做到“小事不出网格，大事不出社区”。据统计，1339 条居民意见建议 688 条得到解决或有效回应。

各区通过推进社区网格化服务管理，建立网格事件督办机制，实现了市、

2014 年 8 月 5 日，广州市召开幸福社区创建工作年度总结大会

区、街（镇）、社区四级联动，规范社区流程及厘清各级各部门的工作职责，促进政府公共服务效能和服务精细化水平进一步提升。其中，黄埔区推行网格化服务管理以来，系统登记案件总数 107512 件，街道、社区办理总数 105815 件，办结 105643 件，办结率达 99.837%，社区服务管理水平有明显提升。同时，通过“政府出资购买、社会组织承办、全程跟踪评估”的新型公共服务供给方式，社会工作机构及其专业社会工作者全面参与幸福社区创建，促进了社区、社工、社会组织的三方联动，实现服务项目与居民需求有效对接，推动专业社工服务向社区延伸覆盖。社会工作服务范围由最初的家庭、长者、青少年、残疾康复服务项目拓展至社区矫正、移居人士、农村社工服务、医务社会工作服务、异地务工人员服务等 22 种项目，服务质量逐步提高。建立“社工 + 义工”联动机制，发挥社会工作机构及其社会工作者专业优势，指导社区社会组织开展扶老助残、邻里互助等社区义工（志愿）服务活动，解决过去群众有自助互助的热情但无载体和渠道的问题。各创建社区文体类、公益类组织通过开展形式多样的自治性、公益性、互助性活动，充分调动社区居民参与社区服务管理的热情。萝岗区普晖社区组建“和事佬俱乐部”“自己友卫生检查队”“大拇指督导队”“爱心敲门队”等社区组织，在维护社区环境卫生、关爱社区独居空巢老人、开展社区自助互助活动等方面发挥重要作用，创建以来成功调解 40 多宗邻里纠纷。

从 2013 年至 2015 年，广州分别按照全市城市社区 20%、15%、15% 的比例，全面推进幸福社区创建活动。截至 2015 年 4 月，经第三方机构评估，全市幸福社区达标数量累计 568 个，占全市社区总数的 38.5%，超额完成阶段创建任务。截至 2015 年年底，全市 50% 以上的城市社区打造成为“社区安全又舒适，邻里友善互关心，社区事务齐参与，社区幸福共分享”的幸福社区，推动幸福广州建设。

（供稿：市民政局；编辑：张丽蓉）

林和村改造

林和村位于天河区西南部，村西北方是广州火车东站，西南面是中信广场、广州体育中心，四周还分布着中国城市大厦、暨南大学华文学院、广州体育学院等，距离天河体育中心南门约 1.5 千米，地理位置非常优越。林和村在天河区是一个比较小的城中村，村集体经济实力不强，村内并无企业、厂房等商业用地，没有形成支柱型主导产业，因此公司的经济收入较为单一，经济基础较为薄弱。随着村公益事业、养老费等开支的逐年增加，公司负担很重。因此，公司董事会一直努力推进对林和村旧村改造工作。2010 年 4 月林和村开始拆迁，6 月拆迁结束，开始安置房建设。

为加强对村公司廉政风险的防控，林和村于 2012 年 9 月成立廉情监察站，设在公司党政办，将监察站组织结构图、议事规则、工作职责、监察内容、日常管理、权利义务等制度公开张贴，让群众一目了然。为保证房屋质量，村公司组织部分村民代表定期到工地现场监察施工，于 2012 年 10 月邀请区质监局专家和街党委相关负责人到林和村“城中村”改造项目 A4 栋样板房查看。是年 11 月，复建安置住宅楼正式封顶，林和村改造复建安置房主体工程提前完成。

2014 年 4 月 14 日，林和村进行村委换届选举，新一届村委上任之后积极组织回迁工作。6 月至 7 月间，村委会组织村民们经过户型申报、摇珠抽签等流程，完成回迁前期准备工作。8 月 1 日，即距拆迁四年零三个半月后，林和村改造工程完工，村民正式启动回迁。按照拆迁补偿方案，拆迁后的土地由开发商分作居民楼和商品楼两部分，对居民采用“拆一补一”的模式，即村民原有多少合法居住面积，建成后补偿同等数量的居住面积。复建的林和村共有 14 栋住宅楼，其中 6 栋为回迁房，另有一栋商业用楼及一栋村公司办公楼。回迁房共有 2107 套房子，为实现公正、公平、公开，通过摇号的方式分给 703 户村民，大、中、小户型合理搭配。8 月 8 日，村民复建房交接完毕，回迁工作基本完成。回迁后的村民生活来源主要两方面：村公司年底股份分红及房屋租金。林和村改造后，村民分红收入增加，且因为地段好，复建房档次高、装修好，租金收入也较改造前有很大提高。改造后的林和村小区取名为林和苑，住宅条件极大提高，环境优美，又有靠近广州火车东站、汽车站、广州体育中心，距天河北商业区近的优势，村民生活水平明显提高。

（供稿：天河区地方志办 ；编辑：陈喆）

共建“幸福同德围”

20 世纪 90 年代，同德围被定位为老城区地铁、内环路、解放路等市政重点工程拆迁户以及解困户、教师居住区，接纳了大批老城区居民和外来人口到区内居住，形成了新住宅社区与城中村社区共存，人口暴增的局面。居民出行难、上学难、看病难等社会问题也随之而来。“十二五”期间，为创建一个和谐的社会环境，市政府制定了《同德围地区综合整治工作方案》，成立“同德围地区综合整治工作领导小组”和“同德围地区综合整治工作咨询监督委员会”。2013 年 11 月 22 日，同德街控制性详细规划获广州市规委会审议通过，通过规划搬迁 8 大货运站场、整治改造 5 条城中村、增加公共服务设施、依托 4 个地铁站打造四大城市综合体等方式，打造便利交通，建设“幸福围”。

加强公共交通建设。2012 年 3 月，同德围地区综合整治工作咨询监督委员会研究提议新开辟一条同德围内南北走向的道路，以解决该地区交通瓶颈问题。2012 年 12 月，同德围南北高架桥主体工程顺利开工。2014 年 12 月 28 日，同德围南北高架桥建成通车。同德围南北高架桥北起白云一线（德康路），在京广铁路西侧，沿新市涌设置，南至西湾路，全长 3.48 千米。同德围南北高架桥建成，改变同德围地区“华山一条路”的局面，减轻西槎路的交通压力，推动同德围地区区域经济发展。此外，2012 年 4 月底，地铁 8 号线北延段地质勘探等同德围整治九大工程项目动工。开工项目为整治第一阶段，2013 年年底完工。

增加公共服务设施。2012 年市政府以 1.2 亿元创建市第 65 中同德校区。到 2015 年，市 65 中同德校区建成具有 36 个班规模的国家级示范性高中，同时还配备体育馆、办公楼等。同德围拥有了首家高级中学，“出围上学”的问题得到缓解。此外，还新建小学 5 所、幼儿园 4 所、综合医院 2 所、老人院 1 所。

改造整治城中村。同德围地区有 5 条城中村：田心村、鹅掌坦村、粤溪村、上步村、横滘村。经市三旧办批复改造方案，对田心村进行整体改造，对其余 4 条村实施整治。实施整治的 4 条村主要分为村住宅保留区、村住宅安置区和村经济发展区。村住宅保留区：保留建筑质量好、布局整齐、对周边环境影响小的地块，约为 4 条村住宅部分的 80%。村住宅安置区：用地 5.2 公顷，建筑面积 20.4 万平方米，含市政府和区政府要求原保障房用地调整为安置周转房的 2 块共 3.9 公顷用地，安置开通道路、环境整治需要拆迁的村住宅。村经济发展区：用地 31.2 公顷，建筑面积共 84.3 万平方米，按集中布局原则，多次征求并落实村集体意见，保障了村集体的经济发展。

此外，根据同德围地区综合整治工作任务，搬迁和改造 11 个货运市场，规划范围内有8个、用地29公顷，规划改造为商业用地及公共绿地等。广铁的货运功能搬至江高镇大田村新的铁路物流中心。

（撰稿：廖丽萍；编辑：曾慧娟）

全面推进城市社区网格化服务管理

广州社区网格化服务管理是通过网格化管理信息平台，实现市区联动、资源共享的一种城市管理新模式。广州每个网格平均不超过200户，指定一名专职网格员负责管理。每名网格员配备移动终端，网格内基本情况全部实现数字化、信息化的管理和共享。

2012年下半年，广州市开始在越秀、黄埔等区启动社区网格化服务管理试点，2013年10月底全市共有637个社区启动试点工作，推行率为43.3%。2014年6月30日、9月22日市政府常务会议、市委常委会议先后审议并原则通过《广州市推进城市社区网格化服务管理工作总体方案》（简称《方案》），决定在全市全面铺开社区网格化服务管理工作。7月2日，广州市召开城市社区网格化服务管理试点工作总结暨全面启动视频大会，部署推进城市社区网格化服务管理工作。社区网格化服务管理工作的总体目标是按照“一个组织架构、一张基础网格、一支网格队伍、一套信息系统、一套管理制度”的基本构架和“问需于民、问计于民、问效于民”的基本思路，以网格为基础，以信息化为依托，以制度为保障，打破条块分割，推动城市治理架构、治理体系和治理能力建设，重塑城市服务管理体制，形成“横到边、纵到底、全覆盖、无缝隙”的“大城市、小网格”服务管理网络。到2018年，全面建成城市社区网格化治理体系。

广州市高度重视社区网格化服务管理工作，建立广州市社区建设工作领导小组，由市长陈建华任组长。各区也成立相应领导小组，成立网格化工作办公室。市民政局会同市社工委负责制订网格化配套文件，先后印发实施《广州市城市社区网格化服务管理入格事项管理试行办法》《广州市社区建设工作领导小组社区网格化服务管理专项工作会议制度》《广州市关于整合街（镇）聘用人员队伍组建专职网格员队伍的指导意见》和《广州市城市社区网格化服务管理入格事项梳理的实施方案》。各区（县级市）按照《方案》的“五个一”总体要求，制定区级网格化工作方案。各区（县级市）按照原则上每200户划分

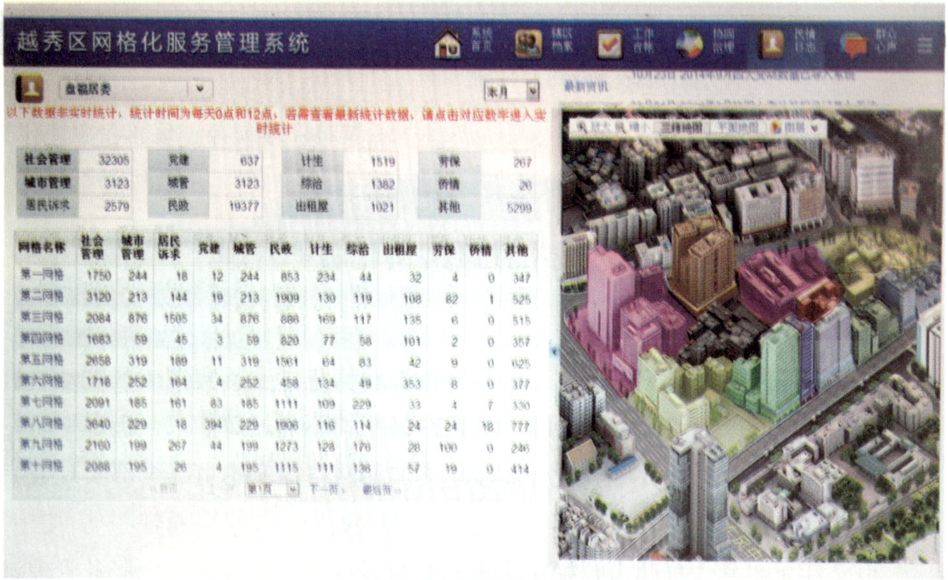

越秀区六榕街盘福社区网格化管理系统

一个基础网格的要求，再次优化调整，共划分基础网格 21912 个。市、区共举办 27 期网格化专题学习培训班，全市各职能部门相关业务处室负责人、各区（县级市）分管领导、职能部门负责人、街道、社区工作人员 2300 多人次参加。各区（县级市）在逐步推进基础工作的同时，重点突破重点事项。一是分步推动网格员整合组建。整合街（镇）现有社区专职工作人员、流动人员出租屋管理员、计生协管员等街（镇）各类聘用人员，分步组建专兼职结合的网格员队伍。黄埔区长洲街率先试点组建全市首支 50 人的专职网格员队伍，白云区 22 个街镇完成 2189 名兼职网格员的整合工作，南沙区 9 个镇（街）完成专、兼职共 430 名网格员的队伍整合组建工作，其中明确整合为专职网格员的有 71 名。二是全面开展入格事项梳理。成立由市民政局、市社工委、市工信委和市政务办组成的市入格事项梳理工作小组，组织 20 多个市直单位和公共服务单位开展入格事项梳理，梳理下沉到街道、社区的公共服务管理事项，按照“先易后难、分批入格”的原则，建立入格事项目录，全面规范网格事件处置工作流程。三是推进信息系统规范设计。市级统筹加快制订统一的技术框架和建设标准。各区（县级市）积极规划区级信息化建设方案，梳理区级基础数据库，有序改进原有信息系统。四是整合设立区级网格化服务管理中心。各区（县级市）立足政务、城管、公安、应急等行政管理指挥中心等资源，注重硬件设施和场地的整合运用，调剂配置合理的编制职数，陆续整合设立区（县级市）、街（镇）社区网格化服务管理中心。至 2015 年年底，越秀、荔湾、海珠、番禺、花都等区已完成硬件设施配置、场地整合和机构人员编制配置。

市、区两级加强对网格化服务管理工作的宣传报道，广州日报、广州电视台、新浪等数十家主流媒体专题报道达80多次。据市统计局2014年8月调查显示，91.8%的市民赞同社区网格化服务管理新模式。

（供稿：市民政局　市委党史研究室；编辑：张丽蓉　陈文敏）

建立公共租赁住房保障体系

2013年1月23日，《广州市公共租赁住房保障制度实施办法（试行）》（简称《实施办法》）印发，5月1日试行。该实施办法明确将廉租住房并入公共租赁住房管理，经济适用住房供应对象纳入公共租赁住房供应范围。通过发放住房租赁补贴、提供公共租赁住房等方式，解决广州市城镇户籍低收入家庭住房困难问题，建立以租为主的住房保障体系。

《实施办法》对公共租赁房申请条件中的收入线标准作了适当调整，由家庭年人均可支配收入18287元，调整为参照上年度城镇居民人均可支配收入的60%左右确定，并设置了家庭规模调节系数。照此计算，2012年1人户收入标准为家庭年人均可支配收入24795元（月人均2066元）、4人及以上户为年人均18597元（月人均1550元）等，适度扩大保障范围。

《实施办法》明确住房分配管理的四个主要环节：

一是准入环节。广州市住房保障申请实行市、区、街三级联动审核。2013年8月，广州市居民家庭经济状况核对中心正式揭牌，对房管、车管、社保、税务、住房公积金等跨部门信息实行联网共享，并在越秀区、番禺区试点开展公共租赁住房申请家庭经济状况核对工作。2014年，各区居民经济状况核对中心全面启动公共租赁住房申请家庭收入资产审核工作，提高资格审核的效率和准确性。2月，《广州市公共租赁住房保障申请审查实施细则》出台，规范公共租赁住房保障申请受理和资格审核工作。自公共租赁住房保障制度实施以来，约2.5万户家庭提出公共租赁住房保障申请（含保障方式变更），2848户审核不通过。

二是轮候环节。2013年4月26日，《广州市公共租赁住房轮候配租实施细则》出台，建立公共租赁住房轮候册，轮候号按申请受理时间每月汇总后系统随机自动生成。符合条件的申请家庭按轮候号先后顺序轮候公共租赁住房，确保申请家庭轮候时间不超过5年，平均为3年。轮候册中符合条件的申请对象，如优抚对象、低保低收入特困职工家庭、见义勇为人员家庭、市级以上劳动模范等可优先配租。2014年1月20日，广州市举行首批14428户公共租赁住房申请家庭轮候号摇号仪式，按照轮候册先后顺序和困难优先原则，首次确定全市公共租赁住房轮候家庭的轮候号。

三是分配环节。广州市建立公共租赁住房（城镇户籍）管理系统，在保障性住房分配环节，全面公开信息，全程接受社会监督。具体做到信息“七公开”，即公开政策信息，通过报纸、电台、电视台、网站及举办咨询活动等方式，让市民及时了解住房保障政策动态；公开轮候信息，申请家庭可随时登录住房保障管理信息系统查询分数以及排名情况；公开分配房源信息，轮候家庭及时了解房源情况及分配计划；公开分配对象信息，将申请家庭名单公开，接受社会监督和投诉举报；公开分配过程，邀请人大、政协、媒体以及困难群众代表共同见证摇珠分配过程，杜绝暗箱操作；公开配租配售结果，让住房保障资源公平善用；公开退出保障信息，实现住房保障可持续发展。自公共租赁住房保障制度实施以来，2013年、2014年，新增供应公共租赁住房15228套，先后3次举行公共租赁住房摇号配租，共有12442户次家庭获得公租房配租资格。

2014年10月起，全市开展保障性住房分配违规行为专项整治工作。采用全面普查和按比例抽查以及入户重点抽查相结合的方式核查住房保障对象取得

公共租赁住房申请家庭轮候号摇号现场

资格情况，查处违规骗取住房保障行为，包括骗购、骗租保障性住房或骗取住房租赁补贴等行为；全面排查核实保障性住房使用情况，查处违规使用或空置保障性住房行为；采用自查的方式排查工作人员违纪违规行为，查处市、区、街（镇）三级住房保障工作人员在保障性住房实物配租和住房租赁补贴分配过程中是否存在滥用职权、玩忽职守、徇私舞弊、索贿受贿等行为。对初步排查疑似瞒报住房、收入情况骗取住房保障的98户家庭进行核查。

四是退出环节。定期开展住房保障资格期满审查，对家庭收入、资产、人口和住房等住房保障条件有变化的家庭，调整保障标准或取消保障资格，发现骗取住房保障的追溯处罚，构成犯罪的移送司法机关处理。在定期审查的基础上，推广实施《广州市保障性住房小区管理扣分办法》，在各大保障性住房小区设立政府派驻小区工作站，协同物业公司巡查小区，同时采取拉网式检查、委托第三方机构（律师行）独立调查和接受投诉举报等方式，查处保障性住房出租、出借、转让、空置等违规行为。

广州市建立的以公共租赁房为主的住房保障体系，将廉租房和经济适用房均纳入公共租赁房体系，力争对低收入住房困难家庭实现“应保尽保”，并向解决“夹心层”住房困难过渡，回应了市民的意见要求，有利于解决民生大事，使住房保障体系更加完善。

（撰稿：游甜；编辑：陈晓青）

推进社区精神康复服务

广州市对于精神残疾人的康复工作一直不遗余力，早在1999年广州市残疾人联合会（简称市残联）就与有30多年精神康复经验的香港利民会合作，成立广州利康家属资源中心，探索社区康复方法运用于精神病康复的模式。经过十多年的尝试，已摸索出符合广州实际的社区康复模式。市残联力求把这种模式推广到各区，增加服务容量，降低精神病康复投入的边际成本。2013年5月21日，广州市社区精神康复综合服务中心（越秀区）在广州市残联举行项目签约仪式。

为保障中心工作的长效稳定开展，2013年10月，市残联、市财政局、市民政局共同印发《广州市社区精神康复综合服务中心建设方案》，力争全市各区都建有一个社区精神康复综合服务中心，以满足精神康复者社区康复需求。

自2013年起，广州市分步开展社区精神康复综合服务中心建设。2014年，广州市越秀区率先启动中心的建设工作，经过公开招标，确定广州市家康社会工作服务中心为越秀区社区精神康复综合服务中心的运营单位。广州市残联作为业务督导和服务质量监察方，广州市越秀区残疾人联合会作为购买方和管理方与承办机构签订三方协议，在越秀区社区开展精神康复综合服务。

社区精神康复综合服务中心为社区内有精神康复需要的对象提供社区康复训练、心理疏导、事前预防、危机介入以及实时支援、个案跟进服务。中心采用社会工作的方法开展业务，面向具有广州市户籍的持有《中华人民共和国残疾人证》或纳入卫生部门《广州市精神疾病社区防治与康复信息管理系统》、公安部门《全国重性精神病人信息管理系统》管理的精神残疾人和精神病康复者提供社会能力适应训练服务；为上述精神病患者或康复者家庭提供心理疏导、危机介入支援性服务；为社区内有明显精神病症状的对象提供咨询、转介、危机介入支援性服务。

社区精神康复综合服务中心通过“政府出资购买、社会组织承办、全程跟踪评估”的公共服务供给方式运营。每个中心有不少于8名工作人员提供服务，总数的2/3以上为社会服务领域相关专业人员、1/2以上为社会工作专业人员，持有国家认可的相关职业资格证书。工作人员的职业类别包括社会工作师、心理咨询师和精神科护士。每个中心服务容量为200人，经费由市、区两级财政共同承担。市福利彩票公益金按照每个中心一次性25万元的标准安排设施经费。区残联为社会服务的购买方和管理方，每接收一个服务对象按400元/月的标准安排精神残疾人精神康复服务经费。至2015年12月底，全市共有12间中心投入运营，其中黄埔区两间，其余各区1间。社区精神康复综合服务在基层稳步开展，为2400名精神病康复者提供事前预防、危机介入、实时支援、个案跟进等“一站式”综合服务服务。“一站式”服务填补了广州市精神残疾人社区综合康复服务的空白，实现现行精神病防控体系无缝衔接，增加社区精神残疾人服务资源。

（供稿：市残联；编辑：李玉平）

全国首创第三方慈善监察组织

2013年6月19日，广州市慈善组织社会监督委员会（简称市慈监委）成立。这是全国首创的慈善组织第三方社会监督机构。经广州市民政局核准，市慈监委于2014年1月27日登记为社会团体法人，与政府、慈善组织以及其他组织、个人不存在行政隶属或控制关系。

市慈监委第一届委员会由21名委员组成，均由相关行业部门及机构推荐或自荐产生，广州市人大常委会原副主任陶子基当选主任委员。市慈监委委员包括全国人大代表1名、省人大代表1名、市人大代表和政协委员9名，均是广州市知名度较高的专家学者、律师、会计师、医务工作者、媒体人、企业家等，确保了委员的广泛性、代表性和履行监督职责的专业性。市慈监委委员均志愿履行社会监督职责，不因履职行为获取工作报酬。市慈监委的监督工作严格按照《市慈监委调研和监督的具体工作程序》进行，不因监督对象的背景、现状而区别对待。市慈监委的监督对象包括：广州市各级红十字会；广州市各级慈善会；在广州市、区、县级市民政局登记管理，且根据《广州市募捐条例》取得募捐许可的公益性的社会团体、民办非企业单位；冠以广州市行政区划名称，并接受广州市相关部门业务指导的公募基金会；在广州市、区、县级市民政局登记管理，且获得政府购买公益性服务拨款项目的社会团体、民办非企业单位等。在监督的过程中，市慈监委严格按《广州市募捐条例》和《广州市慈善组织社会监督委员会章程》的规定进行监督，并从2014年下半年开始增加了先审计后监督的程序，有效保证了监督的公正性、客观性。

自成立以来，市慈监委按照《广州市募捐条例》和相关慈善法律、法规对慈善组织进行监督。截至2015年6月底，市慈监委共对14个（次）慈善组织及相关慈善项目进行监督。先后分别监督了广州市慈善会、广州市红十字会、广州市残疾人福利基金会等8个官办慈善组织和广州市乐善助学促进会等4个草根慈善组织，涉及金额11.36亿元，提出了24条监督意见；委托专业会计师事务所对广州市天河区启智社会工作服务中心和广州市北斗星社会工作服务中心2013年承接政府购买服务专项资金使用情况进行了审计，并在审计基础上进行监督，涉及政府财政资金3899.6万元，提出8条监督意见。监督工作形成的11份监督报告均在广州慈善网上公布，接受社会监督。

为更好地进行慈善监督，2014年6月，市慈监委与市民政局合作，开始发布慈善组织募捐透明度季度评价结果，这是全国第一个由政社合作开展的对慈善组织募捐透明度进行评价的活动。市民政局对参与评价的慈善组织进行管理，独立第三方社会慈善监督机构广州市慈监委负责排行榜的发布、监督和指导。参与募捐透明度评价的慈善组织106个，均为在广州地区开展募捐活动、并在市民政局备案的慈善组织。排行榜对慈善组织每一项募捐活动都进行量化打分，得出总分除以开展项目数则为该组织最终得分。基准分数为 100 分，105 分封顶，扣分不设下限。排行榜还设退出机制，一旦慈善组织被倒扣太多分数，将采取警告、责令改正、责令停止募捐，最严重的将责令撤换领导。慈善组织透明度排行榜评价结果每季度在广州慈善网上公布一次，并采取动态评分的方式更新排名。至 2015 年 6 月，已发布 4 次评价结果。政府与社会组织合作发布慈善组织透明度评价结果，充分发挥了政府在信息收集和第三方社会监督机构在独立、专业方面的优势。各慈善组织信息公开的自觉性、主动性明显提高，有效推动了慈善组织的规范化、透明化、信息化发展。

市慈监委作为全国首创的慈善组织社会监督机构，是广州慈善事业改革中的创新举措，是广州慈善组织政府监管、社会监督、行业自律“三位一体”监管模式中的重要一环，对推动广州地区慈善组织规范管理、高效运作，提升慈善透明度和公信力，提高慈善正能量起到重要作用，对全国的慈善组织引入第三方社会监督具有启迪意义。

（供稿：市民政局；编辑：张丽蓉）

“警民通”便民服务平台开通

为进一步顺应“互联网+”时代的发展需要，广州市公安局围绕建设“智慧广州”的目标，以“用心服务市民”为宗旨，通过整合警务服务与信息资源，构建以信息服务为基础，便民应用为主导的平台，并联合电信、移动、联通三大运营商，研究开发了“警民通”手机便民服务应用软件。市民在智能手机上下载安装“警民通”客户端，即可享受广州市公安局提供的综合性、智能化服务。至 2015 年年底，“警民通”共实现 92 项便民服务事项。

一是查询服务。开通 58 项公安业务进度查询，用户可随时查询机动车违法、驾驶证状态、港澳台通行证、护照、身份证等状态信息，在业务办理状态有变化时，“警民通”会自动提醒用户及时掌握跟进。同时，还推出可在手机上实时显示越秀、荔湾、海珠、天河、黄埔等各区公安综合办事大厅业务窗口排队叫号情况，以便市民合理安排时间，减轻办证窗口业务压力。2014 年，“警民通”推出“案事件状态查询”功能，报警人登陆“警民通”APP 可以查询案（事）件状态进展、结果等相关信息，既保障了案件当事人依法享有的知情权，又加强了群众对公安机关办理案件的监督，促使警务工作更加规范、透明，促进平安广州建设的发展。2015 年，“警民通”实现出入境以及户政智能咨询引导，通过一对一人机对话，系统像医生诊疗一样，帮助用户“望、闻、问、切”，提供个性化、智能化的办事流程辅导。

二是办理服务。开通 23 项公安窗口业务手机办理，通过受理业务手机办理请求，引导市民利用互联网和手机办理相关业务，结合中国邮政 EMS 快递服务，市民足不出户即可在家里完成本人相关业务的申请、办理和领证等整个流程，既方便了市民，也缓解服务窗口的工作压力。“警民通”五期新增了交管以及出入境业务“微支付”功能，市民通过“警民通”APP 微信或者支付宝支付，即可完成护照、通行证签注、交通违法违章罚款的支付。

三是预约服务。开通 11 项业务预约服务。2013 年 10 月 8 日起，广州市全面推行中小客车注册登记预约制度，车主通过广州“警民通”即可选择办理的车管分所及时间段，在约定的时间带齐相关材料到车管分所，当场办理，省时又省力。“警民通”五期还推出被监管人员家属和律师会见预约服务功能。

四是智能交通服务。手机客户端软件提供环城高速以内广州市电子地图，以红、黄、绿三种颜色表示广州主要道路的路况拥塞信息；并将城市主要道路、内环路及其放射线视频快拍图片在软件中展示，让市民能够直观地看到最新的交通动态。市民还可以通过“警民通”将日常途径的线路定制成个人路线，出行时把沿途的视频快拍相片集中展现，配合路况信息语音播报服务，方便市民第一时间掌握全市交通状况，规划出行路线。此外，“警民通”还开发轻微交通事故快撤理赔功能。发生轻微交通事故时，用户通过警民通上传事故照片和位置信息后，便可迅速撤离事故现场，前往就近理赔点办理理赔，可最大限度减少事故对交通的影响。

截至 2015 年 12 月底，“警民通”访问总量已超过 1 亿 8000 万次，注册用户超过 150 万个（其中实名用户为 130 万），日均访问量超过 18 万次，预约总量超过 11 万次，网办总量超过 20 万次，极大地减少了老百姓办理公安业务前往现场的次数，取得了较好的社会效益。“警民通”一方面增强了公安机

广州“警民通”手机客户端界面

关工作透明度，提高广州公安电子政务行政效能，减轻窗口单位工作压力；另一方面也有效提升了行政能效和便民服务的智能化应用水平，方便市民办事，加速广州公安从管理型向服务型的转变，提高市民群众对广州的归属感和满意度。

广州公安首创"警民通"便民软件引起了社会媒体和广大网民的高度关注。中央电视台、广东电视台、南方卫视、《人民日报》《广州日报》《新快报》《南方都市报》、各大网站传媒密集报道总计超过 96 次。2014 年 6 月 8 日，《人民日报》在头版报道广州市公安局推出"警民通"和政务微信"为民办实事了不起"。

（供稿：市公安局；编辑：李玉平）

人感染 H7N9 禽流感疫情防控

2013 年 3 月 31 日，国家卫生计生委发布上海市确诊全球首例人感染 H7N9 禽流感病例。2014 年、2015 年广州市均发现和报告人感染 H7N9 禽流感确诊病例，其中 2014 年 25 例、2015 年 5 例。面对新型传染病疫情，广州市委、市政府高度重视，针对人感染 H7N9 禽流感疫情，采取有力的处置和防控措施，启动联防联控工作，并通过采取"休市""生鲜上市"等防控举措，对疫情控制起到积极效果。

综合防控。广州成立防控领导小组，各成员单位按照《广州市人感染禽流感防控工作方案》，建立联防联控机制，加强沟通和协调联动。卫生计生部门组织召开多部门防控协调会，共同研究和落实防控措施，及时研究调整防控策略，加强对禽类从业人员和外环境的应急监测。农业、林业和园林部门认真做好家禽、野生动物疫源疫病监测，及时处置市场动物疫情；工商部门着力加强农贸肉菜市场管理，督促市场严格落实清洗消毒休市"1110"制度；食品药品监管部门切实加强对餐饮单位的管理，禁止在餐饮单位宰杀活禽。广州出入境检验检疫局做好重点区域、重点人群等出入境人员的监测、医学排查和采样送检工作，对辖区 11 家供港活禽注册备案养殖场和 4 家供港禽肉加工厂进行专项巡查和 H7N9 禽流感疫情监测普查。宣传部门积极配合防控办做好信息发布，协调媒体正面报道防控信息。市防控领导小组其他成员单位按照职责和分工，积极抓好各项防控工作落实。

医疗救治。广州成立由钟南山院士任顾问的市防控人感染 H7N9 禽流感疫情专家组，下设预防控制专家小组、临床救治专家小组和病原学专家小组。举办防控业务专题培训班，对全市疾控和医疗机构人员进行系统培训，提高防控能力。指定广州市第八人民医院、广东省人民医院、中山大学第一附属医院、中山大学第三附属医院、南方医科大学南方医院、南方医科大学珠江医院、广州军区广州总院、广州市第一人民医院、广州市妇女儿童医疗中心、广州医科大学附属第一医院、广州医科大学附属第二医院、广州医科大学附属第三医院等 12 所医院作为广州市人感染 H7N9 禽流感重症病例定点收治医院。明确将奥司他韦、扎那米韦、帕拉米韦等抗病毒药品以及呼吸功能支持、循环支持和连续肾脏替代治疗等诊疗项目纳入广州市职工医保、居民医保、新农合或公费医疗报销范围。市政府设立 H7N9 禽流感防控及病人医疗救助专项资金，各单位安排专项经费加强防控。2014 年市卫生计生委将贮备的 13475 盒储备药物下拨至全市基层医疗卫生机构和 12 所重症病例收治医院，2015 年上半年再次下拨磷酸奥司他韦 3100 盒、扎那米韦吸入粉雾剂（依乐韦）1000 盒。制定印发医疗机构神经氨酸酶抑制剂临床治疗简明指引，实行全市各医疗机构神经氨酸酶抑制剂储备和使用情况周报制度。对所有人感染 H7N9 禽流感病例均及时进行了流行病学和感染来源调查，对密切接触者全部实行为期 7 天的医学观察。

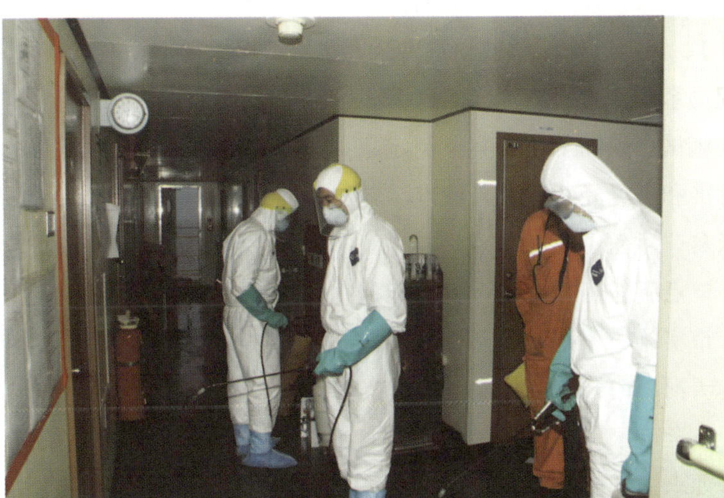

检验检疫人员对发现疫情的入境船舶实施卫生处理

疫情防控。2014 年 1 月广州市出现首例病例后，实施源头控制的防控策略，落实活禽市场“1110”制度，降低人感染风险。按照广东省《活禽经营市场“1110”防控措施技术要求》，督促市场开办方和经营业户严格落实“一天一清洗消毒，一周一大扫除，一月一休市以及零存栏”措施，并印发《活禽交易市场及农贸市场活禽档口消毒指南》，推行科学有效的消毒措施。2014 年 2 月疫情形势严峻，采取全市活禽市场休市两周措施，切断病毒传播途径。全市禽类批发市场和农贸（肉菜）市场禽类交易区从 2 月 15 日至 28 日休市，休市期间停止一切禽类交易。2015 年按省、市防控部署，于 2 月 13 日至 17 日，19 日至 28 日再次实施全市禽类批发市场和农贸（肉菜）市场休市。休市前，全市各级政府各有关部门组织加强对市场监管，提前通知市场管理方和活禽档口经营者做好休市准备，减少活禽进货。通过各大新闻媒体刊播休市通告，让广大市民知晓休市。休市期间，市防控办组织 7 个专项督导组开展督查工作，加大对禽类市场及市场周边流动摊档的监管力度，保证休市顺利进行。休市期间由于居民与相关从业人员暴露感染风险明显降低，无新发感染病例报告。市政府决定广州市“一月一休市”时间从 2015 年 3 月开始为每月 17 日，如遇节假日顺延至节假日后第一个工作日。休市期间，全市禽类批发市场和农贸（肉菜）市场停止一切活禽、光禽交易（不含生鲜禽），市场内不得存放活禽、光禽。并运用价格调节基金以临时补贴方式对全市禽类批发市场和农贸（肉菜）市场活禽及光禽（含冰鲜）档经营户在休市期间的经营性损失予以适当补贴，有效保障了社会的和谐与稳定。

推行生鲜上市。2014 年 5 月 5 日起，广州在越秀区、荔湾区（原芳村区和桥中街除外）、天河区珠江新城和番禺区大学城试点推行生鲜上市工作。市食安办和市农业局牵头，组织经贸、工商、食品药品监管、法制办、卫生等 15 个部门制定并实施试点启动工作方案，制定集中屠宰企业准入要求、供应商准入标准、配送标准和市场经营者准入标准，开展家禽产品生鲜上市档口的标准化升级改造。家禽“生鲜上市”试点后，生鲜家禽产品销售点和生鲜鸡的整只品种逐步增加，试点工作有序推开。2015 年制定印发了《广州市家禽集中屠宰冷链配送生鲜上市实施方案（试行）》，并从 4 月 1 日起扩大活禽经营限制区范围，增加海珠、天河、白云区部分地区形成连片区域，扩大后生鲜家禽产品档口接近 600 档，占全市家禽经营档口约 20%。进一步细化家禽集中屠宰环节管理、服务和监管要求，加大监管力度，保障活禽限制区生鲜上市产品供应。

2015 年 1 月至 4 月（生鲜上市后）市场阳性率 21.8% 和样本阳性率 2.7%，均低于 2014 年 1 月至 4 月（生鲜上市前）市场阳性率 29.5% 和样本阳性率 4.8%。2015 年 1 月至 3 月活禽限制区市场阳性率和样本阳性率分别为 14.28% 和 0.80%，低于活禽非限制区的市场阳性率（19.67%）和样本阳性率（2.88%）。2015 年 4 月 1 日起广州市扩大活禽限制区范围，4 月份活禽限制区市场阳性率和样本阳性率均为0，低于活禽非限制区的市场阳性率（24.24%）和样本阳性率（3.36%）。5月至11月广州市开展监测的活禽限制区未检出H7N9核酸阳性样本。活禽非限制区5月份市场阳性率和样本阳性率分别为2.63%和0.16%，6月至10月均未检出H7N9禽流感核酸阳性样本，11月市场阳性率和样本阳性率分别为20.00%和1.00%，12月份活禽限制区与非限制区市场阳性率和样本阳性率均为0。

（供稿：广州出入境检验检疫局；撰稿：陈玫庭；编辑：郑剑锋　曾新）

12320卫生热线开通预约挂号服务

2012年，广东省将广州市列为省12320卫生热线建设6个试点城市之一。2013年，广州市委、市政府将“建立统一的12320卫生热线”列为该年度十大民生实事之一。经过一年试运行，2013年10月31日，广州市12320卫生热线正式开通，并建立起覆盖广州地区医疗卫生机构的广州12320联络网。12320卫生热线承担着向公众传播卫生法律、法规和政策信息，普及健康知识与技能，接受公众咨询、投诉和举报，引导公众科学就医，实施突发公共卫生事件舆情监测、分析与反馈的重要任务。市卫生行政部门制定《广州市12320卫生热线工作制度（试行）》《广州市12320卫生热线联络员制度》和《广州市12320卫生热线知识库更新制度》等，保障广州市12320卫生热线有序运行。

2013年12月31日，广州市12320卫生热线正式开通预约挂号服务。广大市民拨打12320即可预约到广州市预约挂号系统各大联网医院的医生号源，体验“提前预约、家中候诊、分时取号”的诊疗挂号服务。全市大型医院通过建设统一的信息系统，统一的12320热线向市民提供方便、快捷的预约挂号服务。广州市12320卫生热线预约挂号服务的开通，初步实现了各大医院通过同一服务号开展预约挂号服务的目标，逐步改变各医院预约电话不统一、预约流程不规范的局面，是落实群众路线，缓解看病难等社会问题的重要举措，也是建设“智慧城市、幸福广州”的具体行动。截至2015年6月，广州市预约挂号系统已覆盖广州市全部市属医院以及部分驻穗部属、省属大型医院，联网医院总数达到51家；接受预约挂号请求计1204808人次，日均预约挂号2215人次。随着12320卫生热线社会知晓率的提升，群众通过12320热线预约挂号也逐渐增多，12320卫生热线日均预约挂号量从开通初期的1450人次/天，到2015年

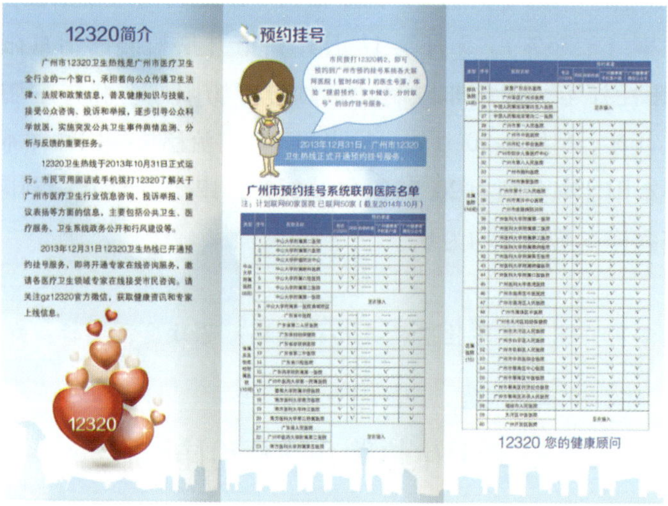

预约挂号宣传折页

6月已达3000人次/天。

预约挂号开通至2015年6月，累计受理各类来电约4.9万件次，转办工单2400多件。12320卫生热线不断拓展服务内涵，从启用之初的公共卫生领域逐步拓展至医疗卫生全行业，从最初的咨询、投诉、举报、建议、表扬，到拓展预约挂号、戒烟干预、电话调查以及重大卫生活动的风险沟通和舆情监测等服务，不断完善服务功能，创新服务方式，借助新媒体传播优势，从一根电话线逐步发展为集电话、语音、网站、短信、微博、微信平台为一体的综合立体服务平台。12320通过热线互动咨询，网站、微博和微信等的信息发布与互动，将丰富多样的健康知识和卫生政策以多种便捷形式传播给公众，在一定程度上普及了健康知识，方便了群众就医，缓解了群众看病难问题，引导了群众科学就医，增强了群众的健康意识，提高了自我保健能力。

（撰稿：赖玉红；编辑：郑剑锋）

学校食堂基本实现视频监控全覆盖

2013年，广州市政府提出“今后三年，每年要建成1000家左右中小学和幼托机构食堂实施食品安全视频监控系统，有效提升学校食堂食品安全监管水平”的工作目标。为落实市政府制定的目标，市食品药品监管局会同市教育局、各区监管部门制定印发《广州市食品药品监督管理局关于进一步核查学校食堂视频监控建设情况的通知》《关于建设广州市学校食堂食品安全视频监控系统的指导意见》等制度性文件，与市教育局联合制定2013—2015年度工作计划，部署学校食堂食品安全视频监控系统建设工作。2015年，市食品药品监督管理局与市教育局、市人力资源和社会保障局联合印发《学校食堂食品安全视频监控系统使用管理办法》等规范性文件。

广州市学校食堂食品安全视频监控建设模式主要分为三种：第一类是安装连接到监管部门（食品药品监管局、教育局等）的视频监控，监管部门和行政主管部门可实现远程监控，及时发现问题；第二类是安装连接到就餐场所或校园的公共场所，向师生和家长公示，引入社会监督。家长、师生通过视频，了解食堂卫生状况和员工操作过程，增强学校与社会的互信；第三类是用于学校自身监控的模式，食堂管理人员可有效进行监管，提升学校的自我管理能力。

截至2015年11月底，广州市共有3117间学校食堂安装了食品安全视频监控系统，基本实现学校食堂视频监控全覆盖。广州市学校食堂食品安全监管能力得到提升。一是延伸监管时段，覆盖监管全程。视频监控系统的应用实现对食堂食品加工的全过程监管，覆盖早点、宵夜等在清晨或凌晨加工制作餐次，切实掌握食堂生产全过程的情况。二是掌握真实情况，消除安全隐患。通过储存、回查监控信息，使食堂管理者、监管部门等能在有限的时间里掌握真实的情况，对食堂存在的问题开展针对性的监督指导，对症下药，消除食堂食品安全隐患。三是增加取证手段，震慑违法行为。一旦发生食品安全事件，可回查视频监控信息，了解事件发生的真实情况，为调查提供佐证。同时，视频监控的设置，无形中督促从业人员规范操作，有效地预防投毒、非法添加等违法行为的发生。四是引入多方监管，提升监管效能。广州市视频监控系统中有三成多引入了社会或政府部门监督，避免了校方自我监督的局限性，提升了监管效能。

（供稿：市食品药品监督管理局；编辑：刘德敏）

举办慈善项目推介会

2009年12月12日，广州市政府举办“广州慈善日”大型筹款活动，接收捐款1.04亿元，并将每年12月12日定为“广州慈善日”。2010年，广东省委、省政府将每年6月30日定为“扶贫济困日”。此后，每年广东扶贫济困日、广州慈善日活动一并开展，2010 至 2012 年分别筹集捐款 1.3 亿元、1.53 亿元、2 亿元。自 2012 年开始，大型公益慈善主题展会开始在全国范围内兴起。2012 年 7 月，首届“中国公益慈善项目交流展示会”在深圳举办，建立公益慈善资源对接平台。8 月，中国（宁夏）黄河善谷慈善博览会在银川举办，促进了以宁夏为代表的西部地区慈善需求与全国慈善资源的有效对接。

随着广州市相继放开慈善组织登记、开放慈善组织公募权，慈善组织发展迅速，慈善活动日益创新。为更好地推动广州市慈善事业发展，首届广州市慈善项目推介会应运而生，并结合“广东扶贫济困日暨广州慈善日活动”，成为广州最广泛的综合型慈善盛事，最大的慈善组织交流、慈善项目展示，以及慈善文化传播平台。

自 2013 年起，广州市创新举办慈善项目推介会，鼓励和支持慈善组织以项目找资金，发动社会各界自愿认捐慈善项目。2013 年、2014 年、2015 年三届推介会共对接慈善项目超过 1300 个，筹集项目资金超过 12 亿元。

2013 年，广州市委、市政府举办慈善项目推介会，明确按照“政府搭台、慈善组织运作、社会参与”的理念运作，改变了以往大规模慈善募捐活动中“先募集资金、再配置资源”的传统操作方式，提倡以项目找资金，让捐赠者在捐款之前先看到项目策划，甚至看到更具体的资金使用计划，先认可项目，再进行捐赠。推介会由慈善组织运作，慈善项目设计、推介、募捐、实施等均由慈善组织自主进行。同时，所有推介项目均按照《广州市募捐条例》规定，办理募捐许可或备案手续。

2013 年、2014 年两届推介会共对接慈善项目 797 个、筹集项目资金 7.5 亿元。对接项目中，按项目属性统计，扶贫类项目 175 个，对接资金 15761.65 万元；扶老类项目 135 个，对接资金 18329.94 万元；助残类项目 52 个，对接资金 1436.27 万元；救孤类项目 13 个，对接资金 122.94 万元；济困类项目 259 个，对接资金 22586 万元；赈灾类项目 9 个，对接资金 8576.88 万元；助学类项目 81 个，对接资金 3378.58 万元；助医类项目 15 个，对接资金 1231.32 万元；其他类项目 58 个，对接资金 3665.02 万元。所有对接项目全部签订捐赠协议，落实项目资金。

2015 年，第三届推介会重点围绕贯彻《国务院关于促进慈善事业健康发展的指导意见》，以“社区慈善、人人可为”为主题，坚持社区为本，慈善全民参与氛围日益浓厚。第三届推介会推出 509 个慈善项目，截至 2015 年 6 月 10 日，共 6823 个单位和个人认捐 4.5112 亿元。2015 年推介会慈善项目推介阵地下移，项目设计、推介、成果展示、慈善活动开展等都紧紧围绕社区进行，广泛开展全城社区公益节等活动。同时，开展一系列慈善进社区、进机关、进校园、进企业、进家庭活动，开展“乐善骑广州市自行车慈善行”、广州马拉松慈善方阵等大众参与的慈善活动，积极推广微公益、企业慈善冠名基金、个人微基金，引导社会公众关心、支持、参与慈善。纳入这次推介募捐的慈善项目，90%以上是围绕社区居民尤其是困难群众等特殊群体的最迫切需求而设计的，项目服务人群覆盖社区孤寡独居老人、困境儿童、残疾家庭、外来工、留守儿童。与2014年推介的项目相比，2015年参会慈善组织由118个增至130个，增幅10.17%；募捐项目由380个增至509个，增幅33.95%，推介会影响力进一步扩大。

（供稿：市民政局；编辑：张丽蓉）

百万职工素质大提升计划

为充分发挥工会大学校和枢纽型社会组织作用，全面提升广州市职工队伍综合素质，2013年，广州市总工会启动了广州市百万职工素质大提升计划。项目通过市政府采购中心进行公开招投标，确定广州远程教育中心有限公司为实施该项目的教育培训机构，整合广州职工教育网、广州工程技术职业学院、广州市工人文化宫、广州市羊城职工职业培训学院、广州市芳村工人文化宫、广州市员村工人文化宫、广州市职工技术交流中心7家培训机构的优质教育资源。网络学历教育项目涵盖华南理工大学、南京大学、东北财经大学、中央电大4所高校，大专、本科专业77个；职业技能培训项目包含专业技术人员和岗位技能培训项目222个。市总工会拨出1000万元，其中500万元用于学历教育，500万元用于技能培训。技能培训学费原则上按4∶4∶2比例由市总工会、单位、职工分担；学历教育由市总工会负担每个学员1500元学费，原则上各单位参照市总工会比例分担学费，不足部分由职工个人支付。全市基层单位和职工积极响应，各区、县级市按市的要求进行资金配套，多数产业、直属单位也根据实际拨出专项经费。有的单位补贴力度大，如广州轻工集团对参加学历教育的职工，集团工会和基层企业分别再补助1500元和3000元，拿到毕业证书后，集团工会再奖励1500元；广州交通投资集团对参加学习并取得证书的职工，除市总工会的补助外，其余费用全额报销。三级经费配套措施激发了企业、职工的培训热情，全市职工踊跃报名，从化区、花都区、中船澄西远航船舶公司、国际集团等单位职工报名火爆，主动申请增加学习名额。

2014年，广州市总工会继续组织开展“广州市百万职工素质大提升计划”，提供77个远程学历教育专业、222个职业技能培训专业等优质学习项目。建立各级工会组织职工教育激励联动机制，对参加学习的职工进行补贴。2224名职工参加了学历教育学习，6381名职工参加了技能培训项目学习。该年扩大了办学规模，优化了教学内容，广州劳工大学堂新开市一宫分校、市二宫分校、交流中心分校、员村宫分校、芳村宫分校、从化分校、番禺分校7个分校。劳工大学堂8个教学点每月开设40多个专题超过160堂课程，每月免费培训职工超过15000人次，全年培训职工超过7万人次。同时开展百堂课程送基层等活动，与暨南大学等教育机构合作，下发普法维权、职业生涯规划、职业素养、文化修养、生活保健等多门类50多个课题菜单，由基层单位自主“点菜”，市总工会安排优秀师资免费为职工送课200场，职工课后评价打分，市总工会再根据职工需求逐步优化完善学习课程和教学内容。活动重点向偏远企业工业园区和民营企业倾斜，2014年为近200家基层单位10万名职工送上“精神食粮”。此外，加强对工友和谐家园的规范管理，对全市100多家工友和谐家园进行情况摸查和调研走访，倾听一线职工建议，不断优化服务质量。全市93家工友和谐家园面向职工特别是进城务工人员免费开放，全年服务职工超过300万人次。开设新时期职工基本素质达标计划公益学习平台，免费提供各类公开课学习。组织5386名职工向省总工会申领230多万的职工技能培训交通和误工补贴。审核命名91家省市职工书屋示范点，做好基层单位职工书屋和阅览室加入广州市工会图书馆协会入会工作，加强对基层职工书屋的业务指导和培训。2014年，广州市总工会职工技协办公室被评为全国教育培训优秀示范点，广州番禺电缆集团有限公司职工书屋等5家职工书屋被评为全国职工书屋示范点。

2015年，广州市总工会充分发挥工会大学校作用，积极推进职工素质工程建设，引导职工提升职业素养和综合素质。继续办好广州劳工大学堂，开展“百堂课程送基层”活动，加强工友和谐家园管理，在广州职工教育网增设更多职工免费学习课程。积极推进职工教育培训补助项目，截至年底，已资助超过2万名职工参加学历教育和技能培训。加大宣传力度，以新闻媒体、微博微信为载体，扩大项目职工知晓率。全市基层单位高度重视，广州开发区总工会将工作重心落到大型非公企业，面对面服务一线职工，申领职工达690人。番禺区总工会、广州地铁工会、广州港工会建立职工学习激励机制，职工报名踊跃。此外，为近6000名职工申请了240多万元的省总工会培优计划技能培训补助。

广州市百万职工素质大提升计划将职工提升素质和单位发展有机结合，要

广州市百万职工素质大提升计划启动仪式在第一次全国劳动大会旧址举行

求各单位根据自身发展需要，确定技能培训项目和学历科目，选定具体培训机构，组织职工参加学习。此外，距离培训机构教学点较远的单位还可以与相关培训机构协商，采取上门办学、送教上门等办法，解决工学矛盾。推动基层单位建立职工教育激励机制，全市基层单位以此次活动为契机，积极争取行政支持，从职工教育培训经费中拨出专项经费，同时还从工会经费中划拨专款，支持职工参加培训学习。整合工会教育培训资源，推动工会教育机构转变观念，提升服务。工会系统办学单位通过走访企业、电话跟踪等方式开展项目宣传，了解基层单位和职工学习需求，结合企业实际开展送教上门、送考上门、辅导上门等个性化培训服务，与基层单位实现主动跟进、无缝对接和全程服务。培训过程中，进一步规范培训标准，严格培训管理，确保培训质量，做好学员管理和教学服务工作，逐步建立了规范的职工大培训工作台账，及时、详细地记录学员培训基本信息、受训记录、考核验收情况等。广州市百万职工素质大提升计划受到全市基层单位和一线职工的热烈欢迎，在社会产生强烈反响。

（撰稿：王雪　应伟；编辑：李玉平）

推进“社会矛盾化解年”工作

2014 年 2 月 13 日，广东省委政法工作会议召开，指出 2014 年是“社会矛盾化解年”，要求各地各部门采取有效措施排查化解社会矛盾，重点梳理与解决涉农、涉环保、劳资纠纷、信访积案等领域的突出问题，形成有效化解社会矛盾的工作机制，维护社会和谐稳定。

广州市认真贯彻落实省政法工作会议精神，2014 年 3 月 20 日，市委常委会议审议通过《“社会矛盾化解年”活动工作方案》，明确要求各级各部门要严格落实责任，加强督办考核，真正摸查并解决一批涉及劳资纠纷、医患纠纷、环境保护、城市建设、食品药品安全等方面的突出问题，切实维护群众合法权益，有关工作进展情况每季度向市委常委会汇报一次，每月全市通报一次。4 月 16 日，市委常委会议进一步指出，要始终把维稳工作摆在重要位置，认真落实“社会矛盾化解年”各项部署，大力排查化解社会矛盾，认真解决信访案件，严格落实维稳责任，形成推进平安广州建设的强大合力。5 月 30 日，广州召开全市深化诉前联调（即：对起诉至基层法院的民事、行政纠纷，在立案前引导当事人选择人民调解、行政调解、行业调解等非诉讼纠纷解决方式，促使当事人达成和解，从而将矛盾纠纷化解在诉讼前的联动调解工作机制）工作推进“社会矛盾化解年”活动现场会。作为特大城市，广州吸引着大量外来务工者。为把矛盾化解在基层，2010 年广州市 12 个基层法院已设立 41 个具有“诉前调解”功能的机构，试行以诉讼前进行多部门联合调解的方式，案件调解成功率最高为 98.3%。自 2011 年以来，广州通过诉前联调机制调处矛盾纠纷 68183 件，调解成功 59143 件，涉及标的 19.3 亿元，当事人自动履行率达 95.7%。全市共建立诉前联调工作室 39 个、工作站 104 个，形成“区县—镇街—村社”三级联调网络。全市法院与 430 家职能部门、调解组织、社会组织建立联调关系，建立了一支包括政法干警、热心市民、公益律师和社会工作者在内共 1300 余人的队伍。

市委、市政府争取把各区（县级市）诉前联调工作经费纳入同级财政预算中。各相关部门在街（镇）、社区（村）公布联调室、联调站、调解员的联系方式，调解员们主动走进社区、村、工厂、市场等地，主动了解、发现和收集基层一线群众的矛盾纠纷，及时在现场予以调处化解。完善诉前联调工作机制，围绕“党委领导、政府支持、政法委牵头、综治办协调、法院为主、多方参与”的工作格局，形成齐抓共管的工作合力。

7月30日，广州市召开综合治理委员会全体委员（扩大）会议暨上半年综治形势分析会。会议总结2014年上半年综治维稳工作情况，并指出要抓住重点难点，努力解决社会治理突出问题。按照“属地管理”和“谁主管，谁负责”原则，落实领导包案、责任追究等工作机制，形成职责清晰、联动配合的矛盾化解工作格局，全力化解社会矛盾。8月14日，市委副书记、市长陈建华在市委常委会议上进一步强调，各级各部门要按照省委的部署要求，全面排查、突出重点，坚持走群众路线，综合施策化解社会矛盾，重点化解涉及环境保护、城市建设、社会矛盾等方面矛盾纠纷，做好群众性信访维稳工作，积极探索建立强化工会等群团组织作用的制度机制，有效预防和化解新的社会突出矛盾，确保实现“一升四降”（即：重大矛盾纠纷化解率上升；社会矛盾纠纷总量下降，到省集体访下降，进京非正常访下降，30人以上群体性事件下降）工作目标。

9月5日，广州市召开“社会矛盾化解年”工作推进会暨涉农矛盾化解工作现场会，学习贯彻全省“社会矛盾化解年”工作推进会精神，总结部署广州“社会矛盾化解年”工作。会议强调，各级党委政府要站在维护国家和地区社会稳定大局的政治高度，围绕“社会矛盾化解年”工作目标要求，以“百日攻坚行动”为抓手，从源头做好重点领域、突出问题的预防和化解工作，着力化解在加速推进城市化进程中产生的涉农矛盾和对特殊群众服务管理中产生的社会矛盾。一要积极探索建立完善从根本上预防和减少、消除社会矛盾的政策措施和工作机制。坚持依法治市，大力推进法治政府、法治社会建设，切实提高各级干部运用法治思维和法治方式深化改革、推动发展、化解矛盾、维护稳定的能力；加快推进城市社区网格化服务管理，不断提高基层预防和化解社会矛盾的能力；进一步完善矛盾调处机制，探索从制度上解决问题、化解矛盾的方法。二要巩固好党的群众路线教育实践活动成果。加快建立起党员干部直接联系群众和维护群众利益的制度和桥梁，更好地发挥人民群众在预防和化解社会矛盾中的重要作用。三要加强组织领导。各级各单位特别是党委一把手要强化敢于担当意识，不断压实工作责任，加大统筹协调和督导检查力度，确保完成年初确定的工作目标任务。为贯彻落实“社会矛盾化解年”的工作部署，加大劳资纠纷预防化解排查力度，构建和谐劳动关系，广州市从2014年12月15日到2015年3月25日开展预防化解排查劳资纠纷“和风行动”，全面排查广州市企业欠薪情况，依法解决好企业员工的合理诉求，进一步完善相关劳动规章制度，建立长效的企业欠薪整治工作机制。

在“社会矛盾化解年”工作中，市级台账排查出的633宗重大矛盾纠纷，已化解608宗，化解率达96.1%，超额完成年初制定的80%矛盾化解率的工作目标，15宗历史遗留问题已化解或基本化解7宗，最大限度地预防和减少了不稳定因素的发生，为全市经济社会跨越式发展创造了和谐稳定的社会环境。

（供稿：市委党史研究室；编辑：陈文敏）

实施“单独两孩”政策

党的十八届三中全会作出《中共中央关于全面深化改革若干重大问题的决定》，启动实施一方为独生子女的夫妇可生育两个孩子的政策。2014年3月27日，《广东省人口与计划生育条例修正案（草案）》通过表决，正式实施单独两孩政策。广州市立刻部署申请受理工作。4月21日，广州市人口计生工作领导小组办公室印发《关于实施“单独两孩”政策工作的意见》，提出要按照“城乡一体、一步到位”的原则，在全市范围内不分户籍、不分地域、不限年龄，稳妥扎实有序地统一实施“单独两孩”政策，还以附件形式印发《广州市“单独两孩”政策解答》，对独生子女界定、“单独”夫妇在3月27日前已经生育的如何处理、“单独”夫妇在3月27日前已经怀孕但尚未生育的如何处理、“单独两孩”再生育申请需要提供哪些资料、“单独两孩”再生育申请的地点和程序等公众关心的问题作出详细解答。

广州市严格执行省卫生计生委相关文件，简化办证程序，统一按照“四证一表”审批要求，对“单独两孩”生育快接、快审、快批。为已怀孕的夫妻开通绿色通道，加快办理生育保险。严格落实首问责任制、一次性告知制、依时办结制。截至2015年5月31日，广州市单独两孩目标人群数为142998人，全市受理单独夫妇再生育申请30615件、已批准29608件、已生育7996人。农村建制的白云、花都、番禺、南沙、萝岗、增城、从化7个区（县级市）目标人群数为26407人，申请数12450人，申请数占目标人群数的47.14%；非农建制的越秀、海珠、荔湾、天河、黄埔5个区（县级市）的目标人群数为116591人，申请数为18165人，申请数占目标人群数的15.58%。农村地区的申请数（47.14%）远高于老城区（15.58%）。12个区（县级市）中，越秀、海珠、天河、番禺、白云申请量较大。

广州市出生人口性别比一直较高。2010—2014年度，全市常住人口出生性别比分别为121.70、115.75、117.57、115.13、113.96，严重偏离103—106的正常范围，单独政策实施后，单独育龄夫妇可以生育两孩，一定程度上弱化了重男轻女的观念，有利于缓解当前出生人口性别比综合治理工作中遇到的压力。省政府每年都向各地级市下达常住人口出生率、自然增长率两个计划，2014年度，广东省下达广州市常住人口出生率为不超过12‰，自然增长率为不超过8‰。而实际上该年广州市常住人口出生率为11.62‰，自然增长率7.93‰。常住出生人口数160753人，同比增加11336人，增幅7.59%，自然增长109778人，同比增加5892人，增幅5.67%。单独两孩政策实施后，广州市常住人口出生率逐年增加。

（撰稿：何珊珊；编辑：郑剑锋）

开展家禽生鲜上市试点工作

为有效防控人感染禽流感疫情，减少病毒传播，维护公共卫生安全，促进家禽生产经营业转型升级，2014年年初广东省委、省政府从建立防控人感染禽流感长效机制和促进产业转型升级的高度，提出大力推进家禽“集中屠宰、冷链配送、生鲜上市”工作。广州市自2014年5月5日起至12月31日，在全省率先启动试点工作，试点市场生鲜家禽销售档口进行升级改造，配备冷藏柜、低温销售专柜等设备销售生鲜家禽。

市食安办和市农业局牵头建立家禽“集中屠宰、冷链配送、生鲜上市”试点工作联席会议制度，分管食品安全的副市长为召集人，市经贸、工商、食品药品监管、法制办、卫生等15个部门为成员单位。研究起草《广州市人民政府关于在部分区域开展家禽集中屠宰、冷链配送、生鲜上市先行试点工作的通告》《广州市人民政府办公厅转发市食安办关于广州市家禽集中屠宰冷链配送生鲜上市试点工作启动方案和广州市推行家禽集中屠宰冷链配送生鲜上市试点工作方案（简版）的通知》《广州市家禽集中屠宰冷链配送生鲜上市试点工作联席会议办公室关于印发广州市生鲜家禽肉品上市试点屠宰企业准入和退出工作机制的通知》《广州市物价局等六部门关于第一阶段家禽生鲜上市终端销售试点补贴资金安排的通知》《广州市家禽集中屠宰冷链配送生鲜上市试点工作联席会议办公室关于印发在先行试点区域开展相关工作的执法指引的通知》等一系列方案和配套文件。在越秀区、荔湾区（原芳村区和桥中街除外）、天河区珠江

2014 年 5 月 5 日，广州市在全省率先启动家禽“集中屠宰、冷链配送、生鲜上市”试点工作

新城、番禺区大学城高校等区域 82 家农贸（肉菜）市场 298 个活禽经营档口开展试点工作。按照“集中屠宰、冷链配送、生鲜上市”的原则，参照供港标准，确定 3 家广州市首批试点家禽集中屠宰企业，并逐步建立电子化溯源系统，推行二维码等方式的溯源体系，确保质量安全。试点期间屠宰企业通过直接配送或委托有资质有条件的配送商，将经检验检疫合格的生鲜家禽产品配送至试点区域的经营档口或临时中转点。

为降低改造和经营成本，维持市场家禽产品价格稳定，市财政划拨专项资金 715.2 万元，对市场生鲜家禽档口升级改造和经营者给予补贴，平均每个档口补贴 2 万元，平均给档口经营者经营引导性补贴 0.4 万元。同时，市食安办定期组织召开新闻通气会，加强宣传工作，有效引导市民改变消费习惯。试点区政府统一协调各监管部门集中执法力量，落实生鲜家禽产品质量安全保障工作，并在试点范围内全面禁止经营者饲养、存放、宰杀和销售活禽。

试点期间，相关区域禽流感外环境防控效果明显，疾控部门对试点区域的试点前后监测结果进行比较发现，越秀区和荔湾区市场病毒阳性率分别从 66.6% 和 50.0% 降到零。农贸市场转营生鲜家禽产品，使原活禽档口整体面貌大有改观，卫生条件改善。同时，初步建立生鲜家禽产品供应链条，对家禽产品质量安全实现全流程溯源监管，确保食品质量安全。相关试点工作为进一步强化质量安全和促进家禽产业的转型升级做出有益探索，为全省推进家禽生鲜上市工作提供借鉴。

（撰稿：王晓晖　谢剑锋；编辑：刘德敏）

广州银行发行市民社会保障 IC 卡

广州市社会保障（市民）IC 卡（简称社保卡）由广州市政府面向社会公众发放，是个人用于办理社会事务、享受社会保障及其他社会公共服务的电子身份凭证。它整合医保卡、诊疗卡、银行借记卡、住房公积金查询卡（折）、广州图书馆读者证、老年人优待证、老年人乘车优惠卡（含公交、地铁、过江轮渡）、白云山优待年月卡等多种卡（证）功能。截至 2015 年年底，广州市市民申领社保卡数量已超过 1100 万张，覆盖机关事业单位工作人员、企业职工、灵活就业人员、失业人员、离退休人员、学龄前儿童及在校学生，基本实现“人手一卡，一卡多用”。

作为广州市医保服务协议银行之一，广州银行代理发行社保卡。截至 2015 年年底，广州银行累计制发社保卡超过 146 万张。在办理社保卡卡片制发、医保个人账户资金注入、资金划拨、社保卡激活金融账户等业务中，广州银行实现了业务稳健运行，取得了阶段性成果。

服务网点全覆盖。为向广州市民提供便捷的社保卡业务服务，广州银行实现广州市内服务网点全覆盖，并将服务范围延伸到花都、南沙、增城、从化等区。广州银行全市服务网点均为社保卡业务专业服务网点，可受理社保卡业务咨询、卡片挂失重制、换卡、密码修改、激活社保卡金融账户等业务。

拥有专业的服务团队。广州银行医保服务中心由总行营业部直接管理，业务平台设于总行营业部。各区均设有网点作为医保业务服务点，并派驻医保业务专业人员服务参保人群。广州银行医保服务中心及各区服务网点均受理社保卡相关的各项业务。

开展大规模社保卡换发工作。为贯彻落实《人力资源社会保障部、中国人民银行关于社会保障卡加载金融功能的通知》要求，推行社会保障一卡通，逐步更换原医保磁条卡，扩展社保卡应用领域，实现“五险一金”统一通过电子身份凭证进行发放，方便市民享受社会保障待遇和金融服务，广州市开展社保卡大规模换发工作。2013 年初，广州银行成立广州银行社保卡集中发卡中心，正式对外发放面向企业职工的社保卡，加入广州市社保卡大规模换发工作行列。截至2015年年底，广州银行完成换发卡制卡100.76万张。其中，发放89.83万张社保卡，发卡单位达5.9万个单位，同时，成功为66.43万张已换发的企业职工社保卡结转医保账户资金。

承办广州市属公费医疗人员换发社保卡项目。根据广州市政府办公厅《关于市公医享受人员换发社会保障（市民）卡作为就医凭证有关问题的议定事项》《广州市人力资源和社会保障局关于加强广州市公费医疗就医管理有关问题的通知》规定，从2014年7月1月起，广州市属公费医疗享受人员换发社保卡和市属公费医疗证（简称公医证）。广州银行承办该次市属公医享受人员换发就医凭证工作，统一向市属公医享受人员及其家属发放社保卡、公医证、就医指引及社保卡宣传手册。截至2015年年底，完成15.58万张市属公医享受人员社保卡的发放工作。

广州银行代理发行社保卡

（撰稿：郑晓玲；编辑：曾新）

首次“海选”十件民生实事

自2010年以来，广州市委、市政府以每年十件民生实事为重要抓手，持续推进“幸福广州”建设，努力让改革开放及经济社会发展成果惠及广大市民群众。2014年以前，广州市主要采取“部门推荐—协调研究—征求意见—汇总综合”的做法，由各部门结合自身工作职责，围绕市委、市政府重要决策和工作部署遴选出十件民生实事。

2014年7月，市政府办公厅印发《市十件民生实事办理工作程序规范（试行）》，由市发展和改革委员会负责牵头组织2015年市十件民生实事遴选环节的工作，并首次明确采用“海选”的方式产生市十件民生实事，实现民生实事安排由过去的政府“配餐”变为市民“点餐”，力求真正“问需于民、问政于民、问计于民”。8 月初，市发展和改革委员会通过市政府门户网站和广州地区主要媒体发布公告，对社会公众最关注、最迫切需要解决的民生问题进行无导向意见征询，同时发函征求“两代表一委员”（中共党代表、人大代表、政协委员）意见，共收集有效建议 218 条。9 月上旬，市发展和改革委员会发函至市政府相关部门，要求各部门根据自身职责，针对首轮公开征集的意见查漏补缺，补充提出民生实事建议，初步形成 2015 年市十件民生实事安排线索。10 月上旬，为提高决策民主性和科学性，提高民意识别能力，市发展和改革委员会委托第三方专业民调机构广东省省情调查研究中心（简称省情中心）综合前期工作成果，开展第二轮社会公众意见征询。首先，在综合社会公众建议及市有关部门意见基础上，遵循“针对性、普惠性、可行性”原则，梳理出 46 个民生实事安排事项，设计成问卷形式，于 10 月 10 日正式启动为期 10 天的第二轮民意调查，进一步征询公众意见。为了提高公众参与度，此次民意征集充分调动媒体力量，在《广州日报》《南方日报》《南方都市报》《羊城晚报》等省内 11 家主流媒体刊登公告及调查问卷，由广州电视台、广州电台配合宣传；充分利用新媒体优势吸引公众投票，开放广东省情调研网、大洋网、大粤网、广州市政

Guangzhou Daily 追求最出色的新闻 塑造最具公信力媒体

广州日报

2014年10月22日 星期三 农历甲午年 九月廿九 明日霜降

南沙整车进口口岸正式投用

打造华南中南西南整车进出口大通道 预计今年可装卸商品车50万辆

让权力在法治的框架内运行

——我国建设法治政府述评

广州十件民生实事第二轮征选结束 超过5000名市民投票

食品安全医疗养老排前三

将召开专场研讨会形成最终决策报告

食品安全关注度最高

陈建华以普通市民身份投票

呼吁市民今后更积极地参与公共决策

广州 2015 年十件民生实事第二轮征选（广州日报）

府官网等网站作为投票渠道，并通过新型社交媒体微信、微博扩大影响力。此外，对于偏远地区和特殊群体，省情中心还采取亲自登门采访的形式，进一步完善民意调查群体覆盖面。第二轮征选通过所有渠道共收集 5404 份有效问卷。省情中心通过对问卷科学分析，推荐出 15 项民生实事建议供进一步筛选。10 月 30 日，市发展和改革委员会召集各区和市相关职能部门，按照“以民生需求为导向；既尽力而为又量力而行；坚持保基本、兜底线、促公平；量化具体任务、融入全市工作大局”等遴选原则对民意调查结果，特别是省情中心分析推荐的 15 项民生实事进行专题研究。主要围绕民生实事建议的可行性展开，通过进一步甄别筛选和补充，确定会后由相关职能部门对各事项的具体工作内容、预期效果、费用估算、市与区的职责分工、牵头及配合部门等进行细化，最终形成了 15 项 2015 年市民生实事初步安排建议。11 月 30 日，市长陈建华主持召开座谈会，就广州市十件民生实事遴选工作专门听取各方意见，除各相关职能部门外，特意邀请部分社会民意代表建言献策。会议最终决定，为兼顾社会民生各个方面，每个领域应各选取 1 项的原则。12 月 12 日，常务副市长陈如桂主持召开专门协调会，要求各职能部门对初步遴选建议事项进行修改完善，确保可落实。2015 年广州市十件民生实事被列入《政府工作报告》，提交于 2015 年 2 月 2 日召开的广州市第十四届人民代表大会第五次会议审议。

2015 年广州市十件民生实事经“海选”产生，涵盖食品安全、就业保障、公共交通、生活保障、住房保障、公共文化、公共卫生及医疗保障、社会治安、环境问题等主要民生领域，较好地体现了市民最期盼、最迫切的热点民生问题。该次海选是广州市民主决策、科学决策及建立法治政府、透明政府的新尝试，为今后广州市政府部门公共服务能力建设提供了指导方向。

（撰稿：李梅；编辑：曾新）

中东呼吸综合征疫情防控

中东呼吸综合征（MERS）是由中东呼吸综合征冠状病毒（MERS－CoV）感染而引起的病毒性呼吸道疾病，2012 年首次在沙特阿拉伯发现。截至 2015 年 12 月，疫情波及中东地区、亚洲、欧洲、非洲和美洲等 26 个国家。2015 年 5 月 29 日，国家卫生计生委通报惠州市出现首例（韩国）输入性中东呼吸综合征（MERS）确诊病例。5 月 30 日下午，广东省疾控中心电话通知广州市疾控中心：韩国输入广东省惠州市的首例中东呼吸综合征（MERS）确诊病例的5名同航班（5月26日韩亚航空OZ723航班）的密接者在广州居住，要求进行追踪和健康管理。市卫生计生委接到市疾控中心报告后，立即协调指挥各区（县级市）卫生计生局、市第八人民医院、市120医疗急救指挥中心等单位开展疫情防范应对工作。在市卫生计生、公安、旅游等部门的共同努力下，截至5月31日晚，广州市陆续完成了对14名接触者（同航班的密接者在广州市居住实为14人）的追踪、调查和采样送检等工作，并已全部由市120医疗急救中心转运至市八医院进行集中医学观察隔离，经省、市疾控中心检测，上述接触者MERS冠状病毒（MERS－CoV）均为阴性。

6月3日，广东省卫生计生委下发《关于做好中东呼吸综合征（MERS）患者密切接触者健康管理的补充通知》，明确在广州市第八人民医院实施集中医学观察人员均为一般接触者，可由集中医学观察调整为居家医学观察。在市卫生计生委统筹协调下，各区（县级市）卫生计生部门组织救护车运回接触者，实行居家医学观察，并由辖区疾控中心和社区卫生服务中心跟进开展健康跟踪监测工作。

广州迅速开展防范应对工作，立即组织市疾控中心、市120急救医疗指挥中心协同公安、旅游等部门完成接触者的追踪、核实和调查等工作。按照省、市的有关要求，指导市120急救医疗指挥中心和市第八人民医院落实对接触者的转运和医学观察，及时对接触者进行采样、送检排查。广州按照省卫生计生委《关于成立广东省防控中东呼吸综合征（MERS）疫情专家组的通知》的有关要求和广州市统一的工作部署，为做好广州市MERS疫情应对防范工作，成立了广州市中东呼吸综合征（MERS）疫情专家组。专家组组长由唐小平教授担任，下设临床专家组、防控专家组、病原学专家组。

为及时掌握MERS接触者医学观察信息，由市疾控中心利用“广州市突发公共卫生事件联防联控信息管理平台”新增开发MERS防控管理信息模块上线运行，各区（县级市）疾控中心直接通过该平台进行接触者体温监测等信息报送。

市疾控中心于6月4日举办了MERS疫情防治技术培训班，邀请省疾控中心、市第八人民医院等专家对全市二级及以上医疗机构、各级疾控中心和卫生监督部门等500余名相关负责人和业务骨干进行了培训。同时要求各区（县级市）卫生计生局组织临床一线医务人员加强培训，熟练掌握《中东呼吸综合征病例诊疗方案（2014年版）》和《中东呼吸综合征医院感染预防与控制技术指南（2014年版）》。指定市第八人民医院、广州医科大学附属第一医院为定点收治医院。

7月13日，市政府办公厅印发《广州市中东呼吸综合征疫情联防联控工作方案》，成立了市联防联控工作领导小组，由市政府分管副市长担任组长，领导小组办公室设在市卫生计生委。根据统计，广州市的14名一般接触者在集中医学观察和居家医学观察期内均未出现高热等急性感染症状，体格检查未见异常，实验室排查MERS均为阴性。2015年6月8日24时解除医学观察。截至2015年12月31日，共排查中东呼吸综合征可疑病例31人，均排除中东呼吸综合征冠状病毒感染。

（撰稿：陈玫庭；编辑：郑剑锋）

郑益龙、李玉枝当选全国道德模范

全国道德模范是在道德领域授予公民的最高荣誉称号，由中央宣传部、中央文明办、总政治部、全国总工会、共青团中央、全国妇联等6部门共同主办，自2007年起，每两年评选一次，分别表彰在助人为乐、见义勇为、诚实守信、敬业奉献、孝老爱亲等方面做出卓越贡献的模范代表。经过逐级推荐、层层审核、媒体公示等环节，2013年9月26日，郑益龙被评为第四届全国见义勇为类道德模范；2015年10月13日，李玉枝被评为第五届全国孝老爱亲类道德模范。

郑益龙，生于广东潮阳，1997年12月参军，1998年12月加入中国共产党。历任战士、排长、司务长、副中队长、政治指导员、副政治教导员，先后参与“九八”抗击特大洪水、奥运火炬传递安保、深圳大运会安全保卫等重大任务，3次荣立三等功，1次被总队评为“优秀共产党员”，牺牲前为武警广州支队第四大队政治副教导员。2013年3月1日，在珠江岸边，游客陈永标不慎被铁链绊腿掉进珠江，途经此处的郑益龙见此疾速跑过去，一头扎进江中，奋力托起陈永标往岸边游。当时在场市民丢下一个救生圈，郑益龙拿到后，让落水者趴在救生圈上，自己却因体力不支被无情水流冲走。34岁的年轻生命永远定格在珠江两岸。3月4日晚上8时50分左右，郑益龙遗体在其下水救人处往东约500米的江面被找到。3月6日，武警广东省总队追认郑益龙为“烈士”；共青团广东省委员会、广东省青年联合会追授他“广东青年五四奖章”。3月9日，中共广州市委政法委等机关发出《关于向郑益龙烈士学习的倡议书》。3月10日，广州市社会各界2000多人于广州殡仪馆白云厅送别郑益龙遗体。郑益龙英勇无畏、勇于为党和人民牺牲一切的高尚情怀以及心系社会、关爱他人的优秀品德获得社会各界人士的尊敬。

李玉枝是一位军人家属。丈夫麦贤得在1965年“八六”海战中身负重伤坚持战斗，被国防部授予“钢铁战士”“战斗英雄”荣誉称号，李玉枝四十年来用她真挚无私的爱创造了医疗护理史上的奇迹，使丈夫从一个有严重后遗症的一级伤残病人，逐步恢复成健康正常人。“八六”海战中，麦贤得脑部严重受伤，语言表达能力和记忆力几乎全部丧失，并留下严重的外伤性癫痫。组织上为麦贤得向李玉枝抛出了爱的绣球。经过慎重考虑，李玉枝放弃了公社妇联干部的工作，并承诺一定要用自己全部的爱，尽力照顾、护理好老麦，陪伴他一生一世。为了更好地护理麦贤得，李玉枝四处拜医求教，自学各种药理和护理知识，每天记录老麦的情绪和身体变化情况，摸索发病规律，并利用空闲时间自己种菜养鸡，变换花样为老麦提供每天日常所需的营养。护理病人，精神上情绪的护理也是至关重要的。为此，李玉枝为老麦买来笔墨纸砚，让老麦练字、作画；在家里养了很多花卉和金鱼，让老麦照顾和打理，让老麦精神上有所寄托。李玉枝还先后获得多项荣誉和奖励，每次她都毫不犹豫地把奖金捐给了希望工程，并先后多次向残联、贫困地区捐资奉献爱心。

郑益龙、李玉枝的先进事迹展现了中华民族千百年来的传统美德，诠释了人间的大爱真义。这对于弘扬中华民族传统美德和新时代雷锋精神，进一步凝聚社会正能量，增强民族自信心具有重要意义。

（撰稿：区肇君；编辑：陈喆　曾慧娟）

埃博拉出血热疫情防控

埃博拉病毒是一种烈性传染病病毒，致死率高达50%至90%。2014年2月以来，西非地区（几内亚、利比里亚、塞拉利昂、尼日利亚、刚果金、塞内加尔）先后暴发埃博拉出血热疫情。7月31日，国家质检总局、外交部、国家卫生计生委、国家旅游局联合发布《防止非洲埃博拉出血热传入我国的公告》；国家卫生计生委印发《关于做好埃博拉出血热疫情防范和应对准备工作的通知》。8月8日，世界卫生组织宣布埃博拉疫情为“国际突发公共卫生事件”。8月12日，由国家卫生计生委牵头，外交、发展改革、教育、公安、财政、商务、质检等22个部门建立应对埃博拉出血热疫情联防联控工作机制，迅速制定了埃博拉出血热疫情防控应急预案、管理方案以及技术文件30余个。

广州与非洲各国经贸往来和交流联系非常密切，是全国直航和中转非洲航班最多的口岸之一，每月往返非洲的航班约190架次，入出境人员约4.5万人次，广州口岸每天检疫来自非洲疫情发生国家入境人员数量约占全国口岸总量的60%。根据国家和省的要求，广州市委、市政府对埃博拉出血热疫情防范工作高度重视，紧紧围绕"力拒疫情于国门之外，及时发现第一代病例，严密防止第二代病例，坚决杜绝第三代病例"的防控目标，迅速行动，严防死守，于8月29日成立广州市埃博拉出血热疫情防控领导小组，建立联防联控制度，联防办设在广州市卫生计生委，在全市全面有序地开展联防联控工作，制定了《广州市埃博拉出血热应急预案（试行）》。

随着西非五国埃博拉疫情的发展，2014年9月30日、10月6日先后在美国、西班牙出现确诊的本土埃博拉病例，且均与西非疫情有关联。10月11日，广州市卫生计生委组织省、市疾控机构、检验检疫部门、广州相关高校等的公共卫生专家对埃博拉疫情和广交会可能出现输入性病例进行风险评估。10月19日上午，市长陈建华在市政府1号楼306会议室主持召开紧急会议，研究部署广州市埃博拉防控工作。广州市埃博拉出血热疫情防控领导小组升格成立广州市埃博拉疫情防控指挥部，由市长陈建华担任总指挥，副市长贡儿珍担任常务副总指挥，副市长谢晓丹、周亚伟、骆蔚峰担任副总指挥。指挥部下设综合协调、应急追踪、口岸防控和医疗救治4个工作组。启动埃博拉疫情防控Ⅲ级应急响应。市埃博拉疫情防控指挥部成员单位严格按照应急响应的要求，开展各项防控工作。

按照广州市埃博拉疫情防控指挥部的部署，卫生、公安、检验检疫、应急等29个部门分工合作，加强联防联控。全面实行"关口检疫、落地核查、健康监测"防疫制度。一是加强关口检疫，实施落地核查。广州市卫生局派出医务人员进驻白云机场、天河火车东站和南沙港客运站，联合检验检疫、边检、公安、翻译组成5人工作组，共同负责疫区来穗入境人员核查和信息登记等工作。广州出入境检验检疫局推出"3个提前（旅客信息提前、边检查验提前、现场检疫提前）、3个再造（检疫通道再造、隔离区域再造、转运通道再造）、3个集中（人力集中、物力集中、财力集中）"的空港口岸埃博拉疫情防控模式，在航站楼建成国内首个集重点检疫通道、梯级负压隔离排查室、疑似病例转运通道"三位一体"的疫情防控设施。二是开展人员健康管理，实行健康监测。2014年10月23日下午，市埃博拉疫情联防联控指挥部召开会议，决定对来自西非埃博拉疫区新入境人员和未超过21天健康监护期的人员实施健康监测，包括社区随访监测和集中居住监测，由"3人工作小组"具体实施，对每一名疫区来穗人员进行每天2次（早晚各一次）的离开疫区21天的体温测量。集中健康监测选定广州大厦作为居住点，免费集中居住管理，安排医疗卫生、公安、检验检疫人员进驻；社区随访监测由公安、卫生、翻译组成，每天服务到家。做到“人来登记，人在监控，人走撤销”。广州出入境检验检疫局以非洲直航航班为重点查验交通工具；以来自非洲特别是西非地区的入出境人员为重点监测对象，重点做好来自或3周内到过疫情地人员的检疫排查；以发热、头痛、肌痛、结膜充血等为重点监测症状。

2014年10月27日，在市埃博拉疫情联防联控指挥部指挥协调下，参加广交会的宁波代表团在广州大厦预订的210间/晚房间全部退订，腾出二百多间房间作为供疫区来穗人员集中居住用房。同时广州大厦广大员工也冒着可能出现的疫情风险，不顾个人安危，全力支持、配合做好相关工作，确保集中居住监测有序开展。截至2015年9月30日，入住广州大厦的埃博拉疫区来穗人员累计1452人次，从10月1日起西非疫区来穗人员不再实行集中居住监测管理，转入社区进行健康追踪和监测。

启创社会工作发展协会的社工在汶川水磨镇水磨小学（后更名为汶川八一小学）支援震后服务的专业工作

2014年广交会期间，出入境检验检疫、公安、卫生等部门加强埃博拉联防联控，提高疫区来穗人员健康追踪管理力度。在全市防控措施基础上增设2条展馆内置防线对疫区来穗进馆人员进行体温测量，即在展会各安检口和办证处设置测温点；在展会重要通道和重要场所安装体温自动监测仪。在展馆设固定医疗点，医疗点增设发热病人预检观察室，安排三甲医院派出精干医疗队伍进驻场馆。派驻埃博拉定点收治医院负压急救车，便于及时转运和排查。第116、117和118届广交会埃博拉非洲疫区累计进馆488人（其中第116届187人、第117届170人、第118届131人），入馆体温筛查时仅发现1例尼日利亚籍发热人员，经实验室检测排除埃博拉出血热。

2014年11月10日至14日，金伯利进程2014年全体会议（简称金伯利会议）在广州长隆酒店举行，其中部分参会代表来自埃博拉出血热疫情流行的西非等疫区国家。为保障此次会议的顺利举行，一是成立金伯利会议埃博拉出血热疫情防控工作组，由广州市埃博拉疫情防控指挥部直接领导，工作组由市卫生计生委、市公安局、市旅游局、市外办、广州出入境检验检疫局等单位组成。二是制定广州市金伯利会议埃博拉出血热疫情防控应急预案。三是开展会议健康监测。由番禺区卫生局对会议接待酒店（长隆酒店和维也纳国际酒店）分别派出医疗组，由医护人员和疾控中心人员组成，负责每日早午各一次对来自埃博拉疫区国家的人员进行体温监测。会议期间参会疫区国家代表体温监测均未发现异常。

广交会期间，广州出入境检验检疫局加大对出入境人员的排查力度，严密防范疫病疫情传入传出

为做好各项应急准备，加强人员培训与演练，市卫生计生委于 2014 年 8 月 14 日成立市卫生系统应对埃博拉疫情工作领导小组、预防控制专家组、临床救治专家组和病源学专家组。指定广州市第八人民医院、广州医科大学附属第一医院、广东省人民医院、广东省第二人民医院、南方医科大学南方医院、中山大学附属第三医院、广州市妇女儿童医疗中心等 7 所医院为定点收治医院；贮备应急处置物资，建立专用检验室；印发埃博拉出血热病例处置方案、病例就诊指引、医院感染预防与控制技术指引、个人防护指引、标本送检指引等。市

卫生计生委、市应急办、广州出入境检验检疫局联合在市第八人民医院组织开展了埃博拉防控医疗救治和卫生应急处置综合演练。市卫生计生委多次举办各类人员培训班，对全市二级以上医院、疾病预防控制机构、卫生监督机构和各联防联控部门实行全员埃博拉出血热防治知识培训。市卫生计生委组织专家深入基层单位开展培训，对基层医护人员和疾控机构技术人员进行系统培训，派出专家到公安、街道、海关、宾馆、学校等单位开展埃博拉防控知识培训。

全市各医疗卫生机构对输入性病例高度戒备，做好物资、人员等准备工作，实行 24 小时应急备勤。各区（县级市）均设置病例密切接触者医学隔离观察场所，发现疑似病例即时启动医学隔离观察。加强应急物资储备，启动采购了一批埃博拉应急防护、消杀物资、实验室检验检测技术储备、负压担架、正压头盔、A 级转运标本箱、防护服等疫情防控急需物资。加大力度支持市第八人民医院临床应用 P3 实验室建设、病房改造，完善负压病房等基础设施。

广州还设立市埃博拉疫情防控工作新闻发言人，开展宣传报道。编印中、英、法三种文字的预防埃博拉出血热宣传折页及大型海报共 18 万份，在白云机场、广交会、酒店旅馆等相关涉外单位派发，在广交会会场入口等重要位置张贴预防埃博拉宣传海报，引导来自疫区的客商做好自我健康监测；编印埃博拉出血热媒体监测专题报道（5 期）发布到公众平台；在市疾控中心网站上开辟专题宣传栏，通过卫生热线 12320 向群众提供埃博拉相关资讯。实行防控信息每日一报，每日将防控情况报省卫生计生委、市埃防办和联防联控各有关成员单位，切实做好统筹疫情防控信息的收集、整理和分析，实现信息共享。

截至 2015 年 12 月 29 日，广州出入境检验检疫局已检疫排查持疫情国护照和来自疫情国的入境人员 19195 人，其中转运移交广州市医疗部门来自疫情国留观病例 34 人，均排除埃博拉病毒病可能。根据广州的埃博拉健康监测情况，自 2014 年 8 月 23 日至 2015 年 12 月 31 日（按入境时间计算），累计登记埃博拉疫区来穗（归国）人员 12623 人，其中入住广州大厦 1452 人。根据埃博拉相关病例排查情况，截至 2015 年 12 月 31 日，广州市累计隔离留观排查人员 53 名，均排除埃博拉出血热感染，未发现疑似病例和确诊病例。

2015 年 12 月 29 日，世界卫生组织宣布，几内亚埃博拉出血热疫情结束；12 月 30 日，中国疾病预防控制中心宣布，此次西非埃博拉出血热疫情涉及的疫区国家全部从疫区名单中去除。广东省防控工作转入常态管理。

（供稿：广州出入境检验检疫局；撰稿：陈玫庭；编辑：郑剑锋　曾新）

登革热疫情防控

由于地处亚热带，天气适合登革热媒介滋生，且作为华南地区的经济中心，与登革热流行的东南亚地区交流频繁，广州基本上每年都会有登革热输入病例，并由输入病例引起本地感染病例。2013 年、2014 年连续出现大规模疫情，其中 2014 年报告病例数超过 3.7 万，是 1978 年至 2013 年累计病例数的 2.4 倍。

2014 年疫情发生后，9 月 19 日，广州市启动突发公共卫生事件应急三级响应，建立联席会议制度，组织各区（县级市）政府，各级相关职能部门投入防控工作。9 月 30 日，市政府成立由市长陈建华任总指挥、副市长任副总指挥的市登革热疫情防控指挥部，各级职能部门履行职责，各区（县级市）和街镇积极落实属地责任，加大人力、物力投入，形成强大的防蚊灭蚊防控登革热工作合力。一是坚持科学防控，强化监测研判指导，坚持群众运动与专业队伍相结合原则，开展防蚊灭蚊行动。根据疫情发展不断增加监测网点和频次，实施每日疫情通报。全市指定 80 多家二级以上医院为定点收治医院，按照早诊断、早报告、早治疗、早隔离、早处理原则开展救治和管理，规范重症病例会诊、转诊、专家派出流程，有效降低了病死率。全市住院病例 14055 例（其中重症 308 例），治愈出院率 99.9%，仅死亡 5 例，医疗救治效果达到世界先进水平。二是加强督导、落实责任。启动各级政府问责机制，建立层级挂点督办制度，各级领导深入一线、靠前指挥，督导覆盖到每一个社区（村）。三是广泛宣传，科学教育。加强信息通报，每日编制简报通报疫情及蚊媒监测数据，增加防控工作透明度。

广州全市动员，开展以灭蚊为重点的孳生地清理，落实“防、管、治”综合性防控措施，取得了这场市民健康保卫战的胜利。

（撰稿：许鑫；编辑：郑剑锋）

举办第五届广州市残疾人职业技能竞赛

广州市高度重视残疾人就业和技能培训工作。2006 年 8 月，市人力资源和社会保障局与市残疾人联合会联合举办第三届广州市残疾人职业技能竞赛，205

名技能型残疾选手参赛。2010 年 8 月 6 日，又联合举办第四届广州市残疾人职业技能竞赛，比赛在广州市就业训练中心、广州市秀丽服装学院、广州金银首饰有限公司等地举行，175 名技能型残疾人参加。为贯彻落实国家技能人才培养的精神，加快广州市残疾人技能人才队伍建设，鼓励社会培育更多的高技能人才，2014 年 9 月 20 日至 21 日，市人力资源和社会保障局、市残联在广州市工贸技师学院联合主办第五届广州市残疾人职业技能竞赛。

第五届职业技能竞赛内容包括网络编辑、计算机操作、CAD 制图、FLASH 动画制作、服装制作、摄影、水彩绘画、剪纸、盲人保健按摩、蛋糕装饰、插花等 12 个项目。165 名技能型残疾人在比赛中进行激烈角逐，最后评出获奖选手 24 名，其中第一名 12 人、第二名 9 人、第三名 3 人。经市人力资源社会保障局审核后，颁发相应竞赛项目的高级职业资格证书，并授予“广州市技术能手”称号，符合条件的申请晋升为技师。

第五届广州市残疾人职业技能竞赛闭幕式

第五届广州市残疾人职业技能竞赛参赛选手的残疾类别不同、残疾等级各异，选手中既有双鬓斑白的老人，也有年方弱冠的年轻人。通过此次竞赛，发掘出了一批优秀的残疾人技能人才。如番禺区代表队参加插花比赛的张小敏，是一个肢体残疾人，一场意外导致她失去了右手。但她自立自强，不向命运低头，从事义工志愿服务长达 16 年。张小敏以前参加过服装剪裁项目的比赛，参加插花比赛是第一次。与其他有健全双手的选手相比，张小敏显得略有劣势，但她心态非常好，“我从未奢望拿奖，能够超越自己才是最重要的。”得知获得比赛第一名，张小敏显得很高兴，“残疾人并不是残废人，只要愿意尝试一定能成功。”剪纸比赛第一名获得者刘七妹，年近 50 岁，肢体一级残疾，行动不便出行需要轮椅。因从小喜欢剪纸，报名参加了比赛。她的比赛作品《福前和谐中国梦》以天安门为中心，将五角星、绣花鞋、和平鸽蝴蝶等构思搭配在一起，造型玲珑剔透，获得观赛者的赞叹。

第五届残疾人职业技能竞赛充分展示了残疾人“能工巧匠”的精湛技艺，宣传了残疾人自强不息的精神，激发了残疾人学习新技术、新知识的热情；同时，进一步深化了社会对残疾人就业能力、就业愿望的认识和理解，有力营造了关注、支持残疾人职业培训和就业工作的良好社会氛围。

（供稿：市残联；编辑：李玉平）

提前完成保障房筹建和住房保障任务

1986年广州市住房保障工作起步，至2014年12月31日，广州市累计开工建设和筹集保障性住房24.74万套，总建筑面积超过1800万平方米，提前完成保障房筹建和住房保障任务。其中，公共租赁住房（含廉租住房）13.34万套，经济适用住房5.92万套，限价房1.04万套，各类棚户区改造住房（拆迁安置房）4.44万套。通过实物保障和租赁补贴两种方式，累计解决12.5万余户低收入家庭住房困难问题。

保障性安居工程建设居全省之首。自2009年国家、省下达住房保障年度目标责任书以来，广州市承担广东省保障性安居工程建设任务总量的1/4左右，居全省之首。2011年至2014年，广州市共筹集保障性住房170142套（含租赁补贴5008户）。2015年，广东省与广州市签订《2015年住房保障工作目标责任书》，截至6月底，广州市共筹集保障性住房9972套，基本建成保障性住房13640套。

广州市全国首创保障性住房用地单独储备。2009年至2015年，广州市共储备保障性住房用地70余宗，总用地面积超过7平方千米，近3平方千米土地已储备成熟用于建设。2011年起，广州市将土地出让净收益提取比例从国家规定的10%提高到13%。同时加强与金融机构的合作，2012年与国家开发银行签订《开发性金融合作协议》，有效保障未来若干年保障性住房建设融资需求。2013年起，将直管公房租金收入用于保障性住房建设。“十二五”以来，广州市财政筹集住房保障资金共166亿元，为大规模保障性住房建设提供资金保障。

广州市保障房筹建和住房保障主要有四种建设模式：一是市、区政府建设。

市主要负责建设面向户籍低收入住房困难家庭公共租赁住房；各区（县级市）主要负责建设拆迁安置房和来穗人员公共租赁住房。截至2014年年底，广州市在建保障性住房项目近90个、12万余套、超过900万平方米，建设规模居广东省之首。二是社会力量集中建设。鼓励民间资本、用人单位、集体经济组织在企业集中的区建设宿舍型公租房，解决该区来穗务工人员住房问题。三是在普通商品住宅项目中配建。自2011年起，实施“限地价、竞配建”土地出让方式，即对公开出让的商品住宅用地设定最高限制地价，当竞买人报价超出最高限制地价以后，竞价转为竞配建保障性住房的建筑面积，报出配建面积最大者为竞得人。2011年至2014年全市共有23宗住宅用地通过“限地价、竞配建”方式出让，共配建保障性住房面积86.05万平方米，共16233套。四是高校、科研机构等利用自有用地、自有资金建设。鼓励企事业单位建设筹集公共租赁住房，解决“夹心阶层”特定群体住房问题。纳入广州市2011—2015年保障性住房建设计划或预备计划的高校教师公租房项目共15个、8700套，其中4个项目、1725套已开工建设。

广州保障房筹建和住房保障建设管理推行标准化设计、精细化管理和创新信息化监控。2011年印发实施《广州市保障性住房工程建设技术指引（暂行）》，2013年在国家相应规范及标准的基础上，细化完善适合保障性住房的技术标准和措施要求，统一保障性住房的建筑风格、标准层结构、标准户型和装修标准，统一材料和设备选型。同年编制《广州市保障性住房标准户型图集》，根据不同保障对象的基本生活需求，设计从单间到三房一厅不同类型总共12种户型。编制通用设计标准大样、绿色建筑设计标准和配套设施配置标准。开展精细化管理，参建各方签订量化目标管理承诺书；在样板引路基础上，开展施工质量实测实量，科学检验各项质量达标情况；开展三级督查考评和日常督查，查找问题，开展评比奖优罚劣；严格质量验收，邀请小业主代表全程参与分户验收及质量验收；实行工程质量终身责任制，各方责任主体签订承诺书，建立质量终身责任人档案，强化各方质量意识。创新信息化监控，开发运行广州市保障性安居工程综合督查监管平台，综合利用数据仓库、数字测控、RFID芯片技术、物联网等现代信息技术，全程监控施工质量和现场安全状况，实时监管各责任主体行为，确保工程质量和工地安全，各年度未发生重大工程质量及安全生产责任事故。

金沙洲花园是广州市大型保障性住房社区之一，2006年12月开工建设，2008年1月竣工交付使用，总占地面积约34万平方米，总建筑面积约49万平方米，包括廉租住房、经济适用住房和市政重点工程拆迁安置住房三类。截至

2015年6月，小区分配公租房3466套（入住3414户），出售经济适用住房1672套（入住1582户），安排市政重点工程拆迁安置新社区用房734套。龙归花园保障性住房项目由广州市财政投资、市住房保障办建设，2011年1月11日举行开工仪式。2013年6月，限价房（拆迁安置房）交付钥匙；10月公共租赁住房基本建成。2014年8月，经济适用住房交楼；2015年2月，项目全面竣工。项目总用地面积34.6万平方米，总建筑面积108万平方米，其中住宅建筑面积75万平方米，建设32栋保障房约1.25万套（其中公共租赁房14栋7027套，经济适用房4栋1736套，限价房14栋共3737套），居住人口约3.5万人。龙归花园保障性住房项目设有国内首个保障房小区立体式交通枢纽，首层架空层设立公交首末站，二层通过风雨连廊连接住户单元，人车分流，安全便捷。

广州保障房金沙洲花园

（供稿：市国土资源和规划委员会；撰稿：郭薇薇；编辑：陈晓青　赖剑颖）

开展社会组织公益创投活动

2014年，广州在全市社会组织中开展广州市首届社会组织公益创投活动，让广大社会组织、爱心企业、爱心人士做社会最需要、自己最想做的公益，让社会组织在创投实践中提升能力、展现形象、激发活力，营造“羊城公益大家做”的浓厚氛围。

为规范创投行为，市民政局制定《广州市社会组织公益创投管理办法》，以政府规章的形式对资助范围、资助标准（比例）、主办单位、承办单位、创投主体、项目征集、项目评审、项目实施、项目监管等重要事项作出明确规定。制定《广州市首届社会组织公益创投活动实施方案》，强化组织领导，明确责任分工，落实保障措施，确保活动有序开展。制定《广州市社会组织公益创投项目评分标准》，从定位公益性、需求广泛性、方法创新性、项目示范性、机构专业性五个方面，细化、量化评分指标，增强评审的针对性、操作性。建立

《广州市社会组织公益创投评审专家库》，从社会组织领域专家、财务管理专业人士、法律专业人士、公益社会组织代表、群团组织代表、基层一线从事社会服务的代表、相关界别的人大代表和政协委员七个类型中遴选评审专家，且每个类型不少于4人，保证评审的合理性、公正性。比选确定招标代理机构，认真制定招标文书，依法依规做好招投标工作，挑选资质好、声誉好、实力强、经验足的单位作为该届社会组织公益创投的承办单位，着力提高承办质量。

在建章立制的同时，市民政局广泛发动，扩大征集效果，及时印发《广州市民政局关于开展首届社会组织公益创投活动的通知》，邀请广州地区各大媒体参加广州市首届社会组织公益创投活动新闻发布会，全方位报道广州市首届社会组织公益创投活动相关情况，扩大社会影响。设计广州市首届社会组织公益创投活动标识，建立广州市社会组织公益创投服务平台，加强申报指导，畅通申报渠道，扩大征集效果。培训社会组织公益创投宣传骨干，深入全市12个区（县级市）开展首届社会组织公益创投宣传推介活动。通过市区两级民政部门的深入发动，全市各社会参与的积极性空前高涨。在1个月的有限征集时间内，共征集创投项目238个，累计申报资助资金和社会配套资金双双突破了5000万元。

为公正公平确定创投项目，市民政局召开广州市首届社会组织公益创投项目评审工作会议，确定“依靠专家、发扬民主、统筹兼顾、公开透明、择优确认”的评审原则；确定评审专家应当在局纪检部门的监督下由承办单位在“广州市社会组织公益创投专家库”中抽签确认的产生办法；确定了评审工作应当有人大代表、政协委员、纪检代表、社会组织代表、媒体代表现场监督的超常措施。会后，在市民政局的组织下，承办单位严格落实会议要求，组成7人评审专家组和5人评审监督组，按照专家独立评分、承办单位汇总统计、主办单位复核确认、监督代表签字证明的程序，对照《广州市社会组织公益创投项目评分标准》，对238个创投项目逐一进行封闭式独立评审。按1500万元的资助标准和项目得分排名先后，依次确定100个入选项目。按不少于20%的比例对22个入选项目进行实地抽查，核实承办资质、配套资金等有关情况。主动向社会公示拟确认的创投项目及创投单位名单，接受公众监督。公示结束后，择优确定100个公益创投项目，涵盖救助、帮困、为老、助残、青少年服务、异地务工人员及其子女关爱等服务领域。其中，为老服务类13个、助残服务类27个、青少年服务类20个、救助帮困类17个、其他公益类23个。活动受益人群多，据汇总统计，直接受益对象达415319人，其中为老类34149人，助残类24408人，青少年服务类88857人，救助帮困类8501人，其他公益类259404

人；间接受益人1305367人，合计受益人数1720686人。

市民政局不定期深入各创投单位了解创投情况，协调解决创投困难，并重视中期评估。指导承办单位制定好《广州市首届社会组织公益创投中期评估方案》，拉网式对100个创投项目展开中期评估，全面摸清创投进度、创投效果、存在问题；召开中期评审工作情况分析会，充分听取承办单位、评审专家的意见和建议，研究制定推进落实措施；召开创投主体负责人会议，及时通报中期评估情况，明确后续工作重点及注意事项；严肃创投纪律，责令15家创投主体加快创投进度，签订二期拨款承诺书，严把创投进度关。100个创投项目有95个项目如期通过终期评估、达到合格以上，4个项目待整改，1个项目不合格。达到合格以上的项目中，优秀率为36%，良好率为81%。

（供稿：市民政局；编辑：张丽蓉）

政府购买社工服务模式基本成型

自2007年来，广州市开始探索政府购买社工服务模式。"十二五"期间，广州在政府购买社工服务方式、项目形式、财政资金投入规模、服务评估监测等方面取得较大进展，服务模式基本成型。

2007年，广州市开始学习香港和新加坡"家庭综合服务中心"先进经验，开展政府购买社会工作服务的探索与实践，总体上经历了试点探索、逐步推广和规范发展的历程。广州市政府购买社会工作服务坚持合理规划、优化设置的原则，实施综合性和专项性的两种项目化购买方式，财政资金年投入保持在3.3亿元左右。从2011年起，按照每个家庭综合服务中心每年200万元的标准，在全市逐步推进家庭综合服务中心建设，并在家庭综合服务中心之外设立专项个案服务项目，进一步拓展政府购买社会工作服务的平台。全市共建立172个街（镇）和社区级家庭综合服务中心，另外设立14个社会工作专项服务项目。

广州市主要采取政府购买社会工作服务、政府资助社会工作发展两种方式，支持社会工作发展。自2010年起，广州市财政支持社会工作发展资金纳入市、区两级财政年度预算，并根据发展需要逐步加大财政投入。2008年至2014年共投入财政资金11亿元，投入规模居全国首位。同时，坚持增加财政支持与整合现有资源、鼓励社会筹措相结合的原则，引导社会力量筹资、鼓励社会捐赠用于开展社会工作服务。

为加强对社会工作服务的管理，广州引入第三方评估，利用第三方机构独立性和专业性优势，对承接政府购买社工服务的合同履行、机构运作规范、财务状况以及社区居民评价等进行综合绩效评估；开通了社工服务网，建立政府购买社会工作服务信息公开发布平台，形成内部监督、评估监督、财政监督、审计监督以及社会监督相结合的监督体系。规范工作程序，严格资金监管，提高资金效益。

广州通过政府购买社会工作服务模式已基本成型，形成以家庭综合服务为基础、其他专项服务齐头并进的社会工作服务发展体系。社会工作服务内容覆盖家庭服务、长者服务、青少年服务、社区矫正、医务社会工作服务、残障康复、移居人士服务、农村社工服务、异地务工人员服务、民族融合服务等多个领域。全市街道家庭综合服务实现100%覆盖，2014年全市家庭综合服务中心共服务160万人次，14个专项服务项目共服务约10万人次。2008年全市只有9家民办社会服务机构，2014年已有民办社会工作服务机构267家、社会工作行业组织8家。承接政府购买社会工作服务项目的86家民办社会工作服务机构中，具有高校背景的占22%、企业背景的占58%、志愿者组织转型的占7%、其他背景的占13%。建立了政府购买社会工作服务项目与机关事业单位、居委会、社区服务站、社区社会组织之间的服务双向转介机制。截至2014年年底，全市共有持证社会工作者8542人，数量居全国首位。通过政府购买社会工作服务，共为社会服务领域提供了约3800个就业岗位，其中，社会工作专业岗位约2500个。一大批具备专业知识和技能的社会工作者活跃在城乡社区社会服务的第一线，用实际行动传播着社会公平与正义的“正能量”。

2014年，广州社会工作者开展社区工作服务超100万人次，解决1万多个社区问题。广州社会工作者介入5·12汶川大地震、9·21茂名洪灾、4·20雅安地震、云南鲁甸地震、广州建业大厦火灾、广州7·15公交车爆炸事件及婴儿岛处置等10余件大型社会突发事件及自然灾害，为受害群众开展情绪疏导、信息传递、资源链接、社区服务等专业支援工作。广州市通过发挥社工义工联动优势，广州义务工作者联合会与156个街道家庭综合服务中心建立合作关系，发展注册社区义工65万人，社区义工队伍超过2000支，参与社区服务的义工超过300万人次。

（供稿：市民政局；编辑：张丽蓉）

广州荣获"中国城市公益慈善指数七星级城市"称号

广州市委、市政府一直以来重视发展慈善事业。"十二五"期间，通过激发慈善民间活力、完善监管体系、推动大众参与等方式，进一步促进了广州慈善事业的发展。2014 年，广州市由此被评为最高级别的"七星级"慈善城市，其中政府支持、慈善文化两项单项指数分别排名全国第二和第三。

自 2007 年以来，广州市各级政府累计投入购买民办社工机构服务 7.7 亿元，各级福利彩票公益金累计资助社会福利和公益慈善事业 16.55 亿元。建成社会组织培育孵化基地 30 个，一大批慈善组织免费入驻，并获全方位能力提升支持。建立广州公益慈善书院、广州社会组织研究院，举办慈善思想峰会和社会组织讲坛，开展社区慈善人才培养，优化慈善生态圈，推动慈善事业创新发展。2012 年 5 月 1 日，颁布实施全国首部省会城市规范慈善募捐的地方性法规《广州市募捐条例》。《广州市募捐条例》打破慈善募捐垄断，放开慈善组织公募权，除红十字会、慈善会和公募基金会外，民间公益性社会团体、民办非企业单位均可依法公开募捐，有效激发社会参与慈善事业的热情和活力；强化募捐备案许可管理，解决长期以来募捐主体、管理主体和募捐规范模糊甚至空白等问题；有效预防和遏制募捐行为不规范、募捐资金透明度不高、募捐成本高和超募假捐乱用等现象。《广州市募捐条例》实施以来，已有 139 家社会组织依法申请募捐许可或备案共计 2356 个慈善项目，慈善募捐活动更加规范有序。

广州被评为"七星级"慈善城市

2013 年以来，连续举办广州市慈善项目推介会，按照"政府搭台、慈善组织运作、社会参与"的理念运作，鼓励慈善组织自主参与，以项目找资金，通过推介会平台，发动社会各界积极认捐慈善项目。三届推介会共对接慈善项目 1300 多个，筹集项目资金逾 12 亿元，资金与项目对接，不仅激发了捐赠人捐赠热情，也确保慈善资金真正落实到慈善项目，让慈善更贴近群众、惠及民生。广州逐年加大政府购买服务力度，设立扶持社会组织发展基金和慈善组织助长专项基金，开展社会组织公益创投，实施幸福社区公益项目资助计划，举办公益慈善项目大赛，发掘最接地气、最具实效、最具创新的优质慈善项目。

2013 年 6 月，成立全国首个地区性独立第三方慈善组织社会专业监督机构——广州市慈善组织社会监督委员会（简称市慈监委），对广州地区慈善组织的募捐活动、慈善资金使用管理、承接政府购买服务以及信息公开等方面进行独立监督。市慈监委成立以来先后对 11 个慈善组织进行专项监督，发布独立监督报告，推动慈善组织规范运作。2014 年 6 月，发布全国第一个官方制定的慈善募捐透明度指标体系，已有 135 家慈善类社会组织参与募捐透明度评价活动，其中评价结果 100 分以上的组织有 121 家，占 89.63%。在全省率先成立广州市公益慈善联合会，推动行业自治。

为让慈善日益融入社区，走进公众日常生活，举办广州市自行车慈善行、2014 广州马拉松“慈善方阵为爱奔跑”，打造广马公益慈善平台。2015 年 1 月 1 日，在全国地级以上城市率先以政府规章形式制定出台《广州社会组织管理办法》，规范健全登记管理机制，加大公益类社会组织培育扶持力度，积极发展和壮大民间慈善组织力量，保障民间慈善事业健康有序发展。2015 年，在全国率先制定慈善类社会组织评估指标体系，全面开展第三方慈善类社会组织评估专项工作，经过单位自评、专家初评和评委终评三个阶段，广州市慈善会、广州市义工联等 14 家慈善类社会组织获得 3A 级以上评估等级，树立了慈善类社会组织的先进典型，带动慈善类社会组织的规范化建设。

经过多年的改革发展，特别是近年来政府的强力推动，广州基本形成了民间化、市场化、社会化、专业化、透明化的慈善事业发展道路，进一步确立了慈善回归民间的发展理念，明晰了政社协同的治理路径，慈善组织不断增多，慈善资源有效配置不断强化，慈善监督体系不断完善，人人慈善理念普遍为公众认可，慈善公信力明显提升。

（供稿：市民政局；编辑：张丽蓉）

建立统一城乡居民的基本养老保险制度

广州市自2006年从解决当时最为迫切的"农转居"人员养老保险入手，逐步推进覆盖城乡全体居民养老保险的体系建设工作。2008年、2010年分别出台城镇老年居民养老保险制度和新农保办法，2012年整合城镇老年居民养老保险制度和新农保，出台《广州市城乡居民社会养老保险试行办法》（简称《试行办法》），养老保险覆盖全市户籍城乡居民。2014年，为贯彻国家、省城乡居民基本养老保险政策，进一步修订完善《试行办法》，出台《广州市城乡居民基本养老保险实施办法》，建立健全广州市城乡居民保缴费激励制度和基础养老金正常调整机制。

《广州市城乡居民基本养老保险实施办法》在延续《试行办法》基本政策框架的基础上，重点加大了惠民政策力度，体现在：（1）创新缴费激励机制。放开政府补贴年限的限制，政府补贴可超过15年，最高可达每人21600元，参保人可根据个人经济状况，选择合适的缴费档次，缴费满15年后继续缴费，既可充分享受政府补贴，又进一步提高养老金水平。（2）建立基础养老金正常调整机制。根据食品类居民消费价格指数、城市居民家庭人均可支配收入和企业退休人员基本养老金的增长情况，对基础养老金进行调整。（3）加大扶助贫困群体力度。对于贫困群体，在申请社会救济或计算最低生活保障补助金额时，按第一档缴费对应的养老金不计入家庭收入。（4）增加参保人的权益。参保人死亡或出国（境）定居终止养老保险关系的，个人账户储存额（或余额）连同政府补贴都支付给法定继承人。（5）提高丧葬抚恤费待遇。丧葬抚恤费标准从2600元提高至3000元。

广州市政府高度重视解决民生问题，无论是在开展农村社会养老保险探索还是统筹城乡社会养老保险工作方面，均走在全省前列。新办法实施较大地提高了城乡居民参保意愿，截至2014年12月，全市共有123万城乡居民参加了养老保险，参保率达99%，实现了统筹城乡全体居民社会养老保险制度从"制度全覆盖"迈向"参保对象全覆盖"的目标；有效地保障了城乡老年居民的基本生活，全市共40万城乡居民享受养老金待遇，平均养老金589元/月。

（供稿：市人社局；编辑：曾新）

参与亚航 QZ8501 失事客机搜寻工作

2014 年 12 月 28 日北京时间早上 5 时 35 分，从印尼泗水朱安达国际机场起飞，按计划应于 8 时 30 分抵达新加坡樟宜国际机场的亚航 QZ8501 于 6 时 17 分与印尼空中交通控制中心失去联系。美国、俄罗斯、马来西亚、新加坡等国先后派遣相关搜寻力量前往事发水域参与搜寻工作。2015 年 1 月 5 日，接交通运输部指令，“南海救 101” 轮奔赴印尼参加搜寻行动。1 月 10 日凌晨，抵达现场开展搜寻工作，17 日结束搜寻返航。

进入搜寻区域前，“南海救 101” 轮工作人员因地制宜地改造制作安装设备所需的各种零部件，如为旁侧声纳、多波束、超短基线等设备制作安装材料等，制作收放潜水员下水吊篮、遗体存放架、遗体打捞担架、工作区划分警示牌等相关工具。抵达搜寻区域前完成各设备的调试工作，并进行打捞作业演练。根据作业性质和现场水深水文情况，搜寻任务配备了国际上同步先进水平的完整的设备系统，包括旁扫声呐扫海设备 2 套、多波束水深测量扫测设备 2 套、超短基线水下定位设备 2 套、DGPS 定位设备 3 套（含厘米级星站差分设备 1 套）、光纤罗经及姿态传感器 2 套。还携带了相关的潜水装备、黑匣子信标探测仪等设备。

搜寻工作开展前，由于“南海救 101” 轮未配备过旁侧声纳等搜寻设备，

2015 年 1 月 6 日，“南海救 101” 轮为搜救亚航 QZ8501 失事客机连夜准备搜救物资

船上没有配套的安装零件。天科院设备到船后，现场指挥组立即召开会议专项研究讨论设备安装事宜，在抵达搜寻任务区域前加装完成。扫测工作期间，由于旁侧声纳扫测工作对船舶操纵精度要求较高，连续24小时不间断进行扫测作业，对驾驶员的船舶操纵能力、夜航能力都提出了较高的标准。全体船员不辱使命，不仅全部达到了扫测精度标准，更是将偏差控制在±5米以内。疑似物排查期间，潜水员顶住了在陌生水域下水的压力，出色地完成了国外陌生水域的水下探摸工作，最大下潜深度32米。

在亚航QZ8501失事客机搜寻任务中，"南海救101"轮累计航程3889.1海里，水面搜寻里程747.6海里，水面搜寻面积10256.1平方千米。经过日夜不间断搜寻，使用旁侧声纳扫测了161.3平方千米，发现并排查水下疑似物16处。其中潜水员下水探摸、使用水下录像装置探查排查10处，数据分析排除5处，发现一处重大疑似点（1个长3米、宽2米、高1米的物体和1个长9米、宽1.8米、高1.2米的物体，两个物体相距3—4米），并报告印尼方。同时在中国驻印尼使馆的帮助下，与现场的3位中国民航专家取得联系，在指定位置进行了黑匣子信标探测工作，累计探测30个疑似点，探测面积950平方千米，其中监听到一次疑似信号，后经反复核实未再出现该信号。

（供稿：海事救助局；编辑：刘德敏）

打造便民信息服务平台"广州通"

广州联通积极响应"互联网+"战略，联合广州市工信委、市民政局、市城管委、市公安局、市体育局等委办局共同打造"广州通"信息惠民公共服务平台，促进政府服务快速转型。2015年4月17日，广州联通携手广州市政府举办打造便民信息服务"广州通"平台发布会。"广州通"汇聚政府可在手机上实现的大部分便民政务项目和本地生活服务资源，集合政府便民、车主服务、交通出行、医疗健康、本地生活五大模块和婚姻预约、车主服务、预约挂号、客运购票和菜篮子等27个功能项，2015年年底实现48项，为市民提供全面的一站式便民服务。

"广州通"政府便民模块涵盖场馆预订、出入境、户政排队、结婚预约等8个功能项。通过该服务模块，用户能够获取及时且权威的官方信息，还可对相关政府事务进行在线查询、预约和办理。在车主服务模块中，用户可以享受违章办理、车船税办理、年票办理、一键办理、驾驶证查询、年审预约7个功能项。而作为政府提供服务的统一门户，“广州通”的交通出行模块包括：“客运购票”“公交换乘”“火车查询”“广州地铁”4个功能项，为广大市民以及初来广州的人们提供帮助。医疗健康模块包括预约挂号、每日健康等功能，是用户值得信赖的健康管家。最贴近市民的本地生活模块则有电影订座、全城租房、家政服务、企业招聘、手机营业厅等7个功能项，为广州市居民提供衣食住行游购娱全面配套服务。广州联通和广东新供销天润农产品有限公司共同推出“菜篮子”功能，精选粮油商品，粮食安全更有保障，让市民吃上放心菜，而且还比市场价更优惠，选购商品超过一定价格还可以免费送货上门。

发布会上，广州联通还展示“广州通”各项行业信息化应用成果，包括：“广东通”“行讯通”“警民通”“消防网格”“远程医疗”“沃云”等十多项演示产品。该平台自2015年4月上线以来，总下载量已经超过1000000人次，日服务人次达到10000人次。

“广州通”为市民提供更加全方位和一站式的生活指引，带来更便捷的生活方式。2015年9月19日，在羊城晚报报业集团组织的“2015中国（广州）智慧城市大会”活动上，“广州通”APP荣获“广东智慧城市十大项目范本”称号。

（撰稿：王永金；编辑：刘德敏）

三元里社区大学挂牌成立

广州市白云区三元里村是中国著名的历史文化名村，也是一个典型的城中村。全村常住户籍人口约3.6万人，外来流动人口约5.8万人，其中工商小业主1.5万人，主要从事化妆品、皮具、印刷业三大产业。由于城乡二元体制等因素制约，城中村在城镇化过程中，常常出现外来农民工在就业、教育培训、城市融入等方面存在诸多困难，而原居民从农民到市民的转型中也出现诸多不适等问题。

为创新城中村社区治理新路径，三元里街道办事处、三元里村和广州市法泽城市与公益研究中心决定合作创办三元里社区大学，为城中村的户籍居民和外来工提供教育，培育社区公共参与意识，积极参与社区建设。2015年6月15日，三元里社区大学揭牌仪式和开学典礼在三元里村同步举行。三元里社区大学为全国首家植根于城中村的社区大学，是广州市城乡基层社会协同治理特色

2015 年 6 月 15 日，国内首家社区大学——三元里社区大学开课

平台创建试点。街道、村、社会组织三方联手办学，以发挥各方优势、实现资源的最佳整合。其中，校长由三元里村经济联社董事长、党委书记担任，荣誉校长由三元里街党工委副书记担任。充分发挥社会组织在基层社会治理的中坚作用，保障社区大学的教学质量和专业化水平。

三元里社区大学课程设置主要为原居民和外来工量身定制。如针对暑期千名来穗务工子女无去处的问题，专门开办流动儿童早教培训、留守儿童亲子教育培训；针对外来工二代就业前如何融入社会的问题，开办流动青少年就业准备培训、青年创业培训；开办外来工社区融入培训、市民素质培训、社区经营能力建设培训；针对基层政府和居民迫切需要改善城中村卫生环境脏乱差的问题，开设了环境教育培训和社区微治理等。

社区大学师资队伍主要由三部分组成：法泽专家库的来自全国各地的知名学者、专家、企业家；社区骨干、精英以及志愿者；广州市法泽城市与公益研究中心的专家和老师。社区大学实行全部免费教学，部分课程安排在晚上和周末。

社区大学项目已获第二届社会组织公益创投资金 30 万元以及政府、企业、基金会各界投入的 100 万元资金支持。三元里街道办事处、三元里村和广州市法泽城市与公益研究中心希望通过创办社区大学，发挥试点作用，探索出政府、社会组织以及社区居民协同共治的基层治理创新模式，并复制到其他城中村。

（撰稿：林洽渠；编辑：王娜）

2015年粤港澳三地海上联合搜救演习

2015年10月27日，以“携手海上应急，共建平安珠江”为主题的2015年粤港澳三地海上联合搜救演习在广州港水域举办。演习由广东省海上搜救中心、香港海上救援协调中心、澳门海事及水务局主办，广州市海上搜救中心承办，是粤港澳三地首次实施海上立体搜救演习。来自粤港澳三地的海事、救助、部队、海警、公安、卫生以及港航等20余家参演单位共计派出船舶32艘、飞机4架、人员600余人参与搜救演习，该次演习也是近年来珠江口水域规模最大的“海陆空三位一体”搜救演习。

作为该次演习的承办单位，广州市海上搜救中心积极与广东省海上搜救中心、香港海上救援协调中心和澳门海事及水务局三家主办单位沟通，明确演习内容及科目等事项，成立演习策划与协调、后勤保障、宣传报道、船艇保障、现场警戒五个工作组，明确演习相关筹备工作时间节点和任务要求，组织编写《2015年粤港澳三地海上联合搜救演习方案》《2015年粤港澳三地海上联合演习整体脚本》《2015年粤港澳三地海上联合搜救演习行动脚本》，为演习工作做好准备。

演习模拟高速客船“珠江号”轮与货船“顺利号”轮在珠江口沙角电厂下游水域（22°41.19′N，113°41.50′E）发生碰撞，其中高速客船破损进水，4名旅客落水，船上还有120人急需转移救助；“顺利号”轮碰撞后出现油污，随后起火，并有1名船员受重伤，急需派飞机送院治疗。该次演习主要科目主要包括四大部分：一是人命救助。海事海巡船艇第一时间靠泊事故客船，转移遇险旅客，海巡船、专业救助船、海警、公安、渔政等船艇在海面上按需展开扇形搜寻、平行线搜寻和扩展搜寻；3架直升机在空中搜寻，船艇和飞机密切配合，通过采取飞机抛投救生筏和船舶施放攀爬网等措施救助落水人员，直升机及时将重伤船员转移到岸上送医救助。二是船舶消防。指定“南海救116”轮为消防协调船，指导船舶开展自救；并和“穗港消拖29”轮、“南沙号”轮、“南湾号”轮接近难船，对遇险船进行喷水灭火，控制火势后，“穗港消拖29”轮消防员登船将火扑灭。三是水上清污。指定“穗港环保2号”为清污协调船，组织协调现场清污行动，包括清污船舶布设围油栏防止油污扩散和投放吸油毡、喷洒消油剂清理海面油污。四是列队检阅。参加检阅的船舶和飞机按照顺序列队航经总指挥船接受检阅。整个演习工程中，现场指挥和搜救单位之间根据现场演习进展灵活应变，各参演力量按照现场指挥的统一部署，行动有序，密切配合，各参演力量高标准地完成了各项演习任务。

该次演习实地检验了粤港澳三地水上联合搜救能力，为促进粤港澳三地海上搜救力量的交流合作，加强事故预防预控力和应急反应力，不断完善海上搜救机制，切实保障珠江口水域海上安全形势的持续稳定以及区域经济社会发展保驾护航奠定良好的基础。

（供稿：广州海事局；编辑：刘德敏）

第二轮扶贫开发“双到”工作圆满完成

2009年，广东省扶贫开发“规划到户责任到人”（简称“双到”）战役正式打响。至2012年年底，广州市高标准完成第一轮扶贫开发“双到”任务，共筹集帮扶资金24.6亿元，在全省扶贫开发“双到”工作三年考核中名列第一。按照广东省委、省政府的统一部署，2013年6月全面启动新一轮扶贫开发“双到”工作，广州市承担对口帮扶梅州、湛江和清远三市265个贫困村30704户贫困户139845人，以及梅州市的五华县、大埔县、丰顺县和清远市的连州市4个重点贫困县（市）的任务。

广州市委、市政府坚持把扶贫开发“双到”工作作为一号民生工程和重大政治任务，由市委、市政府主要领导和市政府分管领导分别挂点联系梅州市、清远市和湛江市，加强两地高层工作交流，督导广州市各帮扶单位开展扶贫开发“双到”工作；出台了落实省新一轮扶贫开发“双到”工作的《实施意见》，明确了工作思路、工作重点和工作目标。

注重大力筹措扶贫资金。第二轮扶贫开发“双到”工作共筹集资金22.94亿元，其中市区两级投入财政资金39395.01万元，各帮扶单位自筹投入资金53249.95万元，协调被帮扶地区财政专项扶持资金28134.55万元，争取行业、社会扶贫资金和金融信贷资金103857.64万元，平均每村已投入资金860.39万元。截至2015年12月底，被帮扶的265个贫困村，村均集体经济收入14.95万元，贫困户年人均收入以及农民人均年收入分别达9888.34元、11958.40元，脱贫率达100%，农村危破房改造任务完成率达156.20%。广州市被抽中的23个贫困村已全部顺利通过省考核。

注重全面推进精准扶贫。为进一步建立瞄准机制，市“双到”办、驻三市工作队、驻县（镇）工作组多层次、多批次组织 4600 多人次参加专题业务培训，把建档立卡、到村到户帮扶台账、制定规划计划、数据统计等基础性工作作为培训重点，帮助帮扶单位和驻村干部迅速完成基础性工作，为精准扶贫创造条件。各帮扶单位因地制宜做好三年帮扶规划和年度帮扶计划，实施一户一法的点对点“靶向疗法”：一是对五保户、残疾人等老弱病残人员采取临时性救助措施；二是协助村干部争取将年人均收入低的特困户纳入低保；三是对就医难和就学难的贫困家庭，采取助医、助学的形式扶持；四是对有危房的贫困家庭，协调村、镇、县有关部门，将其纳入当地低收入住房困难户住房改建计划；五是广泛开展农技培训，提高农民的种养水平；六是对有一定文化、技能的年轻人，经组织培训后积极推荐外出就业；七是对需要照顾小孩和老人的贫困户，引进小型加工企业，帮助就地务工等，确保人人“学有所教、劳有所得、病有所医、老有所养、住有所居”。为精准跟踪全市扶贫工作动态，市“双到”办坚持实施双月统计工作制度，及时掌握扶贫工作的详尽进展情况，为领导决策、统筹协调、平衡推进提供科学依据；并定期将各帮扶单位重点帮扶村的贫困户人均纯收入、脱贫率、村集体经济收入、住房改建完成率、干部到村到户等重要帮扶指标数据进行排序通报，形成各单位“你追我赶”的良好工作氛围。

注重突出重点精准脱贫。着力发展短、中、长期相结合“造血”项目，为贫困村贫困户脱贫提供支撑。第一轮扶贫中成立专业合作社 590 个，发展经济项目 2289 个；第二轮扶贫中，截至 2015 年 12 月底，累计成立专业合作社 332 个，发展经济项目 1095 个。着力改善通信、交通、饮水等基础设施，为贫困户脱贫致富创造条件。第一轮扶贫中，建成硬底化道路 1743 千米，建设村公共设施 5118 个，参加新农合、新农保和纳入低保的人数为 104 万人次，解决贫困村安全饮用水 17 万多户；第二轮扶贫中，截至 2015 年 12 月底，累计解决村饮用安全水 185743 户，修建标准农田工程 733 宗，受益农田面积 16277 公顷，建设硬底化道路 1101.3 千米，建设村公共设施 5745 个（其中村委会 311 个，文化室 369 个，卫生室 325 个，公厕 389 个，垃圾池 2763 个），为村民购买新农合 812840 人，新农保 304874 人，纳入低保 21809 人。

注重营造争先创优氛围。及时树立学习典型，推广好的经验做法，第二轮“双到”工作针对如何因地制宜实施“靶向疗法”，围绕种植业、养殖业、加工业、培训转移就业、村两委建设、整村推进、基础设施建设、村容村貌改造、乡贤反哺、社会帮扶、产业转移、区整体统筹推进、驻村干部，以及其他帮扶模式等方面，及时跟进总结好的经验做法，供各帮扶单位学习借鉴；新闻媒体记者两次深入扶贫一线进行系列深度报道，在市协作办门户网站发布“双到”信息1200多条，营造了学先进、创一流的良好氛围。

（撰稿：黄智聪；编辑：刘德敏）

广州爱心公园建成

根据2006年第二次全国残疾人抽样调查数据显示，广州市残疾总人口有521200人，残疾人比率为5.26%。为弘扬爱心和普及残疾预防、康复知识，2011年广州市政府13届161次常务会议决定，由市规划局负责，各有关区政府、市残联配合，在中心城区择址建设“爱心公园”，并在其中建设“爱心广场”。经过多次筛选，最终选址于广州天河公园，并在2012年12月7日广州市第二届助残服务周新闻发布会对外宣布。随后，广州市相关职能部门编制《广州市爱心公园建设方案》，成立由市规划局、市残联、市林业和园林局组成的工作组，负责“爱心公园”规划建设，包括无障碍设施、爱心广场、爱心长廊、爱心体验馆、爱心服务区和爱心餐厅六大功能板块。

广州爱心公园建设分阶段实施。2013年10月至12月为第一期工程，完成爱心公园南门广场内外部分无障碍升级改造。第二期工程于2014年3月开始，完成爱心公园整体设计、评审、招投标、建设等工作，12月12日主体项目基本建成。2015年年底，爱心公园建成投入使用。

广州爱心公园

广州爱心公园主要扶残助残元素有爱心公园标识、爱心服务区、爱心广场、爱心舞台、爱心长廊、爱心亭、爱心体验馆、爱心展示区、爱心玫瑰园、无障碍设施等。公园内新修建了一条专门的指引性无障碍通道，公园内的无障碍设施可满足各种类别残疾人入园后活动的需求。特别是盲人朋友，全园安放 240 多套方便无线引路发射装置（即“引路人”系统），自用手机安装“引路人”系统软件后，从公园各入口处开始，就可收到本人在公园的位置信息，了解相应的公园景点介绍，以及路线规划等服务。公园每个主要门口、洗手间等地都专门设置了无障碍通道。此外，公园里设置的爱心服务区、爱心广场、爱心舞台、爱心长廊等设施为残障人士提供便捷服务，同时向公众普及残疾预防和康复知识。

广州爱心公园是全国第一个以扶残助残、残健共融为主题的爱心公园。建成后发挥三种功能作用：一是成为爱心城市之窗。“爱心公园”做到了残疾人和健全人的相互融合，无论是残疾还是健全人都乐意前往。二是成为无障碍的示范之窗。“爱心公园”无障碍设施精心设计，特别在细节上，细微之处显关爱之情，对其他公园建设起到示范作用。三是成为科普之窗。2014 年 12 月 12 日，广州市第四届“爱心满花城”助残服务周活动启动暨广州爱心公园开园仪式在爱心公园举行。当天举行残疾人书画展览、才艺作品展示、法律援助咨询和就业招聘会等活动。2015 年 3 月 10 日，广州市残疾妇女协会在爱心公园举办“爱心满人间，健康永留存”主题游园活动。200 多名残疾妇女在爱心公园无障碍游览观赏。10 月 11 日，市盲人协会组织全市数百名盲人在爱心公园举办第 32 个国际盲人节活动。

（供稿：市残联；编辑：李玉平）

全面推进社区矫正工作

“十二五”期间，广州市全面推进社区矫正工作，加强对社区服刑人员的监督管理和教育帮扶，努力防止社区服刑人员脱管、漏管和再犯罪，在维护社会和谐稳定、建设“平安广州”中作出积极贡献。

增强基础保障能力。各级党委、政府重视和支持社区矫正工作，进一步完善“党委政府统一领导，司法行政部门组织实施、指导管理，成员单位协调配合，社会力量广泛参与”的领导体制和工作格局，落实联席会议制度、情况通报制度。不断充实机构队伍，大部分区司法局抓住机构改革契机，明确增加“社区矫正”职能，设立社区矫正科或矫正安帮科。在各区（县级市）建立司法警察工作室，市属监狱（强戒所）与区司法局结对，派驻司法警察参与社区矫正执法工作。同时积极采取内部调剂、招聘雇员、培育社工、招募志愿者等多种方式，充实工作力量，建立起一支专群结合、专兼结合的工作队伍。不断提高经费保障能力，市、区两级社区矫正经费纳入同级财政年度预算。经市政府同意，自 2015 年起市司法社工项目经费按照社区服刑人员与社工 20∶1 的比例确定，每名社工购买服务经费为每年 10 万元。全市先后有 10 个区建成社区矫正管理教育中心，打造集报到登记、训诫教育、电子监管、矫治帮扶于一体的社区矫正综合执法平台。通过整合资源，动员社会力量，各区建立起一批不同类型、不同功能的教育帮扶基地。

提升监督管理水平。制定出台《关于进一步加强和改进社区矫正工作的意见》《关于进一步规范社区矫正执法工作的通知》等文件，修订完善监督管理、教育矫正、考核奖惩、分类管理、入矫（解矫）规程等规章制度，建立社区矫正考评办法，将社区矫正工作纳入全市平安综治考评。严格落实监管措施，根据《社区矫正实施办法》《广东省贯彻落实〈社区矫正实施办法〉细则》以及市相关文件规定，严格执行社区服刑人员报到、禁止令执行、外出请假、迁居审批、限制出境等监督管理措施，对社区服刑人员进行分类管理，进行“日记录、月计分、季考核”，对违反法律法规和社区矫正监管规定的，及时变更管理类别，依法依规予以处罚。加快信息化建设步伐，研发应用社区矫正信息管理系统，指导各区积极应用定位手机、电子手环、指纹签到、人脸识别以及执法记录仪、监控视频等科技手段，规范社区矫正执法工作，提升信息化管理水平。

提高教育帮扶质量。编写《社区矫正教育学习读本》《社区服刑人员必读》《感悟—社区服刑人员励志读本》《归邪转曜》等一批教育学习书籍。各区根据实际，科学安排教育内容，组织开展法律常识教育、公共道德教育和时事政治教育，组织开展公共卫生清洁、扶助孤寡老人、义务交通值勤等多种形式的社区服务，有效落实“两个八小时”，帮助社区服刑人员树立遵纪守法观念，修复社会关系，提高社会适应能力。全面应用专业方法，在全市推广运用认知行为介入、动机强化晤谈、危机干预等多种教育矫治专业方法取得良好效果。积极推进心理矫治，各区采取与心理医院、院校及专业机构合作，聘请专家、购买服务等形式，为社区服刑人员开展心理健康教育、心理辅导和心理危机干预，帮助他们康复心理、健全人格，提高适应社会的能力。引导社会力量有序参与，积极扶持建立司法社工组织，培育专业司法社工队伍，参与对社区服刑人员的矫治帮扶工作。2015 年，广州市政府常务会议审议通过《广州市司法社会工作项目体系建设实施方案》，为推进司法社会服务提供政策保障。同年 8 月，广州市司法局、广州市财政局、广州市民政局联合制定《广州市司法社会工作项目购买服务实施细则》，规范司法社会工作项目的购买服务程序。落实帮扶措施，在相关成员单位的配合下，全市较好落实最低生活保障、临时性救助、免费职业技能培训以及就业推荐等帮扶制度，通过政府投入、依托热心企业、利用慈善帮扶资金等多种形式，为困难社区服刑人员提供过渡性安置帮扶服务，截至 2015 年年底全市建成区级“特殊人群”过渡性矫正安置基地 26 个。

（供稿：市司法局；编辑：李玉平）

生态篇

综述

常言道：“金山银山，不如绿水青山。”党的十八大报告将生态文明建设与经济建设、政治建设、文化建设、社会建设并列，构建“五位一体”的国家发展战略，提出了建设“美丽中国”的目标。城市，在生态文明建设中的地位举足轻重。

“十二五”期间，广州紧紧围绕满足人的需求、提升人的素质、促进人的全面发展，牢固树立低碳、智慧、幸福的城市发展新理念，优化“一个都会区、两个新城区、三个副中心”的城市空间新布局，坚持“天更蓝、水更清、路更畅、房更靓、城更美”工作方针，进一步推进实施生态环保工程，以“低碳、生态、绿色”为理念，以“花城、绿城、水城”为战略蓝图，以“节地、蓝天、绿地、碧水、清洁、低碳”等六大主题计划为推手，严格限制高耗能、高排放产业发展，全面推行企业清洁生产，加快淘汰落后产能，严格控制煤炭消费总量增长，积极推进大气污染防治，加强水环境综合治理，组织实施森林进城、森林围城，大力推广绿色建筑，加快发展低碳交通，推进城乡生活垃圾分类和处理，先后获得“全国文明城市”“国家森林城市”“国家低碳试点城市”“全国生活垃圾分类示范城市”“国家水生态文明示范城市”“联合国改善人居环境最佳范例（迪拜）奖”等众多荣誉称号。

全面推进花城、绿城、水城建设。重点建设海珠生态城。该工程位于海珠区中心地带——广州市新中轴线的南部，与广州塔、体育中心呈一直线，是名副其实的广州“绿心”。2011 年 9 月 30 日，海珠湖公园建成开放；2012 年，把海珠湿地建设（分为海珠湖、海珠湿地一期、二期、三期、四期五个阶段）作为广州市重大的“生态工程、文脉工程、民生工程”，2015 年海珠湖、海珠湿地一期、二期通过专家组验收，成为广州市首个国家级湿地公园。此外，白云湖、花都湖、增城挂绿湖湿地公园等集水利与景观一体的生态湖建设顺利完成。其次，建成了番禺莲花水乡、萝岗香雪公园等 9 个特色花卉主题公园以及市级、海珠、番禺、南沙、萝岗、增城等 9 个儿童公园，新增花都盘古王、增城九峰山等 10 个镇街森林公园以及南沙滨海湿地、番禺草河湿地等 5 个湿地公园，新增生态公益林约 6666.7 公顷，完成黄埔大道、大学城中环路等 19 条道路的一路一景建设，“花城绿城”格局基本形成。再者，广州水城建设初见成果，启动饮用水工程、城乡水安全工程、水污染治理工程和水生态修复工程四大类共计 995 个小项工程，中心城区自来水质全面达到国家卫生标准。继续推进广州北江引水工程、北部水厂一期工程、万绿湖直饮水工程、牛路水库、沙迳水库等战略水源工程建设。

不断增强低碳节能绿色发展能力。广东是中国经济总量最大的省份，也是“十二五”碳排放要求下降幅度最大、任务最艰巨的省份。2011 年，广东省启动研究建立碳排放权交易市场，广东省发展和改革委员会统筹广东省碳排放权交易平台建设，明确由广州市牵头推进设立碳排放权交易所。2012 年，广州碳排放权交易所正式成立；同年，广州在全国率先公布细颗粒物（PM2.5）监测结果。截至 2015 年 12 月 31 日，广东碳市场累计成交配额 2350.88 万吨，占全国碳交易试点约 35.5%，总成交金额 9.64 亿元，占全国碳交易试点 42.4%，在全国七个碳交易试点中处于领先位置，为广东绿色低碳发展提供有力的支持。强化节能减碳，加快淘汰落后产能，全面推行清洁生产，加强主要污染物总量控制；2014 年，广州石化热电站全部锅炉通过技术改造，烟气排放达到“超洁净排放”标准，实现烟煤机组烟气排放指标比天然气机组还要低；广州市燃煤电厂率先按“超洁净排放”改造方案，对全市燃煤电厂进行“超洁净排放”改造，使得氮氧化物、二氧化硫、烟尘三项污染物排放分别下降至每立方米 50、35、5 毫克以下，三项大气污染物排放浓度降幅达 86% 以上，远低于国家标准水平。增城市成为全国首个“全国生态文明建设示范市”，全面淘汰落后产能，先后关闭了 418 家落后产能企业，淘汰了 358 家小锅炉企业，整治了 293 家脱硫、降氮脱硝、有机污染物治理企业，实施了机动车废气污染治理和饮食服务业油烟污染防治等环境综合整治工程，节约了资源，提升了环境质量。

着力探索广州特色的垃圾分类处理道路。为破解垃圾围城的困境，广州以垃圾分类为突破口推进垃圾分类处理工作。从2012年开始，遵循“先减量、分类、回收、资源化利用，后无害化焚烧、生化处理和卫生填埋”的管理技术和“能卖拿去卖、有害单独放、干湿要分开”的分类原则，全面推进生活垃圾分类处理工作，完善垃圾分类法规、持续加强垃圾分类收运配套建设、促进垃圾源头减量、扩大再生资源回收利用、推动终端处理设施建设、提升城乡管理一体化水平，基本建立了垃圾分类管理体系，成功创建全国首批生活垃圾分类示范城市。

生态城市是一个崭新的概念，是一个经济发展、社会进步、生态保护三者保持高度和谐，技术和自然达到充分融合，城乡环境清洁、优美、舒适，从而能最大限度地发挥人类的创造力、生产力，并促使城镇文明程度不断提高的稳定、协调与永续发展的自然和人工环境复合系统，广州将在生态城市建设上作出更大的努力。

广州绿道网建设

2009年省委十届六次全会上部署建设珠三角绿道网，要求“一年基本建成、两年全部到位、三年成熟完善”。2010年2月省下达广州市绿道建设任务340千米，当年7月底任务指标调增至526千米。广州市把绿道建设作为迎接亚运会、创造新生活的重要载体，结合实施迎亚运、促“大变”城市环境综合整治工程，迅速启动绿道建设。奋战7个月，亚运前建成绿道1060千米，完成全年建设任务201%。进入“十二五”期间，广州继续开展绿道建设，2010年至2015年年底广州市共建成绿道3000千米，串联起300多个主要景点、150多个驿站（服务点），约占全省绿道总里程的25%，位居全省首位，覆盖面积3600平方千米，服务人口超过800万。

广州绿道规划建设依托广州深厚的历史文化以及“山、水、城、田、海”的自然格局，沿城市生态廊道部署绿道网，科学规划建设流溪河、芙蓉嶂、增江、天麓湖、莲花山、滨海等6条绿道。广州绿道建设结合花园城市建设、青山绿地碧水蓝天工程、迎亚运人居环境整治开展，绿网、水网、路网相连互通，优化绿道布局，逐步形成以公园绿地为点，以绿道为脉，连点成片，互通互融城乡一体化的生态绿地网络。实现绿道与轨道、水道、城市慢行道相通，充分发挥绿道低碳出行、轨道快速便捷、水道自然生态、城市慢行道休闲慢行功能，连接旅游景点、商业网点、运动场所、办公区域、居民社区等，绿道真正成为连接城乡，贴近民生，便捷出行的民生工程。

广州大道带状公园绿道

为推动绿道建设，2010 年广州市成立由常务副市长苏泽群任组长的广州市绿道网建设领导小组，各区、县级市也成立了相应的机构，区（县级市）主要领导作为绿道建设的第一责任人，一级抓一级，层层抓落实。市绿道网建设领导小组下发《绿道网建设实施方案》《广州市绿道规划建设技术指引（试行）》《2010 年广州市绿道网建设任务表》《广州市绿道建设检查考核办法（试行）》等多项文件。2010 年召开 5 次现场会，推动绿道建设。12 月对绿道建设进行考核检查，公布排名。同时运用报纸、电视、网络等媒体对绿道建设进行全方位的宣传报道达 500 余次，编印绿道指南 2 万册、绿道地图 5 万张。各区县级市分别举办绿道植树、水上绿道游、绿道自行车马拉松、绿道一日游等体验活动，不断扩大绿道的影响力和知名度。不少企业主动支持绿道建设，如中国移动广州分公司为全市绿道捐出价值 1800 万元的网络通信设备、信息服务、自行车等。

“十二五”期间，广州建设绿道 3000 千米。其中 2011 年全市新增绿道 802 千米，2012 新建绿道 302 千米，2013 新增绿道 300 千米，2014 年新建 300 千米绿道，2015 年新建 300 千米绿道，均超额完成省年度任务。在增加绿道里程、完善绿道网络的同时，广州市按照绿化优美、游径舒适、配套完善、连通便捷、标识清晰、功能丰富等要求，不断完善，打造绿道精品线路，切实提高绿道使用率，初步形成“二沙岛——临江大道”动感都市绿道、生物岛休闲文化绿道、增江河生态乡村绿道、温泉卫东远郊生态绿道、蕉门河湿地生态绿道、海珠湖、白云湖、花都湖、大夫山等景区休闲绿道，以及荔枝湾涌西关风情绿道等10条绿道精品线路，绿道低碳、休闲、健身、文化等内涵和功能显著，受到广大市民群众欢迎。新建海珠儿童公园、湿地二期绿道等，大力推广绿道游。

2014年4月28日，市林业和园林局与市财政局联合出台《广州市绿道管养维护工作方案（试行）》，进一步明确绿道管养维护范围、内容、标准、投入等，落实人、财、物的保障。设立市区两级绿道机构，落实属地管理责任。实行三级巡查制度，搭建视频监控平台，实行监督、整改工作常态化，同时通过管理热线、网络平台等多种形式扩大绿道监管范围和监督力度。建立绿道数字平台，将绿道游径、绿化、标识、驿站、配套等资源，以图形、图像、文字资料等多种元素建成覆盖全市的绿道网络专题数据库，建立“网格责任到人、绿道精确到点”的巡查督办流程，实现绿道养护管理精细化。同时积极探索绿道多元化的运营管理模式。

截至2015年12月底，广州市绿道接待游客超过1500万人次，国内外、各省市官方考察团逾500批次，民调显示90%以上的市民认为绿道促进了广州城市环境改善和城市品位提升。2015年5月28日，央视新闻联播宣传报道广州绿道建设在保护生态、改善环境、促进经济、服务民生等方面的成效。

（撰稿：刘春芳；编辑：刘德敏）

荔枝湾涌工程建设

荔枝湾涌故道曾北至洗马涌，与象岗西面芝兰湖（即流花湖）相通，南至黄沙注入珠江。“荔湾渔唱”在明代还被列为羊城八景之一。20世纪40年代，随着城区扩展，荔枝湾附近成为广州近代工业基地，河涌污染，水质持续恶化，水系各支流先后被填平为街道。1993年，泮溪酒家至逢源桥最后一段水道被覆盖，荔枝湾涌成暗渠箱，上建荔枝湾路。2009年，借承办亚运会亚残运会的契机，广州市、荔湾区政府决定将封闭多年的荔枝湾路段盖面揭开，将马路恢复为河涌，以配合荔湾区的“五区一街”项目建设，迎接2010年亚运盛会。

2010年3月，荔枝湾涌动工兴建。荔枝湾涌工程分三期实施，整治河涌3090米。荔枝湾涌一期工程（逢源路口—食养坊）由荔湾区政府组织实施。区农林水利局负责揭盖复涌680米，整治堤岸1280米及清淤、码头、玉翠湖闸、补水泵站、补水管道等工程；区建设局负责荔枝湾涌跨涌景观桥、廊桥工程及周边景观整治工程，龙津桥及交通疏解工程，荔湾湖公园景观提升改造工程，文塔周边整治工程，何香凝艺术学校建设工程，逢源大街历史文化街区周边整治工程，荔湾湖公园路灯改造工程，荔枝湾涌景观整治工程。10月，一期工程基本完成，被覆盖河道重见天日。揭盖复涌680米，整治河涌面积6687平方米，清淤1.3万立方米，建设堤岸1400多米，拆迁古玩城商铺200多间，拆除建筑物2.6万多平方米，新种大树727棵，新增绿化面积1.7万平方米。10月16日凌晨，荔湾湖水引入河涌。荔枝湾复涌后涌长680米，跨涌规划建设5座仿古桥梁（龙津桥、德兴桥、大观桥、至善桥、永宁桥），亚运前建成4座，永宁桥规划二期修建。

荔枝湾涌二期工程（珠江口—食养坊）规划河宽为15—20米，长度860米，拆迁面积3723平方米，2011年12月22日竣工。荔枝湾涌三期工程（食养坊—大地涌）整治长度1550米，面积79982平方米，施工面积2万平方米。整个工程分为截污八个标段、水利一标段及景观绿化一标段、交通桥梁建设、泵站建设等项目，2011年12月开工，2013年6月完工。荔枝湾涌三期工程包括截污工程、绿化工程和排涝泵站工程。截污工程主要包括河涌左右岸共1550平方米的截污渠箱、污水管线、检查井、河涌的开挖、新建雨水管、堤岸及桥梁建设。绿化工程位于下西关涌景点景观提升工程项目地块，接荔枝湾涌一期西端。水路全长约1.4千米。两岸景观设计范围约2.3万平方米，包括景观绿化、水电灯光、智能监控等工程。其中绿化种植面积约4500平方米，硬质铺装面积约15500平方米，软质铺装（木栈道等）面积约3000平方米。排涝泵站工程在荔枝湾涌出珠江口建设荔枝湾涌水闸及泵站。项目为闸站结合的形式，水闸为两孔。新建排涝泵站位于荔枝湾涌出珠江口处，属荔枝湾涌流域，在珠江潮位高于内涌水位时及时将雨洪排出珠江，泵站建成后，在充分利用荔湾湖的调蓄作用下，能抵御20年一遇洪水。新建排涝泵站及水闸使荔枝湾涌及荔湾湖保持5.5—5.8米的景观水位。

荔枝湾涌工程建设完成后，一是改善了民生。恩洲南横、厚福北和幸福一巷等区域是荔枝湾涌片区内涝情况严重的易涝黑点，经过铺设3.1千米长的截污管道、新建水闸泵站等一系列工程改造，该地区水浸黑点积水时长平均减少约13小时，雨后退水时间平均减少约3小时。周边城区排涝效率比整治前提升了近2/3，在外江潮位高达2米时，仍能达到排涝需求。暴雨后水质恢复能力有明显提高，1号截污闸开闸次数减少2/3，水质受影响天数减少4/5。整治工程共征收沿线居民房屋300户、面积2.14万平方米（含拆除危破房屋67间、解决住房困难户25户），提供安置房569套、面积3.8万平方米，极大地改善了沿线居民的居住条件。二是传承了岭南文化。整治工程恢复了荔枝湾古水系，连接了仁威祖庙、文塔、海山仙馆、陈廉伯公馆、陈廉仲公馆、蒋光鼐故居、梁家祠、金声电影院、八和会馆、詹天佑故居、李小龙祖居、宝庆大押等历史建筑，带动了昌华西关大屋、恩宁路骑楼街等岭南特色建筑改造，重塑了西关文化，重现"泮塘龙舟"和"水上花市"，"七月七·魁星诞"等传统民俗活动重获生机。三是整治了环境。整治工程使河涌水面平均拓宽8—12米，修复水域面积约3.1万平方米，新建和整修桥梁15座，新增绿化面积4.3万平方米，并通过新建污水提升泵站、荔湾湖水质净化处理站、湖水的原位净化技术及涌内植物生物作用等改善水质措施，结合水利工程优化调度、人工日常涌面保洁及人工清淤等措施，将水质改善与优化调度有机结合，实现二者优势互补，最终达到改善水质、生态升级的目的。

（撰稿：胡燕婷；编辑：刘燕玲）

最大规模的广州水环境治理

为实现城市环境面貌到"2010年一大变"，广州市委、市政府决定把治水作为民生"一号工程"，打响一场攻坚战。2008年11月22日，为加强治水工作的领导，广州市成立污水治理和河涌综合整治工作领导小组，由市长任组长，办公室设在市水务局，各区、县级市相应成立本区、县级市的污水治理和河涌综合整治工作领导小组。2008年12月22日，《广州市污水治理和河涌综合整治工作方案》经市政府第13届66次常务会议讨论通过予以印发。2008年12月23日，召开动员大会，举全市之力系统推进污水治理和河涌综合整治工程，确保到2010年6月底前水环境出现明显好转，开启了广州历史上最大规模的水环境治理工程。

完成西江引水工程。该工程于2010年9月29日正式通水运行，结束了广州市区居民饮用水源水质不达标的历史。该工程总投资概算89.53亿元，日引水能力350万立方米，建设取水泵站、中途泵站、配水泵站各1座，铺设2条并行的47.6千米原水干管和23千米原水分配支管。管线沿途跨越广、佛两市三区25个行政村、113个自然村，穿越北江东平水道、白坭河等大小河涌51条，京广、武广、广茂等三条铁路，广清、机场高速等5条高速公路、1条国道及22条市政路。

开展污水治理和河涌综合整治，总投资达340.65亿元（市级计划投资216.86亿元，各区、县级市自筹资金123.79亿元）。新建了污水处理厂38座、污水泵站48座、市政污水管网1094千米，道路和社区排水管1216千米，新增污水处理能力236.58万吨/日，新建246条村的生活污水处理设施。完成了总长度388.52千米的121条河涌截污、清淤、调水补水、修筑堤岸和景观绿化等综合整治。污水治理和河涌综合整治工程共580个项目已于2010年9月30日前全部完工。

京溪地下净水厂污水处理区一角

开展调水补水工程，建设了包括白云湖、海珠湖两个人工湖，海珠、芳村两个闸泵自动化控制系统，天河三涌补水工程、东濠涌，荔枝湾涌抽水和净化工程，共建设泵站24座、水闸37座，连通河涌17处，实现引水调水能力660m^3/s，用珠江的“大水”调活市区河涌的“小水”，通过水体循环提高河涌水体自净能力。针对水浸街现象，由市本级投资9亿元，完成了市区下雨水浸较为严重的227个路段的排水整治。

通过这一阶段的治理，广州治水达到了预期的效果。一是城市供水安全和饮用水质有了切实保障。西江引水工程完成后，从2010年9月29日开始，市区江村、石门、西村三厂置换使用西江水源，标志着广州市水源地水质100%达标，市民实现了从喝“放心水”到“优质水”的飞跃，提前两年在全国大城市中率先全面达到国家《生活饮用水卫生标准》。二是污水处理能力和水平显著提升，市域河涌水质持续好转。从2008年到2010年，全市市政污水管网从1813千米提高到2907千米，全市污水处理厂从18座增加到56座，全市生活污水处理能力从228.6万吨/日提升到465.18万吨/日，全市城市生活污水集中处理率从75.09%提升到85%，中心城区生活污水集中处理率近90%，在广东省内位居前列。污水处理质量按国颁新标准完成了从一级B到一级A的升级。据环保部门监测，经过综合整治的121条河涌水质持续好转，水生态逐步恢复。三是“水浸街”状况得到显著改善。过去凡雨必浸的岗顶、临江大道等200多个地段排涝能力显著增强。2010年5月份以来，广州市接连遭受特大暴雨侵袭，“水浸街”改造工程经受了暴雨考验，积水损民事件明显减少。四是农村水污染有效改善。白云、花都、番禺、南沙、萝岗五区和从化、增城两市覆盖户籍人口66万的246条村采用了生物生态组合处理技术等因地制宜的污水处理手段，实现生活污水达标处理与排放。因污水横流带来的蚊多臭气浓的农村卫生状况得到改善。五是涉水景点越来越多。河涌综合整治新增城市水域面积277.79万平方米，新增河涌边绿地586.56万平方米，水边绿道323.4千米，增加和恢复了多处岭南水乡景观。东濠涌、石榴岗涌、荔枝湾涌、猎德涌、乌涌、南岗河、蕉门河和市桥河等多条河涌逐步改造成市民游览、垂钓的水景园区。新建的白云湖、海珠湖、长虹湖逐步完善为新的城市公园。

（撰稿：黄玉玲；编辑：刘德敏）

白云山风景名胜区创建国家5A级旅游景区

白云山风景名胜区位于广州城市中心，面积20.98平方千米，主峰摩星岭海拔382米，是广州市区最高峰，自古就有“羊城第一秀”之称。为进一步提升景区形象，扩大对外影响，加快旅游品牌建设，2006年，白云山管理局提出白云山风景名胜区创建国家“5A”（AAAAA）级旅游景区的目标，并围绕一流的设施、一流的环境、一流的管理、一流的服务、一流的业绩“五个一流”的总体质量目标，加强领导，精心组织开展创建活动。

制定景区总体规划。对照《旅游景区质量等级评定管理办法》和《旅游景区质量等级的划分与评定》5A级旅游景区标准，结合风景区实际，委托专业公司制定《白云山风景名胜区总体规划（2009—2025）》及整改提升规划，同时制定了一套具有科学性、指导性和可操作性的创建工作方案，细化分解创建目标和任务，落实责任和要求。

改善硬件设施。重点完成数字景区、标识标牌、星级厕所、游客中心、停车场、消防管网、防火林带、景点景观等公共服务设施建设。按国标标准制作旅游专用交通标志，在机场、火车站至景区的道路沿途及市内主要路口新增13块旅游景区外部交通标识。风景区内的大小引导标识达到15类、1000余个。建成总面积达2.4万平方米的西门生态停车场。全面升级改造和扩容白云山南门游客中心约400平方米，明珠楼景区建设游客中心。投入约3500万元，完成"数字白云山"信息化建设工程，提高管理的科技水平和工作效率，其中风景区电子巡查系统为全国首创。设置邮政特许服务点。在国内风景区行业内，首创灯杆编号定位系统。新铺设森林消防管网22千米，修建24个森林消防蓄水池。新修健身绿道18.5千米，每年春季植树，构建多树种、多层次、多色彩、多香味、多功能的常绿阔叶林景观林。据统计，2006年至2015年年底，参加白云山风景区义务植树活动各界人士超过7万人次，共种植各种乔灌木41923株。经过多年建设，白云山绿化面积达2800公顷，绿化覆盖率达95%以上。

注重强化提升管理水平。推广应用网格化管理模式，做到日常管理无盲区，责任到人。积极开展"价格服务进景区"活动，做到明码标价、亮证经营。景区内杜绝强买强卖、尾随兜售行为、无拉客宰客、欺诈行骗等现象。加强景区内饮食卫生检查，杜绝游客就餐和饮用水中毒事件。对景区内废气、噪声、固体废弃物和污水实行动态监控管理，景区内废气、噪声达标排放，地表水质量和生活污水排放符合国家规定。

注重培训提供优质服务。成立服务管理专职部门，对景区日常的服务质量进行监督检查。强化业务技能培训，分别从安全、卫生、环保、统计、导游等方面，对管理人员及服务人员进行培训，上岗人员培训合格率达到100%。定期开展服务之星考核，建立奖励激励机制，促进景区服务人员水平提升。在全国景区中率先开通24小时服务热线受理游客咨询和投诉。定期开展面对面征求游客意见活动。每年从市民游客中招聘100名义务监督员，对卫生、绿化、服务等方面进行监督，提升景区的服务质量。

2011年1月21日，经全国旅游景区质量等级评定委员会评定，白云山成为广州市风景区行业第一家5A级旅游景区，也是广州市唯一同时拥有“全国文明风景旅游区”“国家5A级旅游景区”两项荣誉的景区。3月18日，白云山管理局在云台花园正门广场举行“5A云山，给力幸福广州——广州市白云山风景名胜区晋升国5A级旅游景区挂牌仪式”。

通过创建国家“5A”级旅游景区，白云山风景区软件和硬件建设跃上新的台阶，服务质量和环境质量明显改善，旅游环境不断优化。白云山风景区每年接待游客量保持在2000万人次以上。

（撰稿：刘春芳；编辑：刘德敏）

防止日本核辐射污染入境

2011年3月11日，日本本州岛附近海域发生9.0级强震，强震导致福岛核电站爆炸引发核泄漏事件。广州出入境检验检疫局积极应对，依据《国际卫生条例（2005）》、国家质量监督检验检疫总局发布的《关于禁止部分日本食品农产品进口的公告》等法规、文件规定，快速反应，开展一系列行动，防止核辐射污染入境。

开展口岸核辐射突发事件监测处置。广州出入境检验检疫局迅速摸底、统筹安排，掌握该局范围内核辐射监测人员、设备、设施的基本情况，并紧急调配3台具备核素识别分析功能的便携式核辐射检测仪到入境人流量较大的机场口岸；派人员参与广东出入境检验检疫局核辐射监测工作方案和技术规程的制定，组织所辖各口岸加强对来自日本的入境人员、交通工具等的核辐射监测，并结合实际开展核辐射知识和现场监测技能培训；贯彻落实国家质量监督检验检疫总局、广东出入境检验检疫局有关核辐射监测、设备配置、信息报告的工作要求；与环保、卫生部门联络协调，明确受染人员和物品后续处置的具体机制；加强口岸核辐射突发事件监测工作的督导检查。3月15日在白云机场启动核辐射突发事件应急处置预案，对来自日本的飞机及旅客进行核辐射监测，同时对旅客进行核辐射防护知识宣传。

加强日本进口食品检验检疫监管。广州出入境检验检疫局严格按照国家质量监督检验检疫总局公告和广东出入境检验检疫局文件要求，对日本进口食品加强检验检疫监管，依据公告要求对禁止进口都县的食品暂停受理报检，对需提供官方检测报告的日本进口食品进行严格索证，加强对日本其他输华食品的

广州出入境检验检疫局对日本震后首艘来自日本的“亚细亚之风”船舶进行核辐射检测

放射性物质浓度检测、防止受放射性污染食品进口，开展风险分析并进行放射性监测。同时密切关注进展，对日本输华食品信息实行每日报告制度。

有效处置韩国邮包放射性超标事件。2011 年 3 月 29 日，广州出入境检验检疫局在入境邮件进行检疫查验时发现两个来自韩国的邮包放射性超标，辐射剂量达到环境本底值的 39 倍。该局立刻进行工作部署，与广州市环境保护局、广州市应急办公室等单位合作，按照相关法律法规的要求，妥善处置了此次事件。

自 2011 年 3 月 15 日至 5 月 29 日，广州出入境检验检疫局共监测来自东京等城市的相关入境人员 4.2 万人次、飞机 322 架次，没有发现核辐射超标现象；对入境国际邮包进行检疫查验，发现 2 个放射性超标的邮包，联合地方应急、环保、海关等部门依法将其退运出境。

（供稿：市出入境检验检疫局；编辑：曾新）

“花城丝路”获 2011 西安世界园艺博览会 4 项大奖

2009 年 7 月 20 日，广州市林业和园林局代表广州市政府接受西安市政府邀请，参加2011 西安世界园艺博览会。2009 年 10 月至 2010 年 7 月，市林业和园林局组织有关单位开展设计方案竞赛等工作，2010 年 8 月，由有多次承建参展园林、施工经验丰富的广州市园林建筑工程公司负责广州园施工建设，10 月完成。2011 年 3 月开始绿化种植，4 月，"花城丝路"广州展园建设项目通过竣工验收。

2011 年 4 月 28 日，"花城丝路"广州园在西安世界园艺博览会开幕式上正式向游客开放。广州园占地面积 1257 平方米，投资约 190 万元，是关于广州与西安的友城记，展现海上丝绸之路与陆上丝绸之路的对话。广州园园区呈长方形，东西长，南北短，东高西低。广州园主要有三组景观设计："青花瓷雕塑"景观、"海不扬波"景观、植物造型景墙景观。以蜿蜒的丝路铺装为游线，寓意陆上丝绸之路，而云山一脉、蜿蜒小溪、蚝壳墙跌水、生态水池、旱溪铺装，浓缩从起点到终点的水系变化，象征着海上丝绸之路。"海不扬波"牌坊位于园区入口，与天人长安塔遥相呼应。园林建筑、植物均体现岭南特色、低碳经济。溪流、蚝壳跌水、旱溪、船帆、青花瓷雕塑、立体植物景墙等布景手法充分体现岭南园林特色，尤其是广东本土材料蚝壳应用成为一大亮点。植物采用亚热带植物与西安本地植物巧妙搭配，运用耐寒棕榈等，园区内植物品种超过 50 种，立体绿化形式多样。瓷圈，以透景的手法将天人长安塔纳入盘中，虚实远近对比，体现园林之意境。

西安世界园艺博览会广州园"海不扬波"景观

2011 年 10 月 22 日，西安世界园艺博览会闭幕。广州市参展西安世界园艺博览会的广州展园“花城丝路”经过专家组评比，获得综合类金奖、设计优秀奖、植物配置优秀奖、水景优秀奖等 4 项大奖。

（撰稿：刘春芳；编辑：刘德敏）

增城市成为全国首个“全国生态文明建设示范市”

2011 年 8 月，增城市被全国绿化委员会、国家林业局定为“全国生态文明建设示范市”，也是全国首个被定为“全国生态文明建设示范市”的城市。根据要求，“全国生态文明建设示范市”候选城市不仅要先获得“全国绿色小康县”“全国绿化模范县（市）”等 6 个荣誉之一，在三年内还不得发生重大污染、恶性毁林等 8 大事件。此外，当地社会经济发展五年规划符合生态文明建设要求，并对森林覆盖率、环境质量、城镇化率等都有具体的指标。

近几年来，增城区先后提出三大主体功能区战略、全区域公园化战略、开发区带动战略和主体功能区深化战略等，从实际出发，坚持“腾笼换鸟”，淘汰落后产能，着力转变经济发展方式，大力发展绿色经济、低碳经济和循环经济，因地制宜，探索具有增城特色的科学发展之路。2015 年，增城区实现地区生产总值 945.6 亿元，比上年增长 7.5%；实现工业总产值 2055.69 亿元，比上年增长 5.38%；实现农业总产值 91.63 亿元，比上年增长 2.23%；财政总收入 224 亿元，比上年增长 7.61%；经济发展和生态文明都取得了显著成效。

全面提升投资环境和宜居环境。增城区按照产业升级的要求，全面淘汰落后产能，先后关闭 97 家洗漂印染厂、167 家水泥厂、3 家小火电厂、54 家线路板厂、97 家黏土砖瓦陶厂等共 418 家落后产能企业，淘汰 358 家小锅炉企业，整治 293 家脱硫、降氮脱硝、有机污染物治理企业，实施机动车废气污染治理和饮食服务业油烟污染防治等环境综合整治工程。同时全面整治城乡环境卫生，清拆违章建筑，整治城乡乱摆卖、乱拉挂、乱堆放、乱张贴、乱搭建、乱丢乱吐等“六乱”行为，清理全区 1135 个存在危害生态环境或重大安全隐患的无牌无照生产经营场所；实施垃圾“户集、村收、镇运、市处理”机制，城市生活垃圾无害化处理率达 98%。全区城乡环境“脏乱差”现象得到有效整治，城乡面貌明显改善。

大力推动生态建设。按照“点成景、线成带、片成林”的绿化思路，让植树绿化工作进城、上路、下村、入户。建设17条总长257.6千米的主干公路景观林带，建设8个城市出入口的绿化景观节点，建设大封门、南香山等12个森林公园和20个以经济林为主体的生态公园。全区森林覆盖率达55.38%，其中生态公益林3.7万公顷，占全区林地面积59.6%；人均公共绿地面积19.73平方米。建成荔湖、鹤之洲、湖心岛等10个湿地公园，现有湿地总面积1733.3公顷，全区道路和河流全面实现林网化、林荫化，已成为广州东部的"绿肺"和珠三角城市群中的一块绿洲。与此同时，着力改善城乡水环境。据区水务局统计，从2008年至2015年，增城区共完成158个行政村的农村生活污水处理设施建设，新建农村生活污水处理站393座，铺设污水管道约582.18千米，日处理能力达28798立方米，服务人口达38万人。整治二龙河、西福河等12条河涌总长125.5千米，整治加固百花林水库、雁塔电排站等一批防洪设施；推进增江一河两岸、派潭河等城乡主要河道的水景观建设，全面拆除水边茅棚、窝棚等构建物，清理拆除增江河387艘破旧住家船及存在重大安全隐患的运输船只，在亚运龙舟赛场周边建设长约8千米的鹤之洲景区，建成湿地公园、天然浴场、观景长廊等项目，成为广大市民休闲娱乐的场所和旅游景点。

增城城区

大力发展生态旅游。倡导绿色旅游和低碳生活，打造一批集保护、展示、教育于一体的生态文化平台，扩大生态文化影响力。依托良好的生态景观资源和人文资源，以幸福市民、快乐游客、致富农民为宗旨，在全国率先规划建设200千米的自驾车游绿道、250千米自行车休闲绿道和50千米增江画廊水上绿道三大绿道网。以小绿道发展大产业，围绕“吃、住、行、游、购、娱”旅游六要素，把沿线村庄规划建设成为综合服务中心、旅游驿站和农家旅馆，2015年累计建成473家，客房总数达6867间，推动了休闲旅游产业迅速发展，带动农民就业创业，绿道正成为市民休闲健身道、游客观光消费道和农民增收致富道。

建立生态文明建设保障机制。增城区根据南中北三大主体功能区的规划布局，建立资源配置机制、财政转移支付和生态补偿机制、组织保障机制、分类考评机制四大长效工作机制，推进生态文明建设，为确保生态建设落到实处提供坚强的制度保障。

增城区全面推进绿色通道、绿色社区、绿色校园、绿色企业、绿色村庄、绿色景区建设。保护青山碧水、整治人居环境已成为全区人民的自觉行动。

（撰稿：刘文斌；编辑：刘燕玲）

海珠湿地公园建设

广东海珠国家湿地公园（简称海珠湿地）地处广州海珠区东南隅，北面琶洲会展中心，南望广州大学城，东临国际生物岛，西跨城市新中轴，包括万亩果园、海珠湖及相关河涌39条，总面积1100公顷。海珠湿地是珠三角河涌湿地、城市内湖湿地与半自然果林镶嵌交混的复合湿地生态系统，是广州市城区重要的生态隔离带，被誉为广州“绿心”，也是中国特大城市中最大的城央国家湿地公园。

海珠湿地建设分海珠湖、海珠湿地一期、二期、三期、四期五个阶段，至2015年年底已建成海珠湖、海珠湿地一期、二期，免费向游客开放。

海珠湖工程。2008年夏，广东省委常委、广州市委书记朱小丹率广州市党政考察团到浙江杭州市学习借鉴该市“环境立市”经验时，提出在海珠挖湖调洪蓄水优化环境的构想。海珠区委、区政府迅速展开调研论证，形成海珠湖工程的意见并编制建设方案。2008年12月31日，海珠湖项目获市发展改革委批准。2010年3月29日，举行海珠湖工程动工仪式。2011年8月30日，海珠湖建设完成，9月30日举办开园仪式正式对外开放。海珠湖面积150公顷，其中湖心区95公顷（水面面积53公顷，陆地面积42公顷），绿化配套用地55公顷。海珠湖是广州市中心区最大的集蓄水调蓄、雨洪利用、引水补水、生态景观功能于一体的休闲公园，也是海珠区首个与水利工程结合的大型生态项目，与周边石榴岗河等6条河涌构成“一湖六脉、六涌环湖”的水网格局。海珠湖包括内湖和外湖两部分，外湖是由与海珠湖相接的六条河涌相连组成的“玉环”，环抱着圆形的内湖。湖心岛与广州塔、花城广场、中信广场呈一直线，是广州新中轴上的生态焦点。

2012年，广州市和海珠区站在推进新型城市化发展的战略高度，把海珠湿地建设作为广州市重大的“生态工程、文脉工程、民生工程”，同时作为广州打造产业转型升级良好环境，提升广州市整体竞争力的重要举措。3月15日，经国务院批准，国土资源部同意万亩果园“只征不转”用地模式，要求对基本农田实行永久保护，不得改变农用地用途进行非农建设。6月，海珠区启动将万亩果园申请为广东海珠湖国家湿地公园试点申报工作，12月获国家林业局批准为国家湿地公园试点建设单位。

海珠湿地一期于2012年9月29日建成并举行开园仪式。海珠湿地一期总面积约67公顷，水域面积占42%，约28.3公顷，全部为流动的活水。湿地一期是海珠湿地核心区和生态湿地示范区，注重将岭南水乡的本土文化特色融入湿地美景，以恢弘大气的岭南式牌坊和历史悠久的镬耳屋作为湿地的标志性建筑，以果林湿地作为独特的自然风貌，适当引入开发适宜当地生长的优良品种植物，打造独具岭南水乡文化特色的原生态湿地景观。

海珠湿地二期于2015年2月14日建成开放，占地面积204公顷，与海珠湖和湿地一期连成约367公顷的果园湿地景区。湿地二期着眼于“自然、生态、

2016年元旦海珠湿地开园迎客

野趣”，在原生果园的基础上，通过连通水系，调清活水、丰富植被、修复生态环境等方式，为鸟类营造良好的栖息、繁育、觅食等生态环境，成为真正的小鸟天堂。湿地二期集科普、休闲、服务于一体，其中配套服务区占地面积 14.2 公顷，游客服务中心占地面积 1.3 公顷。远期规划第三、四期部分，第三期位于石榴岗河南部片区，规划占地 353 公顷；第四期主要位于共和围片区，规划占地 217 公顷。

2015 年，海珠湿地成功通过专家组验收，成为广州市首个国家级湿地公园。湿地内水网交织，绿树婆娑，百果飘香，鸢飞鱼跃，生物多样，其中已记录有维管植物 103 科 253 属 344 种、鸟类 14 目 35 科 95 种、昆虫 8 目 39 科 66 种、两栖动物 1 目 5 科 7 种、爬行动物 1 目 5 科 13 种、兽类 3 目 4 科 7 种、鱼类 7 目 11 科 30 种。属于国家二级重点保护野生动物 4 种，广东省重点级保护鸟 12 种。现有树龄在 100—125 年的古树约 219 株。为加强管理和服务，海珠湿地已形成湿地保育区、恢复重建区、宣教展示区、合理利用区和管理服务区五个区域，融“生态湿地、旅游景观、园林文化、历史名村、观光休闲、科普教育”六大功能于一体，成为公众可及、可达、可享受的都市休闲区域。

（供稿：海珠区地方志办；撰稿：黄玉玲；编辑：李玉平　王娜）

广州石化热电站锅炉全部实现“超洁净排放”

2014 年，广州石化热电站全部锅炉（2 台 CFB 锅炉和 2 台煤粉炉）通过技术改造，烟气排放达到“超洁净排放”标准（即氮氧化物浓度小于 50 毫克/标立方米、二氧化硫浓度小于 35 毫克/标立方米、烟尘浓度小于 5 毫克/标立方米），实现烟煤机组烟气排放指标比天然气机组还要低的目标。

早在 2003 年，广州石化就组织技术人员对国内电厂的脱硫技术进行全面调研，对适应广州石化热电站燃煤锅炉的脱硫技术进行研讨，并对脱硫公司的脱硫业绩进行考察。10 月，广州石化专业技术人员参加由中国石化集团公司组织的脱硫技术装备西欧考察团，了解和考察欧洲各国烟气脱硫技术的运用水平及在国内的引用合作情况，实地考察国内脱硫技术装备在电厂的使用情况，参观脱硫技术示范工程。

2011 年 9 月，国家环保部颁布《火电厂大气污染物排放标准》，2014 年 7 月 1 日起实施。要求现有火电厂氮氧化物排放量需在 100 毫克/标立方米以下，二氧化硫排放量需在50毫克/标立方米以下，烟尘排放量需在20毫克/标立方米以下，逾期未完成烟气脱硫脱硝除尘改造的火电厂，将实施关停处理。根据以上标准，2011年，广州石化继续研究国内外锅炉烟气各种脱硫脱硝除尘技术，寻找最适合自身的脱硫脱硝除尘方案。通过调研和现场试验研究，以及多次专家论证比选，广州石化煤粉炉最终确定选用“烟气循环流化床半干法脱硫技术结合布袋除尘器进行脱硫和除尘，选用低氮燃烧器加选择性非催化还原及选择性催化还原组合技术进行脱硝”的技术方案，该方案除了能满足二氧化硫、氮氧化物和粉尘的排放要求外，还考虑到了三氧化硫等其他酸性气体和重金属去除的可能性，不产生废水等新的污染物，不产生视觉污染。为确保项目尽快实施，广州石化成立了“超洁净排放”项目组，投资1.6亿元对热电站4台锅炉进行脱硫脱硝改造。

2014年2月，广州市推出《燃煤电厂“超洁净排放”改造工作方案》（即“50355”工程），明确2015年7月1日前所有燃煤电厂完成超洁净排放改造，按燃煤达到天然气机组排放标准来实施。由于原方案是按国家环保部《火电厂大气污染物排放标准》来设计的，因此，广州石化面临两个选择，一是按原设计进行改造，先满足环保部提出的排放限值要求；另外一种方法是修改原设计方案，按超洁净排放要求一步实施到位。广州石化超洁净排放团队经过讨论，最终选择了后一种方案。

2014年6月30日，广州石化两台CFB锅炉脱硫脱硝项目完成改造后投用，装置系统运行稳定，主要控制参数氮氧化物、二氧化硫、烟尘等符合国家最新的《火电厂大气污染物排放标准》特别排放限值的要求。7月8日，经地方环保部门检测，两台CFB锅炉脱硫除尘装置出口氮氧化物排放量稳定控制在50毫克/标立方米以下，二氧化硫排放量稳定控制在35毫克/标立方米以下，粉尘排放量稳定控制在5毫克/标立方米以下，烟气排放指标达到了广州市提出的“超洁净排放”标准。广州石化成为中国石化系统内首家实现“超洁净排放”的企业。随后，3、4号煤粉炉也分别完成改造并投用，根据国家环境检测中心测试报告显示，二氧化硫排放浓度7.61毫克/标立方米、氮氧化物排放浓度1.4毫克/标立方米、烟尘排放浓度3.4毫克/标立方米，烟气排放达到“超洁净排放”标准。

2014年9月12日，国家发改委、环保部、能源局联合印发的《煤电节能减排升级与改造行动计划（2014—2020年）》要求，到2020年，东部地区（广东等11省市）现役机组通过改造基本达到燃气轮机排放限值的要求（在基准氧含量6%条件下，烟尘、二氧化硫、氮氧化物排放浓度分别不高于10、35、50

2014 年 12 月 7 日，广州石化热电站 4 台锅炉全部实现“超洁净排放”

毫克/立方米）。广州石化热电站锅炉“在基准氧含量为 6% 的情况下，烟尘浓度 2.2 毫克/标立方米、二氧化硫排放浓度 0.1 毫克/标立方米、氮氧化物浓度 12 毫克/标立方米”。广州石化热电站锅炉技术改造项目的成功，不仅改善了环境，对中国燃煤电厂环境改善工作也有着非常重大的示范价值。

（供稿：中石化广州分公司；撰稿：龚树荣；编辑：黄敏华　曾新）

开发区建成华南第一个国家生态工业示范园区

2009 年 1 月，广州开发区创建国家生态工业示范园区工作获国家环保部、商务部、科技部批准。创建工作开展以来，广州开发区通过加大宣传教育、调整产业结构、实行节能减排、坚持绿色招商等手段，全面推进环境综合治理，区内综合经济实力不断增强，产业结构趋于合理，产业链条逐步完善，园区整体环境质量日益好转，从过去单纯的工业园区建设形态逐步转变为经济园区与“环境友好型、资源节约型”国际化生态新城区的新型建设形态，特别在治水及治气方面取得较大成果。

2011 年 1 月，该区创建工作通过国家预验收。同年 10 月 23 日，正式通过国家环保部、科技部、商务部对该区创建工作的验收，成为华南地区第一个国家级生态工业示范园区。专家们评价，广州开发区在国家生态工业示范园区的建设中，以循环经济和工业生态学原理为指导，以建设广州现代化国际化东部生态新城区为目标，以转变经济发展方式为主线，创新管理模式，形成了“用地少、效益高、结构优、创新多、生态好”的新格局，对推动华南地区乃至全国的产业聚集园区的绿色发展具有重要的示范意义。

通过验收后，该区持续加大投入，巩固园区创建成果。一是近6年来共新建污水处理厂6座，日污水处理能力提高6倍，在全市率先实现建成区工业污水100%处理、生活污水100%截污、污水处理100%达标排放，获得广州市治水工作金牌奖。二是大力推进重点企业强制性清洁生产审核，2013年共审核企业强制性清洁生产无低费方案519个，中高费方案51个，产生经济效益2886.81万元，减排污染物化学需氧量（COD）21.204吨，二氧化硫18.51吨，废水23.4万吨，镍708.19千克，一般固体废物36吨。三是推进绿色社区和绿色学校创建，萝岗区新庄小学、红太阳幼儿园、玉岩中学、九佛第二中学、小太阳幼儿园等5所学校（幼儿园）成功创建广州市第十一批绿色学校，夏港街普晖社区和保税社区被评为广州市“绿色社区”。四是推进中水回用工程建设，恒运中水回用工程现管道埋设及安装全部完成（总长991米），西区水质净化厂内计量井、阀门井、闸门井主体施工及电缆沟施工部分全部完成，土建部分基本完成，总工程量完成80%。

2012年11月9日，广州开发区代表出席中国生态工业园建设与国家合作论坛，广州开发区生态园工业示范园区建设示范辐射作用扩展到北方。

（供稿：广州开发区档案馆；编辑：梁斯豪）

白云湖建成开放

为有效地改善石井河流域水环境和生态环境，自2004年9月开始，广州市政府经过多方面论证和实地考察，决定建设珠江西航道引水工程，既可以在枯水期对广州北部河涌进行生态补水，扩大截污成果，又可以促进北部地区水系联通，形成水网，改善广州城区水环境。2006年4月13日，广州市常务副市长苏泽群在市政府主持召开会议，研究珠江西航道引水首期工程实施问题。会议听取市水利局关于《广州市珠江西航道引水首期工程实施方案》的汇报，并讨论工程总体布置、征地拆迁和资金筹措等问题。会议认为，珠江西航道引水首期工程（白云湖工程）是广州市北部水系建设的骨干工程，工程的实施有利于改善石井河流域的防洪调蓄功能，达到充分利用雨洪资源，实现水安全及水环境综合整治的目的。

广州市北部水系建设西航道引水首期工程（简称白云湖工程）位于广州市白云区石井街，地块范围北至华南北路，西至规划的滨湖道路，南至浮山村、环滘村北部，东至蚬岗岭，主要包括广和泵站、引水渠道和人工湖湖区、进水闸、各河涌分水闸及石井河泵站建设。自西航道取水至白云湖，引水渠长 4.7 千米，湖区规划总面积 2.07 平方米、水面面积 1.06 平方米，成为集水生态、雨洪调蓄、休闲景观功能于一体的综合利用水利工程。

2006 年 12 月 22 日，白云湖水利工程正式开工，2010 年广州亚运会前，基本完成主体水利工程建设。2010 年 4 月，白云湖工程投入调水补水运行，亚运会、亚残运会期间，平均每天对石井河调水补水约 80 万立方米。在对石井河进行补水的同时，配合截污等多项治水措施，使原本黑臭的石井河水质状况大大改观，白云湖的工程效益、社会综合效益逐步显现。

白云湖石井大道入口

2011 年 11 月 28 日，白云湖东湖区域免费对市民开放，至 2015 年年底，接待游客逾 1730 万人次。12 月 10 日，水利部在北京召开全国水利风景区建设与管理工作会议，宣布第十五批国家水利风景区名单。白云湖水利风景区成为该批次广东省唯一一个国家水利风景区，并在主会场接受颁牌。

白云湖作为广州市中心城区水域面积最大的人工湖，较好地实现引水入库、对周边河涌生态补水，石井河流域水体循环，同时发挥调蓄雨洪、抗旱排涝的功能，还为广大市民提供了一个新的休闲、游览场所，延展了城市生态走廊，增进了广州地区人与自然和谐的生态文明。

（撰稿：黄玉玲；编辑：刘德敏）

中国内地—香港—澳门突发重大动物疫情联合应急演练

为进一步提升地区间动物疫病联防联控、动物疫情信息互通和联合处置工作，2011 年 12 月 6 日上午 10 时，国家农业部在从化良口镇广州马术运动场，举行中国内地—香港—澳门突发重大动物疫情联合应急演练。此次演练由农业部突发重大动物疫情应急指挥中心、香港特别行政区食物及卫生局、澳门特别行政区民政总署、广东省突发重大动物疫情应急领导小组主办，由中国动物疫病预防控制中心、广东省农业厅、广州市农业局、从化市人民政府承办。

演练模拟从化市某家禽养殖场发生高致病性禽流感后，国家农业部、广东省农业厅、从化市重大动物疫病指挥部等内地各级兽医主管部门，香港特别行政区兽医主管部门和澳门特别行政区兽医主管部门迅速反应，进行科学有效的应急处置及联合防控，最终将疫情迅速扑灭的过程。演练严格按照《中华人民共和国动物防疫法》《重大动物疫情应急条例》《国家突发重大动物疫情应急预案》以及动物疫情处置有关规范的规定和要求，全程模拟和展示突发重大动物疫情发生时，疫病诊断、流行病学调查、疫情报告、疫情通报、封锁、紧急免疫、监测、消毒、扑杀、无害化处理、解封、人员防护、人员健康监测、市场监管等各项应急处置措施的实施。

演练全程共约 75 分钟，包括演练启动仪式、正式演练和演练总结三大环节。正式演练环节严格按照“早、快、严、小”的疫情处置原则，先后进行“疫情监测报告与先期处置”“应急响应与应急处置”和“应急相应终止与善后处置”三个科目的演练，集中体现“加强领导、密切配合、依靠科学、依法防治、群防群治、果断处置”的疫情处置二十四方针。

“疫情监测报告与先期处置”是关于疫情确认及疫情信息通报。主要包括：疫情报告（养殖户）—疫情接报和现场调查核实（动监机构）—初步情况的逐级上报和向同级相关部门通报（兽医各级部门）—实验室检测确认（省级疫控中心）—香港、澳门进行疫情通报并公布疫情（农业部）。

“应急响应与应急处置”是模拟政府及兽医、工商、卫生、公安等部门各司其职，共同协作进行疫情处置的情景。主要包括：启动疫情应急预案和Ⅳ级应急响应，发布疫情公告（县区政府）—划定疫点、疫区、受威胁区（兽医部门）—封锁疫区并扑杀易感动物（兽医和公安部门联合）；无害化处理染疫动物、产品、垫料等（兽医部门）—疫点疫区定期消毒（兽医部门）—受威胁区内易感动物紧急免疫接种（兽医部门）。期间开展密切接触人群的医学观察（卫生部门），疫区、受威胁区及相关区域动物及动物经营产场所的也受到监管（工商部门）。

“应急相应终止与善后处置”是疫点疫区通过紧急处置，经过规定时间的监测合格后予以解除封锁的过程。主要包括：申请解除封锁（县区兽医部门）—疫情监测评估验收（市级专家组）—样品实验室检测（省级疫控中心）—封锁令的解除和解封令发布（县区政府）。

中国内地—香港—澳门突发重大动物疫情联合应急演练

在演练启动仪式中，兽医、工商、公安、卫生部门工作人员共176人组成11个方队进入演练场接受检阅，每个方队由16人组成。由农业部门组成的方队有封锁检疫方队、技术专家方队、扑杀家禽方队、消毒灭源方队、无害化处理方队、紧急免疫方队、疫情监测方队和动物防疫车辆方队；卫生部门组成的方队为医疗防护方队；工商部门组成的方队为市场监管方队；公安部门组成的方队为治安保卫方队。其中疫情监测方队为女子方队。11个方队是演练过程中的场内主要参演人员；此外，直接参与演练的还有代表各级机构联络人的场外参演人员，包括演练解说、演练指挥、参演物资保障等工作人员。

演练采取以现场演练为主、视频录像补充演示、全程解说的形式，8台摄影机对现场演练进行拍摄，并在大屏幕进行实时播放。此次演练，是中国内地首次与境外地区举行的动物疫情联合应急演练，也是首次在广东举办，是继无疫区建设和亚运会马术比赛后，广州市成功承办的又一全国性动物卫生管理主题活动。

（撰稿：黄睿蕾　吴翠花；编辑：刘德敏）

广州数字绿化平台建设

2009年广州实施大部制改革，由原市林业局和市政园林局合并新成立市林业和园林局，统筹管理全市林业和园林绿化工作，改变以往园林部门管理城区绿地、林业部门管理郊区林地的局面，实现城乡一体的绿化管理格局。长期以来，传统林业园林管理资源数据基本以纸质存档为主，并且各自管理，存在信息壁垒、数据孤岛、管理分散、条块分割、技术标准不统一等问题。为推动城市绿化信息化建设，2011年，广州市林业和园林局启动广州数字绿化平台建设。

该平台在对林业和园林两大业务进行整合、重组与优化的基础上，围绕森林资源、园林绿化、生态保护三大类核心业务，以“数字绿化、智慧管理、生态广州”为目标，集成林业园林核心业务，形成全市林业园林行业的“大数据、大服务”综合信息管理平台，实现广州绿化资源“天上看、地上管、网上查”三位一体的立体监管新模式，为林业园林信息化、精细化管理提供及时、准确、综合的信息服务和技术支撑。

广州数字绿化平台应用数据采集建模技术和移动互联网技术。开发林业园林数据采集软件，通过iOS、Android等操作系统的移动终端与数据模型相结合，实现多种专题数据的快速采集。共计调查行道树600804棵、大树（胸径80CM以上）5439棵、公园334个、道路绿地及道路两侧绿地板块共49828块、居住区及单位11671个、植物种类1320种。其中古树名木、大树、行道树，采集精度达到0.25米。除基本的林业和园林基础数据外，基于1:500地形图，结合现场建筑纹理信息采集，制作广州市中心城区285平方千米的三维标准模型，10平方千米林业园林精品工程、绿道、重点绿化带和285座人行天桥与立交桥的精细模型，1500 种广州常见树木精模以及全市约 7400 平方千米的粗模。还对重点绿化景观和旅游景点制作了 360 度全景，包括 1400 多棵古树名木、400 多个园林绿化精品工程和旅游景点，500 多千米的绿道实景数据。三维景观建模将空间表达从二维提升到三维，360 度实景把视觉从虚拟延伸到现实，集中展示广州近年来的城市园林绿化建设成果，为城市绿化日常维护管养、合理规划和布局、创造良好的城市人居环境提供可视化的参考，同时也为公众参与及领导决策提供有力支持。

广州数字绿化平台将林业园林主要业务分为园林绿化管理、森林资源管理和生态资源保护三大部分，经过业务重构、流程重组和数据整合，开发建设了业务管理系统 19 个，包括森林资源管理系统、林政资源管理系统、园林绿化管理系统、公园景区管理系统、行政审批电子监察系统、森林防火管理系统、有害生物管理系统等。平台以多比例尺地形图，多精度影像，地势图，全景图、不同精度三维模型为基础，以园林绿地数据、森林资源数据、生态保护数据以及各林业园林业务管理流程为引擎，以多维定制系统为平台，定制完成 1 个数据中心，1 个共享平台，19 个业务管理子系统，采用“微内核＋插件＋单点登录”的方式，建立完全分布和松散耦合的系统结构模式，实现业务的任意定制、扩展和协同办公以及方便、快捷的图文一体化管理平台。设计以中间接口层与公共模型为核心的多源异构数据库模型，构建基于 SOA 的 Web 服务构造分布式异构数据中心，解决林业园林资源数据的多来源、多类型、多尺度、多时态的融合难题。采用基于并行 GPU 计算的大规模虚拟景观生成技术，解决精细建模海量数据生成问题。建成覆盖园林绿地、公园、古树名木、行道树、森林资源、森林防火、野生动植物等共 11 类专题 57 个图层的广州绿化“一张图”。

广州数字绿化平台以大数据挖掘为突破口，创新林业园林管理新模式。一是在精准绿地数据采集的基础上，利用实景影像、高清视频监控系统解决部分城市绿地临占审批、行道树迁移等园林绿化审批事项必须到现场核实的难题，提高了审批效率。二是在原有森林资源二类清查数据的基础上，利用多年度高清影像数据的对比，实现森林资源的动态监测，准确了解林地的动态变化，及时发现破坏林地、毁林种果、滥砍滥伐现象，保护林地安全。三是利用数字高清视频监控数据实现了公园进园人数的自动统计、人员聚集和闯入危险地带的自动报警、可疑人员的自动跟踪以及园林绿化应急管理等功能，提高公园景区的管理水平。四是利用森林防火视频监控、林火卫星监控、卫星通信指挥车实现森林火灾的快速监测、林火扑救的辅助决策。五是利用

800M 数字对讲系统 GPS 定位跟踪功能实现森林火灾扑火人员的安全监测、护林员护林路线管理等。

广州数字绿化平台自 2012 年 8 月上线试运行以来，月均业务办理量近 1200 多件，系统用户包括市、11 个区及镇（街）林业园林管理部门工作人员近 5000 多名。逐步建立起功能齐备、互通共享、高效便捷、稳定安全的林业园林信息化体系。2015 年 1 月 20 日，国家林业局在厦门召开全国林业信息化工作会议，广州市被国家林业局授予“全国林业信息化示范市”称号。

（撰稿：刘春芳；编辑：刘德敏）

连续举办园林博览会

为丰富市民春节文化，弘扬岭南园艺艺术，突出展现广州花城特色，自 2011 年以来，广州每年春节期间都举办一次大型园林博览会，截至 2015 年，已连续举办五届，为市民打造春节花文化盛宴，深受广州市民欢迎。

规模逐年加大。2011 年第 17 届、2012 年第 18 届广州园林博览会均在云台花园举办，由广州市林业和园林局、广州市人力资源和社会保障局共同主办。第 17 届广州园林博览会围绕“梦想·花园·家”的主题，展出 6 组大型公共景点、31 组艺术园圃，以及大型室内艺术插花、精品花卉等内容，总布展面积 15 万平方米。自 2013 年开始，广州园林博览会由广州市林业和园林局主办，有关区政府承办。园林博览会规模从市区扩大到郊区，充分利用海珠湖、增城挂绿湖广场、白云公园等有利地形，以大花海、大景区营造博览会大气势、大场面、大规模。2013 第 19 届广州园林博览会由白云区政府和增城市政府承办，2013 年 2 月 6 日至 3 月 15 日在白云区白云公园与增城市挂绿湖公园同时举行。第 19 届广州园林博览会共投入资金 6500 多万元，其中社会资金 1500 万元，总布展面积超过 68 万平方米，并自第 19 届开始，园博会免费向市民开放。2014 年第 20 届广州园林博览会由海珠区政府、萝岗区政府承办，1 月 27 日开幕，为期一个月。海珠会场设在海珠湖公园，位于广州市新中轴的南段，面积达 150 公顷，萝岗会场位于萝岗区科学城科城锦绣核心区，占地面积约 20 公顷。2015 年第 21 届广州园林博览会由海珠区、番禺区政府承办，展期为 2015 年 2 月 15 日至 3 月 14 日。海珠分会场继续设在海珠湖公园。番禺分会场位于番禺区莲花山旅游区东侧山脚下莲花水乡景区内，中心花坛占地 2 万平方米。以“花簇莲乡鱼戏水，万紫千红总是春”为主题，莲花水乡风景区为依托，以水元素为特色，集中展现了人文气息浓郁的水上园林博览会。

白云公园第19届广州园林博览会会场

精品竞相争艳。园博会在造型上既有集中展现岭南园林艺术的精品园圃组合，也有展现岭南文化的插花、盆景及园艺小品。2013年开始，园博会纳入广州市迎春花市节庆系列活动。第19届广州园林博览会以“美丽花城，幸福广州”为主题，以“广州过年，花城看花”为口号，集中展现岭南园林艺术，将园林行业盛会发展为节庆综合盛会，成为节庆花事活动中的一大精品。第19届园博会设置景点66组，辅以艺术插花、盆景花卉展、摄影书法展、美食展等各类活动。免费向公众开放，展会期间共吸引165万游客入园，为上届游客数的40多倍。2014年第20届广州园林博览会萝岗会场集中推出“游山玩水赏园林”“一品诱人美食”“名企风采一睹先”等多个活动项目，以位列新老羊城八景之一的“萝岗香雪”和“科城锦绣”为设计元素，承接历史文脉，通过亭廊水榭、名牌匾额、梅花疏影、生态驳岸、科技新品等造景元素，彰显科技进步、生态文明的成果。2015年海珠湖展区以“花海拾芳”为主题打造的十香花苑项目，占地2.8万平方米，集中展示了海珠区别具特色的岭南文化和自然景观。

突出环保永久保留。园博会在造景手法上，因地制宜，突出环保低碳理念，采用乡土植物搭配，使园博会展品作为弘扬岭南文化的载体永久保留。2012年第18届广州园林博览会邀请11个区（市）政府参展，在云台花园建设永久保留园圃精品。2013年在白云区、增城市新建的白云花园和增城花园中，结合其建设总体方案，规划了相应区域作为该届园博会参展作品永久保留的建设用地。2013 年第 19 届广州园林博览会中，参展的永久性园林艺术园圃有 22 个，建设永久园林景区面积达 7 万多平方米，成为白云和增城花园中展现岭南园林艺术的永久景区。2014 年第 20 届广州园林博览会海珠湖展区采用岭南园林造景手法，环湖建园，通过景石、景墙构建，水景营造，绿化造景，再现瑶溪二十四景中的十七景，建设了 8 个艺术园圃和 5 个区永久精品展园。

（撰稿：刘春芳　柯宣东；编辑：刘德敏）

举办广州国际盆栽植物及花园花店用品展览会

广州是中国花卉的主要产区和市场流通中心之一。2010 年全市花卉种植面积 1.53 万公顷，产值 32.15 万元，分别占全省的 25.96% 和 28.31%，占全市种植业生产总面积的 4.69%，分别占全市农业总产值和种植业总产值的 9.98%、19.34%。

广州市花卉种植业的稳步发展，推动了花卉展览业的发展。2005 年至 2010 年，中国花卉协会和广州市人民政府在广州花卉博览园共同主办六届中国盆栽花卉交易会（简称花交会）。2011 年，花交会在广州锦汉展览中心举办，并易名为“广州国际盆栽植物及花园花店用品展览会”，由中国花卉协会主办，广州市农业局、广州市花都区人民政府、广州花卉之都农业有限公司、上海国际展览中心有限公司、长城国际展览有限责任公司联合举办。2012 年，广州市农业局与中国花卉协会、顺德陈村花卉世界有限公司及北京长城国际展览有限责任公司、上海国际展览中心、中国花协盆栽植物分会沟通，决定停办由陈村花卉世界有限公司在陈村花卉世界连续举办了十届的“中国国际植物展”，并将该展览融入“2012 广州国际盆栽植物及花园花店用品展览会”。自 2012 年开始，“广州国际盆栽植物及花园花店用品展览会”场馆设在花都，力将“花卉之都”打造为广州地区新的花卉交易市场。

2011 年至 2015 年，“广州国际盆栽植物及花园花店用品展览会”连续举办五届，均由中国花卉协会主办。时间基本固定在每年的 11 月至 12 月。主要展览盆栽植物、花园装饰用品、花店用品、庭院设施及休闲用品。展览会主要面向国内外盆栽生产商、花园花店用品生产经销商，吸引国内外盆栽花卉销售商、经营花店用品的零售业相关单位和个人等专业人士参加。同时也面向广大市民，宣传花卉文化，引导花卉消费，培育花卉市场。与“花交会”相比，展览会国际化程度更高。2012 年展会海外展商数量接近总数的 30%，来自英国、荷兰、西班牙、法国、意大利、澳大利亚、美国、日本、韩国、新加坡、马来西亚、泰国、比利时、新西兰、哥伦比亚、斯里兰卡、中国（包括香港和台湾）等多个国家和地区参加。参展面积、企业和观众人数逐步提升。2011 年展览会展览面积 6000 平方米，参展企业为 85 家，专业观众为 3845 人。2015 年，展览面积近 10000 平方米，参展企业 180 余家，专业观众达到 6751 人，观众人数超过 15000 人次。

“广州国际盆栽植物及花园花店用品展览会”已成为华南地区规模最大、专业观众最多、人气最高的花卉行业展会。中国花卉协会盆栽植物分会红掌产业小组、小盆栽产业小组先后在穗成立，确立了广州红掌产业、小盆栽产业在国内的领军地位。

（撰稿：刘春芳　柯宣东；编辑：刘德敏）

增城挂绿湖湿地公园建成开放

2012 年 2 月 27 日，增城挂绿湖湿地公园正式开园。挂绿湖湿地公园建设工程是广州市深入贯彻落实省有关“天更蓝、水更清、路更畅、房更靓、城更美”、建设生态宜居城市要求，进一步提升城市环境吸引力的一个重要项目。该工程既是水利排涝工程，也是城市景观工程，具有良好的环境效益、社会效益和经济效益。

挂绿湖湿地公园位于增城市新城市中心，是增城市重要民生工程。2011 年正式开工，截至 2015 年年底，一期工程（面积 100 公顷）完成，二期工程正在建设。工程项目主要包括挂绿湖调蓄区工程、市民亲水广场、二环环路建设和挂绿湖大道改造等工程。其中挂绿湖环湖绿道工程全长 11. 3 千米、宽 3 米，工程内容主要分为水上石栈道、陆上绿道及配套设施三大部分，其中配套设施包括市民休闲广场、停车场、凉亭及公厕等。项目建设以“花”为主题，通过整合周边的山、水、园、林等元素，构筑独特的“城—山—水”景观风貌，打造园林景观、人行步道和自行车道融为一体的休闲文化空间，形成增城标志性的滨水绿道。

挂绿湖湿地公园规划面积 466. 7 公顷，其中水面积 200 公顷，湿地和绿地

266.7 公顷；分为湿地生态区、滨湖休闲区、湖光山色区和森林氧吧区 4 个景观功能区，总绿化面积约 22 万平方米。湖边共种植 30 多万株苗木，铺设草皮约 12 万平方米。种植的树种有木棉、人面子、凤凰木、秋枫、桃花、鹰嘴桃、水蒲桃、水翁、竹节树、花叶芦苇等。

增城挂绿湖

挂绿湖承担着重要的生态功能，形成具有“湿地保护、防洪排涝、饮用水储备、农林灌溉、调节气候”等综合功能的生态湖区。按照“生态水城”理念，挂绿湖湖水与增江连通，可调蓄排放，水质达到二类标准。挂绿湖分为 A、B、C、D、E 五个湖区，其中 A、B、C、D 四个湖区为主调蓄区，重点承担雨洪资源的调蓄排放，E 湖区为湿地调蓄区，重点承担水环境改善保护。湖区岸线长约 20 千米，蓄水容量为 380 万立方米。巨大的库容能起到水量调节器的作用，保障增城汛期不涝、旱期不旱。挂绿湖可作为饮用水储备，一旦增江上游地区出现水污染事件，可紧急启用挂绿湖备用水源，为城区市民提供干净的应急水源。挂绿湖还是良好的空气“调节器”，为增城市民提供清新的空气，还能过滤水源，保障水质，保护生物多样性，更好地实现人与自然的和谐相处。

（撰稿：刘文斌；编辑：刘燕玲）

《广州市水务管理条例》公布实施

2002 年 8 月 29 日，第九届全国人大常委会第二十九次会议通过《中华人民共和国水法》修订案。随着新水法的颁布施行，自 1997 年便开始沿用至今的《广州市实施〈中华人民共和国水法〉办法》已不适应形势需要。市水务局牵头组织修订工作，多次召开专家座谈会，广泛征求各方意见和建议，提出将修订《广州市实施〈中华人民共和国水法〉办法》调整为制定《广州市水务管理条例》。此建议获市政府和市人大同意，并被列为 2011 年度广州市地方性法规制定计划正式项目。

《广州市水务管理条例》（简称《条例》）经广州市第十三届人民代表大会常务委员会第四十五次会议通过和广东省第十一届人民代表大会常务委员会第三十一次会议批准，自 2012 年 5 月 1 日起施行。作为全国第一部有关水务管理的地方性立法，《条例》在水资源、水域、水务管理等方面都作出创新，其中地表径流控制制度首次在地方法规中确立。新建建设项目要通过增加地表透水率、自建雨水调蓄设施等方式，确保建设后的地表径流量不超过建设前的地表径流量，防止排水量超过管道、河涌负荷而满溢倒灌，此举有望从源头上治理“水浸街”。

作为全国第一部有关水务管理的地方性法规，《条例》具有以下特点：

实行最严格的水域管理制度。严禁商业行为和房地产开发占用水域。《条例》列举禁止占用河道、河涌、湖泊、山塘、水库水域的行为：修建危害防洪、供水、水资源保护、水力发电、灌溉等的建筑物、构筑物；进行房地产以及其他商业开发建设活动。建立严格的水域占补平衡制度。

从源头上加大对城市内涝防治力度。新建、改建、扩建的建设项目需要配套建设排水设施的，应当根据排水规划采取雨污分流、地表径流控制和雨水综合利用等工程措施，使建设后的地表径流量不超过建设前的地表径流量。《条例》规定，新建、改建、扩建的市政道路应当与公共排水设施的建设计划相衔接，同步实施排水工程。建设单位不得擅自抬高地面标高。

加大对排污单位和个人的监管力度。《条例》规定任何单位和个人不得采取私设暗管等规避监管的方式向河道、河涌、湖泊、山塘、水库、灌溉渠等水体排放污水和废水。

强化防汛抗洪的社会责任和义务。《条例》规定，在河道、河涌管理范围以及湖泊、山塘、水库、堤围等水工程管理范围内建设的码头、道路等建筑物、构筑物，涉及河道、河涌以及水工程防洪功能的，其所有人或者实际使用人应当加强养护和管理，并依法承担防汛抗洪义务，服从防洪、排涝、抢险的统一指挥。

规范珠三角地方特色的河涌管理制度。规定“河涌的管理范围为蓝线划定的范围。未划定蓝线的河涌，其管理范围为两岸堤防背水坡脚以外六米之间的全部区域。水务行政主管部门应当对划定的河道、河涌管理范围进行勘界，设立界桩，并向社会公告”。

荔枝湾涌水环境治理现成效

划清水务与相关职能部门的法律关系。明确水务部门与环保部门的关系。水质问题是环保部门的职责，水务部门负责污水处理和向管网排放不达标污水的查处，违法向河道、河涌、湖泊、山塘、水库、灌溉渠等水体排放污水和废水的，由环保部门负责查处。排污口设置审批调整为环保部门牵头，在审批时征求水务部门意见，以解决排污口审批和执法重复和扯皮的问题。明确水务与港务在码头管理的关系，水务审批设置为前置审批，港务部门在码头审批时必须有水务部门的审批意见。明确水务部门与国土部门在地下水资源取水许可的管理关系，将地下水许可设置为前置许可，取用地热水、矿泉水的单位和个人，应当依法取得水务行政主管部门核发的取水许可证，凭取水许可证向国土资源行政管理部门申请办理采矿许可证，并按照水务行政主管部门确定的开采限量开采。

（撰稿：黄玉玲；编辑：刘德敏）

广佛肇清联手举办“爱我珠江亲水节”系列活动

珠江水系包括东江、西江和北江等支流，西江和北江分别流经肇庆、清远，两江交汇于佛山并从佛山向广州贯穿。但随着经济的快速发展，珠江面临的环境生态问题越发严峻，治理和保护好珠江成为广佛肇清迫切而重要的使命。

2012 年，广州、佛山、肇庆、清远共同签署了《广佛肇清四市联合治水行动纲领》，结成联盟共同体携手治理珠江，共同保护母亲河。为切实推进珠江治理活动落到实处，广州、佛山、肇庆、清远共同明确建立珠江保护联盟，开展两大工作。一是各市抓好自己片区的水域治理与保护，尤其要把各自的污水截住处理好，不让污水入江，以“清洁的片区”组建成“美丽的珠江”。二是加大跨界水域联合治理与保护，尤其是抓好片区接合处水域整治，确保珠江治理与保护不留死角。建立跨界水污染联防联治机制，每半年开展一次跨界污染联合执法活动，针对有可能造成跨界污染的企业、工业园区、工业集中区域、农业面源、流动源，共同商议确定联合执法范围等。

为推动跨区域生态环境保护，增强民众环保意识，自 2012 年起，广州市联合佛山、肇庆、清远共同主办“爱我珠江亲水节”，亲水节开幕式由四个城市每年轮流举办一次。2012 年 7 月 7 日 13 时，首届“爱我珠江亲水节”系列活动在星海音乐厅广场举行，广州市主要领导以及其他 3 市的市长均到场参加，省市领导共同为 2012 年“爱我珠江亲水节”启动开幕。此次活动包括亲水节开幕式、渔业资源增殖放流活动、广州国际龙舟赛邀请赛和横渡珠江等传统项目，其中，增殖放流、龙舟赛和横渡珠江均是广州市每年一次的常规大型活动。开幕式由市长陈建华主持。在开幕式上，4 市提出联合治水行动纲领，并以 4 市名义向社会发出爱我珠江倡议书，倡导市民从我做起，积极参与保护珠江。开幕式后，13 时 30 分，2012 年广州市渔业资源增殖放流活动开始。省市领导分别到星海音乐厅广场对出堤岸亲水台放生，共放流大鲤鱼 300 尾，15—20 厘米鱼苗 500 袋。同日，由广州市人民政府主办，广州市体育局等单位承办的广发银行 2012 年广州国际龙舟邀请赛在广州市中大北门广场至广州大桥之间的珠江河段举行。2012 年广州市横渡珠江活动于 8 月 2 日在中大码头至星海音乐厅之间珠江河段举行。两岸直线距离 450 米，横渡路线距离约 800 米。在组织群众游渡的基础上，增加了竞渡项目，广州、佛山、肇庆、清远、东莞、中山各派一支队伍参加竞赛，决出男、女 800 米前十名。除邀请佛山、肇庆、清远、东莞、中山各组织一个50人方队外，还有来自驻穗部队、市直单位、市总工会、青年志愿者、市教育系统、市建设系统、各区、县级市代表方队以及社会各界代表共同组成40个方队，共1849人。14时下水，15时10分全部顺利到达终点，游渡总用时1小时10分钟。

此次亲水节活动，整合龙舟邀请赛、横渡珠江等传统水上体育赛事和公益活动，形成聚集效应，打造一个全新的、市民参与度高的亲水系列活动品牌。除四个主办市外，还邀请了东莞和中山市参加。广州、佛山、肇庆、清远4市以举办亲水节为契机，实施跨区域生态环保活动，整治水污染，保护水资源，动员全社会关注珠江、爱护珠江、美化珠江。

2013年6月22日，由广州、佛山、肇庆、清远4市人民政府联合主办的第二届"爱我珠江亲水节"在佛山东平水道河畔开幕。2014年6月6日，第三届"爱我珠江亲水节"在肇庆星湖观礼台开幕。此届活动特别邀请梧州、云浮、贺州3市参加，旨在进一步增强7市人民的环境意识，让大家关心、支持并参与包括珠江整治在内的环境整治工作。

"爱我珠江亲水节"自2012年开始举办至2014年，已连续举办3届，在华南地区上取得良好的环保宣传效果。它以倡导环保为主题，以保护珠江为切入点，进一步增强了民众的环保意识，通过多年多市的通力合作，促进实现区域环境保护、生态可持续发展。

（供稿：市体育局；编辑：曾慧娟　张丽蓉　刘德敏）

广州碳排放权交易所成立

2012年9月11日，广东省碳排放权交易试点启动暨广州碳排放权交易所揭牌仪式在广州联合交易园区举行。广东塔牌集团股份有限公司、阳春海螺水泥有限公司、中材亨达水泥有限公司和华润水泥控股有限公司现场分别认购47万吨、41万吨、21万吨、21万吨二氧化碳排放权配额，分别花费2458万元、2144万元、1098万元、1098万元，合计以6798万元认购了130万吨二氧化碳排放权配额，为中国基于碳排放总量控制下的首例碳排放权配额交易。

广东是中国经济总量最大的省份，也是"十二五"碳排放要求下降幅度最大、任务最艰巨的省份。2010年，国家发展与改革委员会启动低碳省区和低碳城市试点。2011年，广东省启动研究建立碳排放权交易市场，广东省发展和改革委员会统筹广东省碳排放权交易平台建设。2011 年，国务院通知“开展碳排放交易试点，建立自愿减排机制，推进碳排放权交易市场建设”。国家发改委同意北京市、天津市、上海市、重庆市、湖北省、广东省及深圳市开展碳排放权交易试点，要求“着手研究制定碳排放权交易试点管理办法，明确试点的基本规则，测算并确定本地区温室气体排放总量控制目标，研究制定温室气体排放指标分配方案，建立本地区碳排放权交易监管体系和登记注册系统，培育和建设交易平台，做好碳排放权交易试点支撑体系建设，保障试点工作的顺利进行”。

2011 年 11 月 4 日，广东省代省长朱小丹批示同意以省市合作模式在广州设立碳排放权交易所。11 日，广东省发改委召开专题会议，明确由广州市牵头推进设立碳排放权交易所的前期工作，由广州市成立专门工作领导小组，并安排一名副市长担任组长。2012 年 7 月 10 日，广东省政府同意广州碳排放权交易所注册设立。8 月 27 日，广州碳排放权交易所完成工商注册手续，正式成立。9 月 7 日，广东省政府要求碳排放权交易活动通过交易平台进行，指定广东省碳排放权交易平台是广碳所，明确了实施碳排放信息报告、实施碳排放总量控制和配额交易的企业范围。

广州碳排放权交易所位于广州市新港西路 82 号广州交易所集团办公大楼，属法人独资国有企业，注册资本为人民币 1 亿元。广州交易所集团有限公司占股 100% 并实际控制，主要经营范围为开展碳排放权、核证减排量交易、温室气体自愿减排量交易、碳汇交易、节能量交易、提供二氧化硫、化学需氧量和氮氧化物等主要污染物指标交易及相关咨询、管理服务；节能减排技术咨询、管理及交易；节能减排项目咨询、设计、评估及管理。

通过参考欧盟碳排放交易体系、美国区域温室气体减排行动、新西兰碳交易体系等国际经验，结合广东实际情况，凭借省市联建的先天优势，广州碳排放权交易所在短短时间内就组建起涵盖财经、金融、环保、法律、信息技术、管理等专业的经营管理团队，完成一系列规章制度建设，打造了较为完善碳排放权交易软硬件系统，建立了包括涨跌幅限制、交易异常监管、信息披露等在内的交易风险制度，防止市场异常波动、违规交易和市场操控等问题的出现。

广州碳排放权交易所承担着碳交易和结算服务、碳金融产品创新、市场能力建设等重要任务，在广东省碳交易顶层设计、市场创新、宣传推广等方面发挥着独特的作用，形成了稳定的有偿竞价发放机制，创造了国内碳市场的七个第一：第一个启动碳交易的试点省份、配额规模第一、第一个举行有偿配额竞价发放、首日成交单价第一、有偿配额发放总量第一、配额成交总量国内第一、完成国内首单中国核证减排量线上交易。截至 2015 年 12 月 31 日，广东碳市场累计成交配额 2350.88 万吨，占全国碳交易试点约 35.5%，总成交金额 9.64 亿元，占全国碳交易试点 42.4%，在全国七个碳交易试点中处于领先位置，为广东绿色低碳发展提供有力的支持。

（撰稿：黄乾；编辑：罗锦强）

"花城绿城水城"生态城市建设

2012 年 10 月，广州市委、市政府出台《关于推进低碳发展建设生态城市的实施意见》，提出"天更蓝、水更清、路更畅、房更靓、城更美"工作方针，建设以花城绿城水城为品牌的岭南特色生态城市，实施节地、蓝天、绿地、碧水、清洁、低碳六大行动计划，致力打造人与自然和谐相处的生态城市美景。2013 年 3 月 4 日，广州市召开推进花城绿城水城建设专题工作会议，研究部署花城绿城水城建设工作。成立"广州花城绿城水城建设工作小组"，由市长陈建华任组长，常务副市长陈如桂任常务副组长。各区、县级市也成立相应的工作机构，由各区、县级市主要领导亲自挂帅负责推进。

市建委牵头花城绿城水城建设。2013 年 1 月，市建委牵头会同市林业园林局、市水务局就"花城、绿城、水城"的建设项目进行梳理，研究确定全市"花城、绿城、水城"建设的总体目标和年度实施计划，起草《广州市花城绿城水城建设方案》（征求意见稿），征求各区（县级市）、市林业园林局、市水务局意见，经修改、审核、优化和提炼，制定《广州市花城绿城水城建设方案》（送审稿）。2013 年 7 月 15 日，市长陈建华主持召开第 75 次市政府常务会议，对建设方案提出了修改意见。会后市建委组织各区重新梳理和细化建设项目，具体明确资金渠道、投资额、投资主体、建设主体、工期安排、完成时限等要素，并再次征求意见、不断修改完善。该方案于 9 月 2 日经市政府第 82 次常务会议通过、9 月 30 日经市委常委会审定通过，于 10 月 12 日正式以市政府办公厅名义印发。

《广州市花城绿城水城建设方案》实施时间为 2013 年至 2016 年。为保证建设方案的实现，广州市委市政府重点实施岭南花园、森林公园、生态湖、湿地公园、公共沙滩泳场、水环境综合提升工程、道路绿化提升工程、绿道工程等项目。到 2016 年，广州市计划新增各类花园超过 500 万平方米，打造 10 个岭南精品花园；新增绿化面积超过 100 平方千米，城市建成区绿地率达到 36%，人均公园绿地面积 16.5 平方米，居住区 500 米以内见公园绿地，实现“森林围城”，再现“青山半入城”的绿城美景。新增水域面积 1351 万平方米、湿地面积 1952 万平方米，污水处理能力达 543 万吨/日，主要河涌基本消除劣五类水，使广州成为彰显岭南水乡风貌的生态水城。

南沙湿地

番禺大夫山森林公园

整治后的荔湾涌

海珠万亩果园

2013 年 10 月 24 日，广州市召开花城绿城水城建设工作动员大会，对全市花城绿城水城建设进行动员和部署。全市各级各有关部门按照“一年试点先行，三年全面铺开，五年初具规模”的思路，努力展现“花城”特色，大力实施“绿城”战略，扎实推进“水城”计划，将广州建设成为名副其实的花园城市。

广州花城绿城建设有序推进。截至 2015 年年底，建成番禺莲花水乡、萝岗香雪公园等 9 个特色花卉主题公园，市级、海珠、番禺、南沙、萝岗、增城等 9 个儿童公园，建设绿道 300 千米，生态景观林带 129 千米，新增花都盘古王、增城九峰山等 10 个镇街森林公园以及南沙滨海湿地、番禺草河湿地等 5 个湿地公园，新增生态公益林 6666.7 公顷，完成黄埔大道、大学城中环路等 19 条道路的一路一景建设。成功举办第 21 届广州园林博览会、越秀灯会、云台花展为代表的花事节庆活动，全市形成56个主要赏花景点。“花城绿城”格局基本形成。

广州水城建设初见成果。启动饮用水工程、城乡水安全工程、水污染治理工程和水生态修复工程四大类共计995个小项工程。继续推进广州北江引水工程、北部水厂一期工程、万绿湖直饮水工程、牛路水库、沙迳水库等战略水源

增城绿道

从化街北高速

机场高速北延中线花山段

工程建设。在白云、番禺、花都、南沙、黄埔、增城、从化区，实施农村剩余82.9万人口的农村自来水改造工程，其中，新建项目279个，续建项目267个，已完成新建项目16个、续建项目200个，正在施工新建项目52个、续建项目40个。抓紧推进实施水库安全达标加固工程55宗，重建、改建水闸20座、泵站30座，对97.5千米江海堤防进行加固达标建设，对易受洪水威胁的7宗小村落开展防洪整治工作。推进2宗重点中型灌区续建配套与节水改造工程，加快598宗抗旱水源工程建设，着力解决2533.3公顷“望天田”的农业生产用水问题。推进1.8千米长的深层隧道东濠涌试验段工程建设。抓好水污染治理工

程，完成广佛跨界16条河涌整治工程共计111个子项，流溪河花都段机场东环路污水管道重建工程、新华污水处理厂提标改造工程、天马河拥军路污水管道工程等7项工程；花地河以西截污工程、石井东南片区一期污水管网工程、花地河以东片区二期污水管网工程、新街河云峰周边污水管道工程、田美河支流截污工程等15项正在建设。抓好水生态修复工程，凤凰湖已开园，增城挂绿湖（一期）已完成主体工程，天河智慧东湖工程、海珠湿地二期、天河智慧城东部湿地完工，水博物馆已完成主展馆和互动馆静压管桩施工、地下室围护结构灌注桩总数的97%。广州这座以“花城、绿城、水城”为特色的生态城市渐成现实。

（供稿：市委党史研究室；撰稿：李人宜；编辑：赖剑颖　陈文敏）

中国第29次南极考察队广州出发活动

2012年4月28日，广州市政府发出《关于申请中国第29次南极考察队从广州出发的函》致国家海洋局，申请将广州作为中国第29次南极考察队出发城市。5月22日，国家海洋局复函，批准中国第29次南极科学考察于2012年11月初从广州出发。自5月22日获批至11月5日考察队顺利从南沙汽车码头启程，历时半载。广州先后举办了新闻发布会、欢迎仪式、极地科普展览周、专家报告会、“雪龙”号极地考察船公众开放日、考察队员参观广州、欢送仪式等一系列活动。11月5日，考察队顺利从南沙汽车码头启程，前往南极开展科学考察，标志着中国第29次南极考察队广州出发活动获得圆满成功。

国家海洋局、省政府及市政府众多领导出席了这次活动，社会群众参与面大，共邀请30多家海内外媒体参与报道。新华社、中央人民广播电台、中央电视台、中新社、人民网等中央媒体，香港文汇报、澳门商报等海外媒体，以及南方日报、广东电视台、广州日报、广州电视台等本地媒体均对活动作了广泛报道。极地科普展期间，有2万多市民前往参观。为期两天的“雪龙”号船公众开放日，共吸引6000多人（次）登船参观；3000多名大中学生、普通市民、社会各界人士参加了南极考察队迎送仪式。广州港集团有限公司、广州岭南集团等9家企业，给此次活动举办提供大力支持。

广州是祖国的南大门，是古代海上丝绸之路的发祥地，海洋经济约占全市GDP总量的八分之一，已成为广州经济发展的重要组成部分。此次第29次南极

2012 年 11 月 5 日，少先队员在南沙汽车码头欢送中国第 29 次南极科学考察队队员

考察队出发地设在广州，不但表明国家对广州海洋工作的认可和支持，同时也给广州提供了一个展示国民经济和社会发展实力的重要平台。“从南沙到南极”活动专题推介广州南沙新区，宣传了广州独具特色的岭南海洋文化，增强了市民对广州的城市自豪感和海洋蓝色国土意识，对提升广州国家中心城市地位、推动广州海洋经济发展起到了积极的促进作用。

（撰稿：张筱文；编辑：刘德敏）

全面推进城区生活垃圾分类处理

为破解垃圾围城困境，广州以垃圾分类为突破口推进垃圾分类处理工作。2011 年，在全国率先颁布实施垃圾分类管理规章《广州市城市生活垃圾分类管理暂行规定》。2012 年开始，全面推进生活垃圾分类处理工作，基本建立了垃圾分类管理体系，成功创建全国首批生活垃圾分类示范城市，初步探索了一条具有特大型城市特点和广州特色的垃圾分类处理道路，有力促进广州可持续发展和生态文明建设。

全面创新垃圾分类管理全流程设计。建立符合广州市垃圾分类处理实际的全流程设计，融合环卫系统、再生资源系统和其他固废资源系统的功能，构建垃圾分类处理组织架构、运行管理和政策法规体系，明确“源头减量、分类投放、分类收集、分类运输、分类处置及全过程监管”各环节的工作内容、部门职责，实现垃圾分类管理流程再造，推进各部门跨界合作，促进垃圾治理体系和治理能力的提升。

稳步推进生活垃圾分类投放。2011 年 4 月，出台全国首部《广州市城市生活垃圾分类管理暂行规定》，积极探索不同类别的生活垃圾分类模式。2014 年全市实施生活垃圾“定时定点”分类投放模式，基本形成以社区“定时定点”分类投放模式为主、多种收集方式并存的垃圾分类模式。全面启动垃圾分类合格社区、示范学校、示范机团单位、环境友好型家庭创建工作，全面深化中小学校“小手拉大手”带动社区开展垃圾分类活动。全市先后验收生活垃圾分类合格社区 1247 个、中小学校 1374 所、合格机团单位 270 个，全民参与垃圾分类的氛围进一步浓厚。2014 年，启动创建全国生活垃圾分类示范城市工作，制定全市创建工作实施方案，形成全市创建工作一盘棋。

不断优化生活垃圾分类收运体系。2012 年以来，全市新购置各类分类容器 200 多万个，进一步优化可回收物、有害垃圾、餐厨垃圾分类收运网络。加快推进再生资源回收网点建设，积极开展废玻璃、废木材等低附加值可回收物回收利用。全面加强有害垃圾管理，有限建立收集、储存、处理规范化管理体系，制定有害垃圾收运处置指引以及有害垃圾处置招标方案。全市建立 60 个有害垃圾临时储存库，2010 年以来共收集处理各类有害垃圾 77.84 吨。积极推广餐厨垃圾油水分离及示范点建设，在街道社区、机团单位安装小型餐厨垃圾处理设施进行就地处理，鼓励居民源头分类投放。

有序扩大垃圾分类企业参与。遵循“政府主导、社会参与、企业运作、全民动员”的原则，广泛吸引各类社会资本参与垃圾分类、收集、运输等业务，让企业逐步成为垃圾分类的推动者和实施者。陆续形成垃圾分类越秀“白云”模式、荔湾“西村”模式、海珠“轻工”模式、番禺“市桥”模式、萝岗“联和”模式、花都“花城”模式、增城“小楼”模式等一批各具优势、各有特色的垃圾分类模式或再生资源回收模式，有效提升垃圾分类效率。2015 年，出台《广州市购买低值可回收物回收处理服务管理试行办法》及配套措施，引导社会力量进入低值可回收物回收处理市场；同时制定《关于引进企业参与街镇垃圾分类工作的指导意见》，鼓励街镇创新垃圾分类管理工作机制，进一步探索和完善企业（社会组织）参与垃圾分类的有效模式，促进生活垃圾减量化、资源化、无害化。

不断加强法规规章制度建设。每年定期召开垃圾分类处理动员部署大会，层层落实责任。成立市、区固体废弃物处理工作办公室，统筹、协调、指导、监督、考核全市固体废弃物处置利用工作。推行市、区四套班子及市直、区直机关、企事业单位挂点督导帮扶街（镇）、社区垃圾分类工作机制，组建专门的垃圾分类督导队伍和志愿者队伍，成立市城市废弃物公众咨询监督委员会，对全市垃圾分类处理工作进行指导、检查、咨询和监督。完善市、区垃圾分类考评机制，邀请市人大代表、政协委员、公众咨询监督委员会委员进行考评。制定、修订《广州市城市生活垃圾分类管理暂行规定》等多项法规及规范性文件，并首次将垃圾分类列为创建文明城市考评内容，有效推动了生活垃圾分类处理走上制度化、法制化轨道。

持续深化垃圾分类社会宣传动员。印发垃圾分类社会动员五年规划，成立城市矿产协会，并充分利用和发挥好媒体作用，持续加大宣传力度，努力营造全社会支持垃圾分类处理的良好氛围。强化工作重点和主体，广泛开展垃圾分类"四进"（进学校、进社区、进家庭、进单位）宣传，开展"三个一百万，一个不能少"（100 万志愿者、100 万家庭妇女、100 万中小学生，全体机关事业单位公务员）宣传行动，广泛引导市民自觉动手垃圾分类。因地制宜举办形式多样的垃圾分类处理论坛活动，做强做实垃圾分类"一日游""环保游"等主题宣传活动，开展声势浩大的创建全国垃圾分类示范城市宣传发动"万人行"活动，2013 年以来先后吸引 5 万多名社会各界人士参观李坑资源热力电厂一、二分厂。创新垃圾分类社会宣传，在"中国广州发布"开设垃圾分类专栏，开通垃圾分类微信公众平台，推出垃圾分类《外来媳妇本地郎》首部电视剧、《习惯·爱》微电影以及《30 秒教会如何垃圾分类》等一批公益宣传片，有效传递正能量，普及垃圾分类知识，进一步凝聚了全社会共识。

全面推进垃圾分类运收处理设施建设与使用。2011 年，广州市首次引进隔音墙清洗车和隧道清洗车。2012 年 12 月，首批 200 辆垃圾分类运输车投入使用，包括餐厨垃圾运输车、收运车、多功能工具抢修车，用于全市垃圾分类收运。2015 年，第三至第七资源热力电厂开工建设；兴丰填埋场七区应急填埋区工程交付使用、餐厨废弃物循环处理试点项目进入性能功能测试，新增无害化处理能力 3000 吨/日，推进李坑综合处理厂等 3 座餐厨垃圾资源化处理项目。截至 2015 年年底，全市生活垃圾日处理量约 1.6 万吨，生活垃圾处理设施9 座，其中，资源热力电厂2座（第一资源热力电厂一分厂、二分厂），日处理能力3000吨；卫生填埋场6座（兴丰、花都狮岭、番禺火烧岗、从化潭口、增城棠厦、新塘陈家林垃圾填埋场），日均处理量约1.3万吨；餐厨垃圾处理厂1座（黄埔大田山餐厨废弃物循环处理试点项目），日处理能力200吨。

2015年4月，经过国家住建部等部门评审，广州市入选全国第一批生活垃圾分类示范城市行列，取得阶段性成果。2015年12月29日，广州市垃圾分类处理项目在联合国开发计划署及新华社《瞭望东方周刊》主办的“2015中国城市可持续发展国际论坛”上获“2015中国城市可持续发展范例奖”。

（撰稿：庞雪娇；编辑：曾慧娟　李启伦　李玉平）

广州市气象监测预警中心建成

2012年，广州市气象监测预警中心项目正式建成投入使用。该项目从立项到正式投入使用历时七年。2003年5月，广东省部分地区遭受暴雨袭击，中共中央政治局委员、广东省委书记张德江批示：“要建立健全气象、水文预报体系，把可能发生的灾害性天气和水文情况及时通报有关地区，让这些地区的各级领导和群众及时做好预防工作”。为此，省、市政府将加强气象防灾减灾能力建设作为实施十项民心工程的一项重要内容。2005年4月4日，广州市人民政府常务会议通过并部署实施《广州市气象建设方案》，提出要建设“三网一基地一中心”。广州市监测预警中心建设项目便是“一基地一中心”，即气候监测基地和气象预警中心。

2010年，第16届亚运会、首届亚残运会在广州举行，推动“一基地一中心”建设步伐。市规划、国土部门高度重视气象用地的选址工作，市气象局组织专家对8个备选地块逐个进行论证，最后确定位于番禺大石镇礼村和植村之间的一个地块为气象监测预警中心项目用地。2008年5月，市发改委同意市气象监测预警中心立项，项目选址在番禺区大石街新光快速路以东、石南公路以南地段，建设总用地面积53400平方米，包括气候监测基地（综合观测场、风廓线仪、气象卫星接收处理系统、气象天文科普实验基地）、气象预警中心，建筑面积9200平方米，总投资估算9896.93万元。2008年9月，市发改委委托市国际工程咨询公司对《广州市气象监测预警中心工程可行性研究报告》进行专家评审，并通过专家评审形成《评估报告》。

市气象监测预警中心项目设计借鉴传统岭南建筑的天井、冷巷、敞厅和庭院等空间元素和气候适应性设计手法，将传统岭南建筑应对地域气候的空间策略与场地条件利用结合起来，应用于现代的建筑和场地设计，以乡土、低技、低成本的方式实现绿色建筑，适应地域气候、满足舒适和健康的环境要求。该项目荣获2014年度中国建筑设计奖、2014年度中国建筑学会建筑创作奖金奖、第二届广东省岭南特色建筑设计金奖。

市气象局依托市气象监测预警中心地块建成“气候监测基地”，并推进“四站五网”，即国家地面站、城市生态站、海洋气象站和天气雷达站，区域自动站网、能见度网、风廓线网、雷电监测网和大气成分网的建设，初步形成布局合理、结构完善、功能先进的综合气象观测系统，灾害性天气监测率达98%以上。

广州市气象监测预警中心全景

近年来，广州市气象监测预警中心24小时最低温度预报误差小于0.8℃，最高温度误差小于1.2℃，晴雨预报准确率达85.9%，暴雨预警提前55分钟，空气质量等级预报准确率达到良好水平，天气预报质量持续提高。广州市气象监测预警中心还坚持集约化建设，结合广州市青少年科普实验实际需要，建成“广州青少年气象天文科普实验园地”。

（撰稿：罗赐麟　林惠娜；编辑：刘德敏）

1+12儿童公园体系建设

2010年第六次全国人口普查，广州市1—14岁少年儿童人口数量约为140万，占全市总人口11.47%。广州儿童活动场地严重不足，分布不均衡。2010年，全市唯一的儿童公园是1996年建成的一德路市儿童公园，面积仅1.1公顷，人均活动面积0.0055平方米，被誉为全国最小的市级儿童公园，年人均接待人次仅30多万次，仅可以接待600名游客瞬时活动。

2012年《中共广州市委广州市人民政府关于推进民生幸福工程的实施意

见》提出，到2015年要建成新广州儿童公园，各区（县级市）各建1所儿童公园。2013年，市委、市政府进一步部署，规划建设市级儿童公园1个、区级儿童公园12个，总规划面积173公顷，总投资概算5.1亿元。

为实现“科普为主、各有特色、各有精彩”的广州儿童公园建设目标，广州市专门组织规划、设计、园林、管理、儿童教育等方面专家及各儿童公园建设单位和设计单位，就区域特色、功能定位、项目配置、差异化设计等方面进行深入研讨，明确各儿童公园的设计思路和方向，并对13个儿童公园设计方案进行公示，公开征求社会各界意见。2013年4月正式启动项目建设。5月23日，广州市出台《广州市儿童公园建设指导意见》，下发至各区（县级市）执行，在总体规划、建设指标、功能设置、科普设置、绿化建设、配套设施、安全措施等方面进行了细化和量化，明确具体要求和标准，规范了儿童公园规划建设、管理工作，力求打造凸显安全性、趣味性、科普性、通达性和差异性的儿童专类公园体系。

广州儿童公园建设采取条块联动形式。市发展改革、国土、环保、规划、林业园林等职能部门主动牵头，对接各区（县级市）对口业务部门，加大协调指导。各区（县级市）政府履行主体责任，主动协调区属部门，全力推进项目实施。

广州市新建儿童公园布局均衡，13个儿童公园在布局上从市中心城区均衡扩展到各区（县级市），选址尽可能分布在各区交通相对便利、紧临居住区的地块，其中7个公园临近地铁或轨道交通。公园服务半径长短结合，家长儿童

2014年6月1日，广州市新儿童公园开园

选择面广。中心城区分布较为集中。外围区县儿童公园专门配置了公交站场及停车场。

13个儿童公园公园共有各类型游乐项目或游乐区域76组（项），突出“科普为主、各具特色、各有精彩”的原则。在项目设置上重点突出科普元素打造，具体涉及：农艺科普（海珠、天河）、天文气象（花都）、智能科技（市级、越秀、海珠、南沙）、交通出行（市级、越秀、番禺）、消防安全（市级、黄埔、花都）、特殊感知（市级）等涉及现实生活与社会发展方面，并依靠交警、消防、气象、少年宫等相关机构开展科普宣传活动，充分发挥儿童公园作为少年儿童科普实践的平台作用。

1+12儿童公园体系涵盖各年龄段少年儿童的活动需求。园区规划建设体现各自的风貌和造园特点。市级、番禺属于综合型儿童公园，越秀、海珠、荔湾、黄埔属于都市型公园，天河、萝岗、花都、增城属于森林型公园，白云、南沙属于滨水型儿童公园。各公园融合区域文化特色，各有亮点。如市儿童公园金穗童年门楼融入海珠桥、爱群大厦、榕树、趟栊门、骑楼、瓦脊等岭南文化元素。园内童年印象园植入不同年代人的童年记忆，将儿童的活泼与童趣融入岭南园林之中，打造优美的环境和开敞的活动空间。

2014年6月1日，广州市新儿童公园与海珠、白云、黄埔、番禺、南沙、萝岗、增城等9个儿童公园率先对外开放，开放首日入园人数达19.6万人次。2015年，13个儿童公园全面建成，全市儿童公园面积上从1.1公顷增加到173公顷，其中公园绿地面积增加95公顷。按照每位游客18平方米的活动面积，全市儿童公园可以满足近10万游客活动。广州市儿童公园建设在数量及规模上均在全国领先，建成全国规模最大的儿童公园体系。2015年5月31日，全市1+12儿童公园全面开放。2015年“六一”期间（5月31日至6月1日）1+12儿童公园共接待游客33.3万人次。截至2015年12月底，13个公园入园人数达1163万人次，其中市儿童公园入园人数达420余万人次。

（撰稿：刘春芳；编辑：刘德敏）

建设美丽乡村

为贯彻落实市第十次党代会作出的“12338”决策部署，广州市实施“美丽城乡行动计划”，全力推进现代化美丽乡村建设。2012年至2015年，共分三批完成全市 89 条美丽乡村试点建设，其中 2013 年至 2014 年完成两批 42 条市级美丽乡村试点建设，2015 年完成 47 条市级美丽乡村试点村建设。美丽乡村建设资金多方筹集，主要由市、区两级财政共同承担。如 2015 年 47 条市级美丽乡村建设总投资 90191.81 万元，其中市财政 13871.33 万元，区财政 17131.58 万元，其他（村集体自筹及企业等社会资金）59188.90 万元。

美丽乡村试点建设任务包括加强基层组织建设、建立美丽乡村建设村民理事会以及探索村庄建设和管理长效机制等 13 项内容。为进一步落实“生态优先，绿色发展”的工作思路，除原有的“七化、五个一”项目外，增加环境整治提升和生态保护类项目，如村庄绿道建设和绿化综合整治工程等。为促使各区（县级市）按计划完成市级美丽乡村试点创建工作任务，市美丽办严格督办，确保落实。每月底出一份《广州市美丽乡村决策事项落实情况督办报告》，报市领导和各成员单位。逐一督办市委市政府文件、市领导批示、市直部门文件等明确事项的落实情况，同时督办统计美丽乡村建设项目进度情况。每月底编印《广州市美丽乡村建设简报》，图文并茂，反映各级领导、各有关单位关于美丽乡村工作的动态。开辟“经验交流”专栏，挖掘典型案例，图文并茂地反映各地的好经验、好做法，营造“比学赶帮超”的良好氛围。市美丽办每周利用 1—2 天时间派员深入试点村现场检查，加强督办。在每区（县级市）指定一名工作专员，专司协调、督办该区（县级市）美丽乡村各项工作。2015 年 5 月底，市美丽办在白云区召开全市美丽乡村建设培训班，交流第一批、第二批市级美丽乡村建设成果，学习先进经验，并总结培训，为第三批更全面、深入地推进美丽乡村建设工作奠定基础。

美丽乡村基层组织建设工作已完成，通过民主选举产生村“两委”。有条件的试点村已组建美丽乡村建设村民理事会，协助村“两委”开展美丽乡村建设工作；探索村庄建设和管理的长效机制已初步建立，成立卫生保洁队伍。道路、路灯、自来水、光网以及垃圾处理等基础设施在试点村已按质量标准建成，村容村貌焕然一新；一些村庄通过村民入股投资美丽乡村旅游项目建设也取得实效。部分开发农村生态游的村庄更是进一步挖掘资源，完善旅游基础设施，吸引都市游客，大大增加了村集体和村民的收入。

（撰稿：胡博；编辑：赖剑颖）

增城市整治“散小乱”养猪场

增城市生猪养殖业无序发展。生猪养殖场户从2005年不到2000家增加到2012年初的7000多家，遍布全市11个镇街，生猪存栏量180多万头。大量“散小乱”养猪场严重污染水源、空气和土壤，还带来病死猪、“潲水油”等食品安全问题。为顺应广大人民群众的强烈诉求，自2012年初以来，增城市大力推进生态文明建设，开展整治“散小乱”养猪场行动。

在整治过程中，增城市制定出台《增城市规范生猪养殖管理实施细则》《增城市生猪养殖规范整治专项行动工作实施方案》，明确规范整治工作的指导思想，确定工作方法、程序和时间安排，划定生猪禁养区范围，列出生猪养殖场的建场许可条件，规范养殖管理条款，为规范整治“散小乱”养猪场、实现畜牧业加快转型升级确立了规范性、系统性的指导文件。为提高整治效果，增城市还制订实施《增城市规范整治散小乱养猪场（户）搬迁能繁母（公）猪奖励方案》，拨款1.2亿元，对能繁母（公）猪养殖场（户）提前或按期关闭清拆的，政府对其搬迁能繁母（公）猪迁离增城实施奖励。2012年内迁离增城的每头能繁母（公）猪奖励1000元，2013年3月底前迁离增城的每头奖励800元，2013年6月底前迁离增城的每头奖励600元。此举提高了养猪户搬迁的积极性，大大地减少了新增生猪的数量。同时，增城市委、市政府加大资金投入，先后两批共拨出近6000万元给镇街，用于奖励提前关闭清拆养猪场的养猪场

广州德盛现代农牧发展有限公司现代化生猪养殖场

（户）主，减少养殖户的损失。此举得到广大养殖户的支持，加快了整治进度。截至2013年12月底，全市累计关闭清拆生猪养殖场7288家，减少生猪存栏187.47万头，减少657万吨猪粪尿排放，清拆猪场面积472万平方米，复原复绿面积472万平方米，规范整治目标100%完成。建立健全生猪长效管理机制，严防“散小乱”养猪场死灰复燃，推进生猪养殖业转型升级。

在整治工作中，增城市坚持疏堵结合，建设现代生猪养殖场，促进行业转型升级，建立定点供应增城生猪养殖基地，制订应急机制，使增城市的生猪肉品安全有保障。已规划建设1—3家年出栏10万头以上的现代化大型养猪场，2—5家年出栏3—10万头的中型养猪场，为市民提供优质的“放心肉”“安全肉”。组织编制《增城市畜禽产业转型升级发展规划（2012—2020）》，制订《增城市现代化生猪养殖场筹建工作方案》《增城市持有证照生猪养殖场过渡方案》《增城市兴办规模化生猪养殖场指南》《增城市现代化大型生猪养殖场建设标准》《关于以公开招投标方式确定现代化生猪养殖场投资主体的通知》等，为生猪养殖业规模化、产业化、集约化发展，促进生猪养殖业转型升级，提供制度保障。2014年10月，增城市首个10万头现代化生猪养殖场——广州德盛现代农牧发展有限公司现代化生猪养殖场建成投产。

（撰稿：刘文斌；编辑：刘燕玲）

在全国率先公布细颗粒物（PM2.5）监测结果

随着国内众多北方城市出现较严重的灰霾，大气污染物PM2.5浓度成为公众关注的社会热点问题。2012年2月29日国家发布新修订的《环境空气质量标准》，随后广州市环境保护局制定PM2.5监测结果实时发布方案，并开发出大气污染物监测结果实时发布软件。同年3月8日零时，广州市在全国率先按照新环境空气质量标准所列要求的6项基本项目（二氧化硫、二氧化氮、PM10、PM2.5、臭氧、一氧化碳），将所有10个国控点的监测结果实时向公众发布，成为全国首个第一个实时公布全部国控点PM2.5监测结果的城市。

自2013年3月8日起，广州市环境保护局通过“广州环境保护”和“广州环境监测”网站向公众发布了广州市10个空气质量国控监测点的实时数据和实时空气质量指数（AQI），包括二氧化硫、二氧化氮、一氧化碳、臭氧小时浓度均值、臭氧最近8小时浓度滑动均值及其对应的空气质量分指数（IAQI），可吸入颗粒物（PM10）、细颗粒物（PM2.5）小时浓度均值和最近24小时浓度滑动均值及其对应的空气质量分指数（IAQI），各个国控监测点实时空气质量指数（AQI）、首要污染物、空气质量指数类别及对健康影响的描述。其后，还通过微博及在4个公众场所或敏感区域建立了电子显示屏公布了PM2.5等数据，方便市民了解空气质量。10月23日，公众环境研究中心（IPE）发布全国113个城市空气质量信息公开指数（AQTI）2012年评价结果《小颗粒，大突破2012年城市空气质量信息公开指数（AQTI）评价报告》，广州市的AQTI得分76分，排名第一，还超越德国柏林，比肩维也纳、伦敦、香港等国际大都市。进一步扩大监测范围。是年12月28日，市环境保护局发布包括原来10个空气质量国控监测点在内的29个监测点的时报和日报数据，监测点包括大型居住社区和、居民休闲区、风景旅游区、交通干线路边监测站等，覆盖广州市所有行政区域，实时发布的内容更加全面。2015年，广州市空气质量达到良好级别的天数为209天，优秀级别的天数为103天，空气质量达标天数为312天，在5个国家中心城市中，空气质量最优。

（撰稿：梁桂雄；编辑：李启伦）

花都湖公园建成开放

花都湖位于花都城区南部，规划范围从新街河京广铁路桥的上游主干流，至铁山河与铜鼓坑汇流河段，全长6.68千米，总面积约286.67万平方米，其中湖面面积约153.33万平方米。花都湖公园位于花都湖中心，全长5.5千米，总面积238万平方米，其中水面面积125万平方米，是集生态景观与人文景观于一体的大型综合性市民公园。

2011年10月24日，花都区委常委会议原则通过《新街河流域综合整治与开发工作方案》，提出对新街河流域进行综合整治和开发，建设新街河公园（花都湖原暂定此名），打造花都与广州城区衔接的节点，建设集居住、时尚、商务、休闲功能于一体的滨水城区和城市新名片。11月，花都区第十五届人民代表大会第一次会议审议通过《关于加快新街河公园建设的议案》。12月15日，《广州2012年城市建设亮点项目》获广州市政府常务会议通过，花都湖被列入广州城市建设38个亮点备选项目的6个湖泊类建设工程之一。

花都区政府高度重视花都湖公园工程建设。2012年3月28日，花都湖工程举行启动仪式。该工程是花都区政府2012年至2014年水利工程治理的重点项目之一，也是花都区有史以来投资最大的水利和景观项目。花都湖设计力求保留原有山水资源，体现本土文化特色和亲水性，以绿化为主，防洪与城市景观功能相互糅合，集自然保育，旅游、教育和市民休闲于一体，发挥调蓄雨洪、抗旱排涝、优化城市环境等作用，建成花都区“一河两岸”亮丽风景线。工程主要包含新街河河道综合整治工程及环境建设工程两部分，工程总投资约10.08亿元。其中河道综合整治工程投资为5.75亿元，以城市防洪安全整治为主，通过与秀全公园的连通，及迎宾大道以东河段挖湖，形成湖面面积153万平方米，结合河道水生态、水环境、水景观等多种功能进行综合整治。环境建设工程（即花都湖公园）投资4.33亿元。

2012年9月8日，花都湖河道整治第一、二期工程动工，建设内容包括：对主河床进行清淤，提高河道过流能力；对河道内滩地进行疏浚和改造，营造集中水面和生态岛、景观滩地；河道内滩地建设生态型和亲水型护岸；对河道内滩地进行绿化，防止水土流失，并在岸边和浅水区种植水生植物；在秀全公园和新街河交界处建设1座水闸泵站为秀全公园补水，加强秀全公园湖面和新街河水体的交换，设置箱涵、涵管，加强河道内水体的交换；建设橡胶坝，营造景观水面；建设新街河流域调度控制中心；建设跨河人行桥，堤内桥涵、栈道；堤顶路建设等。

为确保环境质量取得根本性改善，先后关闭了花都湖上游100多家生猪养殖场和一批污染企业。在花都湖公园即将开园之际，花都区政府组织对影响花都湖水质的污染源进行深入排查，并于2013年9月24日召开花都湖公园开园前整治工作会议，将影响花都湖水环境的农业面污染源和工业面污染源，以及违建的相关整治工作任务分解到15个单位，明确各部门的整治任务。如畜牧部门集中整治养猪场；水务、环保部门督促截污范围内的企业将排污接入市政管网；城管部门要会同新华街、雅摇镇全面清理乱搭建、乱摆卖行为，及时制止周边加建、抢建行为。

2013年9月29日，花都湖公园建成举行揭幕仪式，免费向社会开放，是年10月1日入园游客达10多万人。花都湖公园景点主要有国花雕塑园，将中国、美国、英国、法国、日本5国国花雕塑共16个雕塑单体，巧妙融入园林，让人们了解各国人民对国花的深情寄托和各民族的风土人情；岭南园以古代岭南建筑艺术为依托，镬耳墙、花岗岩石砌雕栏、木花窗、大飘檐敞厅等尽显岭南园林的独特风韵；湿地园依据原有的湿地景观、滩地的现状特点、水流条件和植物的分类特征修建，以本土植物为主；竹园种有多个品种的竹子，四季常绿，清新高雅，使人感受到宁静与超然；桃花湾满山桃树，桃花盛开时，与景区流云飞瀑相呼应，山水环绕，景色迷人；湖中栈道两边生长着形形色色的水生植物，小鱼儿畅游水中，微风掠过，令人心旷神怡；环湖绿道或骑自行车，或跑步，穿行其中，湖光山色，使人有远离尘嚣之感。公园的建成，体现花都人与水和谐相处，水与城相得益彰，为人们提供一个健身、休闲娱乐的又一好去处。

花都湖公园，不仅是花都空气的“调节器”，为市民提供了“城市生态休闲绿廊”和“滨水城市客厅”，同时也承担着蓄水防洪和过滤水源、保障水质的重要任务。新街河流域截污工程的落实，对改善广州城内的珠江水质大有益处。

（撰稿：梁颂周；编辑：常国光）

广佛跨界河涌整治

广佛跨界河涌主要有16条，即白坭河、流溪河、珠江广州河段（西航道）、新街河、大陵河、田美河、铜鼓坑、铁山河、雅瑶河、花地河、牛肚湾、石井河、白海面涌、江高截洪渠、沙坑涌、天马河。根据广东省《南粤水更清行动计划（2013—2020年）》，广州市流溪河、石井河等16条广佛跨界河涌要基本消除劣Ⅴ类水体（指已划定地表水环境功能区划的水体）。

根据市环保局监测结果显示，铜鼓坑、花地河年均水质为Ⅳ类，珠江广州河段（西航道）、铁山河年均水质为Ⅴ类，其余流域河、白坭河等12条河涌年均水质均为劣Ⅴ类，其中白坭河、大陵河、牛肚湾、石井河、白海面涌、江高截洪渠、沙坑涌等7条河涌水质持续处于劣Ⅴ类水平；流溪河上游从化太平断面年均水质为Ⅲ类，流溪河中下游河段水质沿程下降，白云－花都李溪坝断面年均水质降至Ⅴ类，白云河口断面进一步下降为劣Ⅴ类。

广佛跨界河涌整治后的新貌

2013 年以来，广州市大力推进广佛跨界河涌污染整治工作。根据《南粤水更清行动计划》，制定实施《广州市水更清建设方案》《流溪河等广佛跨界河涌治理工程建设方案》，力争通过标本兼治，使广佛跨界 16 条河涌 2016 年基本消除劣Ⅴ类水体，到 2020 年全面稳定达到水功能区水质目标。

2014 年 7 月，广州市与佛山市共同召开广佛同城化暨广佛跨界河涌综合整治联席会议。明确两市进行政府、部门、“河长”三个层面的对接，每月召开一次广佛河涌整治联席会议，荔湾区、白云区、花都区政府主动与佛山市南海区对接。广州市水务局全力推进治理工程建设，联合各审批部门，通过项目统一立项，可研、初设等打包招标；具备条件的项目采取 EPC 方式招标；项目概算、预算同步编制、报审等方式，全力推进治理工程建设。截至 2015 年 12 月，广佛跨界 16 条河涌治理工程共计 111 个项目，已完工 28 项，在建 81 项，其余 2 项正在开展前期工作。总投资 132.08 亿元，累计完成工作量 62.59 亿元，完成率 47.4%；2015 年计划投资 67.64 亿元，已完成工作量约 47.76 亿元，完成率 70.6%。

（撰稿：黄玉玲；编辑：刘德敏）

建立重大预警信息发布“绿色通道”

建立重大突发事件预警信息发布“绿色通道”，实现信息发布绿色通道完善率达 100%，是广东省人民政府评价各市气象现代化的重要考核指标。2014 年，建立重大预警信息发布“绿色通道”被列入当年广州市市政府重点工作。要求气象部门加快气象现代化，强化气象为经济社会服务功能，尽快落实突发事件预警信息发布“绿色通道”协议签订工作。要求加强信息发布的管理和协调，完善预警信息发布外部联动机制和内部流程机制，推进建立与社会传播资源之间的信息传输与反馈机制，发挥社会传播资源作用，促进气象信息传播广覆盖。

2014 年 3 月 20 日，市委常委、常务副市长陈如桂主持召开全市率先实现气象现代化工作联席会议，部署广州市气象现代化工作，要求市应急办牵头、市气象局协助，协调广州移动、广州联通、广州电信等通信运营商，尽快落实突发事件预警信息发布“绿色通道”协议的签订工作。为尽快落实联席会议的精神，市气象局、市应急办多次与运营商沟通座谈，于 2014 年 10 月 24 日，召开广州市通信保障应急领导小组工作会议，进一步研究突发事件预警信息短信发布存在问题，要求尽快签订合作协议。11月11日，召开市政府突发事件预警信息短信“绿色通道”协商会，市政府应急办、市气象局、广州移动、广州联通、广州电信三大通信运营商就预警短信平台以及各基础通信运营商客服短信平台的运营情况进行沟通，明确预警中心与各基础通信运营商共同完成政府突发事件预警短信发送任务的合作方案。12月10日，广州市气象局、市政府应急办与广州移动、广州电信和广州联通签署《建立重大预警信息发布绿色通道合作协议》。

签署《建立重大预警信息发布绿色通道合作协议》，建立“审批和发送”绿色通道机制，明确了各方的责任和义务，细化了工作流程，规定广州市应急办对需要发布的重大突发事件预警信息实行优先、快捷审批程序，通讯运营商建立优先播发工作机制，在收到市应急办播发要求后，立即启动发布任务，向公众用户发送重大预警信息短信。同时，该协议还建立了预警信息发布反馈机制和定期沟通机制，要求及时总结工作经验，督查合作协议的落实。“绿色通道”协议签订提升重大突发事件预警信息短信发布的快速高效传播能力，为建设低碳、智慧、幸福广州提供更加优质的服务。

（撰稿：赵文涓；编辑：刘德敏）

“穗乡园”获2014青岛世界园艺博览会室外展园金奖

2013年，广州市政府代表广东省政府参加2014青岛世界园艺博览会，广州市林业和园林局负责广州展园“穗乡园”建设工作，具体由局属单位广州园林建筑规划设计院设计，市园林建筑工程公司施工。2013年2月，市林业和园林局组织施工，安排设计单位到青岛现场选取地块、开展设计等前期工作。3月，完成设计工作，并通过青岛园博会组委会审查。4月，施工单位进场施工。10月完成建设。市财政出资100万元建设“穗乡园”，中外园林建设有限公司广州分公司等园林绿化行业、企业也捐资70万元。“穗乡园”位于西安园博会主题区“中华园”西北边，西侧、北侧均与市政道路相邻，东侧紧靠主广场，园区占地面积约1500平方米。

2014年4月至10月，2014青岛世界园艺博览会在青岛举行，“穗乡园”获室外展园竞赛金奖。“穗乡园”以“美丽乡村”为立意背景，体现的不仅是一

2014 青岛世界园艺博览会——穗乡园

种生态理念，更是一种乡村历史文脉的传承发展、一种健康、富有活力的生活方式。展园设计独特，通过多种设计形式叠加，传承古典园林的造园手法，结合现代人的审美需求，主要选用生态材料、乡土树种，打造传统自然而不失现代气息的广府特色岭南园林及田园乡村景观。“穗乡园”分为岭南风光游览区与田园风光区两个区。岭南风光游览区集中于东边入口处，集中展现广府特色岭南园林精髓。东入口处灰瓦白墙的门坊建筑，结合西关趟栊门、岭南漏窗、抱鼓石等岭南建筑元素，形成大气而亲切的岭南特色门户景观，带出浓浓的岭南人家情意。门坊一侧点缀一株村头大树樱花树带来“菩提迎宾”的景观意境。门坊趟栊门上挂着一副木板对联，上刻“暖日漾春光水秀翠台盈，清风人影衣香芳径满”，抬眼处便是横匾“穗乡园”。田园风光游览区以打造果蔬及草花田园风光、渔家风光为主。蜿蜒曲折的麻石小径将游人引入五颜六色的草花丛中，在每个转弯口配置梅、李、海棠等观花观果植物，步移景换。在植物配置上，展园主要选用本土树种，运用丰富的植物元素与人工造景手法，形成疏密有致、虚实结合的植物景观，充分发挥植物引导视线的作用，充分考虑植物的层次、色彩等各项特点。上中层通过常绿乔木如蜀桧、雪松等与落叶乔木如国槐、红枫等的搭配，结合开花乔木如玉兰、樱花、丝绵木、紫叶李、丁香等的运用，营造丰富的绿化背景效果及点景效果；下层植物则运用色彩丰富的灌木地被如绣仙菊、紫珠、连翘、蔷薇、珍珠花、迎春花等烘托春季生机勃勃的气息，为展园景观增添生机活力。游人在游园过程中既能认识、感受广府文化习俗，亦能全身心享受纯朴美好的自然梦境，使该次世园会创园主题——“生活走进自然”的理念更加深入人心。

（撰稿：刘春芳；编辑：刘德敏）

从化2014年“5·23”洪灾

2014年5月22日20时至23日20时，广州从化市普降大暴雨，局部特大暴雨。据从化市三防雨情遥测系统观测，5月22日8时至23日14时，从化市7个站点的雨量记录均超过300毫米。5月23日10时30分，该市启动防御暴雨内涝Ⅰ级应急响应，全市中小学、幼儿园停课；18时，启动防汛Ⅲ级响应；20时30分，启动防汛Ⅱ级响应。

5月23日20时许，流溪河堤太平镇黄溪村段约3.5千米堤防漫顶，水位最高时超过堤顶0.3米，堤防出现2处塌方。流溪河堤防木棉段有3个穿堤混凝土涵管因外江水过高而倒灌。截至5月24日上午10时30分，流溪河水库水位为228.8米，离汛限水位还有4.7米（流溪河水库汛限水位为233.5米）。根据广州市水文局测算，此次洪灾中流溪河城区段洪峰流量超过50年一遇，接近100年一遇，太平段超过100年一遇，是1964年以来最大的洪峰流量。

至5月29日，从化市14座中小型水库大多出现坝身受损、防汛公路塌方、渠道冲毁等现象，其中天湖水库防汛公路塌方5000多立方米；堤防、护岸水毁123处共38千米、决口10处共1.25千米；灌溉设施（主要是排灌渠，含高、西、右、总灌渠等主要灌溉渠道）水损、水毁465处；灾损机电排涝泵站12座；辖区内14座自来水厂中的7座非正常供水；城郊街、良口镇共19个行政村的农村改水设施受损26宗，出现水池坍塌、主管冲断、引水陂受损等现象；太平污水处理厂、温泉污水处理厂轻微受灾；67个行政村共计192个经济社的农村污水处理设施出现砂石、淤泥冲入管网、格栅池、沉砂池、厌氧池和人工湿地等设施。

从化市5镇3街171个行政村在“5·23”洪灾中受灾，受灾人口15.13万人，转移安置2.89万人（其中集中安置2286人，分散安置2.66万人）；因灾死亡2人，失踪1人；农作物受灾面积8834.66公顷（其中成灾面积4613.33公顷，绝收面积1866.66公顷）；倒塌房屋7048间；受损房屋520间；损毁禽畜栏舍2782平方米，死亡家畜540头、家禽3.42万羽，损失塘鱼341.2吨；国、省、县、村道162处塌方2.06万立方米，水毁桥梁4座；受影响供电线路31条（其中10千伏故障线路15条），临时停电10千伏线路14条、35千伏线路2条；良口、江埔、温泉、城郊地区104个移动基站因停电退服。全市因灾直接经济损失24212.74万元。

灾情发生后，从化市迅速组织展开救灾工作，从化市委、市政府主要领导迅速分赴各镇街第一线指挥救灾，组织现场工作人员对塌方路段、水毁路段、河段进行抢修防护，各镇街迅速启动三防应急响应，镇街干部分组奔赴一线抢险救灾、转移群众；各职能部门做好人员、物资的调度，迅速抢修供电设施，抢救受灾农田和作物；市武装部、三防、公安、水务、交通、电力、通讯等部门以及各镇街实行24小时防汛值班，严格执行三防部门防汛调度命令，监测洪水变化情况，及时掌握雨情、水情、汛情，及时向上级汇报汛情。5月23日，广州市、从化市三防指挥部调度救援官兵100多名赶往木棉村、水南村、佛岗村等受灾较为严重的地区，出动8艘冲锋舟、2艘橡皮艇，共转移受灾群众5694人，解救1005人，全部就近安置。

从化市减灾委、民政局在5月23日上午11时启动自然灾害救助Ⅲ级响应，下午5点升级为Ⅱ级响应。在全市设立临时安置点32个，开放全市17个庇护站。街口街家庭综合服务中心发挥城区安置作用，安置受灾群众55人。13时30分至次日凌晨2时30分，该市民政局先后组织人员和车辆向城郊、太平、江埔、街口、良口等灾区紧急调运救灾物资及食品，共调运棉被1412床、应急灯50盏、草席710张、蚊帐100张、衣服60套、矿泉水1200箱、方便面850箱、饼干700箱等。与此同时，各镇（街）民政部门也紧急筹措一批救灾及生活物资，及时发放给受灾群众，共发放大米286包、花生油41瓶、矿泉水1243箱、方便面694箱、饼干770箱、棉被653张、蚊帐207张、草席410张、衣服300件等。广州市民政局紧急调运民用蚊帐1094床、军上衣376件、衣服1624件到从化进行赈灾。至5月25日12时，共安全转移受灾群众2.82万人，安置2286人。民政部门累计调运救灾物资和食品总价值约85.37万元，发放自然灾害救灾资金90.148万元，向市内38户因灾全倒户发放补助金76万元。

5月26日上午，从化市财政局紧急调拨500万元应急资金，专门用于各项抢险救灾和灾后复产工作，在救灾复产工作中优先保障五保老人、“双低”家庭和全倒户的生活，唯一住房的全倒户纳入泥砖房改造计划，优先保障恢复对老百姓生活影响最大的受损设施和公共服务，优先保障农业生产恢复工作。

供电方面，全市除吕田、鳌头两镇受影响较小外，其他三镇三街电力设施方面均受到比较大的影响，多个供电所辖区设备受损。受该次灾情影响的线路全部或部分停电 60 回，占从化供电局公用线路的 41%。10 千伏线路倒杆 10 基，低压线路倒杆 35 基，损坏 10 千伏线路 2.6 千米，低压线路 14 千米。受影响的台区 1521 个，占从化供电局的 69%，涉及低压用户约 8.87 万户，占总用户的 37%。从化供电局启动防风防汛Ⅲ级响应，累计出动抢修人员 1700 多人次，抢修车辆 300 多辆、发电车 4 辆。至 5 月 24 日 14 时 30 分，14 条 10 千伏线路、1 条 35 千伏线路全线恢复送电，九里步、逸泉路口、银林村等 17 个地方恢复供电。至 5 月 27 日，因灾受损的电力线路及设备基本恢复。

道路抢修方面，由于强降雨导致国道 105 线温泉镇冲口路段水浸，吕田至良口路段沿线、省道 256 线、县道 286 街人线等道路发生塌方。从化市交通局迅速调配力量，重点打通单边交通。至 5 月 25 日上午，共出动抢险人员 1300 多人次、出动铲车 23 台、钩机 8 台、车辆 108 台，移动抽水泵 1 台、下水道养护作业车 1 台，清理塌方淤泥 2600 多立方米、倒塌路树 200 多棵。

通信方面，中国移动温泉、良口、吕田片基站因停电大面积退服，汇聚环 18、21 等吕田端无法登陆。经抢修，至 5 月 25 日晚，从化 90% 区域通信已恢复。

（撰稿：潘彦；编辑：梁斯豪）

增城市实施“千园计划”

为优化生活环境和休闲空间，提升全区生态格局，改善招商引资大环境，建设宜居宜业城市，2014 年 6 月，《增城市“千园计划”工作方案》（简称《方案》）经增城市委常委会、市政府常务会议审议通过，标志着增城市“千园计划”正式实施。增城市成立“千园计划”工作领导小组，全面负责该项工作。组长由市政府主要领导担任，副组长由市政府分管领导担任，成员单位包括市委宣传部、市府办、市财政局、市发改物价局、市国土房管局、市林业园林局、市水务局、市环保局、市交通运输局、市城市执法局、市文体旅游局、市民政局、市教育局、市城乡建设局、市城乡规划局和各镇街。领导小组下设办公室，称“市千园办”，设在市林业园林局，负责统筹“千园计划”相关工作。全市纳入“千园计划”建设行动的园区共 1213 个。至 2015 年年底，全市已建成小公园、小游园、小花园等共 1102 个，新增和改造绿化面积达到 2758 万平方米，惠及人群达到 70.2 万人。已建成的园区全部免费对外开放。

根据《方案》，园区建设规模必须在1000平方米以上。1000—5000平方米（含5000平方米）可命名为“花园”，5000平方米以上可命名为“公园”。园区建设以便民为前提，在居住区前、街心街角、农村闲置用地、社区厂区及现有简易绿地等地点，利用原有地形、地貌、水体、植被和历史文化遗址等自然、人文条件，突出文化艺术内涵和当地特色，充分考虑植物形状、色彩、季相等因素的搭配，多种植开花乡土阔叶树种，建设优美、舒适的休憩场所。园区必须配备200米以上的绿道（园道）和种植乔木（10厘米以上）不少于100株。条件允许的可设置休息台椅、避雨长廊（亭）、分类垃圾箱、健身体育器材、照明、公厕等设施，建议绿荫面积不小于园区陆地总面积的50%。所有园区应设置统一的标识。

按照“政府引导、部门合作、多方投入、群众参与”的模式，园区建设充分发动各机关单位、镇街、社区、农村、学校、企业等积极参与，形成“各界参与、多方办园”的良好局面。任何单位和个人均可申请参与“千园计划”建设活动，积极推行捐建捐养、抚育管护的形式，可由建设单位和个人对所建园区等进行命名。提倡以社会主义核心价值观、中国传统美德或增城历史文化、人物等进行命名。“千园计划”建设管护资金由各建设和管理单位自行筹集解决。设立“千园计划”专项资金，将上级拨付、社会捐助、政府安排等资金进行集中管理，对建成后并验收达标的园区进行奖励。

增城市增江街街心花园

“千园计划”建设工作实施时间为2014年5月至2015年12月，分宣传发动、调查摸底、组织实施、验收管护四个阶段。在宣传发动阶段（5月），结合“打造花城绿城，共建生态文明”全民植树绿化活动，开展形式多样的宣传发动。各市直单位、镇街、村社等逐级召开动员大会，全面动员部署“千园计划”工作。发出活动倡议书，大力宣传生态文明建设和生态发展理念，引导广大人民群众和社会各界积极参与，营造全社会关心、支持、推动“千园计划”的良好氛围。在调查摸底阶段（6月），各单位或个人提出园区建设申请，由各镇街、市直单位登记造册，送市国土房管局、市城乡规划局和市林业园林局初审，再送市政府审核。6 月底前，各镇街及相关部门确定公园选址、名称、建设规模等。2014 年 7 月至 2015 年 12 月，为实施建设阶段。各建设主体根据《公园设计规划》等相关标准，启动园区建设工作，建设主体、施工单位及时制定建设计划，报各镇街工作领导小组，各镇街每月向市千园办汇报建设进度。市千园办定期组织相关单位对园区建设进行检查与督导。2014 年年底前建设和完善600 个园区，2015 年年底前建设400 个园区。2014 年7 月至2015 年12 月，为验收管护阶段。市千园办定期组织相关单位、专家对各园区建设工作情况进行指导，会同市监察局、市审计局、市财政局、市发改物价局、市城乡规划局和市城乡建设局，组成专项检查小组，对新建成的园区进行检查核实和验收。对验收达标的园区实施建设和管护奖励，形成长效管护机制。

（撰稿：刘文斌；编辑：刘燕玲）

《广州市流溪河流域保护条例》公布实施

流溪河是从化、花都、白云区的主要供水水源地以及市中心城区主要饮用水备用水源地，是广州重要的饮用水源保护区。为适应流溪河流域保护管理工作，针对流溪河流域保护管理工作中逐步出现的新矛盾和带有普遍性的问题，以立法的形式提出具体、可操作的解决方案，被提上重要议事日程。2013 年 4 月 15 日，市政府第 63 次常务会议原则通过《广州市流溪河流域保护条例》（简称《条例》），由市法制办报市人大常委会审议。12 月 25 日，市第十四届人民代表大会常务委员会第二十三次会议表决通过《广州市流溪河流域保护条例》（草案修改稿）。2014 年 6 月 1 日，省人大审议通过《广州市流溪河流域保护条例》，于 2014 年 6 月 1 日正式施行。《条例》出台后，自 1998 年 1 月 1 日起施行的《广州市流溪河流域管理规定》同时废止。

《条例》分为七章，共六十八条，分别对流域管理体制、流域规划、水污染防治、水资源管理、河道管理、法律责任等方面作了相应规定。

一是解决流溪河流域管理体制问题。流溪河作为广州市辖区内一条跨区的河流，按照《广州市水务管理条例》规定，属于“市管河道”。《条例》对“市管河道”管理的内涵，即水资源规划、行政审批、运行管理、行政处罚等，明确市和相关区（县级市）的权利、责任和义务。流溪河流域水资源的保护和管理涉及水务行政主管部门、市环保、林业园林等部门以及从化、花都、白云、萝岗等区（县级市）政府的职责，实施综合管理体制。《条例》明确水务部门与环保、林业、农业等相关部门的行政责任和法律责任。明确管委会是议事协调机构，而不是行政主体，主要负责对流域重大事项进行协调。

二是解决流域内违法建设的问题。《条例》规定，除符合流域综合规划和河道岸线利用管理规划的防洪、抗旱、供水、水环境综合治理等公益性建设项目外，禁止在流域河道干支流管理范围内新建扩建住宅、商业用房、办公用房、厂房、宾馆酒店等其他建构筑物。

三是编制河道岸线利用管理规划和划定岸线功能区。《条例》明确不得擅自修改河道岸线利用管理规划。在编制河道岸线利用管理规划时，要划分岸线保护区、岸线保留区、岸线控制利用区和岸线开发利用区四类岸线功能区。

四是流溪河流域的水污染防治。《条例》专设“水污染防治”章，突出重典治污的立法理念，对流溪河流域的水质目标、水体纳污能力限制、水污染物排放监管、交接断面水质监测、禁止限制排污、禁止建设项目、农业面源污染及畜禽养殖污染防治等内容进行规定。

保安员对流溪河流干流进行24小时巡查

五是纳入人大检查监督。《条例》规定应当建立流溪河流域水污染防治、水资源管理、河道堤防和防洪安全目标责任考核制度，制定考核办法，对流溪河流域内区、县级市人民政府进行考核。市政府每年向市人大常委会报告流溪河流域保护情况，流溪河保护纳入人大的检查和监督。

（撰稿：黄玉玲；编辑：刘德敏）

转变中心城区污水处理服务供给模式

自2008年以来，广州加大治水工程建设力度，中心城区新建、扩建一批污水处理设施，至2014年，中心城区共有污水处理厂9家、配套污水泵站48座、污水管道1495千米，生活污水处理能力由187万吨/日提高至298万吨/日。由于厂区、泵站和管网的建设投入、污水处理量的增加以及电费、原材料、人工等成本不断上升，污水处理成本大幅度增加，污水处理企业成本与收入倒挂问题日益严重。

2014年，财政部、国家发展改革委、住房城乡建设部联合颁布《污水处理费征收使用管理办法》，要求污水处理费纳入地方政府性基金预算管理，通过政府购买服务方式向处理单位支付服务费。根据办法精神，广州市政府将污水处理服务纳入政府购买服务的目录。广州市水务局制订《污水处理服务协议》，2014年7月送市政府审议。之后，市水务局会同市财政局对污水处理服务成本进行核算。2015年2月10日，市政府常务会议审议《市财政局关于2013年政府购买污水处理服务单位成本的请示》，决定"按照计价方案计算政府购买污水处理服务成本，市财政局会同市水务局做好有关工作"。市水务局会同市财政局据此对《污水处理服务协议》再次修改完善，2015年3月报市政府并获得批复同意，《广州市中心城区污水处理服务协议》最终确定。根据《协议》，广州市水务投资集团在市水务局监管下提供污水及初雨处理服务，政府根据处理量和处理水质情况，以全成本购买污水处理服务。2014年至2016年作为第一个服务周期，服务单价根据市财政部门委托的第三方机构审核的2013年污水及初雨处理成本核定，以后每三年核定一次。协议期限为15年，自2014年1月1日至2028年1月1日。

2015年4月9日，经市政府授权，市水务局与市水务投资集团正式签订《广州市中心城区污水处理服务协议》，标志着广州市中心城区污水处理公共服务供给模式发生重大转变。政府以全成本的方式购买污水处理服务，有效解决污水处理企业在处理水质、管网养护、污水厂和污水泵站设备设施维护、污泥处理处置方面成本倒挂的问题，保障了污水设施的稳定运行，有效化解了政府债务。同时，通过发挥市场机制作用，激发污水处理行业活力，吸引更多社会力量参与污水处理，为广州水环境的改善和污水治理事业的市场化提供新的契机。

（撰稿：张毅；编辑：刘德敏）

《广州市公园条例》公布实施

《广州市公园条例》（简称《条例》）是广州市2013年度地方性法规制定计划项目，由广州市林业和园林局负责牵头起草。2014年12月31日经广州市第十四届人民代表大会常务委员会第三十六次会议审议通过，2015年3月26日经广东省第十二届人民代表大会常务委员会第十六次会议批准，广州市第十四届人民代表大会常务委员会第62号公告，自2015年10月1日起施行。

《条例》共5章63条，针对新时期广州市公园建设和管理现状及存在问题，从公园的定义、管理体制、规划与建设、管理与服务等各方面进行了创新性规定。《条例》主要有以下特点：

适应公园管理城乡一体化新形势，扩大法规适用范围。《条例》对公园做了较为宽泛的定义，包括综合公园、社区公园、专类公园等。公园实行名录和分类、分级管理。公园的名录、类别和等级的确定和调整由市园林行政主管部门根据相关规范和标准拟定，经市人民政府批准后向社会公布。将农村范围内的公园纳入管理。

强化公园绿地保护制度，保证公园用地性质及其完整性。《条例》明确由市园林行政主管部门组织编制公园建设与保护专项规划，经市政府批准后纳入城乡规划；规定编制公园建设与保护专项规划的具体要求。严格限制改变公园用地使用性质的行为。规定任何单位和个人不得擅自改变公园用地的使用性质。对于因城市重大基础设施建设、国家重点工程建设、城市重大防灾救灾项目确需改变公园用地使用性质的，市城乡规划行政管理部门应当采取座谈会、论证会、听证会或者其他方式征求公众意见，经市园林行政主管部门同意后，按照法定的条件和程序调整城市总体规划或者控制性详细规划。

严格公园内商业服务设施的建设和运营管理，确保公园的公共服务属性。《条例》明确公园内配套商业设施的建设标准和要求，规定政府管理的公园禁止建设、经营会所、酒吧、夜总会、酒店、宾馆等与公园功能无关的商业设施；禁止将亭、台、楼、阁等园林建筑改建为商业设施；禁止将公园管理用房改建为商业设施，或者出租、出借给他人使用。

针对公园管理突出问题规范措施，完善公园的管理和服务。《条例》创设公园功能分区制度，要求公园管理机构根据公园规划和声环境功能区的环境噪声限值，结合公园主要功能和游人需求，在公园内划定安静休憩、健身、娱乐等区域，同时从限音量、限时段、限区域、限设备四个方面提出了公园噪音控制措施。明确规定风景名胜公园、历史名园、纪念性公园、儿童公园和动物园禁止携带犬只或者其他宠物进入。

强化公园的监管力度，提高公园执法的有效性。《条例》规定通过委托的方式赋予公园管理机构一定的行政处罚权。针对公园免费开放后，噪音扰民、随意散发经营性宣传物品等现象尤为突出的情况，《条例》赋予执法部门暂扣的行政强制措施。

2015 年 9 月 29 日，市林业和园林局在越秀公园举办了题为"携手园护园，共建花城绿城"的大型法规宣传活动。通过文艺节目表演、展板宣传、派发宣传资料和小礼品、法规知识问答等形式，广泛深入宣传《条例》，取得良好的宣传效果。

（撰稿：刘春芳；编辑：刘德敏）

打击破坏森林和野生动植物资源专项行动

"十二五"期间，广州市林业和园林局组织森林公安、野生动物保护办等部门，先后开展"清网行动""冬季行动""雷霆 13""天网行动""风雷行动""利剑行动"，以及"蓝天行动"等专项行动，打击破坏森林和野生动植物资源违法犯罪行为，有力维护广州林区和生态文明建设的安宁。共查处各类案件 1767 宗，查处违法人员 1995 人次，查处非法侵占林地 842. 145 公顷，查处非法林木 18008. 68 立方米，收缴国家、省重点保护野生动物及"三有"动物共 124541 只（条）。2014 年广州市林业和园林局荣获"全国森林公安严打工作先进单位"和"全国森林公安信息化建设应用示范单位"的国家级荣誉称号，2015 年，在 64 个国家和国际组织联合实施的打击濒危物种走私犯罪的"眼镜蛇三号行动"中，广州市公安局森林分局周密部署，屡破大案，森林分局受到国家林业局森林公安局的表彰和奖励，并荣获"集体二等功"。

快侦快破一批重特大案件。充分依托"警综""SIS"等信息系统，强化情报搜集工作，不断拓宽情报来源，精确打击现行"涉野"犯罪活动。2015 年 1 月 16 日下午，破获一起特大非法收购、出售国家二级重点保护珍贵、濒危野生动物穿山甲鳞片案件，现场抓获两名犯罪嫌疑人，缴获穿山甲鳞片约 2000 千克，市场交易价值约 240 万元，抓获犯罪嫌疑人 5 名。8 月 4 日，在广州白云国际机场缴获疑似珍贵、濒危野生保护动物辐纹陆龟活体 298 只，抓获 3 名嫌疑人并查获各类龟 44 只。

重点整治，开展“利剑”“蓝天”等专项行动。对全市“涉野”地区及市场不定期组织清查整治，将从化太平兴富农贸市场、荔湾区越和花鸟鱼艺大世界市场、黄沙水产市场、清平市场、番禺清河市场、华林国际市场等列为“利剑行动”的重点整治清理目标，每周到重点市场清查 2 到 3 次。每年组织清查行动达 120 次，收缴一大批国家保护野生动物及制品，抓获一批犯罪嫌疑人。2015 年共组织清查行动 175 次，出动各类执法力量 3634 人次，清查农贸市场 58 个，检查各类餐饮单位和重点防控区域 192 个，查获国家“三有”及广东省重点保护野生动物 12362 只（条），清除捕鸟网 328 张（总长约 8 千米）。

2011 年 7 月森林分局接收查没的穿山甲

创新机制，增强专项行动实战能力。完善警务联动机制、勤务机动运作机制、警情研判机制三大机制。主动协调市公安局指挥中心、白云国际机场公安局、广州铁路公安处及相关警种、区分局、县级市局，建立打击通过火车、飞机、汽车等手段非法运输野生动物行为的警务联动机制。2013 年至 2015 年，出警查处非法运输野生保护动物涉铁路货运警情共 32 起，涉民航货运警情 24 起。专门成立机动巡逻防控工作组和综合治理工作组，快速出警、处警，开展巡逻管控和明察暗访，定期会同有关部门对有关“涉野”市场开展突击检查。2014 年 2 月 1 日，巡逻组连续破获两起非法收购、出售珍贵、濒危野生动物案件，查获野生保护动物龟 12 只，刑事拘留 2 名犯罪嫌疑人，有效遏制了市区中心城区重点市场的非法交易野生动物及制品的违法犯罪行为。充分利用警务综合平台及时发布刑事预警信息，指导基层单位科学确定巡逻布控的时间、范围、路线、方式，最大限度地提高与违法犯罪人员的碰撞概率。将林区治安管理由突击行动变为常态管理，牢牢掌握林区治安形势的主动权。2011 年至2015 年，分局派出所根据辖内警务区治安情况形势变化，结合辖区重点防控区域、部位，及时对巡逻签到点进行调整，将巡逻试点扩大到区域内 28 个重点村庄，构建治安防范网络，全面提高打击、管控能力，通过强化情报信息研判，累计侦破特大案件 13 起。

开展联防联治，推动专项行动常态化。森林分局充分利用中国移动 10086 短信平台，发动群众及时举报“侵林”“占地”“涉野”犯罪线索活动，通过 10086 短信平台向广大市民发了500 万条短信息，鼓励人民群众监督并举报不法活动。“利剑行动”所破获的 108 起案件中，有 23 起案件是通过线人举报破获的。通过有奖举报工作，有效地打击“侵林”“占地”“涉野”犯罪活动。

（撰稿：刘春芳；编辑：刘德敏）

后记

为全面系统、真实准确地记录“十二五”时期广州经济社会发展的主要历程，探索推动广州创新发展的新思路，发挥地方志存史、资政、服务当前的作用，2014年7月，经请示市政府领导同意，广州市人民政府地方志办公室（简称市地方志办）牵头组织全市各有关单位共同编纂出版《“十二五”广州大事记》《“十二五”广州大事纪实》《“十二五”广州之最》。为加强对编纂工作的领导，市地方志办成立了三本地情书编委会。

2014年11月，市地方志办组织召开《“十二五”广州大事纪实》（简称《大事纪实》）编写方案讨论会，邀请越秀区等7个区县地方志办以及市委办公厅、市政府办公厅等15个单位参加，听取各单位对编纂方案的意见。《大事纪实》分两批组织编纂。2015年3月，市地方志办印发通知，启动编纂工作，大部分单位报送了大事纪实条目。在各单位报送大事纪实条目的基础上，市地方志办区县志工作处综合地方志资料年报、《广州年鉴》、各区县综合年鉴的有关资料，结合年度入载地方志十件大事评选活动候选条目以及相关网站和媒体资料，补充完善大事纪实条目，共拟出2011年至2014年大事纪实条目348条。2015年6月，市地方志办印发通知，布置撰写2011年至2014年首批大事纪实条目，并两次对《大事纪实》条目开展编写培训。2016年1月布置2015年度大事纪实条目编写。两次拟定条目合计430多条。

《大事纪实》编辑工作由市地方志办区县志工作处牵头，信息资料处、研究规划处、市志工作处共同完成。市地方志办区县志工作处负责前言、后记以及政治、经济篇综述撰写工作，信息资料处负责文化、社会、生态综述撰写工作，研究规划处、市志工作处编辑部分条目。2016 年 1 月 8 日，市地方志办主任黄小晶主持召开《大事纪实》初稿讲评会，副主任胡巧利参加，各编辑分别对 18 篇代表性文稿初稿开展交叉评议，会议对进一步修改文稿提出了要求，包括：分类记载，设置综述；提炼标题，突出重点，提纲挈领，强化条目首段文字表述；注重史实与生动性的结合。初稿讲评会统一了修改思路，促进了业务交流。3 月，市地方志办区县志工作处处长陈文敏牵头对大部分书稿进行第一次统稿。4 月 26 日，市地方志办主任黄小晶再次主持召开《大事纪实》文稿讨论会，副主任胡巧利、副巡视员叶文昕参加，区县志工作处、信息资料处相关工作人员与会。会议从标题拟定、条目补充、合并、删减，资料补充、核实，记述方法、综述撰写等方面展开了讨论，提出修改思路和工作分工。根据会议精神，区县志工作处李玉平牵头整理出初稿条目、新增条目、合并条目、删除条目，交由各编辑再次补充修改。2016 年 5 月底，各编辑完成第二轮修改。9 月上旬，李玉平、曾慧娟对全书进行交叉审稿，9 月底，全稿经副主编陈文敏、常国光核实修改提交主编，胡巧利审核修改书稿，黄小晶审定核改全书。

《大事纪实》共有大事 325 条，69 万字，图片 171 幅，其中 27 幅为信息资料处调研员周雅玲补充。《大事纪实》的编纂出版，是全市各单位共同努力的结果。在编纂过程中，各单位积极提供资料、核实稿件，为编纂此书奠定了资料基础。《大事纪实》力求全面、系统、真实、准确地反映“十二五”时期广州的大事、要事，是市地方志办服务城市、服务社会的又一次尝试。

编者

2016 年 11 月

《广州史志丛书》出版书目

书名	编著（主编）	字数（万）	出版时间	出版单位
广州著名老字号	甄人　谭绍鹏主编	28	1989 年 9 月	广州文化出版社
广州著名老字号（续集）	甄人　谭绍鹏主编	29	1990 年 12 月	广东人民出版社
元大德南海志残本	（元）陈大震著	10. 3	1991 年 4 月	广东人民出版社
广州历史地理	曾昭璇著	35	1991 年 5 月	广东人民出版社
广州“番鬼”录	［美］亨特著 冯树铁译	11	1993 年 4 月	广东人民出版社
广州之最	甄人主编	43	1993 年 6 月	广东人民出版社
广州地区旧志气候史料汇编与研究	乔盛西　唐文雅主编	58	1993 年 9 月	广东人民出版社
民国广东将领志	陈予欢编著	34	1994 年 12 月	广州出版社
近代广州口岸经济社会概况——海关报告汇集	潘启后主编	92	1995 年 12 月	暨南大学出版社
广东历史名人传略	陈泽泓著	51	1998 年 3 月	广东人民出版社
广州近代经济史	丘传英主编	28	1998 年 6 月	广东人民出版社
广州文献书目提要	李仲伟　林子雄 倪俊明编著	75	2000 年 4 月	广东人民出版社
广州侨务与侨界人物	广州市人民政府 侨务办公室编著	51. 4	2000 年 12 月	广州出版社
广州现代经济史	吴智文　丘传英主编	30	2001 年 12 月	广东人民出版社
粤海关志（校注本）	（清）梁廷枏总纂 袁钟仁校注	50	2002 年 2 月	广东人民出版社
广州话旧（上下册）	陈泽泓主编	113. 5	2002 年 9 月	广州出版社
一代志坛——马克思主义方志学理论与实践	甄人著	35	2002 年 12 月	方志出版社
广州与海洋文明系列（8 册）	蔡鸿生主编	48	2002 年 12 月	广东人民出版社
广州近现代大事典	陈泽泓　胡巧利主编	107. 8	2003 年 12 月	广州出版社
广东历史名人传略（续集）	陈泽泓著	53	2004 年 3 月	广东人民出版社

（续表）

书名	编著（主编）	字数（万）	出版时间	出版单位
广州山水（第一辑）	程慧　曾新主编	35.8	2004年3月	广州出版社
广州百年灾难史话	吴智文　李颖亚　曾俊良主编	30.9	2005年8月	广州出版社
清代广东笔记五种	林子雄点校	34	2006年10月	广东人民出版社
广州消费文化与社会变迁	蒋建国著	36	2006年11月	广东人民出版社
广州觅胜	陈泽泓著	40	2007年11月	广州出版社
晋唐时期南海求法高僧群体研究	何方耀著	25.2	2008年3月	宗教文化出版社
广州城内	［法］伊凡著　张小贵　杨向艳译	10.5	2008年9月	广东人民出版社
广州寺庵碑铭集	李仲伟　林子雄　崔志民编著	33	2008年11月	广东人民出版社
南海神庙文献汇辑	陈锦鸿点注	44.8	2008年12月	广州出版社
广州之最（1949—2009年）	王林生主编	40.2	2009年9月	广东经济出版社
城市更新——亲历广州旧城改造	王林生著	22.4	2009年10月	广东人民出版社
民国广州城市与社会研究	王林生主编	31.2	2009年11月	广东经济出版社
广州近代市政制度与城市空间	许瑞生著	21.8	2010年11月	广东人民出版社
南汉金石志补征　南汉丛录补征	（清）吴兰修　（清）梁廷枏　辑　陈鸿钧　黄兆辉补征	39.3	2010年12月	广东人民出版社
南海百咏　南海杂咏　南海百咏续编	（明）方信孺　（清）张诩　（清）樊封　著　刘瑞点校	29.2	2010年12月	广东人民出版社
民国人物与广州城市发展研究	王林生主编	29.6	2010年12月	广东经济出版社
碧血丹心——辛亥革命在广东影像实录	倪俊明执行编纂	36	2011年8月	广东科技出版社

（续表）

书名	编著（主编）	字数（万）	出版时间	出版单位
笔底风云——辛亥革命在广东报章实录（上下册）	广东省立中山图书馆 广州市档案局编	40	2011 年 10 月	广东科技出版社
广州创新报告（2001—2005）	王林生主编	30	2011 年 12 月	广东人民出版社
明清广东的农业与环境——以珠江三角洲为中心	吴建新著	43	2012 年 8 月	广东人民出版社
广州发展纪事	王林生　王桢桢著	26	2012 年 8 月	广东人民出版社
广州古井名泉	李仲伟　林子雄编著	44	2013 年 1 月	广东人民出版社
地方史志与广州城市发展研究	王林生主编	44	2013 年 9 月	广州出版社
明清广州城及方志城图研究	曾新著	24.5	2013 年 10 月	广东人民出版社
广府平安习俗	吴智文　曾俊良 黄银安著	30.1	2013 年 10 月	广东人民出版社
广东方志与十三行——十三行资料辑要	胡巧利主编	49	2014 年 3 月	广东人民出版社
常惺惺斋日记（外四种）	（清）谢兰生著 李若晴等整理	63	2014 年 9 月	广东人民出版社
志书续修实践与思考——以续修《广州市志》为例	程慧著	27	2014 年 11 月	广东人民出版社
广州地方志事业志（1984—2014）	广州市人民政府地方志办公室编	69	2014 年 12 月	广东人民出版社
海上明珠补阙录	罗国雄著	16	2016 年 5 月	广东人民出版社
民国时期广州居住规划建设研究	孙翔著	29	2016 年 6 月	广东人民出版社
“十二五”广州之最	广州市人民政府地方志办公室编	35	2017 年 12 月	广东人民出版社
“十二五”广州大事记	广州市人民政府地方志办公室编	47	2017 年 12 月	广东人民出版社
“十二五”广州大事纪实	广州市人民政府地方志办公室编	69	2017 年 12 月	广东人民出版社